本书为教育部哲学社会科学研究重大课题攻关项目"经济新常态下中国金融开放与金融安全研究"（17JZD015），国家自然科学基金面上项目"发达国家货币政策跨国传导的复杂溢出效应：开放经济条件下的 DSGE 多国模型与 VAR 数据检验"（72073042）的研究成果。

马 理 马 威◎著

金融危机背景下的货币政策

调整与货币理论创新

人民出版社

目　　录

序　言

　　金融危机爆发至今已有十余年,世界经济的发展一波三折,不少国家当前的经济状况相对于危机最低点有了部分改善,但起伏波动很大,各国经济呈现出艰难曲折复苏的发展态势。与曲折发展的经济相适应,各国央行推出了相应的货币政策,世界各国都希望通过灵活的货币政策调整,引导本国经济逐渐"康复",走出泥淖、走向常态。

　　但是,越来越多国家的货币当局开始发现:货币政策似乎不如以前那么"好用"了,各国均存在着不同程度的货币政策工具箱杂乱、传导路径阻滞,以及传导效果不明晰等难题;货币理论似乎也"不对"了,价格型货币政策工具遇到了流动性陷阱、负利率突破了零利率下限、货币政策被赋予越来越多的结构调整的功能,金融科技开始向传统的货币发行机制与交易机制发出了挑战。除此之外,贸易摩擦、税率调整、宏观审慎、金融监管力度的提升、对外开放进程的推进,以及突发的公共卫生事件等,无不影响着常规货币政策的传导路径与传导效果。而货币政策与货币理论的这些新动态,在现有的货币经济学教材中大多找不到答案。

　　在此背景下,梳理金融危机爆发以来世界货币政策的演化,分析危机中货币政策独特的传导机理,努力提高危机中货币政策的传导效果,与时俱进地讨论货币政策与货币理论的未来发展,具有较强的研究意义。相关研究有助于评价发达国家货币政策的冲击影响,从而为我国新常态下的货币政策调整提供决策参考。本书分析了经济艰难复苏背景下世界各国货币政策调整的全过程,以及贸易争端、金融监管、对外开放、金融科技等对货币政策的影响,并展望了货币政策的未来可能发展。

　　由于现有的货币经济学经典教材主要分析正常经济环境下的货币政策与货币理论,大多数并未系统覆盖金融危机期间的货币政策新动态与货币理论的新发展,因此本书可能是对现有的货币经济学教材的有益补充。该书大量使用了数理建模与实证检验的经济学研究范式,是近年来作者与研究团队在货币经济学领域的探索与总结。尽管我们做了较大努力,但是错误与疏漏之处在所难免,恳请各位专家和同行批评指正。

第一章 导 论

金融危机爆发以来,全球经济环境不断变化。与此相适应,世界各国的货币当局一直在频繁调整本国的货币政策,希望通过灵活多变的货币政策引导本国经济尽快复苏和走向正常化。在此背景下,梳理危机中世界货币政策的演化逻辑,分析危机中货币政策独特的传导机理,努力提高危机中货币政策的传导效果,与时俱进地讨论货币政策与货币理论的未来发展,具有较强的现实意义。

第一节 研究背景

金融危机中的货币政策具有独特的传导机理,近年来,其传导渠道与传导效果也受到了较多非货币因素的影响。世界各国的货币政策调整,在演化过程背后具有严密的演化逻辑。

一、金融危机以来世界货币政策的演化

(一)超低利率的货币环境

在常规模式下,各国使用的货币政策工具一般为价格型货币政策工具,例如通过频繁调控利率来引导宏观经济的发展。因此,当经济危机来临时,各国一般首先采取的应对手段就是降低利率。降低利率在初期对于缓解金融危机的影响起到了一定的作用,但随着危机的不断深化,各国央行的利率一降再降,大多数发达国家出现了超低利率的货币环境。当利率不断下降逼近零点的超低利率水

平时,货币政策调整开始出现难题。超低的利率环境改变了常规货币政策的传导渠道,导致常规货币政策的传导效果失真,因此通过降低名义利率的方式来促进经济发展存在零利率下限约束(ZLB)。

市场利率触及零利率下限时,金融摩擦或市场不完善会使得经济形势变得极其复杂。在不确定预期的情况下,零利率下限约束将会制约经济复苏。当市场利率触及零利率下限时,经济会产生特殊的扭曲机制,货币政策与收益率曲线之间的相互作用会变得非常复杂。触及零利率下限也可能会引起通货紧缩机制,从而加大福利损失,经济变量间的传导效果被放大,从而导致经济波动加剧。零利率下限约束还能通过影响货币政策的滞后机制来影响经济,在经济受到零利率下限约束时,货币政策的滞后程度加大,央行稳定长期经济的代价也会加大。零利率下限约束还会使货币政策对国内需求作用的有效性降低,他国冲击的溢出作用被放大,汇率和价格水平对风险溢价冲击的反应更剧烈和持久,对产出和通货膨胀的影响增强。

由于超低利率环境导致常规的利率调控政策的失效,所以各国货币当局迫切需要在零利率下限约束下提出新的货币政策调整思路。在此背景下,价格型货币政策开始向数量型货币政策转变,世界各国纷纷利用量化宽松的货币政策向市场注入大规模的流动性,希望以此促进经济复苏。

(二)量化宽松

通俗而言,量化宽松就是一国政府以政府收入做担保大规模发行国债,"卖"给该国央行,然后政府拿着获取的资金进行投资或开发。由于央行必须通过大规模印钞票来"买"国债,因此量化宽松在短期内体现为超额的货币发行,会带来货币供应量增多与物价上涨等一系列副作用。美国在危机中一共实施了四轮量化宽松(QE)。欧洲中央银行至今实施了三轮量化宽松,最开始是普降流动性(LTRO),后期过渡到定向释放流动性(TLTRO)。日本银行推出的质化和量化宽松货币政策(QQE),该计划不设总额度限制和结束期限,被市场称为"超级量化宽松"。金融危机中的中国政府也实施了一定规模的宽松的货币政策。主要包括2008年底开始的4万亿元经济刺激方案,十大产业振兴计划,以及2009年的商业银行的超常规模放贷等。量化宽松在实施初期效果非常明显,通过直接向金融机构提供流动性,可以有效地在市场上形成通胀预期,对全球经济尽快走出低谷具有一定的积极作用。但遗憾的是,量化宽松的效果并不持久。在给经济带来短期的强刺激之后,效果很快消退,实施国被迫不断推行新轮次的量化宽松。

不断实施的量化宽松带来了经济的短期繁荣。弗里德曼指出,货币供给决定了生产价值的基准,通货膨胀在根本上源于货币供给量,货币供给是经济活动起伏的重要影响因素。如果不从根本上提高生产率水平,改善实体经济的生产状况,而仅仅依靠大量的货币超发,并不能真实地推动经济发展。短期的大规模货币发行,可以推动基础设施建设,繁荣相关产业,吸收剩余失业劳动力,增加社会总体收入水平,并在一定程度上带动整个社会的消费,但是也产生了经济结构失衡、产能过剩等负面影响。同时,由于实体经济普遍不景气及回报率过低,具有趋利性特征的资金开始大量流入金融资产领域。各类金融资产业务逐渐繁荣,从货币政策到实体经济发展之间的传导路径失效,金融资产价格脱离基本面的约束出现持续上扬。实体经济发展与虚拟经济价格之间的背离,加重了资源错配,无法实质性解决实体经济融资在可获得性和配置结构上的扭曲问题。

量化宽松具有较大的副作用,当其偏离了政策制定者的初衷,失去了原本想要达到的效果,货币当局开始考虑如何才能精准引导资金进入目标行业与领域,同时努力降低量化宽松的负面效应。在此背景下,世界各国纷纷推出更有针对性、成本更低的"精准滴灌"的货币政策,希望精准发力来定向调控实体经济的发展。

(三)定向调控与结构调整

扭转操作(OT)是美联储推出的一种形式特别的定向调控类货币政策,具体措施是央行在卖出一定量的短期国债的同时买入相同量的长期国债。扭转操作在不增加货币供应量的基础上,改变了国债资产的利率期限结构,使国债收益率曲线远端向下弯曲,从而降低长期国债收益率,定向引导投资向长期转化。完全货币交易(OMT)是欧洲中央银行推出的一类定向调控类货币政策。在欧洲中央银行做出无限量购买重债国国债、保证购债国稳定收益的承诺下,由购债国提供流动性,支持重债国的经济发展。完全货币交易政策在宏观层面上可以不增加欧元区的整体流动性,缓解投资者对欧元区重债国违约的担心。完全货币交易政策使欧元区的无风险储备增加,促使特定种类的债券资产价格上升,利率下降,为经济复苏创造了有利条件。融资换贷款计划(FLS)由英格兰银行联合财政部推出,用于定向支持家庭和企业贷款,通过定向贷款增额以对等的比例带动信用供给的增长,从而定向促进实体经济的发展。

近年来,中国的多种货币政策也体现出一定的定向调控的特征,承担起了部分结构调整的职能。例如从 2014 年 4 月起,中国人民银行已经实施了十余轮的定向降准,对符合要求的各级各类商业银行投放流动性,引导和鼓励金融机构将资金更多地投向三农和小微企业等国民经济重点领域和薄弱环节,促进信贷结构优化,使货币政策能更高效地传导至实体经济。抵押补充贷款(PSL)也是一种定向调控类的货币政策。我国的 PSL 主要是货币当局以信贷资产为抵押,向特定商业银行发放流动性,定向支持棚户区改造、保障房安居工程及三农和小微经济发展。常备借贷便利(SLF)主要面向政策性银行和全国性商业银行,为以上金融机构提供期限较长的大额流动性需求,缓解流动性紧张,维护金融稳定;公开市场短期流动性调节工具(SLO)作为公开市场常规操作的必要补充,在银行体系流动性出现临时性波动时相机使用。SLF、SLO 与公开市场常规操作相结合,在保持流动性总量稳定的同时,完善了人民银行对中小金融机构提供流动性的渠道,同时引导信贷资源更多地流向三农和小微企业等实体经济的重点领域和薄弱环节。中期借贷便利(MLF)则是面向国有商业银行、股份制商业银行、较大规模的城市商业银行和农村商业银行推出的一类货币政策工具。央行通过招标,采取质押方式发放中期基础货币,通过调节向金融机构中期融资的成本来影响金融机构的资产负债表和市场预期,引导其向符合国家政策导向的实体经济部门提供低成本资金,从而促进社会融资成本的降低。

发挥货币政策的结构调整功能,是近年来货币经济学发展的一个新方向。结构性货币政策工具以定向宽松的方式向实体经济投放流动性。一方面可以避免大水漫灌式的全面宽松货币政策导致的金融系统流动性过剩;另一方面又能以定向调控的方式缓解实体经济重要领域和薄弱环节的流动性不足,引导流动性的结构性调整和信贷结构的优化,为经济结构调整创造良好而稳定的货币金融环境。但是仅从货币供给的角度并不能有效地解决经济结构失衡,信贷资源配置的优化和经济结构的调整从根本上还需要靠体制与机制的改革。为了让定向调控类货币政策更定向,货币当局需要加强预期管理,推行预调微调的货币政策。

（四）预期管理与预调微调

近年来，市场预期在引导投资者金融行为中的作用越来越大，各国中央银行开始日益感受到货币政策预期管理的重要性。很多货币政策除了直接冲击货币供给曲线之外，还可以通过改变市场参与者的预期来引导市场参与者的行为选择，从而间接改变货币市场均衡。例如在金融危机中，美联储、欧洲中央银行、日本银行以及英格兰银行每次在实施非常规的货币政策之前，都会反复利用央行沟通行为来传递货币当局的政策意图与引导市场预期。央行通过向公众传递货币政策信号和宏观经济信息，降低了央行与公众间的信息不对称，增进投资者对央行信息的理解，减少市场中的噪音交易，进而减少了市场波动，最终影响宏观经济运行。作为一种新型的货币政策调控手段，央行沟通行为对于稳定金融市场和有效发挥宏观调控作用具有重要的意义。

预期管理一方面可以尽最大可能熨平货币政策实施时点的脉冲效应导致的对经济的异常冲击，另一方面可以充分利用预期管理的方式来影响投资者的情绪与行为选择，低成本地引导实体经济的发展。货币当局恰当地使用预期管理手段，有可能低成本而有效地达到最终的政策目标。引导市场预期的预调微调是新常态下货币政策调整的重要方式。李克强总理指出，在经济下行压力较大的背景下，中国不会实施"大水漫灌"，而是更加注重预调微调，确保经济运行在合理区间。预调微调机制强调前瞻性和微刺激，由于释放的流动性较小，多数情况下并不会对货币供给曲线产生直接的冲击效应，因此它更可能是通过改变市场参与者的理性预期与行为选择，最终导致资金市场的巨变而传导至实体经济。不过，预期管理只是对释放流动性的货币政策的一种补充，当量化宽松、结构调整、预期管理、央行沟通等手段的效果都不太理想的时候，不少国家的货币当局被迫重回利率调整的老路，负利率开始出现了。

（五）负利率

负利率不是一种能够让人轻易接受的货币政策创新。从理论上说，凯恩斯的流动性陷阱指出，当利率低到一定程度，常规的货币政策将失效。尽管在不同的国家，凯恩斯预言的"很低的利率水平"并不完全一致，但一般认为名义利率不可能低至零点以下，会存在零利率下限约束。从实践角度讲，企业向银行借钱,应付出资金使用费即利息。然而负利率可能意味着,当企业向银行借钱,银行非但不收利息还倒贴利息,这突破了大多数人的想象,因此很多人认为负利率不现实。但是当其他货币政策手段都效果不佳时,一些国家的央行开始尝试选择负利率作为经济刺激的手段。2009年,瑞典国家银行首次突破银行存款名义利率为零的下限,这是发达国家负利率政策的最早实践。目前全世界有十余个国家和地区实施了负利率制度,最具代表性的是欧洲中央银行和日本银行。

经济学家们普遍认为负利率政策并不能解决经济问题。首先,可能恶化银行盈利状况、导致银行体系崩溃;其次,可能诱发各国争相降息贬值,诱发货币战争;再次,可能促使非银行金融机构追求高风险的投资,增加金融市场波动,导致金融市场出现更高风险。作为银行及非金融公司短期资金的重要来源,货币市场基金首当其冲受到负利率政策的冲击,其短期内的负面作用很可能具有破坏性。负利率常态化可能导致利率传导有效性降低、债券市场流动性下降、银行利润空间收窄、金融市场分割和动荡加剧等系列风险。数据检验的结果也显示,调低利率的货币政策在危机中效果并不理想,负利率难以达到促进经济复苏与消除通缩的作用,比较而言扩充流动性的货币政策效果更显著。负利率造成的惜贷很大可能会发生于高储蓄结构的银行,因为高储蓄让其利润受负利率冲击更大,该类银行会寻求其他更具风险的投资途径而非贷款,由此会给信贷供给和市场稳定带来双重打击。

尽管经济学家们对负利率大多持否定态度,但是近年来实施负利率的几个主要国家和地区的央行行长的态度却非常乐观,坚持认为负利率有效。尽管如此,负利率并不是货币政策调整的常态。终结负利率必须依赖于全球经济稳定回升、私人部门预期改善、消费增长投资跟进,只有这样,政策利率才能向上重新迈过零利率下限的门槛,重新回到常态化调整的轨道中来。当很多国家还在经济泥淖与负利率中挣扎时,美国经济逐渐复苏了。为了应对国内日益抬头的通货膨胀,抑制经济短期内的过快过热发展,美联储开始实施紧缩型的货币政策。

(六)美联储加息与发达国家货币政策的分化调整

美国于2014年底退出量化宽松之后,从2015年12月开始提高联邦基金利率即加息,并通过抛售国债等公开市场操作方式释放银根趋紧信号以回笼市场流动性,引导市场利率接近所设定的目标值。美联储加息改变了世界资本的流动方向,影响其他国家的短期产出、通货膨胀、利率、汇率、债券价格以及国际大宗商品的价格。从理论上说,美联储加息会提高市场上美元的价格与美元资产的回报率,由此将导致资本从其他国家流出,从而诱发流出国产出下降,可能导致流出国出现经济危机。此外,美元在国际大宗商品结算中具有垄断地位,美国利率的变化会改变市场对大宗商品价格的预期,从而导致大宗商品价格出现巨幅波动。美联储加息给新兴市场国家带来了巨大的冲击,一方面,美联储加息,美元走强、油价上涨,会导致新兴市场国家出现本国货币大幅贬值,通胀率开始恶化,资产泡沫破裂;另一方面,较多新兴市场国家经济结构不合理,外汇储备数量有限,在应对美联储加息冲击之时,缺乏合适的应对手段,大多只能通过加息来暂时避免本币的贬值,由此对本国经济造成了进一步的打击。

在 2014 年至 2019 年间,美国为了应对经济偏热可能引发的不利影响逐渐收紧货币政策,但同期,以欧洲和日本为代表的部分国家,经济却日益萧条,加大了宽松货币政策的实施力度。一方面美国在紧缩,而另一方面欧日却在宽松,发达国家的货币政策出现了分化调整的新动态。发达国家货币政策的分化调整增加了中国经济发展的不确定性,也对中国的宏观调控提出了挑战。应对发达国家货币政策的分化调整对中国经济的影响,我们可以尝试扩大开放与推进"一带一路"建设的实施、推进经济结构调整与相关领域改革,防范化解可能存在的重大风险,积极并适时地调整、制定恰当的宏观政策来主动营造动态稳定的发展环境,构建总体稳定与均衡发展的大国关系框架,更好地推动中国经济迈上新台阶。

金融危机是世界经济发展过程中的一种异常现象,总有一天世界经济会恢复,货币政策也会走向常态。如果经济继续复苏,我们预计将有越来越多的发达国家开始持续不断地加息。但即便如此,"流行"多年的泰勒规则可能也不会再次回归。泰勒规则强调"点均衡",难以适应不断变化的市场利率的动态要求,因而在货币政策调控过程中逐渐让位于以利率走廊为主要表现形式的货币政策调整方式。

(七)利率走廊

利率走廊(Interest Rate Corridor)是近年来世界各国主流的利率调控模式。在该模式中,中央银行向商业银行提供存贷款便利工具并设定一个利率的操作区间,通过预期引导效应和利益诱导机制,有效引导短期市场利率逼近于目标利率。利率走廊的构成要素包括走廊的上限、下限,以及目标利率(或政策利率)。利率走廊的调控模式允许市场利率在走廊的上下限内波动,如果超过上下限,央行将通过调整目标利率引导"跑出去"的利率回归走廊。这种调控方式改变了泰勒规则的"点均衡",即盯某个利率的机械做法,允许利率在一定范围内灵活波动,因此被称为"区间均衡"。

目前,瑞典、加拿大、新西兰、欧元区、澳大利亚、英国、美国、日本、土耳其、印度等国家和地区都纷纷推出了利率走廊机制,在引导市场预期和降低利率波动方面发挥了一定的积极作用。我国也已经初步建立起利率走廊的调控机制。我国利率走廊的上限是常备借贷便利利率,下限是超额准备金利率,并尝试基于利率走廊的思路进行利率调整。例如2015年11月,中国人民银行下调常备借贷便利利率,收窄了其与超额准备金利率之间的利差,在其后的一年内,以存款类机构质押式回购利率为代表的短期利率被有效锁定在利率走廊的上下限之间,利率走廊引导与调控市场利率的作用初步显现。但是,利率走廊效能的充分发挥取决于很多因素,例如利率走廊的制度安排、商业银行的市场地位、配套的准备金制度、充分竞争的货币市场、高效的实时清算系统、中央银行的独立性和较强的流动性管理能力等。由于不是每个国家都具备这些要素,因此世界各国的利率走廊的调控效果也各不相同。从世界范围内看,尽管利率走廊逐渐成为各国货币政策调整的主流模式,但是货币政策操作框架的转型是一个长期和渐进的过程,还需要各国央行的更多配合与努力。

二、非货币因素对货币政策传导的影响

近年来,随着世界经济环境的变化,常规的货币政策的传导路径正在受到越来越多外部因素的干扰。货币政策不但"自己"在变,"别人"也在逼着它变。例如不断提高的金融监管政策力度、大规模贸易摩擦、对外开放进程的推进,以及金融科技与金融创新的迅猛发展等,都对传统的货币理论与货币政策提出了新的挑战。

(一)货币政策的银行资本传导渠道

近30年来,在银行监管领域影响最为深远的国际公约是《巴塞尔协议》

（Basel Accord），该协议经历了一个内容不断更新、方法不断改进、思想不断成熟的演化过程，至今有三个大的完整的版本。然而，尽管《巴塞尔协议》已经实施多年，并适时地根据现实经济在不断地调整完善，但是理论界与实务界对其政策效果一直争论不休。一方面，《巴塞尔协议》被誉为银行监管的"圣经"，不断提高的资本充足率法定要求和不断完善的监管方法与指标体系优化了银行体系的资产结构，降低了整体银行系统的风险；但是另一方面，日趋严格的资本约束又大幅度增加了商业银行的运营成本，限制了银行的信贷活动，对实体经济发展产生了较大的负面影响。

我国从 2004 年 1 月开始，在全国的银行系统全面推行严格的资本充足性管理，但是，《巴塞尔协议 III》对银行资本的法定要求水平提出了更高的要求，可以预计，在将来针对商业银行的资本充足性管理会越来越严格。我国的金融市场是以商业银行为主导的市场体系，针对商业银行的监管政策会影响商业银行的资产规模与资产结构，改变货币政策的实施效果，并导致实体经济产出的巨幅波动。目前，学界将其称为货币政策的银行资本传导渠道。研究以资本充足率为核心的监管政策的调整对商业银行行为的冲击，不但可以进一步明晰资本充足性监管的正负效应，为有中国特色的商业银行风险管理体系的建立提供经验证据；而且还能疏通货币政策的传导渠道，提高货币政策的实施效果，为最终促进实体经济发展提供决策参考。

（二）贸易摩擦对货币政策传导的扰动

按照国际贸易理论，贸易交易双方国由于经济实力、经济结构、行业差距、比较优势等方面的差异，不可能保持贸易差额为零的理想状态。一般而言，只要贸易差额稳定在两国的容忍范围内，就是正常的，贸易双方国在特定时期内，存在一定的贸易摩擦也不罕见。但是 2019 年 3 月，美国以"301 调查"结果为借口忽然对中国商品加征高额关税，加大贸易摩擦，激化了贸易冲突，中美贸易进入非正常的状态。大规模的贸易摩擦对于货币政策的正常传导效果产生了巨大的扰动影响。以金砖五国为例，在金融危机之前经济发展一度非常强劲，但是危机爆发后，在美国实施宽松货币政策时期，发展中国家的经济发展较危机之前均出现大幅下降。在 2014 年 12 月美国退出量化宽松，货币政策由宽松转为紧缩之后，我们很遗憾地看到，金砖国家的状况仍然没有好转。相比于美国实施宽松货币政策的前期,金砖国家的状况甚至更糟糕。

针对美国货币政策调整的溢出效应,常被接受的是两条解释路径:第一条路径认为,在宽松货币政策时期,美国实施大规模的量化宽松和超低利率,导致美元贬值和他国货币升值,因此有利于美国出口与商品倾销,由此会对其他国家造成负面影响。第二条路径认为,在紧缩货币政策时期,美国持续加息,美元升值将导致美元资产的回报率上升,因此引导资本在世界范围内大流动,由于资金大量流出,因此还是会对其他国家造成负面影响。但我们仔细分析,会发现以上两条路径其实可能都不完全正确。如果第一条路径是对的,它确实可以解释宽松货币政策时期的金砖国家的经济萧条,但是当美联储退出量化宽松货币政策之后,按道理来说,美元升值应当有利于金砖国家的出口和经济复苏,但事实却是,断点之后的这些年,金砖国家的净出口却仍然在持续下降。如果第二条路径是对的,它确实可以解释紧缩货币政策时期的金砖国家的萧条,但是当美联储实施超低利率政策时,按道理来说,美元贬值应当有利于资本流入金砖国家促进金砖国家发展,然而事实却是,断点之前的那些年,金砖国家也并没有因为资本流入而迎来经济的大规模繁荣。

因此,在西方经济学家们鼓吹的市场经济规律的背后,可能有些被忽视掉的因素制约了发展中国家的经济发展。例如,在宽松货币政策时期,发达国家通过大规模量化宽松降低汇率,向发展中国家倾销商品转嫁危机;在紧缩货币政策时期,发达国家通过严厉的贸易惩罚措施压制发展中国家的出口,逼迫发展中国家加大进口,通过攫取发展中国家的正当利益来发展经济。危机以来的发达国家的宏观政策调整实践显示,市场经济规律成为了发达国家谋求收益最大化的一种工具。当对他们有利时(例如宽松时期),他们和发展中国家谈市场经济规律,通过货币贬值向发展中国家大规模出口转嫁危机。当对他们不利时(例如紧缩时期),他们避而不谈市场经济规律,转而通过各种政治干预与贸易惩罚措施要求发展中国家增加进口减少出口,继续从发展中国家攫取利益。如果发展中国家盲从常规的货币理论与规律,而忽视发达国家的非市场经济干预手段,恐怕将只能沦为发达国家的倾销市场,难以实现真正的复苏与发展。

(三)金融科技的发展对货币理论的改进

2009 年,中本聪发明了比特币,随后各种数字货币纷纷诞生,支撑数字货币的底层技术区块链更是得到了充分的讨论。中本聪通过两个方面对传统的货币理论进行了颠覆。第一个方面，他定义比特币是一种开源的点对点电子现金系统，具备发行上限，完全去中心化，没有中央服务器或者托管方。这与传统的货币发行方式形成鲜明对比：传统的货币发行一定要有国家信用或者黄金做担保，一定要有发行机构，并用法律和军警等强权手段维护发行的唯一性；但是比特币不需要国家信用或者黄金做担保，没有发行机构，不需要用强权维护发行，仅用公比小于 1 的等比数列求和公式来保证发行的真实性。第二个方面，他使用区块链技术来保证比特币交易的真实性。区块链是一种去中心化的网络记账系统，具有共享、加密、不可篡改的技术特点，区块链技术使用 51% 的节点认证机制，使人们得到准确的资金、财产和其他资产的账目信息。这与传统的货币流通方式形成鲜明对比：传统的货币流通一定要靠法律和军警等强权维护，但是区块链技术依靠基于大数据的节点认证机制，依靠所有参与者的共同维护来保证流通的真实性。

数字货币与区块链技术目前仍然处于不断的发展与探索中，但是其引申出的一些结论可能会颠覆人们对货币和货币理论的常规认识。众所周知，央行两大核心职能分别是发行货币与制定货币政策。但是，如果将来数字货币成为货币发行的主流，那么货币将去中心化，央行可能不再能够垄断货币的发行权，没有了货币发行权，货币政策调整也就无从谈起；如果发行货币与制定货币政策两个核心职能被动摇，那么央行将不再有存在的必要。除此之外，数字货币的发行上限、认证机制、稀缺品属性与价值，网络借贷对货币发行模式的拓展，第三方支付带来的信用扩张与货币流通速度的改变，以及相应的定位与监管等理论问题，都对传统的货币经济学提出了异议，货币理论正在直面来自于金融科技的严峻挑战。

（四）其他非货币因素对货币政策传导的扰动

2017 年 10 月与 12 月，美国众议院与参议院分别通过了次年的政府预算决议，表明时任美国总统特朗普提出的税改方案取得实质性进展。减税是宽松政策，需要观察同期的货币政策方向才能确定复合效应的影响。如果同期实施了宽松型的货币政策，那么两者叠加，减税可能对宽松货币政策产生加速器作用；如果同期实施了紧缩型的货币政策，那么两者效果相反，可能产生抵消作用。在 20 世纪 80 年代,里根政府曾经使用加息和减税的组合政策来推动经济复苏,这一政策组合在初期成功地遏制了经济衰退,促使美国经济保持扩张状态。但是,当时全球实体经济发展低于预期,加息减税的组合政策难以解决长期增长问题。在里根政府后期,通过减税刺激经济增长的效果降低,美国国内贫富差距加大,社会矛盾不断激化,美国政府于是开始向外转移矛盾,由此部分导致了后续的美日贸易摩擦以及"广场协议"的诞生。以史为鉴,我们今天更需要仔细分析与积极应对美国的复合型宏观政策调整所带来的负面冲击,制定恰当的宏观政策营造动态稳定的发展环境。

2020 年春节期间,新型冠状病毒肺炎突然爆发,并迅速在全世界蔓延。疫情爆发是典型的公共卫生事件,促使各国央行迅速调整货币政策。例如美联储为了应对疫情对经济的冲击,分别于 3 月 3 日和 3 月 15 日宣布紧急降息,将联邦基金利率目标区间降至 0% 至 0.25%,并启动 7000 亿美元的量化宽松计划。适当的货币政策可以向社会提供充分的流动性,帮助尽快恢复生产与生活秩序,缓解疫情对经济的影响,因此央行提供的货币是促进经济发展不可或缺的润滑剂。但是货币经济学一般认为货币政策是总量调节政策,如何让央行提供的流动性顺利进入受到疫情伤害的行业与地区,促进受到疫情伤害的经济复苏,是摆在政府面前的一个难题。目前,各国央行正在尝试推行更大规模的定向调控,定向支持受损严重的地区与行业的经济发展。现阶段应当仔细评估疫情对不同规模与不同行业企业的差异化影响,深度解析疫情对差异化企业,尤其是对中小型企业的冲击,充分发挥定向调控类货币政策的结构调整职能,积极应对疫情对经济造成的巨大伤害,促进经济复苏。

三、中国货币政策的未来发展

中国是一个发展中国家,在货币政策的制定与实施过程中,除了要积极应对发达国家货币政策调整的溢出效应与非货币因素的影响之外,可能还需考虑如下几个方面:

(一)货币政策应注重与宏观审慎机制的协调

《巴塞尔协议 III》在微观审慎机制的基础上提出了宏观审慎机制的调控原则,党的十九大报告更是首次提出货币政策与宏观审慎相结合的双支柱调控思路。宏观审慎的核心是监控所有当事人表内外资产或者负债并表后的资产负债表,尤其关注并表后的杠杆率,具体如逆周期资本缓冲制度、影子银行监管、贷款价值比、负债输入比等。随着金融体系的快速扩张、金融深化进程的加快、融资渠道和方法的多样化,金融机构之间以及金融机构与金融市场之间的相互关系愈发密切,金融体系中金融风险的分散、传递和积累也变得更为复杂,因此旨在预防和控制系统性金融风险的宏观审慎监管受到了越来越多的关注。

目前,我国在推行宏观审慎机制的过程中取得了一定的成绩。以房地产调控为例,盯住广义信贷偏离的宏观审慎政策通过逆周期调控信贷市场抑制了房价涨幅,可以削弱房地产市场对实体投资的挤出效应,进而平滑总产出波动,同时使得社会总债务规模与实体经济发展更加匹配,显著降低宏观杠杆率。引入逆周期调节因子的贷款价值比(Loan-to-Value,LTV)动态调整规则比静态规则具有更显著的金融稳定效果,并且可以约束居民贷款能力,减少对房地产的投机行为,降低金融风险。从目前的情况来看,宏观审慎完善了货币政策不能做到的部分职能,初步压制住了房地产价格过快过猛上涨的势头。除了房地产调控以外,在宏观调控的大部分领域,在保增长与促就业的过程中,货币政策都有可能与宏观审慎机制结合起来,形成政策的组合拳,充分发挥双支柱的作用,从而引导宏观经济的健康发展。

(二)货币政策应关注对外开放进程中的风险防范

随着经济全球化与国际金融一体化的深入发展,货币职能中的世界货币职能逐渐上升,货币不再仅仅是一个国家内部的支付媒介,跨境资本流动与资本账户开放正在引导着货币日益走向国际化。近年来,随着金融领域的不断开放与金融管制的放松,我国的跨境资本流动日益频繁,规模也逐渐扩大。从经常项目来看,我国的贸易出口额(经常账户贷方)与贸易进口额(经常账户借方)同时稳步增长,最高峰值均超过了七千亿美元;从资本项目来看,尽管经历了1997年东南亚金融危机和2008年美国次贷危机的冲击,但是目前我国的直接投资仍然远远超过统计初期的数值规模。跨境资本流动是一把双刃剑,一方面,正常的跨境资本流动可以促使我国的金融体系迅速融入全球金融一体化进程,实现资源配置的优化和经济运行机制的转变;但另一方面,过度而不均衡的跨境资本流动又可能冲击本国金融体系的稳定,影响金融安全。一般来说,汇率波动、资本账户开放、洗钱与资本非法外逃均会导致跨境资本流动,过度的跨境资本流动会对金融安全产生巨大的冲击,而日益发展的金融科技又助推了跨境资本流动与金融风险。

在 2003 年修订的《中华人民共和国中国人民银行法》中,明确规定中国人民银行应当在国务院领导下,制定和执行货币政策,防范和化解金融风险,维护金融稳定,因此防范化解金融风险和维护金融稳定是中国人民银行的重要职能,也意味着央行的货币政策要关注可能产生金融风险、影响金融稳定的相关因素。在对外开放与防范金融风险方面,未来的货币政策可能需要以下方面的改进:积极应对发达国家货币政策调整产生的溢出效应,加强货币政策的国际协调,提高央行货币政策的调控水平,采取相对灵活的汇率制度,提高货币政策的独立性和有效性,加强对国际资本流动的监控等。

(三)货币政策与国家治理体系建设的协调

习近平总书记指出"国家治理体系就是在党的领导下管理国家的制度体系,包括经济、政治、文化、社会、生态文明和党的建设等各领域体制机制、法律法规安排,也就是一整套紧密相连、相互协调的国家制度"。党的十九大报告也强调,当前我国国家治理体系和治理能力尚有待加强,我们应当努力推进国家治理体系和治理能力现代化,构建系统完备、科学规范、运行有效的制度体系,明确全面推进依法治国。国家治理体系建设属于制度建设的范畴,而完善的制度对促进金融稳定的重要性不言而喻。世界银行 1996 年推出了国家治理指标(WGI),从政治稳定性、政府效率、腐败控制、话语权与问责权、监管水平、法制等六个方面对全球主要国家的国家治理体系的建设情况进行了客观评价。基于 WGI 指标的大数据分析的结果显示,国家治理体系建设确实会对金融稳定产生正面的促进作用,具体来说,完善的国家治理体系可以促进金融机构的稳定与宏观经济的健康发展,同时能够有效约束外部风险影响,并促进实体经济的融资与发展。

由于中国人民银行的职能包括防范和化解金融风险与维护金融稳定,而国家治理体系的制度建设也会对金融稳定形成影响,所以国家治理体系建设与货币政策之间存在着关联。由此可能产生的矛盾是:一方面,货币政策的制定与实施可能受到国家治理体系建设的影响；另一方面，中央银行又需要注重独立性，尽可能独立地制定和执行货币政策。值得庆幸的是，完善的国家治理体系建设可以促进金融稳定，从本质上与中国人民银行的职能并不相悖，但问题是两者的实施主体并不相同，因此尝试将多元主体的效用函数尽量统一，使国家治理体系建设的实施主体与中央银行协调起来，共同维护金融稳定，可能是将来我国货币政策制定与实施过程中需要探索的新课题。

（四）货币政策与大国战略

近年来，中国人民走出了一条经济落后国家在较短的时间内实现现代化的发展道路，拓展了发展中国家走向现代化的发展途径。在经济全球化的背景下，中国加强对外开放，经济取得了长期持续的高速增长。同时，我们积极参与国际事务，在危难面前临危不乱，在突发事件中勇往直前，对贫困国家慷慨解囊，充分证明了中国在国际社会中的地位，展现了作为一个大国应有的姿态和胸襟。中国的和平崛起是 21 世纪初最具影响力的事件之一，中国改革所取得的伟大成就让人尊敬，也让某些国家或群体感到恐惧，他们认为中国威胁到了自己的地位与利益，因此不惜利用一切手段在政治、经济、军事、文化等各个领域压制中国。中国目前还不是世界强国，但已是世界大国，经济总量已经非常庞大，以往韬光养晦的发展背景已不再存在，中国已很难再拥有长期静态的悄然发展机会。因此，我们可能需要适时调整，制定相应的货币政策与宏观调控框架，主动营造动态稳定的经济与金融发展环境，推动中国经济再次迈上新台阶。

进入新常态，习近平总书记提出了建设"丝绸之路经济带"和"21 世纪海上丝绸之路"的合作倡议。"一带一路"是一种全新的发展格局和合作模式，可以将现有的自由贸易区与区域经济合作组织充分联系起来，扩大中国在"一带一路"沿线地区的影响，为丝绸之路区域的综合发展创造条件。从中国与周边国家的角度来看，相邻的地理位置、相似的地域文化以及相应的制度安排构成了"一带一路"建设的客观条件。在"一带一路"倡议下，组建亚洲基础设施投资银行、丝路基金等战略，也为人民币国际化提供了重要的机遇。在时代机遇面前，货币政策的制定与实施应当更加适应新常态，体现大国担当。

第二节 研究意义

第一,丰富和发展现有的货币政策理论研究成果,推动货币政策理论的创新和发展。

自 20 世纪 30 年代凯恩斯建立宏观需求理论以来,经过多年理论和实践发展,以追求币值稳定和平滑经济周期波动为主要目的的常规货币政策理论已形成成熟的理论体系,并为 20 世纪 90 年代至 21 世纪初期的全球经济发展提供了重要的理论支撑。但是,金融危机中出现的货币新现象对常规的货币政策理论体系提出了严峻的挑战:危机初期推出的量化宽松货币政策的短期刺激效果消退后,导致了具备结构调整功能的定向调控类货币政策的出现;货币政策由"神秘主义"向"透明主义"转化,促使大规模央行沟通行为与预期管理手段的实施;超低利率环境的出现,导致泰勒规则的失效,诱导了负利率与利率走廊的诞生。而发达国家的税率调整、大规模贸易摩擦、金融科技的迅猛发展,以及突然爆发的公共事件等,都对传统的货币理论提出了新的挑战。本书基于金融危机的背景,系统全面地探讨了危机中的货币政策传导机理与传导效果,丰富和发展现有的货币政策理论,在经典货币政策理论中注入新元素,对于推动货币政策理论的创新和发展具有较为重要的理论价值。

第二,明晰货币政策的定位,为促进经济复苏与风险防范的政策实践提供决策参考。

货币政策是宏观调控政策的重要组成部分,在金融危机的前半程,货币政策对于缓解危机带来的负面影响、努力促进各国经济复苏方面发挥了积极而巨大的作用。由于货币政策操作简便、效果立竿见影,世界各国宏观调控部门在调控过程中对货币政策有使用偏好。随着金融危机进入后半程,世界经济普遍复苏乏力,失衡的经济结构与扭曲的经济环境迫切需要进行修复,各国政府理所当然地再次考虑利用货币政策来实现结构调整的效果。不过,尽管货币政策具备一定的结构调整功能,但是货币经济学理论一般认为货币政策的强项在于调总量而不是调结构,而且货币政策的结构调整功能也需要与其他的强于调结构的宏观政策例如财税政策与产业政策配合,才能充分地发挥作用。本书对货币政策的功能进行了清晰的定位,分析货币政策的长处与局限性,并构建宏观政策组合,利用政策组合的效用最大化来推动经济结构性改革,因此相关研究具有很强的实用价值。

第三,追踪研究最新的货币政策工具手段及传导机理,提升货币政策的调控效果。

在危机初期,世界各国货币政策的主要手段是降利率与大规模的量化宽松,这些政策在初期起到了很强的刺激作用,但随着危机的不断深入,刺激政策的效果逐渐消减,也带来了一系列的副作用。例如持续的降利率促使超低利率环境的出现,导致常规的货币政策失效;同时由于实体经济没有实质性复苏,风险高、回报率过低,通过大规模的量化宽松注入的流动性无法进入急需的产业,最终导致虚拟经济的过度繁荣与经济结构的严重失衡。在此背景下,各国央行推出了具有结构调整功能的货币政策,如美联储的扭转操作、欧洲中央银行的完全货币交易政策与长期定向再融资、英格兰银行的融资换贷款计划、中国人民银行的定向降准等,并在政策推出的全过程中充分利用央行沟通行为来引导市场预期调节经济的结构性变动。但是,世界经济环境的迅速变化叠加公共卫生事件的冲击,使当前世界各国的货币政策再次发生大变动。本书追踪最新的货币政策工具手段,通过数理建模与实证检验来分析各种政策工具手段的传导机理,相关研究有利于明晰各类货币政策的功能,提升货币政策的调控效果。

第四,充分认识当前国际金融环境的复杂性,构建科学合理的货币政策调控体系。

随着金融危机的不断深化,世界经济遭受重创,国际金融环境呈现复杂变化的特征,加之全球局部的政治、军事与恐袭冲突持续不断,当经济金融动荡与政治军事冲突形成共振时,世界经济与政治格局体现出极强的不确定性。从货币环境来看,美联储在退出量化宽松的基础上开始实施加息,然后又由于经济增速下滑和疫情影响,再次回到超低利率环境;同期的欧洲与日本经济持续萧条,欧洲中央银行与日本银行被迫加大量化宽松的力度,并推出了颇受争议的包含负利率的分级利率调控体系。在发达国家的货币政策夹缝中,中国政府亟须制定科学合理的应对之策。近年来,随着中国经济规模日益庞大,在世界范围内的影响力越来越强,再想实施韬光养晦的发展模式已经不再现实。本书提出在充分认识当前国际金融环境复杂性的前提下,策略性利用发达国家的货币政策分歧,加强国际协调,谋求大国权利履行相关义务,构建适合中国发展的货币政策调控体系,实现调结构、保增长、防风险的目标,因此相关研究具有很强的国际视野。

第五,为供给侧结构性改革过程中的货币政策体系的完善和优化奠定理论基础。

中央银行的货币政策适应和引领经济发展新常态的实践操作,既需要科学的理论支撑,其效果也需要严格的实证检验。近几年来,在金融危机背景下,围绕促进供给侧结构性改革的货币政策体系的建设,国内学者和实务工作者进行了一系列的研究和探索。但是,由于我国推行供给侧结构性改革的时间较短,加之世界经济环境与货币环境一直在频繁变动,所以现有相关研究大多还不够深入,尚处于探讨阶段。本书在分析世界货币政策调整的传导机理与传导效果基础上,基于供给侧结构性改革对我国货币政策体系提出的新要求,借鉴国外发达国家货币政策调整的成功经验,通过系统的理论分析和实证检验,构建适应和引领供给侧结构性改革的货币政策理论体系,为供给侧结构性改革过程中的货币政策体系的完善和优化奠定理论基础,因此本书对于促进供给侧结构性改革的货币政策理论体系具有较为重要的学术价值。

本书是对常规的货币经济学教材的一个有益补充。以往常规的货币经济学教材主要分析正常经济环境下的货币政策调整,虽然也有部分章节分析 1929 年至 1933 年的经济大萧条,但是至少有几个原因导致这些内容不适用于当前的货币环境与经济分析。

第一,年代过于久远。很多读者认为那是历史,是离自己很遥远的故事,更多人关注经济大萧条后凯恩斯主义与相关理论的诞生。而在本轮金融危机爆发之前,虽然也有局部的短暂的金融动荡,但世界经济整体向上,理论界与实务界对于金融危机的爆发与危害认识不足。

第二,现阶段的经济环境与背景与当年已完全不同。首先是当前的世界经济总量已经远超 20 世纪 30 年代的大萧条时期,其次是金融市场的规模以及金融衍生产品的复杂程度已达到匪夷所思的程度,而且不断出现的金融创新进一步加剧与加快了金融环境的变化。

第三,常规的宏观调控手段捉襟见肘。当利率逼近零利率下限,价格型货币政策开始失效,急剧变化的经济环境逼迫各国货币当局开始尝试各种货币政策创新。从量化宽松到定向调控,从负利率到央行沟通,从泰勒规则到利率走廊,这些调控手段在当年的经济大萧条时期很少出现过,在已有的教科书中大多也找不到现成的答案。

本书尝试梳理本轮金融危机爆发以来的世界货币政策的演化过程,分析危机中货币政策独特的传导机理与传导效果,以及贸易摩擦、税率调整、宏观审慎、突发的公共卫生事件等对货币政策调整的影响,与时俱进地讨论货币政策与货币理论的未来发展,相关研究有助于评价发达国家货币政策的冲击影响,从而为我国新常态下的货币政策调整提供决策参考。本书大量使用了数理建模与实证检验的经济学研究方法,来分析金融危机中的货币政策调整,以及各种非货币因素对于货币政策调整的影响。尽管我们做了较大努力,但错误与疏漏之处在所难免,恳请各位专家批评指正、不吝赐教。

第二章　超低利率的货币环境

金融危机催生了超低利率环境的出现,本章尝试研究超低利率环境下货币政策传导路径的阻滞,以及零利率下限约束下的货币政策调整效果。

第一节　金融危机催生超低利率环境的出现

在金融危机爆发初期,降息对于缓解金融危机的负面影响起到了一定的作用,但随着危机的不断深化,各国央行的利率一降再降,大多数发达国家出现了超低利率的货币环境。

一、超低利率环境下的货币政策难题

以美国为例,从 2008 年 10 月的第一轮量化宽松至 2015 年 1 月的第一次加息,美国联邦基金利率一直维持在大约 0 至 0.25%之间。超低的利率环境改变了常规货币政策的传导渠道,导致了常规货币政策的传导效果失真。

凯恩斯指出,在某种很低的利率水平时,货币需求曲线会变成与横轴相平行的直线,即经济处于流动性陷阱(Liquidity Trap)。此时,货币当局不能再通过降低名义利率来刺激经济,扩张经济的常规利率手段的有效性会降低甚至失效,从而使得经济复苏困难重重,因此通过降低名义利率的方式来促进经济发展存在下限约束。尽管在不同的国家,凯恩斯预言的"很低的利率水平"并不完全一致,但显然名义利率不可能低至零点以下。Fisher(1896)可能是最早提出零利

率下限约束(Zero Lower Bound,文献中一般简写为 ZLB)的学者,他认为如果经济人将货币借出反而收到负的利息,那么居民会倾向于持有现金,投资会因无法融资而下降,导致产出减少与失业增加,因此名义利率不能为负。经济学家们发现第二次世界大战之后的美国名义利率实际上已多次触及零利率的下限(Coibion 等,2012),而且每一次名义利率达到零点都会导致宏观政策传导效果的失真与经济的急剧波动。Yasuo Hirose 和 Atsushi Inoue(2013)研究了零利率下限约束对 DSGE 模型参数估计的影响,发现当触及零利率下限的概率只有5%时,货币政策参数和实际利率稳态值的估计只有稍许偏差,其余参数的估计则是无偏的,此时估计偏差对脉冲响应函数不会造成显著影响;然而,如果参数取值使得模型触及零利率下限的概率增大,则参数估计的偏差也将增大,脉冲响应函数会与真实情况显著偏离。这一发现表明,在超低利率环境中研究宏观政策的传导效果必须考虑零利率下限约束。Bäurle 和 Kaufmann(2013)的研究也表明,当名义利率受到零利率下限约束时,由于央行不能使用传统的政策工具应对冲击,实际变量和名义变量的波动加剧,不确定性将急剧上升。因此,基于零利率下限的约束,研究超低利率环境下宏观调控政策的传导机理具有重要的现实意义。

近年来,由于金融危机导致的西方发达国家超低利率环境的出现,以及先进技术分析方法的发展,使关于零利率下限的研究得到了越来越多的关注。有些学者认为,当市场利率触及零利率下限时,金融摩擦或市场不完善会使得经济形势变得极其复杂。例如 Walsh(2009)在模型推导中添加了零利率下限约束,发现经济出现了更大扭曲,而时变的财税政策或者补贴机制是更合适的政策工具。Williams(2009)指出,虽然零利率下限约束没有在 2008 年使美国经济恶化,但是在不完全预期的情况下,零利率下限约束确实制约了经济复苏。Clarida(2012)指出,在有金融摩擦的情况下,央行需要更低的实际利率来维持同样水平的总需求和通货膨胀,而流动性陷阱使得保持低实际利率更加困难。Fernández 等(2012)指出,当经济受到冲击触及零利率下限时,传统的货币政策将失效,其他类型的货币政策在没有充分承诺的情况下运行也会非常困难。有些学者认为,当市场利率触及零利率下限时,经济会产生特殊的扭曲机制。例如 Bhansali 等(2009)指出,当央行面临零利率下限约束时,货币政策与收益率曲线之间的相互作用会变得非常复杂。Coibion 等(2012)则认为,触及零利率下限会引起通货紧缩机制,从而加大福利损失。Adjemian & Juillard(2014)认为零利率下限约束限制了名义利率波动,使得期限溢价缩小。有些学者认为,当市场利率触及零利率下限时,经济变量间的传导效果被放大,从而导致经济波动加剧。例如 Nishiyama(2009)认为零利率下限约束通过影响货币政策的滞后机制来影响经济,在经济受到零利率下限约束时,货币政策的滞后程度加大,央行稳定长期经济的代价也会加大。Bodenstein 等(2010)发现在开放经济条件下,零利率下限约束会使货币政策对国内需求作用的有效性降低,他国冲击的溢出作用将被放大。Bäurle 和 Kaufmann(2013)发现存在零利率下限约束时,汇率和价格水平对风险溢价冲击的反应更剧烈和持久。Garcia(2013)指出零利率下限约束使得期限溢价缩小,对产出和通货膨胀率的影响增强。由此可见,在危机中研究宏观政策对经济的影响不能忽略零利率下限的约束条件。

零利率下限约束使得 DSGE 模型面临不等式约束,求解模型时面临复杂的非对称性,学者们对此进行了多种探索。Eggertsson 和 Woodford(2003)较早地采取分段线性近似的方法(piecewise linear approximation)求解模型,模型由存在吸收态的两状态马尔科夫链刻画,他们发现当触及零利率下限约束时,模型将依概率从零利率状态转移到正常状态。Jung 等(2005)、Bodenstein 等(2010)也采用分段线性的方法,同时放松了假设,首先猜测触及零利率下限约束的大致时期,再采取倒推法计算每一期的变量值,不断猜测并验证,最终确定触及零利率下限约束的准确时期。分段线性近似方法依赖于对模型的线性近似,与其他方法相比,可靠性稍逊一筹。Coenen 等(2004)提出了非线性完全预期方法(nonlinear perfect foresight deterministic solution),较好地解决了模型的非线性问题,计算结果更准确,然而确定性方法无法处理经济参与者随机决策过程中预防性动机的影响,因此存在着改进的必要。Nishiyama(2009)尝试采用配点法(collocation method)来解决这一问题,他首先用插值结点离散化状态空间,然后用插值结点上的三次样条函数近似计算值函数,最终再用标准的拟牛顿法求得最优化问题的解。Fernández 等(2012)的全局近似方法(global approximation method)可以看作是配点法的拓展,其在已知 N 组变量值和对应函数值的情况下,用多项式近似原函数,多项式的系数可通过 N 个点拟合得到。全局近似方法既可以解决模型的非线性问题,也可以处理预防性动机,遗憾的是,这种方法计算过程耗时太长,只能处理小规模的模型。Holden 和 Paetz(2012)提出了全新的算法,假设存在理性预期,经济参与者可以预期到触及零利率下限约束的时期,则理性的经济人会据此修改自己的行为,从而对宏观经济变量产生影响。具体做法是在不等式约束中添加影子价格冲击(shadow price shock),用可预期的冲击刻画未来受到零利率下限约束这一假设,内生地决定触及零利率下限约束的时期。Hasui(2013)研究货币政策的效果,Bäurle 和 Kaufmann(2013)研究风险溢价冲击对汇率和价格水平的影响时都用到了影子价格冲击的方法。

关于如何应对市场利率触及零利率下限所导致的过分经济波动,学者们提出了各自的看法。有些学者认为应当适当修改货币政策目标。例如 Hunt 和 Laxton(2001)认为通货膨胀率目标过低,会使央行易受紧缩趋势的影响,建议长期通货膨胀率目标高于 2%。Coenen 和 Orphanides(2004)也指出,若提高通货膨胀率目标,名义利率触及零下限的概率会下降。Bäurle 和 Kaufmann(2013)提出盯住价格水平或者汇率目标可以有效地降低价格和汇率波动。Barsky 等(2014)指出尽管零利率下限约束给实际应用带来了挑战,仍可以考虑把自然利率当作货币政策的基准。有些学者认为需要使用非传统的货币政策手段。例如 Clarida(2012)对低通胀环境中货币政策的相关文献进行了梳理,指出当经济触及零利率下限时,央行有三种可用的策略,分别为前瞻指引、量化宽松和信贷宽松。但是 Levin 等(2010)认为,当考虑相对较大规模和持久的冲击时,单纯使用前瞻指引并不足以保持产出水平接近潜在产出和使通货膨胀水平接近长期目标,在零利率下限附近,利率的传导机制将会被破坏,此时需要使用一些非传统的货币政策手段例如大规模资产购买计划(Large-Scale Asset Purchases)来促进经济复苏。有些学者则认为应当使用积极的财政政策来稳定经济。例如 Bean 和 Paustian(2010)认为在金融危机中,货币政策是无用的,财政政策才是唯一有效的宏观政策工具。Romer(2011)在 IMF 关于宏观经济增长政策的会议上指出,已有足够的证据证明财政政策是有效的,积极的财政刺激可以极大地降低金融危机的代价,因此政府应当采用积极的财政工具来维持短期稳定。Wieland(2014)认为精心设计的财政政策规则可以显著降低高通货膨胀率目标的不利效果,因情况而异的财政政策是高通货膨胀率目标优良的替代选择。有些学者也提出了不同看法,例如 Coibion 等(2012)就指出,提高通货膨胀率的目标并不可取,并不能有效缓解零利率下限带来的超出预期的波动。国内也有学者对零利率下限做过一些研究,例如孙立坚和林木彬(2003)、靳玉英和张志栋(2010)、潘成夫和刘刚(2012),他们普遍认为零利率环境对经济波动有影响,当出现市场利率触及零利率下限的情况时,货币当局应对经济衰退的宏观政策效果将不太理想。

以往学者的研究成就不容忽视,不过也存在着一定的不足。零利率下限是近年来西方发达国家的货币当局在进行利率调整时碰到的一个普遍约束,但是危机之前的学者们对此并未进行特别考虑与处理。有些学者在常规的推导过程中得到了一些结论,然而由于技术方法的缺陷,相关结论不能完全让读者信服;有些学者使用了宏观经济分析中主流的 DSGE 分析范式,但在推导中没有引入零利率下限的约束条件,模型拟合结果与现实经济环境差异较大;还有些学者偏重研究单一的货币政策或单一的财政政策的脉冲冲击效果,例如有学者在研究最优货币政策模型时考虑过零利率下限约束,却较少关注宏观调控政策体系的整体影响以及连续影响,从而对超低利率环境下的宏观政策传导的解释力度不够。

二、超低利率环境下的货币政策传导路径阻滞

金融危机中,西方发达国家实施了大规模的量化宽松货币政策来促进经济复苏。以欧洲中央银行为例,从 2009 年 6 月开始实施系列的资产购买计划,其中包括 2009 年 6 月的一次长期再融资(Long-Term Refinancing Operation,简写为 LTRO),2011 年 12 月与 2012 年 2 月的两次长期再融资,以及 2014 年 6 月的定向长期再融资(Targeted Long-Term Refinancing Operation,简写为 TLTRO)。巨量的流动性不断压低市场利率,最终导致了超低利率环境的出现。欧元区从 2011 年 12 月开始进入零利率区间,并于 2014 年 6 月至今一直在实施负利率的货币政策。凯恩斯的流动性陷阱理论(Liquidity Trap)指出,当利率达到很低水平时,常规的货币政策会失效,从欧洲中央银行的货币政策实践以及欧元区的宏观经济指标来看,确实出现了类似的情况。伴随着欧洲中央银行释放大量流动性,欧洲商业银行体系的资产负债表规模不断扩张,房地产价格出现上涨,虚拟

经济开始日益繁荣,增加的流动性似乎并没有充分进入到实体经济发展领域。在此背景下,研究非常规货币政策传导路径的阻滞,并有的放矢地提出疏导的政策建议,具有非常重要的现实意义。相关研究不但可以科学评判已实施的非常规货币政策的传导效果,而且可以为经济复苏期的货币政策转型提供有益的借鉴与决策参考。

但是在学术上对非常规货币政策的传导效果进行检验并判断在哪个环节上出现了传导阻滞并不是一件容易的事情。综合来看,以往学者对非常规货币政策的传导效果检验大致有三种模式。第一种,以量化宽松的货币政策为自变量,比如以央行的每月购债量作为量化宽松的替代指标代入实证模型进行检验。这种方法虽然能够得到比较规范的检验结果,但是忽略了危机中其他宏观政策调整的影响,得到的结果在全面性与有效性方面存在质疑。第二种,以名义利率为自变量代入实证模型进行检验,这种方法的最大问题是无法对超低利率的影响提供让人信服的解释。因为当利率足够低时,常规的货币政策会失效,此时检验利率传导效果的前提将不存在。而且利率政策不能随时调整,难以获取等频数据序列进行统计检验,如果通过插值法补充缺失数据,会导致经济信息的失真。第三种,基于某个政策的调整时点进行事件分析。这种方法的长处是可以得到特定政策的冲击效果,但是由于先入为主地忽略了其他政策的影响,因此即便检验出因变量的变化状况,也难以确定宏观变量的变化效果与特定政策的相互匹配。由于以上方法存在局限性,有学者提出了影子利率的概念,希望把影子利率作为各类非常规货币政策的统一替代指标,然后通过影子利率来充分全面地反映一个国家的非常规货币政策的影响。

影子利率的概念最早由 Black(1995)提出,它与名义利率最大的差异是可以为连续变化的负值,并能够通过负方向的连续变动来反映宏观政策调整的效果。早年的经济学家,例如费雪(1896)与 Gesell(1949)都认为名义利率存在零利率下限约束(Zero Lower Bound,简写为 ZLB),如果经济人将货币借出反而收到负的利息,那么居民会倾向于持有现金,投资会因无法融资而下降,导致产出减少与失业增加,因此名义利率不能为负,凯恩斯的"流动性陷阱"理论实际上也包含着 ZLB 的预期。在常规的商品市场均衡模式下,货币供应量与货币价格(即利率)之间存在反比例关系,货币供应量越多则利率越低,货币供应量越少则利率越高。当名义利率大于零时,两者的关系确实是这样的,但是当出现超低利率环境后,利率传导的理论前提不再存在,货币的量价之间的反比例关系将被破坏。如果要度量超低利率环境下宽松货币的冲击效果,使用名义利率将难以达到目标。由于超低的名义利率序列不能与不断变化的宏观经济指标(例如产出与物价等)相匹配,所以 Black 提出了影子利率的概念来拓展名义利率的下限约束,他定义影子利率为一个虚拟的短期利率变量,由施加了 ZLB 条件约束的期限结构模型拟合得到。简单理解,影子利率就是危机中一系列非常规货币政策影响效果的综合体现,它突破了国债长期利率存在 ZLB 约束与 M2 冲击单一而不全面的局限,可以视作全利率区间(正利率、零利率与负利率)背景下的货币政策实施力度的测度。我们将在 Black(1995)与 Krippner(2012)的研究基础上引入影子利率,将其作为危机中非常规货币政策的替代指标,然后代入统计模型来检验非常规货币政策对宏观变量的影响。该研究在技术上突破了超低利率环境下利率变量无法与宏观经济指标相匹配的难题,在实践上可以科学评判非常规货币政策的真实传导效果,从而为央行的货币政策调整提供充分的理论支撑与决策参考。

有些学者使用量化宽松作为自变量代入实证模型来检验非常规货币政策的传导效果。例如 Jager 和 Grigoriadis(2017)将央行购债量作为非常规货币政策的替代指标,检验了危机期间欧洲中央银行的货币政策效果,发现非常规货币政策在不同国家有较大的异质性传导效果。Eser 和 Schwaab(2016)研究了量化宽松的操作额度的政策影响,发现欧洲中央银行每购买 SMP/1000 的份额会导致 5 年期国债收益率降低 3 个百分点。Mamatzakis 和 Bermpei(2016)研究了美联储总资产规模变动的影响,发现美联储的非常规货币政策显著降低了银行利润和资本回报率。Wang(2016)对比研究了美联储与日本银行的购债量、基础货币总量和政府债务量的传导效果,发现美国的财政政策对信贷行为影响更大,而日本货币政策影响更大。D'Avino(2018)研究了多国的资产负债表规模与结构,发现美联储货币政策对美国银行的海外分行的信贷行为有很强的引导作用,因此存在跨国的信贷渠道。

有些学者使用利率作为自变量来检验非常规货币政策的传导效果。例如 Georgiadis(2016)研究了短期利率货币政策对其他国家的溢出效应,并从开放程度、经济结构、汇率制度等角度分析了影响溢出效应的不同因素。Cifarelli 和 Paladino(2016)研究了欧洲中央银行的利率渠道传导效果,认为 ECB 的非常规货币政策缓解了欧元区商业银行的市场分离状态,增加了彼此间关联程度。Casiraghi 和 Gaiotti 等(2016)研究了欧洲中央银行政策利率的传导效果,发现 ECB 的非常规货币政策有较强的积极意义,可以导致国债收益率降低,提高信贷供给和货币供给。Kucharcukova 和 Claeys(2016)构建了多种市场利率组成的利率区块影响,认为非常规货币政策对非成员国的实体经济溢出效应有限。Amzallag 和 Calza 等(2018)研究了商业银行在央行的隔夜存款利率与欧洲中央银行的负利率,发现负利率改变了意大利商业银行的信贷行为。Chen 和 Filardo 等(2016)认为借贷行为很大程度上依赖于非国债利率差,尤其是 3 个月期至 10 年期的国债收益率利差和公司债券收益率与美国联邦基金利率的利差。

　　有些学者则同时在计量模型中引入量化宽松和利率两个自变量,通过构造货币政策组合来分析货币政策的影响。例如 Burriel(2018)使用空间计量模型研究了央行资产负债表冲击与利率冲击的影响,发现虽然存在着成员国的差异性,但是欧元区政策利率冲击确实能够促使成员国产出和通胀提高。Salachas 和 Laopodis(2017)研究了欧洲中央银行资产购买比例与利率调整的冲击,并对比了金融危机前后欧元区的信贷传导渠道,发现非常规货币政策对银行的信贷行为有很大的影响,当资产购买规模上升时,会减缓商业银行对外部资金的需要并刺激欧元区的信贷增长。Heryan 和 Tzeremes(2017)用利率和 M2 作为货币政策变量研究了"旧的"货币基金组织和"新的"欧元区之间货币政策信贷渠道的传导差异,发现金融危机前利率调整对新的欧元区影响较大,而金融危机后 M2 调整对旧的货币基金组织影响更大。Weale 和 Wieladek(2016)使用远期利率、资产购买额度和资产价格作为核心变量研究了美国和英国的非常规货币政策效果,发现非常规货币政策能在一定程度上提高产出和通胀,但美英两国的传导机制存在显著差异。Meegan 和 Corbet 等(2018)研究了发达国家的隔夜拆借利率和量化宽松的溢出效应,结果表明美国、欧盟和英国的量化宽松政策溢出效应差异很大,而且金融危机加剧了系统性风险在各国的传导。

有些学者使用事件分析法来研究非常规货币政策的传导效果。例如 Szczerbowicz(2015)评估了 ECB 非常规货币政策对银行和政府的借贷成本影响,结果表明大量的流动性会显著降低银行和政府的借贷成本,同时对其他资产价格也有较强的影响,Falagiarda 和 Reitz(2015)分析了 ECB 非常规货币政策对"欧猪五国"债务危机的交互影响,结果表明非常规货币政策显著降低了债务危机传播。Haitsma 和 Unalmis(2016)使用异方差识别方法检验了欧元区货币政策对证券市场的溢出效应,结论表明 ECB 非常规货币政策会强力推动市场指数上涨。Georgios 和 Johannes(2016)以 ECB 资产购买计划宣布为事件点,研究了 ECB 非常规货币政策对全球其他国家汇率、资产价格和债券收益率的影响,结论表明资产购买计划会导致欧元汇率降低,资产价格提高。Sosvill 和 Fernandez(2016)研究了 FED 和 ECB 的非常规货币政策对汇率的影响,结果表明 ECB 的非常规货币政策宣布会使美元升值,而 FED 的非常规货币政策宣布会导致美元贬值。Fausch 和 Sigonius(2018)使用事件分析法研究了 ECB 的常规和非常规货币政策对德国股市收益率的影响,结果表明货币政策对股市的影响主要受制于利率环境,负利率时期的货币政策会导致股市收益率下降。Krishnamurthy 和 Nagel(2018)分别研究了债券市场计划、完全货币交易和长期再融资工具对欧元区国家不同债券产品收益率的影响,结果表明前两者会导致国债收益率降低 37 个百分点,且欧元区的非常规货币政策有较强的正溢出效应。

近年来,有学者开始使用影子利率来检验非常规货币政策的传导效果。比如 Galariotis 和 Makrichoriti 等(2018)基于影子利率的研究发现,非常规货币政策的传导效率不如常规货币政策的传导效率,而且欧洲中央银行的货币政策具有非对称性,对欧元区发达国家的影响大于非发达国家。Hajek 和 Horvath(2018)将影子利率引入了 GVAR 模型,研究发现发达国家的非常规货币政策冲击会导致其他国家宏观经济增速减缓与通胀下降。Horvath 和 Kotlebova 等(2018)在面板协整模型中引入了影子利率作为非常规货币政策的替代变量,研究发现欧债危机后欧洲中央银行的利率传导渠道被削弱,资产负债表渠道虽然有一定的作用,但在负利率环境下信贷利率对市场利率的响应会更加疲弱。Ganelli 和 Tawk(2017)则以影子利率为解释变量,应用 GVAR 模型分析了日本非常规货币政策的溢出效应,发现日本货币政策主要是通过预期和资产价格渠道对亚洲国家产生影响。金成晓与李雨真(2017)在FAVAR模型中引入影子利率检验了中国货币政策的传导效果,认为央行应当关注影子利率的波动情况以更好地实现政策预期。

以往学者的研究成就不容忽视,但是仍然存在着一定的不足。第一,将量化宽松与名义利率的数据序列作为自变量代入实证模型进行检验,容易忽略危机中其他非常规货币政策调整的影响,而且危机中的名义利率数据序列与宏观经济变量不存在明显相关性,不能对超低利率的影响提供让人信服的解释。第二,事件分析法先入为主地忽略了其他政策的影响,难以确定宏观变量的变化效果与特定政策的相互匹配。第三,已有的影子利率的传导研究,由于没有仔细梳理货币政策的传导路径,所以不能解开从非常规货币政策到最终目标变量的传导黑箱。

三、本章的创新之处

本部分对零利率下限约束下的货币政策传导与超低利率环境下的货币政策传导阻滞进行了研究。

在零利率下限约束的货币政策传导机理方面,创新之处在于:第一,在构建的DSGE模型中引入零利率下限的约束条件,较好地分析了在金融危机导致的超低利率环境下,宏观政策传导的非对称性效果;第二,分无零利率下限约束以及有零利率下限约束两种情况对比进行脉冲响应分析(间断的短期影响)以及仿真模拟(连续的长期影响),考察不同情况下的宏观政策冲击效果;第三,在分析货币政策冲击的同时,充分考虑财政政策的影响,研究在超低利率环境下,由货币政策与财政政策组成的宏观调控政策体系的实施效果。

而在分析超低利率环境下的货币政策传导阻滞方面,我们做的工作主要是使用影子利率对危机中的非常规货币政策进行全面的检验与评价,详细解析了三条主要的货币政策传导路径(货币渠道中的资产价格途径、信用渠道中的银行信贷途径,以及货币渠道中的汇率途径)的传导效果,尝试打开从非常规货币政策到最终目标变量的传导黑箱,了解货币政策传导出现阻滞的原因,并有的放矢地提出疏通货币政策传导路径的政策建议。

第二节 零利率下限约束下的货币政策调整

本部分建立了一个动态随机一般均衡（DSGE）模型，在考虑金融危机中的零利率下限约束的基础上，分析了超低利率环境下经济发展的特殊状况，以及在零利率下限约束下的宏观政策的传导效果。

一、模型构建

我们考虑一个包含家庭、厂商和政府的 DSGE 模型，其中厂商包含中间产品厂商和最终产品厂商两个子类。模型中的经济主体在约束下进行经济决策，达到自己的效用最大化；同时各经济变量受到政府财政政策、货币政策规则和市场出清的约束。

在构建的 DSGE 模型中，代表性家庭在预算约束下追求效用函数的贴现值之和最大化。厂商在技术约束、需求约束和资本品约束下确定自己一系列的生产要素投入量和使用成本，并得到最优产出和定价。在生产技术约束下，厂商追求生产成本最小化，确定资本和劳动的投入比例和生产的实际边际成本；在需求约束下，厂商追求生产利润最大化，确定自己的最优定价；在资本约束下，厂商确定每期新增投资额和资本存量。本部分设定一个宏观的政府，制定财政政策与货币政策，同时通过发行政府债券来为政府财政支出融资。在货币政策方面，政府通过调节货币供应量影响利率干预经济；在财政政策方面，政府受到财政预算约束，通过调节财政支出干预经济。为了分析金融危机时期货币政策与财政政策的特殊传导渠道，考虑超低利率环境下零利率下限约束的作用，本部分引入名义利率非负的约束。同时根据国民收入核算恒等式，给出 DSGE 模型的市场出清条件。通过求解各经济主体的最优化问题，得到一系列欧拉方程，与宏观的货币政策、财政政策和市场出清等条件共同确定各个经济变量之间的动态关系，构建大型的 DSGE 方程组。最终通过求解方程组，寻求经济的可能稳态并探究其动态的变化过程，研究在超低利率环境下，由货币政策与财政政策组成的宏观调控政策体系的传导效果。

（一）代表性家庭

考虑代表性家庭,该家庭根据约束条件决定自己每期的实际消费额、持有的货币余额与提供的劳动量。关于家庭的效用函数,本部分基于 Smets 和 Wouters(2003)研究中对家庭效用函数的设置同时进行适当简化,假定消费和持有货币余额的边际效用为正,劳动的边际效用为负,并且边际效用具有递减的特点,给出家庭的效用函数表示为(1)式,该家庭的目标是最大化效用函数的贴现值之和。

$$\max E_t \left\{ \sum_{j=0}^{\infty} \beta^j \left[\frac{c_{t+j}^{1-\sigma_c}}{1-\sigma_c} + \frac{\chi}{1-\sigma_m} \left(\frac{M_{t+j}}{P_{t+j}} \right)^{1-\sigma_m} - \frac{l_{t+j}^{1+\sigma_l}}{1+\sigma_l} \right] \right\} \tag{1}$$

其中 E_t 是期望算子,β 是贴现因子,反映未来效用与当期效用之间的替代弹性,c_t 表示居民在 t 期的实际消费,M_t 表示居民在 t 期末持有的名义货币余额,P_t 表示第 t 期的总价格水平,l_t 表示居民在 t 期提供的劳动,σ_c 表示消费的跨期替代弹性的倒数,σ_m 表示货币需求对利率弹性的倒数,σ_l 表示劳动供给对实际工资弹性的倒数,χ 表示货币余额在家庭效用函数中的权重。

参考 Smets 和 Wouters(2003)以及李成等(2011)的设定,预算约束中同时考虑持有的货币余额和国债余额。代表性家庭在 t-1 期的财富包括持有货币余额和政府债券;在 t 期,代表性家庭提供劳动并获得工资收入,家庭在第 t 期以货币的形式持有一部分收入,其余的收入用来消费和购买政府债券。因此,代表性家庭当期支出和财富之和不能超过上一期财富和当期收入之和,即预算约束条件为(2)式。其中 B_t 表示居民在 t 期末持有的名义政府债券余额,w_t 表示 t 期的实际工资率,i_t 表示 t 期的名义利率。

$$c_t + \frac{M_t}{P_t} + \frac{B_t}{P_t} = \frac{M_{t-1}}{P_t} + \frac{(1+i_t)B_{t-1}}{P_t} + w_t l_t \tag{2}$$

令 m_t 表示居民在 t 期末持有的实际货币余额,即 $m_t = M_t/P_t$;b_t 表示居民在 t 期末持有的实际政府债券余额,即 $b_t = B_t/P_t$。效用函数公式(1)和预算约束公式(2)可以用实际变量表示,化简之后为(3)式和(4)式,其中 π_t 表示 t 期的通货膨胀率,定义为 $\pi_t = P_t/P_{t-1}$。

$$\max E_t \left\{ \sum_{j=0}^{\infty} \beta^j \left[\frac{c_{t+j}^{1-\sigma_c}}{1-\sigma_c} + \chi \frac{m_{t+j}^{1-\sigma_m}}{1-\sigma_m} - \frac{l_{t+j}^{1+\sigma_l}}{1+\sigma_l} \right] \right\} \tag{3}$$

$$c_t + m_t + b_t = \frac{m_{t-1}}{1 + \pi_t} + \frac{(1 + i_t) b_{t-1}}{1 + \pi_t} + w_t l_t \tag{4}$$

求解代表性家庭的最优化问题,得到上述问题的一阶条件为(5)式、(6)式与(7)式[①]。

$$c_t^{-\sigma_c} = \beta \frac{1 + E_t\{i_{t+1}\}}{1 + E_t\{\pi_{t+1}\}} E_t\{c_{t+1}^{-\sigma_c}\} \tag{5}$$

$$c_t^{\sigma_c} l_t^{\sigma_l} = w_t \tag{6}$$

$$\chi m_t^{-\sigma_m} c_t^{\sigma_c} = \frac{E_t\{i_{t+1}\}}{1 + E_t\{i_{t+1}\}} \tag{7}$$

(5)式为消费品需求的欧拉方程,体现了代表性家庭进行跨期消费替代决策时需考虑预期名义利率和预期通货膨胀率。(6)式为工资劳动方程,体现了代表性家庭当期消费、提供的劳动与当期工资率之间的动态联系。(7)式为实际货币需求方程,说明当期代表性家庭对实际货币余额的需求受到当期消费和利率水平变动的影响,同时也受到实际货币余额在家庭效用函数中的权重因子的影响。代表性家庭根据(5)式、(6)式和(7)式动态调整自己每一期的消费、劳动和持有实际货币余额数量。根据 Fisher(1930)提出的费雪方程式,名义利率、实际利率和通货膨胀率之间具有(8)式的关系,其中 r_t 表示 t 期的实际利率。

$$1 + r_t = \frac{1 + i_t}{1 + \pi_t} \tag{8}$$

(二)厂商

厂商在技术约束、需求约束和资本品约束下确定自己一系列的生产要素投入量和使用成本,并得到最优产出和定价。假设最终产品市场是完全竞争的,中间产品市场是垄断竞争的,中间产品的种类服从[0,1]上的均匀分布。中间产品市场价格存在黏性,即厂商采取 Calvo 交错定价的方式[②]。在生产技术约束下,厂商追求生产成本最小化,确定最优产量。在需求约束下,厂商追求生产利润最大化,确定最优定价。同时在资本约束下,厂商确定每期新增投资额

---

① 附录 A1 中提供了式(5)式、(6)式和(7)式的证明过程。

② Calvo(1983)的交错定价策略认为每一期都有 $1 - \gamma$ 比例的厂商调整价格,而没有调整价格的厂商价格盯住上一期的通货膨胀率。γ 相当于价格黏性的程度,γ 越大,则说明价格黏性的程度越大。

和资本存量。

1. 技术约束

厂商向代表性家庭购买劳动,同时运用企业可使用的资本进行生产,借鉴 Kawai 和 Zhai(2012)、Auray 等(2014)以及金中夏等(2013)的设置,假设厂商采用柯布—道格拉斯生产函数形式如(9)式,该式说明产出受到技术、劳动和资本投入的影响。

$$y_t = a_t k_{t-1}^\alpha l_t^{1-\alpha} \tag{9}$$

其中 $\alpha \in (0,1)$ 表示资本在产出贡献中的份额,y_t 表示 t 期的总产量,k_t 表示 t 期的资本存量,a_t 表示社会当期的生产率,反映技术水平的高低。我们借鉴 Gali(2009)的研究方法将技术冲击引入模型,假设技术水平受到技术水平一期滞后值的影响,也受到当期随机冲击的影响,所以其变化满足一阶自回归过程,即(10)式。该式中 ρ_a 为滞后系数,ε_t^a 是标准差为 1 的高斯白噪声过程,表示技术冲击。技术因素包括除了资本、劳动之外的其他影响生产的要素,真实经济周期(RBC)理论认为技术因素是经济增长的重要源泉。

$$\hat{a}_t = \rho_a \hat{a}_{t-1} + \varepsilon_t^a \tag{10}$$

厂商的生产成本包括向工人支付工资、付出使用资本的必要报酬。厂商在技术约束下追求生产成本最小化,参考范从来等(2012)学者的方法,通过求解如(11)式所示的生产成本最小化问题,可以确定厂商的最优产量、实际工资水平、厂商生产的实际边际成本等经济变量:

$$\min w_t l_t + r_t k_{t-1} \tag{11}$$

求解以(11)式为目标函数、(9)式为约束条件的最优化问题,可以得到技术约束下的两个欧拉方程[1],(12)式和(13)式分别体现了最优实际工资水平和资本收益率的影响因素。

$$w_t = (1-\alpha) mc_t a_t k_{t-1}^\alpha l_t^{-\alpha} \tag{12}$$

$$r_t = \alpha mc_t a_t k_{t-1}^{\alpha-1} l_t^{1-\alpha} \tag{13}$$

联立(12)式和(13)式,把两式相除消去生产单位产品的实际边际成本

---

[1]　附录 A2 中提供了(12)式和(13)式的证明过程。

mc_t，可以得到(14)式。该式说明资本和劳动的投入比受到两种要素相对价格的影响，也受到两种要素在产出贡献中份额的影响。

$$k_{t-1} = \frac{\alpha}{1-\alpha} \frac{w_t}{r_t} l_t \qquad (14)$$

再将(14)式代入(12)式，消去生产中的资本和劳动投入，最终可以得到(15)式，(15)式体现了生产实际边际成本的影响因素。

$$mc_t = \frac{w_t^{1-\alpha} r_t^{\alpha} (1-\alpha)^{\alpha-1} \alpha^{-\alpha}}{a_t} \qquad (15)$$

(15)式说明生产的实际边际成本为资本收益率和实际工资率的加权平均，权重分别为两种要素在产出贡献中的份额。

2. 需求约束

本部分假设最终产品市场是完全竞争的，最终产品厂商追求总利润最大化，确定对每种中间产品的需求。中间产品市场是垄断竞争的，因此中间产品厂商在向下倾斜的需求曲线约束下，对中间产品具有一定的定价权，中间产品厂商追求利润最大化，确定中间产品的最优定价。中间产品的最优定价影响总价格水平，进而对通货膨胀率产生影响。

借鉴 Smets 和 Wouters(2003)、Swain(2011)、张佐敏(2013)等对厂商最优化问题的设定，生产最终产品的厂商将中间产品加工成最终产品，最终产品厂商追求总利润最大化。由于总利润等于所有最终产品的销售价格减去所有投入的中间产品价格之和，因此目标函数用(16)式表示。同时最终产品厂商采用(17)式表示的生产技术。

$$\max P_t y_t - \int_0^1 P_t(i) y_t(i) \, di \qquad (16)$$

$$y_t = \left\{ \int_0^1 [y_t(i)]^{-\frac{1-\theta}{\theta}} di \right\}^{-\frac{\theta}{1-\theta}} \qquad (17)$$

(17)式说明最终产品厂商采用 Dixit 和 Stiglitz(1977)不变替代弹性(CES)的形式对中间产品进行加总，可以得到最终产品的产出。求解最终产品厂商总利润最大化问题，可以得到中间产品的需求曲线，用(18)式表示①。(18)式与

---

① 附录 A3 提供了(18)式的证明过程。

中间产品市场垄断竞争的特点相符,中间产品厂商面临向下倾斜的需求曲线,生产中间产品的厂商,面临的市场需求是总需求的一定比例,其比例系数受到中间产品之间替代弹性和中间产品价格与总价格水平之比的影响。其中 $y_t(i)$ 表示第 t 期第 i 种中间产品的产量, $P_t(i)$ 表示第 t 期第 i 种中间产品的价格, P_t 表示第 t 期的总价格水平, θ 表示中间产品之间的替代弹性。

$$y_t(i) = \left(\frac{P_t(i)}{P_t}\right)^{-\theta} y_t \tag{18}$$

本部分假设最终产品市场是完全竞争的,因此在均衡条件下最终产品厂商垄断利润为零,所以总价格水平是中间产品定价之和,满足(19)式。

$$P_t = \left[\int_0^1 P_t(i)^{1-\theta} di\right]^{\frac{1}{1-\theta}} \tag{19}$$

中间产品厂商使用当期的资本和劳动进行生产,产出为不完全相同的中间产品,每期的利润为中间产品总价减去生产成本。中间产品厂商需要最大化利润函数来确定最优定价,在第 t 期进行优化的中间产品厂商的利润用(20)式表示,需求约束条件为(21)式:

$$\max E_t\left\{\sum_{j=0}^{\infty} \gamma^j Q_{t,t+j}\left[P_t^* y_{t+j|t}(i) - \Psi(y_{t+j|t}(i))\right]\right\} \tag{20}$$

$$y_{t+j|t}(i) = \left(\frac{P_t^*}{P_{t+j}}\right)^{-\theta} y_{t+j} \tag{21}$$

其中 $\Psi(y_{t+j|t}(i))$ 表示成本函数,是给定生产技术时成本最小化的结果。参考 Gali(2009)、侯成琪等(2011)在价格黏性条件下对物价的研究, $Q_{t,t+j}$ 为名义支付的随机贴现因子,由(22)式确定, P_t^* 为中间产品最优定价, P_t 表示总价格水平。 $y_{t+j|t}(i)$ 表示在第 t 期最后一次重新设定价格的厂商在时期 t+j 的产出。如前假设,中间产品市场是垄断竞争的,因此生产中间产品的厂商在需求约束下对产品具有定价权,假设生产中间产品的厂商采用 Calvo 交错定价策略,每一期都有 $1-\gamma$ 比例的厂商调整价格。

$$Q_{t,t+j} = \beta^j \frac{c_{t+j}^{-\sigma_c}}{c_t^{-\sigma_c}} \frac{P_t}{P_{t+j}} \tag{22}$$

(22)式说明名义支付的随机贴现因子 $Q_{t,t+j}$ 受到消费和物价水平变化的影

响。以(20)式作为目标函数,以(21)式为约束条件,可以得到中间产品厂商最优定价问题的一阶条件,用(23)式表示①。其中 $\Psi'(y_{t+j|t}(i))$ 表示在时期 t 设定价格的厂商在时期 t+j 的名义边际成本。

$$\sum_{i=0}^{\infty} \gamma^j Q_{t,t+j} y_{t+j|t}(i) \left[\frac{P_t^*}{P_{t-1}} - \frac{\theta}{\theta - 1} \Psi'(y_{t+j|t}(i)) \frac{1}{P_{t-1}} \right] = 0 \qquad (23)$$

令 $mc_{t+j|t}$ 表示在时期 t 最后一次重新设定价格的厂商在时期 t+j 的实际边际成本。则 $mc_{t+j|t}$ 与 $\Psi'(y_{t+j|t}(i))$ 满足(24)式定义的关系。

$$\Psi'(y_{t+j|t}(i)) = mc_{t+j|t} P_{t+j} \qquad (24)$$

在稳定状态中,有 $Q_{t,t+j} = \beta^j$ 成立,与(24)式一起代入(23)式,可以得到(25)式。为了直观地描述变量之间的相互关系,将(25)式在零通货膨胀稳态附近展开,得到(26)式。(26)式说明重新设定价格的厂商,最优定价是当前的和预期的边际成本和物价水平的加权平均值,并且权重与每一时刻不调整价格的厂商比例 γ 和贴现因子 β 的乘积有关。

$$\sum_{j=0}^{\infty} \gamma^j \beta^j \frac{P_t^*}{P_{t-1}} = \sum_{j=0}^{\infty} \gamma^j \beta^j \frac{\theta}{\theta - 1} E_t \left\{ mc_{t+j|t} \frac{P_{t+j}}{P_{t-1}} \right\} \qquad (25)$$

$$\hat{p}_t^* - \hat{p}_{t-1} = (1 - \gamma\beta) \sum_{j=0}^{\infty} (\gamma\beta)^j E_t \{ \hat{mc}_{t+j|t} + \hat{p}_{t+j} - \hat{p}_{t-1} \} \qquad (26)$$

参考 Gali(2009)等的方法,经济的实际边际成本用(27)式定义,(27)式说明在时期 t 设定价格的厂商在时期 t+j 的实际边际成本受到所有厂商在时期 t+j 的平均实际边际成本与物价水平变动的影响。

$$E_t \{ \hat{mc}_{t+j|t} \} = E_t \{ \hat{mc}_{t+j} \} - \frac{(1 - \alpha) \theta}{\alpha} \{ \hat{p}_t^* - E_t \{ \hat{p}_{t+j} \} \} \qquad (27)$$

把(27)式代入(26)式,并重新整理可以得到(28)式②。(28)式贴现和的形式可以写成紧凑的差分方程形式,用(29)式表示。根据通货膨胀率的定义,最终可以得到(30)式。(28)式说明厂商根据当前的以及预期的生产边际成本和物价水平来调整价格,(29)式说明厂商在任意给定时期重新确定的最优价格与上一期总价格水平之差是通货膨胀的源泉。

---

① 附录 A4 提供了(23)式的证明过程。
② 附录 A5 提供了(28)式、(29)式和(30)式的证明过程。

$$\hat{p}_t^* - \hat{p}_{t-1} = (1 - \gamma\beta) \, \Theta \sum_{j=0}^{\infty} (\gamma\beta)^j E_t\{\hat{mc}_{t+j}\} + (1 - \gamma\beta) \sum_{j=0}^{\infty} (\gamma\beta)^j E_t\{\hat{p}_{t+j}\} - \hat{p}_{t-1}$$

$$(28)$$

$$\hat{p}_t^* - \hat{p}_{t-1} = (1 - \gamma\beta) \, \Theta \hat{mc}_{t+j} + (\gamma\beta) \, E_t\{\hat{p}_{t+1}^* - \hat{p}_t\} + \hat{\pi}_t \qquad (29)$$

$$\hat{\pi}_t^* = (\gamma\beta) E_t\{\hat{\pi}_{t+1}^*\} + (1 - \gamma\beta) \Theta \hat{mc}_t + \hat{\pi}_t \qquad (30)$$

其中 $\hat{\pi}_t^*$ 表示最优定价确定的最优通货膨胀率。为了使表达式更简洁,把 $\hat{mc}_t$ 的系数用 $(1 - \gamma\beta)\Theta$ 表示,其中 Θ 由等式(31)确定:

$$\Theta = \frac{\alpha}{\alpha + \theta(1 - \alpha)} \qquad (31)$$

前文的(19)式刻画了总价格水平与中间产品价格之间的关系,可以转化成关于通货膨胀率的等式。由于调整价格的厂商都选择相同的价格 P_t^*,于是得到(32)式①。

$$(1 + \pi_t)^{1-\theta} = \gamma + (1 - \gamma)(1 + \pi_t^*)^{1-\theta} \qquad (32)$$

公式(32)的含义是,由于生产中间产品的厂商采用 Calvo 交错定价策略,因此当期的通货膨胀率取决于两个因素: γ 比例的厂商不调整价格,对通货膨胀率的影响为 1 个单位; $1 - \gamma$ 比例的厂商根据最优定价方程调整产品价格,对通货膨胀率的影响为 $(1 + \pi_t^*)$ 个单位。此时, π_t 和 π_t^* 满足条件(32)式。(30)式和(32)式反映了通货膨胀率的变动规则。

3. 资本品的生产

根据 Kumhof 等(2010)、Swain(2011)、Auray 等(2014)、吴利学(2009)、范从来等(2012)对资本变动方程的设定,当把资本看作一种产品时,厂商的投入为上一期期末的资本存量和当期追加的新增投资,产出为当期的资本存量。故当期资本存量的数额等于上一期折旧后的资本存量数额加上当期的新增投资额。因此,生产资本品厂商的资本存量的变化约束为(33)式。其中 dep 是资本的折旧率, in_t 是 t 时期的新增投资额。

$$k_t = (1 - dep)k_{t-1} + in_t \qquad (33)$$

---

① 附录 A6 提供了(32)式的证明过程。

(三)政府和市场出清

本部分设定一个宏观的政府,包含货币当局与财税当局。政府制定货币政策与财税政策,同时通过发行政府债券来为政府财政支出融资,政府需要支付政府债券的利息。关于政府预算约束的设定,以往学者做过若干研究,例如Kumhof 等(2010)、Swain(2011)、Auray 等(2014)考虑了税收、国债发行量对政府预算的约束;Laxton 和 Pesenti(2003)、贾俊雪和郭庆旺(2010)则研究了货币发行量、国债发行量和税收对政府预算的约束。已有的文献在模型设定时,通常把税收作为一个单独的变量,这可能会忽略税收与产出之间的密切联系,相应传导渠道的作用无法得到充分的体现,因此本部分假设政府的税收是总产出的一定比例,比例系数为 τ 。则政府受到的预算约束为(34)式。其中 g_t 表示政府在第 t 期的实际财政支出,τ 表示政府税收与实际总产出之间的比例系数。

$$m_t + b_t = (1 + r_t)b_{t-1} + g_t + \frac{m_{t-1}}{1 + \pi_t} - \tau y_t \tag{34}$$

Coibion 等(2012)、张佐敏(2013)分析了受到随机外生冲击的政府财政支出方程;Gail(2009)、Kumhof 等(2010)研究了受到随机外生冲击的货币供应量变动方程。参考上述学者的研究成果,假设政府财政支出与货币供应量均受前期的影响,同时当期受到随机冲击,满足一阶自回归过程,如(35)与(36)式所示。

$$\hat{g}_t = \rho_g \hat{g}_{t-1} + \varepsilon_t^g \tag{35}$$

$$\hat{m}_t = \rho_m \hat{m}_{t-1} + \varepsilon_t^m \tag{36}$$

其中 ρ_g 表示政府财政支出受到上一期影响的滞后系数,ε_t^g 是标准差为 1 的高斯白噪声过程,它表示政府财政支出冲击;ρ_m 表示货币供应量受到上一期影响的滞后系数,ε_t^m 是标准差为 1 的高斯白噪声过程,它表示货币供应量冲击。

参考刘斌(2008)、李成等(2011)对我国货币政策规则的假设,货币规则同时作用于利率与货币增长速度,即中央银行同时使用价格型货币政策工具与数量型货币政策工具①,货币政策规则采用拓展的 Taylor 规则形式,得到

---

① 尽管世界各国在不同的时期,货币政策的实施会有所侧重,但一般都会综合考虑两种不同类型的货币政策工具。

(37)式[1]。该式表示利率会受到上一期利率的影响,同时货币当局根据通货膨胀率和产出来调整利率。

$$i_t = \varphi_i i_{t-1} + \varphi_\pi \pi_t + \varphi_y y_t \tag{37}$$

在金融危机中,西方发达国家纷纷通过降低市场利率的手段来促进本国经济复苏、引导实体经济发展,这导致了超低利率环境的出现。例如,美国近年来联邦基金利率一直维持在大约 0 至 0.25% 之间;而日本的银行间同业拆借利率则大约在 0.02% 至 0.03% 之间[2]。超低的利率环境改变了常规货币政策的传导渠道,并导致货币政策的传导效果失真。为了分析金融危机时期货币政策与财政政策的特殊传导渠道,我们引入超低利率环境。但是小于零的名义利率在现实环境中不可能存在,因此政府货币政策将受到零利率下限的约束。在受到零利率下限约束的超低利率环境下,货币政策的效果会与正常经济环境中的效果不同。本部分基于 Nakov(2008)、Walsh(2009)、Nishiyama(2009)、Bodenstein 等(2010)学者对零利率下限约束的研究,在构建的 DSGE 模型中添加零利率下限约束如公式(38)所示:

$$i_t \geq 0, t = 1,2,3\cdots \tag{38}$$

根据 Smets 和 Wouters(2003)、Laxton 和 Pesenti(2003)、Kawai 和 Zhai(2012)的研究成果,同时结合国民收入核算恒等式,总产出等于代表性家庭的总消费、政府总支出和新增投资之和。给出市场出清条件为(39)式:

$$y_t = c_t + g_t + in_t \tag{39}$$

以上方程在 DSGE 的分析框架下,构成了一个大型的方程组,包含家庭、厂商和政府等。各经济主体在约束下进行经济决策,达到各自的效用最大化;同时各经济变量受到财政政策、货币政策规则和市场出清的约束。我们尝试通过求解方程组,寻求经济的可能稳态并研究其动态的变化过程,从而探讨在超低利率环境下,由货币政策与财政政策组成的宏观调控政策体系的传导效果。

---

① 目前 Taylor 规则在 DSGE 模型中已被广泛使用,例如 Bodenstein 等(2010)、Fernández 等(2012)、Coibion 等(2012)、袁申国等(2011)、贺聪等(2013)学者在 DSGE 模型中均采用了不同形式的 Taylor 规则。

② 数据来源:美联储网站以及日本银行网站的公开资料。

二、参数校准与估计

在本部分构建的 DSGE 模型中有两类参数:第一类参数反映模型的稳态特征,这类参数是固定值或者只与内生经济变量的稳态值有关,我们基于经典文献以及统计文献提供的数据进行校准;第二类参数反映模型的动态特征,这类参数被认为是随机变量,会受到内生经济变量每一期取值的影响,我们通过贝叶斯方法进行估计。

(一)参数校准

校准方法的基本思路是根据经济中观察到的经济变量取值来确定模型中的有关参数。借鉴 Bernanke 等(1999)和王立勇等(2012)的相关研究,家庭主观贴现率的基本取值区间为 0.990—0.999,我们令家庭的主观贴现率 β 取值为 0.99,以对应 0.01 的实际利率水平①;借鉴 Bodenstein 等(2010)以及张卫平(2012)对效用函数的设定,消费、劳动供给和货币需求弹性的倒数 σ_c、σ_l 和 σ_m 取值分别为 2、3 和 2;参考 Bodenstein 等(2010)、Fernández 等(2012)、陈昆亭和龚六堂(2006)的相关研究,不能调整价格的厂商比例 γ 取值为 0.75。参考刘斌(2009)的取值,稳态时政府债券余额与货币余额的比例为 0.1,借鉴张佐敏(2013)的计算结果,税收与总产出的比例 τ 取值为 0.052。根据 2008 年一季度至 2014 年三季度美国联邦政府支出与广义货币量(M1 plus quasi-money)的季度数据,估算稳态时政府支出占货币余额的比例②。确定稳态时有关参数的具体校准值见表 2-1:

表 2-1 模型主要参数校准值

参数	解释意义	取值
β	家庭的主观贴现率	0.99
r^{ss}	稳态时的实际利率	0.01

---

① 实际利率稳态值取值为 0.01,家庭主观贴现率与实际利率之间关系为 $\beta = \dfrac{1}{1+r^{ss}}$,因此可确定家庭主观贴现率 β 的取值为 0.99。

② 数据来源:BvD 数据库,网址为 https://eiu.bvdep.com/version-20141015/cgi/template.dll。

续表

参数	解释意义	取值
σ_c	消费跨期替代弹性的倒数	2
σ_l	劳动供给对实际工资弹性的倒数	3
σ_m	货币需求对利率弹性的倒数	2
γ	不能调整价格的厂商比例	0.75
$\dfrac{g^{ss}}{m^{ss}}$	稳态时政府支出占货币余额的比例	0.0911
$\dfrac{b^{ss}}{m^{ss}}$	稳态时政府债券余额与货币余额的比例	0.1
τ	税收与总产出的比例	0.052

（二）贝叶斯估计

贝叶斯估计假设模型中的部分参数是随机变量,在估计参数时,先根据已知的信息确定参数的先验分布形式和分布的相关统计量,然后根据实际数据对先验分布进行修正,最终得到参数的贝叶斯估计值。

借鉴刘斌(2010)的研究成果[①],使用其贝叶斯估计的后验均值作为本部分参数的先验均值。其中刻画技术趋势增长率变化持续性的参数 ρ_α 取值为 0.57,刻画政府财政支出趋势增长率变化持续性的参数 ρ_g 取值为 0.56,(以上取值与Fernández 等(2012)、Auray 等(2014)的研究成果基本一致);刻画货币政策规则利率调整惯性的参数 φ_i 取值为 0.95,刻画货币政策规则利率关于通货膨胀率弹性的参数 φ_π 取值为 0.072,刻画货币政策规则利率关于产出弹性的参数 φ_y 取值为 0.032,(以上取值与 Bodenstein 等(2010)、Kumhof 等(2010)、Coibion 等(2012)学者的研究成果基本一致)。再参考 Laxton & Pesenti(2003)、Auray 等(2014)学者的研究成果,将资本在产出贡献中的份额 α 取值为 0.33;借鉴Bodenstein 等(2010)、王立勇等(2012)学者的研究,将资本折旧率 dep 取值为0.025[②],我们使用贝叶斯估计方法对模型中的参数进行估计。技术指标显示,

---

① 参见刘斌:《动态随机一般均衡模型及其应用》,中国金融出版社 2010 年版,第 259 页。

② 从现有文献看,学者们对折旧率的取值一般介于 0.014 到 0.032 之间,因此本部分的取值也较为合理。

贝叶斯估计的结果真实有效,可以用来进行经济解释。贝叶斯估计结果如表 2-2 所示,技术冲击的滞后系数为 0.4720,财政支出冲击的滞后系数为 0.5508,产出关于资本的弹性为 0.2606。货币政策规则关于名义利率、通货膨胀率和产出缺口的弹性分别为 0.9975、0.0813 和 0.0640。

表 2-2　参数 Bayes 估计值

参数	先验均值	后验均值	先验分布	事后分布区间
ρ_a	0.57	0.4720	Norm	$(0.3435, 0.6073)$
ρ_g	0.56	0.5508	Norm	$(0.3698, 0.7780)$
α	0.33	0.2606	Norm	$(0.1224, 0.3877)$
dep	0.025	0.0036	Norm	$(0.0000, 0.0067)$
φ_i	0.95	0.9975	Beta	$(0.9951, 1.0000)$
φ_π	0.072	0.0813	Beta	$(0.0088, 0.1364)$
φ_y	0.032	0.0640	Beta	$(0.0274, 0.1063)$

三、货币政策与财政政策的脉冲冲击效果

本部分着重考察货币政策与财政政策的影响,分析宏观经济变量在货币供应量与政府财政支出的冲击之下所产生的反应效果。首先假设经济处于稳定状态,然后考察冲击发生后各变量的脉冲响应函数图像,直观地得到各变量的变化情况。与以往大多数文献不同之处在于,基于金融危机期间利率水平较低的现实情况,我们在构建模型时设置了零利率下限的约束,并借鉴 Holden 和 Paetz (2012)的研究方法,分没有零利率下限约束与存在零利率下限约束两种情况,对比分析宏观政策的冲击效果,研究存在流动性陷阱时,金融危机期间经济的波动状况。以下系列图形中,实线表示不存在零利率下限约束的情况,虚线表示存在零利率下限约束的情况。图形的横坐标表示经济调整的期数,纵坐标表示经济变量偏离稳态的百分比。

(一)货币供应量冲击

首先假设经济处于稳态,然后对其施加一个单位正向的货币供应量冲击,得到系列图形。图 2-1 是名义利率、实际利率、政府债券余额和新增投资额对货

币供应量冲击的脉冲响应函数图像。

图2-1的第一幅子图显示的是名义利率对货币供应量冲击的脉冲响应函数图像。货币供应量增加一个单位，不考虑零利率下限约束时，名义利率首先下降，之后缓慢恢复到均衡水平；而考虑零利率下限约束时，名义利率1期内近似为零，2期之后提高，最终稳定在较高水平，两者的变化趋势不一样。考虑零利率下限约束时，与Fernández等（2012）的结论类似，宽松的货币政策引起了名义利率的上升，这主要是预期的作用。政府增加货币供应量，投资者对经济处于困境的担忧转变为现实，悲观预期促使投资者要求更高的利率作为风险补偿，同时投资者认为未来名义利率会恢复到较高水平，因此名义利率的预期升高，将促使名义利率在2期之后提高。Walsh（2009）的研究指出，在常规的经济环境中，最优政策是货币当局承诺未来维持低利率水平，并以此影响未来通货膨胀预期，这也正是伯南克多次在公开讲话中，希望通过前瞻指引（Forward Guidance）稳定经济的原因。然而在超低利率环境中，货币当局难以有效地影响预期，因此不得不通过各种非传统的货币政策例如大规模资产购买计划（Large-Scale Asset Purchases）提高承诺的可信度。这与弗里德曼的三效应理论相吻合，弗里德曼指出如果收入与价格效应、通货膨胀预期效应大于流动性效应，那么货币供给的增加会导致利率的上升，而不是下降。这说明考虑零利率下限约束时，政府继续增加货币供应量不能进一步降低名义利率，同时，由于投资者要求更高的风险补偿且预期未来名义利率会恢复正常水平，因此名义利率反而会出现上升。

图2-1的第二幅子图显示的是实际利率对货币供应量冲击的脉冲响应函数图像。不考虑零利率下限约束时，实际利率在第1期小幅上升，之后稳定在较低的水平；考虑零利率下限约束时，名义利率上升会引起实际利率短期内较大幅上升，长期内实际利率恢复到均衡水平，两者的变化趋势也不一样。当政府增加货币供应量时，短期内悲观的预期促使投资者要求更高的利率作为风险补偿，因此实际利率会出现瞬时上升；但是在长期中，实际利率仍然受到实际要素数量与实际要素价格的约束，因此长期来看，实际利率将恢复到均衡水平。Walsh（2009）对经过通货膨胀指数化的美国五年期国债利率进行了研究，发现该利率确实体现出先急剧上升后下降的趋势；Smets 和 Wouters（2003）、

Adolfson 等(2014)的相关研究也发现了实际利率在脉冲响应函数图像中先急剧上升后下降的现象。这说明考虑零利率下限约束时,若政府增加货币供应量,短期内将导致名义利率上升引起实际利率上升,因此增加货币供应量不能起到刺激经济的作用。

图 2-1 的第三幅子图显示的是政府债券余额对货币供应量冲击的脉冲响应函数图像。不考虑零利率下限约束时,由于实际利率小幅上升,政府债券余额随之小幅上升,之后缓慢趋向于均衡水平;而考虑零利率下限约束时,增加的货币供应量并没有进入实体经济投资渠道,而是使政府债券余额出现明显上升。显然,考虑零利率下限约束时的结论与流动性陷阱理论和实际数据都比较符合。根据流动性陷阱理论,当利率降低到一定水平时,货币需求弹性变得无限大,增加的货币供应量会被储存起来。美国 2008 年至 2014 年国债数量(public debt)从 58030 亿美元激增到 129680 亿美元①,也证明了增加货币供应量往往伴随着国债数量大幅攀升。说明考虑零利率下限约束时,增加货币供应量的主要影响为居民增加政府债券购买量,并不能增加投资,也难刺激实体经济的发展。

图 2-1 的第四幅子图显示的是新增投资额对货币供应量冲击的脉冲响应函数图像。不考虑零利率下限约束时,期初实际利率小幅上升导致新增投资额小幅下降,大约 2 期之后随着实际利率恢复到均衡水平,新增投资额恢复到均衡水平;而考虑零利率下限约束时,利率上升使资本的使用成本提高,新增投资额显著下降。在正常情况下,增加货币供应量,资金会迅速地在实体部门和非实体部门之间进行配置。而当名义利率水平已经极低时,投资具有较高的风险,此时投资回报率降低,风险与收益不匹配,居民更加倾向于储蓄而不是投资,因此短期内会出现新增投资额减少。这也与实际经济数据一致,例如 2008 年美联储实施第一轮量化宽松货币政策之后,总固定投资(gross fixed investment)的名义值和实际值在初期均出现了下降的趋势。从模型上看,根据公式(33),当期资本存量受到前一期资本折旧数额和新增投资额的影响,若投资数量不足,难以弥补资本折旧,则当期资本存量会减少。说明考虑零利率下限约束时,增加货币供应

① 数据来源:BvD 数据库,https://eiu.bvdep.com/version-20141015/cgi/template.dll。

量短期内难以对实体经济产生刺激作用,反而由于利率大幅上升,一定程度上抑制了新增投资。

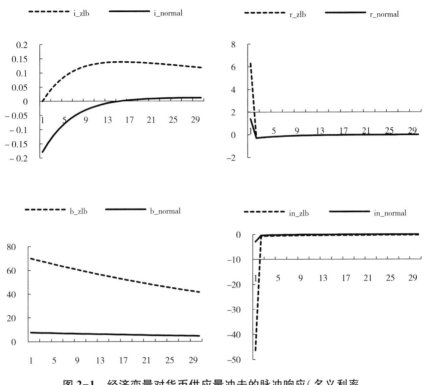

图2-1 经济变量对货币供应量冲击的脉冲响应(名义利率、实际利率、政府债券余额、新增投资额)

综合图2-1中四幅子图的结论,我们发现,当不考虑零利率下限约束时,增加货币供应量将引起名义利率下降,实际利率小幅上升后下降,投资小幅下降后上升,这是在常规情况下的货币政策传导效果,但金融危机所导致的实际情况与此并不完全相同。在危机导致的超低利率环境中,当央行增加货币供应量时,由于零利率下限的约束,名义利率并不会继续下降,由于预期和流动性陷阱的作用,名义利率和实际利率反而会出现不同程度的上升,此时货币政策的利率传导渠道将失效,增加货币供应量非但不能增加投资,反而会抑制新增投资。因此,不考虑零利率下限约束的模型不足以充分描绘真实的金融危机状况与政策效果;而添加了零利率下限约束的模型可以较好地模拟超低利率环境下的货币政策传导过程。

图 2-2 是资本存量、实际产出、通货膨胀率和消费对货币供应量冲击的脉冲响应函数图像。

图 2-2 的第一幅子图显示的是资本存量对货币供应量冲击的脉冲响应函数图像。货币供应量增加一个单位，不考虑零利率下限约束时，资本存量小幅下降，最终稳定在略低的水平；当考虑零利率下限约束时，资本存量出现了明显的变化，在前两期迅速下降，之后缓慢回升，最终维持在较低的水平。考虑零利率下限约束时，由图 2-1 的结论可知，增加货币供应量伴随着新增投资额减少，出现流动性陷阱。根据公式（33），当期资本存量受到前一期资本折旧数额和新增投资额的影响，若新增投资数量不足以弥补资本折旧，则当期资本存量减少。说明考虑零利率下限约束时，政府增加货币供应量短期内会引起新增投资额减少，当新增投资额不足以弥补资本折旧时，将导致资本存量的下降。

图 2-2 的第二幅子图显示的是实际产出对货币供应量冲击的脉冲响应函数图像。不考虑零利率下限约束时，资本存量变动较小，产出波动也较小，稳定在略高于均衡水平的状态；而考虑零利率下限约束时，根据公式（9），产出取决于资本存量和劳动供给，在较短时间内，劳动供给变动较小，因此受到资本存量下降的影响，实际产出在期初迅速下降，2 期之后厂商在生产过程中调整资本和劳动的投入比，因此实际产出会逐渐地回归稳定状态。说明考虑零利率下限约束时，增加货币供应量在短期内反而对产出有负面影响，在长期内对产出影响较小。

图 2-2 的第三幅子图显示的是通货膨胀率对货币供应量冲击的脉冲响应函数图像。不考虑零利率下限约束时，通货膨胀率在第 1 期下降，2 期之后通货膨胀率稳定在略高的水平；而考虑零利率下限约束时，产出减少对通胀有向下的动力，通货膨胀率在期初下降，2 期之后随着产出回归稳定状态，通货膨胀率也回归稳定状态。考虑零利率下限约束时，增加货币供应量会引起通货膨胀率下降，这个现象与 Walsh（2009）的研究结果相符，Walsh 发现 2008 年之后，根据个人消费支出计算的通货膨胀率预期先下降后上升。Bean 和 Paustian（2010）认为出现这种异常现象主要有两方面原因：一是居民根据货币政策信息改变预期，预期影响了通货膨胀率的变动；二是在样本期内通货膨胀率对货币政策的反应不足。

说明考虑零利率下限约束时,增加货币供应量在短期内可能会引起通货紧缩,这是由于产出下降,以及货币政策的作用存在滞后性,从长期看,增加货币供应量对通货膨胀率影响较小。

图 2-2 的第四幅子图显示的是消费对货币供应量冲击的脉冲响应函数图像。不考虑零利率下限约束时,产出增长将使居民的实际财富增长,利率下降使未来消费与当期消费的跨期替代弹性下降,居民在消费的跨期决策时将更倾向于增加当期消费,财富效应和替代效应的作用是同向的,致使当期消费增加。而考虑零利率下限约束时,政府债券余额增加使居民的实际财富增长,利率上升使未来消费与当期消费的跨期替代弹性上升,居民在消费的跨期决策中将更倾向于减少当期消费,财富效应和替代效应的作用是反向的,其中财富效应的作用更明显,因此消费出现明显上升。消费在以上两种情况下都上升,但原因并不完全相同。

综合图 2-2 中四幅子图的结论,我们发现,当不考虑零利率下限约束时,长期来看,增加货币供应量将引起实际产出、通货膨胀率和消费增加,这是常规情况下货币政策的理论传导效果,但金融危机所导致的实际情况与此有很大差距。在危机导致的超低利率环境中,当央行增加货币供应量时,由于增加的货币较少进入实体经济的投资渠道,反而在一定程度上抑制了新增投资,资本存量、产出和通货膨胀率在期初会略微下降,而受到财富作用的影响,居民消费增加。模型显示,考虑零利率下限约束后,货币政策的真实传导效果是促进消费,但是对资本存量、实际产出和通货膨胀率短期内有负面影响,长期影响较小。

(二)政府财政支出冲击

首先假设经济处于稳态,然后对经济施加 1 个单位正向的政府财政支出冲击,得到系列图形。图 2-3 是政府债券余额、实际利率、新增投资额、资本存量、消费和实际产出对政府财政支出冲击的脉冲响应函数图像。虚线表示存在零利率下限约束的情况,实线表示不存在零利率下限约束的情况。在图 2-3 中,两条曲线基本重合,说明无论是否考虑零利率下限约束,政府财政政策的作用保持稳定,这也从一个侧面显示,在超低利率环境中,财政政策的效果更加突出。

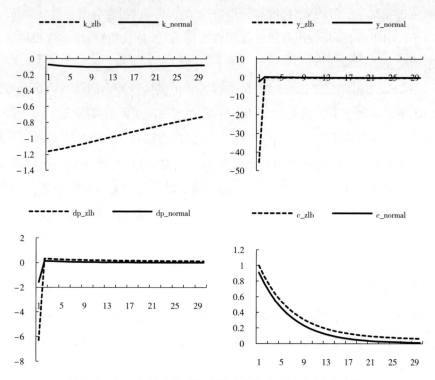

图 2-2　经济变量对货币供应量冲击的脉冲响应(资本存量、
实际产出、通货膨胀率、消费)

　　图 2-3 的第一幅子图显示的是政府债券余额对政府财政支出冲击的脉冲
响应函数图像。当政府财政支出增加 1 个单位时,无论是否考虑零利率下限约
束,政府债券余额都会在前 5 期上升,之后缓慢回落,趋向于均衡水平。这是由
于政府通过在公开市场上出售政府债券来为其支出筹资,考虑到预算约束,政府
债券余额上升。

　　图 2-3 的第二幅子图显示的是实际利率对政府财政支出冲击的脉冲响应
函数图像。结果显示,实际利率在期初上升,大约 2 期之后恢复到均衡水平。政
府出售国债回笼市场资金,流通的货币减少,则对货币的需求大于货币的供给,
引起实际利率上升。说明无论是否考虑零利率下限约束,政府财政支出增加都
会提高实际利率。

　　图 2-3 的第三幅子图显示的是新增投资额对政府财政支出冲击的脉冲响
应函数图像。数据显示,新增投资额在期初下降,之后逐渐上升,大约 15 期之后

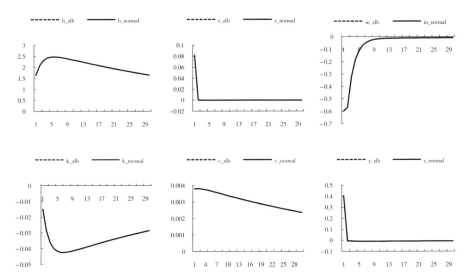

图 2-3　经济变量对政府支出冲击的脉冲响应（政府债券余额、实际利率、新增投资额、资本存量、消费、实际产出）

稳定在略低于均衡水平的状态。实际利率上升使资本的使用成本提高,因此在期初新增投资额下降,这体现了政府财政支出对私人投资的挤出效应。随着实际利率恢复到均衡水平,新增投资额逐渐上升,最终达到稳定。这与 Freedman 等(2010)的研究结论相符,Freedman 发现,在政策利率存在时滞的情况下,政府财政刺激措施会带来新增投资额在一段时期内减少。说明政府财政支出对私人投资存在挤出作用,使得新增投资额在短期内减少,但随着时间推移,挤出作用逐渐减弱。

　　图 2-3 的第四幅子图显示的是资本存量对政府财政支出冲击的脉冲响应函数图像。数据显示,资本存量在期初下降,大约 9 期之后,资本存量逐渐上升,趋向于均衡水平。政府增加财政支出,一方面直接增加资本,另一方面政府财政支出对私人投资存在挤出效应。综合考虑两方面的影响,政府对私人投资的挤出作用大于财政支出直接增加资本存量的作用,因此资本存量在期初下降。大约 9 期之后,随着挤出作用减弱,资本存量开始逐渐上升。说明金融危机中,增加政府财政支出,一定程度上会带来短期内的社会资本减少。

　　图 2-3 的第五幅子图显示的是消费对政府财政支出冲击的脉冲响应函数图像。结果表明,消费在第 1 期上升后逐期下降,然后趋向于均衡水平。政府财

政支出扩大了总需求,增加了居民财富水平,财富效用使得居民提高消费水平。说明在金融危机中,政府财政政策可以有效拉动消费,提高居民生活水平。

图2-3的第六幅子图显示的是产出对政府财政支出冲击的脉冲响应函数图像。图形显示,产出在期初增加,大约2期之后稳定在均衡水平。这是因为根据(39)式,一国产出包括消费、政府财政支出和新增投资,增加政府财政支出直接扩大产出规模。说明在超低利率环境下,无论是否考虑零利率下限约束,政府财政政策都可有效促进产出,提高国民生产总值。

综合图2-3中六幅子图的结论,我们发现,当增加政府财政支出时,考虑到政府的预算约束,国债数量将增加,进而流通中的货币减少,实际利率提高,新增投资额和资本存量减少。同时政府的财政支出可以直接提高产出水平,受到财富效应的影响,居民消费水平将提高,有利于经济发展。因此,增加财政支出是在金融危机导致的超低利率环境下,政府促进经济复苏的一项重要措施,且财政政策的效果十分稳定。

图2-4是实际劳动供给、实际工资、实际边际成本、通货膨胀率和名义利率对政府财政支出冲击的脉冲响应函数图像。其中,虚线表示考虑零利率下限约束的情况,而实线表示不考虑零利率下限约束的情况。在图2-4中,两条曲线基本重合,说明无论是否考虑零利率下限约束,政府财政政策的作用都非常稳定,也再次证明,在超低利率环境,财政政策的效果更加突出。

图2-4的第一幅子图显示的是实际劳动供给对政府财政支出冲击的脉冲响应函数图像。数据显示,实际劳动供给在期初上升,大约2期之后稳定在原均衡水平附近。这是因为增加政府财政支出,社会总需求扩大,对劳动需求扩大,因此实际劳动供给在短期内会提高;而在长期内,劳动供给受到其他要素数量和价格的约束,所以长期中劳动供给接近原均衡水平。该图说明在超低利率环境下,政府的财政政策在短期内可以有效促进就业水平的上升。

图2-4的第二幅子图显示的是实际工资对政府财政支出冲击的脉冲响应函数图像。图形表明,实际工资在期初上升,大约2期之后会稳定在原均衡水平附近。因为增加政府财政支出,社会总需求扩大,对劳动需求扩大,因此短期内劳动的实际价格提高,即实际工资提高;但从长期来看,实际工资还受到其他要素价格和要素投入比的约束,因此长期实际工资接近原均衡水平。这说明在金

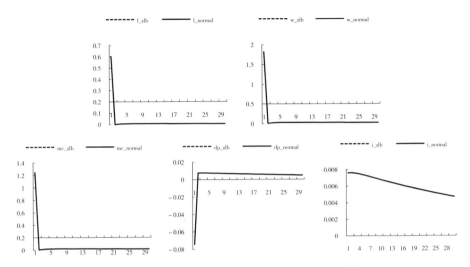

图2-4 经济变量对政府支出冲击的脉冲响应（实际劳动供给、实际工资、
实际边际成本、通货膨胀率、名义利率）

融危机中,政府的财政政策短期内可有效提高工资水平,有利于增加居民收入。

图2-4的第三幅子图显示的是实际边际成本对政府财政支出冲击的脉冲响应函数图像。图像显示,实际边际成本在期初上升,大约2期之后稳定在略高于原均衡水平的状态。因为根据(15)式,实际边际成本取决于实际工资水平和实际利率,因此增加政府财政支出,会提高实际工资水平和实际利率,导致实际边际成本提高。这说明增加政府财政支出,会带来生产实际边际成本的提高。

图2-4的第四幅子图显示的是通货膨胀率对政府财政支出冲击的脉冲响应函数图像。数据表明,在期初通货膨胀率会下降,大约2期之后通货膨胀率上升,并稳定在较高的水平。根据(8)式,期初实际利率上升引起通货膨胀率下降;但大约2期之后,随着实际利率达到稳定,根据(30)式,生产实际边际成本对通货膨胀率的影响开始显现,所以实际边际成本上升拉动通货膨胀率提高。这说明在金融危机中,增加政府的财政支出在长期中会引起一定程度的通货膨胀。

图2-4的第五幅子图显示的是名义利率对政府财政支出冲击的脉冲响应函数图像。图形的趋势显示,名义利率在第1期上升后逐期下降,并趋向于均衡

水平。因为根据(8)式和(37)式,名义利率受到实际利率、通货膨胀率和产出的影响,当增加政府财政支出时,多个经济变量将共同拉升名义利率,使得名义利率提高。这说明危机中增加政府财政支出,会引起名义利率提高。

综合图2-4中五幅子图的结论,我们发现,在金融危机导致的超低利率环境下,增加政府财政支出,短期内社会总需求将扩大,有助于促进就业和提高实际工资水平,增加居民收入,但同时也带来了生产实际边际成本提高、通货膨胀和名义利率上升。综合来看,在短期内,财政政策的真实传导效果可以改善经济的运行状况,达到优于原均衡的水平,且政府财政政策的效果十分稳定。

四、仿真模拟

脉冲响应研究的是政府制定的货币政策或财政政策1个单位的变动,对相关经济变量的影响,数据显示考虑零利率下限约束时的DSGE模型能够更好地反映短期内的政策调整效果,但这可能仍然不够。因为脉冲响应的影响效果短暂,只能反映货币政策或财政政策的单次冲击所带来的影响,而不能充分反映长期中,随着政策的即期调整所导致的经济变量的变动。为此,我们使用仿真模拟的方法来分析宏观政策的长期影响。在常规的经济环境中,由于不考虑零利率下限约束,模型是线性的,对各期变量的预期相同,即经济变量取值等可能性地上升或者下降,围绕均衡水平上下波动,此时不需特别进行仿真模拟,这也是现有文献大都没有仿真模拟部分的主要原因。而考虑零利率下限约束时,情况会有所变化,下限约束使得名义利率的变化具有不对称性,受此影响,模型是非线性的(Holden和Paetz,2012)。零利率下限约束使得对未来名义利率的预期提高,对各期经济状况的预期各不相同,为了充分分析零利率下限约束对宏观政策传导效果的长期影响,所以本部分在脉冲响应分析的基础上添加了仿真模拟部分,以研究政策的长期传导效果。

具体做法为:在t期,先假设经济处于均衡状态,根据蒙特卡罗方法模拟出货币供应量和政府财政支出的初值,然后根据模型变量间的函数关系计算出整个系统的路径。在仿真模拟时,我们仍然考虑两种情况:一种不存在零利率下限约束,另外一种存在零利率下限约束。前者可以通过蒙特卡罗模拟直接给出;后者则在进行蒙特卡罗模拟时随时观察名义利率的变动情况,若得到的名义利率模拟值小于零,则对名义利率施加约束,使其大于等于零。模拟时期长度为300,重复模拟运算 300 次,去掉最初数据不稳定的 100 期,得到剩余 200 期的数据。我们将不存在零利率下限约束的蒙特卡罗模拟结果与存在零利率下限约束的蒙特卡罗模拟结果,在同一幅图中进行展示,以对比研究不同情况下的政策影响效果。得到图 2-5 的系列图形,一共有六幅,分别表示在货币政策与财政政策的影响下,在长期中名义利率、消费、实际利率、新增投资额、产出和通货膨胀率的变动情况。其中,实线表示不考虑零利率下限约束的情况,虚线表示考虑了零利率下限约束的情况。图形的横坐标表示经济调整的期数,纵坐标表示经济变量偏离稳态的百分比。

图 2-5 的第一幅子图显示的是名义利率的仿真模拟图形。我们注意到,当不考虑零利率下限约束时,名义利率处于随机游走状态,取值围绕均衡水平上下波动;而考虑零利率下限约束时,名义利率的取值始终大于零,且基本高于不考虑约束时的取值。具体来看,共有 23 期出现名义利率为零的情况,占模拟时期长度比例为 11.5%,此时零利率下限约束将起作用,这个数据与 Coibion 等(2012)根据历史真实数据研究发现的第二次世界大战之后的美国名义利率触及零利率下限的频率大致相当。比较第一幅子图中的虚线和实线,尽管在两种情况下名义利率的变动趋势基本一致,但出现了数值上的差距,而虚线给出的大于零的名义利率显然与现实更加吻合。

图 2-5 的第二幅子图显示的是消费的仿真模拟图形。图形显示,在部分时期,虚线较高,但整体来看虚线与实线基本吻合。这说明尽管零利率下限约束会对大多数经济变量产生影响,但也并不会影响全部变量,比如对消费的影响就不大。这可能是消费变量对货币政策和财政政策的弹性,相对其他变量更小所导致。

图 2-5 的第三幅子图显示的是实际利率的仿真模拟图形。图像显示,不考虑零利率下限约束时,实际利率显示随机游走的特征,取值围绕均衡水平上下波动;而考虑零利率下限约束时,在名义利率触及零下限时,实际利率出现了剧烈上涨。与脉冲响应函数图像中实际利率上升的原理类似,在名义利率为零的时期,悲观预期促使投资者要求更高的利率作为风险补偿,实际利率将剧烈上升。说明在考虑零利率下限约束的前提下,如果名义利率为零时任由经济自由发展,

则实际利率会出现剧烈波动。

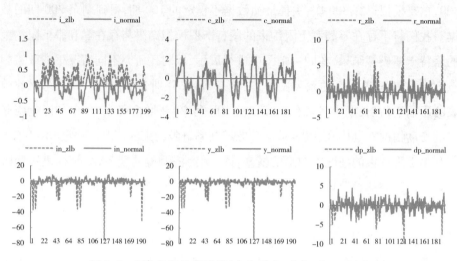

图 2-5 经济变量仿真模拟（名义利率、消费、实际利率、
新增投资额、产出、通货膨胀率）

图 2-5 的第四幅子图显示的是新增投资额的仿真模拟图形。数据表明，不考虑零利率下限约束时，新增投资额随机游走，取值围绕均衡水平上下波动；而考虑零利率下限约束时，在名义利率触及零下限时，新增投资额剧烈下降。分析其原因，在名义利率触及零利率下限的时期，实际利率上升，提高了资本的使用成本，因此新增投资额显著下降。说明在金融危机中，如果名义利率触及零下限，同时任由经济自由波动，新增投资额将剧烈下降。

图 2-5 的第五幅子图显示的是产出的仿真模拟图形。结果表明，不考虑零利率下限约束时，产出随机游走，取值围绕均衡水平上下波动；而考虑零利率下限约束时，在名义利率触及零下限时，产出剧烈下降。分析其原因，在名义利率触及零利率下限的时期，新增投资额显著下降，若投资不足以弥补资本折旧，则资本存量减少，根据（9）式，产出受到劳动和资本投入量的影响，因此产出下降。说明考虑零利率下限约束时，如果名义利率触及零下限，同时任由经济自由波动，新增投资额剧烈下降将不利于厂商扩大再生产，导致产出剧烈下降。

图 2-5 的第六幅子图显示的是通货膨胀率的仿真模拟图形。数据显示，不考虑零利率下限约束时，通货膨胀率随机游走，取值围绕均衡水平上下波动；而考虑零利率下限约束时，在名义利率触及零下限时，通货膨胀率出现向下的剧烈

波动。分析其原因,在名义利率触及零利率下限的时期,产出显著下降,经济不景气,引起通货膨胀率显著下降,经济出现紧缩。说明考虑零利率下限约束时,如果名义利率触及零下限,同时任由经济自由波动,产出下降将对通胀产生向下的压力,经济有可能出现紧缩。

综合图 2-5 中六幅子图的结论,我们发现,当不考虑零利率下限约束时,经济变量基本处于随机游走的状态,取值围绕均衡水平上下波动,但添加了零利率下限约束后经济变量体现出不一样的特征。在危机导致的超低利率环境中,如果任由经济自由波动,名义利率到达零下限的后果可能是非常糟糕的,此时受预期影响,实际利率将剧烈上涨,而新增投资额与产出急剧下跌,并导致更严重的紧缩。因此,当市场利率逼近零点时,经济将进入脆弱的危险期,正如 Chung 等(2012)所指出的,市场利率逼近零点易导致严重的经济衰退。

综合脉冲响应与仿真模拟的结果可以看出,当名义利率触及零下限时,经济将进入脆弱的危险期,亟须宏观调控,此时货币政策的调控效果并不理想,而财政政策的调控效果十分稳定。因此在超低利率的环境下,当经济有较大可能触及零利率下限约束时,政府应当积极地先期介入,加大运用财政政策的力度,以促进经济复苏与增长。

本部分构建了一个包含零利率下限约束的 DSGE 模型,在市场出清的条件下,通过数理建模、脉冲响应分析与仿真模拟的技术手段,分有零利率下限约束与无零利率下限约束两种情况,对比研究了由货币政策与财政政策组成的宏观调控政策体系的实施效果。结论显示:无零利率下限约束的模型不能充分描绘真实的金融危机状况与政策效果;在受到零利率下限约束的超低利率环境中,常规货币政策的有效性将进一步降低,而财政政策的促进作用非常稳定而强烈,并基于此提出了相关的政策建议。

第三节　货币政策传导路径阻滞

本节引入影子利率作为危机中非常规货币政策的替代指标,然后基于欧洲中央银行与欧元区国家的宏观经济数据,检验了主要的货币政策传导路径的传导效果,寻找危机中的货币政策传导出现阻滞的原因。

一、影子利率的算法原理与结果

对投资者而言,如果名义利率减去通胀等于负值,将意味着投资的实际收益会小于持有货币的实际收益,此时投资者会放弃投资转而持有现金,常规的以利率调整为核心的货币政策会失效。为了促进经济复苏,货币当局必须使用非常规的货币政策,例如以流动性冲击为特征的量化宽松政策、以期限结构调整为特征的扭转操作等。在非常规货币政策的刺激下,实体经济与市场投资会发生波动,但名义利率却没有显著变化。因此如果以名义利率为自变量来检验经济变量的变化将失去检验的意义,得不到有益的结论;而仅以流动性为自变量来检验经济变量的变化又有可能忽略了危机中其他宏观政策调整的影响,得到的结果在全面性与有效性方面存在质疑。

因此,在实践与学术层面上迫切需要一个能够充分反映非常规货币政策的综合影响效应的自变量。Black(1995)在此基础上提出了影子利率的设想,它提供了一种反方向的货币政策度量思路,从市场变化而不仅是从央行的角度出发构建了一个"利率"的时间序列。这个所谓的利率并不是央行直接调整的名义利率,而是央行一系列的非常规货币政策的传导效果的综合体现,因此被形象地称为影子利率。影子利率作为常规的货币政策度量的替代变量有几个优势:首先,相对于名义利率,影子利率充分反映了真实的资金供需与市场变化情况;其次,影子利率是一个综合的货币政策度量工具,在算法上基于全期限的国债收益率数据样本进行拟合,相关数据序列可以作为货币政策的有效测度;再次,影子利率提供了对比不同利率环境下货币政策传导的思路,可以用于检验全利率区间(正利率、零利率与负利率)背景下的货币政策传导效果。

近年来,有学者基于 Black 的思路,在高斯仿射期限结构模型的基础上施加 ZLB 约束来求解长期国债的即期利率和远期利率,并最终得到影子利率的数据序列。例如 Krippner(2012)使用双因子的 Nelson-Siegel 无套利利率期限结构模型推导了影子利率的解析表达式。假设零利率下限约束条件为(1)式,其中 $r(t)$ 为 ZLB 约束下的短期名义利率, $\underline{r}(t)$ 为影子利率。该影子利率由水平和斜率两因子加总得到(2)式。

$$\underline{r}(t) = r(t) + \max\{-r(t), 0\} \tag{1}$$

当 $r(t) > 0$ 时，$\underline{r}(t) = r(t)$，即名义利率大于零时，影子利率等于名义利率；当 $r(t) < 0$ 时，$\underline{r}(t) = 0$，因为理性人会选择持有现金从而避免一个负的收益。

$$r(t) = L(t) + S(t) \tag{2}$$

水平因子变量 $L(t)$ 与斜率因子变量 $S(t)$ 均服从 Ornstein-Uhlenbeck 过程如（3）式。

$$dX(t) = \kappa[\theta - X(t)] dt + \sigma dW(t) \tag{3}$$

其中，因子矩阵为 $\mathrm{X}(t) = \begin{bmatrix} L(t) \\ S(t) \end{bmatrix}$，均值回归参数为 $\kappa = \begin{bmatrix} \kappa_{11} & \kappa_{12} \\ \kappa_{21} & \kappa_{22} \end{bmatrix}$，截距参数为 $\theta = \begin{bmatrix} \theta_1 \\ \theta_2 \end{bmatrix}$，因子波动协方差参数矩阵为 $\sigma = \begin{bmatrix} \sigma_1 & 0 \\ \rho_{12}\sigma_2 & \sigma_2\sqrt{1-\rho_{12}^2} \end{bmatrix}$，而 $W(t)$ 是两个独立布朗运动组成的 2×1 维列向量。

根据常规的高斯仿射期限结构模型设定，未施加 ZLB 约束的远期利率表达式为（4）式。

$$
\begin{aligned}
\mathrm{f}(t,\tau) &= \mathrm{E}_{t+\tau}[r(t+\tau) \mid X(t)] \\
&= L(t) + S(t) \cdot \exp(-\varepsilon\tau) - \sigma_1^2 \cdot \frac{1}{2}\tau^2 - \sigma_2^2 \cdot \frac{1}{2}\left[\frac{1}{\varepsilon}[1-\exp(-\varepsilon\tau)]\right]^2 \\
&\quad - \rho_{12}\sigma_1\sigma_2 \cdot \tau\frac{1}{\varepsilon}[1-\exp(-\varepsilon\tau)]
\end{aligned}
\tag{4}
$$

将长期利率施加零利率下限约束后，得到施加了 ZLB 约束后的影子远期利率 $\underline{f}(t,\tau)$，表达式为（5）式。

$$
\begin{aligned}
\underline{f}(t,\tau) &= \mathrm{E}_{t+\tau}[r(t+\tau) \mid X(t)] + \mathrm{E}_{t+\tau}\{\max[-r(t+\tau), 0 \mid X(t)]\} \\
&= f(t,\tau) \cdot \Phi\left[\frac{f(t,\tau)}{\mathrm{w}(\tau)}\right] + \mathrm{w}(\tau) \cdot \frac{1}{\sqrt{2\pi}}\exp\left\{-\frac{1}{2}\left[\frac{f(t,\tau)}{\mathrm{w}(\tau)}\right]^2\right\}
\end{aligned}
\tag{5}
$$

其中，Φ 是单位正态分布概率密度函数，且 $\mathrm{w}(\tau) = \sqrt{\sigma_1^2 \cdot \tau + \sigma_2^2 \cdot [G(2\varepsilon,\tau)] + 2\rho_{12}\sigma_1\sigma_2 G(\varepsilon,\tau)}$。得到影子远期利率后，依据连续时间下利率与远期收益率的基本关系，不同期限的影子利率可由（6）式计算。

$$SSR(\mathrm{t},\tau) = \frac{1}{\tau}\int_0^\tau (\underline{f}(t,u)\,\mathrm{d}u) \tag{6}$$

按照以往学者的惯例,我们选择 $\tau = 30$ 来计算一月期的影子利率结果,采用 Krippner(2012)的计算方法,得到了危机爆发以来的欧元区的影子利率。然后再将影子利率与存款准备金利率(欧洲中央银行利率走廊的下限)、常备借贷便利利率(欧洲中央银行利率走廊的上限)、欧洲银行间欧元同业拆借利率(EURIBOR)、GDP 增率以及 CPI 指数放在一张图中进行比较。

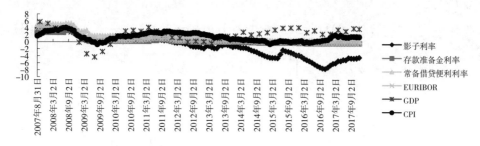

图 2-6　影子利率与各宏观变量的变化趋势(2007 年 8 月—2017 年 12 月)

数据显示,在 2011 年 12 月之前,影子利率与其他利率都大于零,两类利率的变化趋势高度一致;2011 年 12 月之后,欧元区进入零利率时期,影子利率与其他利率的变化趋势开始出现背离。在零利率与负利率的背景下,欧洲中央银行的利率走廊和欧洲银行间欧元同业拆借利率一直稳定在零轴附近,无法解释同期的 GDP 与 CPI 等变量的变动。但此时影子利率不断下行,GDP 与 CPI 不断上行,充分体现出影子利率对产出与物价的促进作用,非常符合经济学直觉。考虑到影子利率是危机中欧洲中央银行一系列非常规货币政策影响效果的综合体现,因此我们在后续的实证检验中,将影子利率视为全利率区间(正利率、零利率与负利率)背景下的货币政策实施力度的测度水平。

二、实证模型与变量选取

(一)实证模型

近年来,宏观金融研究常使用向量自回归(VAR)模型,VAR 可以非常方便地检验变量间的交互影响,但是常用的 VAR 模型不但对数据结构要求很高,而且还存在着"维度诅咒",难以对货币政策的多重效果进行充分检验,因此本部分尝试引入贝叶斯向量自回归模型(BVAR)来突破常规的 VAR 模型的"维度诅咒",通过建立多变量的计量模型来探究欧洲中央银行货币政策的传导机制。BVAR 的方程表达式可写为(2)式：

$$\mathrm{y}_t = \bar{X}\theta + \varepsilon_t \tag{2}$$

其中, $\theta = (a_1{'},a_2{'}\ldots,a_p{'})$ 为待估的系数矩阵, $X_{t-1} = (y_{t-1}{'},y_{t-2}{'},\ldots,y_{t-p}{'})$ 代表滞后期解释变量的集合,而 $\bar{X} = I_n \otimes \cdot X$ 为克罗内克积。根据贝叶斯定理,我们有：

$$\pi(\theta,\Sigma\,|\,\mathrm{y}) = \frac{\pi(\theta,\Sigma,y)}{\pi(y)} = \frac{f(y\,|\,\theta,\Sigma)\,\pi(\theta,\Sigma)}{\pi(y)} \tag{3}$$

其中, $f(y\,|\,\theta,\Sigma)$ 是样本的似然函数, $\pi(\theta,\Sigma)$ 是两参数的联合先验分布, $\pi(y)$ 是样本密度函数。如果视样本密度函数为常数,则后验分布 $\pi(\theta,\Sigma\,|\,\mathrm{y})$ 满足 $\pi(\theta,\Sigma\,|\,\mathrm{y}) \propto f(y\,|\,\theta,\Sigma)\,\pi(\theta,\Sigma)$ 。似然函数形式为：

$$\mathrm{f}(y\,|\,\theta,\bar{\Sigma}) = (2\pi)^{-nT/2}\,|\,\Sigma\,|^{-1/2}\exp\left[-\frac{1}{2}(y-\bar{X}\theta)^{-1}\bar{\Sigma}^{-1}(y-\bar{X}\theta)\right] \tag{4}$$

BVAR 所需的先验分布有多种,如明尼苏达先验分布、正态威沙特先验分布,以及独立正态威沙特先验分布等。由于独立正态威沙特先验分布设定 θ 和 Σ 相互独立,G.Koop(2009)认为其更具备一般性,对经济学问题的适用性更强；同时研究者还可以在独立正态威沙特先验分布中自由选择参数 θ 的协方差矩阵形式,检验经济学变量的手段也更加灵活,因此本部分在实证检验的主体部分使用独立正态威沙特先验分布。由于独立威沙特先验假定 θ 和 Σ 相互独立,因此有：

$$\pi(\theta,\Sigma) = \pi(\theta)\,\pi(\Sigma) \tag{5}$$

系数 θ 服从均值为 θ_0,协方差矩阵为 Ω_0 的多维正态分布,因此 θ 的概率密度为：

$$\pi(\theta) \propto \exp\left[-\frac{1}{2}(\theta-\theta_0){'}\Omega_0^{-1}(\theta-\theta_0)\right] \tag{6}$$

贝叶斯估计理论认为多元正态分布和逆威沙特分布互为共轭先验分布,因为 θ 服从多元正态分布,所以协方差矩阵 Σ 服从逆威沙特分布。S_0 为规模矩阵, α_0 为自由度,此协方差矩阵的概率密度服从：

$$\pi(\Sigma) \propto |\Sigma|^{-(\alpha_0+n+1)/2}\exp\left[-\frac{1}{2}tr\{\Sigma^{-1}S_0\}\right] \tag{7}$$

将(4)式、(5)式、(6)式、(7)式带入(3)式并化简,即可求得 θ 和 Σ 的后验分布。得到后验分布后可以得到系数向量 θ 的点估计值:

$$\theta = \int \theta\pi(\theta|y)\,d(\theta) = E(\theta|y) \tag{8}$$

在(2)式中,θ 的点估计值表示变量之间的交互影响,本部分即根据(8)式来计算脉冲响应,并检验以影子利率为替代指标的宽松货币政策对最终目标的冲击效果。

(二)变量选取

依据传统的货币经济学理论(例如 Mishkin,2011),货币政策的传导路径一般分为货币渠道与信贷渠道两种类型,再结合欧洲中央银行对货币政策传导渠道的定义以及数据的可得性[①],本部分主要探究三条货币政策传导路径(货币渠道中的汇率途径、货币渠道中的资产价格机制,以及信用渠道中的银行信贷渠道)的传导效果。由此涉及的变量共分成三大类:第一大类变量是货币政策,包含影子利率(SSR)与基础货币(M2)。第二大类变量是货币政策的最终目标,包含经济增长(用 GDP、工业生产指数 IP 和经济景气指数 EE 替代)、物价水平(用核心通胀 HICP 与工业品出厂价格指数 PPI 替代)、就业水平(用失业率 UEM 替代)、国际收支平衡(用净出口 EX 与国际投资头寸 DIF 替代)。第三大类是各传导渠道的中间变量,包括商业银行行为(用商业银行资产负债状况 MBB 与银行信贷 BL 替代)、政府投资行为(用未偿还债券总额 OB 与政府债务 GD 替代)、汇率波动(用欧元兑美元汇率 ER 替代)、资产价格(用房价指数 HP 与投资营建指数 IHB 替代),以及金融市场波动(用欧洲交易所 NEXT150 指数 STOCK 替代)。本部分的识别策略选择对残差的方差协方差矩阵做 Cholesky 分解,从而使脉冲响应的结果来自于明确的某个单一变量冲击,按照货币政策——传导中间变量——最终变量的假设因果顺序,设置 BVAR 的变量集为:

$$y_t = \{SSR,GD,M2,ER,MBB,BL,DIF,HP,IHB,STOCK,EX,GDP,IP,HICP,PPI,$$

---

① ECB 关于货币政策传导机制的说明:http://www.ecb.europa.eu/mopo/intro/transmission/html/index.en.html。

UEM,EE,OB}

数据序列的样本期均为 2007 年第三季度（次贷危机爆发）至 2017 第四季度,宏观数据来源于 WIND 数据库。影子利率的计算使用 Krippner(2012)的估计方法,所需要的国债收益率数据来源于彭博。所有数据频率均为季频,季节调整使用 X-12 方法处理。我们的逻辑思路是:通过严格的统计检验,来分析货币渠道中的汇率途径、货币渠道中的资产价格机制,以及信用渠道中的银行信贷渠道是否通畅,找出传导不畅的原因并提出政策建议。

三、统计检验与经济学解释

(一)平稳性检验

我们先对检验过程中涉及的所有变量序列进行平稳性检验,结果如下表。

表 2-3　平稳性检验结果

变量	ADF 单位根检验	P 值	1%置信水平	5%置信水平	10%置信水平
SSR	-4.8416	0.0000	-2.6120	-1.9475	-1.1613
GD	-3.6003	0.0006	-2.6130	-1.9477	-1.6126
GDP	-2.8260	0.0056	-2.6120	-1.9475	-1.6123
M2	-1.9547	0.0495	-2.6130	-1.9477	-1.6126
ER	-6.0344	0.0000	2.6130	-1.9477	-1.6126
MMB	-5.2221	0.0000	-2.6120	-1.9476	-1.6126
BL	-1.7467	0.0000	-2.6120	-1.6127	-1.6127
DIF	-4.5053	0.0000	-2.6130	-1.9477	-1.6126
HP	-1.6237	0.0978	-2.6150	-1.9480	-1.6124
IHB	-6.4601	0.0000	-2.6120	-1.9475	-1.6126
STOCK	-4.8272	0.0000	-2.6120	-1.9475	-1.6126
EX	-7.1913	0.0000	-2.6120	-1.9475	-1.6126
IP	-5.6644	0.0000	-2.6120	-1.9475	-1.6127
HICP	-5.7038	0.0000	-2.6120	-1.9475	-1.6126
PPI	-3.1515	0.1085	-4.1985	-3.5236	-3.1929
UEM	-1.8266	0.0649	-2.6130	-1.9477	-1.6126

续表

变量	ADF 单位根检验	P 值	1%置信水平	5%置信水平	10%置信水平
EE	−2.9463	0.0474	−3.2713	−2.9224	−2.5992
OB	−2.5946	0.0105	−2.6120	−1.9475	−1.6127

结果显示,除了工业品出厂价格指数 PPI 外,其他变量均在 1%、5%或 10% 置信水平上平稳,我们对工业品出厂价格指数进行了 HP 滤波处理,也在 1%置信水平上实现了平稳,然后使用以上平稳的数据序列进行统计检验,得到从图 2-7 到图 2-11 的脉冲响应。

（二）脉冲响应

1. 影子利率对最终目标变量的影响

图 2-7 给出了影子利率的一个单位的负向冲击对产出、物价、就业、净出口的冲击。

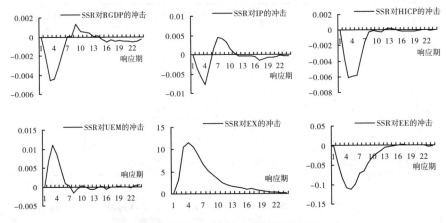

图 2-7　影子利率对货币政策最终目标的影响

数据显示,影子利率下降并没有对产出（RGDP、工业生产指数 IP 和经济景气指数 EE）与物价（核心通胀 HICP）产生有益的推动作用,但是影子利率下降促进了就业（UEM）与出口（EX）的增加,说明欧洲中央银行的宽松货币政策可能起到了一定的作用,但是传导渠道存在阻滞。那么到底是哪个环节发生了阻滞? 下面详细分析货币渠道中的汇率途径、货币渠道中的资产价格机制,以及信用渠道中的银行信贷渠道来寻找阻滞点。

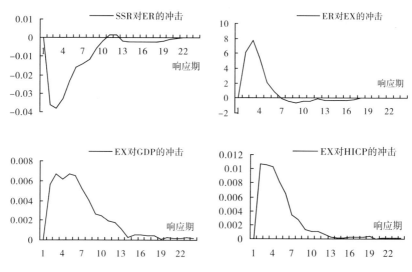

图 2-8 影子利率的汇率传导途径检验

2. 汇率传导途径

图 2-8 的四幅子图分别为影子利率对汇率波动的影响、汇率波动对净出口的影响,以及净出口对产出与物价的影响。第一幅子图显示,影子利率一个单位的负向冲击迅速导致了汇率的下降;第二幅子图显示,汇率的下降迅速促进了净出口的上升;第三幅与第四幅子图显示,净出口的上升拉动了产出的增加与价格水平的上涨。以上四幅子图的脉冲响应构成了一条完整的传导渠道,说明欧洲中央银行引导影子利率下降,并通过汇率波动促进国内产出增加与价格水平上涨的途径是通畅的。上述结论满足蒙代尔-弗莱明-多恩布什的分析框架,当货币政策扩张时,会导致名义汇率降低,增加净出口,并对国内总需求提高与消费增长有较好的推动作用。

3. 资产价格传导途径

图 2-9 的九幅子图分成三行,表示影子利率可能存在的三条资产价格传导途径。

第一行的三幅子图分别是影子利率对住房价格波动的影响,以及住房价格波动对产出与物价的影响。数据显示,虽然影子利率的降低促进了房价的上涨,但是房价上涨并没有增加产出与提振价格。

第二行的三幅子图分别是影子利率对投资营建指数波动的影响,以及投资营建指数波动对产出与物价的影响。数据显示,降低影子利率促进了投资营建,投资营建的增加也促进了产出的增加,但是对物价没有产生正面的影响。

第三行的三幅子图分别是影子利率对股市波动的影响,以及股市波动对产出与物价的影响。数据显示,降低影子利率促进了股市的繁荣,股市上涨拉动了产出的增加,但是物价的反映并不理想。

综合来看,影子利率的住房资产价格传导途径、投资营建资产传导途径与金融市场价格传导途径,在初始环节都起到了一定的作用,但对最终目标尤其是价格的传导并不通畅,考虑到欧洲中央银行当前货币政策的核心目标是盯住 2%的通胀率,所以基本上可以认定货币政策的资产价格传导路径发生了阻滞。

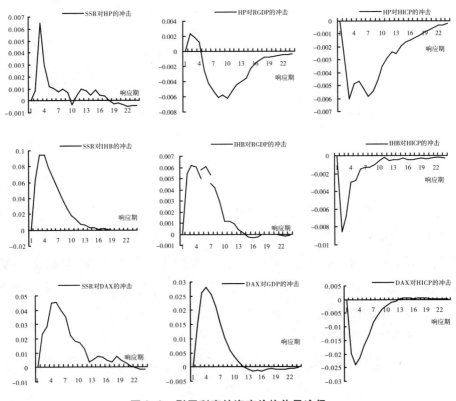

图 2-9　影子利率的资产价格传导途径

4. 银行信贷传导途径与可能存在的脱实向虚

图 2-10 的三幅子图表示影子利率对银行信贷量的冲击,以及银行信贷量对产出与物价的影响。

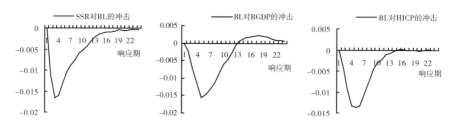

图 2-10 影子利率的银行信贷传导渠道

我们很遗憾地看到,影子利率的下降并没有导致银行信贷量的扩张,银行信贷量的扩张也没有带来产出增加与物价上升。这说明欧洲中央银行的宽松货币政策的银行信贷传导渠道不通畅,那么欧洲中央银行释放的流动性去了哪里?图 2-11 给出了直观的图示,该图的三幅子图分别表示影子利率对商业银行资产负债表的冲击,以及资产负债表规模对投资营建指数和股市的冲击。

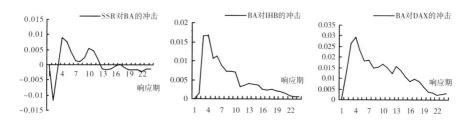

图 2-11 影子利率对银行资产负债表以及投资营建与股市的影响

图 2-11 的数据显示,不断走低的影子利率增加了商业银行的资产负债表规模,而扩张的商业银行资产负债表规模导致了投资营建规模上升与股市的持续繁荣。这说明尽管危机中的欧洲中央银行的扩张货币政策给商业银行带来了充分的流动性,但是商业银行将更多流动性投向了虚拟经济而非实体经济,存在非常明显的脱实向虚倾向。

四、结论及其启示

本节引入影子利率作为危机中非常规货币政策的统一的替代指标,然后基于欧洲中央银行与欧元区国家的宏观经济数据,使用贝叶斯向量自回归(BVAR)的技术方法详细分析了三条主要的货币政策传导路径(货币渠道中的资产价格途径、信用渠道中的银行信贷渠道,以及货币渠道中的汇率途径)的传导效果,尝试打开从非常规货币政策到最终目标变量的传导黑箱,寻找危机中的货币政策传导出现阻滞的原因,并有的放矢地提出疏通货币政策传导路径的政策建议。相关研究在技术上突破了超低利率环境下名义利率无法与宏观经济指标相匹配的难题,在实践上可以科学评判非常规货币政策的真实传导效果,从而为经济复苏期的央行货币政策调整提供充分的理论支撑与决策参考。

得到的系列技术结论是:相对于以往常用的将量化宽松与名义利率的实际数据序列作为自变量来检验非常规货币政策传导效果的技术方法,影子利率可以作为危机中的非常规货币政策更好的替代指标;非常规货币政策的资产价格传导途径不通畅,考虑到欧洲中央银行当前货币政策目标为盯住 2%的核心通胀率,所以可以认定非常规货币政策的资产价格传导路径发生了阻滞;非常规货币政策的银行信贷渠道的传导效果不理想,宽松的货币政策增加了商业银行的资产负债表规模,没有促进产出和物价的上升,却导致了投资营建规模上升与股市的持续繁荣,说明尽管危机中的欧洲中央银行的扩张货币政策带来了充分的流动性,但是更多流动性被投向了虚拟经济而非实体经济,存在资金脱实向虚的倾向;非常规货币政策的汇率途径通畅,影子利率的负向冲击导致了汇率的下降并促进了净出口的上升,而净出口的上升拉动了产出的增加与价格水平的上涨,并对总需求提高与消费提高有较好的推动作用。基于技术结论,政策建议如下:

第一,宽松货币政策有独特的传导途径,特别是出现了超低利率环境之后,货币政策的常规传导途径会失效,因此应当对危机中的宽松货币政策传导进行理论上的分析并实证检验其传导效果。

第二,宽松货币政策的资产价格传导途径发生了阻滞,如果尝试通过发展金融市场来拉动经济复苏,可能达不到效果。一旦资本市场过度繁荣,与实体经济发展脱钩,可能形成泡沫与更大的市场风险。

第三,宽松货币政策的银行信贷渠道发生了阻滞,如果尝试通过扩充商业银行资产负债表规模的方式来拉动经济复苏,可能达不到效果。更多的流动性可能会进入房地产与资本市场,资金出现脱实向虚的倾向,无法对实体经济产生有效的推动作用。如果进一步降低利率,则会压缩商业银行利润,影响商业银行的正常经营,对商业银行为主导的市场经济国家造成较大伤害。

第四,警惕贸易摩擦与汇率冲突。实证结果显示,宽松货币政策的汇率渠道是通畅的,例如影子利率下降伴随着汇率下降并促进净出口的上升,而净出口的上升拉动了产出的增加与价格水平的上涨,并对总需求提高与消费提高有较好的推动作用。基于此,很多国家特别是发达国家有可能通过主动的汇率调整与进出口策略调整来引导本国经济发展,但由此会导致更多的贸易摩擦与汇率冲突。近年来,中国的商品在世界范围内受到了越来越频繁的反倾销指控,常规的汇率政策调整也常遭到其他国家的无端指责,部分原因即来自于发达国家贸易与汇率政策调整带来的负面作用。因此,我国应当提前做好预案,适时调控汇率与进出口策略,主动营造健康有利的发展格局。

附录 A:公式推导

A1 本章第二节的公式(5)、(6)和(7)的证明过程(在家庭最优化问题的推导部分):

根据代表性家庭的目标效用函数公式(3)和预算约束条件公式(4),构造拉格朗日函数,再分别对变量 c_t、m_t、l_t 和 b_t 求一阶导数。当家庭进行经济决策时,会选择 c_t、m_t、l_t 和 b_t 的值,使得自己的效用函数贴现值之和最大,此时拉格朗日函数对变量的一阶导数应当为零。因此可以得到公式(41)、(42)、(43)和(44)。其中 λ_t 表示拉格朗日乘子[①]。

拉格朗日函数形式为公式(40):

$$L = \sum_{j=0}^{\infty} \beta^j E_t \left\{ \left(\frac{c_{t+j}^{1-\sigma_c}}{1-\sigma_c} + \chi \frac{m_{t+j}^{1-\sigma_m}}{1-\sigma_m} - \frac{l_{t+j}^{1+\sigma_l}}{1+\sigma_l} \right) - \lambda_{t+j} \left(c_{t+j} + m_{t+j} + b_{t+j} - \frac{m_{t+j-1}}{1+\pi_{t+j}} - \frac{(1+i_{t+j})\,b_{t+j-1}}{1+\pi_{t+j}} - w_{t+j} l_{t+j} \right) \right\}$$

(40)

对 c_t 求一阶导数:$c_t^{-\sigma_c} - \lambda_t = 0$ (41)

对 m_t 求一阶导数并化简后得到:$\chi m_t^{-\sigma_m} - \lambda_t + \beta E_t \{\lambda_{t+1}\} \dfrac{1}{1 + E_t\{\pi_{t+1}\}} = 0$

(42)

对 l_t 求一阶导数:$-l_t^{-\sigma_l} + \lambda_t w_t = 0$ (43)

---

① 附录方程式的编号承接本章第二节的方程式的编号。

对 b_t 求一阶导数并化简后得到：$-\lambda_t + \beta E_t\{\lambda_{t+1}\}\dfrac{1 + E_t\{i_{t+1}\}}{1 + E_t\{\pi_{t+1}\}} = 0$ （44）

根据公式（44）可以得到 λ_t 的变化公式，为公式（45）：

$$E_t\{\lambda_{t+1}\} = \frac{1}{\beta}\frac{1 + E_t\{\pi_{t+1}\}}{1 + E_t\{i_{t+1}\}}\lambda_t \qquad (45)$$

把公式（41）和公式（45）联立，可以得到公式（5）。把公式（41）和公式（43）联立，可以得到公式（6）。

公式（7）的证明过程如下：

把公式（45）代入公式（42），可以得到公式（46）：

$$\begin{aligned}
\chi m_t^{-\sigma_m} &= \lambda_t - \beta E_t\{\lambda_{t+1}\}\frac{1}{1 + E_t\{\pi_{t+1}\}}\\
&= \lambda_t - \beta\frac{1}{1 + E_t\{\pi_{t+1}\}}\frac{1}{\beta}\frac{1 + E_t\{\pi_{t+1}\}}{1 + E_t\{i_{t+1}\}}\lambda_t\\
&= \frac{E_t\{i_{t+1}\}}{1 + E_t\{i_{t+1}\}}\lambda_t \qquad (46)
\end{aligned}$$

同时把公式（41）代入公式（46），则可以得到公式（7）：$\chi m_t^{-\sigma_m} c_t^{\sigma_c} = \dfrac{E_t\{i_{t+1}\}}{1 + E_t\{i_{t+1}\}}$。

A2 本章第二节的公式（12）和公式（13）的证明过程（在厂商技术约束的推导部分）：

根据厂商的目标效用函数公式（11）和技术约束条件公式（9），构造拉格朗日函数，再分别对变量 l_t 和 k_{t-1} 求一阶导数。当厂商进行经济决策时，会选择 l_t 和 k_{t-1} 的值，使得自己的利润最大化，此时拉格朗日函数对变量的一阶导数应当为零。因此可以得到公式（48）和（49），公式（48）和（49）即为正文中的公式（12）和公式（13）。其中 mc_t 表示拉格朗日乘子，其经济学含义为生产单位产品的实际边际成本。拉格朗日函数用公式（47）表示。

$$L = w_t l_t + r_t k_{t-1} + mc_t(y_t - a_t k_{t-1}^{\alpha} l_t^{1-\alpha}) \qquad (47)$$

对 l_t 求一阶导数：$w_t = (1 - \alpha)mc_t a_t k_{t-1}^{\alpha} l_t^{-\alpha}$ （48）

对 k_{t-1} 求一阶导数：$r_t = \alpha mc_t a_t k_{t-1}^{\alpha-1} l_t^{1-\alpha}$ （49）

A3　本章第二节的公式(18)的证明过程(在厂商需求约束的推导部分)：

采取与上文类似的方法,目标函数为公式(16),约束条件为公式(17),构造拉格朗日函数,再对变量求一阶导数。拉格朗日函数用公式(50)表示：

$$L = P_t y_t - \int_0^1 P_t(i) y_t(i) di - \lambda_t \left\{ y_t - \left\{ \int_0^1 [y_t(i)]^{-\frac{1-\theta}{\theta}} di \right\}^{-\frac{\theta}{1-\theta}} \right\} \quad (50)$$

对 y_t 求一阶导数：$P_t - \lambda_t = 0$ $\quad (51)$

对 $y_t(i)$ 求一阶导数：

$$- P_t(i) + \lambda_t \left(-\frac{\theta}{1-\theta} \right) \left\{ \int_0^1 [y_t(i)]^{-\frac{1-\theta}{\theta}} di \right\}^{-\frac{\theta}{1-\theta}-1} \left(-\frac{1-\theta}{\theta} \right) [y_t(i)]^{-\frac{1-\theta}{\theta}-1} = 0 \quad (52)$$

由约束条件公式(17),变形后可以得到公式(53)：

$$\left\{ \int_0^1 [y_t(i)]^{-\frac{1-\theta}{\theta}} di \right\}^{-\frac{\theta}{1-\theta}-1} = y_t^{\frac{1}{\theta}} \quad (53)$$

把公式(51)和公式(53)代入公式(52),并进行化简,可以得到中间产品的需求曲线,即为正文中的公式(18)。

A4　本章第二节的公式(23)的证明过程(在中间产品厂商的推导部分)：

中间产品厂商的利润最大化问题可以用公式(20)表示目标函数和公式(21)表示的约束条件刻画。这里把公式(20)和公式(21)重新列出,再次编号为公式(54)和公式(55)。

$$\max E_t \left\{ \sum_{j=0}^{\infty} \gamma^j Q_{t,t+j} [P_t^* y_{t+j|t}(i) - \Psi(y_{t+j|t}(i))] \right\} \quad (54)$$

$$\text{s.t } y_{t+j|t}(i) = \left(\frac{P_t^*}{P_{t+j}} \right)^{-\theta} y_{t+j} \quad (55)$$

将公式(55)代入公式(54)中,中间产品厂商通过调整对中间产品的定价,追求利润最大化,因此目标函数值对中间产品定价 P_t^* 的导数应当为零,特别需要注意的是,变量 $y_{t+j|t}(i)$ 也是 P_t^* 的函数,经过计算得到公式(56)。

目标函数对 P_t^* 求一阶导数：

$$E_t \left\{ \sum_{j=0}^{\infty} \gamma^j Q_{t,t+j} \left[y_{t+j|t}(i) + P_t^* (-\theta) \left(\frac{P_t^*}{P_t} \right)^{-\theta-1} \frac{1}{P_t} y_{t+j} - \Psi'(y_{t+j|t}(i)) (-\theta) \left(\frac{P_t^*}{P_t} \right)^{-\theta-1} \frac{1}{P_t} y_{t+j} \right] \right\}$$

$$(56)$$

将公式(55)代入公式(56),消去变量 y_{t+j},得到公式(57)。

$$E_t\left\{\sum_{j=0}^{\infty}\gamma^j Q_{t,t+j}y_{t+j|t}(i)\left[1-\theta+\theta\Psi'(y_{t+j|t}(i))\frac{1}{P_t^*}\right]\right\}=0 \qquad (57)$$

目标是最终得到通货膨胀率的变动公式,因此将公式(57)整理后,通过除以 P_{t-1},将一阶条件表示成价格之比的形式,为公式(58)。公式(58)即为正文中的公式(23)。

$$E_t\left\{\sum_{i=0}^{\infty}\gamma^j Q_{t,t+j}y_{t+j|t}(i)\left[\frac{P_t^*}{P_{t-1}}-\frac{\theta}{\theta-1}\Psi'(y_{t+j|t}(i))\frac{1}{P_{t-1}}\right]\right\}=0 \qquad (58)$$

A5 本章第二节的公式(28)、(29)和(30)的证明过程(在中间产品厂商的推导部分):

已知公式(26)与公式(27),这里将两个公式重新列出,再次编号为公式(59)和公式(60)。

$$\hat{p}_t^*-\hat{p}_{t-1}=(1-\gamma\beta)\sum_{j=0}^{\infty}(\gamma\beta)^j E_t\{\hat{mc}_{t+j|t}+\hat{p}_{t+j}-\hat{p}_{t-1}\} \qquad (59)$$

$$E_t\{\hat{mc}_{t+j|t}\}=E_t\{\hat{mc}_{t+j}\}-\frac{(1-\alpha)\theta}{\alpha}\{\hat{p}_t^*-E_t\{\hat{p}_{t+j}\}\} \qquad (60)$$

将公式(60)代入公式(59)中,可以得到公式(61)。

$$\hat{p}_t^*-\hat{p}_{t-1}=(1-\gamma\beta)\sum_{j=0}^{\infty}(\gamma\beta)^j\left\{E_t\{\hat{mc}_{t+j}\}+\left[\frac{(1-\alpha)\theta}{\alpha}+1\right]E_t\{\hat{p}_{t+j}\}-\frac{(1-\alpha)\theta}{\alpha}\hat{p}_t^*-\hat{p}_{t-1}\right\}$$

$$(61)$$

将含有变量 $\hat{p}_t^*$ 的项移到等号左边,并且与 j 无关的项可以放在求和符号的外面,得到关于 $\hat{p}_t^*$ 的表达式,用公式(62)表示。

$$\hat{p}_t^*=(1-\gamma\beta)\sum_{j=0}^{\infty}(\gamma\beta)^j\left\{\frac{\alpha}{\alpha+(1-\alpha)\theta}E_t\{\hat{mc}_{t+j}\}+E_t\{\hat{p}_{t+j}\}\right\}$$

$$(62)$$

为了使表达式更简洁,使用公式 $\Theta=\dfrac{\alpha}{\alpha+\theta(1-\alpha)}$,并且表示成通货膨胀率的形式,可以得到公式(63)。公式(63)即为正文中的公式(28)。

$$\hat{p}_t^*-\hat{p}_{t-1}=(1-\gamma\beta)\Theta\sum_{j=0}^{\infty}(\gamma\beta)^j E_t\{\hat{mc}_{t+j}\}+(1-\gamma\beta)\sum_{j=0}^{\infty}(\gamma\beta)^j E_t\{\hat{p}_{t+j}\}-\hat{p}_{t-1}$$

$$(63)$$

将公式(63)中的时间向后推一期,即用t+1代替t,可以得到公式(64)。公式(64)的变形形式为公式(65),将公式(65)代入公式(63),最终可以得到公式(66)。公式(66)即为正文中的公式(29)。

$$\hat{p}_{t+1}^* - \hat{p}_t = (1-\gamma\beta)\,\Theta\sum_{j=0}^{\infty}(\gamma\beta)^j E_t\{\hat{mc}_{t+j+1}\} + (1-\gamma\beta)\sum_{j=0}^{\infty}(\gamma\beta)^j E_t\{\hat{p}_{t+j+1}\} - \hat{p}_t \qquad (64)$$

$$E_t\{\hat{p}_{t+1}^*\} - \hat{p}_t + \hat{p}_t = (1-\gamma\beta)\,\Theta\sum_{j=0}^{\infty}(\gamma\beta)^j E_t\{\hat{mc}_{t+j+1}\} + (1-\gamma\beta)\sum_{j=0}^{\infty}(\gamma\beta)^j E_t\{\hat{p}_{t+j+1}\} \qquad (65)$$

$$\hat{p}_t^* - \hat{p}_{t-1} = (1-\gamma\beta)\,\Theta\hat{mc}_t + (1-\gamma\beta)\,\Theta\sum_{j=1}^{\infty}(\gamma\beta)^j E_t\{\hat{mc}_{t+j}\} + (1-\gamma\beta)\,\hat{p}_t + (1-\gamma\beta)\sum_{j=1}^{\infty}(\gamma\beta)^j E_t\{\hat{p}_{t+j}\} - \hat{p}_{t-1}$$

$$= (1-\gamma\beta)\,\Theta\hat{mc}_t + (1-\gamma\beta)\,(\gamma\beta)\,\Theta\sum_{j=0}^{\infty}(\gamma\beta)^j E_t\{\hat{mc}_{t+j+1}\} + (1-\gamma\beta)\,(\gamma\beta)\sum_{j=0}^{\infty}(\gamma\beta)^j E_t\{\hat{p}_{t+j+1}\} +$$

$$(1-\gamma\beta)\,\hat{p}_t - \hat{p}_{t-1}$$

$$= (1-\gamma\beta)\,\Theta\hat{mc}_t + (\gamma\beta)\,E_t\{\hat{p}_{t+1}^* - \hat{p}_t\} + (\gamma\beta)\,\hat{p}_t + (1-\gamma\beta)\,\hat{p}_t - \hat{p}_{t-1}$$

$$= (1-\gamma\beta)\,\Theta\hat{mc}_t + (\gamma\beta)\,E_t\{\hat{p}_{t+1}^* - \hat{p}_t\} + \hat{\pi}_t \qquad (66)$$

再根据通货膨胀率的定义,由公式(66),可以得到公式(67)。公式(67)即为正文中的公式(30)。

$$\hat{\pi}_t^* = (\gamma\beta)E_t\{\hat{\pi}_{t+1}^*\} + (1-\gamma\beta)\Theta\hat{mc}_t + \hat{\pi}_t \qquad (67)$$

A6　本章第二节的公式(32)的证明过程:

已知公式(19)$P_t = \left[\int_0^1 P_t(i)^{1-\theta}di\right]^{\frac{1}{1-\theta}}$,假设$S(t) \subseteq [0,1]$表示在时期t没有重新优化价格的厂商集合,根据Calvo定价策略,$S(t)$的测度应为γ。由于所有重新设定价格的厂商都选择相同的价格P_t^*。将公式(19)等号两边同时除以P_{t-1},考虑到P_{t-1}与变量i无关,因此P_{t-1}可以放在积分符号内。得到公式(68),其中$C_{[0,1]}S(t)$表示集合$S(t)$在集合$[0,1]$中的补集,根据上文的定义,可知$C_{[0,1]}S(t)$的测度应为$1-\gamma$。

$$\frac{P_t}{P_{t-1}} = \left[\int_0^1 \left(\frac{P_t(i)}{P_{t-1}}\right)^{1-\theta}di\right]^{\frac{1}{1-\theta}}$$

$$= \left[\int_{S(t)}\left(\frac{P_{t-1}}{P_{t-1}}\right)^{1-\theta}di + \int_{C_{[0,1]}S(t)}\left(\frac{P_t^*}{P_{t-1}}\right)^{1-\theta}di\right]^{\frac{1}{1-\theta}}$$

$$= \left[\gamma + (1-\gamma)\left(\frac{P_t^*}{P_{t-1}}\right)^{1-\theta}\right]^{\frac{1}{1-\theta}} \qquad (68)$$

由通货膨胀率的定义,公式(68)与公式(32)等价,于是公式(32)得证。

附录 B:DSGE 模型方程组与对数线性化后的方程组

B1 DSGE 模型方程组

本章第二节建立的 DSGE 模型方程组为:

$$c_t^{-\sigma_c} = \beta \frac{1 + E_t\{i_{t+1}\}}{1 + E_t\{\pi_{t+1}\}} E_t\{c_{t+1}^{-\sigma_c}\} \qquad \text{正文中公式(5)}$$

$$c_t^{\sigma_c} l_t^{\sigma_l} = w_t \qquad \text{正文中公式(6)}$$

$$\chi m_t^{-\sigma_m} c_t^{\sigma_c} = \frac{E_t\{i_{t+1}\}}{1 + E_t\{i_{t+1}\}} \qquad \text{正文中公式(7)}$$

$$1 + r_t = \frac{1 + i_t}{1 + \pi_t} \qquad \text{正文中公式(8)}$$

$$y_t = a_t k_{t-1}^{\alpha} l_t^{1-\alpha} \qquad \text{正文中公式(9)}$$

$$\hat{a}_t = \rho_a \hat{a}_{t-1} + \varepsilon_t^a \qquad \text{正文中公式(10)}$$

$$mc_t = \frac{w_t^{1-\alpha} r_t^{\alpha} (1-\alpha)^{\alpha-1} \alpha^{-\alpha}}{a_t} \qquad \text{正文中公式(15)}$$

$$\hat{\pi}_t^* = \beta\gamma E_t\{\hat{\pi}_{t+1}^*\} + (1-\beta\gamma)\Theta \hat{mc}_t + \hat{\pi}_t \qquad \text{正文中公式(30)}$$

$$(1 + \pi_t)^{1-\theta} = \gamma + (1-\gamma)(1 + \pi_t^*)^{1-\theta} \qquad \text{正文中公式(32)}$$

$$k_t = (1 - dep)k_{t-1} + in_t \qquad \text{正文中公式(33)}$$

$$m_t + b_t = (1 + r_t)b_{t-1} + g_t + \frac{m_{t-1}}{1 + \pi_t} - \tau y_t \qquad \text{正文中公式(34)}$$

$$\hat{g}_t = \rho_g \hat{g}_{t-1} + \varepsilon_t^g \qquad \text{正文中公式(35)}$$

$$\hat{m}_t = \rho_m \hat{m}_{t-1} + \varepsilon_t^m \qquad \text{正文中公式(36)}$$

$$i_t = \varphi_i i_{t-1} + \varphi_\pi \pi_t + \varphi_y y_t \qquad \text{正文中公式(37)}$$

$$i_t \geqslant 0, t = 1,2,3\cdots \qquad \text{正文中公式(38)}$$

$$y_t = c_t + g_t + in_t \qquad \text{正文中公式(39)}$$

B2　DSGE 模型方程组的对数线性化形式

本章第二节的 DSGE 模型对应的对数线性化形式分别如下,其中变量 $\hat{x}_t$ 表示变量 x_t 相对于稳态值的偏离, x^{ss} 表示变量 x 的稳态值:

$$\hat{c}_t = \hat{c}_{t+1} - \frac{1}{\sigma_c}(\hat{i}_{t+1} - \hat{\pi}_{t+1})$$

$$\hat{w}_t = \sigma_c \hat{c}_t + \sigma_l l_t$$

$$\hat{m}_t = \frac{\sigma_c}{\sigma_m}\hat{c}_t$$

$$\hat{r}_t = \hat{i}_t - \hat{\pi}_t$$

$$\hat{y}_t = \hat{a}_t + \alpha \hat{k}_{t-1} + (1 - \alpha) l_t$$

$$\hat{a}_t = \rho_a \hat{a}_{t-1} + \varepsilon_t^a$$

$$\hat{mc}_t = (1 - \alpha) \hat{w}_t + \alpha \hat{r}_t - \hat{a}_t$$

$$\hat{\pi}_t^* = \beta\gamma E_t\{\hat{\pi}_{t+1}^*\} + (1 - \beta\gamma)\Theta \hat{mc}_t + \hat{\pi}_t$$

$$\hat{\pi}_t = (1 - \gamma)\hat{\pi}_t^*$$

$$\hat{k}_t = (1 - dep) k_{t-1} + dep \cdot \hat{in}_t$$

$$\hat{m}_t = (1 + r^{ss})\frac{b^{ss}}{m^{ss}}\hat{r}_t + (1 + r^{ss})\frac{b^{ss}}{m^{ss}}b_{t-1} - \frac{b^{ss}}{m^{ss}}b_t + \frac{g^{ss}}{m^{ss}}\hat{g}_t + \hat{m}_{t-1} - \hat{\pi}_t - \tau\frac{y^{ss}}{m^{ss}}\hat{y}_t$$

$$\hat{g}_t = \rho_g \hat{g}_{t-1} + \varepsilon_t^g$$

$$\hat{m}_t = \rho_m \hat{m}_{t-1} + \varepsilon_t^m$$

$$\hat{i}_t = \varphi_i \hat{i}_{t-1} + \varphi_\pi \hat{\pi}_t + \varphi_y \hat{y}_t + \text{shadow price}$$

$$\hat{y}_t = \hat{c}_t + \hat{g}_t + \hat{in}_t$$

其中倒数第二个方程体现了零利率下限约束的主要技术处理方法,解释与说明如下:

我们对 DSGE 模型中的名义利率添加零利率下限约束如下式[由文中的公式(37)与公式(38)合并而成],以反映金融危机中宏观政策的传导机理与传导效果:

$$i_t = \varphi_i i_{t-1} + \varphi_\pi \pi_t + \varphi_y y_t \geq 0, t = 1,2,3\cdots$$

该式在技术上难以处理,因为它是个不等式,而组成 DSGE 模型的各个方程都是等式,因此无法直接代入 DSGE 的方程组进行线性化求解。Holden 和 Paetz

(2012)创造性地引入了松弛变量,将其转化成了等式。我们借鉴他们的思路,引入影子价格变量,将零利率下限约束线性化之后变形为下式(即线性化方程组的倒数第二个方程):

$$\hat{i}_t = \varphi_i \hat{i}_{t-1} + \varphi_\pi \hat{\pi}_t + \varphi_y \hat{y}_t + \text{shadow price}$$

其中的 shadow price 为影子价格冲击,该变量通过可预期的冲击刻画将来的零利率下限约束,内生地决定触及零利率下限约束的时期。

进行脉冲响应分析时,具体做法是每期检验模型关系式计算出的名义利率取值,若名义利率大于等于零,则影子价格冲击取值为零;若名义利率为负,则施加影子价格冲击,使名义利率大于等于零,每一期影子价格冲击的取值通过求解最优化问题得到。以往的大多数研究由于没有添加影子价格冲击,名义利率将可能出现负值,因此得到的相关结论不能充分而真实地反映经济现实。读者可以观察我们给出的脉冲响应与仿真模拟的系列图形,发现考虑或不考虑零利率下限约束时,宏观政策会体现出很不一样的传导效果,而显然考虑零利率下限约束的情况是对经济现实的更真实的反映。

进行仿真模拟分析时,运用蒙特卡罗模拟方法的同时考虑零利率下限约束。具体做法为假设经济在 t 期处于均衡状态,内生经济变量的方差 σ^2 已知,t+1 期该变量的变动值服从正态分布 $N(0,\sigma^2)$。先求出变量在第 t+1 期的预期值,如果名义利率预期值大于等于零,则预期值就是第 t+1 期变量的仿真模拟值;如果名义利率预期值小于零,则添加影子价格冲击,此时名义利率的仿真模拟值是如下两部分之和:第一部分是一般情况下名义利率第 t+1 期的预期值,第二部分是名义利率对影子价格冲击的脉冲响应值。再根据模型关系式得到模型中其他变量第 t+1 期的仿真模拟值。采取如上所述的方法,得到所有变量第 t+1 期的仿真模拟值。

第三章 量化宽松的货币政策

量化宽松是在危机初期,世界各国频繁实施的一种非常规货币政策。本章主要研究量化宽松的传导机理,实证检验量化宽松对金砖国家与其他发达国家的影响,以及量化宽松货币政策的退出效应。

第一节 量化宽松的传导机理

本节梳理了以往学者的研究成果,从汇率波动、进出口贸易与资本流动等方面分析了发达国家实施与退出量化宽松政策的溢出效应的传导路径与传导效果,并以中国为例,梳理了发达国家的货币政策变化对新兴市场国家的影响以及新兴市场国家的应对措施。

一、通过汇率波动与进出口贸易渠道进行传导的溢出效应

量化宽松是发达国家在金融危机中频繁使用的一种扩张性货币政策,它主要是通过改变市场流动性调整利率与引导市场的宽松理性预期两个方面促进货币政策实施国的经济发展。大多数经济学家认为当发达国家实施大规模扩张性货币政策时,会降低本国利率与汇率,从而迫使其他国家汇率上升,例如 Neely (2010)通过测算发现,从 2009 年 1 月至 2011 年 1 月,由于实施了大规模的资产购买计划,美元名义汇率下行幅度超过 6.5%;M.Joyce 等(2011)也测算出英国的量化宽松政策使得英镑汇率下降了 4%,所以量化宽松的实施确实会对利率

和汇率产生影响。发达国家的货币政策对其他国家的影响则分成两个部分,有些学者认为宽松货币政策对发达国家没有太大的影响,例如 G.M.Voss 和 L.B. Willard(2009)利用 SVAR 模型研究了一个小型经济体澳大利亚和一个大型经济体美国组成的经济体系对汇率的响应,发现美国的量化宽松政策对澳元汇率的冲击并不显著,对澳元汇率的超额回报和与购买力平价偏离的贡献度也在 1% 以下。但是,发达国家的非常规货币政策对于新兴市场国家影响非常大,U.Volz (2013)认为量化宽松货币政策产生的过量流动性会给新兴市场国家带来强烈的汇率上行压力,信贷增长和资产价格上涨,从而造成这些国家出口优势减弱; R.Portes(2012)认为发达国家的量化宽松所带来的汇率升值会使新兴市场国家陷入两难的抉择,如果货币当局干预外汇市场来压低汇率,那么将付出巨大的成本,而发达国家获得了更富有市场竞争力的汇率,并为发达国家对新兴市场国家进行汇率操纵的指控提供了政治借口;如果货币当局选择不进行汇率干预或者其汇率干预是部分无效的,那么该新兴市场国家会受到通货膨胀的压力,所以在这场"货币战争"中,美国等发达国家将明显获利,量化宽松使得新兴市场国家普遍出现汇率大幅上涨或明显的通货膨胀。D.Z.Gurara 和 M.Ncube(2013)的研究结果也印证了这一观点,他们使用全球向量自回归模型(GVAR)研究了发达国家的量化宽松货币政策对非洲国家的溢出效应,脉冲响应函数的结果表明量化宽松导致了非洲国家的物价和汇率的上涨,其中汇率的变动尤其明显,这些影响会导致非洲国家的进出口贸易急剧恶化,而投资驱动型的非洲国家由于与全球市场的联系更紧密一些,因此受到的不良影响也会比其他非洲国家更严重。 H.Hannoun(2012)则从外汇储备的角度说明了发达国家量化宽松政策对亚洲新兴市场国家的影响,他指出为避免货币被动升值造成的国内经济动荡和贸易条件恶化,亚洲国家大多选择大幅度增加外汇储备,这给国内和全球的金融失衡带来了风险。不过,也有学者持相反的意见,例如 M.D.Chinn(2013)认为新兴市场国家的货币升值能加快全球经济的再平衡,尽快消除发达国家量化宽松政策导致的全球市场的波动;Salto 等(2013)也认为在一般情况下,汇率的过度波动是单纯的外在现象,对福利没有明确的影响。

在量化宽松政策对汇率冲击的时效性方面,学者们的看法也有差异。有些学者认为由于传导环节的存在,量化宽松对汇率的影响存在时滞,如 H.Bouakez

和 M.Normandin(2010)选取 G7 国家的数据建立 SVAR 模型,研究了美国的扩张货币政策对这些国家与美国的双边汇率的影响,结果表明货币政策对名义汇率的影响存在时滞,汇率的峰值出现在政策冲击的 10 个月之后,且与利用无抛补利率平价理论预测的结果显示出很大的偏差;但也有学者认为发达国家量化宽松的冲击效果是即期的,例如 C.Rosa(2011)使用美元、欧元、加元、英镑、瑞士法郎和日元的数据进行实证检验,发现即时的宽松货币政策声明大大增加了汇率变动在货币政策中的反应程度,根据他的测算,政策声明发布 30 至 40 分钟内汇率即会做出反应,一份将联邦基金利率下调 25 个基点的意外声明将使得美元与其他国家货币兑换时的价值下降 0.5%,一个中性或温和的下调声明只会使美元价值下降 0.3%,且联邦公开市场委员会的声明可以解释 15% 至 22% 的美元汇率变动,这也从另外一个层面说明了央行沟通行为等引导市场预期的货币政策手段的重要性。

二、通过资本流动渠道进行传导的溢出效应

发达国家实施的量化宽松政策导致了资本加速进入新兴市场国家。据经济学家测算(Jamus Jerome Lim 等,2014),从 2009 年二季度至 2013 年一季度,从美国流入新兴市场国家的资金总额从 1920 亿美元攀升至 5980 亿美元,而 2002 年第一季度至 2006 年第二季度,这项数据的增加值仅为 1850 亿美元;庞大的流动性涌入新兴市场国家,给这些国家的经济带来了巨大冲击(Mackintosh,2010;Beckner,2010);与此相反,发达经济体却并未出现资本的大额流入和信贷快速增长(Kapetanios 等,2012)。一般认为,量化宽松创造的流动性主要是通过投资组合再平衡、投资预期、资产价格与冒险行为等途径进入其他国家。①

(一)投资组合再平衡的途径

发达国家的量化宽松政策直接导致了实施国的国债收益率与市场利率的明显下降(Neely,2010),以美国为例,近年来联邦基金利率一直维持在大约 0 至

---

① 还有一些分得更细致的传导渠道,如 Vayanos 和 Vila(2009)提出了久期风险渠道(Duration Risk Channel),Krishnamurthy 和 Vissing Jorgensen(2012)提出了安全性渠道(Safety Channel),但是更一般性的解释把二者归入广义的投资组合再平衡渠道,因为它们都是通过改变期限溢价从而改变收益曲线来引导资本流动。

0.25%之间,而日本的银行间同业拆借利率则大约在 0.02% 至 0.03% 之间①。当美元资产的收益率下降时,由于资本的逐利性,投资者会将资本投入到具有高回报的新兴市场国家,造成大量资本涌入新兴市场(Qianying CHEN 等,2012)。Gagnon J 等(2011)与 J.D.Hamilton 等(2012)发现美国的量化宽松降低了美国国内债券市场收益,提高了其他国家的股票市场收益,从而引发了投资组合在美国与新兴市场国家之间不同方向的再平衡,导致了投资组合的再分配和全球金融市场风险的重新定价。M.Fratzscher 等(2012)认为量化宽松的政策效果主要使资本在国家之间而非在美国国内达到平衡,因此美联储的货币政策对世界范围内的资产价格、资本流动和资产配置施加了更大的影响;C.Dongchul 和 R.Changyong(2013)指出量化宽松引起的新兴市场国家巨大的资本流入体现在资产组合投资中,美国的量化宽松通过降低美国国内收益率和信用违约互换溢价来推动资本流动,造成新兴市场国家汇率升值,房地产价格上升。还有些学者提出流动性可能通过中国香港特别行政区和新加坡这样的国际金融中心,间接地进入亚洲的新兴市场国家(He 等,2010;C.Borio 等,2011)。

(二)投资预期的途径

20 世纪 90 年代之前,多数国家的中央银行在货币政策实践中秉持"神秘主义"的操作风格。但随着经济理论的发展,经济学家们(Demiralp 等,2002;Ehrmann 等,2003)开始意识到,在经济主体对经济运行结果和经济运行过程存在不完全认知的前提下,货币政策透明度对于促进经济主体的学习过程、稳定和引导公众的通胀预期,进而提高货币政策的有效性起着至关重要的作用,于是各国货币政策的操作风格也逐渐由"神秘主义"转向了"透明主义"。金融危机中,发达国家实施宽松货币政策普遍不再搞"突然袭击",而是事先通过公示的方式让公众充分了解货币当局的政策意图。大规模的资产购买计划对投资者来说是一个保持低利率的可信承诺(MD Bauer 等,2014),减少了家庭和企业对于通货紧缩的担忧,提升对未来经济走势的预期(J.R.Hendrickson,D.Beckworth,2013)。由于发达国家的资本回报率过低,因此这种预期并未对发达国家的投资产生持续的冲击,例如 K.Hausken 等(2013)发现在量化宽松刚开始实施时日本、欧盟

---

① 数据来源:美联储网站以及日本银行网站的公开资料。

和英国等发达国家的股票价格虽有显著的增加,但随后很快又回落到正常增长的水平;但新兴市场国家和地区相对更高的资产回报率主导了资本的流动方向,G.Valente(2009)研究了中国香港和新加坡的数据后,认为美国货币政策的公告效应显著地影响了这两个市场对未来短期利率的预期并在相当大的程度上改变了中国香港、新加坡的利率期限结构,导致了世界资本向新兴市场国家与地区的大规模流动。

(三)资产价格与冒险行为的途径

Gomis Porqueras.P 等(2013)认为发达国家的宽松货币政策在国内导致了超低利率环境的诞生,但是发达国家创造的流动性却流向了其他国家特别是新兴市场国家,充足的流动性促使了新兴市场国家的资产价格进一步上涨,导致新兴市场国家与发达经济体之间的市场利差越来越大,引导国际资本加速流入新兴市场国家以追求更高的风险溢价,这反过来又会提振消费和资产价格,从而对投资与冒险提供了循环加速的动力。与此同时,实施宽松政策的发达国家持续的低利率和充足的流动性,也刺激了发达经济体和新兴经济体的金融机构甘冒更大的风险以寻求更高的收益(Gambacorta,2009;Borio 等,2012)。J.J.Lim 等(2014)还从银行贷款的角度解释了流动性渠道,他们认为美联储利用量化宽松购买长期资产相当于增加了银行的储备,由于这些储备在二级市场上比长期证券更容易交易,从而使得市场流动性溢价下降,这就降低了银行资金的使用成本,当国内投资收益不理想时,金融机构会加大向新兴市场国家的风险投资以获取高收益。

发达国家实施的量化宽松等非常规货币政策导致了资本在世界范围内的大规模流动,但是学者们通过检验发现,这种变化对发达国家的影响并不大。CHEN 等(2012)选取了美国、英国、日本、欧盟等发达国家和中国、印度、马来西亚、泰国和新加坡等新兴市场国家的数据,使用事件研究法与 VAR 模型分析了量化宽松对各个国家的影响,结果表明全球经济确实受到了量化宽松货币政策溢出效应的影响,但是发达国家受到的影响相对柔和。M.D.Bauer 等(2014)研究发现美联储的宽松货币政策对澳大利亚和德国的投资组合再平衡效应虽然存在,但非常微弱,对日本债券利率的投资组合再平衡效应极其微弱,信号效应几乎不存在。K.Hausken 等(2013)也认为宽松政策的告示效应造成的资本流动在短期内对发达经济体的股票价格有一定扰动,但长期中并没有太大影响。但是,发达国家的宽松货币政策对新兴市场国家的影响却是惊人的。P.Turner(2008)从汇率风险、利率风险、信用风险三个方面阐述了量化宽松政策导致的大量流动性涌入,在新兴市场国家中引起的金融风险。G.De.Nicolò 等(2010)认为在经济复苏的第二阶段中,逐渐复苏的新兴市场经济与低迷的发达经济体形成了鲜明的对比,经济增长和利率的差异逐渐增大,廉价且充足的流动性会激励大额资本流动。而强力且不稳定的资本流入推高了新兴市场国家的国内资产价格,引发通货膨胀,并增大了经济波动性和金融风险的产生(P.Suttle 等,2010;A.Powell,2012;陈建奇等,2013)。孔瑜和宋晓巍(2013)认为美国和日本的量化宽松货币政策虽然对实施国的经济复苏和金融市场稳定起到了很好的推动作用,但同时也造成了过量的资本涌入新兴经济体,并在短期获利后快速退出,使新兴市场国家的金融市场受到很大冲击。不过,也有学者持不同的观点,例如Pesaran 等(2012)使用内生变量的 VAR 模型分解了不同传导渠道的政策效果并测试了其统计学意义,发现量化宽松政策对巴西却有着积极的作用,这可能是由于资本流入导致股票市场价格上涨与信贷繁荣所致。

三、量化宽松货币政策退出的溢出效应

在金融危机中,量化宽松是治疗"生病"的世界经济的一剂猛药,但是随着"病人"肌体的逐渐康复,猛药也到了需要减量甚至是停止的时候。2013 年 12月 18 日,伯南克宣布将美联储的购债规模缩减至每月 750 亿美元;2014 年 1 月29 日,美联储再次将购债规模减少至每月 650 亿美元;新任美联储主席耶伦则在多个场合暗示美国 2015 年可能提高利率,这表明美联储正在逐步与缓慢地退出量化宽松。

大多数理论经济学家们认为,量化宽松的退出会对实体经济造成压制作用,特别是会给新兴市场国家带来很大的负面效应。一种观点认为量化宽松的退出将影响投资者信心,例如 Powell(2013)和 Nechio(2014)认为在金融全球化的时代,新兴市场国家的经济发展预期仍然会受到美联储货币政策的影响;J.Aizenman、M.Binici 和 M.M.Hutchison(2014)也持类似观点,他们发现美联储发布的逐步退出量化宽松政策的系列公告会对新兴市场国家的投资者信心造成冲

击,从而减少了新兴市场国家的股票市场投资使得股票指数大幅下滑。另外一种观点认为量化宽松的退出会通过资产组合再平衡的渠道导致资本在世界范围内的再次大规模流动,例如 B.Eichengreen 和 P.Gupta(2014)研究了量化宽松的退出对不同新兴市场国家的影响效果,发现经济规模相对较大的国家将受到更大压力,他们给出的解释是当目标国家有一个相对成熟、流动性较强的金融市场时,国内外的投资者们能够更充分地调整自己的投资组合,从而造成更严重的资本外流;J.Aizenman、M.Binici 和 M.M.Hutchison(2014)发现,退出量化宽松对基本面更好的新兴市场国家影响更大,他们认为这是因为在量化宽松实施过程中,经济发展更好的国家吸收了更多的外来资金,因此资金流出和融资套利交易逆转也更为严重;Y.Akyüz(2014)认为量化宽松的退出将导致美国长期利率上升以及新兴市场国家的动荡,这表明新兴市场国家并没有代替发达国家成为全球经济的新引擎,全球经济依然受到发达国家货币政策的外溢效应的影响,随着量化宽松的退出,大量国际游资将离开新兴市场,对其宏观经济造成冲击,因此新兴市场国家的政策制定者应该避免使用外汇储备来填补大量且持续的资本外流,且应考虑进行适当的汇率和信贷限制。还有经济学家认为退出量化宽松将影响发达国家与新兴市场国家之间的贸易往来,从而对过分依赖于进出口贸易的国家产生负面的压制作用,例如 Partha Ray(2014)认为量化宽松货币政策极大地增加了全球对大宗商品的需求,而很多大宗商品来自中国、印度这样的新兴市场国家,因此量化宽松的退出将对这些国家的出口造成很大影响;M.Sanchez(2013)同样认为量化宽松的退出将会影响发达国家和新兴市场国家的进出口策略,新兴市场国家将面临高度不确定的外部环境与不利的财务状况。有些经济学家则对量化宽松退出的影响进行了模拟与估计,例如 A.Burns、M.Kida 和 J.J.Lim(2014)预测,若在 2013 年至 2016 年缓慢退出量化宽松,由于投资组合再平衡的作用,新兴市场国家的资本流入每年将会减少 10%,相当于其 GDP 总量的0.6%;突然的政策退出则会造成预期的变动,信心渠道会使得全球债券收益在几个季度内升高 100 到 200 个基点,可能导致新兴市场国家资本流入在数月内锐减50% 至 80%,从而迫使新兴市场国家收紧财政和货币政策以吸引资金流入。

不过,也有经济学家认为,量化宽松的退出并不见得就是坏事,因为退出量化宽松意味着美国等西方发达国家的实体经济出现了实质性的复苏。例如

Lucia Dunn 等(2014)研究了 2005 年至 2013 年美国家庭净资产和金融资产的数据,发现虽然还未恢复到金融危机前的水平,但近期美国经济确实存在复苏的势头,且金融资产价值的增长快于非金融资产;R.W.Eberts(2014)发现在近两年内美国就业岗位以每月 182000 个的速度增长,失业率已降至 6.7%,失业率的下降意味着经济基础将更为稳固;J.C.Williams(2014)与 J.B.Taylor(2014)也认为由于房地产、银行和劳动力市场的复苏,美国经济前景越来越向积极的方向发展,货币政策规范化正常化的进程在逐渐推进。与此同时,资本市场的走势也对实体经济发展与投资者信心做出了最好的反映,在伯南克公布美联储缩减购债规模的 2013 年 12 月 18 日,道琼斯与纳斯达克指数并未出现如大多数人所预料的大跌,而是在随后展开迅猛上涨,迭创新高。

四、量化宽松对中国的溢出效应以及应对措施

中国是新兴市场国家的典型代表,改革开放给中国提供了发展的机遇,但同时也带来了风险和挑战,发达国家实施与退出量化宽松不可避免地对中国经济产生了溢出效应。有些学者认为发达国家实施量化宽松影响了中国的进出口贸易并导致国内产出与物价水平状况的恶化,例如吴秀波(2010)指出量化宽松导致的货币贬值将恶化中国出口的贸易条件,造成人民币进一步升值,并对国内总产出产生压制作用;吴宏和刘威(2009)分析了中国、日本、欧元区、韩国和马来西亚的数据,发现美国的量化宽松对中国的产出水平、贸易收支和物价具有较大的负向溢出效应;姚斌(2009)发现量化宽松货币政策造成了我国的输入型通货膨胀,导致大宗商品价格呈现震荡向上的趋势;黄瑞芬等(2012)发现我国消费者价格指数、工业增加值、广义货币供应量与美国联邦基金利率之间存在着长期协整关系,脉冲响应函数与方差分析均显示美国的联邦基金利率下调会导致我国通货膨胀的加剧;何正全(2012)研究发现进口商品价格指数的上涨推动了我国 CPI 指数的上升,李自磊等(2013)认为量化宽松政策的实施推动了国际大宗商品价格的上涨,导致国内通胀上涨与人民币升值,而人民币升值与国内通胀上涨形成了循环冲击。

有些学者认为发达国家实施量化宽松会导致国际资本大规模流入并对我国的外汇储备造成损失,例如宾建成等(2013)认为在短期内流动资本具有逐利

性,但是在长期中,国际资本具有高流动性和避险的特征,短期获利后又会不断从国内流出,从而对我国的外汇储备造成冲击;王东(2009)指出大量的投机资金涌入会进一步导致中国外汇储备结构不合理,以美元计价的外汇资产份额过高,因此美联储实施量化宽松政策导致的美元贬值将会使我国持有的外汇资产储备价值出现大幅度缩水;王艳等(2012)研究了量化宽松货币政策对中国信贷市场的溢出效应,发现美国的量化宽松可以通过影响中国的信贷市场从而影响中国的货币供给,美元的流动性通过该机制促进了中国过剩流动性的形成。除了以上基于经济学的分析之外,还有学者从地缘与文化的角度对发达国家非常规货币政策对我国的影响提出了解释(于李娜等,2011)。不过,也有学者持不同的观点。例如张建清等(2010)对中美贸易的数据进行分析后认为,金融危机后美国实施量化宽松虽然会对中国的进出口贸易造成影响,但是其影响效果较弱,滞后期也很长,与此形成对比的是财政政策比货币政策对中国的影响更大;王书林等(2010)运用石油价格指数、美国联邦基金利率和中国的 GDP、CPI 等指数的季度数据构建了 VAR 模型,发现美国的货币政策对中国的传导作用存在,但其影响却有限,内需的提升可以充分抵消出口降低给经济增长带来的负面效应。

关于如何应对发达国家实施量化宽松政策的溢出效应,刘克崮等(2011)和熊爱宗(2013)认为需要对我国的进出口、外汇储备、货币、产业发展、金融发展五大战略进行全面而系统的调整,东亚经济体可采取资本流动管理措施、汇率干预等手段;陈建奇等(2013)和边卫红等(2013)认为各国应进一步加强国际协调,降低系统重要性经济体宏观经济政策负面溢出效应,我国应密切关注美国量化宽松政策走向,提前建立预警机制和采取防范措施,避免对经济发展和金融体系产生较大冲击;余永定(2011)认为在国际资本大量流入的情况下,应该适度减少对外汇市场的干预,尽量减少持有美元资产,允许人民币适当升值,这样能避免外汇储备的进一步增加,从而降低由于美元贬值所造成的我国外汇储备的资产损失;李建伟等(2011)与李永刚(2011)认为应力求外汇储备投资多元化,在安全和盈利间寻求平衡,适度减少美元资产规模,积极调整所购买的国债的期限规模,增加对新兴市场国家债权的投资,增加收益率稳定的股票、股权等抗通胀资产的投资力度,同时在外汇与黄金之间也要寻求平衡,加大对石油、原材料等资产及高技术产品的购买量,稳定人民币汇率,减缓量化宽松货币政策对人民币造成的升值压力;项卫星等(2011)认为人民币的持续升值无法从根本上解决目前我国面临的外部失衡问题,僵化的汇率形成机制无法有效抵御国际资本流动对国内经济的冲击。

关于如何应对发达国家退出量化宽松政策的溢出效应,韩秀云(2013)与黄益平(2011)认为应该在短期内加强资本管制,建立短期资本流动的监测和预警机制,加强对国际游资的监管,给外汇调整提供一个平稳的环境,资本管制应该从加强打击热钱通过经常项目通道流入和采取措施加大短期资本流动成本两方面推进;张礼卿(2011)提出可以加强经常项目交易的真实性审核,对短期资本流入实行无息存款准备金制度,或者实行资本所得税;李稻葵等(2009)认为应该实行宽松的财政政策促进经济发展和产业结构调整,同时实施适度从紧的货币政策以控制通货膨胀;李永刚(2011)认为应该通过小幅多次调节存款准备金、直接信贷规模控制、央行发行票据等方式调节货币供应量,主动转型经济结构,发展以内需为主的经济模式,从源头上避免国际货币政策的溢出效应;黄贤福(2011)指出我国一直以出口创汇作为经济发展的主要动力,金融危机以后这种发展模式的弊端日渐突出,最为显著的就是持续的贸易顺差迫使央行被动发行货币,增加了输入型通货膨胀的压力,因此需要从出口导向型向内需型经济发展模式转变,这样才有利于经济的可持续发展。

量化宽松是发达国家在金融危机中普遍使用的一种典型的扩张性货币政策,关于其溢出效应,以往学者进行了较为丰富的研究,但是目前看来可能仍然存在着一些值得完善的地方:

第一,对实施量化宽松政策的溢出效应研究较多,但对退出量化宽松政策的溢出效应研究不够深入。发达国家退出量化宽松政策仍然会通过汇率、进出口贸易、资本流动等渠道对其他国家产生影响,但是货币政策传导具有非对称性,退出量化宽松不是实施量化宽松的简单逆推,因此研究量化宽松政策退出的溢出效应,仍然需要严格的数理分析、仿真模拟与实证检验。

第二,量化宽松政策的溢出效果大多没有进行充分有效的剥离。金融危机爆发后,发达国家为了促进本国经济的复苏与发展,实施了立体的政策体系,其中量化宽松只是引导经济发展的一种手段。相关研究若不能将量化宽松的政策效果剥离出来,就无法精准测算量化宽松的溢出效应,也就无法对发达国家的宽松政策冲击做出有效反映。

第三,没有充分考虑发达国家的政策合力对新兴市场国家的影响。以中国为例,作为一个典型的新兴市场国家,进出口贸易总额大,外汇储备结构不合理,汇率制度改革不彻底,但是资本管制却在逐步放开,因此发达国家的货币政策调整对于中国的影响非常大。但是,以往研究更多关注特定的某个发达国家的货币政策对新兴市场国家的影响,而较少考虑多个发达国家的政策合力的影响。

第四,没有充分考虑到货币政策环境的一些新变化。例如近年来,网络技术的普及催生了互联网金融的发展,第三方支付、货币投资基金、P2P 网络融资模式等基于互联网的金融新现象对以往依赖于商业银行与资本市场进行传导的货币政策产生了冲击,导致货币政策的实施效果出现弱化。在将来,发达国家的货币政策有可能会出现通过互联网金融的形式产生溢出效应的新路径,但目前来看深入的相关理论分析仍然非常欠缺。

第二节　量化宽松对金砖国家与其他
发达国家的影响

本节以美联储的基础货币与购债规模为自变量,选取金砖五国和十个发达国家的经济产出、物价水平、进出口贸易、汇率、资本市场波动、货币供应量作为应变量,通过面板向量自回归(PVAR)的技术方法,研究了量化宽松货币政策对金砖五国与发达国家的溢出效应。

一、量化宽松货币政策对金砖国家的影响

次贷危机爆发之后,美国经济陷入严重衰退,金融机构出现大规模破产,失业率急剧攀升。美联储根据经济形势的变化,采取了一系列政策措施。例如,自 2007 年 7 月开始,美联储连续下调联邦基金利率,并于 2008 年 12 月将联邦基金

利率降至 0~0.25%,然而在金融危机的背景下,利率调整的常规货币政策似乎已经无法扭转经济的恶化。在此背景下,以量化宽松为代表的非常规的宽松货币政策成为了美联储应对危机的重要手段。

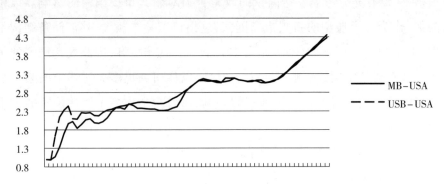

图 3-1　美联储的基础货币投放与购债规模(2008 年 7 月为基期折算,
纵轴是无量纲数据,横轴刻度是月度)

　　图 3-1 是金融危机爆发至 2014 年底,美联储每月的基础货币投放与购债规模,数据呈现出非常明显的递增之势,相对于基期,美联储在 2013 年 11 月的基础货币投放与购债规模已扩张至 4.3 倍以上。美联储实行大规模的宽松货币政策,对本国经济产生了积极影响。主要体现在:美联储向市场注入大量流动性,缓解了短期信贷紧张的局面;美联储实施的宽松货币政策通过利率渠道、资产价格渠道、托宾 Q 渠道等促进了国内的消费和投资;而且,美联储实行宽松政策有利于提振投资者信心,稳定本国的金融体系。

　　与此同时,美联储实施的宽松货币政策也对其他国家特别是发展中国家产生了溢出效应。主要体现在:第一,美联储实行宽松政策向市场注入大量的流动性,促使美元贬值,从而导致发展中国家的货币升值,这将不利于发展中国家的出口,进而可能损害其经济发展;第二,引起了国际大宗商品与原材料价格的频繁波动,提高了发展中国家的经济发展成本;第三,由于发展中国家货币升值,美联储创造的大量流动性进入发展中国家获取超额资本利得,快速的资本流动增加了发展中国家的金融风险;第四,对于管制尚未完全放开的发展中国家来说,为了对冲流动性而被迫发行超额的本国货币,从而有可能导致较为严重的输入型通货膨胀。

图 3-2 提供了金融危机爆发至 2014 年底,金砖国家如印度、巴西、俄罗斯、南非等国的通货膨胀与汇率变动的数据。数据显示,近年来金砖国家的宏观经济变量(图 3-2)与发达国家实施的不断加强的宽松货币政策(图 3-1)之间体现出相近的走势。

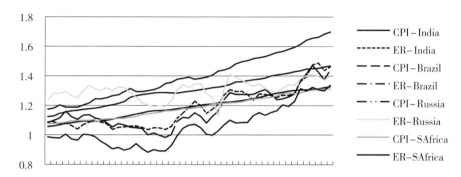

图 3-2 金砖国家的物价与汇率变动(以 2008 年 7 月为基期折算,纵轴是无量纲数据,横轴刻度是月度)

图 3-1 与图 3-2 的数据特征引起了经济学家们的关注:发达国家的宽松货币政策与其他国家的宏观经济变量之间的相近走势,到底是一种巧合,还是确实存在着强相关性? 若发达国家的宽松货币政策对其他国家的宏观经济变量存在溢出效应,那么前者对后者的影响到底有多大? 关于该课题的研究,将有利于发展中国家充分了解发达国家宽松货币政策的影响,并基于此提出应对金融危机与发达国家实施宽松货币政策的双重挑战的政策建议。

(一)数据处理

1.理论基础与数据来源

货币经济学理论认为,一条完整的货币政策传导路径应包含三个关键节点,即货币政策操作工具、货币政策中介目标以及货币政策最终目标。其中货币政策的最终目标包括了经济增长、物价稳定、充分就业以及国际收支平衡;近年来由于金融市场的急剧发展,很多国家将金融稳定也纳入了货币政策最终目标的监控体系。在世界经济一体化的今天,一个国家的货币政策最终目标的实现,不仅单纯取决于本国的货币政策,同时也受到了来自外部其他国家的货币政策越来越大的影响。这种发达国家的货币政策对其他国家存在溢出效应的现象，在发展中国家体现得尤为突出。

本部分选取美国作为发达国家的代表，选取金砖国家作为发展中国家的代表，来检验发达国家的货币政策的溢出效应。由于金砖国家目前由五个国家组成，涉及面板数据的处理，因此我们使用面板向量自回归(PVAR)的技术方法来进行实证检验。基于 Love 和 Zicchino(2006)的面板向量自回归模型的研究成果，设置 PVAR 模型形式如下：

$$Y_{it} = \Gamma_0 + \sum_{j=1}^{n} \Gamma_j Y_{i,t-j} + \eta_i + \varepsilon_t \tag{1}$$

其中，$Y_{it} = (USB_t, MB_t, GAP_{it}, CPI_{it}, GDP_{it}, INDEX_{it}, EX_{it}, M2_{it})$，$\eta_t$ 是时间效应，ε_t 假设是服从正态分布的随机扰动。模型的自变量为美联储的宽松货币政策(文中用美联储的购债规模 USB 和基础货币 MB 作为替代)。模型的因变量为金砖国家的进出口差额(GAP)、物价水平(CPI)、工业生产同比增速(GDP)、股票指数(INDEX)、汇率(ER)与货币供应量(M2)，以上六个变量比较全面地反映了货币政策的最终目标。其中经济增长用工业生产同比增速替代；价格水平分成两类，一类是物价水平用居民消费物价指数替代，另一类是货币价格水平用汇率与货币供应量替代；国际收支平衡用进出口差额替代；金融稳定用特定国家的股票指数替代①。

金砖国家为中国、印度、巴西、俄罗斯和南非。样本空间为 2008 年 7 月至 2013 年 11 月的月度数据，所有数据均以金砖各国的 2005 年 12 月的数据为基期数据。其中 CPI 数据来源于中经网数据库；中国、印度、巴西、俄罗斯的进出口差额(GAP)数据来源于中经网数据库，南非的 GAP 数据来源于 Wind 资讯，均经过季节调整；工业生产同比增速(GDP)的数据来源于中经网数据库；股票价格指数(中国沪深 300、巴西 BSVA、俄罗斯 RTS、印度 BSE、南非 JALSH)的数据来源于 Wind 资讯，原始数据为每日收盘价，经过平均得到月度值；各国的汇率(ER)以间接标价法表示，均为美元兑金砖国家货币的价格，数据来源于 OECD

---

① 由于统计口径不一，且数据序列不完整，因此我们在实证检验中没有给出直接的就业率指标。但实际上其他指标已基本上反映了特定国家的就业状况。例如根据短期菲利浦斯曲线的结论，就业率与通胀率成正比(即失业率与通胀率成反比)；而直接反映通胀状况的 CPI 指数，以及间接反映通胀状况的 M2 均已包含在实证检验模型中。

统计数据库；金砖各国的广义货币 M2，数据来源于 Wind 资讯。美联储的资产规模（USB）和基础货币（MB）的数据来源于美联储数据库，其中资产规模根据资产负债表计算获得，由于该数据是每周公布，我们通过平均得到月度数据。

2. 平稳性检验

在进行面板向量自回归分析之前，需要对各序列的平稳性进行检验。由于变量 GAP_{it}、CPI_{it}、GDP_{it}、$INDEX_{it}$、EX_{it} 与 $M2_{it}$ 为面板数据，所以采用检验同质单位根的 LLC 检验和检验异质单位根的 IPS 检验；变量 MB_t 与 USB_t 为时间序列数据，则采用 ADF 检验，检验结果如下表。

表 3-1 变量平稳性检验

序列名称	检验方法	统计量	概率值	结论
GAP_{it}	LLC	−7.055	0.0043	平稳
	IPS	−3.113	0.000	平稳***
CPI_{it}	LLC	−1.531	0.2569	不平稳
	IPS	−0.785	0.971	不平稳
△CPI_{it}	LLC	−11.164	0.0000	平稳
	IPS	−5.082	0.000	平稳***
GDP_{it}	LLC	−4.995	0.1011	不平稳
	IPS	−2.233	0.034	不平稳
△GDP_{it}	LLC	−16.442	0.0000	平稳
	IPS	−7.395	0.000	平稳***
$INDEX_{it}$	LLC	−0.314	0.9971	不平稳
	IPS	−1.235	0.770	不平稳
△$INDEX_{it}$	LLC	−11.523	0.0000	平稳
	IPS	−5.031	0.0000	平稳***
ER_{it}	LLC	−3.518	0.2836	不平稳
	IPS	−1.918	0.154	不平稳
△ER_{it}	LLC	−12.650	0.0000	平稳
	IPS	−5.558	0.000	平稳***

序列名称	检验方法	统计量	概率值	结论
$M2_{it}$	LLC	0.499	0.8821	不平稳
	IPS	−0.345	0.999	不平稳
$\triangle M2_{it}$	LLC	−13.375	0.0000	平稳
	IPS	−5.986	0.000	平稳***
MB_t	ADF	−1.199	0.6742	不平稳
$\triangle MB_t$	ADF	−4.857	0.0000	平稳***
USB_t	ADF	−2.174	0.4592	不平稳
$\triangle USB_t$	ADF	−6.840	0.0000	平稳***

注:*** 代表在 1%水平下显著。

从表 3-1 可以看出,原序列大多数是非平稳的,但经过一阶差分后成为平稳序列,因此可以基于处理后的数据序列进行 PVAR 检验。

3. 确定最优滞后期与格兰杰检验

根据 AIC 和 SC 准则,同时结合模型的有效性和稳定性条件,最终确定 PVAR 估计的最优滞后阶数为 4 阶,在最优滞后期下做格兰杰检验,结果如下:

表 3-2　格兰杰检验结果

零假设(前一序列不是后一序列的格兰杰原因)	χ^2 统计值	P 值
MB-GAP	6.4410	0.169
MB-CPI	7.9892	0.092
MB-GDP	2.3505	0.672
MB-INDEX	5.8933	0.207
MB-ER	3.8384	0.428
MB-M2	6.1295	0.190
USB-GAP	4.9834	0.289
USB-CPI	7.0298	0.134
USB-GDP	2.8402	0.585
USB-INDEX	11.772	0.019
USB-ER	5.6273	0.229
USB-M2	1.5806	0.812

　　从表3-2中观察χ^2统计量与对应的P值,基本上可以确定美联储的购债规模(USB)与基础货币投放(MB)是金砖国家宏观经济变量GAP、CPI、GDP、INDEX、ER、M2的格兰杰原因。

　　我们将美联储宽松货币政策对金砖国家宏观经济指标的PVAR检验的系数矩阵列示如表3-3。

　　表3-3的纵列为美联储的宽松货币政策,横行为金砖国家的宏观经济变量,仔细考察滞后4期的MB(t-4)与USB(t-4)的影响可以发现经济规律。第一,美联储基础货币投放对金砖国家的宏观经济变量GAP、CPI、GDP、INDEX、ER、M2的系数的绝对值远大于美联储购债规模对金砖国家的宏观经济变量,说明美联储基础货币投放的溢出效应要强于购债规模的溢出效应,这是因为基础货币投放的影响比购债规模的影响更加直接。第二,美联储的宽松货币政策对金砖国家的GDP、INDEX、ER三个变量的影响系数的方向一致,例如MB(t-4)与USB(t-4)对金砖国家GDP的影响系数均大于0,分别为0.0523与0.0020;对金砖国家的ER的影响均小于0,分别为-0.0230与-0.0015;对金砖国家的INDEX的影响系数均大于0,分别为27.5020与3.4467,这意味着美联储的宽松货币政策在短期内会导致金砖国家的实体经济产出上升,促使金砖国家的货币升值,并推动金砖国家的虚拟经济繁荣。第三,美联储的宽松货币政策对金砖国家的GAP、CPI、M2的影响系数方向相反、效果不一,说明美联储的宽松货币政策对金砖国家的价格水平与贸易的影响存在差异,这可能是因为发达国家的货币政策只是影响发展中国家的价格水平与贸易的一种因素,而特定国家的价格水平与贸易还受到了来自所在国的其他宏观政策的影响。

表3-3　变量间的关系

变量	GAP(t)	CPI(t)	GDP(t)	INDEX(t)	ER(t)	M2(t)
MB(t-1)	0.4769	-0.0200	0.1351	15.9187	0.0024	-10.6974
	(0.9062)	(-0.4311)	(1.5109)	(0.3619)	(0.1018)	(-0.4837)
USB(t-1)	-0.0422	0.0004	-0.0072	-1.0739	-0.0014	-0.4442
	(-1.4172)	(0.3659)	(-2.2878)	(-0.8498)	(-1.3100)	(-0.7945)

变量	GAP(t)	CPI(t)	GDP(t)	INDEX(t)	ER(t)	M2(t)
MB(t-2)	−0.4504	0.0186	0.0621	−67.6942	−0.0105	−8.0416
	(−1.000)	(0.8034)	(0.9398)	(−2.1811)	(−0.6517)	(−0.6841)
USB(t-2)	0.0316	−0.0009	−0.0064	1.9152	0.0019	0.5621
	(0.7282)	(−0.2797)	(−1.0107)	(0.5533)	(0.9813)	(0.3948)
MB(t-3)	0.3705	−0.0122	−0.1431	−41.1026	0.0499	2.7697
	(0.9290)	(−0.5835)	(−2.2756)	(−1.2898)	(2.8794)	(0.2385)
USB(t-3)	−0.0191	0.0007	0.0017	0.6907	−0.0008	1.0982
	(−0.6162)	(0.4849)	(0.4296)	(0.4716)	(−0.7286)	(1.4847)
MB(t-4)	0.0072	−0.0101	0.0523	27.5020	−0.0230	−3.0503
	(0.0321)	(−0.7971)	(1.8791)	(1.4565)	(−3.0492)	(−0.4943)
USB(t-4)	−0.0046	0.0012	0.0020	3.4467	−0.0015	0.0189
	(−0.1656)	(0.7184)	(0.5204)	(1.8277)	(−1.4730)	(0.0209)

(二)脉冲响应

美联储宽松货币政策对金砖国家产出的影响。脉冲响应函数图 3-3 显示:美联储的宽松货币政策对金砖国家的产出的影响在前期为正,中期影响为负,长期影响也为正。具体来看,美联储的基础货币(MB)对金砖国家产出(GDP)的影响在前 3 期为正,第 4 期到第 15 期的影响为负,第 14 期以后的影响为正且正面影响呈递增状态;美联储的购债规模(USB)对金砖国家产出(GDP)的影响在前 7 期为正,负面影响期为第 8 期到第 17 期,第 17 期以后的影响为正。这说明发达国家的宽松货币政策在短期与长期中都会对金砖国家的产出产生正向的促进影响。

美联储宽松货币政策对金砖国家汇率的影响。脉冲响应函数图 3-4 显示:美联储实施量化宽松货币政策对金砖国家汇率的影响一直为负,即金砖国家的货币升值(为计算的简便与统一,本部分的汇率指的是美元兑金砖国家的汇率,因此美联储宽松货币政策导致汇率变量下降,表示美元下跌即金砖国家的货币升值。)具体来看,美联储的基础货币(MB)对金砖国家的汇率(ER)在前 3 期的

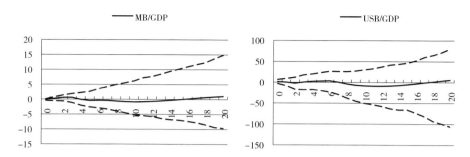

图 3-3　美联储宽松货币政策对金砖国家产出的脉冲效应

负向影响较小,从第 4 期开始,负向影响急剧增强,一直持续到第 12 期,从第 13 期开始,负向影响逐渐稳定。美联储资产规模(USB)对金砖国家的汇率(ER)影响的态势和美联储的基础货币对金砖国家汇率的影响基本上相同。原因在于,美联储实施宽松的货币政策,向市场投入大量流动性,迫使美元贬值,从而导致金砖国家的货币升值。

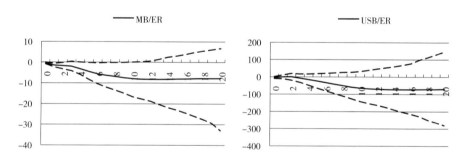

图 3-4　美联储宽松货币政策对金砖国家汇率的脉冲效应

美联储宽松货币政策对金砖国家虚拟经济的影响。脉冲响应函数图 3-5 显示:美联储基础货币(MB)对金砖国家股票指数(INDEX)的影响在前 3 期为负,从第 4 期开始转为正面影响,直到第 13 期,从第 14 期开始影响为负。美联储资产规模(USB)对金砖国家股票指数(INDEX)的影响在前 2 期为负,第 3 期到 14 期的影响为正,第 14 期以后的影响为负。整体来看,美联储的宽松货币政策的影响在第 3 或第 4 期之后,对金砖国家的资本市场价格体现出一定的推动作用,但长期来看却没有太多的正面影响,这可能是由于金砖国家的市场化程度没有发达国家那么高,对资本流动实施了一定的管制所致。

美联储宽松货币政策对金砖国家进出口贸易的影响。脉冲响应函数图显

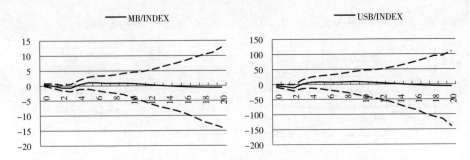

图 3-5　美联储宽松货币政策对金砖国家资本市场价格的脉冲效应

示:美联储实行量化宽松货币政策对金砖国家进出口差额的影响大体呈现出前期为正、后期为负的特点。具体来说,美联储基础货币(MB)对金砖国家进出口差额(GAP)的影响在前 13 期为正,从第 14 期开始,影响转为负。美联储资产规模(USB)对金砖国家进出口差额(GAP)的影响在前 14 期为正,从第 15 期开始,影响转为负。原因在于,美联储的宽松货币政策在刚开始实施时,一定程度地刺激了美国国内消费,部分加大了对金砖国家商品的需求;但随着美元持续贬值与金砖国家的货币升值,金砖国家商品的出口竞争力受到削弱,因此最终导致贸易顺差减小。

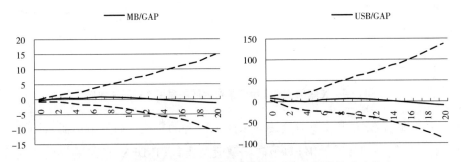

图 3-6　美联储宽松货币政策对金砖国家进出口贸易的脉冲效应

　　美联储宽松货币政策对金砖国家消费物价指数的冲击。脉冲响应函数图 3-7 显示:美联储实行量化宽松货币政策对金砖国家物价水平的影响除个别期数影响为负,其余影响全部为正。具体来看,美联储基础货币(MB)对金砖国家物价水平(CPI)的影响在前 2 期较小,从第 3 期开始,影响急剧增强。美联储资产规模(USB)对金砖国家物价水平(CPI)的影响在第 1 期为负,从第 2 期开始,正面影响增速加快,然后一直为正,这说明美联储的宽松货币政策促使了金砖国家的物价上涨。

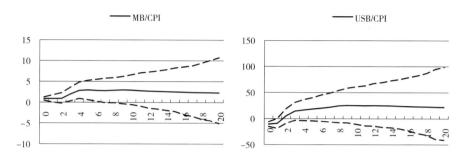

图 3-7　美联储宽松货币政策对金砖国家消费物价指数的脉冲效应

美联储宽松货币政策对金砖国家货币供应量的冲击。脉冲响应函数图 3-8 显示:美联储实施宽松的货币政策对金砖国家货币供应量的影响一直为正,但整体来看波动幅度非常小。这可能说明两个问题:首先,说明美联储的宽松货币政策会迫使金砖国家增加货币供应量,这可能是因为金砖国家为了应对本国货币升值带来的负面影响,加大了货币供应量以抑制币值的持续走强;其次,也说明美联储的宽松货币政策对金砖国家货币供应量变化的影响持续而稳定。

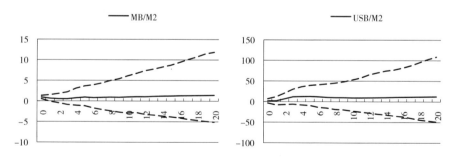

图 3-8　美联储宽松货币政策对金砖国家货币供应量的脉冲效应

(三)方差分解

在得到脉冲响应函数的基础上,我们再利用方差分解结果来考察美联储的宽松货币政策对金砖国家宏观经济变量的贡献程度与解释能力变化。

表 3-4 的数据显示:具体来看,美联储宽松货币政策对金砖国家进出口差额(GAP)的解释能力一直在递增,并在第 30 期达到最大值,最大值分别为 10.73% 和 1.05%;美联储宽松货币政策对金砖国家的实体经济产出(GDP)以及

消费物价指数(CPI)的影响相类似,前 20 期解释能力上升,从第 20 期开始解释能力基本维持在高位;美联储宽松货币政策对金砖国家资本市场价格(INDEX)的影响存在细微差异,基础货币的影响逐渐下滑,而购债规模的影响的解释力度不断上升,这可能是因为美联储的购债行为的效果更多在资本市场中反映出来,因此对他国的资本市场价格的影响效果更大;美联储宽松货币政策对金砖国家汇率波动(ER)的影响也存在着一定的差异,基础货币的影响不断上升,而购债规模的影响的解释力缓慢下滑,这可能是因为美联储的基础货币投放直接影响到货币市场的价格变动,因此对汇率的影响更大,而购债规模的影响需要通过资本市场的作用再在货币市场中反映出来,效果相对间接所致。有意思的是,美联储的宽松货币政策不论是基础货币投放还是购债规模的上升,对金砖国家的货币供应量的影响的解释力度都在不断攀升。结合前面的结论,这说明美联储的宽松货币政策对金砖国家货币供应量变动的溢出效应确实存在,而且在不断加强。

表 3-4 方差分解结果

	期数	MB	USB		期数	MB	USB		期数	MB	USB
GAP	10	0.024664	0.007574	CPI	10	0.063135	0.000492	GDP	10	0.060028	0.039901
GAP	20	0.082018	0.007636	CPI	20	0.086876	0.004816	GDP	20	0.131683	0.052437
GAP	30	0.107297	0.010497	CPI	30	0.074542	0.004633	GDP	30	0.122606	0.05385
INDEX	10	0.237313	0.012043	ER	10	0.043241	0.002562	M2	10	0.176571	0.011031
INDEX	20	0.212961	0.035518	ER	20	0.052279	0.00184	M2	20	0.272681	0.031406
INDEX	30	0.180585	0.043938	ER	30	0.056087	0.001572	M2	30	0.293103	0.044764

综合来说,方差分解的结果显示:首先,美联储宽松货币政策对金砖国家的溢出效应确实存在;其次,美联储宽松货币政策对金砖国家的溢出影响时期较长;最后,导致金砖国家宏观经济变化的变量中,基础货币投放的贡献度一般要大于购债规模的贡献度。

基于以上的实证检验结果,我们提出政策建议如下:第一,金砖国家应加快经济结构调整,积极扩大国内需求,降低对出口贸易的依赖,促使经济由外需拉动型向内需推动型转换;第二,金砖国家要增强汇率的弹性,尽量削弱美联储宽松货币政策通过汇率途径对本国产生的不利影响;第三,金砖国家之间要进一步加强经济合作,减少外部的负面冲击;第四,金砖国家应紧密关注本国货币币值短期内的过分升值,并严格控制国内价格的非正常波动,以防止发达国家的宽松货币政策对本国物价波动产生的负面影响。

二、量化宽松货币政策对其他发达国家的影响

(一)数据处理

1. 数据来源

货币经济学理论认为,一条完整的货币政策传导路径应包含三个关键节点,即货币政策操作工具、货币政策中介目标以及货币政策最终目标。其中货币政策的最终目标包括了经济增长、物价稳定、充分就业以及国际收支平衡;近年来由于金融市场的急剧发展,很多国家将金融稳定也纳入了货币政策最终目标的监控体系。在世界经济一体化的今天,一个国家的货币政策最终目标的实现,不仅单纯取决于本国的货币政策,同时也受到了来自外部其他国家的货币政策的越来越大的影响。本部分即尝试检验美国的宽松货币政策对其他发达国家可能存在的溢出效应。

我们选取了十个国家作为其他发达国家的代表,分别是德国、法国、英国、意大利、西班牙、日本、韩国、加拿大、澳大利亚、新西兰,涵盖了欧洲、亚洲、美洲与大洋洲,较为全面地覆盖了当前世界范围内除美国以外的其他发达国家。由于涉及面板数据的处理,因此我们使用面板向量自回归(PVAR)的技术方法来进行实证检验。基于 Love 和 Zicchino(2006)的面板向量自回归模型,设置变量集 $Y_{i,t} = (USB_t, MB_t, GAP_{it}, CPI_{it}, GDP_{it}, INDEX_{it}, EX_{it}, M2_{it})$,i 代表样本国家,t 代表月度数据。$\eta_i$ 表示各地域的截距效应,φ_t 表示时间效应,$\varepsilon_{i,t}$ 表示服从正态分布的随机扰动。模型的自变量为美联储的宽松货币政策(文中用购债规模 USB 和基础货币 MB 作为替代),模型的因变量为十个发达国家的进出口差额(GAP)、物价水平(CPI)、工业生产同比增速(GDP)、股票指数(INDEX)、汇率(ER)与货币供应量(M2)。以上六个变量比较全面地反映了货币政策的最终目标。其中经济增长用工业生产同比增速替代;价格水平分成两类,一类是物价水平用居民消费物价指数替代,另一类是货币价格水平用汇率与货币供应量替代;国际收支平

衡用进出口差额替代;金融稳定用特定国家的股票指数替代①。

美联储于 2008 年 11 月开始实施第一轮量化宽松,一共实施了四轮量化宽松货币政策,但是伯南克在 2013 年 12 月宣布削减美联储的每月购债规模,这意味着美国的货币政策开始发生转向,缓慢地退出量化宽松,因此我们选择的样本空间为 2008 年 7 月至 2013 年 11 月,覆盖了美联储的一个完整的宽松货币政策实施周期。其他发达国家的物价指数(CPI)和进出口差额(GAP)的数据来源于Wind 数据库,工业生产同比增速(GDP)、广义货币供给量(M2)、汇率(ER)和股票价格指数(INDEX)来源于中经网统计数据库。欧元区中的四国即德国、法国、意大利和西班牙已经放弃本国货币而使用欧元,没有自己的货币供应量,我们根据格德史密斯的金融结构指标,即 M2/GDP = K(K 是常数)计算出货币供应量。美联储的资产规模(USB)和基础货币(MB)的数据来源于美联储数据库。以上序列若是季频数据,则用插值法获取月度数据;若是周频数据,则加总得到月度数据。

2. 平稳性检验

在进行面板向量自回归(PVAR)之前,必须对各变量序列的平稳性进行检验。由于变量 GAP_{it},CPI_{it},GDP_{it},$INDEX_{it}$,EX_{it} 和 $M2_{it}$ 为面板数据,所以采用检验同质单位根的 LLC 检验和检验异质单位根的 IPS 检验;变量 MB_t 和 USB_t 为时间序列数据,则采用 ADF 检验,检验结果如下表:

表 3-5　变量平稳性检验

序列名称	检验方法	统计量	概率值	结论
GAP_{it}	LLC	-6.438	0.0596	不平稳
	IPS	-1.988	0.045	平稳
$\triangle GAP_{it}$	LLC	-36.540	0.0000	平稳
	IPS	-11.272	0.000	平稳***

① 由于统计口径不一,且数据序列不完整,因此我们在实证检验中没有给出直接的就业率指标。但实际上其他指标已基本上反映了特定国家的就业状况。例如根据短期菲利浦斯曲线的结论,就业率与通胀率成正比(即失业率与通胀率成反比);而直接反映通胀状况的 CPI 指数,以及间接反映通胀状况的 M2 均已包含在实证检验模型中。

序列名称	检验方法	统计量	概率值	结论
CPI_{it}	LLC	-4.037	0.0012	平稳
	IPS	-1.818	0.140	不平稳
$\triangle CPI_{it}$	LLC	-18.736	0.0000	平稳
	IPS	-6.149	0.000	平稳***
GDP_{it}	LLC	-6.490	0.0767	不平稳
	IPS	-2.305	0.002	平稳***
$\triangle GDP_{it}$	LLC	-15.824	0.0000	平稳
	IPS	-5.576	0.000	平稳***
$INDEX_{it}$	LLC	-5.136	0.0124	平稳***
	IPS	-1.939	0.064	不平稳
$\triangle INDEX_{it}$	LLC	-17.699	0.0000	平稳
	IPS	-5.592	0.0000	平稳***
ER_{it}	LLC	-9.216	0.0009	平稳
	IPS	-2.859	0.000	平稳***
$M2_{it}$	LLC	-3.596	0.0050	不平稳
	IPS	-1.345	0.741	不平稳
$\triangle M2_{it}$	LLC	-14.616	0.0000	平稳
	IPS	-4.859	0.000	平稳***
MB_t	ADF	-1.199	0.6742	不平稳
$\triangle MB_t$	ADF	-4.857	0.0000	平稳***
USB_t	ADF	-2.174	0.4592	不平稳
$\triangle USBt$	ADF	-6.840	0.0000	平稳***

注：*** 表示1%的显著性水平。

结果显示,绝大多数原始数据序列为不平稳序列,我们通过一阶差分将其转化成平稳序列,再进行下一步的统计检验。

3. 协整检验

在做格兰杰检验之前需要做协整检验,来判断模型内部变量间是否存在协

整关系。本部分采用 Johansen 面板协整检验,检验结果如表 3-6 所示:

表 3-6　Johansen 面板协整检验结果

原假设	Fisher 联合迹统计量(P 值)	Fisher 联合 λ-max 统计量(P 值)
0 个协整向量	379.4(0.0000)	272.4(0.0000)
至少 1 个协整向量	131.6(0.0000)	81.98(0.0000)
至少 2 个协整向量	66.67(0.0000)	33.48(0.0146)
至少 3 个协整向量	41.24(0.0014)	20.78(0.2908)

表 3-6 的结果显示,美联储的购债规模与基础货币投放和其他发达国家宏观经济变量之间存在协整关系,可以进行后续的格兰杰因果检验。

4. 确定最优滞后期与格兰杰检验

根据 AIC、BIC 和 HQIC 信息准则,同时结合模型的有效性与稳定性,确定 PVAR 模型的最优滞后阶数为 4 阶,在最优滞后期下做格兰杰检验,结果如下:

表 3-7　格兰杰检验结果

零假设(前一序列不是后一序列的格兰杰原因)	χ^2 统计值	P 值
MB-GAP	7.1032	0.131
MB-CPI	34.954	0.000
MB-GDP	6.283	0.179
MB-INDEX	20.824	0.000
MB-ER	5.3569	0.253
MB-M2	8.9348	0.063
USB-GAP	4.7882	0.310
USB-CPI	8.0335	0.090
USB-GDP	5.6822	0.224
USB-INDEX	42.335	0.000
USB-ER	2.6947	0.610
USB-M2	1.2496	0.870

从表 3-7 中观察 χ^2 统计量与对应的 P 值,基本上可以确定美联储的购债规

模(USB)与基础货币投放(MB)是其他发达国家宏观经济变量 GAP、CPI、GDP、INDEX、ER、M2 的格兰杰原因。但是,由于格兰杰因果检验的结论只能检验统计上的时间先后顺序,而无法严格确定真正意义上的因果关系,不能作为直接肯定或否定因果关系的根据,因此我们仍需结合经济学理论进一步认真论证。在理论上,货币经济学指出,货币政策会通过严格的货币政策传导渠道影响经济发展、物价稳定、充分就业、国际收支平衡等最终目标的实现,并对其他国家产生溢出效应;在实践中,第二次世界大战以后,美国在世界经济中一直占有重要的支配与引导地位,美元在国际结算货币体系中的霸主地位进一步强化了这种引导作用。因此,金融危机以来的经济学家们普遍认为(例如 U.Volz,2013、Hamilton J D,2012 等),当美联储实行宽松的货币政策向市场注入大量流动性时,会产生一系列的影响。例如美联储的宽松货币政策促使美元贬值、导致其他发达国家货币升值,影响其他发达国家的汇率和物价指数,会对其他发达国家的进出口贸易产生负面影响,而美联储投放的大量流动性又会部分流入其他发达国家,对该国的货币供应量、产出以及资本市场产生冲击。基于以上,我们在格兰杰因果检验的基础上,结合理论与实践分析认为美联储的购债规模(USB)与基础货币投放(MB)对其他发达国家的 GAP、CPI、GDP、INDEX、ER、M2 产生影响,构成了因果关系。

我们采用 PVAR 模型针对各变量进行 GMM 估计,表 3-8 列出了在最优滞后期为 4 期时,所对应的各变量间的数值关系。

表 3-8 的纵列为美联储的宽松货币政策,横行为其他发达国家的宏观经济变量,仔细考察滞后 4 期的 MB(t-4) 与 USB(t-4) 的影响可以发现经济规律。第一,美联储基础货币投放对其他发达国家的宏观经济变量 GAP、CPI、GDP、INDEX、ER、M2 的影响系数的绝对值远大于美联储购债规模对其他发达国家的宏观经济变量的影响系数的绝对值,说明美联储基础货币投放的溢出效应要强于购债规模的溢出效应,这是因为基础货币投放的影响比购债规模的影响更加直接。第二,美联储的宽松货币政策对其他发达国家的 INDEX、ER、M2 三个变量的影响系数的方向一致,例如 MB(t-4) 与 USB(t-4) 对其他发达国家 INDEX 的影响系数均大于 0,分别为 0.1601 与 0.0143;对其他发达国家的 ER 的影响均小于 0,分别为 -0.0661 与 -0.0133;对其他发达国家的 M2 的影响系数均小于

0,分别为-77.7673 与-9.3912,这意味着美联储的宽松货币政策在短期内对应着其他发达国家的汇率上升、货币供应量下降以及虚拟经济繁荣。第三,美联储的宽松货币政策对其他发达国家的 GAP、CPI、GDP 的影响系数方向相反、效果不一,说明美联储的宽松货币政策对其他发达国家的价格水平与贸易的影响存在差异,这可能是因为美联储的货币政策只是影响其他发达国家的价格水平与贸易的一种因素,而特定国家的价格水平与贸易还受到了来自本国的其他宏观政策的影响。

表 3-8 变量间的关系

变量	GAP(t)	CPI(t)	GDP(t)	INDEX(t)	ER(t)	M2(t)
MB(t-4)	785.70563	−0.00049145	0.01777245	0.16007299	−0.06610541	−77.767281
	(0.84092472)	(−0.20964686)	(1.072872)	(6.5438638)	(−0.76322901)	(−1.1191787)
USB(t-4)	−5.4519802	0.00027211	−0.00088996	0.01433103	−0.01331478	−9.3911731
	(−0.06375684)	(1.0905128)	(−0.55598694)	(4.9981642)	(−1.5799925)	(−1.3405562)

(二)脉冲响应

美联储宽松货币政策对其他发达国家进出口贸易的影响。图 3-9 是美联储量化宽松货币政策对其他发达国家的进出口差额的冲击效果。两幅子图均显示,美联储基础货币(MB)与美联储资产规模(USB)对其他发达国家的进出口差额(GAP)的影响一直为负。具体来看,美联储基础货币对发达国家进出口差额的冲击效果从第 1 期到第 7 期逐步增强,并在第 7 期达到最大值,从第 7 期开始,影响趋于平缓并出现递减趋势;美联储资产规模(USB)对发达国家进出口差额(GAP)的冲击效果从第 1 期到第 9 期逐步增强,并在第 9 期达到最大值,从第 9 期开始,影响趋于平缓并出现递减趋势。这说明美联储实行量化宽松货币政策对其他发达国家的进出口差额产生了负向的冲击,不利于其他发达国家的出口与贸易发展。

美联储宽松货币政策对其他发达国家消费物价指数的影响。图 3-10 显示的是美联储量化宽松货币政策对其他发达国家的物价指数的冲击效果。两幅子图的趋势基本相同,美联储基础货币(MB)与美联储资产规模(USB)对发达国家物价指数(CPI)的影响一直为正,且处于递增趋势。具体来看,美联储的 MB

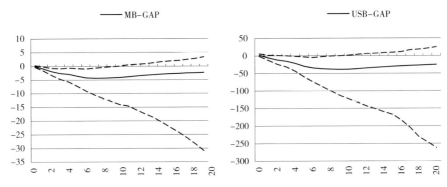

图 3-9 美联储宽松货币政策对发达国家进出口贸易的脉冲效应

与 USB 对发达国家物价指数的影响在前 8 期逐步上升,尽管在第 8 期到第 11 期出现一定回落,但是从第 11 期开始又逐渐上升。这说明美联储实行量化宽松货币政策导致了其他发达国家物价的上涨。

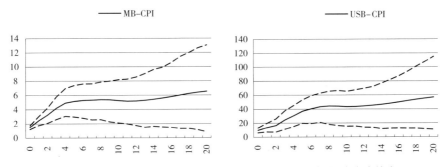

图 3-10 美联储宽松货币政策对发达国家消费物价指数的脉冲效应

美联储宽松货币政策对其他发达国家产出的影响。图 3-11 是美联储量化宽松货币政策对发达国家产出的冲击效果。数据显示,美联储基础货币(MB)与美联储资产规模(USB)对其他发达国家产出(GDP)的影响一直为正。具体来看,该影响从第 1 期到第 7 期逐渐增强,但从第 7 期至第 14 期,增长处于稳定的停滞状态,再从第 14 期开始,影响又不断增强。这说明美联储的量化宽松货币政策能促进其他发达国家的产出增加。

美联储宽松货币政策对其他发达国家虚拟经济的影响。图 3-12 表示的是美联储量化宽松货币政策对其他发达国家股票指数的冲击效果。两幅子图均显示,美联储的宽松货币政策对其他发达国家的虚拟经济的促进作用十分明显。

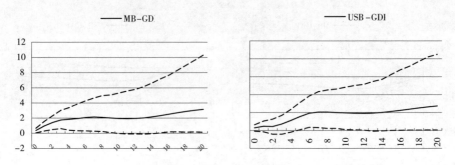

图 3-11　美联储宽松货币政策对发达国家产出的脉冲效应

具体来看,美联储基础货币(MB)对发达国家股票指数(INDEX)的影响在第 1 期短暂为负,第 2 期至第 13 期的影响为正,且从第 2 期开始,正向影响快速增加,第 6 期与第 7 期正向影响处于稳定状态,第 7 期至第 13 期正向影响出现衰减,到第 14 期开始呈现出负向影响。美联储资产规模(USB)对发达国家股票指数的影响在第 1 期短暂为负,第 2 期开始转为正向影响,且第 2 期至第 7 期的正向影响逐步增强,在第 7 期达到最大值,从第 7 期之后,正向影响开始衰减,一直持续到第 17 期,之后逐渐趋向于 0。

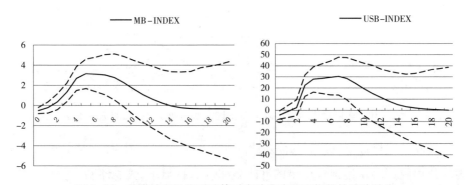

图 3-12　美联储宽松货币政策对发达国家股票指数的脉冲效应

美联储宽松货币政策对其他发达国家汇率的影响。图 3-13 是美联储量化宽松货币政策对其他发达国家汇率的冲击效果。第一幅子图显示,美联储基础货币(MB)对发达国家汇率(ER)的影响在第 1 期至第 11 期为正,促使其他发达国家的货币币值下降,从第 12 期开始转向负向影响,即美元贬值,发达国家货币升值;第二幅子图显示,美联储资产规模(USB)对发达国家汇率(ER)的影响在第 1 期至第 13 期为正,促使其他发达国家的货币币值下降,从第 14 期开始转向负向影响,发达国家货币升值。这说明,美联储长期实施宽松货币政策会导致美元贬值与其他发达国家的货币升值,但在短期却引起其他发达国家的货币贬值。这可能是短期内新兴市场国家的回报率高于发达国家,投机动机导致美元流动性更多流向新兴市场国家所致。

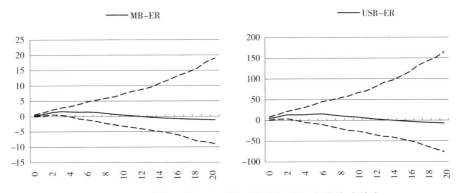

图 3-13　美联储宽松货币政策对发达国家汇率的脉冲效应

美联储宽松货币政策对其他发达国家货币供应量的影响。图 3-14 显示的是美联储量化宽松货币政策对其他发达国家货币供应量的冲击效果。由第一幅子图可见,美联储基础货币(MB)对发达国家货币供应量(M2)在第 1 期至第 7 期影响为正,从第 8 期开始影响转为负,且负面影响越来越大;由第二幅子图可见,美联储资产规模(USB)对发达国家货币供应量在第 1 期至第 8 期影响为正,从第 9 期开始转为负向影响,且负向影响越来越大。这说明美联储的宽松货币政策对其他发达国家的货币供应产生了外部的溢出影响,从长期看,美联储的宽松货币政策创造了过多的流动性,对其他国家的货币供应量产生了挤出效应。

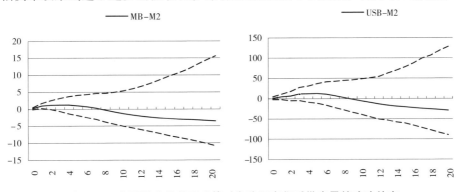

图 3-14　美联储宽松货币政策对发达国家货币供应量的脉冲效应

（三）方差分解

我们进一步采取方差分解的方法来考察美联储的宽松货币政策对其他发达国家宏观经济变量的贡献程度与解释能力变化。表 3-9 给出了第 10、20、30 期的方差分解的结果。

表 3-9　面板方差分解结果

	期数	MB	USB		期数	MB	USB		期数	MB	USB
GAP	10	0.005457	0.007409	CPI	10	0.039679	0.177061	GDP	10	0.028326	0.102212
GAP	20	0.005035	0.008807	CPI	20	0.04675	0.280231	GDP	20	0.056004	0.142532
GAP	30	0.008578	0.019522	CPI	30	0.056214	0.324296	GDP	30	0.055537	0.13911
INDEX	10	0.180459	0.006113	ER	10	0.017401	0.0034	M2	10	0.008997	0.00519
INDEX	20	0.169542	0.062317	ER	20	0.020264	0.004678	M2	20	0.009953	0.063136
INDEX	30	0.15829	0.100036	ER	30	0.019637	0.006443	M2	30	0.016785	0.144729

表 3-9 显示：美联储宽松货币政策对其他发达国家进出口差额（GAP）的解释能力基本上处于递增状态，并在第 30 期达到最大值，最大值分别为 0.86% 与 1.95%，这说明美联储的宽松货币政策对其他发达国家的进出口贸易影响较大。美联储宽松货币政策对其他发达国家的物价指数（CPI）和货币供应量（M2）的影响相类似，解释能力一直在不断递增，说明美联储的宽松货币政策也在不断地对其他发达国家的国内价格波动与货币供应量产生持续影响。美联储宽松货币政策对其他发达国家的产出（GDP）的解释能力在前 20 期递增，后 10 期递减，并在第 20 期达到最大值，最大值分别为 5.6% 和 14.2%，然后持续至第 30 期，这说明美联储的宽松货币政策对其他发达国家的产出有较大影响，而且效果稳定。基础货币对资本市场价格（INDEX）的解释能力在不断减弱，对汇率变动（ER）的解释能力在前 20 期递增，后 10 期递减，购债规模对资本市场价格（INDEX）和汇率（ER）的解释能力则一直递增。

综合来说，方差分解的结果显示：首先，美联储宽松货币政策对其他发达国家的溢出效应确实存在；其次，美联储宽松货币政策对其他发达国家的溢出影响时期较长，均在 30 期以上；最后，导致其他发达国家宏观经济变化的变量中，基础货币投放的贡献度一般要大于购债规模的贡献度。

在实证检验结论的基础上,我们提出如下政策建议:首先,我国应继续坚持扩内需、调结构、减顺差、促平衡的政策方针,尤其是要重视进口在宏观调控和结构调整中的重要作用;其次,我国既要加强对国际资本流动的监测和管理,防止热钱大规模流入,又要坚持外汇储备多元化,创新外汇储备的管理方式,防止外汇储备价值的过分波动;最后,中国应当抓住有利时机,扩大货币互换,加快人民币贸易计价、结算和支付进程,逐步实现有条件的资本账户开放,在稳定人民币汇率的基础上,积极稳妥地推进人民币国际化进程。

第三节　量化宽松退出的影响

美联储从 2014 年底开始削减购债规模缓慢退出量化宽松,但与此同时,美国股市却不断创下阶段性新高,宏观政策刺激力度降低与资本市场价格上扬两者之间出现了让人困惑的背离现象。本节使用结构向量自回归模型,对比研究了量化宽松货币政策和投资者信心对资本市场价格与实体经济的影响。

一、模型设定与数据来源

货币经济学指出,在货币政策的传导过程中,中央银行可以通过对货币政策操作变量的操作,影响股票市场的价格水平,继而通过股市的价值重估,经由财富效应、托宾 Q 效应、流动性效应以及资产负债表效应等影响通货膨胀和实体经济;与此同时,行为金融学家们也指出,货币政策的调整还会通过影响投资者情绪,改变股市的走势。

基于以上分析,本部分尝试构造一个三层级的实证检验模型。第一层级是货币政策操作目标与投资者情绪,其中货币政策以基础货币和联邦基金利率为代表,投资者情绪以路透-密歇根消费者情绪指数 LCS 和芝加哥期权交易所 CBOE-VIX 指数为代表;第二层级是股票市场价格水平;第三层级是实体经济变量,包括物价和产出水平。此外,为体现国际油价和大宗商品价格变动的影响,本节使用国际油价和国际金属价格指数作为控制变量。论证逻辑是,首先研究第一层级的变量(货币政策操作目标和投资者情绪)对第二层级的变量(股票市场价格水平)的影响;然后研究第二层级的变量对第三层级的变量(物价和产出水平)的影响。我们尝试将货币政策、投资者情绪、股票市场价格水平和实体经济表现整合进一个统一的实证分析框架,来研究影响股市波动的主要因素,并尝试解释货币政策与资本市场变化相背离的经济现象,从而为量化宽松货币政策的退出提供有效的理论支撑。

　　在技术上,本节采用基于向量自回归的短期约束的结构方法即 SVAR 模型进行研究分析。SVAR 模型的长处是善于捕捉系统内各个变量之间的即时的结构相关性,并将重要的变量间的结构性关联从随机扰动向量的方差－协方差矩阵中甄别出来。含有 k 个变量的 p 阶结构向量自回归模型的一般矩阵形式表示如下式:

$$B_0 y_t = \Gamma_1 y_{t-1} + \Gamma_2 y_{t-2} + \cdots\cdots + \Gamma_p y_{t-p} + u_t \tag{1}$$

　　在论文中,变量 Y_t =(LMB,FFR,LCS,LVIX,LSP500,NBDI,PPI,CPI,LIP,LPCE),该向量包含第一层级的货币政策操作目标和投资者情绪指标(代表变量为基础货币 LMB 和联邦基金利率 FFR,以及路透－密歇根消费者情绪指数 LCS 和芝加哥期权交易所 CBOE－VIX 指数),第二层级的股票市场价格水平指标(代表变量为标准普尔 500 指数 LSP500),以及第三层级的实体经济表现指标(代表变量为反映美元汇率的美元指数 NBDI,生产者物价指数 PPI,消费者物价指数 CPI,工业生产总值 LIP 和个人消费支出 LPCE)。控制变量的代表变量为国际油价 LOP 和国际金属价格指数 MPI。B_0 是对角线元素均为 1 的系数矩阵,表示短期约束;Γ_i 是待估系数矩阵;u_t 为协方差矩阵为单位矩阵的白噪声向量,表示作用在各变量上的结构式冲击残差。

　　本部分采用 2007 年 1 月至 2015 年 2 月的月度数据进行计量分析,样本空间跨越了金融危机爆发、美联储实施量化宽松以及美联储退出量化宽松的完整的全时期。美国的基础货币规模、联邦基金利率、美元指数和工业总产值数据来自美联储数据库(www.federalreserve.gov);消费者情绪指数 LCS 来自密歇根大学消费者调查网站(www.sca.isr.umich.edu);国际油价、VIX 指数、标准普尔 500指数、PPI、CPI 和个人消费支出数据来自美联储圣路易斯联储经济研究数据库(research.stlouisfed.org);国际金属价格指数来自国际货币基金组织数据库(www.imf.org)。

其中美元指数为美联储公布的广义美元指数（Nominal Broad Dollar Index），该指标可以综合衡量美元汇率的变动情况，从而避免了美元对主要货币汇率变动不一致的情形下对实证分析的影响；路透－密歇根消费者情绪指数则是路透和密歇根大学联合调查并发布的反映美国消费者信心的指标，该指数自 1940 年代开始持续发布至今，被广泛视作反映美国经济景气情况和消费者情绪的权威指数，因此本部分将其作为反映市场情绪，特别是个人投资者情绪的指标；VIX 指数（Whaley，2000）为芝加哥期权交易所公布的基于标准普尔 500 指数期权的加权指数，又被称为"投资者恐慌指数"，其与投资者信心呈反向变动关系。

二、数据处理

（一）平稳性检验

为避免数据的季节波动对分析产生影响，本部分首先对基础货币、生产者物价指数、消费者物价指数、工业生产总值和个人消费支出等存在季节趋势的数据采用 X-13 方法进行了季节调整，其次对消费者物价指数、生产者物价指数、金属价格指数和美元指数等价格指数和汇率指数进行了定基处理（基期为 2007 年 1 月），然后对基础货币、工业总产值和个人消费支出除以定基 CPI 消除通货膨胀的影响。对联邦基金利率采用名义值减去通胀率之后的实际值，然后对基础货币、消费者情绪指数、VIX 指数、标准普尔 500 指数、工业总产值、个人消费支出和国际油价取对数，消除可能存在的异方差的影响。之后对各序列进行了平稳性检验。表 3-10 的结果显示，LOP 为平稳序列，不需要取差分，其他序列均在取一阶差分后平稳。

表 3-10　各序列 ADF 检验结果

检验变量	检验类型	ADF 检验值	PROB.	结论
LMB	（c，t，1）	-2.078923	0.5506	不平稳
δLMB	（0，0，0）	-4.612500	0.0000***	平稳
FFR	（c，t，1）	-1.834546	0.6802	不平稳

续表

检验变量	检验类型	ADF 检验值	PROB.	结论
δFFR	(0,0,0)	−7. 118855	0. 0000***	平稳
LCS	(c,0,0)	−2. 358211	0. 1563	不平稳
δLCS	(0,0,0)	−9. 674099	0. 0000***	平稳
LVIX	(c,0,0)	−2. 668695	0. 0832	不平稳
δLVIX	(0,0,0)	−9. 710233	0. 0000***	平稳
LSP500	(c,t,1)	−1. 798529	0. 6979	不平稳
δLSP500	(0,0,0)	−7. 214873	0. 0000***	平稳
NBDI	(c,0,1)	−2. 236742	0. 1949	不平稳
δNBDI	(0,0,0)	−5. 677114	0. 0000***	平稳
PPI	(c,0,2)	−2. 358310	0. 1564	不平稳
δPPI	(0,0,1)	−3. 251210	0. 0014***	平稳
CPI	(c,t,1)	−3. 315135	0. 0700	不平稳
δCPI	(0,0,0)	−4. 985440	0. 0000***	平稳
LIP	(c,t,0)	−0. 905634	0. 9506	不平稳
δLIP	(0,0,4)	−1. 950063	0. 0494**	平稳
LPCE	(c,t,0)	−1. 066607	0. 9287	不平稳
δLPCE	(0,0,0)	−8. 924468	0. 0000***	平稳
LOP	(c,0,2)	−3. 904177	0. 0029***	平稳
MPI	(c,0,1)	−1. 978611	0. 2958	不平稳
δMPI	(0,0,0)	−6. 897581	0. 0000***	平稳

注:(1)检验形式(c,t,n)中的c,t,n分别表示模型中的常数项、时间趋势项和滞后阶数;

(2)*** 表示在1%显著水平下平稳,** 表示在5%显著性水平下平稳。

(二)最优滞后期

我们采用 LR、FPE、AIC、SC、HQ 五个评价标准对 SVAR 模型的滞后阶数进行选择,检验结果如表 3-11 所示。根据检验结果,本部分将滞后期的长度确定为 6 期。

表 3-11 最优滞后阶数

滞后阶数	LR	FPE	AIC	SC	HQ
0	NA	6.05e-35	−50.41110	−49.58334*	−50.07715*
1	242.9455	2.47e-35	−51.32798	−47.74104	−49.88087
2	177.1196	1.80e-35	−51.73488	−45.38875	−49.17461
3	146.9239	1.63e-35	−52.07025	−42.96493	−48.39682
4	125.5107	1.72e-35	−52.48725	−40.62275	−47.70066
5	98.27623	2.75e-35	−52.87566	−38.25198	−46.97592
6	127.5337*	1.20e-35*	−55.23264*	−37.84976	−48.21973

注:* 表示每一列标准中选择的滞后阶数。

同时,图 3-15 显示,VAR 模型的 AR 特征多项式根的倒数均位于单位圆以内,说明模型是稳定的。

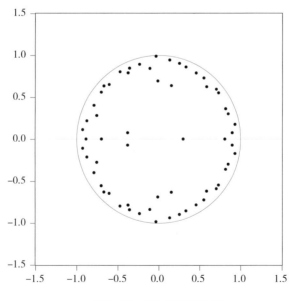

图 3-15 AR 根检验结果

(三)协整检验及 Granger 因果检验

我们采用 Johansen(1995)基于向量自回归模型的协整检验方法对本部分的十个变量的长期稳定关系进行检验。由于已经确定 SVAR 模型的滞后阶数为

6,则 Johansen 检验的滞后阶数为 5,检验结果表明存在 7 个协整关系,如表 3-12 所示,说明变量之间存在长期稳定关系。

表 3-12 Johansen 协整检验结果

原假设	迹统计量	5%临界值	P 值	最大特征根统计量	5%临界值	P 值
None*	712.9976	259.0294	0.0000	157.0838	67.91026	0.0000
At most 1*	555.9138	215.1232	0.0000	133.8860	61.80550	0.0000
At most 2*	422.0277	175.1715	0.0000	115.6729	55.72819	0.0000
At most 3*	306.3549	139.2753	0.0000	99.35514	49.58633	0.0000
At most 4*	206.9997	107.3466	0.0000	65.45193	43.41977	0.0001
At most 5*	141.5478	79.34145	0.0000	54.66604	37.16359	0.0002
At most 6*	86.88175	55.24578	0.0000	41.54019	30.81507	0.0017
At most 7*	45.34157	35.01090	0.0029	31.55727	24.25202	0.0046
At most 8	13.78430	18.39771	0.1962	13.44668	17.14769	0.1598
At most 9	0.337615	3.841466	0.5612	0.337615	3.841466	0.5612

格兰杰因果检验的结果如表 3-13 所示,从 F 统计量和 P 值我们发现股票价格与宏观经济变量 NBDI、LPPI、LCPI、LIP 和 LPCE 基本上互为格兰杰原因。在理论上,货币经济学认为货币政策会引起股市的价值重估,股市也会对货币政策的调整作出迅速反应;在实践中,许多学者的分析表明,货币政策与股票市场之间存在着密切的互动。基于以上分析,我们在格兰杰因果检验的基础上,结合理论和实践的证据认为美联储的货币政策和投资者情绪会对股票价格产生影响,并构成了因果关系。

表 3-13 Granger 因果检验结果

原假设(前一序列不是后一序列的 Granger 原因)	f 统计量	P 值
lmb-lcs	2.11836	0.0603
lmb-lvix	2.79774	0.0161
ffr-lcs	0.80031	0.5726
ffr-lvix	1.91997	0.0877
lmb-lsp500	1.94664	0.0835

原假设（前一序列不是后一序列的 Granger 原因）	f 统计量	P 值
lffr-lsp500	1.74521	0.1214
lcs-lsp500	0.69690	0.6528
lvix-lsp500	0.61522	0.7175
lsp500-nbdi	2.71729	0.0188
lsp500-ppi	4.06521	0.0013
lsp500-cpi	4.60062	0.0005
lsp500-lip	3.76801	0.0024
lsp500-lpce	1.58589	0.1622
lcs-lip	4.46336	0.0006
lcs-lpce	2.75221	0.0176
lvix-lip	2.96133	0.0117
lvix-lpce	0.63721	0.7001

三、脉冲响应与方差分解

（一）脉冲响应

1. 股票市场价格水平对量化宽松的脉冲响应

图 3-16 的脉冲响应显示,基础货币对标准普尔 500 指数的影响一直为正,前期在零附近波动,后期显著上升并趋于稳定;联邦基金利率对标准普尔 500 指数的影响在前 2 期并不明显,随后经历短暂的震荡,从第 8 期开始有所上升,这说明量化宽松政策推动了美股的上涨。其原因在于,若实体经济陷入萧条,量化宽松政策释放的巨量资金将寻求收益涌入股市,引起股价上扬。

2. 股票市场价格水平对投资者情绪的脉冲响应

图 3-17 的脉冲响应显示,密歇根消费者信心指数对标准普尔 500 指数的影响前 5 期较小,之后突然增强并迅速稳定;VIX 指数对标准普尔 500 指数的影响一直为负,从第 6 期开始逐渐增加,在波动中趋于稳定,表明投资者情绪的改善对股价有显著而持续的提升作用。同时,密歇根消费者信心指数对股价的影响显著小于 VIX 指数,原因在于,前者是反映个人投资者情绪的相关指标,而在美国,投资者一般通过机构方式参与资本市场投资,因此机构投资者是影响股市走

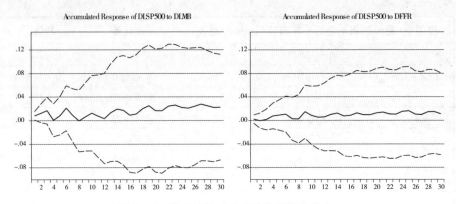

图 3-16　股票价格对货币政策的脉冲响应

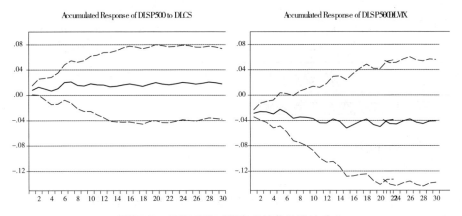

图 3-17　股票价格对投资者情绪的脉冲响应

势的更重要因素。

3. 美元指数对股票市场价格水平的脉冲响应

图 3-18 的脉冲响应显示,标准普尔 500 指数对美元指数的影响从第 1 期开始上升,一直为正,并且其整体波动幅度较小,说明美股的上涨会推动美元汇率的走强,而且作用持续稳定。这是因为当美国股市上涨时,大量国际投资者会进入美国股票市场,推动股价的走高,增加美元的需求压力,从而抬高美元汇率。目前美国经济正在缓慢复苏,国际投资基金开始再次回流到美国市场,美元资产得到青睐,近期美元的强势可以部分归因于此。

4. 物价水平对股票市场价格水平的脉冲响应

图 3-19 的脉冲响应显示,标准普尔 500 指数对 PPI 的影响在前 3 期为正,

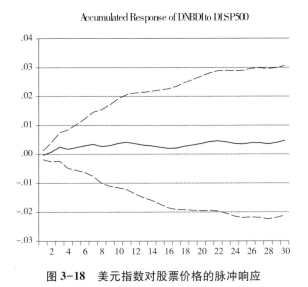

图 3-18　美元指数对股票价格的脉冲响应

从第 4 期开始转为负,第 9 期取得最大负值之后逐渐减弱;标准普尔 500 指数对 CPI 的影响大体呈现出前期为正,后期为负的特点,具体来说,在前 7 期为正,从第 8 期开始转为负。其原因在于:扩张性货币政策和投资者情绪的改善引起股票价格的上涨,从而导致投资的增加,短期内引发物价水平的上涨,而随着长期内规模经济效应和生产效率提升,又会导致生产成本的下降。

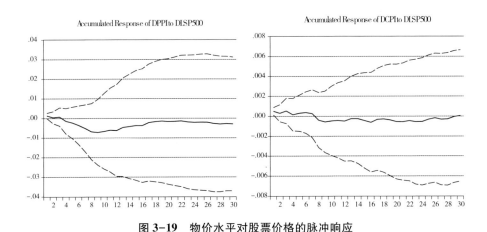

图 3-19　物价水平对股票价格的脉冲响应

5.产出和消费对股票市场价格水平的脉冲响应

图 3-20 的脉冲响应显示,标准普尔 500 指数对工业总产值和个人消费支出

的影响一直为正。具体来说,股票价格对产出的影响前期逐渐增加,第15期达到最大正值之后逐渐下降并趋于零;股票价格对消费的影响前期不断增强,随后缓慢下降并趋于稳定。这说明股票价格的上涨对产出和消费有显著的推动作用。原因在于:根据托宾Q效应,当股票价格上升时,会引起企业重置成本的降低,推动企业增加投资,扩大产出;而根据财富效应,股价上涨会引起投资者财富增加,促进消费水平提升,从而最终促进实体经济的改善。

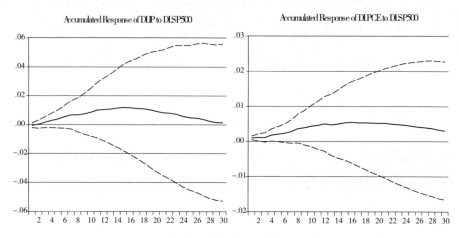

图3-20　产出和消费对股票价格的脉冲响应

6.量化宽松和投资者情绪对产出和消费影响的比较

图3-21的脉冲响应显示,基础货币对工业总产值的影响在前10期围绕零波动,从第11期开始缓慢增加;基础货币对个人消费支出的影响前期为负,后期为正;而VIX指数对工业总产值和个人消费支出的影响均一直为负,从第1期开始逐渐增强,最终趋于稳定。综合来看,以VIX指数为代表的投资者情绪会较为迅速地影响产出和消费,并且这种促进作用稳定持久;而量化宽松政策在短期内对工业产出并无明显的影响,这可能是因为通过增加流动性来压低长期利率传导到实体经济需要一定的时间。

（二）方差分解

在脉冲响应函数的基础上,我们再用方差分解结果来考察美联储量化宽松货币政策和投资者信心对股票市场影响以及股票市场对实体经济影响的解释能力的变化。

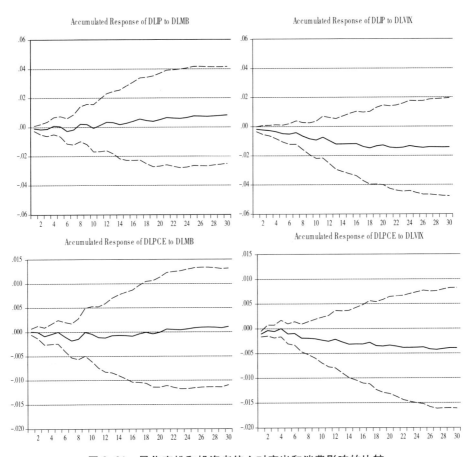

图 3-21 量化宽松和投资者信心对产出和消费影响的比较

表 3-14 的数据显示,美联储量化宽松政策对标准普尔 500 指数的解释能力在第 10 期达到 19.11%,在第 30 期则为 17.15%,虽然略有下降,不过明显高于联邦基金利率,这与脉冲响应函数分析的结果相契合;在投资者信心方面,密歇根消费者情绪指数对标准普尔 500 指数的解释能力较弱,在第 30 期为 3.87%,但 VIX 指数的解释能力一直高于前者,也高于基础货币,在第 10、20、30 期分别为 20.81%、18.89%、18.47%,这说明投资者信心比量化宽松货币政策对股票价格的变动有着更强的影响和解释能力,同时机构投资者情绪比个人投资者情绪影响效果更大。

表 3-15 的数据显示,标准普尔 500 指数对生产者物价指数的解释能力略高于对消费者物价指数和美元汇率指数的解释能力,对产出和消费的影响也更为

显著,其对工业总产出的解释能力在第 10、20、30 期分别为 31.06%、27.78%、26.22%,对个人消费支出的解释能力则在 10% 至 12% 之间,这可能是因为股票价格的上涨通过托宾 Q 效应等刺激企业的投资和产出,其影响较为直接,之后再逐渐传导到消费领域,因此作用有了一定程度的衰减。

表 3-16 的数据显示,VIX 指数对工业总产值的解释能力随着期数的增加一直在递增,这表明在量化宽松政策实施之后,随着时间的推移,投资者信心对股票市场的促进作用逐渐稳定,其影响在不断加强。

表 3-14　标准普尔 500 指数的方差分解结果

	期数	LMB	FFR	LCS	LVIX
LSP500	10	19.11248	6.408969	5.396003	20.81267
LSP500	20	18.63366	5.576546	4.189799	18.88510
LSP500	30	17.15334	5.904720	3.871424	18.47469

表 3-15　实体经济变量的方差分解结果

	期数	NBDI	PPI	CPI	LIP	LPCE
LSP500	10	2.947198	5.721500	3.983713	31.05945	11.95456
LSP500	20	2.476735	6.110560	3.319275	27.77512	10.26136
LSP500	30	2.766066	5.774137	3.312761	26.21780	10.36039

表 3-16　标准普尔 500 指数的方差分解结果

	期数	LVIX	LMB		期数	LVIX	LMB
LIP	10	6.427615	14.87571	LPCE	10	13.44260	16.15056
LIP	20	10.57973	15.47371	LPCE	20	13.87055	15.90595
LIP	30	10.60130	14.81425	LPCE	30	13.44800	15.90876

基于以上的实证检验结果,本部分的相关结论是:第一,支撑当前美国股市持续大涨的原因,可能更多源于投资者信心的恢复,信心恢复带来的正效应大于量化宽松退出带来的负效应,在美国经济温和复苏、投资者对未来预期逐渐好转的背景下,量化宽松等非常规货币政策的退出是一个必然的选择,这也

为下一步的升息提供了良好的操作基础。第二,鉴于股票市场与实体经济的显著相关性,因此货币当局可以考虑适当地通过促进资本市场发展,推动实体经济的进一步增长。

第四章　促进结构调整的货币政策

近年来,货币政策在总量调节的功能之外,被赋予了越来越多的结构调整功能。本章将研究美联储的扭转操作货币政策的传导机理与效果检验,以及欧洲中央银行的完全货币交易政策的信号作用,并分析货币政策独特的结构调整功能。

第一节　扭转操作货币政策的传导机理

扭转操作不影响市场中的整体流动性,但是可以通过改变利率的期限结构来引导长期投资,本节将研究该货币政策操作的传导机理,剖析扭转操作引导经济发展的可能路径。

一、扭转操作推出的背景

金融危机初期,世界各国纷纷推出的量化宽松货币政策带来了经济的短期繁荣。尽管从理论上说,只要不停止量化宽松,经济就会持续繁荣,但是量化宽松具有巨大的负面效应。由于实体经济持续萧条,增发的大量流动性不进入实体经济领域,而流入了金融与房地产领域,从而导致了经济结构的失衡。当量化宽松偏离了政策制定者的初衷,失去了原有想要达到的效果,货币当局开始考虑如何才能精准引导资金进入目标行业与领域,同时努力降低量化宽松的负面效应。在此背景下,世界各国纷纷推出更有针对性、成本更低的"精准滴灌"的货币政策,以期精准发力来定向调控实体经济的发展。

自从凯恩斯主义诞生以来,西方国家的政府调控在宏观经济的运行中始终扮演着重要的角色。传统的理论一般认为货币政策长于调数量而弱于调结构,但近年来出现了一些变异的货币政策,引起了学者们对这一问题的重新思考,例如针对国债的扭转操作(Operation Twist,简称OT)就是其中之一。所谓的扭转操作就是某国的中央银行在卖出(买入)较短期限国债的同时买入(卖出)等额较长期限的国债,从而延长(缩短)所持国债资产的整体期限,这样的操作将抬高(降低)短期国债收益率降低(抬高)长期国债收益率。从国债收益率的曲线趋势来看,这样的操作相当于使曲线的较远端向下(向上)弯曲,约半个世纪前,美联储就曾采取过类似行动,而扭转操作据说得名于当时的一首热门歌曲。

扭转操作是非传统的货币政策,其实质是传统的公开市场操作的变异,即卖出买进同时进行。美国在实施扭转操作的货币政策之前,已实行了两轮量化宽松政策(Quantitative Easing,简称QE):第一轮是从2008年11月至2010年6月,美联储购买了约1.35万亿美元的政府债券、抵押贷款证券和其他"有毒资产";第二轮是从2010年6月至2011年6月,美联储再次收购0.6万亿美元的政府长期债券。量化宽松的实质是中央银行通过购买国债的方式向市场投放基础货币,量化宽松政策在实施初期取得了比较积极的效果,但是影响不能持久,同时对美联储资产负债表的资产规模与资产结构都造成了巨大冲击。当量化宽松政策效微力乏之时,美联储推出了国债扭转操作的货币政策。2011年9月22日,联邦公开市场委员会(FOMC)宣布购买4000亿美元的6年期至30年期国债,同期出售规模相同的3年期或更短期国债,试图以压低长期利率降低企业长期融资成本的方式来推动经济发展。2012年6月21日,美联储决定将已经到期的OT延期至年底,额度再增加约2670亿美元。美联储实施扭转操作的货币政策是希望在基础货币投放总量不变的情况下,通过抛短买长压低长期利率抬高短期利率,进而促使资金投向长期贷款等领域,以这种方式诱导并促进经济的发展。

美联储的QE与OT政策吸引了众多学者的目光,其中的国债扭转操作的货币政策效果更是备受争议。2011年9月第一轮OT出台后,美国的营建许可、新屋开工、新屋销售和成屋销售出现了一段时间的上升,但多数指标自2012年2月后就开始下降,可见扭转操作虽然有效但效果可能比较短暂,而第一轮OT只有2670亿美元,效果会如何? 作为伯兰克极力推崇的一种货币政策创新,扭转操作的运行机理是什么样子? 它到底是通过什么样的途径传导到实体经济的? 以上系列问题显示,对美联储实施的扭转操作的货币政策的运行机理进行科学合理的研究具有十分重要的理论与现实意义。

扭转操作是一个出现时间并不长的新兴事物,目前相关理论研究较少,且尚未形成统一的结论。J.Gagnon(2010)等研究了美联储在实施传统货币政策后大量购进长期资产对经济的影响,发现美联储购买长期资产提高市场流动性相对增加了市场上高风险资产的供给。A.Palacio-Vera(2011)研究了政府持有国债的利率期限结构对国债收益率曲线的影响,认为在1990—2007年间美国政府持有的国债资产结构变化很好地反映了长期利率和短期利率的变化。A.Krishnamurthy和A.V.Jorgensenu(2011)运用事件研究法研究了美联储对长期国债和其他长期债券的购买对利率的影响,发现当美联储大量购进长期国债时其他长期资产的名义利率将出现大幅下跌。S.D.Amico(2010)在研究大规模购买国债的存量和流量效应时,认为大量的国债交易对短期国债的收益率影响较显著,而对中长期国债收益率的影响则较小。Andrea Ferrero(2011)认为政府的大规模资产购买对GDP增长的促进作用有限,对降低通胀率的贡献更小。Eric T.Swanson(2011)运用事件研究法研究了扭转操作的效应,认为扭转操作货币政策在影响国债收益率方面效果显著但对信贷几乎没有影响。M.Hashem Pesaran(2012)运用反事实方法分析了2009年英国的量化宽松货币政策效应,结论是量化宽松每增加一倍,GDP就会增加1%,但这种政策效果随着量化宽松的增加而递减。Torsten Ehlers(2012)对美联储最近推出的扭转操作进行了评估,发现国债的期限结构调整的公告效应相对显著。

以上学者的研究成果不容忽视,但他们的分析也存在着不足,主要在于大多数学者都是从实证的角度检验扭转操作的政策效果,缺乏对扭转操作货币政策传导机理的理论分析。而扭转操作作为一种创新的货币政策,对市场参与者与实体经济的影响效果十分巨大,我们因此迫切需要通过严格的数理建模来分析其传导机理,并从理论上预测其实施效果。相对于以往的研究,本部分的创新主要体现在使用数理建模的方法研究了扭转操作货币政策的运行机理,并基于模型结论对新兴市场国家特别是中国的货币政策实施提出了政策建议。

二、构建经济体系

由于企业是沟通上游融资来源与下游投资产出的核心环节,并决定商品市场均衡,因此我们分析的起点从企业开始。在产品价格既定的前提下,假设企业的产出决定于融资成本,融资成本越高则产出越低,而融资成本越低产出越高,两者成反比例关系,用(1)式表示:

$$output = \frac{k}{c_{fund}} \tag{1}$$

其中, k 是大于 0 的参系数, $output$ 是企业的产出, c_{fund} 是企业的融资成本。

假设企业的融资主要来源于两个部分:一部分是贷款,主要通过金融中介机构如商业银行获得;另外一部分是发行债券,根据未来的预期市场利率水平,通过资本市场而实现。因此,企业的融资成本也由银行融资成本与市场发行债券成本两个部分组成,企业将根据市场情况相机抉择具体的融资模式。

当商业银行提供的贷款量越充分时,企业通过贷款进行融资的成本就越低;商业银行提供的贷款量越少时,企业进行贷款融资的成本越高。当未来预期的债券收益率越高时,意味着企业为了融得相同的资金不得不付出更高的成本;而当预期的债券收益率越低时,企业通过发行债券融通资金的成本反而越低。以上过程表示为(2)式:

$$c_{fund} = \frac{m}{M_{loan}} + nEy \tag{2}$$

其中, m 与 n 是大于 0 的常系数, M_{loan} 是商业银行向市场提供的贷款量, Ey 是债券的预期收益率。

在我们的模型中,货币政策变量为中央银行针对国债进行的扭转操作。假设中央银行的长期债券持有量为 B_{long} ,短期债券持有量为 B_{short} ,两者相除得到的商 R 就是扭转操作的一个恰当的衡量指标如(3)式:

$$R = \frac{B_{long}}{B_{short}} \tag{3}$$

显然,R 越大(小)意味着中央银行在买进(卖出)更多的长期债券,卖出(买进)更多的短期债券。

中央银行通过扭转操作调节着市场中的债券结构。由于我们更关注扭转操作对长期债券的价格与收益率的影响①,因此考虑长期债券的需求如(4)式,市场价格与中央银行货币政策共同决定着长期债券的需求。当扭转操作的力度越大(小),则长期债券的需求越高(低)。我们使用常见的向右下方倾斜的需求曲线表示两者关系,其中 $c < 0, u > 0$:

$$Q_d = b + cp + uR \tag{4}$$

长期债券的供给主要决定于市场价格,给出以下等式,其中 $h > 0$:

$$Q_s = g + hp \tag{5}$$

我们想考察的是,若在期初有一个货币政策的扰动(即扭转操作的货币政策调整),那么在期末,经济是否会存在稳态,并力图寻找该稳态。为此,我们引入时间变量,并将债券视为中央银行与市场投资者(例如商业银行或其他持有者)进行买卖交易的一种商品。

在宏观经济学经典的供需分析中一般假定商品价格的变化率与超额需求两者之间成正比例关系,其中 q 为大于 0 的常数,即:

$$\frac{dp}{dt} = q(Q_d - Q_s) \tag{6}$$

同时假定在期初,长期债券的价格为 $P(0)$,即:

$$p \mid_{t=0} = p(0) \tag{7}$$

债券的收益率取决于两个因素:一个是债券的市场成交价格,投资学理论指出债券的收益率与债券的市场价格成反比,即当债券的市场价格越低(高)时,债券的收益率越高(低)。另一个影响债券收益率的因素则是债券的预期收益率,当投资者预计债券未来的回报率会大幅上升时,意味着债券的风险上升即债券未来的违约率高涨,从而引起市场上大规模的抛售,导致债券的市场价格的下

---

① 适当改变变量下标就可以将结论顺利拓展到对短期债券的分析,因为过程相同,不再赘述。

滑,并促成债券收益率进一步的不断上涨。2010 年欧债危机中,希腊因为过高的债务水平超过了政府能够承受的程度,投资者预期未来的希腊国债违约风险将大增,因此纷纷大量抛售希腊国债,体现在国债交易市场上就是希腊国债的市场价格大跌,而收益率大幅飙升。以上过程可用下式表示:①

$$Yield = l - ap + wEy \tag{8}$$

该式右边的前两项表示债券收益率与价格成反比,右边的第三项表示债券收益率与预期收益率成正比。其中 $Yield$ 是债券收益率,而 l、a 与 w 均为大于 0 的常参数,由于预期收益率只能部分而不是全部地决定收益率,因此 $w < 1$。

债券的预期收益率的形成是一个相对复杂的过程,因为牵涉理性人的心理预期因素。在期初,投资者对债券会有一个先验的预期收益率,而未来的债券预期收益率是根据当期的真实的债券收益率水平而适时调整的,因此当期的债券收益率对投资者而言是一个信号,投资者将根据获取的信号来调整期末的债券预期收益率的数值,这是一个典型的贝叶斯过程。当债券收益率大于债券的预期收益率时,投资者预计未来时间段内的债券收益率还将上升;而当投资者发现债券收益率小于债券的预期收益率时,他预期未来的债券收益率将下降。表示为(9)式,其中 j 为大于 0 的参数。

$$E(Ey \mid Yield) = \frac{dEy}{dt} = j(Yield - Ey) \tag{9}$$

同时假定在期初,投资者有个先验的债券预期收益率为 $Ey(0)$,即

$$Ey \mid_{t=0} = Ey(0) \tag{10}$$

将以上等式综合一下,得到以下由十个方程组成的方程组。其中第 1、2 个是企业融资成本与产出;第 3 个是扭转操作的货币政策;第 4、5、6、7 个是债券的供需关系;第 8、9、10 个是债券的收益率与预期收益率。

---

① 为了简化讨论,本部分的(8)式与(9)式事实上已将国债与企业债券合成一个研究对象在进行分析。因为已有大量文献[最近的例如 Krishnamurthy. A 和 A. Vissing - Jorgensen(2011),Swanson. E(2011)等]证明了,国债利率对市场利率具有指导作用,两者呈强相关关系,并对货币政策体现出一致性的反应效果。所以尽管在分析过程中,本应将国债与企业债券两者的价格以及收益率分别用模型表示,然后再用常系数连接;但考虑到两者的方程结构完全一致,且呈正相关关系,为了避免推导中不必要的烦琐,因此仅以单一方程表示。

$$
\begin{cases}
c_{fund} = \dfrac{m}{M_{loan}} + nEy \\[3mm]
output = \dfrac{k}{c_{fund}} \\[3mm]
R = \dfrac{B_{long}}{B_{short}} \\[3mm]
Q_d = b + cp + uR \\[2mm]
Q_s = g + hp \\[2mm]
\dfrac{dp}{dt} = q(Q_d - Q_s) \\[2mm]
p\big|_{t=0} = p(0) \\[2mm]
Yield = l - ap + wEy \\[3mm]
\dfrac{dEy}{dt} = j(Yield - Ey) \\[3mm]
Ey\big|_{t=0} = Ey(0)
\end{cases}
$$

三、扭转操作的货币政策的传导路径

将(4)式与(5)式代入(6)式,得到:

$$
\frac{dp}{dt} = (qc - qh)p + q(b - g + uR) \tag{11}
$$

先解此常系数非齐次线性微分方程对应的齐次线性微分方程的通解,得到 $p = C\exp[q(c-h)t]$,然后使用常数变易法,将 p 变形成 $C(t)\exp[q(c-h)t]$ 代入求解,得到债券价格在扭转操作的货币政策干预下随着时间的变化趋势的通解为:

$$
p = C\exp[q(c-h)t] + \frac{b - g + uR}{h - c} \tag{12}
$$

将(7)式代入,得到其特解为:

$$
p = \left(p(0) + \frac{b - g + uR}{c - h}\right)\exp[q(c-h)t] + \frac{b - g + uR}{h - c} \tag{13}
$$

考察(13)式,假设在期初有一个货币政策(即扭转操作的货币政策 R)的扰动,在特定的货币政策下,由于 $\left(p(0) + \dfrac{b - g + uR}{c - h}\right)$ 是一个常数,而 $c - h$ 小于

0,因此当 t 趋向于长期时,债券价格会趋向于一个定值,即:

$$\lim_{t \to +\infty} p = \lim_{t \to +\infty}\left(p(0) + \frac{b - g + uR}{c - h}\right)\exp[q(c - h)t] + \frac{b - g + uR}{h - c} = \frac{b - g + uR}{h - c} \quad (14)$$

其中,若 $\left(p(0) + \dfrac{b - g + uR}{c - h}\right) > 0$,则 p 从正方向趋向于 $\dfrac{b - g + uR}{h - c}$,反之则从

负方向趋向于 $\dfrac{b - g + uR}{h - c}$。由于 b、c、g、h、u 都如前所设是常数,从而得到:

命题 1:长期债券的价格依赖于货币政策①。

再考察长期债券价格与扭转操作货币政策两者之间的数量关系,由于有:

$$\frac{\partial p}{\partial R} = \frac{u}{h - c} > 0 \quad (15)$$

所以,债券价格与扭转操作两者之间存在正比例关系。即扭转操作货币政策的力度越大(小),意味着中央银行买入(卖出)更多的长期债券,所以市场中的债券价格会上涨(下降)。

将(14)式代入(8)式,然后再代入(9)式,得到:

$$\frac{dEy}{dt} = j(l - ap + (w - 1)Ey) = j(w - 1)Ey + j\left(l - \frac{a(b - g + uR)}{h - c}\right) \quad (16)$$

利用相同的参数变异法,解此非齐次线性微分方程,在通解的基础上再将(10)式代入,得到:

$$Ey = \left(Ey(0) + \frac{l(h - c) - a(b - g + uR)}{(h - c)(w - 1)}\right)\exp(j(w - 1)t)$$

$$+ \frac{a(b - g + uR) - l(h - c)}{(h - c)(w - 1)} \quad (17)$$

考察(17)式,当 t 趋向于长期时,得到极限值:

$$\lim_{t \to +\infty} Ey = \frac{a(b - g + uR) - l(h - c)}{(h - c)(w - 1)} \quad (18)$$

由于如前所设,(18)式中除了 R 以外均为常量,所以得到:

---

① 由于本节主要考虑扭转操作的货币政策对债券价格与收益率以及实体经济的影响,所以此处的货币政策指扭转操作,下同。

命题 2:长期债券的预期收益率依赖于货币政策。

将 Ey 对 R 求偏导,得到下式:

$$\frac{\partial Ey}{\partial R} = \frac{au}{(h-c)(w-1)} < 0 \qquad (19)$$

该式意味着实施扭转操作货币政策后,随着买入长期债券的力度加强(减弱),市场中的长期债券的价格将上升(下降),长期债券的收益率将下降(上升),结论符合我们的经济直觉与前期假设。

将(1)式对 R 求导,由于扭转操作的货币政策仅作用于债券项与债券市场波动,不会直接导致商业银行的贷款项发生变化,再结合(19)式,于是得到下式:

$$\frac{dc_{fund}}{dR} = n\frac{dEy}{dR} < 0 \qquad (20)$$

该式的经济学含义表述为:

命题 3:加强(放松)的扭转操作政策将导致企业的长期融资成本下降(上升)。

将(2)式对 R 求导,并将(20)式代入,推出:

$$\frac{doutput}{dR} = \frac{-k}{c_{fund}^2} \cdot \frac{dc_{fund}}{dR} > 0 \qquad (21)$$

从而得到:

命题 4:加强(放松)的扭转操作政策将导致企业的长期产出上升(下降)。

以上构造的货币政策传导路径,主要是从债券项入手,引入心理预期,证明了扭转操作货币政策的调整会通过改变债券的预期收益率而影响企业的长期融资成本,并最终改变商品市场均衡。扭转操作的传导路径从理论上说是存在的,但是遗憾的是其传导效果却会受到很多因素的影响。以(18)式中的长期债券的收益率为例,该式显示长期中收益率变量确实依赖于货币政策,但同时其具体的数值形成却还需由 a、b、g、u、l、h、c、w 等变量共同决定,所以从实际操作层面上看,追求扭转操作货币政策的稳定效果犹如在"刃锋"上行走,很难完全顺利地达到货币当局的设计初衷。从而得到:

命题 5:扭转操作的传导路径虽然存在,但其政策效果并不好控制。

本部分构造了一个包含中央银行、商业银行与企业,涵盖信贷市场、债券市场与商品市场的宏观经济体系,然后基于心理预期理论,使用非齐次线性方程的极限解方法分析了扭转操作货币政策的运行机理。研究结论表明,美联储扭转操作的货币政策的效果应全面客观评价。

一方面,理论上来说(命题1至4)扭转操作的货币政策确实可以引导长期债券的价格与收益率,同时加强(放松)的扭转操作政策将导致企业的长期融资成本下降(上升)与企业的长期产出上升(下降),并通过企业的投资最终影响到实体经济。但是另外一方面(命题5),尽管扭转操作的传导路径确实存在,然而由于受到干扰的因素太多,扭转操作的政策效果其实并不好控制。从获得的数据来看,美联储实施了扭转操作的货币政策之后,仅在短期内抬高了短期国债的收益率却没有达到较大幅度压低中长期国债收益率的效果,在降低失业率和通胀率与促进经济增长方面,扭转操作货币政策的效果至少在当前来看是不明显的。扭转操作对世界经济的影响总体上来说也不十分显著,例如在汇率层面上,美联储实施扭转操作的货币政策后仅对人民币汇率出现了较大冲击,而对日元和欧元的汇率基本保持稳定,进口方面的变化也不明显。尽管同时美国的进口贸易和贸易逆差出现了较大波动,但是我们不能排除同期可能有其他因素会导致类似的效果,因此整体来说,扭转操作的货币政策的实施效果十分有限。

从实际操作的角度来看,美联储的扭转操作政策对新兴市场国家的货币政策制定,目前并不具有太多的借鉴意义。以中国为例,首先,两国的经济环境并不完全一致,中国作为新兴市场国家,具备自己独特的经济金融运行模式与利率决定基础;其次,货币政策工具与传导渠道也不一样,美国现在实施的是以利率调整为核心的价格型货币政策工具,而中国实施的是以存款准备金比率调整为核心的数量型货币政策工具。以国债的买卖操作为例,中国当前由于国债的期限结构不合理规模较小,而且资本市场相对不发达,目前中央银行尚不完全具备利用大规模的公开市场操作来改变货币供应量调控宏观经济走势的基础(现在我国主要是通过大规模频繁的央票买卖来行使公开市场操作的功能)。而且研究显示,美联储扭转操作的政策效果整体来说比较有限,所以我们认为,当前在新兴市场国家并无必要进行相关的政策尝试。

但是,扭转操作政策开阔了我们的理论思路,并有可能在将来产生一些新的货币政策的实施模式。传统的理论一般认为,货币政策强于调数量而弱于调结构,但是扭转操作让我们看到货币政策其实也可以调整"结构",这预示着未来的货币政策体系可能会更加丰富多彩,货币当局可以尝试利用这个特点对宏观经济进行更有效率与效力的微调。

第二节　扭转操作的传导效果

本节运用 TRAMO/SEATS 的技术方法,在不改变非等频数据序列的性质特征的基础上,定量分析美联储扭转操作货币政策对美国经济和世界经济的影响,全面评估该货币政策的实施效果。

一、扭转操作货币政策对美国经济的影响

(一)技术方法与数据说明

美联储实施扭转操作货币政策的目的是希望通过抬高短期利率压低长期利率来促进长期投资进而促进经济发展,因此本部分通过选取表征经济发展的相关序列指标,运用技术方法分析美联储执行扭转操作后这些序列的变动情况,并以此来分析扭转操作货币政策对美国经济以及世界经济的影响。

我们使用的技术方法主要是 TRAMO 与 SEATS。TRAMO（Time Series Regression with ARIMA Noise, Missing Observation and Outliers）是用来估计和预测非平稳的 ARIMA 序列的误差及外部影响的回归模型,它可以根据数据序列的情况选取一个临界值来识别结构性变动点;而 SEATS（Signal Extraction in ARIMA Time Series）则是基于 ARIMA 模型来对时间序列中不可观测的部分进行估计的技术方法,它可以定量研究序列的结构性变动点和其他的一些微量变化。我们的研究思路是首先运用 TRAMO 分析美国的国债收益率、商业银行贷款量、失业率、通胀率、生产总值（GDP）、汇率和贸易等非等频的变量序列,甄别出其中的结构性变动点并观察是否有扭转操作的货币政策与它相呼应;然后运用 SEATS 分析各数据序列,将预测值与实际值相比较,以了解扭转操作的货币

政策的冲击效果。

在扭转操作对美国经济影响的部分,涉及的变量分为五类,分别是国债收益率、贷款量增长率、失业率、通货膨胀率和GDP,共计18个时间序列。其中国债的收益率有11个数据序列,分别为1个月期、3个月期、6个月期、1年期、2年期、3年期、5年期、7年期、10年期、20年期和30年期,其原始数据为2001年1月份至2012年8月份的日频数据;贷款增长量有商业银行贷款增长率、工商企业贷款增长率、房地产贷款增长率和消费性贷款增长率4个序列,为2001年1季度至2012年2季度的季度数据;失业率序列为2001年1月至2012年8月的月度数据;通货膨胀率序列为2001年1月至2012年7月的月度数据;GDP序列的数据为2001年1季度至2012年2季度的季度数据序列。其中通货膨胀数据来源于IflationData①,其他数据均来自美联储网站公开资料。

（二）TRAMO 识别

表 4-1　利用 TRAMO 分离出的结构性变动点

序　列		在扭转操作政策附近是否存在结构性变动	位置	类型	T值
国债（收益率）	1 个月期	Yes	2011/12	AO	-7.55
			2011/09	AO	-7.13
			2011/07	AO	3.52
	6 个月期	Yes	2011/09	AO	-7.85
			2012/02	LS	5.41
	1 年期、2 年期、3 年期、5 年期、7 年期、10 年期、20 年期、30 年期	No			
贷款（增长率）	商业银行贷款、工商企业贷款、房地产贷款、消费性贷款	No			
宏观指标	失业率、通货膨胀率、GDP	No			

设置参数 RSA＝3,运用 TRAMO 识别所选序列的 2011 年 9 月份至 2012 年 8

①　Inflationdata 是全球最大最全面的宏观经济数据库之一,非政府性保证了其数据的公正性。详见 inflationdata.com。

月份的结构性变动点。由于考虑到货币政策的预期的原因,本部分将2011年9月份之前的两个月也视为所选序列受扭转操作的货币政策影响而波动的识别区间,具体的结果见表4-1。

数据检验发现扭转操作对国债的短期收益率影响较大,但对中长期国债收益率没有显著的影响。扭转操作货币政策对中长期国债收益率没有显著影响的原因是美国当前中长期国债的收益率已经极低,美联储通过扭转操作来压低这些已经极低的中长期国债的收益率的空间非常有限,相对来说抬高短期国债的收益率可能较轻松。

表4-1显示,扭转操作货币政策对贷款量没有显著影响,原因是通常情况下美联储都是通过利率等货币政策工具来调节贷款结构与贷款规模,而扭转操作的货币政策只是传统的公开市操作中卖出与买进的组合,虽然调整了国债结构,但并没有改变货币供给的总量,由于长期利率没有被美联储扭转操作货币政策大幅压低,所以贷款量不会发生显著变化。同时,扭转操作货币政策对失业率、通胀率和GDP也没有非常显著的冲击,一方面是由于货币政策会存在滞后效应,另一方面失业率、通货膨胀率和GDP的改变是渐进而非突变的,所以这三个序列并不存在结构性变动点。图4-1与图4-2是1个月期和6个月期的国债收益率序列,十分直观地显示存在明显的结构性变动点。

国债收益率结构性变动点（1个月期）

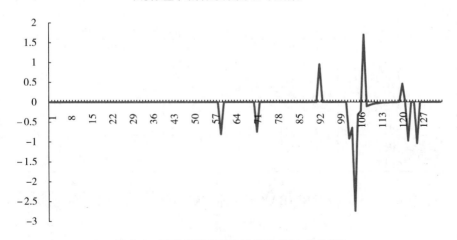

图4-1　国债收益率结构性变动点（1个月期）

国债收益率结构性变动点（6个月期）

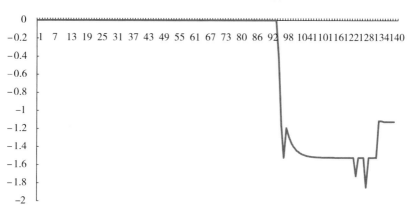

图 4-2　国债收益率结构性变动点（6 个月期）①

（三）SEATS 预测

本部分在 TRAMO 分析的结论基础上，运用 SEATS 对相关序列进行预测，定量研究美联储扭转操作货币政策对美国经济的影响。考虑到序列较多，本部分主要选取 1 个月期国债收益率、6 个月期国债收益率、10 年期国债收益率、商业银行贷款、失业率和 GDP 这 6 个序列来进行预测，将这 6 个序列的 2011 年 9 月至 2012 年 8 月份的实际值与 SEATS 预测值对比，来研究扭转操作货币政策对美国经济的影响。

模型计算自动选择得到模型的参数 $(p,d,q)(P,D,Q)$ ，1 个月期国债收益率序列是 $(0,1,1)(0,1,1)$ ，6 个月期国债收益率序列是 $(0,1,1)(0,1,1)$ ，10 年期国债收益率序列是 $(0,1,1)(0,1,1)$ ，商业银行贷款序列是 $(0,1,0)(0,1,0)$ ，失业率序列是 $(0,1,1)(0,1,1)$ ，通货膨胀率序列是 $(0,1,1)(0,1,1)$ 。图 4-3 是我们将运用 TRAMO/SEATS 得到的这 6 个序列的 2011 年 9 月至 2012 年 8 月份的预测值与实际值进行对比。

从预测结果来看，1 个月期国债收益率序列和 6 个月期国债收益率序列的实际值与预测值差距都较大（图 4-3 的第 1 与第 2 幅子图），其实际值总体上明显高

---

①　这两个图的横坐标都是 2001 年 1 月至 2012 年 8 月的每一个月份在序列中的序号，如 2001 年 1 月对应的是 1，2001 年 6 月对应的是 6，2002 年 1 月对应的是 13。纵坐标是 TRAMO 识别异常值时设置一个临界值，如果某一个月份数据的模型估计参数没有超过临界值则其纵坐标记为 0，若超出临界值则其纵坐标为模型估计参数与临界值的差。

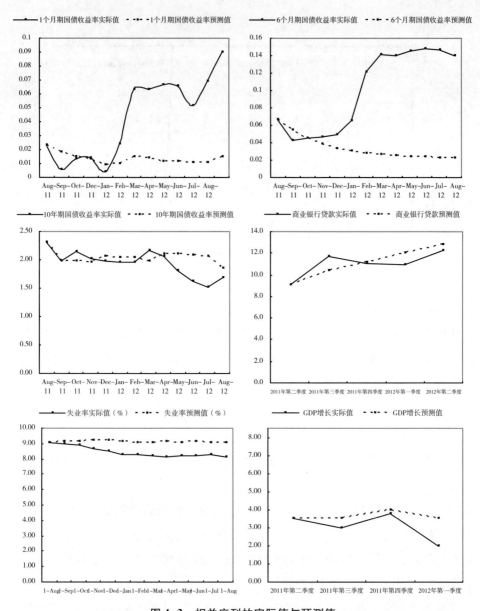

图 4-3 相关序列的实际值与预测值

于预测值,这说明美联储 2011 年 9 月实施的扭转操作货币政策在抬高短期利率方面的效果十分显著;10 年期国债收益序列的实际值与预测值的差距极小(图 4-3 的第 3 幅子图),这与 TRAMO 识别其结构性变动点的结果一致,印证了扭转操作货币政策在压低国债的长期收益率方面效果甚微。商业银行贷款增长量序列实际值与预测值比较接近(图 4-3 的第 4 幅子图),说明扭转操作对商业银行贷款量影响不大,与表 4-1 中 TRAMO 识别的结构性变动点结果一致。失业率序列实际值与预测值很接近(图 4-3 的第 5 幅子图),说明扭转操作货币政策在降低失业率方面的效果不显著,GDP 序列的实际值与预测值除了 2012 年第二季度有差距外其余时点上都比较接近(图 4-3 的第 6 幅子图),与表 4-2 中 TRAMO 识别的结构性变动点的结果也大致一致。

二、扭转操作货币政策对世界经济的影响

(一)数据说明

美联储实施扭转操作货币政策的主要目的是压低长期国债收益率和抬高短期国债收益率,但同时,美国国债收益率的改变会影响美国国外的投资者手中持有的美国国债的期限结构与收益率,并引起国际资本进出美国,导致美元汇率的变化,美元汇率的改变又会进一步影响国际贸易的格局。本部分主要分析美联储扭转操作货币政策对世界经济的影响,变量有两类,为汇率和贸易,共 7 个序列。汇率变量选取 USD/EUR(美元对欧元)、CNY/USD(人民币对美元)和 JPY/USD(日元对美元)3 个序列,为 2001 年 1 月至 2012 年 8 月的月频数据,来源于美联储网站公开材料。贸易变量选取美国进口贸易额、美国出口贸易额、美国贸易逆差额和中美贸易额 4 个序列。其中美国出口、进口和贸易逆差三个序列的数据为 2001 年 1 月至 2012 年 7 月的月频数据;中美贸易数据为 2001 年至 2011 年的年度数据和 2012 年 1 月至 6 月的月频数据,本部分将其调整为 2001 年至 2012 年的年度数据,其中 2012 的年度数据为其 1 月至 6 月的贸易额之和的 2 倍,这 4 个序列数据来源于美国商务部网站公开资料。我们使用和前文相同的 TRAMO/SEATS 技术来分析扭转操作的货币政策对世界经济的影响。

(二)TRAMO 识别

表 4-2 为 RSA = 3 时,TRAMO 对所选序列结构性变动点的识别结果。

结果显示,汇率序列中"CNY/USD(人民币对美元汇率)"出现了结构性变动点,原因应当是当前中国的外汇储备中美元资产所占比重很大,同时中国是美国国债的最大债权国,因此当美国国债的收益率因扭转操作而发生变动时人民币对美元的汇率就会出现较大波动,这在一定程度上反映了我国当前持有的外汇储备的

结构还有进一步调整的空间,为此我国应当优化外汇储备的结构并努力降低所持外汇资产的风险。与此相对应的是,对美元的欧元汇率与日元汇率却没有受到美国扭转操作货币政策的影响,这可能与欧盟国家和日本持有的外汇资产结构较为分散有关。

表 4-2　利用 TRAMO 分离出来的结构性变动点

序　列		结构性变动点			
		在扭转操作政策附近是否存在结构性变动	位置	类型	T 值
美元汇率	USD/EUR	No			
	CNY/USD	Yes	2012/03	AO	5.02
			2011/08	LS	−6.42
			2012/06	LS	4.29
	JPY/USD	No			
美国对外贸易	出口	No			
	进口	Yes	2012/02	AO	−3.71
	逆差	Yes	2012/02	AO	4.36
中美贸易		No			

在贸易方面,美国的进口贸易和贸易逆差都在 2012 年 2 月出现了结构性变动点,即进口较大幅度的减少和贸易赤字减少,而出口贸易却没有出现结构性变动点,中美贸易之间也没有出现结构性变动点。由于美联储扭转操作货币政策除了对人民币对美元汇率有较大冲击外并未显著改变美元与其他货币之间的汇率,因此美国的出口贸易总额并未发生明显改变,而其进口额的下降和贸易赤字的改善还可能与美国大选来临前 2011 年底美国推出的一系列减少预算和赤字、企业所得税和个人所得税改革以及促进国内就业的经济政策有关。图 4-4、图 4-5 与图 4-6 直观地显示了相关数据序列的结构性变动情况。

（三）SEATS 预测

本部分运用 SEATS 对相关序列进行预测并与其对应的实际值相比较,进一步定量研究美联储扭转操作货币政策的效果。相关序列模型自动选择得到的参数是:CNY/USD 为 $(0,1,1)(0,0,0)$、USD/EUR 为 $(0,1,1)(0,0,0)$、美国贸易

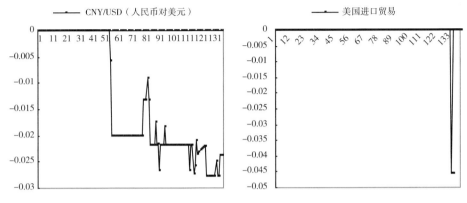

图4-4　CNY/USD结构性变动点　　　　图4-5　美国进口贸易结构性变动点

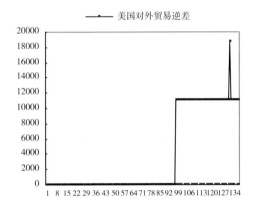

图4-6　美国对外外贸易逆差的结构性变动点

逆差序列为（1,1,1）（0,0,0）。图4-7的第1幅子图显示,尽管美元对欧元自实施扭转操作以来持续升值,但其引起的汇率变化并未出现较大波动(即不存在结构性变动点),与TRAMO识别的结构性变动点的结果一致。图4-7的第2幅子图显示,人民币汇率序列出现了明显的结构性波动,例如2012年6月人民币对美元汇率的实际值比预测值上升了1.58%,这可能与美联储的扭转操作引起国内部分短期资金外流,外汇占款持续数月减少有关,一定程度上维持了美元的强势货币地位。图4-7的第3幅子图显示,美国贸易逆差序列2012年2月的实际值比预测值上升了4.2%,说明美联储实施扭转操作货币政策之后,美国的贸易赤字恶化状况有所改善。

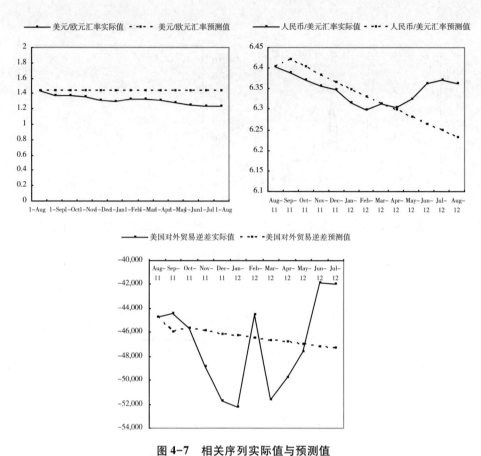

图4-7　相关序列实际值与预测值

三、结论及对中国的借鉴

实证结果表明,应全面客观评价美联储的扭转操作货币政策对美国经济与世界经济的影响。在改变国债收益率方面,扭转操作抬高了短期国债的收益率却没有达到较大幅度压低中长期国债收益率的效果,这主要与当前美国长期国债的收益率已经极低导致可被压缩的空间相当小有关。扭转操作在促进贷款方面的效果甚微,这说明作为传统的公开市场操作手段组合的扭转操作不会改变货币结构与货币供应量,要想有效促进贷款还是需要利率调整或者准备金比率调整等其他货币政策的配合。在降低失业率和通胀率与促进经济增长方面,扭转操作货币政策的效果至少在当前来看是不明显的,这可能是因为:一方面就业率和物价的弹性较大,能更迅速地发生改变所以捕捉不到经济序列的结构性变动点;另一方面,从扭转操作货币政策的实施到经济产出的变动会存在较长的时滞,经济产出在增加之前可能会沿着原有的趋势变化一段时间,因此后期效果尚有待现实经济的进一步发展来验证。另外,扭转操作对世界经济的影响总体上来说也不十分显著。在汇率层面上,美联储实施扭转操作的货币政策仅对人民币汇率出现了较大冲击,而对日元和欧元的汇率基本保持稳定,出现这种结果与中国的外汇储备结构不合理、日本与欧盟国家经济相对独立有关。在贸易层面上,美国的进口贸易和贸易逆差出现较大波动,而进口方面则不明显。另外,从那些在美联储扭转操作货币政策实施后出现结构变动的序列来看,尽管扭转操作会在一定程度上对美国和世界经济产生影响,但我们仍然不能排除有其他因素会导致类似的效果,比如,2008 年 8 月小布什的 7000 亿美元的救市计划推出前后都引起了金融市场的大幅波动,2005 年中国汇率改革同样导致了人民币汇率的结构性变动。这些都说明,影响经济运行的因素复杂多样,货币当局应当构建立体的货币政策、财政政策体系,同时加强世界各国之间的利益协调,才能更好地调节宏观经济的运行。

从实际操作的角度来看,美联储扭转操作政策对中国的货币政策制定目前并不具有太多的借鉴意义。首先,两国的经济环境并不完全一致,中国作为新兴市场国家,具备自己独特的经济金融运行模式与利率决定基础;其次,两国的货币政策工具与传导渠道也不一样,美国现在实施的是以利率调整为核心的价格型货币政策工具,而中国实施的是以存款准备金比率调整为核心的数量型货币政策工具。以国债的买卖操作为例,我国当前由于国债的期限结构不合理规模较小,而且资本市场相对不发达,中央银行目前尚不完全具备利用大规模的公开市场操作来改变货币供应量调控宏观经济走势的基础,而且研究显示,美联储扭转操作的政策效果整体来说比较有限,所以作者认为,当前在中国并无必要进行相关的政策尝试。

但是,扭转操作政策开阔了我们的理论思路并有可能在将来产生一些新的货币政策的实施模式。传统的理论一般认为,货币政策长于调数量而弱于调结构,但是扭转操作让我们看到货币政策其实也可以调整"结构",这预示着未来的货币政策体系可能会更加丰富多彩,货币当局可以尝试利用这个特点对宏观经济进行更有效率与效力的微调。另外,扭转操作政策能否发生显著效果的一个重要前提是市场参与者应当具有理性的预期并与美联储政策在时间上具备一致性,否则投资者就没有理由相信当前被压低的长期利率会持续下去和适合投资,这对于我国完善市场的建设从而促进人们理性预期的形成和提高货币政策执行的可信度与公开度也具有重要的启示作用。

第三节　完全货币交易政策的信号作用

完全货币交易政策也是一种不改变流动性但是可以有效进行结构调整的货币政策,该货币政策发布后取得了较好的窗口效应,本节将建立由欧洲中央银行主持参与、主要由重债国与购债国构成的三方博弈模型,来分析完全货币交易政策的传导机理与信号作用。

一、完全货币交易政策的推出背景

美国次贷危机于 2007 年爆发后不断深化并向全球扩散,2009 年欧洲主权债务危机率先在希腊爆发,并在短短数月内蔓延至"欧猪五国"(葡萄牙、意大利、爱尔兰、希腊、西班牙),欧债危机的风险扩散对欧洲和世界经济造成了巨大的冲击。据欧盟统计局的数据显示,2012 年 6 月欧元区 17 个国家的失业率高达 11.2%(2011 年 6 月为 10.0%),欧盟 27 个国家的失业率为 10.4%(2011 年 6 月为 9.5%);同时,欧盟的进口需求持续减弱,例如 2012 年 1 至 4 月,欧盟累计对中国的贸易逆差下降了 11.2%。特别是进入 2012 年第三季度后,以意大利、西班牙等为代表的欧盟重债国的经济形势迅速恶化,国际资本大量流出,欧元汇率急剧贬值,市场投资者大量抛售欧元。为了缓解欧盟的债务危机,防止欧元区的崩溃,欧洲中央银行迅速公布了一系列的货币新政策,完全货币交易政策(Outright Monetary Transaction,简称 OMT)就是其中之一。

完全货币交易政策又被称为无限量冲销式的国债购买计划,它是一种非常规的货币政策,实质是传统的公开市场操作货币政策的变异。其主要特点有两个:首先,欧洲中央银行承诺无限量购买国债,这实际上是以欧洲中央银行的信用为意大利等重债国的国债做担保,明确并保证重债国国债的收益率水平,因此有利于稳定经济预期,提振投资者的信心;其次,欧洲中央银行将对其投放的流动性进行全额对冲回收,将在欧元区重债国购进的债券完全出售到流动性相对充裕的其他国家。由于进行了等额的买入与卖出,因此保证了欧元区整体的流动性不变,从理论上说不会导致物价波动。

以完全货币交易政策为代表的货币新政策成功地缓解了投资者对欧元区重债国违约的担心,为欧元区国家争取了宝贵的时间与空间。例如,2012 年 7 月重债国西班牙的 10 年期国债收益率曾经一度飙升至 7.62%,意大利 10 年期国债收益率则升至 6.57%,市场陷入恐慌;但是 9 月 6 日,当欧洲中央银行公布完全货币交易政策后,9 月 16 日西班牙的 10 年期国债收益率就降到了 5.785%,意大利 10 年期国债收益率降到了 5.017%;而进入 2013 年以来,西班牙的 10 年期国债收益率一直处于较低水平,可见完全货币交易政策的效应可能确实比较显著。

但是,作为一项货币政策的创新,完全货币交易政策的运行机理到底是什么? 它会通过什么样的途径传导到重债国和购债国的实体经济? 对欧洲中央银行与欧元区经济会产生什么影响? 又可能会受到一些什么因素的制约? 以上系列问题显示,对完全货币交易政策的运行机理和传导效果进行研究具有十分重要的理论和实际意义。欧洲中央银行的完全货币交易政策构造了一个三方共赢的博弈格局,本节将基于激励相容的原理,研究各局中人的收益,然后将模型拓展到多国,分析完全货币交易政策可能面临的风险与制约因素,最后利用实证数据分析该政策的实施效果,并提出相关的政策建议。

完全货币交易政策作为一项出现时间不长的非常规货币政策,目前相关的研究相当稀缺,且尚未形成统一的认识。有些学者认为完全货币交易政策是一项有效的政策创新,例如 Michael McMahon(2012)等从中央银行资产组合的变化和国债违约风险两个方面分析了完全货币交易政策的完全冲销对通货膨胀的影响,认为完全货币交易政策可以舒缓通货膨胀。Jens Nordvig(2012)通过统计分析发现欧洲中央银行的完全货币交易政策降低了希腊债务违约风险和退出欧元区的可能性。Olivier Blanchard(2013)对全球经济形势进行了展望和分析后,指出欧洲中央银行推出完全货币交易政策等计划可以使欧洲短期风险消退,因此欧洲中央银行应该落实该计划。Macro Buti 和 Nicolas Caenot(2013)在论证欧元区财政紧缩的必要性时提出了财政政策的调整与完全货币交易政策的激活具有较强互补性的观点,因此完全货币交易政策是其他宏观刺激政策的有效补充。作为完全货币交易政策的制定与推广者,欧洲中央银行行长 Draghi(2012)游说德国议会时指出完全货币交易政策至少有四个优势:不会导致变相地对政府融资,不会危害欧洲中央银行的独立性,不会给欧元区纳税人带来过分风险,特别是完全货币交易政策不会导致通胀。针对塞浦路斯的救助等问题,Draghi(2013)认为塞浦路斯救助事件加强了投资者支持欧元的决心,正是由于有完全货币交易政策等救助计划,因此局部危机不会发展成整个欧元区的系统性危机。

与此同时,也有很多经济学家们对完全货币交易政策的政策效果保持了怀疑的态度,例如 Claudia M.Buch 和 Benjamin Weigert(2012)在分析欧洲银行联盟转轨过程中的遗留问题时指出,虽然完全货币交易政策可以帮助欧洲中央银行稳定局势,但因为市场情绪变化等原因导致的危机加剧会使完全货币交易政策的政策效果显现变得十分艰难。Willem Buiter(2013)认为完全货币交易政策可能会导致道德风险,过分的积极情绪会使欧元区的政治家们掉以轻心,可能会没有动力继续推进经济复苏改革。德国中央银行行长、欧洲中央银行管理委员会委员 Weidmann(2013)是完全货币交易政策的反对者,他坚持认为该计划可能会牺牲欧洲中央银行的独立性,因为该计划将经济改革的解决寄希望于各国政府,这会导致欧洲中央银行丧失其原本应具有的独立性。另一位欧洲中央银行管理委员会委员,比利时国家银行行长 Luc Coene(2013)也认为完全货币交易政策的最好局面可能是永远不要实施。国际货币基金组织总裁 Christine Lagarde(2013)则看得更远,她认为虽然美联储、日本、欧洲在努力通过各种非常规的货币政策来提振经济,但这些货币政策可能为未来发展与新兴市场国家埋下定时炸弹,因此现在可能需要开始慢慢考虑非常规货币政策的负面效应与退出机制。

以上学者对完全货币交易政策的实施效果进行了一定的分析,但从目前的研究成果来看,相关研究普遍带有较强的主观色彩与利益偏向,而且大多数分析停留在定性解析的层面上,缺乏充分的理论支撑,特别是对完全货币交易政策的运行机理研究不够透彻。本部分尝试对此进行改进,相对于以往的研究,本节主要使用严格的数理建模的理论方法对完全货币交易政策的传导路径、传导效果，以及存在的不足进行探讨，并利用欧洲国家的数据实证检验该政策的公告效应。

二、完全货币交易政策对重债国的影响

我们首先建立一个仅包含两国的宏观体系模型分析完全货币交易政策的政策效果，然后再进一步拓展到多国的情况。

（一）构建宏观体系模型

假设 A 国是重债国（在欧债危机中陷入困境的国家），B 国是购债国（在欧债危机中目前经济情况较好的国家），完全货币交易政策的简单描述就是欧洲中央银行买入 A 国债券，然后等量地出售给 B 国。

由于企业是沟通上游融资来源与下游投资产出的核心环节，并决定商品市场的均衡，我们将以企业作为分析起点。在产品价格既定的前提下，假设企业的产出决定于融资成本，融资成本越高，则产出越低，两者成反比例关系，用（1）式表示 A 国企业的融资成本：

$$output_1 = \frac{h_1}{c_{fund,1}} \tag{1}$$

其中 $output_1$ 是 A 国企业产出，$c_{fund,1}$ 是 A 国企业的融资成本，且有 $h_1 > 0$。[①]

假设企业的融资主要源于两个部分：一个部分是贷款，主要通过金融中介机构如商业银行获得；另一部分是根据未来的预期利率水平，通过在资本市场发行债券实现。企业将根据市场具体情况相机抉择具体的融资模式。当商业银行的贷款量越充分，企业通过贷款进行融资的成本就越低；商业银行提供的贷款量越少时，企业进行贷款融资的成本越高。另外，当未来预期的债券收益率上升时，意味着企业在市场上为了融得相等的资金不得不支付更高的成本。于是，企业融资成本与债券收益率以及市场利率之间的关系表示为（2）式：

$$c_{fund} = \frac{m}{M_{loan}} + nEy \tag{2}$$

---

① 因为涉及两个国家，我们在标记时用下标"1"表示 A 国，下标"2"表示 B 国，以示区别。

其中，M_{loan} 是商业银行向市场提供的贷款量，Ey 是债券的预期收益率，且有 $m > 0, n > 0$。

假定欧洲中央银行在购买 A 国国债的过程中，向 A 国投放的流动性为 OMT，同时为分析简便起见，假设不存在派生存款。显然，当 OMT 越大时，商业银行提供的贷款量越大，企业的贷款融资成本越低，所以 A 国企业的融资成本由（2）式变形为（3）式：

$$c_{fund,1} = \frac{m_1}{M_{loan,1} + OMT} + n_1 Ey \tag{3}$$

其中有 $m_1 > 0, n_1 > 0$。

债券的需求函数表示为（4）式。首先，债券是一种商品，因此价格越高需求越小，满足向右下方倾斜的需求曲线特征；其次，欧洲中央银行实施完全货币交易计划的力度越大，则进入 A 国的流动性越充裕，充裕的流动性一方面会增加 A 国的信贷，另一方面也会导致对 A 国债券的需求增加。因此市场价格和完全货币交易计划共同决定了对债券的需求。

$$Q_{d,1} = a_1 - b_1 p_1 + uOMT \tag{4}$$

其中有 $a_1 > 0, b_1 > 0, u > 0$。同时，债券的供给主要取决于市场价格，可表示为（5）式：

$$Q_{s,1} = c_1 + d_1 p_1 \tag{5}$$

其中有 $c_1 > 0, d_1 > 0$。在微观经济学经典的供需分析中一般假定商品价格的变化率与超额需求两者之间成正比例关系，其中 q_1 为大于 0 的常数，即（6）式：

$$\frac{dp_1}{dt} = q_1(Q_{d,1} - Q_{s,1}) \tag{6}$$

同时假定在期初，长期债券的价格为 $p_1(0)$，即：

$$p_1 \big|_{t=0} = p_1(0) \tag{7}$$

债券的收益率取决于两个因素：一个是债券的市场成交价格，投资学理论指出债券的收益率与债券的市场价格成反比，即当债券的市场价格越低（高）时，债券的收益率越高（低）。另一个影响债券收益率的因素则是债券的预期收益率，当投资者预计债券未来的回报率会大幅上升时，意味着债券的风险上升即债券未来的违约率高涨,从而引起市场上大规模的抛售,导致债券市场价格的下滑,并促成债券收益率进一步上涨。欧债危机中,希腊就是因为过高的债务水平超过了政府能够承受的程度,投资者预期未来的希腊国债违约风险将大增,因此纷纷大量抛售希腊国债,体现在国债交易市场上就是希腊国债的市场价格大跌,而收益率大幅飙升。以上过程可表示为(8)式:

$$Yield_1 = l_1 - v_1 p_1 + w_1 Ey_1 \tag{8}$$

该式右边的前两项表示债券收益率与价格成反比,右边的第三项表示债券收益率与预期收益率成正比。其中 $Yield_1$ 是 A 国债券收益率,而 l_1、v_1 与 w_1 均为大于 0 的常参数,由于预期收益率只能部分而不是全部地决定收益率,因此 $w_1 < 1$。

债券的预期收益率的形成是一个相对复杂的过程,因为要涉及理性人的心理预期因素。在期初,投资者对债券会有一个先验的预期收益率,而未来的债券预期收益率是根据当期真实的债券收益率水平而适时调整的,因此当期的债券收益率对投资者而言是一个信号,投资者将根据获取的信号来调整期末的债券预期收益率的数值,这是一个典型的贝叶斯过程。当债券收益率大于债券的预期收益率时,投资者预计未来时间段内的债券收益率还将上升;而当投资者发现债券收益率小于债券的预期收益率时,他预期未来的债券收益率将下降。表示为(9)式,其中 $j_1 > 0$。

$$E(Ey_1 | Yield_1) = \frac{dEy_1}{dt} = j_1(Yield_1 - Ey_1) \tag{9}$$

同时假定在期初,投资者有个先验的债券预期收益率为 $Ey_1(0)$,即

$$Ey_1 |_{t=0} = Ey_1(0) \tag{10}$$

以上 10 个方程描述了 A 国在完全货币交易政策中面临的复杂的经济体系。

(二)经济均衡与政策效果影响

将(4)式和(5)式带到(6)式,可得到

$$\frac{dp_1}{dt} = q_1(a_1 - c_1 + uOMT) - q_1(b_1 + d_1)p_1 \tag{11}$$

先解(11)式对应的常系数齐次线性微分方程的通解,然后使用常数变易

法,得到(11)式的通解,然后将初始条件(7)式代入,得到债券价格在完全货币交易政策干预下随着时间变化的特解:

$$p_1 = \left[p_1(0) - \frac{a_1 - c_1 + uOMT}{b_1 + d_1} \right] \exp\left[-q_1(b_1 + d_1)t \right] + \frac{a_1 - c_1 + uOMT}{b_1 + d_1}$$

$$(12)$$

考察(12)式,假设期初有一个特定的货币政策(即数额确定的完全货币交易政策 OMT)的扰动,由于 $\left[p_1(0) - \frac{a_1 - c_1 + uOMT}{b_1 + d_1} \right]$ 是常数,而 $-q_1(b_1 + d_1) < 0$,因此当 t 趋于长期时,A 国债券的价格会趋向一个定值,即(13)式:

$$\lim_{t \to +\infty} p_1 = \frac{a_1 - c_1 + uOMT}{b_1 + d_1} \tag{13}$$

其中,若 $\left[p_1(0) - \frac{a_1 - c_1 + uOMT}{b_1 + d_1} \right] > 0$,则 p 从正方向趋向于 $\frac{a_1 - c_1 + uOMT}{b_1 + d_1}$,反之则从负方向趋向于 $\frac{a_1 - c_1 + uOMT}{b_1 + d_1}$。

再考察长期债券价格与完全货币交易之间的数量关系,由于有:

$$\frac{\partial p_1}{\partial OMT} = \frac{u}{b_1 + d_1} > 0 \tag{14}$$

所以 A 国的债券价格与完全货币交易的货币政策之间存在正比例关系。于是得到:

命题1:重债国的债券价格与完全货币交易政策正相关,即完全货币交易政策的加强将导致重债国的债券价格上升。

将(14)式代入(8)中,然后再代入(9)中,得到:

$$\frac{dEy_1}{dt} = j_1(w_1 - 1)Ey_1 + j_1\left(l_1 - \frac{v_1(a_1 - c_1 + uOMT)}{b_1 + d_1}\right) \tag{15}$$

利用相同的常数变异法,解此非齐次线性微分方程,在 t 趋于长期时,得到极限值

$$\lim_{t \to +\infty} Ey_1 = \frac{l_1(b_1 + d_1) - v_1(a_1 - c_1 + uOMT)}{(b_1 + d_1)(1 - w_1)} \tag{16}$$

将(16)式对 OMT 求偏导,得到:

$$\frac{\partial Ey_1}{\partial OMT} = -\frac{v_1 u}{(b_1 + d_1)(1 - w_1)} < 0 \qquad (17)$$

上式意味着实施完全货币交易政策之后,随着买入 A 国债券的力度加强,市场上 A 国债券的收益率将下降。由此,我们可以得到:

命题 2:重债国债券的预期收益率与完全货币交易政策负相关,即完全货币交易政策的加强将导致重债国的债券收益率下降。

将(3)式对 OMT 求导,得到

$$\frac{dc_{fund,1}}{dOMT} = -\frac{m_1}{(M_{loan,1} + OMT)^2} + n_1 \frac{dEy_1}{dOMT} < 0 \qquad (18)$$

上式表明完全货币交易政策不但使重债国的债券收益率下降,债务融资成本降低,而且使该国的信贷市场流动性增加,贷款融资成本减少,于是得到:

命题 3:完全货币交易政策的实施将使重债国的企业融资成本下降。

将(1)式对 OMT 求导,并代入(18)式,得到(20)式与命题 4

$$\frac{doutput_1}{dOMT} = -\frac{h_1}{c_{fund,1}^2} \cdot \frac{dc_{fund,1}}{dOMT} > 0 \qquad (19)$$

命题 4:完全货币交易政策的实施将使重债国企业的产出上升。

以上四个命题的分析显示,完全货币交易政策对重债国是有利的,它会从增加流动性与降低利率引导长期投资两个方面促进重债国的经济复苏与发展。

三、完全货币交易政策对购债国的影响

由于完全货币交易政策是欧洲中央银行将在重债国(A 国)购买的债券出售给购债国(B 国),操作对象主要是重债国的国家债券,因此对购债国本国的债券价格与债券收益率并不会产生直接影响,于是在推导中我们将 Ey_2 视为常数。实施完全货币交易政策之前,根据(2)式,B 国企业的融资成本为 $c_{fund,2} = \frac{m_2}{M_{loan,2}} + n_2 Ey_2$,其中 $m_2 > 0, n_2 > 0$。实施完全货币交易政策后,由于 B 国全额从欧洲中央银行购买 A 国债券,总量为 OMT,假设不存在派生存款,B 国的贷款量会相应减少 OMT。所以 B 国实施完全货币交易政策之后的融资成本为:

$$c_{fund,2} = \frac{m_2}{M_{loan,2} - OMT} + n_2 Ey_2 \tag{20}$$

将(20)式对 OMT 求导,得到:

$$\frac{dc_{fund,2}}{dOMT} = \frac{m_2}{(M_{loan,2} - OMT)^2} > 0 \tag{21}$$

不难看出,实施完全货币交易政策会导致 B 国的融资成本上升。如果在实施完全货币交易政策之后,B 国国内资金紧张,融资成本上升,同时还需承担 A 国国债的高违约风险,那么 B 国将不会有动力去实施该项政策,那么完全货币交易政策就是激励不相容,也就没有存在的必要了。

为了让 B 国有利可图,使完全货币交易政策实施下去,欧洲中央银行必须做出一些努力,例如利用欧洲中央银行的信用为 A 国的国债做担保进行或有承兑就是一个好办法。A 国国债的风险很高,也就意味着其预期收益率很高,若有欧洲中央银行的信用做承兑担保,那么 A 国国债的高风险的高投资收益将转化成低风险的高投资收益。当完全货币交易政策带来的稳定的低风险的高投资收益大于融资成本增加造成的损失时,B 国将受到激励,自愿参与完全货币交易计划。

由于欧洲中央银行提供的是信用承诺,正常条件下 B 国持有的债券由 A 国还本付息,只有当 A 国真正违约时,欧洲中央银行才会补偿 B 国损失,因此可以将欧洲中央银行的承诺视为一种或有期权。当 A 国正常还本付息时,B 国不行权,欧洲中央银行不需要进行支付;当 A 国违约时,行权条件被触发,B 国行权,由欧洲中央银行承兑。

或有期权表明在实施完全货币交易时,B 国至少不蒙受损失,因此 B 国持有 A 国国债的债券收益是无风险的。假设市场无风险利率为 R_f,为常数。前面所述实施完全货币交易会导致 B 国融资成本的增加,此时融资成本的增加可视为 B 国向欧洲中央银行交纳的期权费,表示为:

$$OptionFee = \frac{m_2}{M_{loan,2} - OMT} - \frac{m_2}{M_{loan,2}} = \frac{m_2 \cdot OMT}{(M_{loan,2} - OMT) M_{loan,2}} \tag{22}$$

将 A 国债券视为期权的标的资产,期权到期时债券收益记为 S_T。B 国购买 A 国债券的金额为 OMT,预期收益率为 Ey_1。当 t 趋于长期时,代入(16)式,B

国可获得预期收益为：

$$S_T = OMT \cdot \lim_{t \to +\infty} Ey_1 = OMT \cdot \frac{l_1(b_1 + d_1) - v_1(a_1 - c_1 + uOMT)}{(b_1 + d_1)(1 - w_1)} \quad (23)$$

或有期权的执行价格记为 K，K 为相对应的到期无风险收益，是 B 国如果将购买债券的金额 OMT 投资于没有任何风险的投资对象可以得到的收益，可表示为：

$$K = R_f \cdot OMT \quad (24)$$

于是，B 国实施完全货币交易将获得的超额收益为：

$$S_T - K = OMT \cdot (\lim_{t \to +\infty} Ey_1 - R_f) \quad (25)$$

当减去期权费成本后，B 国参与完全货币交易后获得的净收益为：

$$S_T - K - OptionFee = OMT \cdot \left[\frac{l_1(b_1 + d_1) - v_1(a_1 - c_1 + uOMT)}{(b_1 + d_1)(1 - w_1)} \right.$$

$$\left. - R_f - \frac{m_2}{(M_{loan,2} - OMT)M_{loan,2}} \right] \quad (26)$$

将(26)式对 OMT 求二阶导，可得：

$$\frac{d^2(S_T - K - OptionFee)}{dOMT^2} = - \frac{2v_1 u}{(b_1 + d_1)(1 - w_1)} - \frac{2m_2}{(M_{loan,2} - OMT)^3} < 0$$

$$(27)$$

由于(27)式小于 0，所以 B 国参与完全货币交易获得的净收益"$S_T - K - OptionFee$"是凸函数，因此存在一个 OMT^*，可以使得(26)式取到极大值。当 $OMT < OMT^*$ 时，$\dfrac{d(S_T - K - OptionFee)}{dOMT} > 0$，期权价值会随着 OMT 的增加而增加，当 $OMT > OMT^*$ 时，$\dfrac{d(S_T - K - OptionFee)}{dOMT} < 0$，期权价值会随着 OMT 的增加而减少。所以理论上 OMT 的增加有个实施上限。综合得到：

命题 5：完全货币交易政策对购债国是有利的，且在理论上存在最优购债量，使得购债国盈利最大。

如果 A 国违约导致 B 国不能获得债券投资收益，此时欧洲中央银行将以欧元从 B 国全额购回 A 国国债，在我们的模型中表现为 B 国行使或有期权，等价于欧洲中央银行将期权费退还给 B 国，B 国的融资成本将减少至初始状态，因此有：

命题 6：完全货币交易过程中，如果重债国违约，在欧洲中央银行信用保证下，购债国的融资成本不会变化。

以上命题结论显示从理论上看，完全货币交易政策对购债国是有利的，一般情况下它会让购债国获得稳定的低风险的高投资收益，即便重债国违约，由于有欧洲中央银行的信用担保，购债国也不会出现损失。

四、完全货币交易政策对欧洲中央银行的影响以及进一步的讨论

前文的两国经济模型说明了实施完全货币交易政策对重债国和购债国都存在着正面的影响，实际上，完全货币交易政策对欧洲中央银行也是有益的。

完全货币交易政策推出的背景是欧元区经济增长极度疲软，经济前景的不确定性严重影响市场信心，因此 2012 年前 3 季度，欧元区核心经济国家的经济增速持续下降，资本大量流出，欧元汇率大幅贬值。实施完全货币交易政策可以从增加信贷市场的流动性和降低债券市场的债券预期收益率两个方面促进重债国的经济复苏，从而避免了重债国的经济进一步萧条和欧元的可能崩溃，降低了欧元区的系统风险，提振了市场信心。与此同时，完全货币交易计划具有完全冲销的特性，与之前实施的量化宽松等直接提供大量流动性的货币政策相比，它的优势是可以维持整体稳定的欧元区流动性，不会导致物价的过度波动和较高的通货膨胀率。

由于完全货币交易政策不预先设置购买重债国国债规模的上限，每周将公布完全货币交易的规模，这些细节有利于稳定市场投资，降低债券投资者的投机行为，保持投资者对重债国国债的稳定需求，有利于实体经济的发展。另外，完全货币交易政策为欧洲中央银行以及欧元区国家的经济复苏提供了十分宝贵的缓冲时间，各国政府与各国央行因此有可能根据本国的经济特点制定并实施一些配套的宏观经济方案与政策。即便出现了重债国违约，需要欧洲中央银行承担兑付购债国持有债券的情况，其实对欧洲中央银行来说影响不大，因为如果不实施完全货币交易，欧洲中央银行也可能会要为重债国提供救援方案。因此，整体来说完全货币交易政策不论是从经济还是政治上对欧洲中央银行来说都是比

较有利的宏观政策。

但是,需要指出的是尽管从理论上说完全货币交易政策有较多的正效应,然而在实际履行时仍然会受到很多因素的制约,可能会干扰欧洲中央银行完全货币交易政策的设计初衷。

前文指出存在着一个最优的 OMT^* ,在该点将使得购债国的收益实现最大化,若再扩大购债量,那么购债国的流动性降低导致的负面效果将超过购债带来的投资收益,购债国将无利可图。因此在两国模型中,单一的购债国的救援能力是有限度的。但是随着欧债危机的进一步深化,陷入危机旋涡的欧元区国家越来越多,需要的救援规模也越来越大,这势必会逼迫欧洲中央银行推出规模越来越大的完全货币交易政策,可能会演变为多个购债国救援多个重债国的局面。此时,完全货币交易政策将存在着两个难题:第一,由于金融衍生资产和金融市场日益庞大,货币与非货币的边界日益模糊,导致精确的救援规模难以测算;第二,由于欧元区由多个独立主权的国家组成,因此在完全货币交易计划的方向与利益的分配协调上难以统一。

但是完全货币交易的货币政策有其存在的合理性,鉴于它对重债国、购债国以及欧洲中央银行都具有一定的有益性,因此完全货币交易政策可作为欧元区救助的一项前期政策。同时考虑它可能存在的局限性,完全货币交易政策应当和其他的货币政策、财政政策、税收政策、产业政策联合使用,才能发挥最大效用。从长期来看,还可以考虑在经济转好、形势明朗的时候,欧元区各国提取一定的储备在欧洲中央银行,相当于缴纳了一种期权费或保费,这样在出现危机的时候,欧洲中央银行可以使用的货币政策手段将会更加丰富与有效。

五、完全货币交易政策的实证检验

完全货币交易政策于 2012 年 9 月 6 日由欧洲中央银行公布,但是由于各种原因其实并未在欧元区完全实施,然而该计划公布后,在提振市场信心、缓解欧债危机等方面产生了很大的作用。本部分我们将主要使用意大利("欧猪五国"之一,重债国的代表)与德国(欧元区目前经济状况最好的国家,购债国的代表)在完全货币交易政策公布前后的经济表现,以及欧元区的一些宏观经济指标,来对完全货币交易政策的公告效应进行数据检验。

本部分选取的变量包含国债收益率、贷款利率、汇率、进出口贸易额、金融市场指数、国内生产总值增长率、失业率、通货膨胀率等 8 类数据序列。国债收益率分为 8 个子序列,其中意大利的数据有 3 年期、5 年期、10 年期、30 年期国债收益率,德国的数据有 2 年期、5 年期、10 年期、30 年期国债收益率,均为 2012 年 1 月份至 2013 年 3 月份的日频数据。贷款利率主要是意大利的数据有 2 个子序列,包括非金融企业贷款利率和家庭住房贷款利率,原始数据为 2009 年 1 月份到 2013 年 1 月份的月频数据。欧元汇率共 3 个子序列,包括欧元兑美元(USD/EUR)、欧元兑英镑(GBP/EUR)、欧元兑人民币(CNY/EUR),原始数据为 2012 年 1 月份至 2013 年 3 月份的月频数据。意大利与德国的进出口贸易额共 4 个子序列,原始数据为 2012 年 1 月份至 2013 年 1 月份的月频数据。金融市场指数共 2 个子序列,包括德国 DAX 股指和意大利 FTSEMIB 股指,原始数据为 2012 年 1 月份至 2013 年 4 月份的日频数据。国内生产总值增长率共 2 个子序列,包括德国的 GDP 增长率和意大利的 GDP 增长率,原始数据为 2010 年第 1 季度至 2012 年第 4 季度的季度数据。失业率共计 2 个子序列,分别为德国与意大利的失业率数据,原始数据为 2012 年 3 月份至 2013 年 1 月份的月频数据。意大利与德国的通货膨胀率共计 2 个时间序列,原始数据为 2012 年 1 月份至 2013 年 3 月份的月频数据。

意大利的国债收益率和贷款利率来源于意大利银行统计数据库①。德国 2 年期、5 年期国债收益率数据来源于彭博财经②,10 年期和 30 年期德国国债收益率数据来源于德意志联邦银行统计库③。欧元汇率数据来源于欧洲中央银行④。德国的进出口贸易额和通货膨胀率数据来源于德国联邦统计局数据库⑤。意大利进出口贸易额和通货膨胀率数据来源于意大利统计局⑥。GDP 增长率和失业率数据来源于欧盟统计局⑦。金融市场指数数据来源于富时指数⑧。

---

① 详见 http://www.bancaditalia.it/statistiche。

② 详见 http://www.bloomberg.com/markets/rates-bonds/government-bonds/germany/。

③ 详见 http://www.bundesbank.de/Navigation/DE/Statistiken/statistiken.html。

④ 详见 http://sdw.ecb.europa.eu/browse.do? node=1478。

⑤ 详见 https://www.destatis.de/DE/Startseite.html。

⑥ 详见 http://www.istat.it/en/。

⑦ 详见 http://epp.eurostat.ec.europa.eu/portal/page/portal/statistics/search_database。

⑧ 详见 http://markets.ft.com/research/Markets/Equity-Indices。

（一）国债收益率的变化

图 4-8 的四幅子图是 2012 年 1 月至 2013 年 3 月的意大利国债收益率的变动图。图形显示,意大利的国债收益率在完全货币交易政策公布以后同步出现了明显的下滑,遏制住了国债收益率此前一直飙升的趋势。可以看出完全货币交易政策的公布对重债国产生了强烈的告示效应,大幅提升了市场信心,稳定了经济预期,降低了企业的融资成本,从而有助于企业投资的转化,促进经济复苏。

图 4-9 是完全货币交易政策公布前后的德国国债收益率的变动图,数据显示德国的国债收益率大致平稳,说明完全货币交易政策对购债国的国债收益率没有太大影响。这是因为前文证明的完全货币交易政策是欧洲中央银行对重债国的国债进行买卖,而不是针对购债国的国债进行直接操作,因此在降低市场利率引导投资方面,完全货币交易政策更加利好重债国。

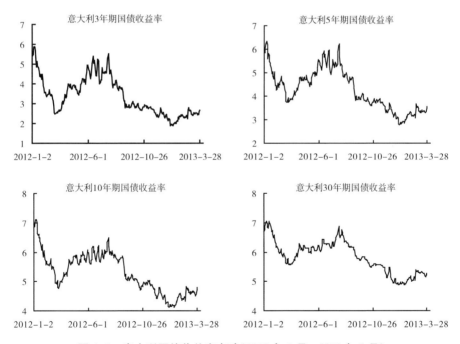

图 4-8　意大利国债收益率变动（2012 年 1 月—2013 年 3 月）

（二）重债国的利率变化

图 4-10 是意大利的利率变化图。数据显示,不论是非金融企业贷款利率还是家庭住房贷款利率,都在完全货币交易政策公布时点附近出现了明显的下

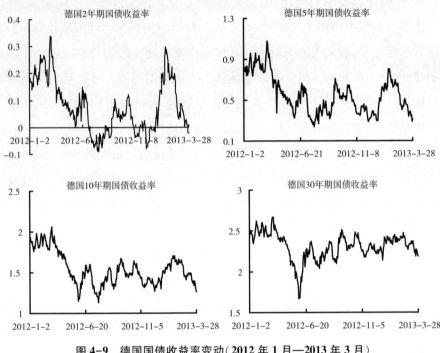

图4-9　德国国债收益率变动（2012年1月—2013年3月）

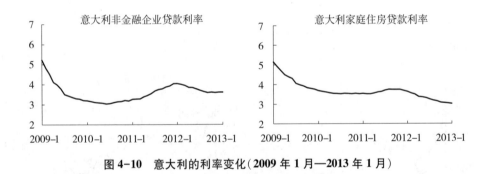

图4-10　意大利的利率变化（2009年1月—2013年1月）

降。说明完全货币交易政策在导致重债国的国债收益率下降的同时，通过基准利率的引导作用引导了市场利率下降，降低了融资成本，促进了企业和家庭中长期投资。

（三）欧元汇率的变化

图4-11是欧元对主要贸易国家的汇率变动，数据显示在完全货币交易政策公布时点附近，欧元兑世界其他主要货币的汇率产生了波动，欧元普遍出现了

升值,这说明完全货币交易政策在促进欧元增值,提振市场信心,防止资本外流等方面有一定的作用,同时鉴于欧元在世界贸易结算中扮演着重要角色,所以完全货币交易政策的公示效果还会通过贸易和投资传导到世界货币与经济的其他方面。

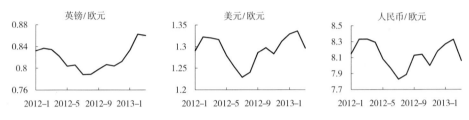

图4-11 欧元汇率波动(2012年1月—2013年3月)

(四)进出口贸易量的变化

图4-12是2012年1月至2013年1月德国与意大利的进出口贸易比较。数据显示,在完全货币交易政策公布的时点附近,意大利与德国的进出口贸易都出现了一定的正向波动,但是意大利的变动比德国大。例如,意大利的出口从低谷时的25979百万欧元增加至35997百万欧元,增加了38.56%;进口从26462百万欧元增加至33577百万欧元,增加了26.89%。德国的出口从90153百万欧元增加至98425百万欧元,增加值为9.18%;进口从73863百万欧元增加至82714百万欧元,增加了11.98%。这说明完全货币交易政策尽管对意大利(重债国)和德国(购债国)都有一定的促进作用,但对意大利(重债国)的正影响更强更直接。

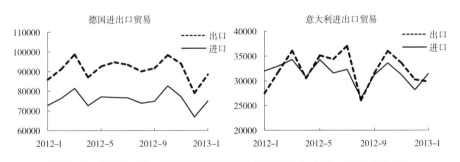

图4-12 德国与意大利的进出口贸易比较(2012年1月—2013年1月)

(五)金融市场的变化

与此同时,资本市场也对欧洲中央银行的完全货币交易政策充满期待并做出了积极的反应,图4-13是2012年1月至2013年4月的意大利与德国的股指变动图。

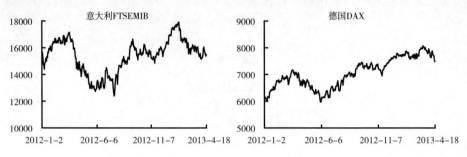

图4-13　意大利与德国的股指变动(2012年1月—2013年4月)

数据表明,在完全货币交易政策公布时点附近,意大利的FTSEMIB指数和德国的DAX指数都呈现出稳步上扬的态势,说明市场预期收益相对乐观,金融市场压力较小,利于投资与融资。

(六)宏观经济指标的变化

但是,完全货币交易政策也不是万能的,图4-14的宏观经济指标数据并没有明显的正向波动。

图4-14　德国与意大利的宏观经济指标(经济增长、通货膨胀、失业率)

数据显示,不论是德国还是意大利,宏观经济指标都没有出现明显的改善,因此完全货币交易政策的告示效应对宏观经济的影响并不大。这一方面说明完全货币交易政策不是万能的,另一方面也说明有太多影响宏观经济的因素,完全货币交易政策尚需与其他政策配套使用才能发挥更大的效果。

本节对欧洲中央银行提出的完全货币交易政策的传导机理进行了研究,并使用完全货币交易政策公布时点前后的重债国、购债国以及欧元区的宏观经济数据指标进行了实证检验。研究结论表明,应该对完全货币交易政策的效果进行综合评价。一方面,在理论上该政策会对各参与主体产生有益的影响。例如命题 1 到命题 4 所证明的,完全货币交易政策可以增加重债国的流动性,提高债券价格,降低债券的收益率,降低企业的融资成本增大产出;可以在低风险的前提下,提高购债国的投资收益,增加资本利得;同时也可以让欧洲中央银行在不增加整体欧元区的流动性的基础上,实现对重债国的救助,为欧洲中央银行货币政策的相机抉择提供时间与周转的空间,规避了重债国经济崩溃对欧元区经济造成的系统性风险,降低了通胀预期,为投资者创造了稳定的投资环境。但是另外一方面,完全货币交易政策也具有局限性。如命题 5 和命题 6 所证明的,由于存在着债券购买量的极限值使得购债国的盈利最大,因此单一的购债国救助力量有限。随着欧债危机的进一步深化,当需要的救援规模越来越大时,将势必会逼迫欧洲中央银行推出规模越来越大的完全货币交易政策,可能会演变为多个购债国救援多个重债国的局面。此时,完全货币交易政策将存在着难以测算精确的救援规模,并在方向与利益的分配协调上难以统一协调的实施难题。

但是完全货币交易的货币政策有其存在的合理性,鉴于它对重债国、购债国以及欧洲中央银行都具有一定的有益性,能为处于经济困难中的国家争取到宝贵的缓冲时间,因此完全货币交易政策可作为欧元区救助的一项前期政策。同时,考虑它可能存在的局限性,完全货币交易政策还应当和其他的货币政策、财政政策、税收政策、产业政策联合使用,才能发挥最大效用。

在金融危机中,世界各国纷纷推出了具有结构调整功能的货币政策,除了本章研究的美联储实施的扭转操作和欧洲中央银行推出的完全货币交易政策之外,还有英格兰银行的融资换贷款协议、欧洲中央银行的定向长期再融资。近年来,中国人民银行推出的系列货币政策,例如低利率抵押补充贷款、定向降准、定时降准、中期借贷便利,以及常备借贷便利等,也大多带有结构调整的职能。结构性货币政策在促进经济结构调整的过程中发挥了一定的作用。

第五章　定向调控类货币政策

定向降准是中国人民银行近年来频繁使用的一种定向调控类货币政策,本章讨论分析了定向调控类货币政策的背景与实施进程,研究了定向降准货币政策的传导机理,检验了定向降准货币政策的传导效果。

第一节　定向调控类货币政策的背景与实施进程

本节对主要发达国家和中国的定向调控类货币政策的传导机制和政策效果进行了国际比较,并基于中国现实提出了让定向调控类货币政策发挥更好的定向调控作用的政策建议。

一、定向调控类货币政策的实施背景

2008 年金融危机爆发以来,世界各国经济普遍遭遇重创,纷纷出现负增长。在危机初发阶段,各国大多通过降低市场利率的常规货币政策手段来促进本国经济复苏、引导实体经济发展;但随着危机不断深化,利率一降再降,最终导致了超低利率环境的出现(Garcia,2013)。根据凯恩斯的流动性陷阱理论,当名义利率降至接近于零时,货币的需求弹性将趋于无穷大,中央银行无法通过进一步降低利率来刺激投资与消费,此时,以利率调整为核心的常规货币政策将失效。

以美国为例,次贷危机爆发之后,美国经济陷入严重衰退,金融机构出现大

面积破产,失业率急剧攀升。美联储根据经济形势的变化,采取了一系列政策措施。自 2007 年 7 月开始,美联储连续下调联邦基金利率,并于 2008 年 12 月将联邦基金利率降至 0~0.25%,然而美国经济在很长一段时间内却没有出现如期的好转,这说明在金融危机的背景下,利率调整的常规货币政策可能已经无法扭转经济的恶化。在超低利率环境下,当常规的货币政策遭遇滑铁卢时,世界各国纷纷推出了非常规的货币政策,价格型货币政策开始向数量型货币政策转化。例如,美国的大规模资产购买计划、欧盟的长期再融资、英国与日本的量化宽松、中国实施的四万亿经济刺激方案等。

美联储实行大规模的宽松货币政策,对本国经济产生了积极影响。主要体现在:美联储向市场注入大量流动性,缓解了短期信贷紧张的局面,并通过利率渠道、资产价格渠道、托宾 Q 渠道等促进了国内的消费和投资(Hamilton 和 Wu,2010;Doh,2010);而且,美联储实行宽松政策有利于提振投资者信心,稳定本国的金融体系(J.R.Hendrickson, D.Beckworth, 2013)。但很遗憾的是,这些刺激政策的效果均不能长久。这是因为根据短期菲利普斯曲线,在短期内失业率和通胀率存在负相关,量化宽松能够刺激经济增长,但是长期菲利浦斯曲线同时指出,一个国家的就业率取决于其长期的生产率水平,这说明若实体经济没有复苏,货币政策的促进作用将十分短暂。以美国为例,尽管每次实行量化宽松政策之后都出现了货币供给的急剧上升,但并没有体现出持续增长的通胀预期和就业率上升,通缩阴影挥之不去,在 2008 年至 2013 年的五年间,美国的消费者物价指数始终在 1% 左右徘徊,失业率稳定在 9% 以上,消费者信心指数持续处于低位,最低甚至达到了 96.7(中经网数据库)。

中国的情况也类似,尽管 2008 年的四万亿经济刺激方案与十大产业振兴计划以及 2009 年的超常规人民币放贷,在危机初期一定程度上推动了实体经济发展,然而目前看来,宽松政策的刺激效果不仅几乎消失殆尽,还产生了经济结构不合理、部分领域产能严重过剩、就业率下降、通货膨胀与消费者物价指数居高不下等一系列难题,这意味着中国经济已经进入三期叠加(增长速度进入换挡期、结构调整面临阵痛期、前期刺激政策消化期)的新常态时期。

危机中,世界各国纷纷实施的宽松货币政策使所在国银行的资金储备大规模增加,但是银行并没有充分利用增加的资金为实体经济提供足够多的贷款

(Labonte,2014),转而投向风险更低收益更高的领域,在中国更多体现在房地产投资和地方政府融资平台(朱妮等,2014)。资本的逐利性造成了虚拟经济泡沫严重、实体经济供血不足的非常严重的结构性失衡问题。在此背景下,世界各国的货币当局纷纷放弃不计成本不计规模的以天量流动性推动经济发展的宽松刺激政策,开始尝试推出更有针对性、成本更低的货币政策,以期精准发力来定向调控实体经济的发展。于是,定向调控类的货币政策应运而生。

目前,比较典型的定向调控类的货币政策包括:欧洲中央银行的定向长期再融资计划(TLTRO,该操作定向支持商业银行向家庭和非金融企业放贷)、美联储的扭转操作(OT,该操作定向调整长期融资利率引导投资向长期转化)、欧洲中央银行的完全货币交易政策(OMT,该操作定向支持欧元区重债国的经济复苏)、英格兰银行的融资换贷款计划(FLS,该操作定向支持实体企业与住房贷款),以及中国人民银行推出的低利率抵押补充贷款(PSL,该操作定向国开行发放,用于支持棚户区改造、保障房安居工程及三农和小微经济发展)、定向降准政策(该操作定向释放流动性以支持商业银行向农业企业与小微企业贷款)、指定期限与用途的借贷便利类货币政策工具(如中期借贷便利 MLF 等)。这些货币政策工具大多用以通过结构调整效应来引导资金流向,目前来看,虽然取得了一定的效果但似乎并未完全达到政策设计的初衷。

在传统的货币经济学理论中,一般认为货币政策强于调总量,而弱于调结构。因此,目前理论界与实务界对定向调控类货币政策的结构调整的功能存在着争议。经济学家们迫切希望了解的是:定向调控类的货币政策到底有没有用?如何才能让定向调控类的货币政策发挥更大的作用? 在此背景下,探究定向调控类货币政策的传导机理,分析定向调控类货币政策的传导效果,具有非常重要的现实意义。相关研究在理论上可以丰富与拓展"新常态"下货币理论的研究框架,在实践中可以提升货币政策的有效性、降低传导效果的失真,从而为定向调控类货币政策的实施提供理论支撑与行动指南。

二、发达国家的定向调控类货币政策

(一)不改变中央银行资产负债表规模的定向调控类货币政策

扭转操作(OT)是美联储推出的一种形式特别的公开市场操作,并不改变市场整体流动性,理论上不会影响通货膨胀与 CPI 指数的异动。在 2011 年 9 月和 2012 年 6 月分别推出的两轮 OT 中,美联储分别将持有的 4000 亿和 2670 亿美元的短期国债转换为了长期国债。

学者们一般认为扭转操作通过如下渠道来定向调控经济发展:第一种,利率期限结构调整渠道,扭转操作改变了国债资产的利率期限结构期限,使国债收益率曲线远端向下弯曲,从而降低长期国债收益率,定向引导投资向长期转化,若反向操作则可以提高长期国债收益率,定向引导投资向短期转化(D'Amico 等,2012)。第二种,信号渠道,中央银行通过扭转操作来购买长期国债传达未来降息的预期,短期利率预期下降,从而定向促使长期利率下降(MD Bauer 等,2014)。第三种,稀缺性资产的价格传导渠道,中央银行通过大规模的扭转操作来购买长期国债或者将短期国债转换为长期,使得市场上相关资产供不应求,提升价格从而降低长期国债的收益率(马理与杨嘉懿等,2013),在此基础上不少学者加入实际限制条件,分别证明了偏好习惯(Vayanos 等,2009)、市场分割(Carlstrom 等,2014)、资产转换障碍(Andrés 等,2004;Gagnon 等,2011)均可造成长期证券的稀缺性,尤其是当市场被高度分割、相关资产置换成本较高时,扭转操作对特定种类资产的大量购买能够定向地提高其价格(Walsh,2014)。第四种,久期渠道,扭转操作可以从市场中剥离一部分长期证券,降低市场上资产的总体久期,从而减少期限溢价,降低期望收益率(Gertler 和 Karadi,2013;Gagnon,2011)。实证检验也对扭转操作的定向效果给出了一定的支持,Eric T. Swanson(2011)使用高频事件分析法探究了扭转操作对国债利率的影响,发现其对长期国债利率有显著的拉低作用;Massimo Guidolin 等(2014)使用了简化的 VAR 模型检验扭转操作的效果,认为由于扭转操作保持了基础货币不变,在不提高通胀预期的条件下使无风险利率曲线更为扁平,从而能够降低企业债券收益率。

不过,也有学者对扭转操作的政策效果持怀疑态度。例如 Eggertsson 和 Woodford(2003)认为,投资者很容易通过套利行为,将一种类型资产的价格降低分散到其他所有资产,此时扭转操作将无法实现其定向调控目标;Krishnamurthy(2013)认为包括扭转操作在内的大规模公开市场操作只能有效地提高国债价格,但对其他非公有债价格的溢出效应有限;Ehlers(2012)、马理与段中元等

（2014）则认为 OT 对收益率曲线带来的长期和绝对的影响非常微弱,它们仅仅能够用来抵消主权债务增发对政府债的价格带来的不利影响。

完全货币交易政策（OMT）是欧洲中央银行推出的一类定向调控类货币政策。在欧洲中央银行做出无限量购买重债国国债、保证购债国最低收益的承诺下,由购债国提供流动性支持重债国的经济发展。在宏观层面上可以不增加欧元区的整体流动性,缓解投资者对欧元区重债国违约的担心。

不少学者对完全货币交易政策持肯定态度,例如 Michael McMahon（2012）等从中央银行资产组合的变动和国债违约风险两个方面分析了 OMT 对通胀的影响,认为其可以减缓通货膨胀;Cœuré（2013）认为欧洲中央银行通过 OMT 进入二级国债市场,降低了欧元区结构变动的风险,消除了货币融资的障碍;Jens Nordvig（2012）通过统计分析发现 OMT 降低了希腊债务违约风险和退出欧元区的可能性;Altavilla 等（2014）也从实证的角度证明,OMT 政策的实施有效地改善了西班牙和意大利的信贷市场,有助于宏观经济增长,并且对法国和德国产生了有限的溢出作用;Matteo F 等（2015）运用事件研究法证明了完全货币交易的公告显著减小了意大利和西班牙与德国国债利率的差距,他们认为完全货币交易政策向市场传递了救市的信号,稳定了重债国的国债价格;马理与廖冰清等（2013）认为欧洲中央银行通过完全货币交易政策提供了无风险收益资产,体现了维护欧元区稳定的决心;Gagnon 等（2011）和 Joyce 等（2011）认为完全货币交易政策使欧元区的无风险储备增加,促使特定种类的债券资产价格上升,利率下降,为经济复苏创造了有利条件。

不过,也有学者持相反意见。例如 Willem Buiter（2013）认为完全货币交易政策可能会引发道德风险,过分的积极情绪会使欧元区的官员缺乏动力继续推进经济复苏改革;Weidmann（2013）则坚称 OMT 将经济改革寄希望于各国政府,这会导致欧洲中央银行丧失其原本应具有的独立性;Hristov N 等（2014）的实证研究表明,实际上欧元区银行利率对国债收益率的反应微弱,OMT 对于刺激实体经济的效用低于预期。

（二）向某些特定领域释放流动性的定向调控类货币政策

英格兰银行联合财政部于 2012 年 7 月 13 日推出了融资换贷款计划（Funding for Lending Scheme,简写为 FLS）以定向支持家庭和企业贷款,约定在

18 个月内,银行和建筑资金融资合作社可以在支付一定的借入费用后用抵押贷款、小额商贷、家庭或企业贷款等流动性较低的资产作为抵押品向中央银行借入高流动性的国债,这部分国债允许其在金融市场上按预期利率出售或抵押来融资(Christopher 等,2012)。在额度方面,除了所有银行均可以获得向实体经济贷款的 5%融资额度以外,投向居民家庭和私人非金融企业领域的净贷款每增加一定量,就可以获得同等额度的再贷款额度,若银行有足够的抵押品,可以通过定向贷款增额以对等的比例带动信用供给的增长,从而定向促进实体经济的发展。2013 年 4 月,英格兰银行进一步将 FLS 扩展至中小企业贷款领域,向 FLS 参与机构提供相当于该机构新增的投向中小企业的贷款额 10 倍的融资(Darvas,2013)。除了在数量方面的强刺激,FLS 同样带来了较大的价格优惠,有实体经济净贷款增加的银行可以以 0.25%的利率获得再贷款,若信贷收缩幅度在 5%以内,融资费率随着信贷规模的减少而线性递增,而指定的净贷款减少超过 5%,融资价格将上升至最大值 1.5%(李兴发,2014)。

　　FLS 的传导机理是,通过降低银行融资成本并定向引导资金流入家庭和非金融企业,形成宽松的信贷环境,促使贷款价格下降,贷款的可得性增加,降低居民的储蓄意愿,增加消费投资,推动经济发展(Christopher 等,2012)。大部分学者都赞同 FLS 能够降低银行融资成本,对英国的房地产市场有一定拉动作用,例如 Churm(2012)发现英国银行的融资成本在 FLS 推出后显著下降;Andrew H(2014)认为 FLS 极大地降低了在 2011 年 12 月欧元危机后飙升的融资成本;Darvas(2013)也认为 FLS 能降低银行融资成本和零售利率,并且通过分析数据发现,参与 FLS 的 40 家银行中有 27 家增加了净贷款规模,新增贷款主要流向为房屋抵押贷款,英国的房地产市场也有很显著的好转;伍圆恒(2015)认为 FLS 促使建筑资金融资合作社进行了贷款扩张,住房按揭贷款利率明显下降且国内住房抵押贷款需求显著增加,数据显示在上述期间,建筑资金融资合作社申请了147 亿英镑的 FLS,累计投放新增贷款达 207 亿英镑。

　　不过,也有不少学者指出了 FLS 的不足,例如 Darvas(2013)认为 FLS 鼓励银行向中小企业贷款,这可能会扭曲资本配置,银行为了获得高额的融资可能会向经营状况不太好的公司贷款,从而导致风险增加,公众对中小企业贷款证券化的支持公众持有的投资银行向中小企业的直接投资也蕴含着风险;Spencer D

（2013）提出由于 FLS 在短期内降低了无风险资产收益率，根据"冒险渠道"（Borio 和 Zhu，2012；Tucker，2012），投资者可能会更多地持有风险资产投资组合，这在长期内可能会阻碍经济的再平衡。另外，由于 FLS 融资成本远低于信用债券的利率，由此产生的套利空间使英国的银行利用 FLS 资金替换到期信用债券，因此对中小企业融资产生了"挤出效应"（Brown R 等，2014；Keith Cornish 等，2014）；而 Lea（2014）则指出 FLS 导致了商业银行的贷款结构发生了巨大的变化。

欧洲中央银行于 2014 年 6 月在传统的长期再融资政策基础上推出了定向长期再融资操作（Targeted Longer-term Refinancing Operation，简写为TLTRO），以定向支持消费信贷与实体经济，约定满足贷款基准要求的银行可用规定的抵押品从欧洲中央银行得到期限最长为 4 年的超低利息再贷款，前提是约定这些贷款要向以企业为主的私人部门放贷，不能用来购买政府债券和用作住房抵押贷款，欧洲的银行可以获得 3 倍于其投向非金融部门的净贷款额（不包括住房抵押贷款）的低成本融资（Barry Eichengreen，2015）。作为信贷类的定向调控类货币政策工具，TLTRO 主要经由信贷渠道传导，通过降低银行融资成本来鼓励银行扩大贷款规模，同时使用抵押品折价率和条件来定向引导资金进入家庭和非金融中小企业，从而促进消费和实体经济投资（邓雄，2015）。同时，其释放的流动性增加了银行获取廉价资金的来源，因此减少了银行对存款的需求，从而促使存款利率下降，引导家庭与居民增加消费（卢岚等，2015）。

不少学者对 TLTRO 持肯定态度。例如 Eimear Curtin 等（2014）认为欧洲中央银行推行 TLTRO 能拓展货币政策传导渠道，支持实体经济信贷；Mario Draghi（2014）认为 TLTRO 能够配合其他政策以共同实现合理的通胀目标；Whelan（2014）认为 TLTRO 对追求净稳定融资比率的银行的融资有很大帮助；Peter Praet（2014）认为 TLTRO 有溢出效应，可以让未参与的银行和资产类型也获得同样收益；Javier Villar Burke（2015）认为 TLTRO 降低了银行的融资成本，减缓了银行体系向实体经济贷款额的下降；Altomonte 等（2014）则提出了两种实现TLTRO 的方式：第一种是迅速而小规模地实施，即中央银行直接购买现有的ABS 产品，这样对欧元区信贷市场的直接影响十分有限，但通过 TLTRO 的间接作用效果会被放大;第二种是大量而缓慢地实施,即优化和集成整个欧元区的 ABS 市场,加强 ABS 的发行、分类和监管,然后通过 TLTRO 管理 ABS 资产成为一个有力的新型非常规货币政策工具,不过监管体系的建立和市场的优化需要时间。

也有些学者对 TLTRO 提出了质疑。首先,银行普遍资产质量较差和资产数量不足限制了 TLTRO 的实施(Boštjan Jazbec,2014);其次,在杠杆率普遍过高,宏观经济状况不景气的背景之下,企业可能更希望去杠杆,同时,强调宏观审慎规则的金融监管也将阻碍银行系统大量增加贷款规模(Satyajit Das,2015);最后,TLTRO 不是无期限限制贷款,对于资金的最终流向的约束能力有限(Pezzuto I,2014)。而且,TLTRO 还存在着潜在成本,根据 Cecchetti(2009)的"污名效应",如果银行通过 TLTRO 从中央银行借入大量资金,也许会被看作经营状况较差(Jean-Paul Renne,2014),虽然银行可以尝试以 ABS 的形式卖出,但一旦卖出,银行就必须接受主要资产减值,因此银行仍会更愿意持有这些不良资产(Pezzuto I,2014)。

此外,美联储也对借贷便利类货币政策工具进行了拓展与创新,这些政策包括针对存款机构的定期贴现措施、TAF 等;针对交易商的 PDCF、TSLF 等;针对货币市场的 AMLF、MMIFF 等;针对企业和法人的 CPFF 和 TABSLF 等(刘胜会,2009)。传统的中央银行最后贷款人职能主要通过再贴现操作来实现,而新型的货币政策工具拓展了传统再贴现操作的借款期限和抵押品的范围,以此为银行间市场和其他资本市场直接提供借贷便利,这也体现了中央银行进行定向调控的思想与意图。

三、中国的定向调控类货币政策

与"三期叠加"的经济新常态相适应,近年来,中国的很多货币政策越来越多地体现出定向调控的特征,承担起了部分的结构调整职能。其中,定向降准是一种典型的定向调控类货币政策。截至目前,我国一共实施了十二轮,具体如表 5-1。货币当局希望鼓励金融机构将资金更多地投向"三农"和小微企业等国民经济重点领域和薄弱环节,促进信贷结构优化,使货币政策能更高效地传导至实体经济。

表 5-1　定向降准的进程

	时　间	操　作　对　象	降准幅度
1	2014 年 4 月	县域农村商业银行	2.0
		农村合作银行	0.5
2	2014 年 6 月	符合审慎经营要求且三农或小微企业贷款达到一定要求的商业银行	0.5
		财务公司、金融租赁公司和汽车金融公司	0.5
3	2015 年 2 月	金融机构	1.0
		小微企业贷款占比达到定向降准的城市商业银行、非县域农村商业银行	1.0
		中国农村发展银行	4.5
4	2015 年 4 月	农信社、村镇银行等农村金融机构	2.0
		农村合作银行	统一降至 11.5
		中国农业发展银行	3.0
		符合审慎经营要求且三农或小微企业贷款达到要求的国有银行和股份制商业银行	1.5
5	2015 年 6 月	三农或小微企业贷款达到要求的城市商业银行、非县域农村商业银行、国有大型商业银行、股份制商业银行、外资银行	0.5
		财务公司	3.0
6	2015 年 9 月	县域农村商业银行、农村合作银行、农村信用社和村镇银行等农村金融机构	1.0
		金融租赁公司和汽车金融公司	3.5
7	2015 年 10 月	符合标准的三农和小微企业的商业银行	1.0
8	2016 年 3 月	金融机构	0.5
9	2018 年 4 月	大型商业银行、股份制商业银行、城市商业银行	1.0
10	2018 年 7 月	国有大型商业银行、股份制商业银行、邮政储蓄银行、城市商业银行、非县域农村商业银行、外资银行	0.5
11	2018 年 10 月	大型商业银行、股份制商业银行、城市商业银行、非县域农村商业银行、外资银行	1.0
12	2020 年 4 月	农村信用社、农村商业银行、农村合作银行、村镇银行和仅在省级行政区域内经营的城市商业银行	1.0

　　不少学者对定向降准持肯定态度。例如,刘伟等(2014)认为目前采取定向宽松的"微刺激"非常合适,大规模的宽松政策可能使资金大量流入资产市场,

加剧资产泡沫尤其是房地产价格泡沫,而定向政策有助于调节经济结构,同时避免资产价格泡沫。李智(2014)认为虽然定向降准等"微刺激"政策单个力度有限,但联合推行则会形成合力,要继续充分发挥其稳增长调结构的政策效应,同时也应丰富调控手段,避免形成"刺激依赖症"。陈利锋(2015)构建了NKMP-DSGE模型,使用正向成本冲击的贝叶斯脉冲响应函数表明,定向降准可以降低中小企业融资难度和融资成本并提高政府公共服务效率,有利于降低企业进入成本从而推动经济增长。实证数据也提供了一定的支持,例如,孙学工等(2014)通过分析发现在实施定向降准后,2014年第二季度末投资下行速度明显收窄,市场流动性状况好转,中小企业融资难问题有所缓解;李文森(2014)基于江苏省的数据发现央行实施的定向降准、支农再贷款和支小再贷款对该省中小企业融资问题有积极作用;李娟(2015)则研究了近年来的房地产数据,认为定向降准同样适合于定向的对房地产行业进行调控。

不过,也有些学者对定向降准的传导作用提出了疑问。陈彦斌等(2014)认为政府调结构只能暂时减缓结构失衡而不能从根源上解决问题,结构调整还是应该借助市场的力量,让要素价格恢复到均衡价格,让价格来决定成本,让成本来决定真实投资需求。陈萍(2014)认为定向降准能够扩大银行的资金存量,但无法改变银行的贷款偏好,释放的资金未必流向小微企业。汪仁洁(2014)认为虽然现阶段定向类政策的有效性、精准性还存在一定缺陷,但其定向精准微调优势是显著的,若能与其他政策、措施结合使用,积极进行金融创新,定能起到精准发力的效果。

抵押补充贷款(Pledged Supplementary Loan,简写为PSL)也是一种定向调控类的货币政策,我国的PSL操作主要是货币当局以信贷资产为抵押,向特定商业银行发放,定向用于支持棚户区改造、保障房安居工程及三农和小微经济发展。近年来,中国人民银行利用PSL进行定向调控的力度一直比较大,2014年中国人民银行根据棚改贷款进度向国家开发银行提供PSL资金3831亿元,2015年前5个月提供PSL资金2628亿元,2015年6月提供PSL资金1576亿元,PSL利率也于2014年9月、11月,2015年3月、5月四次下调,从4.50%下调至3.10%。PSL的作用体现在三个方面:第一,PSL将商业银行贷款纳入基础货币投放的合格抵押品框架,以此引导中期政策利率,从而实现人民银行对中长期利率水平的引导,与回购利率引导的短期利率共同构建我国利率走廊机制,推进利率市场化进程(钟正生,2014;许荣等,2015);第二,近年来,我国的外汇占款增速下降,人民银行需要重新构建基础货币投放渠道,由于 PSL 的实施对象是市场上主要的资金拆出方,因此 PSL 操作对市场资金利率形成有重要影响(姜汝楠等,2014);第三,PSL 可以引导低成本资金流向需要提供支持的实体经济部门,以降低特定实体经济部门的融资成本,而纳入该抵押品框架的资产吸引力上升,可以降低相应资产的收益率,因此 PSL 所设置的折价率能用作政策定向支持(魏凤春,2014)。而 PSL 这一"滴灌"工具,定向发力,对于亟须降杠杆调结构的企业环境,取得了较好的效果(江风扬,2014)。

近年来,中国人民银行实施的一些货币政策或多或少的带有定向调控的效果。例如,2013 年 1 月开始中国人民银行创设的常备借贷便利(Standing Lending Facility,简写为 SLF),主要面向政策性银行和全国性商业银行,为以上金融机构提供期限较长的大额流动性需求,缓解流动性紧张,维护金融稳定(马理与刘艺,2013);2013 年 10 月起中国人民银行启用公开市场短期流动性调节工具(Short-term Liquidity Operations,简写为 SLO)作为公开市场常规操作的必要补充,在银行体系流动性出现临时性波动时相机使用,SLO、SLF 与公开市场常规操作相结合,保持流动性总量稳定,完善了人民银行对中小金融机构提供流动性的渠道,同时引导信贷资源更多地流向三农和小微企业等实体经济的重点领域和薄弱环节(安宇宏,2014);2014 年 9 月中国人民银行推出面向国有商业银行、股份制商业银行、较大规模的城市商业银行和农村商业银行等的中期借贷便利(Medium-term Lending Facility,简写为 MLF),央行通过招标,采取质押方式发放中期基础货币,通过调节向金融机构中期融资的成本来对金融机构的资产负债表和市场预期产生影响,引导其向符合国家政策导向的实体经济部门提供低成本资金,促进降低社会融资成本。定向调控类货币政策突出的是结构调整的职能,不过理论上来说,货币政策的强项其实并不在调结构(项卫星和李宏瑾,2012),因此,央行发布的 2014 年二季度的货币政策执行报告指出,定向降准主要应发挥信号和结构引导作用,从中长期看,要依靠体制与机制改革,发挥好市场在资源配置中的决定性作用。

四、如何让定向调控类货币政策更定向

（一）定向调控类货币政策存在的问题

相比于单一的总量调整政策，定向调控类货币政策有一定的优势，无论是在发达国家还是发展中国家，近年来推出的定向类货币政策都是意在突破总量措施的局限性，以寻求更直接精准的促进效果。目前看来，虽然有一定效果，但似乎尚未完全达到货币当局设定的政策初衷。

第一，定向调控容易陷入传统总量政策的老路。英格兰银行的 FLS、欧洲中央银行的 TLTRO 以及中国人民银行的定向降准等货币政策，它们的共同特点是以银行贷款为纽带，支持实体经济特定领域的发展。但若是对后续资金缺乏进一步的控制机制，没有约束资金流向，将使得增量资金难以发挥作用。而且由于小微企业或"三农"企业存在较高信贷风险，银行的相对收益较低，因此银行未必愿意跟着政策采取行动，甚至可能把其他信贷包装成三农、小微，最终稀释政策效力（陶冬，2014）。

第二，定向调控在金融中介领域的传导效果比较好，但欠缺影响实体经济的长期能力。危机中，西方发达国家进入了零利率的货币政策环境，在流动性陷阱的经济背景下，货币需求缺乏交易与投机动机，因此定向调控提供的有限流动性难以传导至实体经济，储蓄至投资的链条断裂，定向调控对实体经济的影响有限（Clarida，2012）。

第三，理论上说，货币政策的强项并不是调结构，因此定向调控类货币政策若要更加有效，还需要其他宏观政策，如财政政策的配合。但是，很多西方发达国家目前在运用财政政策时，碰到了越来越大的难题。有些国家如美国早已触及财政赤字上限，国会对进一步提升赤字空间存在障碍（李翀，2011）；有些国家如日本的宏观税赋水平居高不下，政府因此面临着巨大的社会压力（金仁淑，2015），货币当局因此在流动性的"放"与"松"之间徘徊。但是缺乏了财税政策甚至是产业政策的保驾护航，定向调控类的货币政策效果将差强人意。同时，由于管理体制的限制，政策的"组合拳"也很难靠央行单方面实现（金言，2014）。

（二）基于中国现实的政策建议

我国当前的社会资金整体流动性比较充足，但结构出现了严重失衡，实体经

济急需资金支持,因此如何让资金流向最急需的领域,是一个非常紧迫的研究课题。若能将定向调控类货币政策的定向功能充分发挥,则会对促进特定行业、特定领域的发展与结构调整起到更大的推动作用。下面结合定向降准提出相关政策建议:

第一,央行应针对中小型商业银行释放流动性。定向降准的政策目标是定向支持"三农"与小微企业发展,在处理"三农"与小微企业特有的"软信息"和相应的风控能力方面,中小型商业银行具备更强的技术优势。它们拥有独立的对"软信息"处理和风控的运行系统,能有效地将其转化成可识别的风险等级,并能以比大银行低得多的管理成本实施风险控制。针对性地向中小型商业银行释放流动性,可以提高货币政策的结构调整效率,促进金融业的理性分工和业务边界的明晰化,降低银行业同质化的低水平竞争。

第二,放宽对农贷与小微贷款的抵押担保的要求条件。近年来,随着相关法律法规的不断完善,农村土地流转改革的逐渐深入,以及对知识产权、发明专利和高新技术的估值能力的迅速提高,软性抵押、质押品的有效性和合格性已具备操作的制度基础。互联网带来的大数据和云计算处理技术,也给金融机构分析借款人的资信状况提供了新路径。央行可以积极引导商业银行重新审视、调整和放宽授信标准,增加商业银行对农业与小微企业贷款供给的内在动力,以使定向调控类货币政策能够落到实处。

第三,实施更为积极的财税政策。商业银行的经营目标是追求收益最大化,因此当纯粹的商业模式无法支持农业企业与小微企业发展时,政策制定部门应当实施更为积极的财政政策,只有货币政策的调总量与财政政策的调结构完美结合起来,宏观政策的定向调控功能才能充分发挥。加大对农业贷款与小微贷款的贴息力度,对"三农"和小微企业给予税收上更大的优惠,可以提高银行收益率,改善相关企业在债务承担下的生存能力。

第四,实行差异化的商业银行监管措施。银监部门应该对三农和小微企业贷款实行差异化资本约束监管标准,甚至可以采取单独对应的简单资本金管理,这样可以大幅降低农贷或小微贷的经济资本占用,对央行的定向调控类货币政策的效应起到以"倍数"来计算的杠杆放大作用,引导央行释放的流动性更多地对农业与小微企业贷款进行定向配置。

第二节　定向降准的传导机理

本节以农业贷款作为定向降准政策的代表性调控目标,构建包含农业贷款收益与非农贷款收益的商业银行效用函数,在具有信贷配给特征的信贷市场均衡分析框架下,研究定向降准货币政策的传导机理,并使用现实数据进行仿真模拟。

一、央行释放流动性时商业银行的行为选择

在金融危机中,西方发达国家纷纷通过降低市场利率的货币政策手段来促进本国经济复苏、引导实体经济发展,这导致了超低利率环境的出现。超低利率环境改变了常规货币政策的传导渠道,导致常规货币政策的传导效果失真,并催生了量化宽松等一大批非常规货币政策的诞生。但是随着经济环境的不断变化,各国货币当局与经济学家们开始发现,在危机初期实施的不计成本不计规模的宽松货币政策,使当前的效果正在日益弱化而且副作用越来越大。在此背景之下,市场呼吁货币当局推出更低成本、更精准、副作用更小的货币政策,于是定向调控类的货币政策应运而生。

定向降准是在后金融危机时期,中国的货币当局推出的一种有中国特色的尝试进行精准调控流动性的货币政策操作的创新手段,但是目前看来,定向降准仍然存在着一系列的问题有待进一步探讨:定向降准货币政策的传导机理是什么样子? 商业银行是否会按照货币当局的设计初衷进行行为调整? 为了充分实现定向降准的效果,是否还需要其他政策辅助与配合? 如何敦促定向降准释放的流动性进入实体经济而不进入虚拟经济,以免造成过度的虚拟经济繁荣? 定向降准是否存在着风险,如何防范? 以上系列问题有待进一步深入研究,因此探讨定向降准货币政策的传导机理和实施效果具有非常重要的理论和现实意义。相关研究在理论上可以丰富与拓展"新常态"下的货币理论的研究框架,在实践中可以提升货币政策的有效性、降低传导效果的失真,从而为定向降准货币政策的实施提供理论支撑与行动指南。

本部分将以农业贷款作为定向降准政策的代表性调控目标,构建一个包含农业贷款收益与非农贷款收益的商业银行的效用函数,研究当货币当局释放流动性时,商业银行投向农业贷款与投向非农贷款的不同收益,从而在理性人假设的前提下,探讨商业银行的行为选择。

(一)商业银行的效用函数

与商品市场的瓦尔拉斯均衡不同,贷款市场具有独特的均衡特征。Stiglitz和 Weiss(1981)指出,由于信息不对称所导致的逆向选择与道德风险,贷款市场均衡将体现出信贷配给的特点;马理等(2013)在此基础上,推导了商业银行的效用函数。本部分进一步拓展如下:

假设商业银行的贷款利率 $r \sim N(r^*, \sigma^2)$。r^* 是贷款利率的均值,商业银行在 r^* 的附近确定对不同行业企业的具体贷款利率,进而形成可贷区间。可贷区间指的是商业银行在特定的约束条件下愿意承担的最低贷款利率 $\underline{r}$ 与最高贷款利率 $\bar{r}$ 之间的距离 $[\underline{r}, \bar{r}]$。对商业银行而言,可贷区间上的每个利率都对应着相应数额的贷款量,可贷区间上的利率与对应贷款量乘积的函数积分即为商业银行的贷款收益。设商业银行的贷款资产分为两大类:农业贷款(用下标 1 表示)与非农贷款(用下标 2 表示)。

同时给出如下系列假设:

α:存款准备金比率;R:央行要求的存款准备金;L:商业银行能够提供的贷款总量;

B:商业银行的投资类资产;r^b:投资类资产给商业银行带来的持有期收益率;

D:商业银行吸收的存款;r^d:商业银行支付的存款利率;

K:商业银行的资本金;r^K:商业银行为筹集资本所付出的资金成本;

r^*:商业银行愿意为贷款提供的最佳贷款利率;

$\underline{r_1}$:商业银行能够为农业贷款提供的最低贷款利率,$\bar{r_1}$:商业银行能够为农业贷款提供的最高贷款利率,因此商业银行对农业贷款的可贷区间为 $[\underline{r_1}, \bar{r_1}]$。商业银行为非农业企业提供的最低贷款利率为 $\underline{r_2}$,对非农业企业提供的最高贷款利率为 $\bar{r_2}$,所以商业银行对非农贷款的可贷区间为 $[\underline{r_2}, \bar{r_2}]$。一般情况下有

$\overline{r_1} < \overline{r_2}$,原因是非农企业能提供更多的为商业银行所认可的抵押品或合规的担保人,因此商业银行愿意在对非农贷款时承担更高的利率上限;同时,由于商业银行的强项是进行流程性贷款,对于不同的贷款对象与贷款规模,需要的成本基本上都是一致的,因此大多数情况下,有等式 $r_1 = r_2$ 成立。显然,有 $\left[\underline{r_1}, \overline{r_1}\right] \subseteq \left[\underline{r_2}, \overline{r_2}\right]$。基于以上假设,给出商业银行的效用函数和约束条件为:

$$\max \pi = \int_{\underline{r_1}}^{\overline{r_1}} r \frac{1}{\sqrt{2\pi}\sigma} e^{-\frac{(r-r^*)^2}{2\sigma^2}} dr + \int_{\underline{r_2}}^{\overline{r_2}} r \frac{1}{\sqrt{2\pi}\sigma} e^{-\frac{(r-r^*)^2}{2\sigma^2}} dr + Br^b - Dr^d - Kr^K$$

$$s.t. L^{Supply} < L^{Demand}$$

$$D + K = R + B + L$$

$$\int_{\underline{r_1}}^{\overline{r_1}} \frac{1}{\sqrt{2\pi}\sigma} e^{-\frac{(r-r_1^*)^2}{2\sigma^2}} dr + \int_{\underline{r_2}}^{\overline{r_2}} \frac{1}{\sqrt{2\pi}\sigma} e^{-\frac{(r-r_2^*)^2}{2\sigma^2}} dr = D(1-\alpha) \tag{1}$$

该式给出的效用函数意味着商业银行获取的主要利润来源于农业贷款和非农贷款利息收益和投资收益,商业银行的成本包括为存款支付的利息和资本金的使用成本。在约束条件中,第一项表示信贷配给,Stiglitz 与 Weiss(1981)指出,由于逆向选择与道德风险,贷款市场存在着信贷配给,在经过风险与收益权衡之后商业银行会选择最佳贷款利率,此时市场中的贷款供给会小于贷款需求。第二项是商业银行的资产负债表约束条件,等式左边表示商业银行的资金来源,而等式的右边表示商业银行的资金运用。第三项表示贷款规模限制,农业贷款总量与非农贷款总量之和与商业银行吸收的存款成比例,比例系数为 $1-\alpha$,即商业银行首先吸收存款 D,然后缴纳 α 比例的存款准备金,剩下的 $D(1-\alpha)$ 的资金投向农业贷款与非农贷款。央行通过调整存款准备金比例 α,来向市场提供或回收流动性。

在(1)式中,令商业银行农业贷款的收益为 π_1,商业银行非农贷款的收益为 π_2,则有:

$$\max \pi_1 = \int_{\underline{r_1}}^{\overline{r_1}} r \frac{1}{\sqrt{2\pi}\sigma} e^{-\frac{(r-r^*)^2}{2\sigma^2}} dr \tag{2}$$

$$\max \pi_2 = \int_{\underline{r_2}}^{\overline{r_2}} r \frac{1}{\sqrt{2\pi}\sigma} e^{-\frac{(r-r^*)^2}{2\sigma^2}} dr \tag{3}$$

(1)式的后三项不受商业银行贷款利率的影响,因此商业银行选择合适的贷款利率使收益最大化的问题,可以转化为分别求农业贷款的收益 π_1 和非农贷款的收益 π_2 的极值。

(二)央行释放充足的流动性时,商业银行的行为选择

商业银行的收益取决于贷款利率与贷款规模,所以我们首先考虑当可贷区间发生变化时,商业银行的收益变动情况。如前所述,由于商业银行的贷款成本固定,即 $r_1 = r_2$,因此将式(2)和式(3)分别对可贷区间的上限求导,可以得到:

$$\frac{\partial max\pi_1}{\partial \bar{r}_1} = \bar{r}_1 \frac{1}{\sqrt{2\pi}\sigma} e^{-\frac{(r_1-r^*)^2}{2\sigma^2}} > 0 \tag{4}$$

$$\frac{\partial max\pi_2}{\partial \bar{r}_2} = \bar{r}_2 \frac{1}{\sqrt{2\pi}\sigma} e^{-\frac{(r_2-r^*)^2}{2\sigma^2}} > 0 \tag{5}$$

结论显示,农业贷款和非农贷款收益都随贷款利率上限的提高而增加。由此,我们得到如下命题:

命题1:可贷区间的上限越高,商业银行的收益越大。

显然,若流动性充足,商业银行为了追求更高的收益,会同时扩张农业贷款与非农贷款的规模,直至达到可贷区间的最大值。我们可以得到如下命题:

命题2:若央行提供充足的流动性,商业银行会同时扩张农业贷款与非农贷款的规模至可贷区间的最大值;若流动性还有剩余,商业银行会加大非农贷款的投资。

(三)定向降准时,商业银行的行为选择

与央行普降存准率释放充足的流动性不同,定向降准释放的流动性有限。我们现在想知道的是:当定向降准释放有限的流动性时,若无限制条件,让银行自主选择的话,商业银行会将获得的有限流动性投放到农业贷款还是非农贷款?

进一步考察商业银行贷款收益的变化特征,我们将(4)式和式(5)对可贷区间的利率上限再次求导,注意到农业贷款和非农贷款收益的形式类似,我们用 i 表示贷款的种类,其中 $i = 1,2,3$ 分别表示农业贷款与非农贷款。可以得到:

$$\frac{\partial^2 max\pi_i}{\partial^2 \bar{r}} = \frac{1}{\sqrt{2\pi}\sigma} e^{-\frac{(\bar{r}-r^*)^2}{2\sigma^2}} + 2\bar{r}\frac{1}{\sqrt{2\pi}\sigma} e^{-\frac{(\bar{r}-r^*)^2}{2\sigma^2}} \left(-\frac{1}{2\sigma^2}\right)(\bar{r}-r^*)$$

$$\frac{1}{\sqrt{2\pi}\sigma} e^{-\frac{(\bar{r}-r^*)^2}{2\sigma^2}} \left[1 - \frac{\bar{r}(\bar{r}-r^*)}{\sigma^2}\right. \tag{6}$$

令式(6)等于零,可以求得贷款收益的拐点 $\tilde{r}$。经过计算得到:

$$\tilde{r} = \frac{r^* + \sqrt{r^{*2} + 4\sigma^2}}{2} \tag{7}$$

当 $\bar{r} < \tilde{r}$ 时,$\dfrac{\partial^2 \max\pi_i}{\partial^2 \bar{r}} > 0$,$\max\pi_i$ 是关于 $\bar{r}$ 的凹函数;而当 $\bar{r} > \tilde{r}$ 时,

$\dfrac{\partial^2 \max\pi_i}{\partial^2 \bar{r}} < 0$,$\max\pi_i$ 是关于 $\bar{r}$ 的凸函数,由此可以得到商业银行贷款收益与可贷

资金上限的函数图像,如图 5-1。

为简化讨论,在央行定向降准之前,假定流动性紧张,商业银行仅对非农企业进行了放款,而没有发放农业放款,且对非农企业放款的最高利率为 r,则商

业银行的收益为 $\int_{r_0}^{r} r \dfrac{1}{\sqrt{2\pi}\sigma} e^{-\frac{(r-r^*)^2}{2\sigma^2}} dr$。现在央行开始通过定向降准释放流动性,

因为定向降准释放的流动性有限,因此不能如命题 2 所指出的那样,同时扩张农业贷款与非农贷款的规模至可贷区间的最大值。此时,商业银行将面临选择:到底是将新增有限的流动性投放到农业贷款还是非农贷款? 若将流动性放至农业贷款,则商业银行的收益为新增的农业贷款收益和原有非农贷款收益之和,即

$\max\pi = \int_{r_0}^{r_1} r \dfrac{1}{\sqrt{2\pi}\sigma} e^{-\frac{(r-r^*)^2}{2\sigma^2}} dr + \int_{r_0}^{r} r \dfrac{1}{\sqrt{2\pi}\sigma} e^{-\frac{(r-r^*)^2}{2\sigma^2}} dr$;若将流动性放至非农贷款,则

商业银行的收益只包含非农贷款收益,为 $\max\pi = \int_{r_0}^{r_2} r \dfrac{1}{\sqrt{2\pi}\sigma} e^{-\frac{(r-r^*)^2}{2\sigma^2}} dr$。将积分

区间进一步细分,实际上就是比较新增的流动性投放至农业贷款或非农贷款给商业银行带来的不同收益。

第一种情况:当 $\int_{r_0}^{r_1} r \dfrac{1}{\sqrt{2\pi}\sigma} e^{-\frac{(r-r^*)^2}{2\sigma^2}} dr < \int_{r}^{r_2} r \dfrac{1}{\sqrt{2\pi}\sigma} e^{-\frac{(r-r^*)^2}{2\sigma^2}} dr$ 时,说明商业银行

将流动性投至农业贷款获得的收益会小于投至非农贷款的收益,此时商业银行会扩充非农贷款;

第二种情况:当 $\int_{r_0}^{r_1} r \dfrac{1}{\sqrt{2\pi}\sigma} e^{-\frac{(r-r^*)^2}{2\sigma^2}} dr = \int_{r}^{r_2} r \dfrac{1}{\sqrt{2\pi}\sigma} e^{-\frac{(r-r^*)^2}{2\sigma^2}} dr$ 时,说明商业银行

将流动性投至农业贷款获得的收益等于投至非农贷款的收益,此时商业银行对

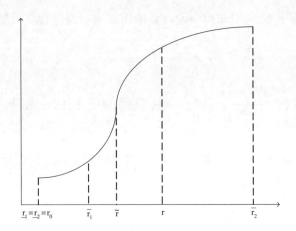

图 5-1　商业银行的贷款收益示意图

农业贷款或非农贷款无偏好;

　　第三种情况:当 $\int_{r_0}^{r_1} r \frac{1}{\sqrt{2\pi}\sigma} e^{-\frac{(r-r^*)^2}{2\sigma^2}} dr > \int_{r}^{r_2} r \frac{1}{\sqrt{2\pi}\sigma} e^{-\frac{(r-r^*)^2}{2\sigma^2}} dr$ 时,说明商业银行将流动性投至农业贷款获得的收益会大于投至非农贷款的收益,此时商业银行会扩充农业贷款。

　　基于以上分析,给出如下命题。

　　命题 3:当央行通过定向降准的形式提供有限的流动性时,商业银行的行为选择并不确定。若农业贷款可贷区间的上限较大,商业银行会加大对农业贷款的力度;若农业贷款可贷区间的上限较小,则商业银行会加大对非农业企业的贷款。

　　由此可见,农业贷款的可贷区间的利率上限是一个非常关键的指标,它决定了商业银行的收益与行为选择。

二、仿真模拟

　　本节主要研究当央行实施定向降准的货币政策释放流动性后商业银行的行为选择,但是我国的第一轮定向降准是 2014 年 4 月才开始实施,截至目前,定向降准对经济影响的数据偏少、样本空间过小,尚无法给出规范的实证检验,因此本部分使用仿真的技术方法来模拟定向降准的实施效果。从国外的理论研究与实践来看,近年来仿真模拟的技术手段得到了越来越多的重视。

主要有两个原因:首先,宏观政策例如货币政策具有强大的经济冲击效果,若是没有分析清楚货币政策的运行机理与可能产生的效果就匆忙实施,有可能会出现意想不到的副作用,从而导致实体经济的更大波动,因此政策的实施者希望提前了解政策的优势、不足与可能的影响。这就要求研究必须要先期介入,此时尽量逼近真实环境的仿真模拟具有不可替代的重要作用。其次,经济环境的迅速变化要求宏观政策必须及时应对与相机抉择,而经济区制的迅速转换导致变量的统一特征持续时间短、有效数据少、样本空间小,从而可能在技术上无法提供严密的统计检验。因此,结合实体经济的真实运行状况,进行细致的仿真模拟,是预测货币政策的实施效果,降低政策实施成本的重要环节。

(一)参数校准

如前假设,在 Stiglitz 和 Weiss(1981)给出的信贷配给特征基础上,假定商业银行的贷款利率 $r \sim N(r^*, \sigma^2)$ 。其中 r^* 是贷款利率的均值,我们使用中国人民银行 2014 年第三季度货币政策执行报告提供的最新的非金融企业及其他部门贷款加权平均利率 6.97% 来替代,即 $r^* = 6.97\%$ [①]。目前,商业银行可以利用信贷类理财产品、银行间同业买入返售业务、与非银行金融机构间的金融业务如信托、保险、租赁,甚至是改变企业财务顾问费用的多种灵活方式变相地上浮工商企业贷款利率。据笔者所在课题组针对 H 省金融机构的调研,发现该上限最高可达 20%,因此我们假设非农业企业贷款的可贷区间上限为 20%。基于 Ma L(2013)的方法,利用正态分布的 3σ 原则,可以得到 $r_i \sim N(6.97\%, 4.34\%^2)$ [②]。考虑到商业银行擅长的贷款均是流程式贷款,一般而言,不论对农业贷款或是非农贷款,单笔贷款的成本下限均是一致的,因此将商业银行效用函数中贷款的可贷利率下限统一为 r_0,假设为 $r_0 = 5\%$ [③]。

---

① 数据来源:中国人民银行 2014 年第三季度中国货币政策执行报告。

② 根据 3σ 原则,若变量服从正态分布,那么变量值以 99.74% 的概率落在均值附近 3σ 的区间内,因此可以近似估计可贷利率的标准差为 $\sigma = (20\% - 6.97\%)/3 = 4.34\%$。

③ 相当于在贷款基准利率的基础上下浮约 25% 至 30% 左右,当然特定的商业银行下浮的幅度并不一致,在实际操作时可取不同的数值,并不影响论文的相关结论。

(二)仿真模拟的系列结论

1. 商业银行的贷款规模变化

将前文假设与参数代入,得到商业银行在特定贷款利率下的贷款量的函数为(8)式

$$L_i = \frac{1}{\sqrt{2\pi} \times 4.34\%} e^{-\frac{(r_i-6.97\%)^2}{2\times 4.34\%^2}}, r_i \in [5\%, 20\%] \tag{8}$$

将 r_i 的取值从 5% 开始,截至 20%,设递增的步长为 0.01% 个单位,计算每个利率水平下商业银行的贷款规模 L_i,编辑程序计算得到 1500 个数值,然后在坐标图中描画 1500 个有序实数对 (r_i, L_i),得到商业银行贷款规模随利率变化的图像,如图 5-2。

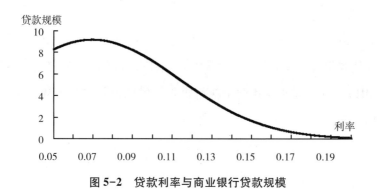

图 5-2 贷款利率与商业银行贷款规模

图 5-2 表明,商业银行的贷款规模在贷款利率为 6.97% 时达到极大值,当贷款利率大于 6.97% 时,由于信贷配给的原因,商业银行会不断削减贷款供给的绝对规模。

2. 在特定利率下的商业银行的贷款收益变化

结合前部分的假设,在可贷区间下商业银行的特定贷款利率与对应的贷款规模的乘积为(9)式:

$$\pi_i = r_i L_i = r_i \frac{1}{\sqrt{2\pi} \times 4.34\%} e^{-\frac{(r_i-6.97\%)^2}{2\times 4.34\%^2}}, r_i \in [5\%, 20\%] \tag{9}$$

取步长为 0.01% 个单位,计算商业银行在特定的贷款利率下的贷款收益 π_i,编辑程序计算得到 1500 个有序实数对,然后在坐标图中描画,得到图 5-3。

图 5-3 显示,随着贷款利率水平的逐步上升,特定利率对应的商业银行的

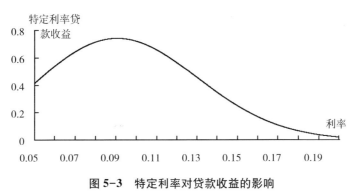

图 5-3 特定利率对贷款收益的影响

贷款收益体现出先增加后减少的特征。经测算,当利率水平约为 9.05% 时,对应的贷款收益达到最大值。这个数值与当前的银行实践以及课题组实际调研获得的数据基本吻合。

3. 商业银行的贷款总收益的变化

商业银行的贷款总收益为在可贷区间下,特定贷款利率与对应的贷款规模乘积的总和,即(10)式[①]:

$$\max\pi = \sum_{r_i=5\%}^{20\%} r_i L_i = \sum_{r_i=5\%}^{20\%} r_i \frac{1}{\sqrt{2\pi} \times 4.34\%} e^{-\frac{(r_i-6.97\%)^2}{2\times4.34\%^2}}, r_i \in [5\%, 20\%] \quad (10)$$

如前的计算方法,将 r_i 的取值从 5% 开始,截至 20%,设步长为 0.01% 个单位,编辑程序计算得到有序实数对,在坐标中描画出来得到商业银行贷款的总收益,如图 5-4。

图 5-4 就是前文给出的示意图 5-1 在参数校准下的精准图示。该图显示随着可贷利率区间上限的提高,商业银行贷款总体收益将随之提高,因此证明了命题 1。同时,当央行提供充足的流动性时,商业银行会将贷款利率放到可贷区间的上限,此时收益最大,由此证明了命题 2。

那么,当央行释放有限的流动性比如定向降准时,商业银行到底是会加大农业贷款还是非农贷款呢? 为此,我们需要找到商业银行行为选择的临界点 $\tilde{r}$,

---

① 根据定积分的特性有 $\int_a^b f(x)dx = \lim(\sum_a^b f(x_i))$,因此(10)式用离散型变量求和来替代(2)式与(3)式中的定积分。

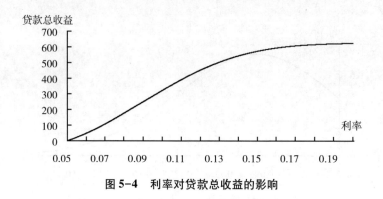

图 5-4 利率对贷款总收益的影响

应满足 $\int_{r_0}^{\widetilde{\widetilde{r}}} r \frac{1}{\sqrt{2\pi}\sigma} e^{-\frac{(r-r^*)^2}{2\sigma^2}} dr = \int_{\widetilde{r}}^{\widetilde{\widetilde{r}}} r \frac{1}{\sqrt{2\pi}\sigma} e^{-\frac{(r-r^*)^2}{2\sigma^2}} dr$。经过测算，$\widetilde{r}$ 约为 9.86%。为了简化讨论，假设在央行释放流动性之前，商业银行只对非农企业进行了贷款，而且最高的贷款利率放到了 $\widetilde{r}$ 即 9.86%[①]。现在央行开始通过定向降准的方式释放流动性，由于新增的流动性有限，所以商业银行必须选择将新增的流动性投放至农业贷款还是非农贷款。此时，商业银行的行为选择与农业贷款的可贷区间的上限密切相关。

图 5-5 显示了在不同可贷区间的上限值，农业贷款收益与非农贷款收益的变化图像。在利率临界值 $\widetilde{r}$ 处，两条曲线相交。图 5-5 的结论意味着：

当农业贷款的可贷区间的利率上限 $\overline{r_1} > \widetilde{r}$ 时，增加农业贷款能给商业银行带来更大收益，商业银行会将增加的流动性投入农业贷款；

当农业贷款的可贷区间的利率上限 $\overline{r_1} = \widetilde{r}$ 时，增加农业贷款与增加非农贷款给商业银行带来的收益相同，此时商业银行的选择是无偏的，即增加的流动性既可投入农业贷款也可投入非农贷款；

当农业贷款的可贷区间的利率上限 $\overline{r_1} < \widetilde{r}$ 时，增加农业贷款不能给商业银

---

① 为了简化讨论，本部分假设商业银行在释放流动性之前，对非农贷款的利率放到了 9.86%，但在实践中并不一定如此。若商业银行前期对非农贷款的利率放到了 R，那么可以先计算出将新增流动性都放至非农贷款时的利率上限 $\overline{R}$，再利用等式 $\int_{r_0}^{\widetilde{r}} r_i L_i dr = \int_{R}^{\overline{R}} r_i L_i dr$，同样可以计算出商业银行行为选择的临界点 $\widetilde{r}$。

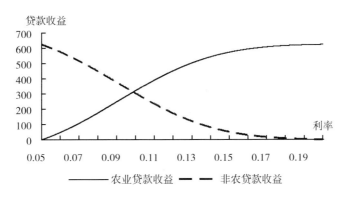

图5-5 可贷区间上限变化时农业贷款收益与非农贷款的收益

行带来更大收益,商业银行会将增加的流动性投入非农企业的贷款。

所以,央行通过定向降准等政策释放有限的流动性时,若无其他措施引导,商业银行的选择是不确定的,关键要看投向农业或非农企业的两种方式中,哪种方式能够给商业银行带来更大收益。这与前文提出的命题3的结论吻合。

4. 如何让定向降准的货币政策效果落到实处?

定向降准的政策初衷是试图通过精准的释放流动性,以支持商业银行加大向农业企业与小微企业的贷款,但是数理建模与仿真模拟都显示,央行的政策效果不一定能够落到实处,因此我们需要其他的政策措施来配合与引导商业银行的行为选择,以尽量实现定向降准的政策目标。

(1)放宽对农业贷款的抵押担保的要求条件

一般而言,商业银行对农业贷款的利率上限会远小于对非农企业贷款的利率上限,这是因为非农企业能够提供更多合规的抵押或担保所致。若能恰当地放宽对农业贷款的抵押担保的要求条件,则农业贷款可贷区间的上限 $\overline{r_1}$ 会提高,若能满足 $\overline{r_1} > \tilde{r}$,则农业贷款可以给商业银行带来更多收益。此时,商业银行才会有动力加大对农业的贷款供给。

(2)加大对支农贷款的优惠力度

对支农贷款的优惠体现在两个方面:一是可以考虑对商业银行的农业贷款予以补贴,二是可以考虑对农业企业给予税收等方面的优惠。加大对支农贷款的优惠力度相当于提高了商业银行对农业贷款的收益率,假设各种优惠政策使

得商业银行对农业贷款的收益变为原来的 β 倍（$\beta > 1$），则商业银行会再一次

选择利率临界值点 $\widetilde{r}'$，使得 $\beta \int_{r_0}^{\widetilde{r}'} r \frac{1}{\sqrt{2\pi}\,\sigma} e^{-\frac{(r-r^*)^2}{2\sigma^2}} dr = \int_{\widetilde{r}}^{\widetilde{r}'} r \frac{1}{\sqrt{2\pi}\,\sigma} e^{-\frac{(r-r^*)^2}{2\sigma^2}} dr$。显

然，此时有 $\widetilde{r}' < \widetilde{r}$，这意味着商业银行行为选择的利率临界点将降低，也就是商

业银行为农业贷款提供的可贷区间上限 $\overline{r_1}$ 大于临界值点 $\widetilde{r}'$ 的概率会增大。此

时，商业银行根据收益最大化原则会选择加大对农业企业的贷款。

（3）降低对农业贷款的资本约束的要求

对农业贷款以及非农企业的贷款实施差异化的资本约束，也是一种有效的方法。在对非农企业贷款继续强资本约束控制风险的同时，可以考虑对农业贷款或小企业贷款降低资本约束，减少农业贷款或小企业贷款的资本占用。若商业银行的非农企业贷款量扩张到一定程度，其资本充足率将触及法定资本充足率的要求限额，如果超过该限额商业银行将受到惩罚，因此银行的非农企业贷款面临着扩张上限，于是资本约束的门限效应有效地控制了商业银行的非农企业贷款水平。而降低农业贷款的资本约束的作用机理则相反，银行不必担心触及法定资本充足率的要求限额，因此恰当的制度设计可引导商业银行实现流动性向农业贷款的配置。

基于以上分析，给出如下命题：

命题4：单一的定向降准措施不一定会使商业银行加大对农业的贷款，必须给出相关的配套措施才能引导商业银行加大对农业的贷款，从而体现定向降准货币政策的初衷。

本节构建了一个同时包含农业贷款收益与非农企业贷款收益的商业银行的效用函数，研究了当央行通过定向降准释放有限流动性时，商业银行的行为选择；并通过仿真模拟的方法寻找到了商业银行进行农业贷款或非农企业贷款的收益临界点，从而在理论上详解了定向降准货币政策的传导机理以及传导效果。

研究结论显示：若央行提供充足的流动性，商业银行会同时扩张农业贷款与非农贷款的规模至可贷区间的最大值；但当央行通过定向降准的形式提供有限的流动性时，商业银行的行为选择将不确定。若农业贷款可贷区间的利率上限

较大,商业银行会加大对农业贷款的力度;若农业贷款可贷区间的利率上限较小,则商业银行会加大对非农业企业的贷款。此时,必须给出相关的配套措施,例如放宽对农业贷款的抵押担保的要求条件、加大对支农贷款的优惠力度、降低对农业贷款的资本约束要求等措施,才能引导商业银行加大对农业的贷款,从而实现定向降准货币政策的政策目标。

第三节　定向降准的传导效果

本节利用马尔科夫区制转换向量自回归模型(MSVAR)对比分析了在不同经济状态下,定向降准对农业、工业以及服务业的产出、价格与固定资产投资的影响,来检验定向降准的传导效果。

一、理论基础与数据检验

(一)理论基础

当前,我国经济处于增速换挡、结构调整和前期政策消化的特殊阶段,新常态"三期叠加"的特征对货币政策提出了更高的要求。危机初期不计成本、不计规模的"大水漫灌"的货币政策已不适应当前经济发展,市场呼吁货币当局推出成本更低、效率更高的"精准滴灌"的货币政策,定向降准由此应运而生,中央银行希望针对不同的经济状态与经济对象,通过精准释放流动性来支持三农与小微企业发展。至今,我国已经实施了十二轮的定向降准,取得了一些成绩,但似乎并未完全达到货币当局的设计初衷,上一节我们以农业贷款收益与非农业贷款收益为研究对象提出了相应的理论解释。分析显示,定向降准货币政策会导致商业银行的行为选择出现复杂的变化特征,并最终引起不同产业产出的差异性变化。下面,我们将基于 H-M Krolzig(1997)的马尔科夫区制转换向量自回归模型(MSVAR)的分析框架,来检验定向降准货币政策的实施效果,并在此基础上提出相关政策建议。之所以选择 MSVAR,是因为该统计方法的长处在于能够根据变量的结构及其交互影响关系把连续时间划分为不同的经济区制,非常适合对比研究实施定向降准与不实施定向降准的不同状态下的货币政策效果。

马尔科夫区制转移向量自回归模型(MSVAR)是对向量自回归模型(VAR)的发展,其技术特征是模型的回归参数依赖于不可观测的区制变量,而且该区制变量服从一个离散时间、离散状态的马尔科夫随机过程。MSVAR 模型的一般形式可以表示为:

$$y_t - \mu = A_1(s_1)(y_{t-1} - \mu(s_{t-1})) + ... + A_p(s_t)(y_{t-p} - \mu(s_{t-p})) + \mu_t \quad (3)$$

其中,$\mu_T \mid s_t - \text{NID}(0, \sum(s_t))$,参数转移函数 $\mu(s_t)$,$A_1(s_1)$,$\cdots$,$A_p(s_t)$ 依

赖于区制变量 $\mid s_t$ 所处的状态:$\mu(s_t) = \begin{cases} \mu_1 s_1 = 1 \\ \vdots \\ \mu_p, s_1 = M \end{cases}$,其中,区制变量 $s_1 \in \{1, \cdots, M\}$

服从离散时间、离散状态的马尔科夫链过程,各状态间的转变通过转移概率表示,从区制 i 到区制 j 的转移概率为:

$$P_{ij} = \text{Pr}(s_{t+1} = j \mid s_t = i), \text{且} \sum_{j=1}^{M} P_{ij} = 1 \quad \forall i,j \in \{1, \cdots, M\} \quad (4)$$

同时,Krolzig(1998)认为对于 MSVAR 模型,上述的马尔科夫链过程应该附加遍历性和不可约性的假设。因此,转移概率矩阵可以表示为:

$$p = \begin{bmatrix} p_{11} & p_{12} & \cdots & p_{N1} \\ p_{12} & p_{22} & \cdots & p_{N2} \\ \vdots & \vdots & & \vdots \\ p_{1N} & p_{2N} & \cdots & p_{NN} \end{bmatrix} \quad (5)$$

其中,p 满足正则性约束,即:$p_{iM} = 1 - p_1 - ... - p_{iM-1}$,$i = 1, ..., M$。本部分即利用上述 MSVAR 的技术方法来检验定向降准的政策效果。

(二)数据的平稳性检验

定向降准政策的设计初衷是定向支持三农和小微企业发展,但是由于难以获取小微企业的连续与高频数据,而得到的部分数据的统计口径又不一致,因此本部分主要检验定向降准对农业企业的影响。我们分别针对农业企业、工业企业和服务业企业建立同类型的 MSVAR 模型,然后基于不同产业各自的技术指标,对比与考察定向降准对不同产业的影响,来检验定向降准是否达到了宏观调控的希望效果。

设置向量 $y_{ti} = (gdp_i, cpi_i, fai_i, r)$，其中 $i = 1,2,3$ 分别代表农业、工业和服务业。$gdp_i(i=1,2,3)$ 为农业、工业、服务业的产出，分别用农业增加值、工业增加值和服务业增加值表示，数据来源于中经网统计数据库；cpi_i 为三大产业的价格指数，分别用农业生产资料价格指数、工业生产者购进价格指数、居民消费价格指数代表，数据来源于中经网统计数据库；fai_i 为特定产业的固定资产投资，分别用农业固定资产投资完成额、工业固定资产投资完成额、服务业固定资产投资完成额表示，数据来源于中经网统计数据库。r 表示定向降准政策，设置为虚拟变量：

$$r = \begin{cases} 1 & \text{定向降准发生} \\ 0 & \text{定向降准未发生} \end{cases}$$

从表 5-2 平稳性检验的结果可以看到，初始数据 gdp_3、cpi_1、cpi_2、fai_3 不平稳，为了达到平稳性要求，对数据进行一阶差分处理后再做平稳性检验。一阶差分数据均平稳，所以在实证中以变量的一阶差分形式进入模型。

表 5-2　ADF 检验结果

变量	检验形式 (C,T,P)	T 值	临界值			平稳性
			10%	5%	1%	
gdp_1	(C,0,1)	−2.632556	−2.655194	−3.029970	−3.831511	不平稳
$dgdp_1$	(C,0,0)	−4.062180***	−2.673459	−3.065585	−3.920350	平稳
gdp_2	(C,0,0)	−2.140226	−2.673459	−3.065585	−3.920350	不平稳
$dgdp_2$	(C,0,0)	−4.061076***	−2.666593	−3.052169	−3.886751	平稳
gdp_3	(C,0,0)	−0.555472	−2.666593	−3.052169	−3.886751	不平稳
$dgdp_3$	(C,0,0)	−4.614424***	−2.666593	−3.052169	−3.886751	平稳
cpi_1	(C,0,1)	−1.869042	−3.831511	−3.029970	−2.655194	不平稳
$dcpi_1$	(C,0,0)	−4.663188***	−2.660551	−3.040391	−3.857386	平稳
cpi_2	(C,0,1)	−0.699900	−2.655194	−3.029970	−3.831511	不平稳
$dcpi_2$	(C,0,0)	−4.126555***	−2.660551	−3.040391	−3.857386	平稳
cpi_3	(C,0,1)	−3.945627**	−3.277364	−3.673616	−4.532598	平稳
$dcpi_3$	(C,0,0)	−4.098473***	−2.655194	−3.029970	−3.831511	平稳
fai_1	(C,0,1)	−4.179014***	−2.655194	−3.029970	−3.831511	平稳

续表

变量	检验形式 （C,T,P）	T 值	临界值			平稳性
			10%	5%	1%	
$dfai_1$	（C,0,1）	−5.524545 ***	−3.886751	−3.052169	−2.666593	平稳
fai_2	（C,0,0）	−2.727331 *	−2.650413	−3.020686	−3.808546	平稳
$dfai_2$	（C,0,0）	−5.998816 ***	−2.666593	−3.052169	−3.886751	平稳
fai_3	（C,0,1）	−2.646043	−2.650413	−3.020686	−3.808546	不平稳
$dfai_3$	（C,0,0）	−4.222668 ***	−2.660551	−3.040391	−3.857386	平稳

注:(C,T,P)表示不同的检验形式,C 表示有截距项,T 表示存在时间趋势,P 表示滞后阶数。

*、**、***分别表示 10%、5%、1%的显著性水平。

二、最优滞后期与模型选择

（一）最优滞后期

由于 MSVAR 模型是线性 VAR 模型的拓展,所以 MSVAR 模型的滞后阶数小于或等于线性 VAR 模型的滞后阶数,因此我们可以先利用线性 VAR 模型确定一个滞后阶数的范围,再在这个滞后阶数的范围内寻找最优的滞后阶数。表5-3 给出了不同技术指标下的滞后阶数的选择结果。

表5-3 最优滞后阶数的选择

	Lag	LogL	LR	FPE	AIC	SC	HQ
农业	0	−63.17819	NA	0.013846	7.071389	7.270218	7.105038
	1	130.6758	285.6796	1.08e-10	−11.65008	−10.65594	−11.48184
	2	183.9262	56.05301 *	2.82e-12 *	−15.57118 *	−13.78171 *	−15.26833 *
工业	0	−61.92660	NA	0.012137	6.939642	7.138472	6.973292
	1	−1.593604	88.91179 *	0.000120	2.273011	3.267157 *	2.441260
	2	20.61665	23.37921	8.25e-05 *	1.619300 *	3.408763	1.922148 *
服务业	0	−30.02604	NA	0.007878	3.669560	3.817955	3.690022
	1	15.20788	70.36388	0.000144	−0.356431	0.237150	−0.274584
	2	30.62682	18.84538 *	7.84e-05 *	−1.069647 *	−0.030880 *	−0.926415 *

注:* 表示 10%的显著性水平。

数据显示,对于农业而言,LR、FPE、AIC、SC、HQ 指标显示二阶滞后最优;对服务业而言,LR、FPE、AIC、SC、HQ 指标显示二阶滞后最优;对于工业而言,LR、SC 指标显示一阶滞后最优,FPE、AIC、HQ 指标显示二阶滞后最优。根据多数占优原则,我们选择三个产业的 MSVAR 模型均为二阶滞后。

(二)确定模型类型

根据参数特征,在引入区制转移的过程中,MSVAR 存在差异化的状态依赖,比如可能是均值状态依赖,也有可能是截距状态依赖,因此 MSVAR 可以进一步划分为均值变化的 MS 模型(MSMVAR)与截距变化的 MS 模型(MSIVAR)。为了确定 MSVAR 模型的类型,我们分别构建三组包括产出、价格水平等 4 个变量的 MSIVAR、MSMVAR 以及 LINERVAR 模型,并依据对数似然比、AIC、HQ 和 SC 准则来判定最优的模型形式。表 5-4 给出相关结果。

如表 5-4 所示,当农业的模型形式为 MSIVAR、滞后阶数 P=2 时,各指标 LL、AIC、HQ、SC 的值最大;当工业的模型形式为 MSIVAR、滞后阶数 p=2 时,各指标的值最大;当服务业的模型形式为 MSI、滞后阶数 P=2 时,LL、AIC、HQ 数值最大。根据多数占优原则,我们选择 MSI(2)-VAR(2)作为模型形式,以便能够在统一的模型框架下比较定向降准政策的作用。

表 5-4　模型选择

产业	类型	滞后期	LL	AIC	HQ	SC
农业	MSIVAR	P=1	258.5808	−22.2581	−21.9082	−20.4658
		P=2	280.7470	−24.0786	−23.6412	−21.4939
	MSMVAR	P=1	255.8082	−21.9808	−21.6309	−20.1885
		P=2	269.3123	−22.8750	−22.4375	−20.2902
	LinerVAR	P=1	251.4963	−22.1496	−21.8581	−20.6560
		P=2	266.2978	−23.1892	−22.8023	−20.9027
工业	MSIVAR	P=1	285.7339	−24.9734	−24.6235	−23.1811
		P=2	295.2468	−25.6049	−25.1675	−23.0201
	MSMVAR	P=1	285.5891	−24.9589	−24.6090	−23.1666
		P=2	267.2326	−22.6561	−22.2186	−20.0713
	LinerVAR	P=1	251.4963	−22.1496	−21.8581	−20.6560
		P=2	266.2978	−23.1892	−22.8023	−20.9027

续表

产业	类型	滞后期	LL	AIC	HQ	SC
服务业	MSIVAR	P = 1	295.8743	−24.2639	−24.0198	−23.4371
		P = 2	305.6842	−25.9405	−25.8943	−23.3851
	MSMVAR	P = 1	208.1759	−18.5176	−18.2941	−17.3725
		P = 2	194.0792	−17.0610	−16.7918	−15.4703
	LinerVAR	P = 1	251.4963	−22.1496	−21.8581	−20.6560
		P = 2	266.2978	−23.1892	−22.8023	−20.9027

三、检验结果

(一)区制的确定

近年来,受金融危机的影响,加之我国进入新常态,经济增长速度逐步放缓,三农与小微企业遇到了越来越严重的融资难题。在此背景下,中国人民银行推出了定向降准的货币政策,希望通过精准释放流动性来支持三农与小微企业发展,因此从宏观上可以看作是央行根据不同的经济状态实施的一种相机抉择的货币政策。

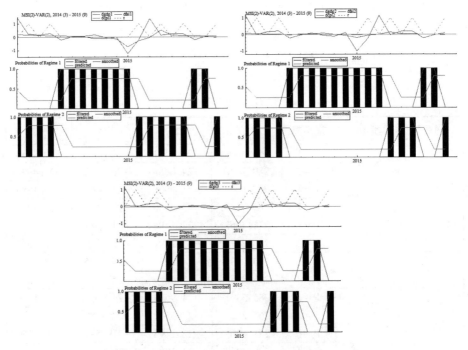

图5-6　两区制概率分布图(农业、工业、服务业)

表 5-5　区制转移概率表

		Regime1	Regime2
农业	Regime1	0.7574	0.2426
	Regime2	0.2042	0.7958
工业	Regime1	0.8038	0.1962
	Regime2	0.2583	0.7417
服务业	Regime1	0.7550	0.2450
	Regime2	0.2280	0.7720

图 5-6 给出了三个不同产业的两区制概率分布图。图形显示,实施定向降准政策即 $r=1$ 的时期(如 2014 年 1 月至 2014 年 6 月、2015 年 1 月至 2015 年 6 月,以及 2015 年 9 月)被模型划分为区制二,而没有实施定向降准即 $r=0$ 的时期则被包含在区制一当中。结合表 5-5 给出的三大产业的区制转移概率,可以看到农业、工业和服务业的区制转移概率相近,三大产业区制一保持稳定的概率分别为 0.7574、0.8038、0.7550,区制二保持稳定的概率分别为 0.7958、0.7417、0.7720,由此可以判断区制划分的合理性与稳定性。

(二)脉冲响应分析

为了能够直观地刻画定向降准货币政策冲击对宏观经济的影响程度,我们给出脉冲响应函数,图 5-7、图 5-8 与图 5-9 分别显示在不同产业中定向降准对产出、物价以及固定资产投资的影响。

1.定向降准对不同产业的产出的脉冲冲击

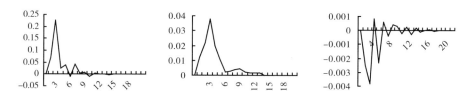

图 5-7　定向降准对产出的冲击(农业、工业、服务业)

图 5-7 的 3 幅子图为三大产业中,一个单位的定向降准(dr)的冲击对产出增长率($dgdp$)的影响。数据显示,在农业中,定向降准的冲击在短期内会引起产出的上升,在第 2 期达到最大,随后影响逐渐衰减;在工业中,定向降准的冲击在短期内会引起产出的上升,并在第 3 期影响达到最大,之后影响逐渐下降;在

服务业中,定向降准的冲击在短期内会引起产出的下降,在第2期时负的影响达到最大,之后影响不断震荡并逐渐消失。

比较定向降准对三大产业的产出的影响,可以看到,实施定向降准政策在短期内对农业和工业的产出产生了有益的正影响,但是对服务业的产出产生了不利的负影响。从影响程度上来看,r对农业产出增长率的最大影响达到0.2个单位,但对工业产出增长率的最高影响却仅为0.04个单位,前者是后者的5倍。说明定向降准能够对农业产出在短期内产生迅速而有效的促进作用。

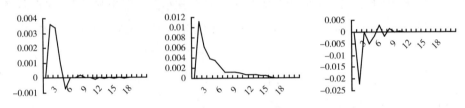

图5-8　定向降准对物价的冲击(农业、工业、服务业)

2. 定向降准对不同产业的价格波动的脉冲冲击

图5-8的3幅子图为三大产业中,一个单位的定向降准(dr)的冲击对特定产业的价格水平($dcpi$)的影响。数据显示,在农业中,定向降准的冲击在短期内会引起价格水平的上升,并且在第1期时达到最大,之后影响逐渐衰减;在工业中,定向降准的冲击在短期内也会引起价格水平的上升,并且在第2期时影响达到最大,之后影响逐渐下降;在服务业中,定向降准的冲击在短期内会引起价格水平的下降,在第1期时负的影响达到最大,之后影响不断震荡并逐渐消失。

比较定向降准对三大产业的价格水平的影响,可以看到,实施定向降准政策在短期内对农业和工业的价格增长率均产生了正的影响,但对服务业的价格增长率产生了负影响。从影响程度上来看,定向降准对农业价格增长率的最大影响为0.0035个单位,对工业价格增长率的最大影响为0.01125个单位,后者大于前者。可见,定向降准货币政策的实施会促进农业与工业的生产资料价格的上升,且农业的价格对定向降准货币政策的反应更加灵敏。

3. 定向降准对不同产业的固定资产投资的脉冲冲击

图5-9的3幅子图为三大产业中,一个单位的定向降准(dr)的冲击对特定

产业的固定资产投资增长率($dfai$)的影响。数据显示,在农业中,定向降准的冲击在短期内会引起固定资产投资的上升,并且在第 1 期时达到最大,之后影响不断震荡并衰减;在工业中,定向降准的冲击在短期内也会引起固定资产投资的上升,并且在第 2 期时影响达到最大,之后影响震荡下降;在服务业中,定向降准的冲击在短期内会引起固定资产投资的上升,在第 1 期时正的影响达到最大,之后影响不断震荡并逐渐消失。

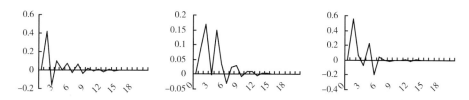

图 5-9　定向降准对固定资产投资的冲击(农业、工业、服务业)

比较定向降准对三个产业的固定资产投资的影响,可以看到,实施定向降准政策在短期内对三个产业均产生了正的影响,但在调整速度和影响程度上存在差异。从调整速度上来看,定向降准货币政策的实施对农业固定资产投资的影响在第 1 期达到最大,对工业固定资产投资的影响在第 2 期达到最大,对服务业固定资产投资的影响在第 2 期达到最大,所以定向降准对农业固定资产调整的冲击最为迅速。从影响程度上来看,数值显示一个单位的定向降准冲击对农业与服务业固定资产投资增长率的影响比较大,大约在 0.4 至 0.5 个单位之间,对工业的影响非常小,只有 0.17 个单位,说明定向降准对农业与服务业的固定资产投资影响大,对工业的固定资产投资影响小。考虑到服务业一般是轻资产行业,存量的固定资产规模小于农业,因此定向降准实际上对农业的固定资产投资的影响非常大。

四、结论与政策建议

定向降准是新常态下促进结构调整的一种货币政策创新手段,货币当局希望针对不同的经济状态与经济对象,通过精准释放流动性来支持三农与小微企业发展。本节采用马尔可夫区制转换向量自回归模型(MSVAR),将经济时期划分为存在定向降准和不存在定向降准两个区制,分析了定向降准货币政策对不同产业产生的差异化影响。从产出的角度看,定向降准提高了农业与工业的产出水平,并且对农业的促进作用尤为显著,但是定向降准会降低服务业的产出;从价格的角度看,定向降准会提升农业和工业的价格水平,而且对工业价格水平的影响程度更大,但是定向降准降低了服务业的价格水平;从对固定资产投资的影响来看,定向降准对三大产业的固定资产投资均产生了正的影响,但在程度上存在差异,定向降准对农业与服务业的影响强于对工业的影响,相比较而言,定向降准对农业的固定资产投资的影响更大。

定向降准的初衷是希望将释放的流动性导往"三农"和小微企业等融资难领域,本质上是一项促进结构调整的货币政策。目前看来,定向降准确实一定程度地提高了农业的产出、价格与固定资产投资水平,但同时也对其他产业产生了部分的溢出效应。这说明定向降准的定向调控功能尚有待凝练,同时政策效果的力度也需要进一步提升。为了确保定向降准所释放的资金能够顺利导向"三农"和小微企业等实体经济领域,需要建立相应的动态考核机制,对符合考核要求的金融机构加大政策支持,反之则予以惩罚[1],同时必须给出相关的配套措施,例如放宽对农业贷款的抵押担保的要求条件、加大对支农贷款的优惠力度、降低对农业贷款的资本约束的要求,落实"三农"与小微企业财税支持政策、增强中小金融机构资本实力、加快建设民营中小银行、解决财务软约束主体无效占用过多资源等,才能引导商业银行加大对农业的贷款,从而实现定向降准货币政策的政策目标,建立起促进经济发展的长效机制。

不过,必须指出的是,在货币经济学理论框架下,货币政策的强项并不是调结构,因此定向调控类货币政策想要促进资金流向"三农"和小微企业,还需要其他宏观政策例如财政政策的配合。商业银行的经营目标是追求收益最大化,当纯粹的商业模式无法支持农业企业与小微企业发展时,宏观政策制定部门应

---

[1]　2016 年 2 月 19 日,中国人民银行披露按照定向降准相关制度,对 2015 年度金融机构实施定向降准的情况进行了考核。绝大多数银行信贷支农支小情况良好,满足定向降准标准,可以继续享受优惠准备金率;一些此前未享受定向降准的银行通过主动调整优化信贷结构,达到了定向降准标准,可以在新年度享受优惠准备金率;少数银行不再满足定向降准标准,因而不能继续享受优惠准备金率。定向降准考核的正向激励机制,有利于引导商业银行改善优化信贷结构,增强对"三农"和小微企业的支持。

当实施更为积极的财政政策,为"三农"和小微企业发展保驾护航,只有将货币政策的调总量功能与财政政策的调结构功能完美结合起来,宏观政策的定向调控职能才能充分发挥,从而促进国民经济的协调发展。

第六章　预期管理与预调微调

本章讨论了货币政策由神秘主义向透明主义的过渡过程,检验了央行沟通行为的传导效果,研究了基于适应性预期的货币政策的传导机理,分析了货币政策通过债券市场的传导途径。

第一节　货币政策向透明主义过渡与央行沟通

近年来,世界各国的货币政策逐渐由神秘主义向透明主义过渡,各国央行越来越重视沟通行为在经济调控中的作用。本节运用 MVGARCH 与 Probit 模型,基于中国银行业的同业拆放利率的数据,对央行沟通行为的预期管理职能进行了研究。

一、货币政策向透明主义过渡以及央行沟通对市场利率的影响

20 世纪 90 年代之前,多数国家的中央银行在货币政策实践中秉持"神秘主义"的操作风格。但随着经济理论的发展,经济学家们开始意识到,在经济主体对经济运行结果和经济运行过程存在不完全认知的前提下,货币政策透明度对于促进经济主体的学习过程,稳定和引导公众的通胀预期,进而提高货币政策的有效性起着至关重要的作用。于是,货币政策的操作风格也逐渐由神秘主义转向了透明主义,其主要表现就是中央银行不断加强与金融市场和公众的沟通。

所谓央行沟通,是指央行通过各种方式向公众解释货币政策含义,从而向公众传递货币政策信息与宏观调控信息的行为,目的是尽量使投资者与市场参与者减少对货币政策目标的认知偏离。央行沟通主要体现在两个方面:一是书面上的沟通,例如央行定期发布的政策执行报告、统计数据,以及定期举行的货币政策委员会例会等;二是口头上的沟通,包括央行行长的讲话或者采访,以及央行的不定期公告等。

近年来,在常规的货币政策之外,各国央行越来越重视其沟通行为对市场的影响以及在经济调控中的作用。以中国为例,货币政策委员会在每次例会之前会召开货币政策专家咨询会,广泛听取学术界对货币政策的意见,重点研究国际国内经济金融形势和下一步货币政策措施;货币政策委员会成员经常接受媒体采访,并以新闻发布会等形式对货币政策走势、通货膨胀、利率与汇率趋势等发表评论。中国人民银行对外披露其职能执行过程的各种综合信息,并通过官方网站以及纸质媒介在每季度结束后对外公布中国货币政策执行报告。特别在金融危机时期,中国人民银行召开货币信贷与金融市场工作会议、信贷形势座谈会、窗口指导会议的次数明显增多,向全国人大财经委员会汇报当前流动性问题及政策建议的频率也不断增加。

但是,作为一种新型的货币政策调控手段,央行沟通的传导效果尚有待深入探讨。具体来说,央行沟通目前需要解决的关键问题是:市场能够感知多少央行沟通行为传递的信息,而公众又能在多大程度上理解这些央行沟通信息。本节尝试基于中国银行业同业拆放利率 Shibor 的数据,通过 MVGARCH 与 Probit 模型检验央行沟通行为影响利率水平的波动程度,研究央行沟通的有效性,分析央行沟通受到哪些因素的影响,并基于此提出相关政策建议。

关于央行沟通与市场利率之间的关系,以往学者的研究主要从央行沟通是否影响利率、不同形式的央行沟通如何影响利率,以及怎样提高央行沟通的传导效果等三个方面展开。

大多数学者认为央行沟通能够影响市场利率的波动,例如 Blinder(1998)强调了沟通在货币政策有效性中的作用,认为沟通是央行直接影响长期利率、股价和汇率的重要工具。Guthrie 和 Wright(2000)发现,新西兰央行把沟通行为作为控制短期利率波动的常用方式。Siklos 和 Bohl(2000)发现,央行的沟通行为显著影响了金融市场,德国央行关于利率声明的沟通行为与金融市场的波动联系非常密切。Demiralp 和 Jorda(2002)则认为,美联储主要通过政策公告改变了短期利率,而不是公开市场操作的流动性渠道。Ehrmann 和 Fratzscher(2003)通过检验发现,利率对货币政策公告的反应很强烈,并且随着时间的推移,公众对货币政策公告的理解和预期会逐渐提高。

正因为央行沟通行为对增强货币政策有效性有较大的影响,因此目前各国央行均非常重视沟通行为手段的运用,但是不同形式的央行沟通产生的效果并不完全相同。Kohn 和 Sack(2003)发现,美联储主席格林斯潘的国会证词对整个收益率曲线都有影响,但格林斯潘的其他演讲对金融市场的影响却不显著。Reeves 和 Sawicki(2007)等人发现,英国央行货币政策委员会备忘录及通货膨胀报告对金融市场有较大影响,但成员演讲对金融市场影响不大。Born 和 Ehrmann 等(2011)研究发现,金融稳定报告中的观点比其他沟通事件对金融市场的影响要大得多。金融稳定报告对股票收益率存在显著的长期影响,并且能够减少市场波动;相反,官员讲话和媒体采访对股票收益率却几乎没有影响。

在提高央行沟通的传导效果方面,学者们也提出了很多的建议。例如 Fracasso 等(2003)与 Jansen(2008)利用美国的国会金融政策报告数据证实,清晰性在央行沟通过程中非常重要。Berger 等(2006)发现媒体在传递欧洲中央银行的信息中扮演了重要角色,若央行公告被新闻报道,其对金融市场的作用更有效。Blinder 等(2008)研究发现,当中央银行的系列沟通行为前后矛盾的地方过多时,货币政策的可预测性会下降;中央银行公布诸如经济前景和货币政策的统一观点,对金融市场有着巨大的影响力。Ehrmann 和 Fratzscher(2007)研究了央行的沟通时机特性,发现货币政策变化前的一段时间应该加强沟通频率,从而提高金融市场对货币政策的预测能力。同时,Ehrmann 和 Fratzscher(2009)也指出,在货币政策委员会例会的前后一段时间内,应该减少或者禁止央行成员对外发布各种相关评论,从而减少对金融市场带来噪声干扰。Born 等(2012)发现"逆风而行"的央行沟通行为是减少市场波动的重要特征,当市场波动剧烈或者市场波动存在很强的趋势时,央行沟通行为更加有效。

国内学者也在央行沟通行为方面做出了一定的研究,冀志斌和周先平

(2011)的分析结果表明,人民银行的沟通行为对短期利率水平及波动性具有显著的、与预期一致的影响,但对长期利率的影响不明显,相对于书面沟通而言,口头沟通的效力更强一些,并且在口头沟通中,中央银行行长比其他人更能影响金融市场。张鹤和张代强等(2009)以中央银行的政策预告来衡量货币政策透明度,研究结果表明,提高货币政策透明度不仅有利于减小通货膨胀偏差,而且会降低通货膨胀波动。李云峰(2012)把中央银行沟通因素引入修正的卢卡斯总供给函数,实证分析发现,加大中央银行沟通力度有利于引导通货膨胀预期和稳定通货膨胀。王雅炯(2012)实证结果显示,中央银行沟通对市场通胀预期的影响是显著的,相对于书面沟通而言,口头沟通对通胀预期的影响更为显著。熊海芳和王志强(2012)基于利率期限结构的实证结果显示,央行惯例沟通对通胀预期没有影响,央行行长讲话会加大通胀预期波动。

以往学者的研究成果为理解央行沟通行为的重要作用提供了经验依据,也为后续的政策实施提供了宝贵的参考价值,但是他们的研究也存在着若干不足:首先,大多数研究只考虑了货币政策报告或者是央行行长讲话等单一的央行沟通行为的影响,可能遗漏其他相关信息,造成检验结果出现误差;其次,使用常规的统计分析方法难以达到预定的检验效果,因为央行沟通行为向市场传递的信息是离散且瞬时的变量,若通过累计的方法处理成月度数据或者季度数据就失去了其应有的含义,使得检验结果存在失真的嫌疑。基于此,本节做了如下的改进。第一,细化与覆盖了常见的央行沟通行为,包含报告、会议、讲话、政策调整公告等沟通事件,同时还区分书面沟通和口头沟通,详细检验与全面分析不同央行沟通行为的传导效果;第二,在实证方法上,采用基于日度数据的 MVGARCH 与 Probit 模型分析央行沟通行为对市场利率的影响,以期获得更加精确与更有说服力的检验结果。

二、变量和数据说明

由于中国银行业同业拆放利率(简称 Shibor)从 2007 年 1 月 4 日开始运行,因此本节的样本空间选取范围从 2007 年 1 月 4 日开始,截至 2013 年 6 月 20 日。同时考虑到交易量与可操作性的原因,研究对象主要针对短期利率,即隔夜利率和周利率。数据来源为国泰安数据中货币市场基准利率和中国人民银行网站公开资料,另外,行长讲话的统计来源于百度搜索。

(一)央行沟通行为的界定

参照国外界定央行沟通事件的惯常做法的相关研究(如 Reeves 和 Sawicki,2007 等),本部分将央行沟通事件定义为明确发生、频率较高的信号,且在中国人民银行或者百度搜索中可以查询到的,与央行货币政策有关的事件,例如央行货币政策公告、货币政策委员会例会、央行行长讲话、央行报告等。

目前有两种量化央行沟通行为的研究方法。第一种研究方法(如 Kohn 和 Sack,2003),不考虑中央银行沟通事件对于金融市场变量均值的影响,而通过引进中央银行沟通事件虚拟变量来研究其对于金融市场变量方差的影响;第二种研究方法(如 Ehrmann 和 Fratzscher,2007),根据金融市场的通常理解逻辑,编列出一张反映特定词汇所指代的中央银行沟通行为的术语表,然后通过对中央银行沟通材料的文本分析,相应地给中央银行沟通打分。本部分将采用第一种研究方法来量化央行沟通,同时借鉴冀志斌和周先平(2011)的做法,将央行沟通行为分成书面沟通行为和口头沟通行为两类。其中,央行书面沟通包括定期的货币政策执行报告、中国区域金融运行报告、金融统计数据、货币政策委员会例会,根据其有无设定变量 RCD,有为 1,无则取值为 0;央行口头沟通变量包括不定期的讲话和采访等,在百度搜索中搜索央行行长的讲话或采访等信息,在中国人民银行网站上搜索货币政策决定,包括调整存款准备金率、存贷款基准利率、央行临时召开的窗口指导会议、金融形势分析会议等,根据其有无来设定变量 SCD,有为 1,无则取值为 0。另外,在周末和假期发生的央行沟通事件记在离事件日最近的前一个工作日。

为了细化分析央行沟通的具体内容,本部分把央行沟通反映的信息分为货币政策取向和经济展望两类。书面沟通根据其内容设定变量 REC、RMP,分别表示对经济前景的预测和对货币政策的预测,其中,对货币政策的预测为紧、适中、松,分别取值 1、0、-1;而对经济前景的预测为好、不变、坏,分别取值 1、0、-1。相同的处理方法,将口头沟通根据其内容设定为变量 SEC、SMP,分别表示对经济前景的预测和对货币政策的预测,其中,对货币政策的预测为紧、适中、松,分别取值 1、0、-1;而对经济前景的预测为好、不变、坏,分别取值 1、0、-1。本部分还设置了一个虚拟变量来反映央行沟通的重复性,若在 15 天之内出现多次沟通事件的,取值为 1,否则为 0。其中,R 衡量书面沟通的重复性,S 衡量口头沟通的重复性。

央行沟通事件是否存在以及央行采取何种沟通策略,与当时的经济状况密不可分。因此,需要对外部经济条件进行衡量。本部分基于 Born 等(2012)的做法,采用两个变量衡量外部经济条件。其中,D 表示偏差因素,即利率偏离其均值的程度,将当前利率与隔夜利率均值的差除以隔夜利率的均值,并取绝对值,其中,利率均值是指沟通事件之前 15 天的隔夜利率均值;SD 表示波动因素,为沟通事件之前 15 天的隔夜利率的标准差。综上所述,表 6-1 反映了本部分中解释变量的符号描述。

表 6-1 解释变量的描述说明

变 量 符 号		变 量 含 义
书面沟通	RCD	央行是否存在书面沟通行为
	REC	书面沟通的内容中涉及的经济前景
	RMP	书面沟通的内容中涉及的未来货币政策走向
	R	书面沟通事件是否在 15 天内连续出现
口头沟通	SCD	央行是否存在口头沟通行为
	SEC	口头沟通的内容中涉及的经济前景
	SMP	口头沟通的内容中涉及的未来货币政策走向
	S	口头沟通事件是否在 15 天内连续出现
外部经济条件	D	利率偏离均值的程度
	SD	15 天前利率的标准差

表 6-2 统计了近年来我国央行的书面沟通和口头沟通事件的次数,相关数据体现出一定的变化特征:从整体来看,近年来我国央行的书面沟通次数普遍多于口头沟通,说明我国的央行在使用具体的沟通方式时有一定的偏好;但是在一些突发的系统性危机面前,例如在次贷危机爆发的 2007 至 2008 年,以及欧债危机爆发的 2010 至 2012 年,央行口头沟通的次数明显增多,说明我国的央行常用口头沟通方式灵活机动地应对突发事件的影响。

表 6-2 央行沟通事件的描述统计

时间(年)	2007	2008	2009	2010	2011	2012	2013.6
书面沟通	22	26	23	23	31	36	12
口头沟通	22	19	8	18	17	13	6
合计	44	45	31	41	48	49	18

(二)市场利率的描述性统计

本部分的被解释变量为隔夜利率(用 Shibor_1d 表示)、一周周利率(用 Shibor_1w 表示),以及两周周利率(用 Shibor_2w 表示)。首先,采用 ADF 单位根方法对利率变量进行平稳性检验,得到表 6-3,检验结果显示利率变量都是平稳的。

表 6-3 ADF 平稳性检验结果

变量	检验形式(C,T,L)	ADF 检验值	结论
Shibor_1d	(c,0,1)	−4.961106***	平稳
Shibor_1w	(c,0,3)	−5.513294***	平稳
Shibor_2w	(c,0,10)	−3.473941***	平稳

说明:检验形式 C,T,L 分别表示单位根检验方程中包含的截距项,趋势项和滞后阶数,*** 表示在1%的置信水平上显著。

表 6-4 反映了利率变量的描述性统计结果,利率的均值和波动性都随着期限的增加而增加,说明我国利率存在明显的期限溢价。JB 统计量表明它们都不服从正态分布,偏度不为零,而且峰度大于4,呈现出有偏、尖峰、厚尾等特征。根据 ARCH 检验发现,它们确实存在异方差,因此使用 GARCH 类的实证模型进行数据检验是可行的。

表 6-4 变量的描述性统计

变量	观测值	均值	标准差	偏度	峰度
Shibor_1d	1615	2.257686	1.137224	2.305882	14.22252
Shibor_1w	1615	2.825073	1.328630	1.343285	6.670963
Shibor_2w	1615	3.081115	1.440617	1.103984	5.974810

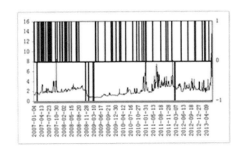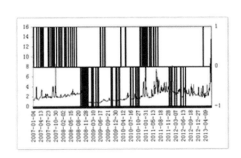

图6-1　利率波动与央行沟通倾向

图6-1反映了央行沟通行为与隔夜利率之间的关系。图形的横轴表示时间，左轴的数值表示利率变量的百分比大小，刻画了利率的时间趋势变化；右轴的数值1、0、-1表示央行沟通信息中关于未来经济前景和货币政策走向预测的赋值，刻画了央行实施的沟通行为。

图6-1的左图描述了央行沟通行为中的经济前景预测的信息与市场利率之间的关系，即EC与隔夜利率的关系。图中向上的竖线明显多于向下的竖线，说明我国的央行更倾向于向公众传达经济前景预测向好的积极信号。图6-1的右边子图描述了央行沟通行为中的货币政策走向的信息与市场利率之间的关系，即MP与隔夜利率的关系。具体来看：2007年次贷危机爆发前，我国经济持续过热，出现了通货膨胀的迹象，与此相对应，央行实施了适当从紧的货币政策，同时，在多个场合通过多种形式表达了适当从紧的货币政策意图，于是图中的央行沟通行为出现了密集的向上竖线，频繁的央行沟通行为取得了较好的效果，这段时间的市场利率运行平稳没有出现大的波动。从2008年开始，至2010年下半年，由于次贷危机的影响逐渐显现，再加上欧债危机的影响，我国出现了实体经济萧条以及通货紧缩的苗头，为了促进经济的复苏，货币当局开始实施积极的货币政策，并在多个场合解释相应的货币政策意图，从图形上观察，央行沟通行为开始出现大量的向下竖线，特别是在2008年的下半年央行进行频繁的沟通，释放积极的货币政策信号，图形中的向下竖线因而十分密集。图6-1的右边子图还有两段相对集中的线段，分别是2011年上半年央行沟通行为透露偏紧的货币政策意图，以及2011年下半年开始央行透露较为宽松的货币政策意图。我们注意到，央行的沟通行为都与宏观经济的走势密切相关，而且在央行沟通行为的

引导下,近年来市场利率的波动基本在合理范围之内,没有出现异常波动,可见央行的沟通行为与市场利率之间确实体现出一定的相关性。那么央行沟通行为与市场利率之间的相关性如何量化呢,很显然,我们需要严格的数理分析与实证检验。

三、央行沟通的有效性

经济学家们指出(如 Blinder 等,2008;Ehrmann 和 Fratzscher,2009),央行沟通行为能够减少噪音,通过引导市场参与者的预期,提高公众对利率变化的预测能力,减少市场交易中的不确定性,从而降低金融市场的波动。在此基础上,Born 等(2012)采用 EGARCH 模型来描述这个传导渠道。其中,均值方程反映了央行沟通行为对利率水平的影响,方差方程反映了央行沟通行为对利率波动性的影响。该 EGARCH(1,1)模型表示如下:

$$r_{i,t} = \alpha + \beta comm_t + \gamma r_{i,t-1} + \varepsilon_{i,t} \tag{1}$$

$$\log(h_{i,t}) = \tau + \omega\left(\left|\frac{\varepsilon_{i,t-1}}{\sqrt{h_{i,t-1}}}\right| - \sqrt{\frac{2}{\pi}}\right) + \varphi\log(h_{i,t-1}) + \kappa\left(\frac{\varepsilon_{i,t-1}}{\sqrt{h_{i,t-1}}}\right) + \lambda comm_t \tag{2}$$

其中 $r_{i,t}$ 表示利率, $comm_t$ 表示央行沟通变量,残差项 $\varepsilon_{i,t}$,其均值为 0,方差为 $h_{i,t}$,均值方程和方差方程中沟通变量的系数即 β 和 λ 的符号和大小,反映了央行沟通对利率水平和利率波动程度的影响。

但是,由于传统的单变量 GARCH 模型只能刻画单一变量波动的纵向传递,这导致了 Born 等(2012)的相关研究可能存在着缺陷,因为他无法精准地区分利率变量的波动原因,到底是由利率之间的联动变化造成,还是由其他因素比如央行沟通行为所导致。我们尝试在 Born 的模型基础上做出改进,为了有效剥离利率联动造成的影响,首先考虑引入多元 GARCH,它不仅能刻画多个变量沿时间方向的波动传递,还能捕捉不同变量之间的波动交叉传递;然后再使用 MVGARCH 模型来分析央行沟通行为对利率的影响;同时采用 BEKK 形式描述条件方差与条件协方差之间的关系,最终确定了 MVGARCH-BEKK(1,1)模型,该模型可以很好地刻画央行沟通行为对利率波动的影响。

假定 $r_{i,t}$ 分别代表隔夜利率和周利率, RCD_t 和 SCD_t 分别表示央行书面沟通变量和口头沟通变量,残差项为 $\varepsilon_{i,t}$,由于通过 AIC 和 SC 准则的综合判断,选择均值方程中利率的最优滞后阶数为 2,该模型的均值方程和方差方程形式于是表示如下:

$$r_{i,t} = \alpha + \beta_{i,1}RCD_t + \beta_{i,2}SCD_t + \gamma_1 r_{i,t-1} + \gamma_2 r_{i,t-2} + \varepsilon_{i,t} \qquad (3)$$

$$H_t = C^T C + A^T(\varepsilon_{t-1}\varepsilon_{t-1}^T)A + B^T H_{t-1} B + E_1 RCD_t^L + E_2 SCD_t^L \qquad (4)$$

其中,$\varepsilon_t = H_t^{\frac{1}{2}}\xi_t$,$\xi_t \sim i.i.d.N(0,1)$。方差方程以矩阵形式表示,$E_1$ 和 E_2 为对角阵,RCD_t^L 和 SCD_t^L 分别是对角元为 RCD_t 和 SCD_t 的对角阵,我们使用极大似然估计的 BHHH 算法来估计模型中的参数。本部分将重点分析方程中沟通变量的系数,以此来检验央行沟通对利率波动程度的影响。若该系数为负值,则说明央行沟通降低了市场利率的波动程度;若该系数为正,则说明央行沟通加剧了市场利率波动。

表 6-5 是模型 MVGARCH-BEKK(1,1) 的检验结果,从技术指标来看整体有效,并且 R^2 达到 88%,可以较好地解释央行沟通行为对市场利率波动的影响。实证结果中的央行沟通行为变量前的系数都是负数,表明央行的书面沟通和口头沟通都会减少利率波动程度,央行沟通对市场利率确实产生了显著的影响。并且,书面沟通系数的绝对值都大于口头沟通系数的绝对值,所以相对而言,书面沟通降低利率波动程度的作用更大。

表 6-5　MVGARCH-BEKK(1,1)检验结果

变量	方差方程	
	书面沟通	口头沟通
Shibor_1d	−0.0012***	−0.00004
Shibor_1w	−0.0011**	0.00014
Shibor_2w	−0.0005*	−0.0005*

说明:*,** 和 *** 分别表示在 10%,5% 和 1% 的置信水平上显著。

表 6-5 的结果显示,央行沟通尤其是书面沟通更侧重于减少噪音,降低利率的波动程度,对金融市场的经验性影响更为清晰与持久。但是,对于不同形式的沟通行为的有效性的整体评估需要进一步的经验性评价,根据以往学者的研究做法(Born 等,2012),我们使用 EGARCH 模型对此进行检验,表 6-6 是模型

检验的结果。

表 6-6　单变量 EGARCH(1,1)模型检验结果

变　量	方差方程	
	书面沟通	口头沟通
Shibor_1d	0.0066 ***	0.0488 ***
Shibor_1w	−0.2000 ***	−0.0357 *
Shibor_2w	−0.2032 ***	−0.0795 ***

说明: * , ** 和 *** 分别表示在 10% ,5% 和 1% 的置信水平上显著。

　　表 6-6 的结果显示,在针对隔夜利率的检验中,得到的系数为正;而在针对周利率的检验中,得到的系数为负,这说明央行的书面沟通与口头沟通对隔夜利率和周利率产生了不同的影响。央行的书面沟通和口头沟通都会加剧隔夜利率的波动,但是央行的书面沟通和口头沟通却会减少周利率波动,并且书面沟通降低利率波动的影响更大(因为书面沟通系数的绝对值要大于口头沟通系数的绝对值)。这说明对公众而言,央行的书面沟通更加可信,从而央行的书面沟通发挥的作用更有效。Schmidt 和 Nautz(2012)指出,这是因为公众需要通过一段时间的学习才能够理解央行的沟通信息,相对于周利率,隔夜利率的反应时间太短以至于公众可能在短期内不能完全领会央行的沟通信息,造成隔夜利率暂时性的波动程度加大。表 6-5 与表 6-6 的检验结果基本一致,表明央行的沟通行为确实能够引导市场的利率波动,因此在我国,当前央行的沟通行为是有效的,并且书面沟通比口头沟通更有效。

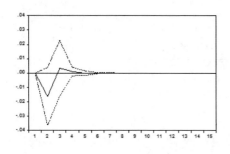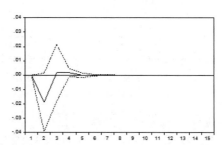

图 6-2　央行沟通与利率波动的脉冲响应图

　　图 6-2 是央行沟通与利率波动的脉冲响应图,纵坐标为单位冲击引起的波动(单位以百分比表示),横坐标表示波动持续时间(单位以天表示)。左子图与右子图分别表示央行书面沟通和口头沟通对利率波动程度的影响,即 RCD 和 SCD 对利率波动程度的脉冲作用。这两幅子图尽管在振幅与舒缓期上有些细微的差异,但是图形的形状是基本一致的。在央行给出一个沟通行为的冲击之后,利率波动程度迅速下降,并且在第 2 期达到最小值,然后出现反弹,最后分别在第 5 期和第 4 期恢复到原来的水平。这说明央行的沟通行为对利率波动的影响是即时生效的,央行沟通能够在短期内降低市场利率的过分波动程度。

　　近年来发生的中国商业银行系统的流动性风波,可以被视为对央行沟通行为进行效果检验的一个例证。2013 年 5 月以来,由于我国实体经济增长乏力、国际资本大量流出,同时美联储表达了退出量化宽松的强烈预期,加之监管部门对商业银行资金年中考核的时点逼近,我国商业银行体系的流动性紧张状况加剧,市场资金利率持续飙涨,最高的时候,隔夜上海银行间同业拆放利率(Shanghai Interbank Offered Rate,简称 Shibor)一度逼近 13.5%[①]。面对市场利率的不正常波动,央行在通过各种方式及时向市场注入流动性的同时,还充分利用了发表公告、公开讲话等央行沟通行为向市场传递维稳的政策信号[②],多种努力之下最终市场利率趋于平稳。图 6-3 反映了 2013 年 5 月底至 2013 年 7 月初之间,市场利率波动与央行沟通行为之间的关系。图形显示,当利率波动剧烈时,央行及时实施了沟通行为,从而有效减低了利率"尖峰"值,促使市场利率趋于平稳。

四、央行沟通的相机抉择

　　上一部分的分析结果表明,央行沟通行为确实对市场利率的波动有影响,但是这可能仍然不够。作为一种新型的货币政策调控手段,我们希望更进一步了

---

　　①　例如 2013 年 6 月 20 日,上海银行间同业拆放隔夜利率达到 13.444%。数据来源:国泰安数据库。

　　②　2013 年 6 月 3 日,央行公布中国 5 月份非制造业采购经理人指数。2013 年 6 月 9 日,央行公布中国 5 月份经济统计数据。2013 年 6 月 17 日,央行签署"关于商业银行流动性管理事宜的函"。2013 年 6 月 21 日,央行货币政策委员会召开第二季度例会。2013 年 6 月 25 日,央行发表合理调节流动性维护货币市场稳定的声明。

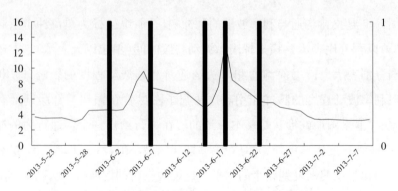

图 6-3 利率波动与央行沟通（2013 年 5 月至 2013 年 7 月）

注：左轴的数值表示利率变量的百分比大小，右轴的数值 0、1 表示央行沟通事件的虚拟变量。

解如何进行相机抉择，即在什么时候使用哪种央行沟通行为，才能达到平缓市场非正常波动的最佳效果。为此，我们尝试引入 Probit 模型，在解释变量中设置央行沟通行为与外部经济条件的交叉项，以分析在不同的经济条件下，央行如何选择正确的沟通策略。模型如下：

$$\text{Prob}(L = 1) = \varphi(\theta_0 + \theta_1 comm_t^C + \theta_2 econ_t + \theta_3 comm_t^C \times econ_t + \upsilon_t) \quad (5)$$

$$\text{Prob}(L = 0) = 1 - \text{Prob}(L = 1) \quad (6)$$

其中，φ 是标准正态分布的累积函数，$comm_t^C$ 表示央行沟通行为，$econ_t$ 表示外部经济条件即市场利率的变化情况，包括利率的偏差因素 D 和波动因素 SD，$comm_t^C \times econ_t$ 表示交乘项。虚拟变量 L 用来衡量央行沟通行为是否降低了市场波动，前文计算了 MVGARCH-BEKK(1,1) 的残差序列，若残差小于 0，说明央行沟通行为降低了市场波动，此时 L 取值为 1，否则 L 取值为 0。建立关于央行沟通内容和外部经济条件的 Probit 模型，检验结果如表 6-7 所示，分别列示了 Probit 模型中的回归系数，若系数为正，说明该变量会增加央行沟通有效的概率，若系数为负，则表示会减少央行沟通有效的概率。

表 6-7 Probit 模型回归结果

变　　量		Shibor_1d	Shibor_1w	Shibor_2w
书面沟通内容	REC	−0.2812 *	−0.5292 **	−0.1475 *
	RMP	−0.0924	0.3452	0.1001
	R	−0.8382 ***	−0.9102 ***	−1.2368 ***

续表

变　　量		Shibor_1d	Shibor_1w	Shibor_2w
口头沟通内容	SEC	0.5921*	0.1412	−0.3723
	SMP	−0.0638	0.0840	−0.1648
	S	1.1946***	0.2925	0.0574
外部经济条件	SD	0.7233***	0.7368***	0.7246***
	D	−1.3365***	−1.6064***	−1.6415***
	SD×RCD	0.4302*	0.3325*	0.2643*
交乘项	SD×SCD	−0.1001	−0.1540	−0.0758

注：*，** 和 *** 分别表示在 10%，5% 和 1% 的置信水平上显著。

　　Probit 模型的实证结果表明，整体来看，央行沟通行为中书面沟通的影响效果比较显著，但是书面沟通不宜简单重复，因为重复出现的书面沟通反而会降低沟通效果，导致市场的不确定性增加。同时，数据显示，央行的乐观表述降低了书面沟通的有效性，央行的悲观表述反而增加了书面沟通的有效性。因而当经济表现不佳时，央行多使用书面沟通，可能会减小市场的过分波动。

　　相对来说，口头沟通行为的影响效果较小，但是口头沟通对隔夜利率产生了非常显著的影响。与书面沟通不同，重复出现的口头沟通大大降低了隔夜利率波动的概率，央行在一定时间范围内的口头沟通次数越多，沟通越密集，隔夜利率波动的程度就越小。涉及经济前景的口头沟通会产生正面影响，央行的乐观表述增加了口头沟通有效的概率；而央行的悲观表述降低了口头沟通有效的概率。因此央行在沟通中多使用乐观的口头表述，将减少不确定性，增加企业家信心，促进经济稳定增长。但是，央行沟通行为中涉及未来货币政策走向的表态，影响效果都不明显，说明市场投资者更关注货币政策真实实施后的效果。

　　表 6-7 的回归结果显示，外部经济条件的系数都通过 1% 的显著性水平，说明利率的波动因素和偏差因素对央行沟通的效果产生了非常显著的影响。其中，利率波动的标准差的系数显著为正，说明利率波动的标准差越大（即外部经济条件越不稳定），使得央行沟通行为降低利率波动程度的概率增加了。当外部经济条件不稳定，例如由于危机导致市场利率出现剧烈波动时，央行沟通行为

会更加有效。此时的央行沟通相当于市场中的"镇定剂",减少了利率的波动,稳定了市场。此外,利率的偏差因素的系数显著为负,由于利率的偏差越大说明利率的偶然跳动性越大,这说明利率波动降低了央行沟通的有效性。因此当利率出现大幅偶然变动时,央行应谨慎实施沟通行为,以避免无效沟通造成市场利率的无谓波动。但若利率出现持续波动,就会加大利率波动的标准差,那么此时央行的沟通行为将更加有效。

表 6-7 中的交乘项是央行沟通与利率标准差的乘积,反映了不同经济条件下央行沟通的有效性。其中,书面沟通的交乘项系数显著为正,而口头沟通的交乘项系数均不显著,说明在不同的经济条件下,书面沟通比口头沟通对沟通效果的影响更显著。由交乘项的系数可知,利率波动的标准差越大,书面沟通降低利率波动程度的概率就越大,说明在市场利率不稳定的情况下,书面沟通是有效的。同时,由于央行的书面沟通更侧重于减少噪音,降低利率的波动程度,因此在危机期间,央行应该更加注重书面沟通。

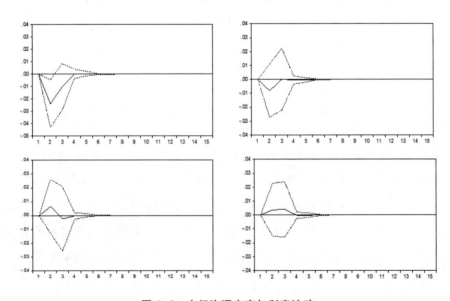

图 6-4　央行沟通内容与利率波动

图 6-4 是央行沟通行为对利率波动的脉冲响应图,上面的两幅子图分别表示央行书面沟通和口头沟通中关于经济前景的预测信息对利率波动程度的影响,即 REC 和 SEC 对利率波动程度的脉冲作用,这两个脉冲响应图的形状相似

但振幅有差异,给定一个央行沟通行为的冲击,市场利率波动程度迅速下降,并且在第 2 期达到最小值,分别为-0.025 和-0.008,并分别在第 4 期和第 3 期收敛到原来的水平。可见,书面沟通与口头沟通都能降低利率的波动程度,但是书面沟通降低利率波动程度的脉冲响应的效果幅度更大,作用时间更长。

图 6-4 的下面两幅子图,分别表示央行书面沟通和口头沟通中关于未来货币政策走向的预测信息对利率波动程度的影响,即 RMP 和 SMP 对利率波动程度的脉冲作用,这两个脉冲响应图的形状并不完全相同。给定一个 RMP 的央行沟通行为的冲击,利率波动程度上升,在第 2 期达到最大值 0.005,随后出现反向变化,在第 3 期该影响变为负值,并在第 4 期收敛到原来的水平;给定一个 SMP 的央行沟通行为的冲击,利率波动程度上升,在第 2 期达到最大值 0.004,随后维持在最大值处,直至第 4 期逐渐收敛到原来的水平。由此可见,口头沟通增加了利率的波动程度,且作用时间相对更长。

从图 6-4 中还可以看出,涉及经济前景信息的央行沟通行为均能够减小利率的波动程度,但其中书面沟通比口头沟通的作用更显著;相比而言,涉及货币政策走向的央行沟通对利率波动程度的影响较小,而且会加剧利率的波动程度,其中,口头沟通比书面沟通的作用更显著。这与上文的结论相同,说明书面沟通更侧重于降低利率波动程度,而涉及货币政策走向的央行沟通减少利率噪音的作用途径不显著。

近年来,在常规的货币政策之外,各国央行越来越重视其沟通行为对市场的影响以及在经济调控中的作用。央行通过向公众传递货币政策信号和宏观经济信息,降低了央行与公众间的信息不对称,增进投资者对央行信息的理解,减少市场中的噪音交易,进而减少了市场波动,最终影响宏观经济运行。作为一种新型的货币政策调控手段,央行沟通行为对于稳定金融市场和有效发挥宏观调控作用具有非常重要的意义。

首先,央行沟通行为对市场利率的波动程度存在显著影响。我国的央行沟通行为是比较有效的,央行沟通行为在一定程度上降低了市场利率的波动。央行的沟通行为对利率波动的影响即时生效,能够在短期内减少利率波动程度,但是其长期作用较小。

其次,央行沟通行为的效果因沟通方式和沟通内容而不同。在我国,央行的书面沟通比口头沟通更有效。相对于口头沟通而言,书面沟通更侧重于减少噪音,降低利率的波动程度。央行的书面沟通会显著地影响沟通效果,但是书面沟通不能过于密集,否则会降低沟通的有效性。此外,涉及未来货币政策走向的央行沟通并不显著影响其沟通效果。

最后,央行沟通效果与外部经济条件之间存在着密切联系。当外部经济条件越不稳定,导致利率波动剧烈时,央行沟通越有效。因此,央行沟通应该视外部经济条件而相机选择恰当的沟通方式和时机。在金融危机期间,央行应该更加注重各种沟通方式的实施,为经济发展创造稳定的市场环境。

第二节　基于适应性预期的货币政策

本节以存准率调整作为货币政策的代表,构建了一个多维变量自治系统,通过高阶常系数非齐次线性微分方程极限解的技术方法,研究了基于适应性预期的货币政策的传导机理,并对其传导效果进行了实证检验。

一、理性预期与适应性预期

近年来由于金融创新加速,市场预期在引导投资者金融行为中的作用越来越大(马骏,2015),各国中央银行开始日益感受到货币政策预期管理的重要性。很多货币政策除了直接冲击货币供给曲线之外,还可以通过改变市场参与者的预期来引导市场参与者的行为选择,从而间接地改变货币市场均衡。例如,在金融危机中,西方发达国家普遍使用了量化宽松的货币政策手段来促进本国经济复苏、引导实体经济发展。有意思的是,我们发现美联储、欧洲中央银行、日本银行以及英格兰银行每次在实施非常规的货币政策之前,都会反复利用新闻媒体来传递货币当局的政策意图。这样做的目的,一方面可以尽最大可能熨平货币政策实施时点的脉冲效应导致的对经济的异常冲击,另一方面可以充分利用预期管理的方式来影响投资者的情绪与行为选择,低成本地引导实体经济的发展。还有些货币政策与手段,例如美联储的扭转操作(OT)、欧洲中央银行的完全货币交易政策(OMT)、各国当局频繁使用的央行沟通行为等,在实施时点上甚至根本就不会改变市场的流动性,如果使用传统的派生存款理论解释,这些货币政策与手段似乎将毫无用处,但事实上,如果货币当局恰当地使用预期管理手段,完全有可能低成本而有效地达到最终的政策目标。

央行货币政策的预期管理,大致可分为适应性预期与理性预期两类。适应性预期最早由 Cagan(1956)提出,他认为人们会根据已发生的情况来调整未来的心理预期,同时基于调整后的心理预期来改变自己的行为方式,Friedman(1957)将其应用到通货膨胀模型的构建并进行了拓展。而理性预期理论则由 Muth(1961)提出,该理论认为经济主体会充分有效地利用所得信息来做出行动而不会犯系统性的错误,所有的错误都是随机的,随后 Lucas(1972)、Sargent 和 Wallace(1976)等经济学家发展了理性预期理论,并将理性预期理论引入宏观经济模型中,逐渐形成理性预期学派。

在货币政策的预期管理中,到底应当选择适应性预期还是理性预期?对此目前尚存在着争议,有很多经济学家偏向于后者。但近年来的货币理论与实践显示,关于货币政策的理性预期管理的相关研究可能存在着有待改进的地方:首先,理性预期的理论,假定所有人是完全理性的,这点与现实有偏离。在市场经济中,由于心理与社会等因素的影响(Thaler,1980;Kahneman 和 Tversky,1979),行为人一般仅为有限理性,并非每个人都会严格地追求自身收益最大化,特别是在现代资讯日益发达的今天,人们越来越容易受到来自于外界的信息影响而改变行为选择。其次,理性预期理论隐含的一个结论是,市场机制能够达到最优,因此政府不应当干预经济,这点也与现实有偏离。完全放任自流的市场经济模式并不正确,现代主流的经济学观点认为,在尊重市场经济规律的同时,政府仍然需要给出恰当的宏观调控的引导,否则在短期内宏观经济易出现异常波动导致市场失灵(Ball 等,1988)。再次,卢卡斯认为只有没有预期到的货币政策,才有真实效果,其他的只能造成名义影响,只影响价格,不影响产出,这点仍然与现实有偏离。当前,由于信息高速流动,导致影响宏观经济变量波动的往往不完全是基本面因素,投资者的预期改变起到的作用越来越大(陆磊,2015)。因此,央行应当主动地通过适应性预期管理的方式引导投资者的行为,来提高货币政策传导的有效性。近年来,世界各国中央银行的货币政策操作风格逐渐由"神秘主义"转向"透明主义",背后深层次的原因即在于此。

厘清预期管理的具体形式,并探讨货币政策的相关传导机制对于当前的货币政策制定具有非常重要的现实与理论意义:第一,可以明确货币政策的实施基调。若货币当局坚持进行理性预期管理,那么从理论上说,央行的货币政策应当少调甚至是不调,让市场在长期中自动修复;若实施适应性预期管理,那么央行的货币政策则应当保持前瞻性,适当地预调微调,注重松紧适度,灵活运用多种货币政策工具,通过恰当改变投资者的预期来引导经济的发展方向。第二,为货币政策的实践提供理论支撑。当前,中国经济面临着结构不合理、部分领域产能严重过剩等一系列难题,这标志着中国经济已经进入"三期叠加"(增长速度进入换挡期、结构调整面临阵痛期、前期刺激政策消化期)的新时期。新常态的"三期叠加"特征,对货币政策的制定与实施提出了更高的要求,敦促货币政策由以往的"大水漫灌"向未来的"精准滴灌"转化,但是由于精准滴灌的货币政策不会释放巨量流动性,也不会直接而大规模地冲击货币供给曲线,所以还需要货币当局灵活科学地使用预期管理机制,引导流动性顺利投向特定领域,才能充分体现其政策效果。这都必须建立在充分了解预期管理的货币政策的传导机理,科学判断货币政策的传导效果的基础上。第三,为具体的货币政策工具与手段提供行动指南。进入后金融危机时期,为了应对更加复杂多变的金融与货币环境,各国央行创设了大量的货币政策操作工具,央行的货币政策工具箱得到极大扩充,但目前看来似乎碎片化特征明显(Draghi,2013;Sims,2015)。若能分析清楚不同工具的传导机制,可以进一步精炼工具手段,提高货币政策实施的有效性,缓解货币政策传导的效应失真。

Cagan(1956)在费雪方程式的基础上提出了适应性预期假说,他认为人们会根据往期的预期通胀和当期的实际通胀的差额来调整当前的预期通胀,随后,Friedman(1957,1972)将适应性预期拓展到了货币经济学领域。近年来,适应性预期仍然是国内外学者研究货币政策和预期管理时的重要方法。学者们实证发现经济代理人常常表现出适应性预期,适应性预期仍然是有效的预期机制(Agliari等,2006)。适应性预期在引导投资者行为时起到了重要作用,尽管经过一段时间学习后,理性人会通过追求最大化变成理性预期,但是有学习能力的代理人在开始阶段会毫无疑问地体现出适应性预期(Hacioglu,2015)。就中国而言,理性预期和适应性预期同时存在,对不同的商品服务的价格,代理人可能表现出不同的预期特征(杨继生,2009;郭凯等,2013),但适应性预期的比重更大(许志伟等,2015)。Li 和 Qiu(2013)的实证研究发现,2005 年至 2008 年人民币升值期间,投机者的预期行为符合适应性预期。

经济学家们已经确认货币政策能对公众预期产生影响,因此央行可以通过发布货币政策信号来改变公众的心理预期(Carvalho 和 Nechio,2014;Salle,2015),由于投资者收集和处理信息需要成本,货币政策的信息在经济体内的传播并非即时产生效果,所以公众的通胀预期具有一定黏性(Reid,2015)。相对于央行实际干预,信息披露在引导通胀预期方面的时滞更短,效果会更快显现出来(卞志村等,2012)。央行的政策变动会对投资者的通胀预期产生影响,然后影响实体经济,而且相比于实际的通货膨胀率,通胀预期对实体经济的影响更大(姚余栋等,2013)。郭晔等(2012)构建了中国金融状况指数 FCI,发现 FCI 对通货膨胀有先导作用且包含未来通货膨胀和经济走势的丰富信息,可作为预期未来通胀的参考指标。

预期管理的概念由 Woodford(2003)提出,他认为投资者会从央行货币政策信号中提取信息更新预期,形成具有动态反馈的预期,同时央行也可以利用投资者的预期形成机制,来提高宏观调控的有效性。现代预期管理非常重视以通胀目标为代表的名义锚在预期管理中的作用,其中提高政策的可信度是预期管理的核心所在(马文涛,2014)。如果实体经济对通胀预期的反应较弱,则表明公众对央行缺乏信心,若缺乏可信基础,通胀预期极易发生突变(徐亚平,2010)。程均丽等(2015)则认为我国的通胀预期具有后顾型异质预期形态,央行在预期管理中应建立稳定强大的名义锚,使经济预期具有自动稳定机制,更好地实现预期管理的效果。李宏瑾(2012)的实证研究发现我国的利率期限结构具有时变期限溢价特征,远期利率包含了投资者对未来利率的预期,因而央行可以通过预期管理改变利率期限结构,从而影响实际利率水平。纪敏与牛慕鸿(2016)认为随着我国经济步入新常态,央行常用的调整存款准备金率的目的也应转变为精细化调结构,可以利用差额存款准备金制度充分体现政策导向,引导市场参与者的不同预期,加大政策支持力度。

以往学者的研究成就不容忽视,但整体来看可能仍然存在着一些不足:首先,国外学者进行过适应性预期的理论和实证研究,但没有探讨过存款准备金率调整的适应性预期管理。存准率调整是发展中国家常用的一种货币政策,尽管目前我国的货币政策正在努力由数量型向价格型转化,但是在过去十余年以及未来较长一段时间内存准率调整仍然会是中国货币当局的主流货币政策之一,因此充分研究了解存准率调整的传导机制与适应期预期管理,贴近我国国情并具有重要的实践意义。其次,国内学者对存准率的传导机制进行过大量研究,有些学者还糅合当前的一些金融创新要素进行了拓展,但理论研究的主要思路还是派生存款理论,大多没有意识到存准率调整除了直接冲击货币供给曲线之外,还可以通过改变市场参与者的心理预期来引导市场参与者的行为选择改变货币市场均衡,从而忽略了货币政策调整的适应性预期管理功能。

本节在以往学者的研究基础上做出了改进,通过引入市场参与者的适应性预期,从理论上分析了货币政策(文中以存款准备金调整为代表)传导至宏观经济(文中用通货膨胀作为替代指标)的预期管理的路径与运行机理。具体来说,本部分构建了一个包含多个变量的经济体系,并将其转化成多维的自治系统,然后求解相应的高阶微分方程的通解,通过研究该通解随着时间变化而呈现的极限特征,证明存准率调整的货币政策对宏观经济的影响机理与演化过程,并基于模型结论提出了恰当选择存准率调整的时机与力度、提升货币政策实施效果的相关政策建议。

二、基于适应性预期的货币政策传导机理

(一)构建经济体系

作为对现实经济的反映,我们将货币金融学中的若干经济假设表示为如下方程式。

方程一:真实的通货膨胀水平由超额的货币供应量与通货膨胀预期共同决定,表示为(1)式:

$$p = q(m - T) + h\pi \tag{1}$$

按照货币主义经济学家的观点,真实的通货膨胀受货币供给变动的影响,即货币供给的过度增加会导致物价上涨与通货膨胀率上升。弗里德曼在修正早期的菲利浦斯曲线时,提出通货膨胀不仅与失业率有关,而且与通货膨胀预期有关,高通货膨胀预期会改变投资者行为,并促进真实通货膨胀进一步上

涨。结合以上两个方面,我们给出(1)式。该式意味着,真实的通货膨胀水平与货币的超额供应量成正比,也与通货膨胀预期成正比,其中 p 为真实的通货膨胀水平,m 是货币供应量,T 是经济增长水平,π 为通货膨胀预期,q 与 h 均为大于 0 的常数。由于真实的通货膨胀水平由两部分构成,所以通货膨胀预期只能部分而不是全部地决定真实的通货膨胀水平,因此有 $h < 1$。在没有新的生产关系变化或新的生产工具发明之前,生产力水平即经济增长率 T 可以假定为常数。

方程二:货币的供需满足瓦尔拉斯均衡,且货币需求由企业生产投资的资金需求与个体生活消费的资金需求共同构成,表示为(2)式:

$$m = n(1 - R)D + kB \tag{2}$$

经济学家们普遍认同货币的基本职能是交易媒介、价值尺度、价值储藏与支付手段,我们按照对象将货币需求划分为来自于企业生产的货币需求与来自于个体消费的货币需求两类。再借鉴新古典货币理论学家的观点,使用经典的瓦尔拉斯均衡来分析货币市场均衡,给出(2)式。在该式中,R 为存款准备金比率,D 为商业银行体系的存款总量,B 是用于个人生活消费的货币的真实需求。(2)式中的货币政策用存款准备金比率作为替代指标,存准率调整能够通过资产负债表效应有效地调节商业银行的负债项与资产项,而且也是过去十余年间中国货币当局最常用的一种货币政策工具。在以中国为代表的新兴市场国家中,商业银行在帮助企业融资并提供资金支持方面占有非常重要的地位,假定来自于企业的资金需求主要由商业银行提供,商业银行在向央行缴付了足额 R 比例的法定存款准备金后,可以将余下的 $(1 - R)$ 比例的存款负债全部转化成贷款,并提供给市场的资金需求者,因此这部分货币量为 $n(1 - R)D$,而用于生活消费的来自于个人的资金需求用 kB 表示。其中 n 与 k 均为大于 0 的参数,货币政策即存款准备金比率 $R > 0$。

方程三:当真实的通货膨胀水平大于市场的通货膨胀预期时,市场投资者预计未来通货膨胀将加速上升;当真实的通货膨胀水平小于市场的通货膨胀预期时,市场投资者预计未来通货膨胀会下降:

$$\frac{d\pi}{dt} = j(p - \pi) \tag{3}$$

弗里德曼将 Cagan 提出的适应性预期(Adaptive Expectation)的观点引入了货币经济学领域,他认为人们会以过去的实际通货膨胀为依据,对未来的通胀做出预期,并随着时间推移,用实际发生的通货膨胀率来不断修正原来的预期。(3)式中,当期的通货膨胀预期根据上一期的实际通胀与上一期的通胀预期之间差值的特定比例进行调整。t 为时间变化,j 是大于 0 的常数。该式将真实的物价水平与投资者的预期结合起来,展示了物价水平对投资者预期的影响。方程二与方程三描绘了存准率调整的流动性冲击效果与预期冲击效果两个方面,以往学者在研究存准率调整的传导机制时容易忽视后者,本部分将适应性预期引入存准率调整的传导机制研究,能够更全面地展示存准率调整的传导效应。

方程四:用于生活消费的真实货币需求决定于经过通胀修正后的生产率增长水平,表示为(4)式:

$$\frac{dB}{dt} = b(T - ap) \tag{4}$$

凯恩斯的流动性偏好理论认为货币的需求分为三个动机,分别是交易动机、预防动机与投机动机,对社会人群而言,货币需求主要取决于收入水平;而根据效率工资理论,工资水平与劳动生产率成正相关关系。结合以上两个理论,我们给出(4)式。该式意味着用于生活消费的货币需求与剥离了通货膨胀因素之后的生产率水平两者之间成正比。对个人来说,其对货币的需求可以分解为两个部分:一部分是在没有通胀时,个人用于生活消费过程所需要的资金量;另一部分则是在有通胀的前提下,由于通胀导致的比如成本上涨与消费品价格上涨等因素带来的超额的资金占用。我们假定用于生活消费的货币需求与真实的生产率水平成正比例关系,其中 b 与 a 都是大于 0 的常数。

以上四个方程均源自经典的货币金融理论,在反映现实经济状况的同时,构造了一个经济变量交互影响的复杂的多维自治系统。下面我们讨论在该自治系统中,货币政策的调整对宏观经济的影响过程与运行机理。

(二)求解模型

将(2)式代入(1)式,得到(5)式:

$$p = h\pi - qT + qn(1 - R)D + kqB \tag{5}$$

将(5)式代入(3)式,得到(6)式:

$$\frac{d\pi}{dt} = j(h-1)\pi - jqT + jqnD(1-R) + jkqB \tag{6}$$

对(6)式求导,得到(7)式:

$$\frac{d^2\pi}{dt^2} = j(h-1)\frac{d\pi}{dt} - jqnD\frac{dR}{dt} + jkq\frac{dB}{dt} \tag{7}$$

将(4)式代入(7)式,得到(8)式:

$$\frac{d^2\pi}{dt^2} = j(h-1)\frac{d\pi}{dt} - jqnD\frac{dR}{dt} + jkqbT - jkqbap \tag{8}$$

将(3)式变形,得到(9)式:

$$p = \pi + \frac{1}{j}\frac{d\pi}{dt} \tag{9}$$

将(9)式代入(8)式,得到(10)式:

$$\frac{d^2\pi}{dt^2} + [kqba - j(h-1)]\frac{d\pi}{dt} + jkTba\pi = jkqbT - jqnD\frac{dR}{dt} \tag{10}$$

解此二阶常系数非齐次线形微分方程,并求其通解的极限(推导过程请见附录)得到:

$$\lim_{t\to\infty}\pi = \frac{q}{a} - \frac{qnD}{kTba}\frac{dR}{dt} \tag{11}$$

对特定的商业银行来说,存款量在特定的时期会发生改变,但是若没有出现直接影响投资者的投资收益偏好改变的政策调整,整个商业银行体系的总存款量 D 在特定时期是相对固定的,而其他参数如前所述均为常数。这意味着在多维自治系统构成的经济体系中,货币政策的调整(文中用存款准备金比率 R 代替)决定了宏观经济的变化(文中用通货膨胀 π 代替)。由于方程组包含货币政策预期管理变量,因此给出如下命题:

命题1:在适应性预期的引导下,货币政策调整与宏观经济变化显著相关。

三、基于适应性预期的货币政策传导效果

如前推导所获得的经济均衡的结论启发我们,在设置了相关目标之后,货币

当局可以通过选择适当的时机与力度,引导市场预期与宏观经济健康有序发展。仔细分析(11)式,我们还能得到更多更细致的结论:

首先,影响通货膨胀预期的关键指标是货币政策的变化量 $\dfrac{dR}{dt}$,而不是货币政策 R 本身。因此货币政策例如存款准备金比率的数值高低对宏观经济的影响有限,其每次调整的幅度才更敏感地影响着市场变化。以"从紧的货币政策"实施期为例,若每次准备金比率向上调整的幅度都相同,其实并无益于约束通货膨胀的上升,因为(11)式显示当 $\dfrac{dR}{dt}$ 等于常数时,通货膨胀的预期 π 是一个定值。恒定变化率的货币政策极易让当局落入"调整的陷阱",即一方面货币政策越来越紧缩,但另一方面却始终难以达到抑制通货膨胀的目的。模型结论显示,货币政策的"调整的陷阱"可能是因为货币当局选择了不恰当的指标体系与不合理的调整方式所致。

其次,货币政策的调整方式可以引导宏观经济的变化。对(11)式求导,得到(12)式:

$$\frac{d\pi}{dt} = -\frac{qnD}{kTba}\frac{d^2R}{dt^2} \tag{12}$$

可见,当 $\dfrac{d^2R}{dt^2} > 0$ 时,有 $\dfrac{d\pi}{dt} < 0$;当 $\dfrac{d^2R}{dt^2} < 0$ 时,有 $\dfrac{d\pi}{dt} > 0$。所以,货币当局在进行货币政策调整时,应合理进行调节方式的选择。举例来说,同样是将准备金率从 R_0 调整到 $R_0 + \Delta R$,每期固定提高一个定值的调整方式,与每期提高幅度不断加强的调整方式,产生的政策效果将会迥异。因为后一种调整方式意味着货币政策 R 的变化相对于 t 来说是一个递增的凸函数,代入(12)式,推出 $\dfrac{d\pi}{dt} < 0$,说明该调整方式可以有效降低通货膨胀预期。

下面,我们分别针对"从紧的货币政策实施期"与"宽松的货币政策实施期"两种情况,分析三种准备金比率调整的方法,对比各自的政策效果(实证检验见第五部分)。

第一种情况:"从紧的货币政策"实施期。存款准备金比率由低向高调整,三种方式及效果如图6-5。

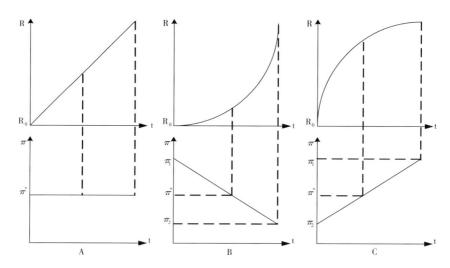

图6-5　不同的货币政策调整方式的效果（从紧的货币政策时期）

　　取横坐标为t,将R的不同取值一一对应到π值中。图6-5的A子图显示,由于准备金比率随时间调整的数值是常数,带入(11)式得到通胀预期也是常数,而由(12)式可得通货膨胀预期随时间的变化量$\dfrac{d\pi}{dt}=0$,于是此时的通货膨胀预期是一条直线。而图6-5的B子图显示,由于准备金比率随时间调整的趋势是递增的凸函数,带入(12)式得到通胀预期随着t的变化率小于0,所以通货膨胀预期是一个减函数,图形显示通货膨胀预期是一条向右下方倾斜的曲线。图6-5的C子图显示,尽管货币当局在不断提高存款准备金比率,但是由于R的调整幅度随t不断减小,带入(12)式得到$\dfrac{d\pi}{dt}>0$,因此这种提高存款准备金比率的方式非但不会降低通胀,反而会提高通胀预期,产生的效果与货币政策目标背道而驰。

　　第二种情况:"宽松的货币政策"实施期。存款准备金比率由高向低调整,三种方式及效果如图6-6。

　　取横坐标为t,将R的不同取值一一对应到π值中。图6-6的A子图显示,由于准备金比率随时间调整的数值是常数,带入(11)式得到通胀预期也是常数,而由(12)式可得通货膨胀预期随时间的变化量$\dfrac{d\pi}{dt}=0$,于是此时的通货膨胀预期是一条直线。图 6-6 的 B 子图显示,由于准备金率随时间调整的趋势是递减的凹函数,带入(12)式得到通胀预期随着 t 的变化率大于 0,所以通货膨胀预期是一个增函数,反映在子图 B 中,通货膨胀预期是一条向右上方倾斜的曲线。图 6-6 的 C 子图则显示,尽管货币当局在不断降低存款准备金率,但是由于 R 的调整幅度随 t 是不断减小的,带入(12)式得到 $\dfrac{d\pi}{dt} < 0$,所以这种降低存款准备金比率的方式不会促进经济复苏,反而会导致进一步的紧缩,产生的效果与宽松的货币政策目标完全相反。

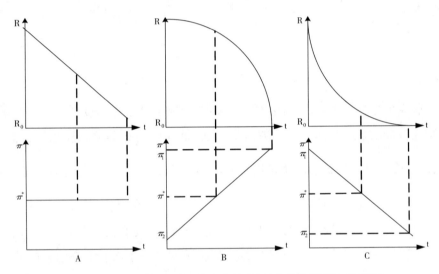

图 6-6　不同的货币政策调整方式的效果(宽松的货币政策时期)

从以上分析可见:能更好地体现货币政策效果的准备金比率调整方式应当是图 6-5 的 B 子图与图 6-6 的 B 子图。基于 B 子图的调整方式有两个好处:第一个好处是效果更强。以紧缩期的货币政策为例,当准备金比率从 R_0 向上调整到 $R_0 + \Delta R$,每期固定提高一个定值的调整方式(A 子图)只能保证通胀预期稳定在 π^*;但是每期提高幅度不断加强的调整方式(B 子图),却可将通货预期由 π_1 降到 π_2,其中 π_2 远小于 π^*。第二个好处是给未来的调整留下了更多的政策空间。图 6-5 的 B 子图显示当货币政策由 R_0 调整到一定程度时,就已经达到了 A 方式的紧缩效果,由于货币当局相对于调整极限留下了更多的可调空间,此时可以根据宏观经济的变化再相机抉择下一步的政策调整方向与力度。

事实上,货币政策的调整方式可以更加丰富多样。若是要求每次货币政策调整的幅度必须是固定值(比如调整存准率大约是每次 0.5% 或其整数倍),那么可以适当改变货币政策的调整频率,货币当局通过更快速更频繁的短期调整向市场传递更强劲的政策信号,从而有效改变市场预期,并引导宏观经济的发展方向。由以上分析给出如下命题:

命题 2:影响宏观经济变化的更关键指标是货币政策在特定时间区段内的变化量,货币政策的不同调整方式会产生不同的适应性预期,并导致宏观经济的不同变化。

四、实证检验

(一)统计模型与数据来源

本节采用 VAR 模型进行实证分析,以更好地检验货币政策调整方式与宏观经济指标之间的互动情况。考虑一组时间序列变量 $y_{1t}, y_{2t}, \ldots, y_{nt}$,将其表示为 n×1 维的列向量 $Y_t = (y_{1t}, y_{2t} \ldots \ldots y_{nt})^{-1}$,$t = 1, 2 \ldots \ldots T$。则 p 阶 VAR 模型的一般形式为(13)式,其中 C 为 n×1 维常数向量,Φ_i 为 n×n 维自回归系数矩阵。ε_t 为 n×1 维白噪音向量。

$$Y_t = C + \Phi_1 Y_{t-1} + \Phi_2 Y_{t-2} + \ldots + \Phi_p Y_{t-p} + \varepsilon_t \qquad (13)$$

长期以来,存款准备金比率调整是我国货币当局使用的一种常规货币政策调整手段,因此本部分选取 2003 年 1 月至 2015 年 7 月的存准率调整与若干宏观经济变量的数据序列进行统计检验。结合前文的理论推导,本部分选取的变量由以下五类构成:第一类为通货膨胀 π_t,用居民消费价格指数(CPI)替代;第二类为存款准备金率的变动 dR_t/dt,将存款准备金比率 R_t 调整的幅度除以调整的时间长度得到,反映了存款准备金率的调整方式;第三类为经济的真实增长率 T,由于 GDP 只有季度数据,因而采用工业产出增长率替代;第四类为货币供应量的增长率 dM2,用广义货币供应量的月度同比增长率来替代;第五类为外汇储备增量 dFER,用外汇储备同比增速来替代,各数据序列均来自于中经网数据库和国家统计局。

(二)数据检验

1. 平稳性检验

表6-8　各变量单位根检验结果

变量	水平值检验结果			
	检验形式(C,T,L)	ADF检验的t值	P值	结论
CPI	(C,0,12)	-2.747101	0.0688	平稳
dR/dt	(C,0,0)	-4.155900	0.0011	平稳
T	(C,T,2)	-3.536829	0.0392	平稳
dM2	(C,0,3)	-2.774349	0.0645	平稳
dFER	(C,T,13)	-3.587072	0.0346	平稳

VAR模型要求时间序列变量都是平稳的,因此在回归前先采用ADF单位根检验法对序列的平稳性进行检验,如表6-8。其中,C、T、L分别代表常数项、时间趋势和滞后阶数。数据显示,在10%的置信水平下,所有时间序列变量均拒绝了"变量有单位根"的原假设,表明变量都是平稳的,可以使用VAR模型。

2. 格兰杰因果检验

为探究变量之间在统计上的因果关系,分别做CPI与其他变量的格兰杰因果检验。在检验前,利用AIC和SC信息准则确定最优滞后阶数为3阶,表6-9列示了变量间的格兰杰因果检验结果:

表6-9　格兰杰检验结果(lags=3)

	F统计值	P值	结论
dFER不是CPI的格兰杰原因	6.27625	0.0005	拒绝原假设
CPI不是dFER的格兰杰原因	1.63902	0.1831	接受原假设
T不是CPI的格兰杰原因	21.0444	0.0011	拒绝原假设
CPI不是T的格兰杰原因	3.01691	0.0320	拒绝原假设
dM2不是CPI的格兰杰原因	3.11594	0.0282	拒绝原假设
CPI不是dM2的格兰杰原因	7.19009	0.0002	拒绝原假设
dR/dt不是CPI的格兰杰原因	7.61723	0.0000	拒绝原假设
CPI不是dR/dt的格兰杰原因	2.38363	0.0719	接受原假设

表6-9的数据显示:首先,外汇储备增长率(dFER)是通货膨胀(CPI)变动的格兰杰原因,但通货膨胀不是外汇储备增长率变动的格兰杰原因,说明外汇储

备增长率的变动会影响通货膨胀,但通货膨胀的变动不会导致外汇储备增长率的改变。其次,经济的增长率(T)和通货膨胀互为格兰杰原因,表明当经济的真实增长率增加时,通货膨胀会上升,而通货膨胀的增加也会带来经济增长率的增加。再次,货币供应量增长率(dM2)和通货膨胀也互为格兰杰原因,说明货币供应量的变化会影响通货膨胀的变动,而通货膨胀的变动也会影响货币供应量的变化。最后,存款准备金率的变动(dR/dt)是通货膨胀变动的格兰杰原因,但是通货膨胀不是存款准备金率变动的格兰杰原因,这说明中央银行的货币政策调整确实能影响通货膨胀。由此可见,当央行调整外汇储备增长率、货币供应量增长率以及存款准备金率的变动等货币政策时,会引起宏观经济(本部分用通货膨胀作为替代指标)的变化,较好地证明了命题1的相关结论。

(三)检验结果

1. 脉冲响应

图6-7展示了通货膨胀对各个变量脉冲响应的结果。第一幅子图是通货膨胀(CPI)对其自身的影响,体现出通货膨胀具有惯性的特征,具体来看历史通货膨胀对滞后期的通货膨胀的影响在前18期为正,之后为负。第二幅子图是经济的真实增长率(T)对通货膨胀的影响,经济的真实增长率对通货膨胀的影响在前16期为正,从17到40期为负,之后正负影响交错,长期趋于0。第三幅子图为货币供应量增长率(dM2)对通货膨胀的影响,在前34期该影响基本为正,且在第14期的正向影响最大,达到0.176342,中期影响正负交错,长期影响趋于0。第四幅子图是外汇储备增长率(dFER)对通货膨胀的影响,基本上一直为正向影响,只有中间22期到27期是负向影响。第五幅子图为存款准备金率的变动(dR/dt)对通货膨胀的影响,具体来看,存款准备金率的变动对通货膨胀的影响在前20期为正,并在第8期正向影响达到最大值,为0.428653,中间21期到38期为负,负向影响的最大值为第27期的-0.101365,此后为正向影响,并在长期中影响趋于0。

仔细考察第五幅子图存款准备金率的变动对通货膨胀波动的影响:在短期内存款准备金率的变动对通货膨胀的波动有正向影响,中期影响为负,长期影响回归正并趋于0。短期影响效果是因为通货膨胀具有惯性,所以存款准备金率变动对通胀的影响会滞后;但滞后一段时间后,不断收紧的货币政策的效果开始显现出来,因此在中期压制了通货膨胀上涨的势头;长期中,根据菲利浦斯曲线的长期效应,货币政策的效果消失,物价与通胀水平又会收敛到真实生产率附近,所以影响趋向于零。货币当局能较好地决定物价水平的中期变动,此时货币政策的不同调整方式将会导致通货膨胀不同的变化,这与命题2的结论相一致。

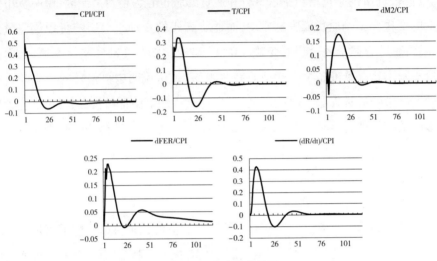

图6-7 脉冲响应结果

2. 方差分解

表6-10列示了各变量120期的方差分解的结果。

表6-10 通货膨胀的方差分解结果

项目	期数	指　标				
		CPI	**dFER**	**dM2**	**dR/dt**	**T**
CPI	10	36. 54971	9. 749854	2. 03859	28. 6289	23. 03295
	20	29. 95798	9. 06721	7. 440004	32. 58634	20. 94847
	30	28. 28667	8. 374382	8. 228617	31. 4676	23. 64273
	40	27. 96662	8. 573158	8. 099374	31. 33721	24. 02363
	50	27. 75398	9. 108586	8. 03394	31. 24776	23. 85574
	60	27. 67989	9. 404417	7. 995696	31. 18003	23. 73997
	70	27. 68153	9. 572966	7. 972147	31. 09308	23. 68028
	80	27. 67323	9. 709524	7. 955267	31. 03144	23. 63054
	90	27. 66039	9. 814495	7. 942557	30. 99171	23. 59085
	100	27. 65337	9. 886446	7. 933475	30. 96358	23. 56313
	110	27. 64973	9. 936091	7. 927216	30. 94294	23. 54402
	120	27. 64688	9. 971514	7. 922823	30. 92836	23. 53042

从长期来看,各变量对通货膨胀变动的总解释能力达到了 99.9%。其中,通货膨胀(CPI)能解释自身变动的 27.6%,存款准备金率的变动(dR/dt)能解释通货膨胀变动的 30.9%,经济的真实增长率(T)能解释通货膨胀变动的 23.5%,外汇储备增长率(dFER)的解释能力为 9.97%,货币供应量增长率(dM2)的解释能力占到 7.93%。可见,货币政策(存款准备金率)的变动对通货膨胀变动的影响最大,超过了通货膨胀对自身的影响。再次证明了命题 1 提出的货币政策调整与宏观经济变动强相关的结论,说明货币当局可以通过适应性预期调整来影响宏观经济的变化。

实证结果表明,调整的不同方向或频率会导致不同的货币政策实施效果,调整存款准备金率能在长期中改变通货膨胀的变动。因此,央行可以通过对存款准备金率进行适当调整,改变市场参与者对通货膨胀的适应性预期,进而在长期中改变通货膨胀的变动,引起宏观经济变化,实现预定经济目标。

五、政策建议与未来研究方向

当前中国经济已经进入"三期叠加"的新时期,新常态要求货币政策由以往的"大水漫灌"向未来的"精准滴灌"转化,精准滴灌的货币政策不会通过释放大量流动性来直接冲击货币的供给曲线,因此还需要科学的预期管理机制来保驾护航,恰当地引导流动性顺利投向特定领域,才能充分体现其政策效果。从已有文献来看,目前基于适应性预期的货币政策传导机理的深度理论分析并不多见,对基于适应性预期的货币政策传导效果也没有形成共识。本节在以往学者研究的基础上进行了拓展与研究,通过构建包含多维变量的自治系统,求解高阶常系数非齐次线性微分方程的通解随着时间变化而导致的极限,解析了基于适应性预期的货币政策的传导路径以及产生的政策效果,并进行了实证检验。研究结果显示:货币政策确实可以通过改变市场参与者的适应性预期来引导宏观经济发展,且方向不同频率不同的货币政策将会导致完全不同的调控效果。基于此,我们提出政策建议如下:

第一,货币当局在考察传统的货币乘数与货币供应量关系的同时,还需要更加关注货币政策的适应性预期调整,利用预期管理的技巧,来充分发挥货币政策的实施效果。

第二,货币当局可以根据现实经济估算出相关参数,然后代入多维自治系统,通过大型的计算机仿真模拟得到基于当前现状的货币政策调整策略,从而降低货币政策的实施成本、预估货币政策的实施效果,制定出科学有效的货币政策调整方案。

第三,货币当局应恰当选择货币政策的调整时机与调整力度。例如,在紧缩的货币政策时期,逐步加大边际值水平的货币政策可以有效约束市场的通胀预期;而在相对宽松的货币政策时期,逐步加大下降梯度的货币政策可以更快地促进经济复苏。关注货币政策的调整方式,能够强化货币政策与实体经济的相关性,防止当局落入"调整的陷阱"的困局。

为了与后金融危机时代不断变化的货币环境相适应,当前,我国正在努力创新货币政策的调整方式,例如预调微调、定向调控等。这些货币政策与危机初期推出的大规模宽松货币政策不同,它们更强调微刺激与结构调整,一般是通过改变市场参与者的适应性预期与行为选择,并最终传导至实体经济。对其传导机理的相关研究,在学术上可以丰富新常态下货币理论的分析框架,在实践中可以提高货币政策实施的有效性、缓解货币政策传导的效应失真。

附录:

(10)式是一个二阶常系数非齐次线性微分方程,为求其通解,考虑其特征方程:

$$\lambda^2 + \alpha\lambda + \beta = 0 \tag{A1}$$

其中 $\alpha = kqba - j(h-1)$,而 $\beta = jkTba$ 。该特征方程有两个根如(A2)式:

$$\lambda_{1,2} = \frac{-\alpha \pm \sqrt{\alpha^2 - 4\beta}}{2} \tag{A2}$$

根据特征方程根的三种情况,分别讨论如下:

①当 $\alpha^2 - 4\beta > 0$ 时,特征方程有相异的实数根 $\lambda_1 \neq \lambda_2$,因为各参数均为大于 0 的常数,所以有 $\beta > 0$,而 h 由(1)式可知小于 1,所以有 $\sqrt{\alpha^2 - 4\beta} < |\alpha| = \alpha$ 。同时由于 $\lambda_1 = \frac{-\alpha + \sqrt{\alpha^2 - 4\beta}}{2} < 0$ 且 $\lambda_2 = \frac{-\alpha - \sqrt{\alpha^2 - 4\beta}}{2} < 0$,所以(10)

的通解为：

$$\pi = C_1 e^{\lambda_1 t} + C_2 e^{\lambda_2 t} + \pi^* \tag{A3}$$

此时 λ_1 与 λ_2 都小于 0，所以有 $\lim\limits_{t \to \infty} \pi = \pi^* = \dfrac{q}{a} - \dfrac{qnD}{kTba} \dfrac{dR}{dt}$。

②当 $\alpha^2 - 4\beta = 0$ 时，特征方程有相同实数根 $\lambda_1 = \lambda_2 = -\dfrac{\alpha}{2}$，所以（10）的通解为：

$$\pi = (C_1 + C_2 t) e^{-\frac{\alpha}{2}t} + \pi^* \tag{A4}$$

对（A4）式的第一项运用罗比塔法则求极限，得到 $\lim\limits_{t \to \infty} \pi = \pi^* = \dfrac{q}{a} - \dfrac{qnD}{kTba} \dfrac{dR}{dt}$。

③当 $\alpha^2 - 4\beta < 0$ 时，特征方程有一对共轭复根 $\lambda_{1,2} = -\dfrac{\alpha}{2} \pm ei$，其中 e 是 $\sqrt{\alpha^2 - 4\beta}$ 后获取的复数的虚部，即 $e = \sqrt{4\beta - \alpha^2}$，所以（10）的通解为：

$$\pi = e^{-\frac{\alpha}{2}t}(C_1 \cos et + C_2 \sin et) + \pi^* \tag{A5}$$

因为 $\cos et$ 与 $\sin et$ 均为有界的三角函数，所以 $\lim\limits_{t \to \infty} \pi = \pi^*$。

综上所述，我们得到，不论特征方程的根是什么情况，最终都可推出（10）式的通解的极限为（A6），即本节正文的（12）式：

$$\lim\limits_{t \to \infty} \pi = \dfrac{q}{a} - \dfrac{qnD}{kTba} \dfrac{dR}{dt} \tag{A6}$$

第三节　货币政策的债券市场传导路径

本节尝试基于货币政策的债券市场传导路径的角度，构建数理与实证检验模型，来分析货币政策的预调微调传导机制与传导效果。

一、理论建模

本部分试图在货币政策调控各参与主体中引入心理预期变量，使用非齐次线性方程极限解的方法构建理论模型,分析存款准备金政策的债券市场传导路径的形成机理。

(一)以债务融资为主的厂商生产体系

在一个市场经济中,由于厂商的融资活动是生产流程的核心,决定企业在购、产、销环节上的市场竞争力,企业融资活动对商品市场均衡有重要影响,因此我们分析的起点从企业融资开始。在产品价格既定的前提下,假设企业的产出决定于融资成本,融资成本越高则产出越低,而融资成本越低产出越高,两者成反比例关系,用(5-1)式表示:

$$output = \frac{k}{c_{fund}} \qquad\qquad (5-1)$$

其中,k 是大于 0 的参系数,$output$ 是企业的产出,c_{fund} 是企业的融资成本。

假设所有企业的融资主要来源于两个部分:一部分是贷款,主要通过金融中介机构如商业银行获得;另外一部分是发行债券,根据未来的预期市场利率水平,通过资本市场而实现。因此,企业的融资成本也由银行融资成本与市场发行债券成本两个部分组成,企业将根据市场情况相机抉择具体的融资模式。

当商业银行对贷款的供给量越充分时,企业通过贷款进行融资的成本就越低;商业银行提供的对贷款的供给量越少时,企业进行贷款融资的成本越高。但是,债券融资的资金成本情况则相反。当未来预期的债券收益率越高时,意味着企业为了融得相同规模的资金不得不付出更高的成本;而当预期的债券收益率越低时,企业通过发行债券融通资金的成本反而越低。于是得到(5-2)式:

$$C_{fund} = \frac{m}{M_{loan} + nEy} \qquad\qquad (5-2)$$

其中,m 与 n 是大于 0 的常系数,M_{loan} 是商业银行向市场提供的贷款供给量,Ey 是债券的预期收益率。

在我们的模型中,货币政策变量使用存款准备金比率 R。在中央银行的三大传统货币政策工具中(存款准备金比率、再贴现比率与公开市场操作),存款准备金比率的调整具有强制性、彻底性和强预期信号性,并能够通过资产负债表效应有效地调节商业银行的负债项与资产项,而存款准备金比率的调整也是目前中国的货币当局最常用的一种货币政策工具。

商业银行吸收的存款是 D ,在向中央银行缴付了 R 比例的存款准备金之后,将所有剩余资金转化成生息资产。假定生息资产分成两个部分:一个部分为贷款 M_{loan} ,另外一个部分为购买债券 M_{bond} (这里的债券是国债和企业债的统称)。于是得到下式:

$$(1 - R)D = M_{loan} + M_{bond} \tag{5-3}$$

很显然,商业银行的资产规模与资产结构是货币政策 R 的函数。随着货币政策的调整,商业银行的资产项目会发生改变,并通过影响市场资金与债券的供需关系,进而影响市场经济结构与实体经济中的商品市场均衡。

债券的收益率取决于两个因素:一个是债券的市场成交价格。投资学理论指出,债券的收益率与债券的市场价格成反比,即当债券的市场价格越低时,债券的收益率越高;当债券的市场价格越高时,债券的收益率越低。另一个影响债券收益率的因素则是债券的预期收益率。当投资者预计债券未来的回报率会大幅上升时,为了避免未来投资本金的损失,投资者会在市场上大规模抛售债券,导致债券的市场价格的下滑,并促成债券收益率的不断上涨。以上过程可用(5-4)式表示:

$$Yield = l - ap + wEy \tag{5-4}$$

该式右边的前两项表示债券收益率与价格成反比,右边的第三项表示债券收益率与预期收益率成正比。其中 $Yield$ 是债券收益率,而 l 、a 与 w 均为大于 0 的常参数,由于预期收益率只能部分而不是全部地决定收益率,因此 $w < 1$。

商业银行是国债的主要持有者,因此它的供给与需求极大地决定了国债的市场价格。一方面,国债是商业银行的一种资产,可以带来收益。因此,国债的需求决定于价格,价格越高(低),国债的需求越低(高)。我们使用常见的向右下方倾斜的需求曲线表示两者关系,其中 $c < 0$:

$$Q_d = b + cp \tag{5-5}$$

另外一方面,国债又是中央银行货币政策工具操作的重要标的物,央行可以灵活地利用操作工具的调节来诱导商业银行改变资产结构与风险偏好,以实现特定的货币政策目标。例如,准备金比率的提高将迫使商业银行选择抛售低收益的国债资产,将资金回收后填补因为严厉的货币政策所导致的法定准备金的缺失。因此国债的供给不但决定于市场价格,同时也决定于央行的货币政策的

实施。给出以下等式,其中 $h > 0$ 且 $u > 0$:

$$Q_s = g + hp + uR \tag{5-6}$$

我们想考察的是,若在期初有一个货币政策的扰动,那么在期末,经济是否会存在稳态,并力图寻找该稳态。为此,我们引入时间变量,并将债券视为一种商品,在宏观经济学常用的供需分析中一般假定商品价格的变化率与超额需求两者之间成正比例关系,其中 q 为大于 0 的常数,即:

$$\frac{dp}{dt} = q(Q_d - Q_s) \tag{5-7}$$

同时假定在期初,债券的价格为 $p(0)$,即:

$$p \mid_{t=0} = p(0) \tag{5-8}$$

债券的预期收益率的形成是一个多因素和复杂的过程,因为这牵涉理性人的心理预期等因素。在期初,投资者对债券会有一个先验的预期收益率,而未来的债券预期收益率是根据当期真实的债券收益率水平而适时调整的,因此当期的债券收益率对投资者而言是一个信号,投资者将根据获取的信号来调整期末的债券预期收益率的数值,这是一个贝叶斯过程。当债券当期实际收益率大于债券的预期收益率时,投资者预计未来时间段内的债券收益率将上升;而当投资者发现债券当期实际收益率小于债券的预期收益率时,他预期未来的债券收益率将下降。表示为(5-9)式,其中 j 为大于 0 的参数:

$$E(Ey \mid Yield) = \frac{dEy}{dt} = j(Yield - Ey) \tag{5-9}$$

同时假定在期初,投资者有个先验的债券预期收益率为 $Ey(0)$,即:

$$Ey \mid_{t=0} = Ey(0) \tag{5-10}$$

(二)货币政策通过债券市场的传导路径

将(5-5)式与(5-6)式代入(5-7)式,得到:

$$\frac{dp}{dt} = (qc - qh)p + q(b - g - uR) \tag{5-11}$$

解此常系数非齐次线性微分方程,得到债券价格在货币政策干预下随着时间的变化趋势的通解为:

$$p = Cexp[q(c - h)t] + \frac{b - g - uR}{h - c} \tag{5-12}$$

将(5-8)式代入,得到其特解为:

$$p = (p(0) + \frac{uR + (g - b)}{h - c})\exp[q(c - h)t] + \frac{b - g - uR}{h - c} \quad (5-13)$$

考察(5-13)式,假设在期初有一个货币政策的扰动,在特定的货币政策下, $(p(0) + \frac{uR + (g - b)}{h - c})$ 是一个常数,而 $(c - h)$ 小于0,因此当 t 趋向于长期时,债券价格会趋向于一个定值,即:

$$\lim_{t \to +\infty} p = \lim_{t \to +\infty}(p(0) + \frac{uR + (g - b)}{h - c})\exp[q(c - h)t] + \frac{b - g - uR}{h - c} = \frac{b - g - uR}{h - c}$$

$$(5-14)$$

其中,若 $(p(0) + \frac{uR + (g - b)}{h - c}) > 0$,则 p 从正方向趋向于 $\frac{b - g - uR}{h - c}$,反之则从负方向趋向于 $\frac{b - g - uR}{h - c}$。从而得到:

命题1:在长期中,债券价格波动依赖于货币政策的调整。

仔细考察债券价格与货币政策两者之间的数量关系,由于有:

$$\frac{\partial p}{\partial R} = -\frac{u}{h - c} < 0 \quad (5-15)$$

所以,债券价格与货币政策两者之间存在反比例关系。即当实施严格的货币政策时,会引起商业银行大量抛售债券,导致债券的市场价格下降。

将(5-13)式代入(5-4),然后再代入(5-9),得到:

$$\frac{dEy}{dt} = j(l - ap + (w - 1)Ey) = j(w - 1)Ey + j(l - \frac{a(b - g - uR)}{h - c})$$

$$(5-16)$$

解此非齐次线性微分方程,在通解的基础上再将(5-10)式代入,得到:

$$Ey = (Ey(0) + \frac{l(h - c) - a(b - g - uR)}{(h - c)(w - 1)})\exp(j(w - 1)t)$$

$$+ \frac{a(b - g - uR) - l(h - c)}{(h - c)(w - 1)} \quad (5-17)$$

由于 $w < 1$,所以当 t 趋向于长期时,得到:

$$\lim_{t \to +\infty} Ey = \frac{a(b - g - uR) - l(h - c)}{(h - c)(w - 1)} \quad (5-18)$$

(5-18)式表明债券的预期收益率的极限为定值,从而得到:

命题2:在长期中,债券的预期收益率的波动依赖于货币政策的调整。

将 Ey 对 R 求偏导,得到下式:

$$\frac{\partial Ey}{\partial R} = \frac{-au}{(h-c)(w-1)} > 0 \qquad (5-19)$$

即随着货币政策的加强,商业银行将加大力度抛售持有的债券,因此市场中的债券价格将下降,债券的收益率上升,结论符合我们的经济直觉以及前期的理论假设。

将(5-1)式对 R 求导,得到下式:

$$\frac{dc_{fund}}{dR} = \frac{-m}{M_{loan}^2} \cdot \frac{dM_{loan}}{dR} + n\frac{dEy}{dR} \qquad (5-20)$$

在课题组的前期研究中(Li M 等,2011,2013),我们分析了货币政策(存款准备金比率 R)与监管政策(法定资本充足率水平 θ)的调整,对商业银行的行为选择的影响。结论是,不断加强的货币政策与监管政策,在长期中会导致商业银行的贷款规模下降,即:

$$\frac{dM_{loan}}{dR} < 0, \frac{dM_{loan}}{d\theta} < 0 \qquad (5-21)$$

将(5-21)式与(5-19)式,代入(5-20),推出:

$$\frac{dc_{fund}}{dR} > 0 \qquad (5-22)$$

(5-22)式说明企业融资成本与货币政策变化两者之间成正比例,从而得到:

命题3:紧缩(宽松)的货币政策将通过债券市场的传导路径导致企业的融资成本上升(下降)。

将(5-2)式对 R 求导,并将(5-23)式代入,推出:

$$\frac{doutput}{dR} = \frac{-k}{c_{fund}^2} \cdot \frac{dc_{fund}}{dR} < 0 \qquad (5-23)$$

(5-23)式说明企业产出与货币政策变化两者之间成反比例,从而得到:

命题4:紧缩(宽松)的货币政策将通过债券市场的传导路径导致产出下降(上升)。

(三)资本约束政策对传导路径的影响

以上构造的传导路径有别于常见的货币政策传导路径,主要是从商业银行持有的债券项入手,引入心理预期,证明了货币政策的调整会通过改变债券的预期收益率而影响企业的融资成本,并最终改变商品市场均衡。但以上讨论可能并不完全,因为商业银行的行为选择不仅仅受到货币政策的影响,还受到一些其他重要因素的影响。

在过去的近 30 年间,世界银行业面临的最大调整是《巴塞尔协议》指引下的资本充足性监管的实施。资本充足性约束监管,目前被各国监管部门普遍视为一种有效防范和控制商业银行经营风险的机制设计,它内嵌了一种银行资产的风险度与资本金数量密切挂钩的机制,使得商业银行具有从内部关注和防范自身风险的动力,并在降低银行业整体的系统性风险方面效果显著。尽管资本约束政策最开始是作为一种降低商业银行体系整体风险的技术手段被提出,但是由于商业银行对现实经济的影响越来越大,因此资本约束对宏观经济的干预程度越来越深入,范围也越来越广泛,正因如此,讨论资本约束政策对货币政策传导路径的影响效应具有十分重要的理论与现实意义。

为了简化讨论,假设如前所设,商业银行的资产包含贷款与购买国债两类。根据巴塞尔协议,资本充足率的计算可简单表述为"资本/贷款资产",因为一般情况下,国债被视为零风险资产并不纳入资本充足率的分母"风险资产"的计算,所以资本约束对商业银行资产项下的购买国债项并无直接影响,它只直接影响贷款项。所以商业银行的贷款是货币政策 R 与资本约束政策 θ 的二元函数,由(5-21)式,在长期中货币政策的干预与贷款量成反比关系。即:

$$M_{loan} = f(R, \theta), \frac{\partial M_{loan}}{\partial R} < 0, \frac{\partial M_{loan}}{\partial \theta} \qquad (5-24)$$

下面分"只考虑货币政策"与"同时考虑货币政策与资本约束政策"两种情况来对比分析不同的政策效果。

当只考虑货币政策时:

求(5-1)式的微分,并结合(5-20)式可得:

$$d(c_{fund}1) = \frac{dc_{fund}}{dR}dR = \frac{-m}{M_{loan}^2}dM_{loan} + ndEy \tag{5-25}$$

求(5-2)式的微分,并结合(5-25)式可得:

$$d(output1) = \frac{km}{c_{fund}^2 M_{loan}^2}dM_{loan} - \frac{kn}{c_{fund}^2}dEy \tag{5-26}$$

当同时考虑货币政策与资本约束政策时:

对(5-1)式求微分,并结合(5-24)式可得:

$$d(c_{fund}2) = \frac{\partial c_{fund}}{\partial R}dR + \frac{\partial c_{fund}}{\partial \theta}d\theta = \frac{-m}{M_{loan}^2}\frac{\partial M_{loan}}{\partial R}dR + n\frac{\partial Ey}{\partial R}dR + \frac{-m}{M_{loan}^2}\frac{\partial M_{loan}}{\partial \theta}d\theta \tag{5-27}$$

由于 $\frac{\partial M_{loan}}{\partial \theta} < 0$,所以(5-27)式右边的第三项会大于0,推出:

$$d(c_{fund}2) > d(c_{fund}1) \tag{5-28}$$

(5-28)式意味着分析货币政策传导时,考虑资本约束与不考虑资本约束的效果是不一样的。于是有:

命题5:在存款准备金货币政策的债券市场传导路径上添加资本约束政策,将导致企业的融资成本进一步增加。

求(5-2)式的微分,并结合(5-25)式可得:

$$d(output2) = \frac{\partial output}{\partial R}dR + \frac{\partial output}{\partial \theta}d\theta$$

$$= \frac{km}{c_{fund}^2 M_{fund}^2} \cdot \frac{\partial M_{loan}}{\partial R}dR - \frac{kn}{c_{fund}^2} \cdot \frac{\partial Ey}{\partial R}dR + \frac{km}{c_{fund}^2 M_{fund}^2} \cdot \frac{\partial M_{loan}}{\partial \theta}d\theta \tag{5-29}$$

结合(5-24)式,易推出:

$$d(output2) < d(output1) \tag{5-30}$$

从而得到:

命题6:在存款准备金货币政策的债券市场传导路径上添加资本约束政策,将导致企业的产出进一步下降。

通过对比分析,(5-28)式与(5-30)式的结论表明,资本约束政策确实改变了原有的货币政策传导路径。

综上,我们通过数理建模证明了存款准备金政策的债券市场传导效应的存在性。其传导机理是:中央银行通过调整存款准备金比率影响商业银行的债券持有量,以及市场中的债券价格与债券收益率,而债券收益率的变化将通过预期的作用引导长期利率形成,并改变企业的长期融资资本,最终导致实体经济的波动。

二、实证检验

本部分将使用 TRAMO(Time series regression with ARIMA noise, missing observations and outliers)与协整的统计技术,利用中国的数据,检验存款准备金政策的债券市场传导路径的存在性与传导效果。

(一)数据及来源

变量有 6 类,分别是存款准备金比率(SR)、货币供应量(M2)、基准利率(IR)、债券价格(Lnd_Bond)、债券收益率(Yie_Bond)与产出(GDP),共计 10 个时间序列。其中 7 个是日频数据,2 个是月频数据,还有 1 个是不定频率的数据列。

从 2003 年至 2012 年,根据宏观经济的变化,中国的货币当局一共调整了 39 次存款准备金比率,因此在这一时间段内总共有 39 个政策冲击点,存款准备金率的序列记为 SR;货币供应量采用 M2 的月度数据,这两项数据来源于中国人民银行的公开统计资料。银行同业拆借利率是以中央银行再贷款利率和再贴现率为基准,并根据社会资金的供求关系由拆借双方自由议定,具有较好的市场经济特点,本部分选择的基准利率包括期限为 30 天(IR1)和 90 天(IR2)的同业拆借利率以及一年期存款基准利率(IR3),数据来源于中国银监会的公开资料。债券价格采用上证国债指数(Ind_Bond)替代,上证国债指数是以上海证券交易所上市的所有固定利率国债为样本,按照国债发行量加权而计算的一个反映债券价格波动的指标,数据来源于中国上海证券交易所公开资料。国债收益率数据(Yie_Bond)采用由中国中央国债登记公司在中国债券信息网上发布的收益率曲线数据,选择的国债偿债期限分别为 3 年、5 年和 10 年,三个数据序列分别记为 Yie_Bond3、Yie_Bond5 和 Yie_Bond10。

（二）验证传导路径的存在性

存款准备金比率的调整与债券市场波动以及产出波动之间是否具有相关性，是防止伪回归现象出现而需要验证的第一个重要问题。但由于几个相关数据列并非等频序列（存款准备金比率是不定频序列、债券价格与债券收益率是日频序列、产出即 GDP 是月频序列），因此无法直接使用常规方法判别其相关性，我们于是使用西班牙央行首创的 TRAMO 技术来解决这个难题。

TRAMO 擅长于识别数据序列中的结构性突变点，本部分主要考虑三种不同形式的结构突变，分别是 AO（Additive Outliers）、TC（Transitory Change）和 LS（Level Shift）。我们尝试使用 TRAMO 技术甄别出"债券价格""债券收益率"与"GDP"三个数据序列中的结构性变动点，然后再观察在该时点附近是否有准备金比率调整与之相对应。若研究发现呼应点存在，而且互相呼应是常态而非偶态，那么可以判定这些非等频序列之间确实存在着相关性，即存款准备金比率的调整会导致债券的市场价格波动，以及投资与产出波动。

根据以上思路，得到结果如表 6-11。

表 6-11 利用 TRAMO 分离出的结构性变动点与政策呼应情况

数据序列	时间	类型	T 值	政策呼应	备　　注
Ind_bond	2004/04	TC	-10.77	Yes	2004 年 4 月调整准备金比率 1 次
	2005/11	AO	-3.21	No	
	2008/12	TC	3.59	Yes	2008 年 10 月调整 1 次，12 月调整 2 次
GDP	2008/04	LS	6.26	Yes	2008 年 1、3、4 月调整准备金比率 3 次
	2009/01	LS	-9.82	Yes	2008 年 10 月调整 1 次，12 月调整 2 次
	2009/04	LS	8.35	Yes	2008 年 10 月调整 1 次，12 月调整 2 次
	2011/10	TC	5.74	Yes	2011 年 6 月调整准备金比率 1 次
Yie_bond3	2008/12	AO	-5.33	Yes	2008 年 10 月调整 1 次，12 月调整 2 次
	2009/07	TC	4.28	No	
Yie_bond5	2007/06	TC	3.84	Yes	2007 年 4、5、6 月调整准备金比率 3 次
	2008/12	TC	-3.98	Yes	2008 年 10 月调整 1 次，12 月调整 2 次
	2010/11	TC	3.22	Yes	2010 年 11 月调整准备金比率 2 次

续表

数据序列	时间	类型	T值	政策呼应	备　　注
Yie_bond10	2007/06	TC	3.88	Yes	2007 年 4、5、6 月调整准备金比率 3 次
	2008/12	AO	−5.36	Yes	2008 年 10 月调整 1 次,12 月调整 2 次
	2010/11	AO	4.38	Yes	2010 年 11 月调整准备金比率 2 次

　　利用 TRAMO 技术,我们一共分离出被解释变量(债券价格、债券收益率与产出)的 15 个结构性变动点,其中有 13 个变动点都与货币政策(存款准备金比率)调整显著相关,相关程度达到了 86.67%。这说明在当前的经济条件下,"存款准备金比率调整→债券资产变动→实体经济发展"的货币政策传导路径确实存在。

(三)存款准备金政策对债券市场的影响

　　上一部分我们捕捉到了债券市场与实体经济的结构性变动点,并发现其与货币政策存在着较强的一一对应关系,但这仍然不够,因为我们想深入了解存款准备金政策调整与债券市场和实体经济波动之间更详细的数据上的相关性。

　　1. 单一的存款准备金政策的影响

表 6-12　各变量单位根检验结果

变　　量	t 值	5%临界值	10%临界值	p 值
SR 的原序列	−2.77	−3.45	−3.15	0.211
SR 的一阶差分	−4.31	−3.45	−3.15	0.0045
Ind_bond 的原序列	−2.71	−3.45	−3.15	0.235
Ind_bond 的一阶差分	−8.17	−3.45	−3.15	0.000
Yie_Bond3 的原序列	−2.21	−2.90	−2.59	0.2029
Yie_Bond3 的一阶差分	−5.41	−2.90	−2.59	0.0000
Yie_Bond5 的原序列	−2.64	−2.90	−2.59	0.0899
Yie_Bond5 的一阶差分	−5.22	−2.90	−2.59	0.0000
Yie_Bond10 的原序列	−2.86	−3.48	−3.17	0.1809
Yie_Bond10 的一阶差分	−5.4	−3.48	−3.17	0.0001
IR1 的原序列	−2.26	−2.89	−2.58	0.188
IR1 的一阶差分	−11.66	−2.89	−2.58	0.000

续表

变　　量	t 值	5%临界值	10%临界值	p 值
IR2 的原序列	-2.01	-2.90	-2.59	0.2811
IR2 的一阶差分序列	-10.05	-2.90	-2.59	0.0001
IR3 的原序列	-1.95	-2.89	-2.58	0.3083
IR3 的一阶差分序列	-6.92	-2.89	-2.58	0.0000
LogM2 的原序列	-1.85	-3.45	-3.15	0.674
LogM2 的一阶差分	-10.58	-3.45	-3.15	0.000

首先对涉及的变量的时间序列进行单位根检验,得到表 6-12。单位根检验的结果表明,各个变量的原序列都是不平稳的,但是均为 I(1),即一阶差分之后的序列均为平稳的时间序列。因此,对各变量进行协整检验,得到表 6-14。其中,模型 1 表示的是存款准备金政策对债券价格的影响,模型 3、4、5 表示的是存款准备金政策对债券收益率的影响。结果显示,存款准备金比率的向上调整(从紧的货币政策)会导致债券价格的下降和债券收益率的上升,两者之间具有强相关性,符合前文提出的命题 1 与命题 2 的推导结果。

2. 货币政策与监管政策组合的影响

在新兴市场国家,国债在商业银行的资产项中占有非常大的比重。以中国为例,近年来四家大型商业银行持有债券资产的比重都在 20%以上(如表 6-13,数据来源:中国人民银行公开统计资料),因此,影响商业银行行为调整的相关政策都会对新兴市场国家的债券市场造成影响。2010 年,新的资本协议《巴塞尔协议 III》已经在全球颁布实施,资本充足性约束对商业银行的行为选择产生了越来越大的影响,因此探讨货币政策与资本约束政策构成的政策组合对商业银行的行为影响以及对债券市场的影响具有很强的现实意义。

表 6-13　中国四家大型商业银行的债券持有量

	2009 年 12 月	2010 年 12 月	2011 年 12 月	2012 年 12 月
债券持有(亿元)	92185.06	99425.23	99566.63	105781.56
总资产规模(亿元)	308699.81	370627.61	422773.03	467579.26
债券持有占总资产的比例	29.87%	26.83%	23.55%	22.62%

为了验证政策组合的影响,我们构造了交叉项"存款准备金比率*资本充足率"代入方程,得到结论如表 6-14 中模型 2 的结果。结论显示,从紧的货币政策会导致债券价格的下降,而施加了严厉的资本约束之后,债券价格体现出更加明显的下降趋势,说明在严厉的货币政策与监管政策双重制约下,商业银行会大量抛售债券资产,以应对严厉的政策要求,从而造成债券市场价格或收益率的相应波动。因此,很好地说明了命题 5 与命题 6 的相关结论。

(四)债券价格波动对实体经济的影响

表 6-14　实证结果

	模型 1	模型 2	模型 3	模型 4	模型 5	模型 6
	债券价格		债券收益率			产出
	只考虑存款准备金政策	同时考虑监管政策	3 年期	5 年期	10 年期	
常系数	1.77(***)	0.5(*)	29.98(***)	25.51(***)	18.07(***)	−3.03(***)
存款准备金比率	−0.16	−0.12	0.15(***)	0.14(***)	0.1(***)	
存准率与资本充足率的交叉项		−11.73(***)				
同业拆借利率 IR1			0.34(***)	0.22(***)	0.13(***)	
同业拆借利率 IR2	−0.005(**)					
存款基准利率 IR3		1.56(***)				
货币供应量	0.232(***)	0.33(***)	−2.31(***)	−1.9(***)	−1.23(***)	
债券价格						0.56(***)
贷款量						0.83(***)
$w_{i,t}$	0.927	0.944	0.716	0.500	0.334	0.974
AIC	−4.332	−4.583	1.004	1.305	1.065	−2.548
Schwarz	−4.233	−4.460	1.131	1.432	1.192	2.474
F 统计量	443.83	439.80	57.189	22.686	1.366	1973.5

注:括号里数字为标准误差;*、**、***分别表示在 10%、5%、1% 的显著性水平下拒绝零假设。

新兴市场国家大多是以商业银行为主导的经济,企业融通资金的主要途径仍然是商业银行,因此商业银行的主要资产结构,即贷款资产与债券资产的变动会对实体经济造成较大影响。我们将银行的贷款项与债券项作为自变量,将实体经济作为应变量做长期的协整方程分析三者之间的相关性,得到表 6-14 的模型。

从表 6-14 中观察,我们发现各方程的技术指标整体来说都比较优良,AIC与 Scharwz 统计量也比较理想。进一步给出各方程的残差序列的平稳性检验如表 6-15,技术指标显示,表 6-14 的 6 个模型均为比较成功的数据检验,可以基于此进行经济学解释。

表 6-15　残差序列的平稳性检验

	t 值	5%临界值	10%临界值	p 值
模型 1	-2.42	-1.94	-1.61	0.016
模型 2	-2.77	-1.94	-1.61	0.0058
模型 3	-3.57	-1.95	-1.61	0.0005
模型 4	-2.87	-1.95	-1.61	0.0046
模型 5	-3.03	-1.95	-1.61	0.0029
模型 6	-2.09	-1.94	-1.61	0.0357

实证分析显示,商业银行的贷款资产与债券资产的波动都会影响到企业的产出。商业银行的贷款资产由于直接作用于企业的生产过程,所以其变动对企业产出的影响效果更明显;而商业银行的债券资产波动由于是通过心理预期的作用引导长期利率形成,再改变企业的长期融资成本,因此其变动对企业产出的影响效果稍弱。将模型 6 与模型 1 结合起来,得到的结论是命题 3 与命题 4 很好的佐证。

模型 6 还显示,商业银行贷款资产的波动与债券资产的波动对企业产出的影响效果之比仅为 1.48 : 1[①],这点出乎我们的意料。因为根据 2012 年 12 月的最新数据,中国四大国有银行的资产结构关系中贷款数量与债券数量之比为2.44 : 1,因此它们各自对企业产出的影响效果也应该大致与此相当。然而实证结论却显示,债券资产的波动对企业产出的影响效果远超出了我们的预计。这

----

① 将两者的系数做比值得到,0.83 : 0.56 = 1.48 : 1。

说明在中国,存款准备金政策的债券市场效应不但存在,而且非常显著。我们预计在将来,随着中国国债和企业债券市场规模的不断扩大与结构不断完善,这条货币政策的传导路径可能会越来越凸显其重要性。

第七章　负利率的货币政策

金融危机深化导致了凯恩斯预言的流动性陷阱的出现,但近年来负利率的实施突破了零利率下限的约束。本章研究了零利率与负利率的货币政策传导机理,检验了欧洲中央银行与日本银行的负利率的实践效果。

第一节　零利率与负利率的货币政策
传导机理

本节首先建立宏观经济模型,分析了差异化的利率调整对企业行为选择与实体经济的影响;然后基于欧元区的大样本数据,使用向量自回归等技术方法,分阶段检验正利率、零利率与负利率的传导效果。

一、超低利率环境的实施背景

金融危机爆发至今已有十余年,目前世界各国经济复苏的程度各不相同。有些国家如美国,经济出现了一定程度的复苏,但更多的国家如欧洲与日本,却仍然在低谷中徘徊。在这些国家中,危机初期开始实施的宽松货币政策已无法充分达到预期的效果,货币当局不得不提出更加激进的刺激方案。以欧元区为例,在实施了将近两年的零利率之后,欧洲中央银行于 2014 年 6 月 5 日宣布实施负利率政策,将隔夜存款利率降至-0.1%,当局希望通过进一步降低利率来提升通胀、增加就业,并刺激产出的增长。日本银行也宣布从 2016 年 2 月 16 日起将金融机构存放央行的超额准备金下调至-0.1%。截至目前,全球共有九个国家或地区开始实施负利率政策,分别为丹麦、匈牙利、欧元区、瑞士、瑞典、挪威、保加利亚、日本和波黑。

利率调整是世界各国调控宏观经济发展的重要货币政策手段。由于金融危机导致的经济环境剧变,近年来西方发达国家的货币政策一直在频繁调整。很多国家的央行政策利率经历了从正利率到零利率,再到负利率的三阶段过程,货币当局希望通过利率调整来促进经济的复苏与发展。从正利率的实施阶段来看,基本上符合传统的货币经济学理论的预期效果;但在零利率与负利率的实施阶段,利率政策的传导效果一直受到争议。

早期的理论经济学家们对超低利率特别是负利率大多持否定态度。例如费雪在 1896 年提出了零利率下限约束(Zero Lower Bound,文献中一般简写为ZLB),他指出如果经济人将货币借出反而收到负的利息,那么居民会倾向于持有现金,投资会因无法融资而下降,导致产出减少与失业增加,因此名义利率不能为负。尽管德国经济学家 Gesell(1949)提出可以通过对商业银行存在央行的超额准备金进行征税,来间接地实现负利率,但他也坚持认为名义利率应当为正值。凯恩斯的"流动性陷阱"理论认为当利率降到足够低时,由于投资回报率过低,因此无论央行增发多少货币,居民都会更愿意持有货币而非购买有价证券或向外投资,此时的流动性偏好趋向于无限大,常规的基于利率调整的货币政策将失效,但凯恩斯也没有预计到并讨论名义利率低于零时的货币政策传导效果。然而,这一轮实施负利率的几个国家,全部突破了经济学家们的理论限制,不断调低利率甚至直接将名义利率调到了零值以下。有些经济学家将超低利率制度视为是对传统利率理论的一种"创新",也得到了不少国家货币当局的拥护①,但是零利率与负利率的传导机理到底是什么样子? 它们真的有效么?

研究利率在不同阶段的传导机理和传导效果,具有非常重要的理论与现实

---

① 欧洲中央银行行长德拉吉与日本银行行长黑田东彦是负利率制度的坚定鼓吹者,他们认为过去几十年间世界经济的快速发展使得全球总储蓄量远超过投资量,加之后期资本投入以及生产增长速度减慢,市场可接受的资金成本降低,市场利率环境也就被压低,因此继续下调利率直至负值是恢复经济不可避免的途径,即使在短期内通胀率与币值波动对负利率反映甚微,但负利率仍然具有可行性,并在未来有继续下调的空间。

意义。首先,可以完善利率传导渠道的理论框架。以往的研究主要是分析利率大于零时的情况,缺乏对零利率与负利率背景下,货币政策的传导机理与传导效果的探索。其次,可以对零利率与负利率调整做出公正的评价。例如,如果推导与检验发现负利率有效,那么证明名义利率可以突破零下限约束,负利率的货币政策确实是一种合理的理论创新;如果推导与检验发现负利率没有效果,那么证明了传统的利率理论的正确性,名义利率不应当突破零下限约束,所谓的实践创新还是需要与经典的理论框架相吻合。再次,可以充分定位危机中的超低利率等货币政策的作用与效果,为各国货币当局评估不同阶段的利率政策的有效性与制定恰当的货币政策提供行动指南,使各国央行能更加理性和更加有效地利用利率工具来达到各自的经济目标。同时,基于零利率与负利率的相关研究也可以为我国深入推进利率市场化与促进供给侧结构性改革的货币政策调控提供有益的借鉴与启示。

关于零利率与负利率的传导机理与传导效果,以往的经济学家们做过一定的研究,但并未达成充分的共识。

有些学者认为零利率与负利率有效。例如,欧洲中央银行执行理事会成员Peter Praet(2017)认为欧元区实施的超低利率的货币政策效果显著,目前银行贷款利率下降到历史低位,家庭、企业贷款增速明显好转,借款人边际消费倾向增加,居民消费开始复苏。Cebiroglu Gökhan(2017)指出负利率政策可通过控制债务通缩来有效地减缓衰退现象和解决债务危机。Cociuba(2016)实证检验的结果显示,低利率政策使得风险资产比安全债券更有吸引力,金融机构会因此增加风险投资。Boubaker(2017)研究了低利率时期的基金投资者的行为,认为在非常规货币政策实施期间,投资者从债券向股票证券的转移更加明显。Harald Hau(2016)依据欧元区的实证检验结果认为,当实际利率下降时,市场中的基金投资者会将其投资组合从货币市场转移到风险较高的股票市场,这意味着零利率与负利率政策可以鼓励投资者放弃持有安全的政府债券转而投资风险更高的资产,有利于促进市场投资提升通胀。Yuzo Honda(2017)考察了日本银行于2016年1月推出的负利率政策的影响,认为负利率政策有效地刺激了私人住宅投资,并降低长期利率,支持私人非居民投资,同时还可能比较有效地阻止日元升值。

有些学者认为零利率与负利率无效。例如,Claudio Borio(2017)实证分析了 108 个大型银行的样本特征后指出,在超低利率的环境中,继续降低利率的货币政策将对银行贷款产生较大的负面影响。Yoshino(2017)认为由于日本经济具有垂直的投资曲线特征,因此日本并不能通过目前的负利率政策来解决其面临的长期货币紧缩问题。Netzén Örn, M.(2017)实证研究了欧元区部分国家的家庭债务水平,认为在负利率期间,家庭债务水平与利率调整呈现负相关关系,降低利率会加重欧元区的家庭债务,不利于消费。Dominik Stroukal(2016)考察了房地产市场,认为低利率会加大房地产的泡沫,而进一步调低利率甚至继续压低负利率会使房地产泡沫膨胀得更大,而且实施零利率和负利率给银行带来的不利影响往往会阻碍货币政策的传递效果。Fatih Tuluk(2016)认为任何远离零利率储备金的货币政策都会使银行在利率走廊系统下的福利减少,Carlos Arteta(2016)也认为长时期的负利率政策会对金融稳定构成风险,降低银行和其他金融中级机构的盈利能力。Yves Mersch(2017)指出,超低利率导致投资者对商业银行的上市公司失去信心,而股价下跌导致的股本成本增加会降低贷款的净回报率,从而促使银行在未来的贷款中变得更加保守。Andreas Jobst(2016)认为在零利率与负利率政策的背景下,刺激经济需要更多地依赖信贷宽松和扩大央行的资产负债表,而不是大幅度削减政策利率。

还有些学者认为零利率与负利率的效果不确定。例如,Hervé Hannoun(2015)认为超低利率的货币政策效果取决于信贷渠道、通货再膨胀渠道、汇率渠道、资产组合调整和风险承担渠道,以及资产估值渠道的此消彼长,但这些渠道的有效性存在非常大的不确定性。Elliot Aurissergues(2016)发现长期的低利率可通过企业净值渠道和预防渠道影响企业投资,这两个渠道在实际利率下降时对投资的影响方向相反,因此无法确定降低实际利率能否有效促进企业投资。Christian Grisse(2016)认为负利率政策的有效性取决于市场参与者是否向下调整他们对长期利率下限位置的预期,若政策利率远离该下限,常规政策对长期利率的传导效果将会有所提升。Fontaine(2017)分析了加拿大回购市场的数据,认为在低或负的隔夜利率背景下,一般抵押品的回购市场将继续有效地发挥作用,然而当负利率、大量的债券空仓和经济政策出现意外这三种情况同时发生时,可能会导致特定抵押回购市场出现结算失败和难以出清。

近年来,国内学者也对零利率与负利率进行了一定的研究。丁玉(2017)分析了欧元区近年来的经济状况,认为负利率政策在短期内达到了一定的政策目标,但对通货膨胀率和企业信贷量收效甚微,而且在长期中,欧元区金融的碎片化、财政分立及负利率本身的副作用等因素可能使其效果大打折扣。郭杨(2016)综合分析了五个经济发达体的数据,认为不同经济体的名义负利率政策实施效果存在差异,目前只有部分经济体达到了预期的稳定汇率、抑制通缩的目标。谭小芬(2016)通过构建宏观模型,推导发现长期的负利率政策会压低风险溢价,助长投资,造成金融市场的扭曲。管涛(2016)认为从信用、资产价格、资产组合、通胀和汇率等传导渠道看,负利率刺激可能难以传导到实体经济。段剑锋(2016)提出日本的负利率和经济长期停滞对中国有三点启示,第一是迅速处理僵尸企业,第二是制造业继续转型升级,第三是发展现代服务业,其中发展现代服务业可能更为重要。熊启跃(2017)通过对总部位于负利率地区的23家大型银行的净息差变动情况进行数据检验,发现负利率政策并未完全实现促进经济增长和刺激通胀的既定目标,相反却加大了商业银行的经营压力。范志勇(2017)认为负利率政策较容易对市场利率和汇率等金融市场变量产生影响,但就实体经济复苏而言,负利率成败的关键在于能否有效增加贷款需求和供给。郑联盛(2014)指出欧元区的负利率政策将从贸易渠道、资本渠道和汇率渠道对中国经济产生较为全面的影响,迫使中国面临一个更为复杂的经济环境。

以往学者的研究成就不容忽视,但目前看来存在着如下不足:第一,缺乏对零利率与负利率传导机理的理论建模,已有的研究大多没有深入分析超低利率环境下的货币政策的特殊传导机理与过程。第二,缺乏对零利率与负利率货币政策传导效果严格的统计检验,已有的研究大多数使用的是定性分析或者数据描述,没有建立变量间严格的对应关系。第三,缺乏超低利率与正利率的传导效果的对比研究,无法给出针对零利率与负利率的科学评判,难以提出让人信服的政策建议。

本节对以往学者研究的不足之处进行了改进,并做出以下创新:第一,在以往学者的研究基础上建立宏观经济模型,求解正利率、零利率与负利率背景下的企业收益最大化,研究在利率变化的不同阶段,利率调整对企业行为选择与实体经济的影响;第二,基于欧元区的数据,使用向量自回归等技术方法,在相同的数据结构下,分阶段检验与对比了正利率、零利率与负利率的传导效果;第三,探讨超低利率特别是负利率可能带来的负面影响,提出避免资金"脱实向虚",降低金融风险的政策建议。

二、模型构建

我们将货币经济学中正利率背景下的利率传导机理,拓展至零利率与负利率,讨论超低利率环境下的利率传导机理。考虑跨期的债务融资与投资模型,资本与投资状况如下[①]:

时　期	$t-1$ 期	t 期	$t+1$ 期
存量资本		$(1-\theta)K_{t-1}$	$(1-\theta)K_t$
新增投资		I_t	I_{t+1}
当期资本	K_{t-1}	$K_t=(1-\theta)K_{t-1}+I_t$	$K_{t+1}=(1-\theta)K_t+I_{t+1}$

银行贷款与企业投资实体经济项目从 t 期开始。假设企业在 $t-1$ 期有资本存量 K_{t-1} , θ 是折旧率,到了 t 期,前期的资本存量 K_{t-1} 折旧为 $(1-\theta)K_{t-1}$;银行在 t 期向企业贷款,假设企业将贷款全部转化为新增投资 I_t ,则企业在 t 期的当期资本为 $K_t=(1-\theta)K_{t-1}+I_t$ 。银行贷款与企业投资实体经济项目的过程不断持续,在 $t+1$ 期,形成的新资本为(1)式。

$$K_{t+1}=(1-\theta)K_t+I_{t+1} \tag{1}$$

企业在 t 期的产出使用柯布-道格拉斯生产函数表示为(2)式,其中 A 为综合技术水平, α 表示资本产出弹性系数, K 为资本投入, L 为劳动力投入,下标为不同期的标记。

$$Y_t=AK_t^{\alpha}L_t^{1-\alpha},\alpha\epsilon(0,1) \tag{2}$$

工资水平用 w 表示,银行贷款利率为 r ,则企业在 t 期的净收益为(3)式。

$$\pi_t=Y_t-w_tL_t-rI_{t+1} \tag{3}$$

假定央行的基准利率为 i ,基准利率一方面可以作为跨期投资的贴现率,另

---

① 在实践中,央行主要是对商业银行存放在央行的超额准备金征收负利率。

一方面可以引导市场利率的形成,例如商业银行的贷款利率会参考基准利率进行调整。为了简化后续的推导过程避免不必要的烦琐,设置基准利率与市场利率的关系如(4)式,其中 μ 表示基准利率与市场利率的相关性。

$$i = \mu r \tag{4}$$

企业进行 n 期的跨期投资,投资实体经济项目的总利润为跨期利润现值的加总,企业追求(5)式的最大化。

$$\pi = \sum_{t=0}^{n} \frac{1}{(1+i)^t} \pi_t = \sum_{t=0}^{n} \frac{1}{(1+\mu r)^t} [Y_t - w_t L_t - rI_{t-1}] \tag{5}$$

(一)正利率时期的企业选择

基于传统的贷款投资理论,此时企业面临的目标函数为(5)式,约束条件为(1)式。我们使用拉格朗日法求极值如(6)式,其中 λ_t 为拉格朗日乘子。

$$\varphi = \sum_{t=0}^{n} \frac{1}{(1+\mu r)^t} [AK_t^{\alpha} L_t^{1-\alpha} - w_t L_t - rI_{t-1}] + \sum_{t=0}^{n} \lambda_t [I_t + (1-\theta)K_{t-1} - K_t] \tag{6}$$

企业在 t 期收益最大化时的一阶条件为:

$$\frac{\partial \varphi}{\partial I_t} = \frac{-r}{(1+\mu r)^{t+1}} + \lambda_t = 0 \tag{7}$$

$$\frac{\partial \varphi}{\partial K_t} = \frac{1}{(1+\mu r)^t} \alpha AK_t^{\alpha-1} L_t^{1-\alpha} + \lambda_{t+1}(1-\theta) - \lambda_t = 0 \tag{8}$$

$$\frac{\partial \varphi}{\partial L_t} = \frac{1}{(1+ur)^t} [(1-\alpha)AK_t^{\alpha} L_t^{-\alpha} - w_t] = 0 \tag{9}$$

由(7)式可求出拉格朗日乘子,以及滞后一期的乘子表示为(10)式。

$$\lambda_t = \frac{r}{(1+\mu r)^{t+1}}, \lambda_{t+1} = \frac{r}{(1+\mu r)^{t+2}} \tag{10}$$

将(10)式代入(8)式并与(9)式联立后可得 t 期的资本存量为(11)式。

$$K_t = \frac{\alpha w_t L_t (1+\mu r)^2}{(1-\alpha)r(\theta+\mu r)} \tag{11}$$

当贷款利率为正时,结合(2)与(11)式,企业投资实体经济项目的总产出为(12)式。

$$Y = \sum_{t=0}^{n} Y_t = \sum_{t=0}^{n} A \left[\frac{\alpha w_t (1+\mu r)^2}{(1-\alpha)r(\theta+\mu r)} \right]^{\alpha} L_t \tag{12}$$

将(12)式对贷款利率 r 求一阶偏导,得到(13)式。

$$\frac{\partial Y}{\partial r} = \frac{\alpha^2}{1-\alpha} \left[\frac{\alpha(1+\mu r)}{(1-\alpha)r(\theta+\mu r)} \right]^{\alpha-1} \frac{-[(1-\mu^2 r^2)\theta + 2\mu r + 2\mu^2 r^2]}{r^2(\theta+\mu r)^2} \sum_{t=0}^{n} Aw_t{}^{\alpha}L_t < 0$$

$$(13)$$

由于偏导数小于零,所以企业投资实体经济项目的总产出将随着贷款利率的下降而上升。

将(11)式代入(1)式可求出企业投资实体经济项目最大化时的每期固定资产新增投资:

$$I_t = K_t - (1-\theta)K_{t-1} = \frac{\alpha(1+\mu r)^2}{(1-\alpha)r(\theta+\mu r)}[w_t L_t + (\theta-1)w_{t-1}L_{t-1}] \quad (14)$$

将每期新增投资加总可得到企业投资实体经济项目的总投资为(15)式。

$$I = \sum_{t=1}^{n} I_t = \sum_{t=1}^{n}(K_t - K_{t-1}) + \theta\sum_{t=1}^{n}K_t = \frac{\alpha(1+\mu r)^2}{(1-\alpha)r(\theta+\mu r)}(w_n L_n - w_0 L_0 + \theta\sum_{t=1}^{n}w_t L_t)$$

$$(15)$$

将(15)式对贷款利率 r 求一阶偏导,得到(16)。

$$\frac{\partial I}{\partial r} = \frac{-\alpha[(1-\mu^2 r^2)\theta + 2\mu r + 2\mu^2 r^2]}{(1-\alpha)r^2(\theta+\mu r)^2}(w_n L_n - w_0 L_0 + \theta\sum_{t=1}^{n}w_t L_t) < 0$$

$$(16)$$

由于偏导数小于零,所以企业投资实体经济项目的总投资将随着贷款利率的下降而上升。综合(13)式与(16)式,得到:在正利率前提下,降低利率可以促使企业增加产出,增加实体经济项目的投资。

(二)当利率逼近零值时的企业选择

按照命题1,贷款利率降低会引导企业增加实体经济项目投资与产出,但是命题1的前提条件是贷款利率要大于零。如果贷款利率过低,企业投资实体经济项目与产出将与利率无关,此时降低利率的货币政策会失效,经济增长与利率调整的敏感度也会越来越低。下面进行推导。

当贷款利率 r 逼近零值时,企业贷款所需偿还的利息几乎为零,企业每年新增固定资产投资的资金成本也可忽略不计,因此与正利率的情况不同,在计算加总的跨期利润时,企业面临的目标函数和约束条件变形为:

$$Max \ \pi = \sum_{t=0}^{n} [AK_t^{\ \alpha}L_t^{\ 1-\alpha} - w_t L_t] \tag{17}$$

$$s.t. \ K_{t+1} = I_t + (1 - \theta)K_t \tag{18}$$

利用拉格朗日方法求企业投资实体经济项目收益最大化的投资:

$$\varphi = \sum_{t=0}^{n} [AK_t^{\ \alpha}L_t^{\ 1-\alpha} - w_t L_t] + \sum_{t=0}^{n} \lambda_t [I_t + (1 - \theta)K_{t-1} - K_t] \tag{19}$$

企业投资实体经济项目收益最大化时的一阶条件为:

$$\frac{\partial \varphi}{\partial I_t} = \lambda_t = 0 \tag{20}$$

$$\frac{\partial \varphi}{\partial K_t} = \alpha A K_t^{\ \alpha-1}L_t^{\ 1-\alpha} + \lambda_{t+1}(1 - \theta) - \lambda_t = 0 \tag{21}$$

$$\frac{\partial \varphi}{\partial L_t} = (1 - \alpha)A K_t^{\ \alpha}L_t^{\ -\alpha} - w_t = 0 \tag{22}$$

综合(20)式(21)式和(22)式可求出 λ_{t+1} 和 t 期的资本存量 K_t ,得到(23)式。

$$\lambda_{t+1} = \frac{\alpha A K_t^{\ \alpha-1}L_t^{\ 1-\alpha}}{\theta - 1} \ , \ K_t = \left(\frac{w_t}{(1-\alpha)A}\right)^{\frac{1}{\alpha}} L_t \tag{23}$$

将(23)式带入(1)式可求出企业最大化时的每期固定资产新增投资,将每期新增投资加总可得到企业投资实体经济项目的总投资为(24)式。

$$I = \sum_{t=1}^{n} I_t = \sum_{t=1}^{n} (K_t - K_{t-1}) + \theta \sum_{t=1}^{n} K_t = \left(\frac{1}{(1-\alpha)A}\right)^{\frac{1}{\alpha}} (w_n^{\frac{1}{\alpha}}L_n - w_0^{\frac{1}{\alpha}}L_0 + \theta \sum_{t=1}^{n} w_t^{\frac{1}{\alpha}}L_t) \tag{24}$$

综合(2)式与(23)式得到企业的总产出为(25)式。

$$Y = \sum_{t=0}^{n} Y_t = \sum_{t=0}^{n} \frac{w_t L_t}{1 - \alpha} \tag{25}$$

将(24)式与(25)式对 r 求一阶偏导,得到(26)式。

$$\frac{\partial Y}{\partial r} = 0 \ , \ \frac{\partial I}{\partial r} = 0 \tag{26}$$

由于两个偏导数都等于零,说明当利率逼近零值时,企业投资实体经济项目的总产出与总投资将不随贷款利率的变化而变化。于是得到:当利率逼近零值时,企业投资实体经济项目的产出与贷款利率的关联度较小,传统的基于利率调整的货币政策将失效。

（三）负利率时期的企业选择

假设存在负利率。与正利率的情形不同，此时企业贷款非但不需要偿还利息，还有可能获得收益。因此，企业获得贷款后将有两种选择：一是贷款后进行实体经济项目投资，在期末同时获取可能的投资收益与贷款收益；二是贷款后不进行实体经济项目投资，持有贷款到期，最终获取稳定的贷款收益。企业是否向外投资取决于两种选择所获得的利润之差，当第一种选择的收益高于第二种时，企业会进行项目投资；反之，当第二种选择的收益高于第一种时，企业不会进行投资。

1. 如果企业投资实体经济项目能够获得足够的收益

企业贷款后进行实体经济项目投资的总收益为（27）式，企业贷款后不进行实体经济项目投资的收益为（28）式。

$$\pi_1 = \sum_{t=0}^{n} \frac{1}{(1+\mu r)^t} (AK_t{}^{\alpha}L_t{}^{1-\alpha} - w_t L_t - r I_{t-1}) \tag{27}$$

$$\pi_2 = -\sum_{t=0}^{n} \frac{r I_{t-1}}{(1+\mu r)^t} \tag{28}$$

此时，π_1 将大于 π_2，做两者的收益之差 S_1 如（29）式。

$$S_1 = \pi_1 - \pi_2 = \sum_{t=0}^{n} \frac{1}{(1+\mu r)^t} (AK_t{}^{\alpha}L_t{}^{1-\alpha} - w_t L_t) \tag{29}$$

（29）式实际上是企业投资实体经济项目的收益，将其对利率 r 求偏导数，得到（30）式[①]。

$$\frac{\partial S_1}{\partial r} = -\sum_{t=0}^{n} t\mu (1+\mu r)^{-t-1} (AK_t{}^{\alpha}L_t{}^{1-\alpha} - w_t L_t) < 0 \tag{30}$$

（30）式小于零，意味着当企业投资实体经济项目能够获得足够的收益时，降低利率将会提高企业投资实体经济项目的收益，诱导企业投资实体经济项目。由于一方面可以在期末获得贷款收益，另一方面可以获得实体经济项目的投资收益。因此，企业的优选择是尽可能地多贷款，而且会加大投资实体经济项目。

---

① 根据（4）式，μr 为基准利率 i。在现实情况下，尽管部分央行的基准利率为负，但偏离零利率的程度仍然较低。因此在这里，我们认为 $(1+\mu r) > 0$。

以上分析简洁明了,但可能存在缺陷。在后金融危机时期,世界各国的经济复苏程度参差不齐,有些国家如美国出现了实质性的复苏,但有些国家例如欧洲与日本经济却持续萧条,就业率与通胀率萎靡不振,这些国家的企业产出极其微薄,加之人力成本上升,所以企业收益不断被压缩。由于实体经济回报率过低,因此,实施负利率甚至进一步调低负利率时,企业可能并不会如期增加实体经济项目的投资,企业的行为选择将体现出不一样的变化趋势。

2. 如果企业投资实体经济项目不能够获得足够的收益

之前的推导都有个隐含假设,即企业的所有产出都能顺利地全部转化为收益,所以求解企业收益时都是直接将 $AK_t{}^{\alpha}L_t{}^{1-\alpha}$ 代入 π 进行计算。但正如马克思所指出的"从商品到货币是惊险的一跃",企业生产的商品并不一定都能全部顺利地转化为收益,特别是进入金融危机后,居民收入水平下降与消费萎缩,导致企业回款不畅与应收账款增加,企业被迫开始进行大幅度的风险计提,再加之人力成本上升,企业投资实体经济项目的回报率与整体收益持续下降。基于以上分析,我们假定企业投资实体经济项目的收益为(31)式,该式与(27)式的区别在于企业产出的前面添加了一个系数 $(1-\beta)$,其中 β 是企业的风险计提的比例,$0 < \beta < 1$。

$$\pi_1 = \sum_{t=0}^{n} \frac{1}{(1+\mu r)^t} [(1-\beta)AK_t{}^{\alpha}L_t{}^{1-\alpha} - w_t L_t - r I_{t-1}] \tag{31}$$

随着金融危机的进一步深化,企业的风险计提比例越来越高,再加之人力成本上升,于是企业投资实体经济项目的收益开始下滑。如果企业投资实体经济项目的收益"$(1-\beta)AK_t{}^{\alpha}L_t{}^{1-\alpha} - w_t L_t$"大于零,那么推导的结果与之前相同;但当企业投资实体经济项目的收益不断下降甚至小于零时,企业的行为选择就会发生变化。此时,π_2 将大于 π_1,仍做两者的收益之差得到 S_2 如(32)式。

$$S_2 = \pi_1 - \pi_2 = \sum_{t=0}^{n} \frac{1}{(1+\mu r)^t} [(1-\beta)AK_t{}^{\alpha}L_t{}^{1-\alpha} - w_t L_t] \tag{32}$$

该式是剔除贷款收益之后的企业投资实体经济项目的收益,将其对利率 r 求偏导数,得到(33)式。

$$\frac{\partial S_2}{\partial r} = -\sum_{t=0}^{n} t\mu (1+\mu r)^{-t-1} [(1-\beta)AK_t{}^{\alpha}L_t{}^{1-\alpha} - w_t L_t] > 0 \tag{33}$$

由于(33)式大于零,意味着当利率降低时,企业投资实体经济项目的收益也会下降,因此,企业不会再增加实体经济项目的投资。站在企业的角度,由于投资实体经济项目的回报率下降,所以企业会贷款但减少投资,一方面可以在期末获得贷款收益,另一方面可以降低投资实体经济项目带来的损失。企业的最优选择是尽可能地多贷款,持有到期获得贷款收益,但会减少实体经济项目的投资,在最极端的情况下,企业的实体经济项目投资将降为零。简而言之,就是投得越多亏得越多,所以企业会降低投资甚至不投资实体经济项目。

3. 负利率时,企业投资实体经济项目到底与什么因素有关

基于理性人假设,只有当投资有正收益时,企业才会进行投资来谋求收益最大化,所以对企业来说,首先要有正收益才会投资实体经济项目。仔细考察(32)式,该式大于零必须同时满足"$(1-\beta)AK_t^{\alpha}L_t^{1-\alpha}$ 比较大"和"w_tL_t 比较小"两个条件。将 S_2 分别对变量 β、w_t、A、K_t、L_t 求偏导并考察相应符号,得到:

$$\frac{\partial S_2}{\partial \beta} < 0 , \frac{\partial S_2}{\partial w_t} < 0 、 \frac{\partial S_2}{\partial A} > 0 , \frac{\partial S_2}{\partial K_t} > 0 , \frac{\partial S_2}{\partial L_t} = (1-\alpha)(1-\beta)AK_t^{\alpha}L_t^{-\alpha} - w_t$$

$$(34)$$

前四个偏导的符号能够确定,而 S_2 对 L_t 的偏导符号取决于等号右边变量的此消彼长。综合考虑五个偏导数,我们发现企业是否投资实体经济项目应满足以下要素。

(1)企业生产的商品要尽量顺畅地转化为货币,即 β 要比较小;

(2)工资成本要比较低,即 w_t 要比较小;

(3)在降低工资成本的前提下,提高综合技术水平 A;

(4)在降低工资成本的前提下,增加资本投入 K_t;

(5)在降低工资成本的前提下,增加人力投入 L_t;

(6)在企业投资实体经济项目可以获得正收益的前提下,降低负利率。

在以上各类要素中,风险调整之后的实体经济项目投资收益大于零,是最根本最重要的因素。如果不能获取正收益,即便增加资本投入、增加人力投入或者提高技术水平,都无法促使企业扩大对实体经济项目的投资。可见,在负利率背景下,单纯的进一步降低利率不一定有用,只有当企业投资实体经济项目的回报率为正时,负利率才会收到效果。

有意思的是,负利率时,企业存在着一个无风险的套利机会。举例说明:假设企业从银行贷款 I,负利率是 r,意味着企业在期末可以获得 Ir 的额外收益。这笔收益的本意是作为一笔奖励,鼓励企业投资实体经济,但企业有可能不投资实业,而拿着这笔钱做劣后级资金进行高杠杆的金融投资。如果金融资产赢利,高杠杆可以成倍地放大收益;如果金融资产亏本,可以强行平仓导致劣后级资金被爆仓,将 Ir 全部亏掉,反正 Ir 又不是自己的钱,对企业不会产生任何实质性亏损,因此,负利率相当于银行给企业提供了一个零风险、零成本的套利机会。当越来越多的企业这么做的时候,将不会再有人从事实体经济投资,大家都会去投资虚拟经济,于是出现了"脱实向虚"的现象。企业拿着负利率的收益去博取金融投资的高收益是个体理性,但却在宏观经济层面上形成了集体的不理性,虚拟经济开始过度繁荣,一旦泡沫破裂,必将带来金融风险。综合以上推导得到:在负利率的前提下,如果企业投资实体经济项目的收益较高,降低利率可以促使企业增加实体经济项目的投资;如果企业投资实体经济项目的收益较低,降低利率非但不会促进企业增加实体经济项目的投资,反而可能导致"脱实向虚"形成金融风险。

零利率与负利率是金融危机中一些国家货币政策的创新尝试。与常规的正利率背景下的货币政策传导不同,零利率与负利率的货币政策具有非常特殊与复杂的传导机理,在实践中,零利率与负利率的传导效果也具有很大的不确定性。对零利率与负利率的相关研究不但可以完善利率传导渠道的理论框架,对零利率与负利率的货币政策调整做出公正的评价,而且可以充分定位危机中的超低利率等货币政策的作用与效果,为各国货币当局评估不同阶段的利率政策的有效性与制定恰当的货币政策提供行动指南。

本节首先在以往学者的研究基础上建立宏观经济模型,求解正利率、零利率与负利率背景下的企业收益最大化,分析在不同利率阶段,利率的变化对企业行为选择与实体经济的影响;然后,基于欧元区的数据,使用向量自回归等技术方法,分阶段检验与对比了正利率、零利率与负利率的传导效果。研究结论是:

第一,应当重视与深入研究零利率与负利率的传导机理。与常规的正利率背景下的货币政策调整不同,零利率与负利率具有特殊而复杂的传导机理,因此不能将正利率的相关结论简单机械地套用到零利率与负利率的传导分析中来。

第二,在负利率的背景下,继续降低利率并不一定会促使企业加大投资与推动实体经济发展。企业行为选择的关键还是要看实体经济项目的收益状况,只有在带来较大正收益的前提下,负利率才可能起到正面的促进作用。否则,即便政府帮助来增加对企业的资本投入、降低人力投入的成本或者提高生产技术水平,都无法促使企业扩大对实体经济项目的投资。

第三,如果实体经济项目不能带来充分的收益,那么负利率相当于向企业提供了一个零风险零成本的套利机会,企业有可能通过加杠杆的形式将负利率的收益投向虚拟经济,导致资金"脱实向虚",一旦泡沫破灭会形成巨大的金融风险。

我国当前并没有出现零利率与负利率的货币政策环境,但是近年来由于经济不断下行,实体经济投资的回报率不断下降,企业投资实体经济项目已经难以获得令人满意的收益,此时宏观政策部门如果仅仅降低利率将难以达到促使企业加大实体投资的目的。从理论上讲,降低利率确实可以降低企业的融资成本,也等于是增加了企业的收益,但当实体经济回报率下降时,企业不一定会将增加的收益运用于新增投资。此时企业可能会有两种选择,第一种是加杠杆把降低利率带来的收益投向虚拟经济;第二种是不做任何投资将收益持有到期获取稳定回报。无论哪种选择都是宏观政策部门不愿意看到的,前者会导致脱实向虚、增加风险,后者将使货币政策失效,无法达到促进经济的目的。由此可见,在促进实体经济复苏的过程中,增加项目的投资回报率才是解决问题的关键所在。政府一方面可以通过货币政策降低企业的融资成本,另一方面还需要在需求端进一步拉动消费以增加企业的投资回报,这样才能有效促进供给侧结构性改革,推动中国经济再次迈上新台阶。

第二节　欧洲中央银行的负利率效果检验

本节基于欧元区主要国家 2003 年 1 月至 2015 年 12 月的数据,使用面板向量自回归(PVAR)的方法分析了欧洲中央银行货币政策的实施效果。

一、欧元区利率制度的演化与负利率的推出

2014年6月5日,欧洲中央银行宣布将隔夜存款利率降至-0.1%,欧元区的负利率制度正式登台。

欧洲中央银行实施负利率制度其实是一种颇为无奈的选择。2008年美国次贷危机爆发之后,很快波及欧洲,欧元区通胀率一度跌破零点。为了避免经济衰退,欧洲中央银行积极应对,将隔夜存款利率从高点3.25%调低到0.25%,断崖式的利率调整迅速将欧元区的通胀率拉升至3.0%左右,较好地抵御了次贷危机的第一波不利冲击。但是从2010年开始,希腊爆发了主权债务危机并迅速在欧洲蔓延,欧元区经济再次遭受重创,欧洲中央银行前期的利率调整成果化为乌有。此时由于利率已经逼近零值,常规的基于利率调整的货币政策已经陷入降无可降的状态,欧元区开始寻求量化宽松等非常规的货币政策手段。实际上,作为利率调整的辅助措施,欧盟早在2009年7月就已经开始实施第一轮资产购买计划(Covered Bond Purchase Program),在一级市场和二级市场购买符合要求的债券并持有到期,以增加市场流动性。随着危机加深,在超低利率环境下,欧洲中央银行加大了资产购买计划的力度,从2010年5月开始,先后实施了形式多样、规模日益庞大的资产购买计划,截至2016年1月,仅欧洲中央银行通过资产购买计划所持有的证券余额量就达到了8600亿欧元。然而,通胀水平还是持续下滑,2015年1月欧元区的通胀水平甚至跌至-0.6%,与欧洲中央银行预期2%的通胀目标相差越来越远。在此背景下,欧洲中央银行重新回到利率调节的轨道,尝试将利率调整到零值以下,当局希望通过负利率,逼迫商业银行等金融机构加大对企业与个人的贷款,增加对外投资以促进欧元区经济的复苏。

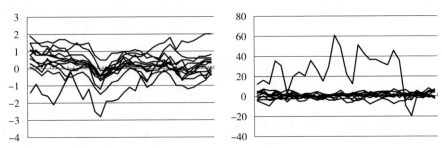

图7-1 实施负利率至今欧元区主要国家的通胀率与产出

图 7-1 给出了欧洲中央银行实施负利率至今,欧元区 12 个主要国家的通胀与产出的情况(数据来源:欧盟统计局),数据显示各国的通胀率基本上在零值附近窄幅波动,产出除了爱尔兰振幅较大之外,其他国家的产出均几乎完全收敛到了零点。日本的情况也差不多,从 2016 年 2 月 1 日开始实施负利率以来,通胀与产出等宏观数据仍无多大起色,日本政府与央行的设计目标远未实现。来自于欧元区与日本的数据都说明,负利率在目前可能尚未达到拉升通胀率与促进经济复苏的效果。但与此形成对比的是,各国货币当局的态度却非常乐观,欧洲中央银行行长德拉吉与日本银行行长黑田东彦在多个场合反复宣扬负利率有效,并表达了有可能将负利率进一步压低的政策意图。

在此背景下,使用科学的统计方法,实证检验负利率的货币政策的传导效果具有非常重要的研究意义。研究的理论意义在于:如果检验发现负利率有效,那么证明名义利率可以突破零下限约束,负利率的货币政策确实是一种合理的理论创新;如果检验发现负利率没有效果,那么证明了传统的利率理论的正确性,名义利率不应当突破零下限约束,所谓的实践创新还是需要与经典的理论框架相吻合。研究的实践意义在于:充分定位危机中的负利率、量化宽松等货币政策的作用与效果,为我国货币当局评估不同类型货币政策的有效性与制定恰当的货币政策提供行动指南。基于负利率实施国的相关研究也为我国促进供给侧结构性改革的货币政策选择提供有益的借鉴与启示。

以往学者对于负利率的研究成就不容忽视,但目前看来存在着如下不足:首先,对负利率制度的定性描述较多,而定量研究少,尤其缺乏对负利率政策效果严格的统计检验,很显然,若是没有充分的实证证据做支撑,难以对负利率制度的未来发展做出使人信服的判断。其次,没有对研究对象进行科学的分类,比如在分析欧洲中央银行的货币政策时,由于历史的原因,不同国家之间差异巨大,因此,将欧元区的国家看成一个研究整体有可能遗漏货币政策的区域效应,难以制定科学有效的异质性调控政策。最后,大多数研究是单独论证负利率制度的传导效果,而没有将负利率政策放到宏观的调控政策体系中去进行分析,既缺乏与量化宽松等其他种类的宽松货币政策的对比,也缺乏在完整的时间脉络背景下的前后利率政策如正利率、零利率与负利率的效果对比,难以对负利率制度提出完整而公正的评价。

本节对以往学者的研究不足进行了改进,创新之处在于:第一,基于欧元区主要国家 2003 年 1 月至 2015 年 12 月的数据,使用面板向量自回归(PVAR)的统计方法严格检验了欧洲中央银行货币政策的实施效果。第二,根据欧洲国家的发展历史以及数十年来欧元区各国的经常账户盈余状况将样本国家分成经常账户顺差国和经常账户逆差国两组,排除了简单的地域分类法给检验结果带来的干扰。第三,使用统一的技术模型,将负利率放入完整的经济周期中进行研究,对比了利率调整的货币政策与流动性调节的货币政策之间的传导效果,并基于统计结果提出相应的政策建议。

二、变量选取与模型确定

(一)变量选取

货币经济学指出,货币政策的最终目标主要是经济增长、物价稳定、充分就业与国际收支平衡。因此,本部分研究的欧洲中央银行货币政策的最终目标也是这四类,分别用生产指数、调和物价指数、失业率,以及货物和服务贸易余额来替代。以上变量的具体定义与来源请见表 7-1。我们希望在完整的经济周期背景下,研究欧洲中央银行货币政策的传导效果,分析负利率能否有效促进欧元区经济复苏,并在比较超低利率与量化宽松在不同国家产生的区域效应的基础上,提出适当的政策建议,相关结论也能为中国的货币政策制定提供有益的借鉴与启示。

表 7-1　变量及数据来源

变量名	变量含义	对应数据	数据来源
Benchmark R	ECB 的基准利率	ECB 存款基准利率	欧盟统计局
R	各国名义利率	对非金融机构的贷款利率	法兰西银行
r	各国实际利率	经通货膨胀调整后的利率	法兰西银行
debt	ECB 的流动性冲击	ECB 持有的购债量的价值(余额)	欧洲中央银行数据库
pro	产出	生产指数	欧盟统计局
hicp	物价	调和物价指数	欧盟统计局

续表

变量名	变量含义	对应数据	数据来源
unem	就业	失业率	欧盟统计局
balance	净出口	货物和服务贸易余额	欧盟统计局

1998 年 6 月,欧洲中央银行在法兰克福正式成立,欧盟当时的 11 个成员国:德国、法国、意大利、荷兰、比利时、卢森堡、爱尔兰、西班牙、葡萄牙、奥地利和芬兰,达到了《马斯特里赫特条约》确立的欧洲经济一体化并向欧元过渡的四项统一标准,成为首批使用欧元的欧元区国家。2001 年,希腊成为第 12 个进入欧元区的国家。截至 2015 年年底,欧元区共有 19 个成员国,另有 9 个国家和地区采用欧元作为当地的单一货币。

本部分使用了发起成立欧元区的 11 个国家和希腊,一共 12 个国家的数据进行研究,有两个原因:一是因为这些国家的数据具有延续性与完备性,能充分体现在长期中欧洲中央银行货币政策的稳定传导效果,避免短期波动给货币政策传导效果带来的异常效应,而希腊之后的下一个国家斯洛文尼亚一直到 2007 年才加入欧元区,其他国家更是在此之后,数据不完备且不稳定;二是因为这 12 个国家在欧元区中经济实力占绝对优势①,因此使用这些国家的数据来研究欧洲中央银行的货币政策的传导效果充分有效,获得的结果也具有可信性与说服力。

欧洲中央银行的货币政策主要分成利率调整与流动性调节两类。前者用欧洲中央银行的存款基准利率替代,后者用欧洲中央银行持有的债券量即购债量指标替代,时间从 2003 年 1 月至 2015 年 12 月,完整覆盖了欧元区初创期、次贷危机冲击期、欧洲主权债务危机时期以及世界经济的缓慢复苏期。欧洲中央银行从 2014 年 6 月开始实施负利率政策,若仅仅分析负利率实施以来的数据特征,由于时间跨度太短将无法得出充分稳定的统计特征,因此本部分试图使用统一的技术模型,将负利率放入完整的经济周期中进行研究,数据涵盖了欧洲中央银行利率调整的不同时期(正利率、零利率与负利率)以及流动性调整的不同时

---

① 从 2006 年至 2015 年,本部分选取的 12 个欧元区国家的 GDP 占欧元区主要组成国整体 GDP 的比例,依次为 98.27%、98.05%、97.90%、98.01%、97.94%、97.85%、97.81%、97.88% 与 97.86%,占欧元区经济总量的绝大部分。数据来源:欧盟统计局。

期(欧洲中央银行的正常购债量与欧洲中央银行的超大规模购债量即量化宽松),对比研究利率调整的货币政策与流动性调节的货币政策之间的传导效果。

(二)模型确定

我们在 Love 和 Zicchino(2006)的研究基础上,使用面板向量自回归(Panel VAR)的统计技术,来研究欧洲中央银行货币政策的传导效果。PVAR 擅长挖掘面板类型的数据序列的统计特征,便于我们将分组后的研究对象纳入统一的框架中,考察欧洲中央银行的货币政策与最终目标之间的动态相关性。模型设置如下:

$$Y_{i,t} = \Gamma_0 + \sum_{j=1}^{n} \Gamma_j Z_{i,t-j} + \eta_i + \varphi_t + \varepsilon_{i,t} \tag{1}$$

其中,i 代表第 i 个国家,t 代表时间,变量集 $Y_{i,t} = (r, debet, output, unem, hicp, balance)^{-1}$,符号的含义请见表 7-1。$\eta_i$ 是个体效应向量,φ_t 是时间效应向量,$\varepsilon_{i,t}$ 是残差向量。

本节选取的 12 个国家是欧元区的主要组成国,但它们相互之间的经济状况差异很大。历史上,意大利、希腊、葡萄牙等国在欧洲新教改革、启蒙运动和工业革命等方面相对滞后,因此逐渐在经济结构、社会结构等方面与欧洲其他国家形成了差异。德国、荷兰、比利时等国有较完善的产业体系,而意大利、希腊、葡萄牙等国则集中于旅游等服务型行业。但是简单地从地域上划分国家群体并不够准确,Holinski 和 Kool(2012)和 Tsagkano 和 Siriopoulos(2015)的研究指出,在欧元区,经常账户盈余状况类似的国家在经济决策上表现出较强的一致性。因此,结合欧洲国家历史发展差异以及数十年来欧元区各国的经常账户盈余状况(数据来源:欧盟统计局),本部分将样本国家分成经常账户顺差国和经常账户逆差国两组。具体分组如下:经常账户顺差国包含德国、荷兰、比利时、奥地利、芬兰和卢森堡,经常账户逆差国包含法国、葡萄牙、意大利、爱尔兰、希腊和西班牙,区域内的各国经济行为有较强的相似性与统一性。

由于央行只能调整名义利率,而影响实体经济发展的是实际利率,因此本部分研究的利率调整的传导渠道是"名义利率→实际利率→最终变量",并将其与流动性调节的传导渠道"流动性调节→最终变量"相比较,寻找差异并给出相关政策建议。

三、数据分析与最优滞后期

（一）平稳性检验

对各数据序列进行平稳性检验。其中，r、$output$、$unem$、$hicp$ 与 $balance$ 是面板数据，使用 LLC 检验法和 IPS 检验法；$debt$ 是时间序列数据，使用 ADF 检验法。相关检验结果如表 7-2 所示。LLC 和 IPS 检验法显示，对于经常账户顺差国，变量 $balance$ 和 $unem$ 是一阶单整序列，而 r、pro 和 $hicp$ 是平稳序列；对于经常账户逆差国，变量 r、$hicp$、$balance$ 和 $unem$ 是一阶单整序列，pro 是平稳序列；同时，变量 $debt$ 是一阶单整序列。为了保证模型估计的有效性，本部分将采用变量的一阶差分序列进行估计。

表 7-2　平稳性检验

Pooled data（H0：Unit root）							
		stat	r	pro	hicp	unem	balance
经常账户顺差国	LLC test	t−value	−6. 114*	−11. 700***	−6. 333**	−1. 013	−10. 163***
		t−star	−1. 633	−7. 875	−1. 715	0. 764	−7. 392
	IPS test	W（t−bar）	−2. 827***	−9. 654***	−3. 290***	−2. 758***	−7. 358
		t−bar	−2. 526	−4. 932	−2. 689	−2. 502	−4. 123
		stat	dr	dpro	dhcpi	dunem	dbalance
	LLC test	t−value	−22. 961***	−32. 690***	−22. 198***	−19. 411***	−37. 153***
		t−star	−19. 666	−30. 820	−18. 741	−18. 114	−36. 544
	IPS test	W（t−bar）	−22. 404***	−33. 527***	−21. 434***	−18. 138***	−38. 348***
		t−bar	−9. 425	−13. 344	−9. 083	−7. 921	−15. 043
经常账户逆差国		stat	r	pro	hicp	unem	balance
	LLC test	t−value	−4. 478	−10. 816***	−5. 379	−1. 560***	−6. 599
		t−star	−0. 694	−6. 453	−1. 153	0. 918	−3. 403
	IPS test	W（t−bar）	−1. 605*	−8. 287***	−2. 627***	2. 301	−5. 220***
		t−bar	−2. 095	−4. 450	−2. 456	−0. 719	−3. 369
		stat	dr	dpro	dhcpi	dunem	dbalance
	LLC test	t−value	−25. 176***	−34. 754***	−25. 753***	−11. 610***	−39. 645***
		t−star	−23. 011	−32. 733	−23. 577	−8. 101	−37. 305
	IPS test	W（t−bar）	−24. 703***	−35. 602***	−25. 320***	−10. 047***	−41. 245***
		t−bar	−10. 235	−14. 075	−10. 452	−5. 070	−16. 064
Time series（H0：Unit root）							
Methods		stat	debt			ddebt	

ADF	Z(t)	−2.382	−5.893***
	5%critical value	−3.470	−2.900

注:***、**和*分别表示在1%、5%和10%的显著性水平下显著。

(二)格兰杰因果检验

格兰杰因果检验的结果如表7-3所示。在两组国家中,流动性冲击都是实际利率变动的格兰杰原因,但实际利率变动都不是流动性调整的格兰杰原因。对于经常账户顺差国,实际利率与流动性调整是产出和物价的格兰杰原因,但不是失业率和净出口的格兰杰原因。对于经常账户逆差国,实际利率调整仅是产出的格兰杰因果,但流动性调整是物价、失业率、净出口的格兰杰原因。综合来看,实际利率和流动性调整对最终变量的影响在经常账户顺差国中大致相同,而在经常账户逆差国中,流动性调整的作用要强于实际利率调整的效果。格兰杰因果检验的结果符合货币经济学的理论解释,说明货币政策的最终目标之间存在相互冲突,而且体现出区域效应特征,后续的研究将在格兰杰因果检验的基础上进一步验证欧洲中央银行不同的货币政策对最终变量的差异化影响。

表7-3　格兰杰因果检验

变量 X	变量 Y	经常账户顺差国		经常账户逆差国	
		chi2	Prob	chi2	Prob
dr	ddebt	11.061	0.004	25.737	0.000
	dpro	4.789	0.091	1.559	0.669
	dhicp	3.502	0.174	2.631	0.452
	dunem	0.666	0.717	1.158	0.763
	dbalance	3.365	0.186	4.856	0.183
ddebt	dr	0.393	0.822	0.119	0.990
	dpro	8.561	0.014	0.936	0.817
	dhicp	3.223	0.200	1.361	0.715
	dunem	1.197	0.550	10.326	0.016
	dbalance	3.195	0.202	2.611	0.456

续表

变量 X	变量 Y	经常账户顺差国		经常账户逆差国	
		chi2	Prob	chi2	Prob
dpro	dr	7.999	0.018	7.682	0.053
	ddebt	12.662	0.002	5.955	0.114
dhicp	dr	8.128	0.017	0.772	0.856
	ddebt	10.993	0.004	30.300	0.000
dunem	dr	3.259	0.196	5.544	0.136
	ddebt	0.512	0.774	9.347	0.025
dbalance	dr	0.617	0.735	0.900	0.825
	ddebt	2.453	0.293	11.161	0.011

（三）选择最优滞后阶数

在建立 PVAR 模型之前,需要对两组模型进行最优滞后阶数的判断,以此保证模型估计的有效性。检验结果如表 7-4 所示。根据 AIC、BIC 和 HQIC 准则,我们得到经常账户顺差国模型的最优滞后阶数为 2,经常账户逆差国的最优滞后阶数为 3。

表 7-4　最优滞后阶数选择

	lag	AIC	BIC	HQIC
经常账户顺差国	1	2.709	3.366*	2.968
	2	2.419	3.416	2.812*
	3	2.307	3.649	2.837
	4	2.273*	3.968	2.942
经常账户逆差国	1	5.542	6.199	5.801
	2	5.103	6.099*	5.496
	3	4.953*	6.295	5.483*
	4	5.000	6.695	5.669

四、脉冲响应

（一）流动性冲击与实际利率波动之间的交互影响

图7-2和图7-3分别显示了经常账户顺差国与经常账户逆差国的状况。在顺差国,实际利率下降导致央行流动性上升,且在2期后该影响逐渐加大;央行流动性上升如加大宽松力度将导致实际利率在大约2期后下降。在逆差国,实际利率下降导致央行流动性上升,但该影响的持续性与幅度弱于顺差国;同时,央行流动性上升即更大幅度的宽松政策将导致利率下行,而且该影响幅度显著大于顺差国。综合来看,在经常账户顺差国和逆差国中,实际利率波动和流动性冲击之间的交互关系较为一致,但在影响的持续性与幅度上存在区别:实际利率波动的影响在经常账户顺差国的持续性较长,而流动性冲击的影响在经常账户逆差国中的持续性较长;并且在两个区域中,流动性冲击对实际利率的影响幅度都要大于实际利率波动对流动性冲击的影响幅度。

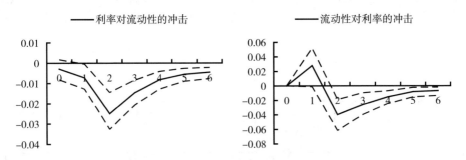

图7-2　经常账户顺差国实际利率与流动性冲击之间的脉冲响应

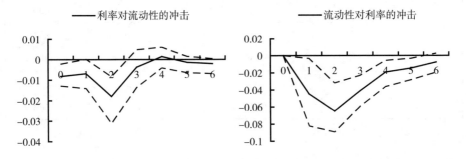

图7-3　经常账户逆差国实际利率与流动性冲击之间的脉冲响应

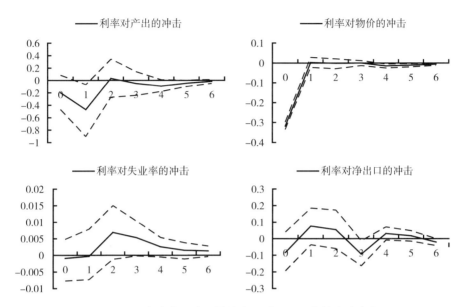

图7-4 经常账户顺差国最终变量对实际利率的脉冲响应

（二）实际利率波动对最终目标的影响

图7-4和图7-5分别显示经常账户顺差国与逆差国的实际利率的调整效果。在经常账户顺差国中,实际利率下降对产出的短期影响明显,在1到2期内出现正增长,之后影响虽然减弱但仍保持在正值;实际利率下降导致物价在当期迅速上涨,但影响很快减弱,不过也仍然保持在正值;实际利率下降导致失业率在滞后1期后开始下降,且作用持久;实际利率下降导致净出口出现波动但无太明显的趋势特征。

在经常账户逆差国中,实际利率下降导致了产出波动但并无太多有益的影响;实际利率下降导致物价短期迅速增长但很快减弱稳定在零点上方;实际利率下降对就业的影响大且持久,失业率下降明显而稳定;实际利率下降对净出口的作用方向不明显。

综合来看,不论在经常账户顺差国还是逆差国,实际利率下降对就业均产生了显著且持久的正面效应,即失业率不断下降;实际利率下降在短期内能推动价格上涨但效应短暂;净出口会出现波动但是没有明显的长期变化趋势。在经常账户顺差国,实际利率下降可以提高产出,但在经常账户逆差国却无法提高产出

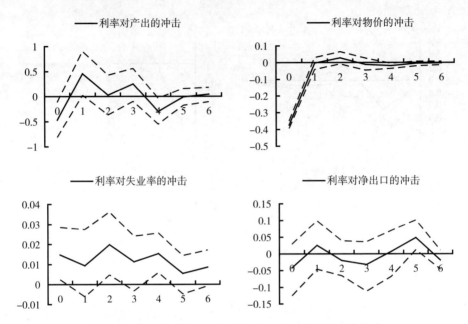

图7-5　经常账户逆差国最终变量对实际利率的脉冲响应

而没有产生有益的影响。整体而言,实际利率下降对经常账户顺差国的正效应要强于经常账户逆差国。

(三)流动性冲击对最终目标的影响

图7-6和图7-7分别显示经常账户顺差国与逆差国的最终目标变量对流动性冲击的脉冲响应。

在经常账户顺差国,流动性上升导致了产出的迅速上升,而且该影响十分持久;物价在滞后1期之后开始上涨并一直维持正向影响;流动性上升稳定地降低了失业率;流动性上升在短期内促进了净出口的上升,但长期中影响不明显。

与经常账户顺差国相比,流动性冲击对经常账户逆差国的影响却差强人意。流动性上升在初期给产出带来了正向影响,但长期中产出又回到了零值以下;物价在短期内出现明显上涨且作用持久;流动性上升在初期对失业率有压低作用,但长期中的失业率仍然居高不下;净出口在初期上升但很快又下降,最终在零值附近徘徊。

综合来看,流动性冲击的货币政策在经常账户顺差国的效果要明显强于经

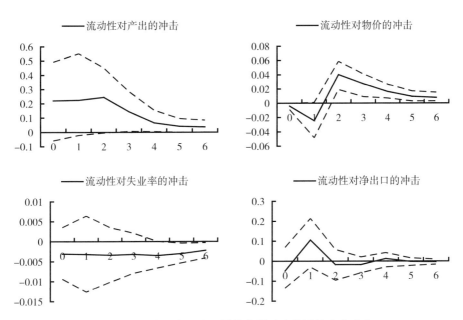

图7-6 经常账户顺差国最终变量对购债量的脉冲响应

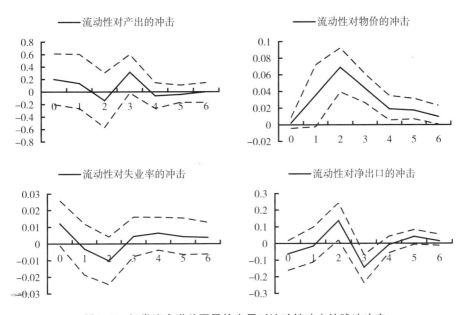

图7-7 经常账户逆差国最终变量对流动性冲击的脉冲响应

常账户逆差国。除了短期迅猛地抬高物价之外,流动性冲击在经常账户逆差国几乎没有产生什么有益的影响;与此形成对比的是,流动性冲击不但对经常账户顺差国的生产、物价、失业率等各方面产生了正效应,而且持续期均比较长。

比较实际利率下降与流动性调整带来的不同的冲击效果,可以看出经常账户顺差国的脉冲响应要显著强于经常账户逆差国;同时,不论考察受到明显冲击的最终变量个数,还是考察受到明显冲击的持续性,流动性冲击的政策效果都要强于利率调整所产生的政策效果。

(四)名义利率对实际利率的影响

以上检验了实际利率对最终变量的影响,但仍然不够。由于央行只能调整名义利率,因此我们还需要探究名义利率与实际利率之间的相关性与传导效果。

表7-5的数据显示:首先,欧洲中央银行的名义利率调整与实际利率波动之间具有正相关性(除了两个经济体量相对较小的国家卢森堡与爱尔兰之外,其他国家的名义利率与实际利率间的相关系数都是正值);其次,经常账户顺差国的相关系数均值为0.387,说明平均而言顺差国的名义利率调整效果有38.7%能够传导到实际利率,而经常账户逆差国的相关系数均值为0.202,说明平均来看经常账户逆差国的名义利率调整效果只有20.2%能够传导到实际利率环节。

表7-5 名义利率与实际利率的关系

	经常账户顺差国		经常账户逆差国	
名义利率与实际利率相关系数	比利时	0.353792	爱尔兰	-0.0739
	德国	0.444413	希腊	0.246223
	卢森堡	-0.20606	西班牙	0.018377
	荷兰	0.608287	法国	0.42915
	奥地利	0.622741	意大利	0.330797
	芬兰	0.499717	葡萄牙	0.258415
均值		0.387148		0.20151

本节主要检验欧洲中央银行的两条货币政策传导渠道的效果,一条是"流动性冲击→最终变量",另一条是"名义利率→实际利率→最终变量"。脉冲检验结果显示,实际利率下降对最终变量的影响要弱于流动性冲击对最终变量的

影响,再考虑到欧洲中央银行调整名义利率的货币政策效果传导到实际利率环节还有大幅度衰减,因此利率下降的宽松货币政策对欧元区经济的复苏与发展的作用偏弱,与此形成对比的是,流动性冲击对最终变量的影响效果要更强大且持续时间更长。由此可见,在当前形势下,进一步降低利率继续推进负利率可能含义不大,实体经济并不能从不断下行的利率走廊中获得充分收益,负利率并不是拉动经济复苏和消除通缩的法宝。

五、结论与政策建议

负利率是近年来多国央行推出的一种极具争议的货币政策。本节使用2003 年 1 月至 2015 年 12 月欧元区的 12 个主要国家的数据,对包含负利率与量化宽松的欧洲中央银行货币政策的传导效果进行了严格的统计检验。时间区间跨度欧元区初创期、次贷危机冲击期、欧洲主权债务危机时期以及世界经济的缓慢复苏期,我们将利率调整与流动性冲击放在统一的技术框架下进行了对比分析,得到如下系列结论。

第一,流动性冲击与实际利率波动存在交互影响,但流动性冲击对实际利率波动的影响更大。

第二,实际利率调整的政策效果并不明显,经常项目顺差国的效果要略强于经常项目逆差国。在顺差国,实际利率的下降导致产出增加,价格短期上涨但很快回归零值,失业率下降,净出口出现波动但无太明显的趋势;在逆差国,实际利率下降对产出没有产生太多明显的影响,价格短期上涨但很快归于零,失业率下降,净出口出现波动但无太明显的趋势特征。

第三,流动性冲击的政策效果相对明显,经常项目顺差国要强于经常项目逆差国。在顺差国,欧洲中央银行的流动性冲击导致产出上升且持续,价格上涨,失业率下降而稳定,净出口也出现短期上升;在逆差国,欧洲中央银行的流动性冲击对产出的影响较小,价格上涨,在初期对失业率有压低但长期效果不理想,净出口初期上升但很快又下降。

第四,名义利率对实际利率有正向引导作用,顺差国要强于逆差国。在当前形势下,进一步降低名义利率继续推进负利率含义不大,实体经济并不能从不断下行的利率走廊中获得充分收益,负利率并不是拉动经济复苏和消除通缩的法宝。若欧元区经济持续萧条,应加大量化宽松的力度而不是继续推进负利率。

第五,欧元区的经常项目逆差国(法国、葡萄牙、意大利、爱尔兰、希腊和西班牙)问题很大,量化宽松与负利率等货币政策都难以产生好的效果,这些国家应当进行艰苦的产业升级与结构调整,提高来自于实体经济的税收收入,同时努力压缩政府支出、改革高福利制度,才能从根本上解决问题。

基于欧元区货币政策的实证检验结果也给我们带来了借鉴与启示。

首先,证明了货币经济学中传统的利率理论的正确性。费雪早在1896年就提出了零利率下限约束(ZLB),他认为如果经济人将货币借出反而收到负的利息,那么居民会倾向于持有现金,投资会因无法融资而下降,导致产出减少与失业增加,因此名义利率不能为负。凯恩斯更是在此基础上提出了著名的流动性陷阱理论,经济学家们研究了第二次世界大战之后的美国名义利率(Coibion 等,2012),发现每一次名义利率达到零点附近都会导致宏观政策传导效果的失真与经济的急剧波动。目前,多个国家的央行开始实施负利率政策,虽然突破零利率下限约束被视为是一种对传统利率理论的"创新",但整体来看实际效果差强人意,不但对实体经济复苏没有太大作用,而且压缩了商业银行的利润,有可能伤害金融体系的稳定与健康。

其次,凸显了货币政策的局限性,货币政策不是万能也不应当成为万能的宏观调控工具。在后金融危机时代,结构调整已成为世界各国经济发展的主流,例如欧元区中目前最艰难的几个国家,更需要的是自身的结构调整与经济转型,而来自于外部的货币政策并不能彻底拯救他们。但是从近年来世界各国宏观调控的实践来看,货币政策似乎有过度使用的倾向。货币经济学指出货币政策强于调总量而弱于调结构,尽管货币政策具有一定的调结构的功能(近年来美联储的扭转操作、欧洲中央银行的完全货币交易政策、英格兰银行的融资换贷款协议,以及中国人民银行的定向降准、定时降准、PSL、MLF 等都是利用货币政策进行结构调整的有益尝试),但调结构并不是货币政策的强项,货币政策还需要与财政政策、税收政策以及产业政策相协调,充分利用政策组合的效用最优化,稳中求进,才能充分实现结构调整的职能,从而为我国的供给侧结构性改革营造良好的金融与货币环境。

第三节　日本银行的负利率实践的效果

本节基于日本全国和 9 个地区 47 个分级单位(1 都、1 道、2 府、43 县)的 171 组经济数据的时间序列,使用贝叶斯向量自回归(BVAR)的统计方法检验了日本银行实施负利率以来的宽松货币政策的传导效果。

一、日本负利率的实施背景与进程

2012 年 12 月,安倍晋三获任日本首相之后提出了大规模的经济刺激计划,具体措施包含:激进的货币政策,设置 2% 的通胀目标,同时实施无限量的资产购买计划;积极的财政政策,增加财政补充预算和专项财政支出;承诺进行经济结构调整与改革。2013 年 3 月,日本银行行长黑田东彦开始实施新一轮的量化宽松货币政策,有别于日本在 2001 年至 2006 年实施过的量化宽松政策(简写为 QE),这次的量化宽松由于没有规模限制也没有时间限制,因此被称为超级量化宽松(简写为 QQE),具体措施包括:日本银行的货币政策操作目标从隔夜拆借利率转变为基础货币,初步计划每年增加 60 万亿至 70 万亿基础货币;日本银行大量购买日本政府债券,计划每年增加未偿还日本政府债券额 50 万亿;改变过去购买政府债券的利率期限品种,增加长期债券的购买;增加 ETFs 和 J-REITs,额度每年增加 1 万亿和 30 万亿规模;同时承诺将长期执行宽松货币政策。

但是日本这一轮的量化宽松政策在初期并未达到预期的目标,图 7-8 描绘了 2013 年第一季度至 2017 年第四季度的日本全国的 GDP 与 CPI 指数变化趋势。数据显示,2013 年日本的 GDP 增长率还能维持在零以上,但从 2014 年 2 季度开始,日本 GDP 的增长率持续下滑到了负值,尽管 2015 年的 GDP 增长有所恢复,但整体表现十分惨淡。在量化宽松的刺激之下,日本的 CPI 指数的增长在初期非常强劲,但随后出现大幅跳水,到了 2015 年末,日本的 CPI 跌到了 0.2%,仅为安倍上台之初设置的 2% 的通胀目标的十分之一。由于经济增长乏力,安倍政府开始面临越来越大的政治压力。在此背景下,日本银行于 2016 年 1 月开始推出了负利率的货币政策。超级量化宽松与负利率都属于宽松货币政策,目前日本银行正在实施两种并行的宽松货币政策。

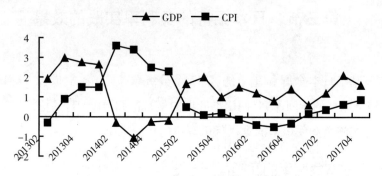

图 7-8　日本宽松货币政策的效果

注:2013 年 1 季度至 2015 年 4 季度为量化宽松,2016 年 1 季度后为负利率与量化宽松。
资料来源:日本内阁政府网站。

　　负利率是一种争议颇大的宽松货币政策,截止到目前,全球有多个国家或地区实施了负利率的货币政策。综合来看,各国央行实施负利率政策的目的不尽相同,有些国家的央行是为了刺激经济,巩固中长期通胀预期;而有些国家的央行则是为了防止国际避险资本大量流入,保持汇率的稳定与国内经济的正常运行。由于各国实施名义负利率的具体经济环境以及政策目的有所不同,所以具体方式也存在差异:一种如欧洲中央银行,于 2014 年 6 月 5 日将隔夜存款利率降至-0.1%,直接把名义利率调至零值以下;另一种则如日本银行,在分级利率体系中包含负利率,目前日本银行将各商业银行存放在央行的常备金账户分成了三类,对基础余额部分使用 0.1% 的正利率,对宏观附加余额部分使用 0% 的零利率,而对政策利率的余额部分使用-0.1% 的负利率。

　　从多个此前已实施负利率的国家的政策效果来看,负利率的经济刺激作用并不十分明显,日本银行推出负利率的货币政策其实是一种不确定性极大的无奈之选。仔细观察图 7-8 从 2016 年 1 季度开始的 GDP 与 CPI 两个变量,我们发现 GDP 的增长率一直不温不火的波动着,最低下探到 0.8%,最高也不过 2.1%,而 CPI 的增长率,在实施负利率之后居然不断下降,甚至跌至-0.5%,虽然从 2017 年开始日本的 CPI 缓慢回升,但最高也不过 0.87%,离安倍设定的目标仍然相去甚远。GDP 与 CPI 的数据序列变化特征说明日本的负利率政策可能产生了一些正面的影响,但整体效果仍然不是很让人满意。那么负利率对经济到底产生了多大的促进作用？GDP 与 CPI 指标的上扬真的是负利率导致的吗？负利率货币政策真的有效吗？很显然，以上系列问题需要通过严密的统计检验才能回答。

本节尝试基于日本实施负利率以来的历史数据，考察货币政策操作变量与货币政策最终目标变量之间的关系来推断负利率政策的可能效果。探索负利率货币政策的传导效果具有很强的现实意义，相关研究有助于对以负利率为代表的货币政策新动态做出理性的判断，而且日本是我国的邻邦，仔细研究日本在危机中实施的货币政策效果，总结经验与教训，对于我国新常态下的货币政策调控具有一定的启示。以往学者针对负利率的相关研究不容忽视，但整体来看，严格的统计检验与定量分析的文献并不多见。由于负利率制度实施的时期并不长，数据序列存在"小 T 大 N"的特征，难以用传统的计量方法进行分析，因此已有的定量分析研究得到的结论也参差不齐，无法提供让人信服的统计结论。本部分对此进行了改进，创新之处体现在：第一，在贝叶斯向量自回归的模型框架下，对比检验了日本的负利率与量化宽松货币政策的实施效果，仔细辨析导致宏观经济指标出现波动的原因；第二，在统计检验的结论基础上，总结日本银行货币政策实施的经验与教训，为我国在金融危机期与经济复苏期的货币政策调控提供决策参考。

二、实证基础与模型选择

（一）实证基础

本节尝试检验负利率货币政策的传导效果。按照货币经济学理论，货币政策的最终目标主要是经济增长、物价稳定、充分就业与国际收支平衡，由于无法获取日本进出口贸易的相关数据，所以我们主要检验日本银行的宽松货币政策对经济增长、物价波动以及就业率水平的影响。

Sims（1980）建立的 VAR 模型是目前统计检验过程中常用的技术工具，但是常规的 VAR 模型对数据结构的要求较高。近年来，有学者（Koop 和 Korobilis，2009）开始将贝叶斯估计技术引入 VAR 模型建立了贝叶斯向量自回归模型（BVAR），由于贝叶斯估计对时间宽度的要求不高，因此善于体现多个变量短期内的变化趋势，而且 BVAR 突破了常规 VAR 的"维度诅咒"的弱点，因此在多变量的宏观经济体系研究中得到广泛的应用。

本节尝试使用 BVAR 的统计技术来检验日本银行实施的负利率货币政策对最终目标的影响,之所以选择 BVAR,主要由我们所获取的相关数据结构所决定。日本银行目前正在实施的利率体系分成三个层级:基础余额部分使用0.1%的正利率,宏观附加余额部分使用 0%的零利率,政策利率的余额部分使用-0.1%的负利率。我们通过检索日本银行、日本统计局与日本经济产业省等部门网站的公开资料,建立了相关数据库,该数据库包含了利率、央行购债量、日本全国与分级地区的产出、物价、就业等宏观数据。整体观察,所获取数据的结构特征是:时间段与频率低(最多到月频,大多数都是季度数据甚至年度数据)但截面大(涉及日本 1 都、1 道、2 府、43 县共 47 个分级地区单位),即俗称的"小T 大 N"类型的数据。

如果对自由度不够(小 T 大 N)的数据结构使用常规的 VAR 检验方法,会导致模型参数过多,出现奇异矩阵而得不到有意义的技术结果,如果人为地设定某些参数为 0 强行降低模型参数数量,又容易丢失经济学信息,导致估计结果不可信。而贝叶斯向量自回归(BVAR)的技术方法预设参数结构而非定参数值,利用先验和样本信息可以较好地解决以上难题。具体来说,BVAR 统计方法的技术优势在于:第一,BVAR 对样本反复使用贝叶斯估计,得到的结果对经济实践的拟合度更高。第二,BVAR 使用包含关键信息的先验分布,能充分挖掘样本中的微小但有效的信息,避免估计参数过多而导致估计不可信,较为适合"小 T 大N"特征的数据序列的统计检验。第三,BVAR 具备良好的动态模型特征,可以刻画货币政策对最终目标的交互动态影响。

(二)模型引入

向量自回归模型是检验多变量交互影响的常规方法,常规的方程表达式为(1):

$$y_t = c + \sum_{j=1}^{p} A_j y_{t-j} + C x_t + \varepsilon_t \tag{1}$$

其中,y_t 是 n 个内生变量组成的 $n \times 1$ 维向量组,x_t 是外生变量向量组,c 是截距项,A_j 为 $1 \times n$ 维系数矩阵,ε_t 是 $n \times 1$ 维独立正态同分布的误差项,p 是滞后阶数。Σ 是误差项的方差协方差矩阵,则有 $\varepsilon'_t \sim i.i.d(0, \Sigma)$ 。向量自回归模型可以有效检验变量间的交互影响,但是常规的向量自回归模型对数据的要求较高,而且在处理"小 T 大 N"的数据序列时,容易出现奇异矩阵得不到有效的检验结果。所以近年来,学者们在常规的向量自回归模型的基础上提出了新的改进如贝叶斯向量自回归模型(BVAR),通过修正参数估计的算法来弥补传统模型的缺陷。转化成向量组合形式,BVAR 的方程表达式可写为(2)式:

$$y_t = X\theta + \varepsilon_t \tag{2}$$

其中,$\theta = (A'_1, A'_2, \cdots A'_{\neq p})$ 为待估的系数矩阵,$X = (y'_{t-1}, y'_{t-2}, \cdots, y'_{t-p})$ 代表滞后期解释变量的集合,而 $X = I_n \otimes \cdot X$ 为克罗内克积。根据贝叶斯定理,我们有:

$$\pi(\theta, \Sigma \mid y) = \frac{\pi(\theta, \Sigma, y)}{\pi(y)} = \frac{f(y \mid \theta, \Sigma) \, \pi(\theta, \Sigma)}{\pi(y)} \tag{3}$$

其中,$f(y \mid \theta, \Sigma)$ 是样本的似然函数,$\pi(\theta, \Sigma)$ 是两参数的联合先验分布,$\pi(y)$ 是样本密度函数。如果视样本密度函数为常数,则后验分布 $\pi(\theta, \Sigma \mid y)$ 满足 $\pi(\theta, \Sigma \mid y) \propto f(y \mid \theta, \Sigma) \, \pi(\theta, \Sigma)$ 。

BVAR 所需的先验分布有多种,Litterman(1986)定义的先验分布称为明尼苏达先验分布,另外还有正态威沙特先验分布、独立正态威沙特先验分布等。由于独立正态威沙特先验分布设定 θ 和 Σ 相互独立,Koop(2009)认为其更具备一般性,对经济学问题的适用性更强;同时研究者还可以在独立正态威沙特先验分布中自由选择参数 θ 的协方差矩阵形式,检验经济学变量的手段也更加灵活。本部分综合考虑了几种先验分布的优缺点,在实证检验的主体部分使用独立正态威沙特先验分布,得到统计结论之后,再使用明尼苏达先验分布与正态威沙特先验分布做稳健性检验。如果基于三类先验分布的统计结果都显示最终的技术结果没有大的差异,且具有相同的趋势特征,那么说明论文选择的模型稳定有效,能够基于此进行经济学解释。

由于似然函数形式为:

$$f(y \mid \theta, \overline{\Sigma}) = (2\pi)^{-nT/2} \mid \Sigma \mid^{-1/2} \exp\left[-\frac{1}{2}(y - X\theta)^{-1} \overline{\Sigma}^{-1}(y - X\theta)\right] \tag{4}$$

本部分选择的独立威沙特先验假定 θ 和 Σ 相互独立,因此有:

$$\pi(\theta, \Sigma) = \pi(\theta) \, \pi(\Sigma) \tag{5}$$

系数 θ 服从均值为 θ_0,协方差矩阵为 Ω_0 的多维正态分布,因此 θ 的概率密度为：

$$\pi(\theta) \propto \exp\left[-\frac{1}{2}(\theta-\theta_0)'\Omega_0^{-1}(\theta-\theta_0)\right] \tag{6}$$

贝叶斯估计理论认为多元正态分布和逆威沙特分布互为共轭先验分布，因为 θ 服从多元正态分布，所以协方差矩阵 Σ 服从逆威沙特分布。S_0 为规模矩阵，α_0 为自由度，此协方差矩阵的概率密度服从：

$$\pi(\Sigma) \propto |\Sigma|^{-(\alpha_0+n+1)/2}\exp\left[-\frac{1}{2}tr\{\Sigma^{-1}S_0\}\right] \tag{7}$$

将方程式（4）（5）（6）（7）带入（3）式并化简，即可求得 θ 和 Σ 的后验分布。得到后验分布后可以得到系数向量 θ 的点估计值。

$$\hat{\theta} = \int\theta\pi(\theta|y)\,d(\theta) = E(\theta|y) \tag{8}$$

因为 $\theta=(A'_1,A'_2,\cdots A'_p)$ ，所以估计出方程式（8）的点估计值就得到了所有的系数 A_j 。

基于 Hamilton（1980），把公式（1）重新写作移动平均形式。

$$y_t = A(L)^{-1}Cx_t + \psi_0\varepsilon_t + \psi_1\varepsilon_{t-1} + \psi_2\varepsilon_{t-2} + \cdots \tag{9}$$

（9）式是脉冲响应的基础方程。假设我们现在需要估计日本的货币政策脉冲的 h 期影响，则可以将（9）式向前移动 h 个观察期得到，方程式为：

$$y_{t+h} = A(L)^{-1}Cx_{t+h} + \psi_0\varepsilon_{t+h} + \psi_1\varepsilon_{t+h-1} + \psi_2\varepsilon_{t+h-2} + \cdots \tag{10}$$

其中，L 是滞后算子，$A(L)$ 是滞后算子多项式：

$$A(L) = I - A_1L + A_2L^2 + A_3L^3 + \cdots \tag{11}$$

在金融计量学理论中（张成思，2015），多维滤波由滞后算子和系数矩阵 A_j 迭代求得：

$$\psi_0 = A(L)^{-1}, \ \psi_i = \sum_{j=1}^{i}\psi_{i-j}A_j \tag{12}$$

由此，我们通过贝叶斯估计方法得到了（8）式，该式估计出了 A_j 。将估计出的 A_j 代入（11）式得到 $A(L)$ ，将 A_j 代入（12）式得到 ψ_i 与 $A(L)^{-1}$ ，最终将 ψ_i 与 $A(L)^{-1}$ 代入（10）式确定系数。我们就是利用系数确定之后的（10）式来估计日本的货币政策脉冲的 h 期影响。

(三)数据来源与逻辑思路

本部分主要检验负利率的货币政策对最终目标变量的影响,但是在危机中日本银行实施的宽松货币政策不仅是低利率,还包括了大规模流动性的冲击即量化宽松。在获取最终的冲击效果并进行数据分析之前,我们无法确定最终目标变量的经济指标波动到底是由负利率所导致,还是由流动性冲击所导致。因此,我们将负利率与流动性冲击两类货币政策同时纳入了变量集。这样做的好处在于:不但能够对比检验不同的货币政策对最终目标的影响,而且还能检验不同的货币政策相互之间的影响效果,从而可以在统一的模型框架下,全面判断日本银行的宽松货币政策的影响效果,提炼出有效信息为我国的货币政策调控提供借鉴。

模型中的货币政策操作工具包括价格型货币政策工具与数量型货币政策工具,分别为日本银行利率和日本银行的每月购债量。货币经济学指出,货币政策的最终目标主要为产出增长、物价稳定、充分就业与国际收支平衡,考虑到数据的可得性,本部分主要考察前三类,分别使用工业产出指数、消费物价指数和失业率作为货币政策的最终目标变量。由此设置待检验的变量集为 $\varepsilon_t = (IR, JGB, IPP, CPI, UNE)$。其中 IR 为利率,用日本银行间隔夜拆借利率替代,JGB 为流动性变量,用日本银行的购债量替代,利率与购债量的数据来源于日本银行网站的公开统计资料。IPP 为产出变量,使用工业品生产指数替代,数据来源于日本经济产业省网站公开资料。CPI 为物价变量,用消费者物价指数替代,UNE 为失业率,物价与失业率的数据来源于日本统计局网站公开资料。由于日本银行本轮的 QQE 货币政策从 2013 年 3 月开始实施,所以统计检验的样本空间从 2013 年 1 月开始。为了消除量纲影响,购债量取自然对数处理。工业品生产指数与消费者价格指数取样本空间开始前的一个月为基期 100,工业产出指数、完全失业率和消费者价格指数三个指标通过 X-12 程序进行了季节性调整。我们的逻辑思路是,尝试使用 BVAR 的技术方法,检验自变量(日本银行的利率与购债量变化)对因变量(日本的工业产出、消费物价指数与失业率)的影响,从中挖掘出日本银行负利率货币政策的影响效果,并提出相应的政策建议。

具体做法是,如果我们要考察利率例如负利率的冲击,就设置(10)式的残差向量的具体形式为：

$$\varepsilon_t = (\varepsilon_{IR,t}, \varepsilon_{JGB,t}, \varepsilon_{IPP,t}, \varepsilon_{CPI,t}, \varepsilon_{UNE,t})' = (-1,0,0,0,0)' \qquad (13)$$

此时，(13)式表示日本银行的一个单位标准差的利率负向冲击对货币政策最终目标变量的影响。

如果我们要考察流动性例如量化宽松的冲击，就设置(10)式的残差向量的具体形式为：

$$\varepsilon_t = (\varepsilon_{IR,t}, \varepsilon_{JGB,t}, \varepsilon_{IPP,t}, \varepsilon_{CPI,t}, \varepsilon_{UNE,t})' = (0,1,0,0,0)' \qquad (14)$$

此时，(14)式表示日本银行的一个单位标准差的流动性正向冲击对货币政策最终目标变量的影响。然后将(13)式与(14)式分别代入(10)式，来检验日本银行的 QQE（流动性的正向冲击）与负利率（利率的反向冲击）对产出、物价与失业率的影响。

三、数据初步检验与最优滞后期

（一）单位根检验与数据的平稳性

BVAR 的统计检验方法要求数据必须是平稳序列，因此我们对数据进行了 ADF 单位根检验，结果如表 7-6：

表 7-6　单位根检验

变量	单位根检验	P 值	1%置信水平	5%置信水平	10%置信水平
△JGB	-9.0945*	0.0000	-3.5482	-2.9126	-2.5940
△IR	-5.3356*	0.0000	-3.5441	-2.9109	-2.5931
△IPP	-14.7467*	0.0000	-3.5440	-2.9109	-2.5930
△CPI	-9.9906*	0.0000	-3.5461	-2.9117	-2.5936
△UNE	-4.9757*	0.0001	-3.5683	-2.9211	-2.5986

注：* 表示被检验序列在 1%置信水平下平稳。

检验结果显示，取一阶差分后的 JGB、IR、IPP、CPI 和 UNE 原序列均在 1% 的置信水平下拒绝了原假设，意味着处理后的数据序列平稳，可以进行后续的实证检验。

（二）格兰杰因果检验

表 7-7　格兰杰因果检验

原假设	F-stastistic	P-value	原假设	F-stastistic	P-value
JGB-IPP	0.67088	0.5732	IPP-JGB	18.8791	1.00E-08
JGB-CPI	1.6871	0.1793	CPI-JGB	2.38309	0.0782
JGB-UNE	0.27235	0.8451	UNE-JGB	2.48133	0.0696
IR-IPP	3.47518	0.0214	IPP-IR	0.41326	0.7441
IR-CPI	1.24028	0.3031	CPI-IR	0.40307	0.7513
IR-UNE	0.8616	0.466	UNE-IR	1.98239	0.1262

格兰杰因果检验的结果如表7-7。结果显示，购债量是物价的格兰杰原因，利率是产出的格兰杰原因，产出、物价和失业率是购债量的格兰杰原因，失业率是利率的格兰杰原因。由于计量经济学理论指出（Bruce Hansen,2018），格兰杰因果检验并不能完全体现变量间的因果关系，所以我们在格兰杰因果检验的基础上给出协整检验，来检验变量间是否具有较强的相关性，从而为后续的 BVAR 检验提供数据支持。

（三）协整检验

使用 Johansen 协整检验的方法，得到结果如表7-8：

表 7-8　协整检验

变量组	原假设	迹统计值（P值）	最大特征值迹统计值（P值）	原假设	迹统计值（P值）	最大特征值迹统计值（P值）
IR,IPP	无协整关系	26.6429(0.0007)	18.3028(0.0109)	至少一个协整关系	8.3401(0.0039)	8.3401(0.0039)
IR,CPI	无协整关系	31.5666(0.001)	20.4614(0.046)	至少一个协整关系	11.1049(0.0009)	3.8415(0.0009)
IR,UNE	无协整关系	46.0034(0.0000)	32.1446(0.0000)	至少一个协整关系	13.8588(0.0002)	13.8588(0.0002)
JGB,IPP	无协整关系	14.8245(0.0629)	14.6665(0.0432)	至少一个协整关系	0.1581(0.6910)	0.1581(0.6910)
JGB,CPI	无协整关系	19.3161(0.0126)	18.8401(0.0088)	至少一个协整关系	0.4756(0.4905)	0.4756(0.4905)
JGB,UNE	无协整关系	36.0137(0.0000)	35.7013(0.0000)	至少一个协整关系	0.3124(0.5762)	0.3124(0.5762)

数据显示，五个变量的迹统计值与最大特征值迹统计值高度统一，均显示货币政策（利率与流动性冲击）与最终目标变量（产出、物价与失业率）的原始序列之间存在着协整关系。由于货币政策与最终目标变量之间存在着协整关系，所

以我们可以在此基础上进行严格的量化分析,不会出现伪回归。

(四)最优滞后期

BVAR 模型不仅能够检验变量之间的即期交互影响,而且可以非常方便地检验变量之间的滞后期交互影响,我们使用 LR、FPE、AIC、BIC、HQIC 等多种信息准则来检测最优滞后期,得到结果如表 7-9:

表 7-9　滞后期检验

滞后阶数	LogL	LR	FPE	AIC	SC	HQIC
0	89. 26306	NA	3. 21e-08	-3. 06411	-2. 88163	-2. 99354
1	228. 3833	39. 93305	1. 29e-09	-6. 30485	-4. 29751	-5. 5286
2	203. 4251	203. 4161	1. 26e-09 *	-6. 30637	-5. 211460 *	-5. 882959 *
3	246. 9512	26. 33267	1. 73e-09	-6. 07095	-3. 1512	-4. 94186
4	278. 7373	39. 29913 *	1. 52e-09	-6. 317719 *	-2. 48554	-4. 83578
5	297. 5182	19. 80539	2. 34e-09	-6. 09157	-1. 34697	-4. 2568
6	319. 0286	18. 77272	3. 72e-09	-5. 96468	-0. 30765	-3. 77706

综合表 7-9 提供的结果、各检验准则的偏误并结合经济学含义,选定最优滞后期为 2 阶。

四、脉冲响应与稳健性检验

(一)利率与流动性冲击的交互影响

图 7-9 为日本银行的利率冲击与流动性冲击的交互影响。第一幅子图的数据显示,当央行购债量增加一个标准差大小的正向变动时,导致利率迅速下降,在第 2 期就达到-0. 2984 并持续下降,在第 7 期收敛至负向峰值-0. 3774 随后稳定。从货币供需理论来说,央行的购债量增加导致了货币投放量增加,而利率是资金的价格,因此购债量增加会降低市场利率,图 7-9 第一幅子图的趋势很好地反映了这个过程,说明日本银行的流动性冲击效果符合政策预期。第二幅子图的数据显示,当利率增加一个标准差的负向变动时[①],会导致购债量下

---

① 本节设定脉冲响应中来自购债量的冲击为一个标准差的正冲击,来自利率的冲击为一个标准差的负冲击,均代表宽松的货币政策刺激。

降,这不符合常理。因为利率的下降意味着债券的市场收益率下降,如果仅考虑收益性,那么市场投资者购买债券的意愿会下降,但是中央政府的目的是卖出国债吸收资金,因此当市场投资者购买债券的意愿下降时,央行应当加大购债量,所以利率下降可能应该对应着央行购债量的增加。但是图7-9的第二幅子图显示出截然不同的变化特点,与经济学常理相悖,这说明在宽松货币政策时期,如果继续降低利率,可能会产生相反的效果。对比两幅子图,可以初步认为流动性冲击的效果比降低利率的效果更符合政策预期。

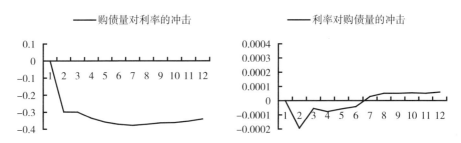

图7-9　日本银行流动性冲击与利率冲击的交互影响

(二)货币政策对最终目标变量的脉冲冲击

图7-10为基于日本全国数据的日本银行货币政策对最终目标变量的脉冲冲击。其中第一行的三幅子图是日本银行购债量的冲击,第二行的三幅子图是日本银行的利率冲击,我们将六幅子图放在一起可以直观地比较央行购债量与利率的脉冲响应效果。

第一行的第一幅子图是购债量对产出的冲击,数据显示增加购债量之后,产出的响应一直为负值,在第2期就达到负向峰值-0.7551,说明增加购债量对产出并没有起到正面的促进作用。第二行的第一幅子图是利率冲击对产出的影响,结果显示降低利率在短期内可以一定程度地促进产出增加。

第一行的第二幅子图是购债量对通胀的冲击,数据显示增加购债量会导致通胀上升,在第6期达到峰值0.2866,并一直保持正值,说明央行的流动性冲击可以有效提升通胀。第二行的第二幅子图是通胀对利率的脉冲响应,结果显示降低利率会在5期内提升通胀,5期之后响应为负,说明降低利率短期内可以起到一定的提升通胀的作用,但效果不长久。

第一行的第三幅子图是购债量对失业率的冲击,数据显示增加购债量可以降低失业率,在第2期出现负向峰值-0.0579,并在长期内存在稳定的负响应。第二行的第三幅子图是失业率对利率的脉冲响应,显示利率冲击在短期内可以降低失业率。

比较两类冲击的趋势特征之后,我们再比较两类冲击的力度和持续期。仔细观察第一行与第二行曲线的振幅,我们发现一个单位的购债量冲击效果的振幅比一个单位的利率冲击效果的振幅大一到两个量级,这意味着购债量的冲击效果会比利率的冲击效果大10到100倍左右,而且购债量政策效果的持续时间也远长于利率政策效果的持续时间。这说明进入负利率时期以后,利率调整的政策效果已不明显,或者更直白地说,负利率没有太大作用。

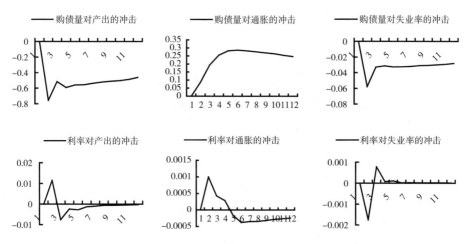

图7-10　日本银行货币政策对最终目标变量的脉冲冲击

(三)稳健性检验

本部分在实证检验的主体部分使用的先验函数是独立正态威沙特先验分布,但是BVAR的先验分布有多种,除了独立正态威沙特先验分布之外,还有明尼苏达先验分布与正态威沙特先验分布。下面我们尝试使用不同的先验分布再进行两次实证检验(相当于做了两次稳健性检验),如果得到的检验结果趋势与之前的检验结果趋势类似且没有大的差异,那么可以说明我们选择的实证模型稳定有效,能够基于此进行经济学解释。

我们将先验函数为明尼苏达先验分布与正态威沙特先验分布的检验结果,与之前的先验函数为独立正态威沙特先验分布的检验结果放在一个坐标系中做

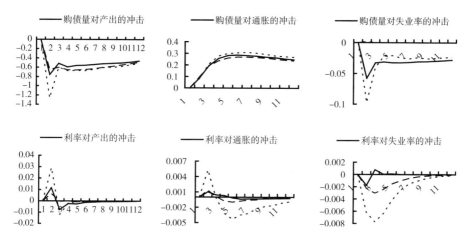

图 7-11 不同先验函数的统计检验结果

对比,得到图 7-11。其中实线为独立正态威沙特先验分布、宽虚线为明尼苏达先验分布、窄虚线为正态威沙特先验分布的检验结果。结果显示在不同的先验函数背景下,三类脉冲响应除了波幅上有差异外,曲线形状与趋势基本相同,说明之前基于独立正态威沙特先验分布的检验结果稳定有效,采用不同的先验函数基本上可以得到类似的检验结果。

五、结论及其启示

本节尝试以日本为研究对象,基于日本的宏观经济数据样本,通过贝叶斯向量自回归(BVAR)的统计方法来检验判断负利率与量化宽松的政策效果。技术结果显示:负利率在短期内有一定的正面影响,例如增加产出、拉升通胀和降低失业率,但政策刺激持续期较短,幅度非常弱;与此形成对比的是,量化宽松会大幅度地抬升通胀,并降低失业率;降低利率的货币政策效果要远低于量化宽松的货币政策效果。整体来看,负利率并没有达到货币当局预期的政策效果,因此负利率可能并不是促进经济复苏的灵丹妙药。

日本在危机中实施负利率与量化宽松货币政策的经验教训带来以下启示。

首先,证明了货币经济学中常规的利率理论的正确性。目前,尽管已有多个国家的央行在实施负利率政策,而且不少国家的货币当局将负利率视为是一种对传统利率理论的"创新",但实证检验的效果并不尽如人意,负利率对实体经济复苏并没有产生太大促进作用,由于超低利率环境导致了常规货币政策的失效,而且对商业银行体系造成了巨大伤害,因此负利率的货币政策需要慎用。

其次,凸显了货币政策的局限性。基于日本的数据检验显示,尽管宽松货币政策在危机中起到了一定的作用,但实际上政策效果的振幅与力度都普遍较小,而且延续的有效时间也不长,这说明货币政策并非万能。因此,政府的宏观调控组合拳中除了货币政策,还需要财税政策和产业政策,只有各类宏观政策相配合,才能充分而灵活地调整经济结构,为经济复苏提供稳健的金融与货币环境。

从理论上讲,降低利率可以降低企业的融资成本,等于增加了企业的收益。但在危机中,实体经济的回报率不断下降,如果再降利率,企业不一定会将增加的收益运用于新增投资。因此,在促进经济复苏的过程中,发展实体经济与增加实体经济的投资回报率才是解决问题的关键所在。如果实体经济没有改善,却像日本政府那样频繁地实施货币政策的调整技巧,其实无法从根本上解决问题。只有切实帮助企业增加投资回报,才能有效促进经济回归正轨。

第八章　发达国家货币政策的分化调整与溢出效应

本章梳理了世界经济的阶段性与局部性复苏背景下美国货币政策的转向，研究了发达国家货币政策分化调整的影响效应，检验了美国加息对中国经济发展与大宗商品价格波动的影响效果。

第一节　发达国家货币政策的分化调整

本节建立了开放经济条件下的动态随机一般均衡(Dynamic Stochastic General Equilibrium，DSGE)三国模型，研究了发达国家货币政策的背向调整对中国的流动性冲击与利率冲击，并基于此提出风险防范的政策建议。

一、发达国家货币政策的分化调整

金融危机爆发至今已有十余年，目前世界各国的"康复"程度各不相同。以美国为代表的部分国家，经济出现较为明显的复苏，产出持续增长，就业率不断攀升；而以欧洲和日本为代表的部分国家，却似乎仍然在低谷中徘徊，产出萧条，就业率与通胀率萎靡不振。经济状况的差异导致了发达国家货币政策的背向调整：为了应对经济偏热可能引发的不利影响，美国逐渐收紧货币政策，美联储从2014年11月开始退出量化宽松，并随后连续九次加息；而欧元区国家与日本为了应对日益萧条的经济状况，加大了宽松货币政策的实施力度[①]，欧洲中央银行

[①]　例如，2017年10月26日，欧洲中央银行宣布资产购买计划将在12月到期后再延长9个月，这已是欧洲中央银行第三次延长量化宽松的实施期限。市场认为这反映了欧洲中央银行退出量化宽松的谨慎，也说明当前欧元区经济复苏仍然没有达到预期。

与日本银行甚至分别于 2014 年 6 月与 2016 年 1 月推出了负利率的货币政策。在此背景之下,探讨发达国家货币政策的背向调整对中国经济的流动性冲击与利率冲击,并有的放矢地提出应对措施进行风险管理,具有重要的研究意义。相关研究不但有利于丰富与完善金融危机中的非常规货币政策理论,拓展开放经济条件下的宏观经济学模型框架,而且有利于构建总体稳定与均衡发展的大国关系框架,并为我国促进供给侧结构性改革的货币政策调控提供决策参考。

有学者使用实证检验的方法研究了不同国家之间的货币政策影响。J. Kronick(2014)检验了发达国家货币政策对欠发达国家的影响,他们研究欧盟和美国的货币政策如何影响非洲国家,发现发达国家的货币政策会在欠发达国家引起冲击,浮动汇率制有利于外债多样化和减少对外国资本的依赖,但资本管制却对固定汇率制国家有积极作用。J Aizenman 等(2016)采用两步检验的方法分析了美国、欧元区、日本等发达国家和地区货币政策对欠发达国家的冲击,发现发展中国家的利率和实际汇率波动对发达国家的金融变量敏感度非常高。Y. Kimura(2013)检验了发达国家之间的货币政策的交互影响,他们比较分析了 20 世纪 90 年代和近年来美国联邦基金利率对其他发达国家的冲击,发现尽管影响程度有所减轻,但美国的紧缩货币政策确实减少了其他发达国家的国内生产。S Neri 和 A Nobili(2010)研究了美国的货币政策对欧元区国家的影响,发现美国调整基准利率对欧元区国家的影响是通过汇率、商品价格、短期利率和贸易平衡来实现的。V Arora 和 M Cerisola(2001)则检验了迅速崛起的新兴市场国家对其他发达国家的影响,他们发现美国货币政策的立场和可预测性对于稳定新兴市场的资本流动和资本市场状态很重要,但新兴市场国家也存在反作用力。X Huang 和 Z Yang(2016)研究了中国的货币政策对美国的影响,实证检验发现中国的货币政策对美国利率和汇率存在溢出效应,并探讨了货币政策的国际传导机制。近年来得益于 VAR 等系列统计技术的成熟,研究者们可以将若干不同类型的国家放在一个统一的技术框架下研究他们之间的相互溢出效应。但是,尽管统计技术可以较好地检验不同国家货币政策的交互影响效果,却似乎难以充分回答为什么会出现这些交互影响。由此可见,仅提供实证检验可能是不够的,相关研究还需要更深入的机理分析。

有些学者使用博弈或者构建微分方程体系的方法研究了不同国家之间货币

政策的影响机理。早期的博弈研究主要使用非合作型博弈的技术方法,例如 DW Henderson 和 N Zhu(1990)建立了两国之间的货币政策博弈模型,发现在不确定性的前提下,存在唯一的非合作均衡,货币当局会非常关注货币政策工具,在对方的选择之后确定自己的收益最大化,因此两国之间的货币政策存在着很强的相互影响。C Ioannidis 和 O Napolitano(2004)通过非合作的货币政策博弈模型,研究当面对资本市场的随机冲击时,美联储与欧洲中央银行的最优反应函数与相应的纳什均衡与斯泰格伯格均衡,他们发现不同的央行会根据对方的货币政策来确定己方的行为选择。非合作型博弈主要是将复杂的经济环境抽象成简单的模型,来分析局中人相互之间的作用关系,但非合作型博弈的技术方法忽略了某些参与方可能会组成联合体改变博弈格局的可能性,因此后期的博弈研究开始使用合作型博弈的技术方法,例如 YH Zhang 和 XB Lun(2011)构建了三方博弈模型研究在金融危机的背景下各国央行的货币政策合作,发现如果美国、欧盟、中国不合作,三方损失都会增加,如果美国与欧盟合作,损失会减少一部分,而如果三个国家相互合作,金融危机的损失会进一步减少,从而得到美国、欧盟与中国应该进行货币政策协调的结论。Li M 等(2013)则构建了一个微分方程体系,通过求解常系数微分方程特解的极限的方法,研究了当欧洲中央银行实施完全货币交易政策时,欧洲中央银行、重债国与购债国的货币政策合作的影响。相比非合作型博弈,合作型博弈考虑问题更为周全,但当参与局中人增多时分析难度与工作量将会急剧上升,夏普利核值(Shaply Core Value)的计算会非常艰难,而且博弈分析大多使用局部均衡,缺乏微观分析基础,也没有充分考虑到国家间的差异化并存的传导渠道。

针对以上不足,近年来随着分析方法与计算机技术的改进,经济学家们开始使用动态随机一般均衡的方法(DSGE)来分析不同国家之间的货币政策影响。有些学者利用两国模型来研究不同国家货币政策的交互影响,例如 Jacob P 和 Peersman G(2008)将经合组织的十六国视为一个国家,将美国视为对应的另外一个国家,建立了两国的 DSGE 模型,研究发现两国存在相对的投资效率冲击,不同国家对投资吸收和冲击的差异带来了两国相对价格的变化。F Breuss 和 K Rabitsch(2009)建立了包含欧盟和奥地利的两国 DSGE 模型,研究技术冲击、偏好冲击、成本冲击等结构性冲击的跨国影响和欧洲中央银行对欧盟和奥地利的宏观经济的传导机制,发现奥地利经济对需求冲击的反应更强,但欧元区其他国家对供给冲击的反应更强。MACD Silveira(2006)建立了一个包含巴西和美国的两国 DSGE 模型来研究发展中国家与发达国家的相互影响,他们将贸易作为购买成本的一种表现形式代入模型,通过对通胀的影响来分析巴西与美国货币政策调整的相互影响。还有些学者将博弈的思想引入 DSGE 的分析框架,来分析两个国家之间的货币政策合作。例如 Evi Pappa(2004)建立了包含美国与欧盟的两国 DSGE 模型,他们在垄断竞争和价格黏性的前提下,对比研究了合作、不合作以及货币联盟三种情况下的宏观经济和福利的变化,由于不合作会带来负面的溢出效应,货币联盟会导致商品价格难以确定,所以综合比较而言,美国与欧盟的货币政策合作的效用将优于不合作和货币联盟。Gali 和 Gelter(2002)则研究了 DSGE 两国模型在货币政策博弈中的纳什均衡,他们认为在纳什均衡中,每家中央银行的政策问题都与封闭经济面临的政策问题类似,尽管在纳什均衡下中央银行可以根据国内通货膨胀调整利率,但是它们也应该对他国的通货膨胀作出反应,因此在任何情况下,都必须实施灵活的汇率制度。G.Benigno 和 P.Benigno(2006)探讨了 DSGE 框架下的两国之间的货币政策合作问题,他们认为只有在特殊的条件下,货币政策合作才能提高消费者的效用,很多时候简单的目标规则比如盯住 GDP 或 CPI 就能达到较好的结果。

开放经济条件下的两国 DSGE 模型目前已经发展得较为完备,但他们共同的缺点是无法解决多个国家之间的交互影响,例如不同国家的异质型货币政策对其他国家的冲击,于是有些学者开始尝试建立三国模型来分析不同国家之间的货币政策影响。例如 Kollmann R(2015)建立了包含德国、欧洲其他地区(REA)和世界其他地区(ROW)的 DSGE 三国模型,研究发现影响德国经常项目盈余的最重要因素是德国储蓄率、对德国出口的 ROW 需求的正面冲击,以及德国劳动力市场改革和总供给冲击,而 REA 利率对德国的影响不大,德国消费和投资的扩张将提高德国国内生产总值,减少经常项目盈余。Kollmann R、Pataracchia B 和 Raciborski R(2016)建立了包含美国、欧盟和世界其他地区的三国 DSGE 模型来研究金融危机后美国和欧盟调整路径不同变化的驱动因素,发现美国和欧盟的金融冲击是经济大衰退的主要原因,欧盟的经济下滑与自身金融体系的持续不健康状况有关,但不利的金融冲击对美国的影响不大。Wing

Leong Teo(2009)以美国、日本、马来西亚为背景研究了东亚经济体的最优货币篮子制度,他们通过简化的三国模型比较分析了本国计价和美元计价背景下,美国货币政策对日本和马来西亚福利的不同影响,认为在东亚和美国的双边贸易份额中,美元所占比例应该更小。Hirakata N(2014)构建了包含美国、日本与中国的三国模型,来研究中国的供给冲击对发达国家价格稳定的影响,他们发现由于存在不对称的贸易结构,以及中国特定的汇率制度影响,中国的供给冲击对日本造成的通货紧缩程度要大于美国。三国模型的思路方向更为合理,但目前三国模型的文献相当稀少,而且已有的相关研究存在缺陷。以 Kollmann R 等人的文献为例,他们的模型中,除了主讨论国之外的其他国家并没有设置详细而差异化的效用函数,也缺乏清晰的微观分析基础,因此所谓其他国家不过是对开放经济条件的进一步强化,而且他们的研究主要是讨论欧元启动或者金融危机的影响,并未深入分析不同国家之间的宏观政策的交互影响。再以 Wing LT 和 Hirakata N 的文献为例,他们研究的是一个国家对另外两个国家的影响,目前看来可能不够充分。进入后金融危机时代以后,世界各国经济现状的差异导致了异质型的货币政策调控,例如美国在紧缩(加息与退出量化宽松)而欧、日在宽松(加大量化宽松力度并推行负利率),发达国家的货币政策出现了非常罕见的背向调整。这种背向调整对其他国家的影响,不再是一个国家对另外两个国家的影响,而是两个货币政策差异化的国家对其他国家的影响,因此必须设置效用函数差异化与传导路径差异化的三国模型才能实现。

　　基于以往学者的研究不足,本节进行了拓展:首先,在微观分析的基础上建立效用函数差异化的 DSGE 三国模型,深入剖析发达国家背向调整的货币政策的传导机理;其次,研究发达国家货币政策的背向调整对中国的流动性冲击与利率冲击;再次,结合经济新常态与促进供给侧结构性改革的背景,提出应对发达国家货币政策背向调整与风险管理的政策建议。

二、数理建模

　　本部分构建了开放条件下的三国动态随机一般均衡模型。其中,第一个国家实施紧缩型的货币政策,调高利率与降低购债量(类似于当前的美国,加息与退出量化宽松),第二个国家实施宽松型的货币政策,降低利率与增加购债量

（类似于当前的欧洲，实施负利率与加码量化宽松），第三个国家和其他国家有贸易、消费与投资往来，在充分评估他国货币政策的影响之后，确定自己的行为选择（类似于当前的中国），因此，本节主要研究前两个发达国家货币政策的背向调整给第三个国家带来的冲击以及应对措施。

（一）代表性家庭

典型的代表性家庭根据约束条件来最大化自身的效用，我们设置家庭的效用函数为（1）式。下标 i 表示不同的国家，A 是美国（America）的简写，E 是欧洲（Europe）的简写，C 是中国（China）的简写，因此（1）式表示三个效用函数的方程式，分别表示美国、欧洲与中国的不同家庭。我们建立了开放条件下的三国 DSGE 模型，大多数方程式都会有三类形式，为了节省篇幅，文中用下标的差异来进行区分。

$$\max E_t \left\{ \sum_{j=0}^{\infty} \beta^j \left[\frac{C_{i,t+j}^{1-\sigma_c}}{1-\sigma_c} + \frac{\chi}{1-\sigma_m} \left(\frac{M_{i,t+j}}{P_{i,t+j}} \right)^{1-\sigma_m} - \frac{l_{i,t+j}^{1+\sigma_l}}{1+\sigma_l} \right] \right\}, \ i = A, E, C \quad (1)$$

在（1）式中，E_t 是期望算子，β 是贴现因子，反映未来效用与当期效用之间的替代弹性，$C_{i,t}$ 表示 i 国居民在 t 期的实际消费，$M_{i,t}$ 表示 i 国居民在 t 期末持有的名义货币余额，$l_{i,t}$ 表示 i 国居民在 t 期提供的劳动，σ_c 表示消费的跨期替代弹性的倒数，σ_m 表示货币需求对利率弹性的倒数，σ_l 表示劳动供给对实际工资弹性的倒数，χ 表示货币余额在家庭效用函数中的权重。

在开放经济中，代表性家庭既可以消费本国产品，也可以消费外国产品，我们基于不同国家商品和对应的价格指数的设置，给出中国家庭的消费约束条件为（2）式，消费商品的总价格约束条件为（3）式。方程式中，中国消费的本国产品用下标 C 表示，消费的外国产品用下标 F 表示，F 为美国（用字母 A 替代）和欧洲（用字母 E 替代）。

$$C_t = \left[(1-\Delta_C)^{\frac{1}{\eta}} C_{C,t}^{\frac{\eta-1}{\eta}} + \Delta_C^{\frac{1}{\eta}} C_{F,t}^{\frac{\eta-1}{\eta}} \right]^{\frac{\eta}{\eta-1}}, \ F = A, E \quad (2)$$

$$P_t = \left[(1-\Delta_C) P_{C,t}^{1-\eta} + \Delta_C P_{F,t}^{1-\eta} \right]^{\frac{1}{1-\eta}}, \ F = A, E \quad (3)$$

以上两式中，C_t 是中国家庭在 t 期的实际消费，对应的价格指数是 P_t；$C_{C,t}$ 是中国家庭购买中国商品的实际消费，对应的价格指数是 $P_{C,t}$；$C_{F,t}$ 是中国家庭购买美国或欧盟商品的消费，对应的价格指数是 $P_{F,t}$。Δ_C 为外国商品在中国家庭篮子中的权重,满足(4)式。其中 o_C 为经济开放度, n_C 为中国的经济规模, n_F 为外国(美国或欧洲国家)的经济规模。

$$\Delta_C = o_C \frac{n_C}{n_C + n_F} , \ F = A, E \tag{4}$$

同样的方法,给出美国或欧洲的家庭消费商品、价格指数以及不同国家之间的商品比例(5)式至(7)式,这三个方程式与(2)式至(4)式的不同之处在于表示的是不同的国家,下标有明显的区分。

$$C_t^* = [(1-\Delta_F)^{\frac{1}{\eta}} C_{F,t}^{* \frac{\eta-1}{\eta}} + \Delta_F^{\frac{1}{\eta}} C_{C,t}^{* \frac{\eta-1}{\eta}}]^{\frac{\eta}{\eta-1}} , \ F = A, E \tag{5}$$

$$P_t^* = [(1-\Delta_F) P_{C,t}^{* \ 1-\eta} + \Delta_F P_{F,t}^{* \ 1-\eta}]^{\frac{1}{1-\eta}} , \ F = A, E \tag{6}$$

$$\Delta_F = o_F \frac{n_F}{n_C + n_F} , \ F = A, E \tag{7}$$

代表性家庭预算约束中同时考虑持有的货币余额和国债余额。代表性家庭在 $t-1$ 期的财富包括货币和国债,居民拥有本国国债和外国国债;在 t 期,代表性家庭通过工作获得工资收入,除了以货币的形式持有一部分收入外,其余的收入将用来消费和购买本国与外国的政府债券。以中国的代表性家庭为例,预算约束为(8)式。

$$P_t C_t + Q_{C,t} B_{C,t} + \xi_t Q_{F,t} B_{C,t}^* + M_{C,t} = M_{C,t-1} + B_{C,t-1} + B_{C,t-1}^* + W_{C,t} l_{C,t} , \ F = A, E \tag{8}$$

其中, $B_{c,t}$ 与 $B_{c,t}^*$ 分别为代表性家庭在 t 期持有的本国与外国国债, Q 为随机贴现因子。 ξ_t 由一价定律给出如(9)式,表示同样的商品在两国价格的比值。

$$\xi_t = \frac{P_{C,t}}{P_{C,t}^*} = \frac{P_{F,t}}{P_{F,t}^*} \tag{9}$$

在(8)式的约束条件下,求解中国代表性家庭的最优化问题,得到消费商品的最优化的一阶条件是(10)式至(13)式。

$$\frac{\xi_t}{\xi_{t+1}} Q_{F,t,t+1} = \beta \left(\frac{C_{C,t+1}}{C_{C,t}} \right)^{-\sigma_c} \left(\frac{P_t}{P_{t+1}} \right) \tag{10}$$

$$Q_{C,t,t+1} = \beta \left(\frac{C_{C,t+1}}{C_{C,t}} \right)^{-\sigma_c} \left(\frac{P_t}{P_{t+1}} \right) \tag{11}$$

$$\frac{W_{C,t}}{P_t} = C_{C,t}^{\sigma_c} l_{C,t}^{\sigma_l} \tag{12}$$

$$\chi \left(\frac{M_{C,t}}{P_t} \right)^{\sigma_m} C_{C,t}^{\sigma_c} = \frac{E_t\{i_{C,t+1}\}}{1 + E_t\{i_{C,t+1}\}} \tag{13}$$

(二)厂商

厂商在技术约束、需求约束和资本品约束下确定生产要素投入量和使用成本,并得到最优产出和定价。假设最终产品市场完全竞争,中间产品市场垄断竞争,中间产品的种类服从[0,1]上的均匀分布。在生产技术约束下,中间厂商追求生产成本最小化,确定最优产量;在需求约束下,最终厂商追求生产利润最大化,确定最优定价;在资本约束下,厂商确定每期新增的投资额和资本存量。

1. 技术约束

厂商向代表性家庭购买劳动,同时运用企业可使用的资本进行生产,假设 i 国厂商采用柯布-道格拉斯生产函数形式如(14)式,即产出受到技术、劳动和资本投入的影响。

$$y_{i,t} = a_{i,t} k_{i,t-1}^{\alpha_i} l_{i,t}^{1-\alpha_i} , \ i = A, E, C \tag{14}$$

其中 $\alpha_i \in (0,1)$ 表示 i 国资本在产出贡献中的份额, $Y_{i,t}$ 与 $k_{i,t}$ 分别表示 t 期的总产量与资本存量, $a_{i,t}$ 表示 i 国 t 期的生产率,反映技术水平的高低。我们将技术冲击引入模型,假设 i 国技术水平受到一期滞后值的影响,也受到 i 国当期冲击的影响,其变化满足一阶自回归过程为(15)式。该式中 $\rho_{i,a}$ 为滞后系数, μr 是标准差为 1 的高斯白噪声过程,表示技术冲击。

$$\hat{a}_{i,t} = \rho_{i,a} \hat{a}_{i,t-1} + \varepsilon_{i,t}^a , \ i = A, E, C \tag{15}$$

厂商在技术约束下追求实际生产成本最小化如(16)式,厂商的生产成本包括向工人支付的工资以及生产资本的必要报酬。

$$\min(w_{i,t} l_{i,t} + r_{i,t} k_{i,t-1}) , \ i = A, E, C \tag{16}$$

其中 $w_{i,t}$ 表示 i 国的实际工资率 $\frac{W_{i,t}}{P_{i,t}}$, $r_{i,t}$ 为单位资本的实际边际成本,表示 i 国的实际利率。求解(16)式的生产变量最小化问题,确定厂商的资本边际成本,实际工资水平、厂商生产的实际边际成本等经济变量,得到技术约束下的两个欧拉方程(17)式与(18)式。

$$w_{i,t} = (1 - \alpha)mc_{i,t}a_{i,t}k_{i,t-1}{}^{\alpha_i}l_{i,t}{}^{-\alpha_i} , \ i = A,E,C \quad (17)$$

$$r_{i,t} = \alpha mc_{i,t}a_{i,t}k_{i,t-1}{}^{\alpha_i-1}l_{i,t-1}{}^{1-\alpha_i} , \ i = A,E,C \quad (18)$$

联立以上两式,消去生产资本变量和劳动变量得到(19)式,该式体现了生产实际成本的影响因素。说明各国厂商生产的实际边际成本为其资本收益率和实际工资率的加权平均,权重分别为两种要素在产出贡献中的份额。

$$mc_{i,t} = \frac{r_{i,t}{}^{\alpha_i}(1 - \alpha)^{\alpha_i-1}\alpha^{-\alpha_i}}{a_{i,t}}w_{i,t}{}^{1-\alpha_i} , \ i = A,E,C \quad (19)$$

2. 需求约束

商品生产分成了两个阶段:中间厂商面对的是垄断竞争市场,产品价格存在黏性,厂商采取 Calvo 交错定价的方式,每一期都有 $1 - \gamma$ 比例的厂商调整价格;最终厂商面对的是完全竞争市场,利润等于所有销售的最终产品价格减去所有投入的中间产品价格之和,目标函数为(20)式,生产技术约束为(21)式。

$$\max P_{C,t}y_{C,t} - \int_0^1 P_{C,t}(j)y_{C,t}(j)dj \quad (20)$$

$$y_{C,t} = \left\{\int_0^1 [y_{C,t}(j)]^{-\frac{1-\theta}{\theta}}dj\right\}^{\frac{-\theta}{1-\theta}} \quad (21)$$

以上两式中,$y_{i,t}(j)$ 表示 i 国第 t 期第 j 种中间产品的产量,$P_{i,t}(j)$ 表示 i 国第 t 期第 j 种中间产品的价格,θ 表示中间产品之前的替代弹性。最终产品厂商采用不变替代弹性将中间商品进行加总获得最终产品的产出,在生产技术约束条件下求解最终产品厂商的利润最大化,得到(22)式。

$$y_{C,t}(j) = \left(\frac{P_{C,t}(j)}{P_{C,t}}\right)^{-\theta}y_{C,t} \quad (22)$$

该式表示生产中间产品的厂商,面临的市场需求是总需求的一定比例,其比例系数受到中间产品之间替代弹性和中间产品价格与总价格水平之比的影响,将(22)式代入(21)式,得到(23)式,表示最终产品厂商的价格水平。

$$P_{C,t} = \left[\int_0^1 P_{C,t}(j)^{1-\theta}\right]^{\frac{1}{1-\theta}} \quad (23)$$

在时期 t 的中间厂商会选择 $P_{i,t}^0$ 来最大化利润的净现值,每期的利润为中间产品总价减去生产成本,由此得到中间厂商的利润最大化为(24)式,需求约束条件为(25)式。

$$\max E_t \Big\{ \sum_{k=0}^{\infty} \gamma^k Q_{C,t,t+k} [P_{C,t}^0 y_{C,t+k|t}(j) - \psi(y_{C,t+k|t}(j))] \Big\} \tag{24}$$

$$y_{C,t+k|t}(j) = \left(\frac{P_{C,t}^0}{P_{C,t+k|t}} \right)^{-\theta} y_{C,t+k} \tag{25}$$

其中 $P_{C,t}^0$ 为中间产品的最优定价, $\psi(y_{C,t+k|t}(j))$ 表示成本函数, $Q_{C,t,t+k}$ 表示名义支付的随机贴现因子。

$$Q_{C,t,t+k} = \beta^k \frac{C_{C,t+k}^{-\sigma_c}}{C_{C,t}^{-\sigma_c}} \frac{P_{C,t}}{P_{C,t+j}} \tag{26}$$

求解在(25)式的条件约束下的(24)式的最优化,可以求得中间厂商最优定价问题的一阶条件(27)式,其中 $\psi(y_{t+k|t}(j))$ 表示在 t 期设定价格的厂商在 $t+k$ 期的总成本, $\mathrm{mc}_{t+k|t}$ 表示在 t 期设定价格的厂商在 $t+k$ 期的名义边际成本,则 $\psi(y_{t+k|t}(j))$ 和 $\mathrm{mc}_{t+k|t}$ 的关系满足(28)式。

$$\sum_{i=0}^{\infty} \gamma^k Q_{C,t,t+j} y_{C,t+k|t}(j) \left[\frac{P_{C,t}^0}{P_{C,t-1}} - \frac{\theta}{\theta-1} \psi(y_{C,t+k|t}(j)) \frac{1}{P_{C,t-1}} \right] = 0 \tag{27}$$

$$\psi(y_{t+k|t}(j))' = \mathrm{mc}_{t+k|t} P_{t+k} \tag{28}$$

使用(26)式的稳态形式,得到 $Q_{C,t,t+k} = \beta^k$ 以及 $y_{C,t+k|t}(j) = y_{ss}$,将(28)式代入(27)式,得到(29)式。为了直观描述变量之间的相关关系,将(29)式在稳态点附近展开得到(30)式。

$$\sum_{k=0}^{\infty} \gamma^k \beta^k \frac{P_{C,t}^0}{P_{C,t-1}} = \sum_{k=0}^{\infty} \gamma^k \beta^k \frac{\theta}{\theta-1} E_t \Big\{ \hat{mc}_{C,t+k|t} \frac{P_{C,t+k}}{P_{C,t-1}} \Big\} \tag{29}$$

$$\hat{p}_{C,t}^0 - \hat{p}_{C,t-1} = (1-\gamma\beta) \sum_{j=0}^{\infty} (\gamma\beta)^j E_t \{ \hat{mc}_{C,t+k|t} + \hat{p}_{C,t+k} - \hat{p}_{C,t-1} \} \tag{30}$$

在 t 期设定价格的厂商在 $t+k$ 期的实际边际成本为(31)式,受到所有厂商在 $t+k$ 期的平均实际成本与物价水平变动的影响。

$$E_t \{ \hat{mc}_{C,t+j|t} \} = E_t \{ \hat{mc}_{C,t+j} \} - \frac{(1-\alpha_C)\theta}{\alpha_C} \{ \hat{p}_{C,t}^0 - E\{ \hat{p}_{C,t+j} \} \} \tag{31}$$

将(31)式代入(30)式,并重新整理得到(32)式,为了简化表达,令 $\Theta_C = \dfrac{\alpha_C}{\alpha_C + \theta(1-\alpha_C)}$ 。

$$\hat{p}_{C,t}^0 - \hat{p}_{C,t-1} = \gamma\beta E_t \{ \hat{p}_{C,t+1}^0 - \hat{p}_{C,t} \} + (1-\gamma\beta)\Theta_C \hat{mc}_{C,t} + \hat{\pi}_{C,t} \tag{32}$$

由于通货膨胀率在稳态处对数线性化的结果可表示为 $\hat{\pi}_{i,t} = \hat{p}_{i,t} - \hat{p}_{i,t-1}$，代入(32)式得到(33)式。

$$\hat{\pi}_{c,t}^0 = \gamma\beta E_t\{\hat{\pi}_{c,t+1}^0\} + (1 - \gamma\beta)\Theta m\hat{c}_{c,t} + \hat{\pi}_{c,t} \tag{33}$$

如前设置，中间厂商分成调整价格的厂商和不调整价格的厂商，假设 $T(t) \subseteq [0,1]$ 表示在时期 t 没有重新优化价格的厂商集合，得到(34)式。

$$P_{C,t} = \left[\int_{T(t)} P_{C,t-1}(j)^{1-\theta}dj + \int_{C_{[0,1]}T(t)} P_{C,t-1}^0(j)^{1-\theta}dj\right]^{\frac{1}{1-\theta}} \tag{34}$$

根据 Calvo 定价策略，$T(t)$ 的测度为 γ，$C_{[0,1]}T(t)$ 的测度为 $1 - \gamma$。在(34)式两边同时除以 $P_{C,t-1}$，再将(32)代入，得到(35)式。

$$(1 + \hat{\pi}_{C,t})^{1-\theta} = \gamma + (1 - \gamma)(1 + \hat{\pi}_{C,t}^*)^{1-\theta} \tag{35}$$

(35)式表示当期的通胀取决于两个因素：γ 比例的厂商不调整价格，对通货膨胀率的影响为 1 个单位；$1 - \gamma$ 比例的厂商根据最优定价方程调整商品价格，对通货膨胀率的影响为 $(1 + \hat{\pi}_t^*)$ 个单位。

3. 资本约束

i 国的资本约束方程为(36)式，其中 δ 是资本的折旧率，$inv_{i,t}$ 是 i 国 t 期的新增投资额，该方程表示厂商的投入为上一期的资本存量与当期追加的新增投资之和。

$$k_{i,t} = (1 - \delta)k_{i,t-1} + in_{i,t}，i = A,E,C \tag{36}$$

（三）政府

本节假定每个国家存在一个宏观的政府，包括货币当局和财政当局。假设 i 国的财政支出受前一期财政支出的影响，同时当期受到随机冲击，满足一阶自回归过程，如(37)式所示。

$$\hat{g}_{i,t} = \rho_{i,g}\hat{g}_{i,t-1} + \varepsilon_{i,t}^g，i = A,E,C \tag{37}$$

结合以往学者对中国、美国、欧盟货币政策规则的研究，假定中国的货币政策以货币供应量调整为主，美欧的货币政策以利率调整为主，货币规则采用拓展的泰勒规则形式，给出(38)式至(40)式。

$$\hat{m}_{C,t} = \rho_{C,i}\hat{m}_{C,t-1} + \rho_{C,\pi}\hat{\pi}_{C,t} + \rho_{C,y}\hat{y}_{C,t} \tag{38}$$

$$\hat{i}_{A,t} = \rho_{A,i}\hat{i}_{A,t-1} + \rho_{A,\pi}\hat{\pi}_{A,t} + \rho_{A,y}\hat{y}_{A,t} \tag{39}$$

$$\hat{i}_{E,t} = \rho_{E,i}\hat{i}_{E,t-1} + \rho_{E,\pi}\hat{\pi}_{E,t} + \rho_{E,y}\hat{y}_{E,t} \tag{40}$$

同时，i 国国民收入核算恒等式为（41）式，即 i 国的总产出等于家庭的总消费、政府总支出和新增投资之和。

$$y_{i,t} = c_{i,t} + g_{i,t} + in_{i,t} \tag{41}$$

（四）市场出清

与封闭型 DSGE 模型不同，开放条件下的多国 DSGE 模型既需要考虑商品市场出清，还需要考虑不同国家的家庭与企业在他国投资（模型中用债券投资作为替代）之后，通过套利导致的国际投资市场上的出清。

1. 商品市场出清

首先定义贸易条件 s_t 为本国商品和外国商品的相对价格，得到（42）式；然后将贸易条件 s_t 代入（3）式和（6）式，得到中、美、欧价格的相对指数方程为（43）式与（44）式。

$$s_t = \frac{P_{F,t}}{P_{C,t}} = \frac{P_{F,t}^*}{P_{C,t}^*} \tag{42}$$

$$\frac{P_t}{P_{C,t}} = [\Delta_C + (1 - \Delta_C s_t^{1-\eta})]^{1/(1-\eta)} = z_{C,t} \tag{43}$$

$$\frac{P_t^*}{P_{F,t}^*} = [\Delta_F s_t^{-(1-\eta)} + (1 - \Delta_F)]^{1/(1-\eta)} = z_{F,t}, F = A, E \tag{44}$$

美欧对中国的实际汇率 q_t 为（45）式，中国和欧盟以及美国的商品市场出清方程分别为（46）式与（47）式。

$$q_t = \frac{\xi_t P_t^*}{P_t} = \frac{\xi_t P_{F,t}^*}{P_{C,t}} \frac{P_t^*/P_{F,t}^*}{P_t/P_{C,t}} = \frac{s_t z_{F,t}}{z_{C,t}} \tag{45}$$

$$Y_{C,t} z_{C,t}^{-\eta} = \Delta_C C_{C,t} + \Delta_F \frac{n_F}{n_C} q_t^{\eta} C_{C,t}^*, F = A, E \tag{46}$$

$$Y_{F,t} z_{F,t}^{-\eta} = \frac{n_F}{n_C}(1 - \Delta_c) q_t^{-\eta} C_{F,t} + (1 - \Delta_F) q_t^{\eta} C_{F,t}^*, F = A, E \tag{47}$$

2. 国际债券市场出清

国际债券市场出清本质上是一种开放条件下的无套利均衡，我们同时考虑中国的代表性家庭和美欧的代表性家庭持有国债的一阶条件。中国的代表性家庭持有国债的一阶条件是（10）式与（11）式，相对应的外国家庭持有国债的一阶条件是(48)式与(49)式。

$$\frac{\xi_{t+1}}{\xi_t}Q_{C,t,t+1} = \beta\left(\frac{C^*_{t+1}}{C^*_t}\right)^{-\sigma_c}\left(\frac{P^*_t}{P^*_{t+1}}\right) \tag{48}$$

$$Q_{F,t,t+1} = \beta\left(\frac{C^*_{t+1}}{C^*_t}\right)^{-\sigma_c}\left(\frac{P^*_t}{P^*_{t+1}}\right) \tag{49}$$

联立(11)式与(48)式,得到(50)式

$$\frac{\xi_{t+1}P^*_{t+1}}{P_{t+1}}\frac{C_{t+1}^{-\sigma_c}}{C^{*-\sigma_c}_{t+1}} = \frac{\xi_t P^*_t}{P_t}\frac{C_t^{-\sigma_c}}{C^{*-\sigma_c}_t} \tag{50}$$

考虑到 $\frac{\xi_t P^*_t}{P_t}$ 等于实际汇率 q_t ,代入(50)式得到(51)式。

$$\frac{C_t}{C^*_t} = q_t^{1/\sigma_c} \tag{51}$$

联立(12)式、(13)式与(50)式、(51)式,得到(52)式,该式为本国国债和外国国债的无套利条件。

$$Q_{C,t,t+1} = \frac{\xi_t}{\xi_{t+1}}Q_{F,t,t+1} \tag{52}$$

用无风险利率替代随机贴现因子,得到利率平价关系式(53)式。

$$1 + i_{C,t} = (1 + i_{F,t})\frac{\xi_{t+1}}{\xi_t} \tag{53}$$

以上方程在 DSGE 的分析框架下,构成了一个包含多国家庭、厂商和政府等主体的方程组,各经济主体在约束下进行经济决策,达到各自的效用最大化。我们尝试通过求解方程组,寻求经济的可能稳态与动态变化过程,从而探讨发达国家货币政策的背向调整对中国经济的影响,并基于此提出相关政策建议。

三、参数校准与贝叶斯估计

本部分构建的三国 DSGE 模型中有两类参数:第一类参数反映模型的稳态特征,这类参数是固定值或者只与内生经济变量的稳态值有关,我们基于经典文献和统计数据进行校准;第二类参数反映模型的动态特征,这类参数是随机变量,会受到内生经济变量每一期取值的影响,我们通过贝叶斯方法进行估计。

(一)参数校准

从世界银行官方网站数据库,查找到最新的中国、美国以及欧盟各国的GDP 数据,将欧盟国家的 GDP 数据加总得到欧盟整体的 GDP 数据,取中国相对规模为 1,通过计算得到美国与欧盟的 GDP 相对比值分别为 1.65 与 1.30。借鉴 Faia 和 Monacelli(2008)对经济开放度的假设,设定各国经济开放度为 0.5。借鉴 Wing Leong Teo(2009)的相关研究,将家庭主观贴现率取值为 0.99。借鉴刘斌(2008)对中国家庭以及张卫平(2012)对美国家庭的研究,设定家庭的消费、劳动供给和货币需求弹性的倒数 σ_c、σ_l、σ_m 取值分别为 2、3 和 2,两国商品边际替代弹性取值为 2。参考 Ireland(2003)对黏滞价格模型的研究,中间厂商对最终厂商的不变替代弹性取值为 6。参考 Smets 和 Wounters(2007)的研究,折旧率取值为 0.025;参考陈昆亭和龚六堂(2006)的相关研究,不能调整价格的厂商比例取值为 0.75。基于中国科技部的官网数据,将经过经济规模因素调整后的研发费用作为技术水平的衡量指标,通过计算得到中国为 2.01,美国为 2.8,欧盟为 2.14。再基于数理建模的相关方程式计算,得到参数校准结果如表 8-1:

表 8-1 参数校准结果

参数	经济意义	中 国	美国	欧盟
n	经济相对规模	1	1.65	1.30
o	经济开放度	0.5	0.5	0.5
Δ	本国商品篮子中外国商品比例	中美 0.1887,中欧 0.2174	0.31132	0.2826
σ_c	家庭方程中消费边际	2	2	2
σ_l	家庭方程中劳动边际	3	3	3
σ_m	家庭方程中持有货币边际	2	2	2
η	两国商品边际替代弹性	2	2	2
α	柯布道格拉斯生产函数	0.33	0.33	0.33
θ	中间厂商对最终厂商的不变替代弹性	6	6	6
γ	Calvo 定价中保持价格的比例	0.75	0.75	0.75
δ	资本折旧率	0.025	0.025	0.025

（二）贝叶斯估计

贝叶斯估计假设模型中的部分参数是随机变量,在估计参数时,先根据已知的信息确定参数的先验分布形式和分布的相关统计量,然后根据实际数据对先验分布进行修正,最终得到参数的贝叶斯估计值。

表 8-2　贝叶斯估计值

	参数	先验均值	后验均值	先验分布	事后分布区间
中国	$\rho_{C,g}$	0.700	中美 0.6833,中欧 0.7047	Norm	$[0.5740,0.8467]$,$[0.6263,0.8374]$
	$\rho_{C,a}$	0.900	中美 0.8807,中欧 0.8794	Norm	$[0.7897,0.9994]$,$[0.7820,0.9666]$
	$\rho_{C,i}$	0.850	中美 0.8710,中欧 0.8962	Beta	$[0.7627,0.9935]$,$[0.8230,0.9776]$
	$\rho_{C,\pi}$	0.720	中美 0.7216,中欧 0.6840	Beta	$[0.5538,0.9044]$,$[0.5414,0.8487]$
	$\rho_{C,y}$	0.320	中美 0.3056,中欧 0.3901	Beta	$[0.1858,0.4298]$,$[0.2170,0.4861]$
美国	$\rho_{A,g}$	0.500	0.4895	Norm	$[0.3658,0.6702]$
	$\rho_{A,a}$	0.900	0.8667	Norm	$[0.7541,0.9966]$
	$\rho_{A,i}$	0.900	0.9525	Beta	$[0.9010,0.9998]$
	$\rho_{A,\pi}$	0.152	0.3056	Beta	$[0.1858,0.4298]$
	$\rho_{A,y}$	0.052	0.0001	Beta	$[0.0000,0.0004]$
欧洲	$\rho_{E,g}$	0.900	0.9379	Norm	$[0.8881,0.9975]$
	$\rho_{E,a}$	0.900	0.8370	Norm	$[0.7851,0.9527]$
	$\rho_{E,i}$	0.850	0.9012	Beta	$[0.8480,0.9740]$
	$\rho_{E,\pi}$	0.270	0.2535	Beta	$[0.2427,0.2638]$
	$\rho_{E,y}$	0.030	0.0000	Beta	$[0.0000,0.0001]$

我们首先借鉴金中夏等(2015)的研究成果,将中国技术趋势增长率变化持续性参数与财政支出趋势增长率变化的持续性参数取为 0.7 与 0.9,中国货币政策规则调整惯性参数与通货膨胀率弹性参数取为 0.85 与 0.72,中国货币政策规则产出弹性参数取值为 0.32;借鉴 Kollmann(2016)的研究成果,将美国技术趋势增长率变化持续性参数与财政支出趋势增长率变化的持续性参数取为 0.9 与 0.5,美国货币政策规则货币调整惯性参数与通货膨胀率弹性的参数取值为 0.9 与 0.152,美国货币政策规则关于产出弹性的参数取为 0.052;借鉴 Martin

Klien 等(2016)对欧盟国家的研究,将欧盟技术趋势增长率变化持续性参数与欧盟财政支出趋势增长率变化的持续性参数取为 0.96 与 0.97,欧盟货币政策利率调整惯性的参数货币政策规则利率关于通货膨胀率弹性的参数取为 0.85 与 0.27,货币政策利率对产出弹性的参数为 0.03。然后,再将以上数据代入数理建模的相关方程式进行计算,对先验分布进行修正,得到贝叶斯估计结果如表 8-2。

四、脉冲响应

脉冲响应可以直观地考察美国(实施紧缩型货币政策,即加息与退出量化宽松)与欧洲(实施宽松型货币政策,即加码量化宽松与负利率)的货币政策的背向调整对中国经济的影响。货币经济学指出,货币政策的最终目标主要是经济增长、物价稳定、充分就业与国际收支平衡。因此,我们也主要从这四个方面来考察美欧货币政策的冲击效果。结合数理建模的推导,本部分的经济增长用"产出"表示,物价用"消费物价指数"表示,就业用"劳动力投入"表示,国际收支用"消费"与"生产资本投入"表示(因为模型设置中的"消费"变量包含了消费本国商品与消费外国商品,"生产资本投入"的变量包含了本国资本投入与外国资本投入,因此这两个指标可以反映国际收支状况)。

(一)发达国家货币政策背向调整带来的利率冲击

首先假设中国经济处于稳态,然后美国对其施加一个单位的正向利率冲击,欧洲对其施加一个单位的负向利率冲击,得到系列脉冲如图 8-1。图 8-1 分成 5 行,分别表示利率调整对中国的产出、消费物价指数、劳动力投入、消费与生产资本投入的影响;分成 3 列,分别表示美国加息的影响、欧洲负利率的影响,以及美欧利率调整的联合影响。

从宏观上看,美国与欧洲的利率冲击效果相反,这是因为美国正在加息,而欧洲在实施负利率,两者的利率政策方向刚好相反。美国利率冲击效果的绝对值要大于欧洲利率冲击效果的绝对值,原因可能是:美国的经济总量更大因此影响更明显;欧元区内部国家相互之间要内耗掉一些对外影响;当利率进入负值区间后再往下调整,效果将不明显,这也说明负利率的传导效果值得怀疑。仔细考察图 8-1 第三列的五幅子图(虚线表示美欧利率调整的影响,实线表示美欧利率调整的联合影响),我们发现联合影响与美国利率调整的影响在方向与力度上都高度统一,说明外部的利率调整对中国经济的影响主要来源于美国的利率调整而不是欧洲的利率调整,因此我们在考察他国的利率冲击与制定相应政策时,应当主要考虑美国的加息影响,而欧洲的负利率对我国的影响相对较小。

在产出方面(请见第一行的第三幅子图),美国加息,导致中国资本外流,短期产出下降;但是美元升值与回报率上升,意味着人民币相对贬值,有利于中国出口,因此中期产出会有所上升;当美国进入加息周期,中国的资本持续外流,产出在经历了短暂上升之后在长期中会下降,不利于中国的发展。应对的建议措施是:适当进行资本管制,并在关键点位上狙击空头、抑制资本外流;同时,深挖企业内部潜力,去杠杆、降成本,增加企业产出。

在物价方面(请见第二行的第三幅子图),美国之所以加息,说明美国经济出现了实质性复苏,各类指标例如非农就业数据非常优秀,国内开始出现通胀苗头而不得不加息,考虑到美国是世界经济的龙头,美国的通胀会传递到其他国家,所以在初期,他国的通胀会上涨;但随着加息效果显现,美国通过利率政策压住了通胀,所以他国的通胀会逐渐下降;随着世界各国回归经济常态,通胀终究会稳定下来。应对物价频繁波动的建议措施是:首先需要综合评估通胀波动的合理区间,若过低,可以考虑加大货币发行量,但是不应当再使用"大水漫灌"的货币发行方式,建议使用定向调控与定时调控类的货币政策来"精准滴灌",既保持合理通胀水平,又能刺激特定行业特定产业的复苏与发展,做到货币政策的"稳中求进"。

在就业方面(请见第三行的第三幅子图),美国加息说明经济实质性复苏,就业率上升,世界经济可能因美国的龙头复苏效应而上涨,所以短期内其他国家的就业会上升;但初期的上涨之后,由于之前描绘的加息导致的副作用开始显现,所以在中期就业率会下降;最终,随着世界经济回归常态,就业水平会趋向稳定。应对就业率下降的建议措施主要是:大力发展国内经济,特别是增加民营经济与小微企业就业岗位,大力发展民营经济与小微企业可以有效对冲发达国家货币政策对我国就业造成的不利影响。

在消费方面(请见第四行的第三幅子图),美国加息,会抑制本国消费,相对来说他国消费增加,因此其他国家短期消费会上升;但是持续的加息会压制经济上涨,居民收入下降,因此从长期看,消费会下降,对经济产生负面影响。应对消费下降的措施是促进内需,一方面要加强供给侧结构性改革,给老百姓提供更多高质量的商品,让老百姓肯花钱;另一方面要加强保障体制改革,如社保体制改革、失业保障体制改革、大病医疗保障体制改革,让老百姓敢花钱。

在资本投入方面(请见第五行的第三幅子图),美国加息,导致美元升值与中国资本外流,因此中国的生产资本投入下降;进入持续的加息周期后,资本投入的下降持续而稳定,而且美国加息导致的中国企业产品价格下降也使得国内企业追加生产资本投入的意愿不强烈。建议的应对措施是:加强资本管制,降低资本外流的幅度,防范金融风险;优化投资环境,加大政府补贴力度,提高企业投资收益,引导资金脱虚向实,多投资实体经济,严控资本过度投资虚拟经济,去房地产库存;实施定向补贴,引导资本投向高新技术与实体企业。

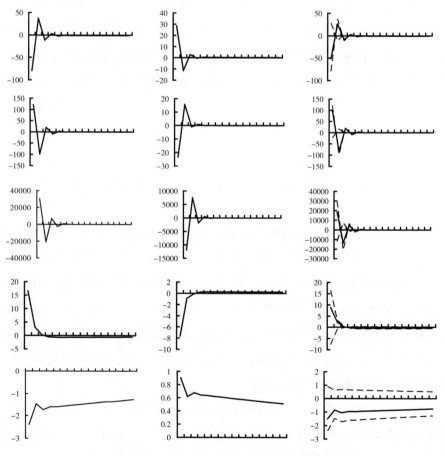

图8-1 货币政策背向调整的利率冲击

(二)发达国家货币政策背向调整带来的流动性冲击

首先假设中国经济处于稳态,然后欧洲对其施加一个单位的正向的流动性冲击,美国对其施加一个单位的负向的流动性冲击,得到系列图形如图8-2。图8-2分成5行,分别表示流动性冲击对中国产出、消费物价指数、劳动力投入、消费与生产资本投入的影响;分成3列,分别表示欧洲加码量化宽松的影响、美国退出量化宽松的影响,以及欧美流动性冲击的联合影响。

从宏观上看,欧洲与美国的流动性冲击效果相反,这是因为欧洲正在加大量化宽松的力度,而美国在退出量化宽松,两者的政策方向刚好相反。仔细考察图8-2第3列的5幅子图(虚线表示欧美流动性冲击的影响,实线表示欧美流动性冲击的联合影响),我们发现联合影响与欧洲流动性冲击的影响在方向与力度上都高度统一,说明发达国家流动性冲击对中国经济的影响主要来源于欧洲的流动性冲击而不是美国的流动性冲击,因此我们在考察他国的流动性冲击与制定相应政策时,应当主要考虑欧洲加大量化宽松力度的影响,而美国退出量化宽松对我国的影响相对较小。

在产出方面(请见第一行的第三幅子图),欧洲通过加大政府购买增加市场流动性,欧洲厂商的生产短期内会上升,中国厂商受到竞争压力降低产出;随着欧洲政府支出上升与政府购买增加,欧洲对中国商品的需求上升,产生的溢出效应在长期中将推动中国的产出上升。建议的应对措施是:充分利用欧元区复苏所带来的机会,加大与欧元区的经济合作,大力发展一带一路建设。

在物价方面(请见第二行的第三幅子图),欧洲加大量化宽松的力度导致欧元进一步贬值,人民币的回报率相对上升,投机资本涌入中国引起通胀上涨;但这个通胀是资本推动,而不是实体经济真正复苏所导致,根据菲利普斯曲线的长期效应,被资本推高的通胀在长期中又会下降;与此同时美国退出量化宽松与加息导致美元的回报率上升,资本因此加速流出中国,通胀会再次迅速下降。资本的骤进骤出对我国的物价稳定会产生不利影响,建议的应对措施是:调整经济结构,通过定向与定时增发货币,保持适当的货币供应量刺激,维持温和的通胀水平;抓住欧元区复苏带来的机会,大力发展实体经济,降低物价过分波动带来的负面冲击。

在就业方面(请见第三行的第三幅子图),欧洲加码量化宽松导致欧元贬

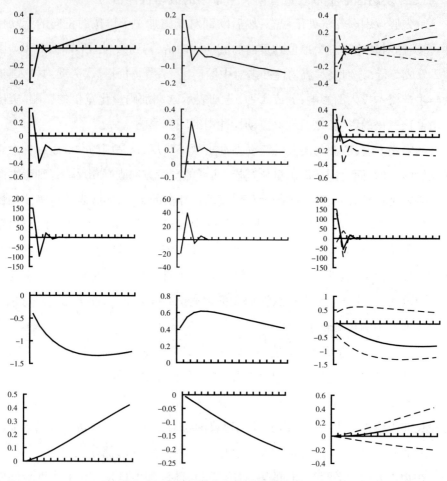

图 8-2　货币政策背向调整的流动性冲击

值,人民币的回报率上升,资本从欧洲流入中国,会加大在华投资,因此劳动力的需求在短期内会增加;但资本推动型的就业增加不可持续,按照菲利普斯曲线的长期效应,就业率在长期中又会回归到实际生产力附近。建议的应对措施是:抓住欧元区复苏与发展的机遇,大力发展国内经济,特别是加快民营经济与小微企业发展,提供更多的就业岗位提高就业率。

在消费方面(请见第四行的第三幅子图),欧洲加大量化宽松力度,导致欧元贬值而人民币升值,有利于中国进口更多欧洲商品,中国家庭将消费更多欧洲商品,本国商品消费量下降;同时,欧洲财政支出上升,加大了欧洲对本国商品的消费,相对来说他国消费会下降。应对消费下降带来的不良影响的措施是,鼓励与提升国内消费力度,加强供给侧结构性改革,加强保障体制改革,促进内需增长。

在资本投入方面(请见第五行的第三幅子图),欧洲实施量化宽松,欧元贬值,人民币相对升值,大量来自于欧洲的资本涌入中国,导致中国的生产投入上升;而且随着欧洲中央银行不断加码量化宽松,进入中国的资本越来越多,欧洲资本支持下的生产投入将持续上升。政策建议是:大力发展一带一路建设,充分利用欧元区发展带来的机会,引入来自于欧元区的资本,支持国内经济发展;积极对外并购,充分吸收欧洲的高科技,补短板,同时打入欧洲市场,为经济常态化后的经济扩张做准备;同时,引入来自于欧洲的资本还可以适当对冲美联储加息带来的资本外流的负面影响。

(三)技术冲击

首先假设中国经济处于稳态,然后中国、美国与欧洲各施加一个单位的正向的技术冲击,得到系列图形如图8-3。图8-3分成5行,分别表示技术冲击对中国产出、消费物价指数、劳动力投入、消费与生产资本投入的影响;分成4列,分别表示中国的技术冲击、美国的技术冲击、欧洲的技术冲击,以及三国技术冲击的联合影响(第四列的五幅子图中,虚线表示单一的技术冲击,实线表示技术的联合冲击)。

在产出方面(请见第一行的第四幅子图),美欧技术提升,意味着美欧产品竞争力上升与技术引进成本提高,可能降低中国的产出;中国的技术提升,意味着本国产品竞争力提升与技术成本下降,可能增加本国的产出。脉冲响应显示,中国技术冲击对产出的影响远大于美欧技术冲击对中国的影响,可能是因为本国企业针对本国技术的调整更加迅速、成本更低廉。政策建议是:降低对发达国家技术的依赖度,加大科技投入,大力发展本国技术,鼓励企业技术创新,降低发达国家技术冲击带来的不利影响。

在价格方面(请见第二行的第四幅子图),技术创新会带来技术壁垒,知识产权成本上升,因此在短期内会导致价格上涨;长期中,由于知识产权保护逐渐失效,新技术发明导致老旧技术贬值,再加上其他国家与企业的技术破解与仿制,商品的价格会持续下降,因此技术冲击对价格的影响体现出短期上涨与长期下降的趋势特征。由于本国企业对本国技术的敏感度更高,因此政策建议是大力发展本国技术与创新,加强对发达国家先进技术的破解与追赶。

在就业方面(请见第三行的第四幅子图),技术创新会带来消费增长,需求端的增长可以提升企业产出提供更多的就业机会,因此短期内就业会增加;但是技术发展对劳动力投入有挤出效应,尤其在传统行业中,技术越强挤出效应越大,因此就业在短期增长之后会下降。政策建议是:首先要意识到技术发展不可阻挡,不能由于担心传统行业的就业率下降而害怕与回避技术创新;其次要抓紧进行结构调整,去产能,压缩传统产业发展新兴产业,将技术创新挤出的劳动力引导与转移至其他行业,增加整体就业率。

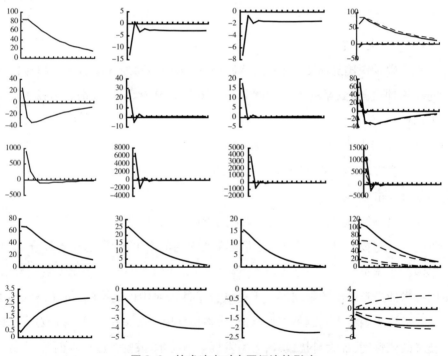

图8-3 技术冲击对中国经济的影响

在需求方面(请见第四行的第四幅子图),技术创新会带来短期内的消费增长,在长期中由于技术普及以及消费欲望的逐渐满足,消费会逐步下降。值得关注的是,本国技术创新带来的本国消费上升,要大于他国技术创新带来的消费上升,主要原因当然是价格优势。比如功能差异不大的智能手机,如果苹果要卖

6000 元,华为只卖 2000 元,那么更多人会选择国产的华为手机从而极大地调动中低收入者市场的消费量,所以本国的技术提升对消费的正向拉动要远大于他国技术提升带来的拉动作用。政策建议是:大力发展本国技术与企业,同时加大宣传力度,引导与培养成熟的消费理念,提倡用国货。

在资本投入方面(请见第五行的第四幅子图),发达国家的技术提升,增加了中国的知识产权费用支出,增加了生产成本,降低了中国的生产资本投入;同时会吸引资本用于高技术生产,加速中国的资本外流。整体来看,发达国家的技术创新对中国的资本投入产生的负面作用较大,但是大力发展本国技术可以适当抵消以上负面冲击。政策建议是:大力发展本国技术,扶植具有知识产权的本国高技术产业与企业,同时提供更宽松的环境与条件,引导资本投资中国经济。

五、结论与政策建议

发达国家货币政策的背向调整是近年来世界货币政策环境中出现的新动态,它增加了中国经济发展的不确定性,也对中国的宏观调控提出了挑战。本节通过构建开放经济条件下的 DSGE 三国模型,研究了发达国家(文中以美、欧为例)货币政策背向调整带来的流动性冲击与利率冲击,以及技术冲击对中国的影响,并基于此提出政策建议。相关结论综合后,简要列示如表 8-3。

表 8-3　发达国家货币政策的背向调整带来的冲击和政策建议

	对中国的影响	政　策　建　议
美国加息	产出短期下降,中期上升,长期下降	去杠杆,降成本,抑制资本外流
	物价初期上涨,逐渐下降,长期收敛至零值	评估通胀波动的合理区间,定向调控,货币政策稳中求进
	就业短期上升,中长期下降	大力发展国内经济,特别是民营经济与小微企业
	消费短期上升,中长期下降	启动内需,加强供给侧结构性改革,加强保障体制改革
	资本外流,资本投入持续下降	加强资本管制,去房地产库存,引导资金脱虚就实,防控金融风险

续表

	对中国的影响	政 策 建 议
欧洲量化宽松	产出短期降低,长期上升	大力发展一带一路建设,加大与欧元区的经济合作
	物价短期上涨,随之迅速下降	定向调控,适当的货币量刺激,经济结构调整
	就业短期增加,长期下降	大力发展国内经济,特别是民营经济与小微企业
	将消费更多欧洲商品,本国商品消费量下降	加强供给侧结构性改革,加强保障体制改革,促进内需增长
	欧洲资本进入,国内资本投入持续上升	加大一带一路建设力度,积极对外并购吸收高科技,补短板
技术冲击	产出增加,中国技术冲击的影响远大于美欧	降低对发达国家技术的依赖度,加大科技投入,增加本国产出
	本国企业对本国技术的敏感度更高	大力发展本国技术与创新,加强对先进技术的破解与追赶
	对劳动力投入有挤出效应,传统行业影响更大	去产能,调结构,将技术创新挤出的劳动力向其他行业转移
	本国技术提升对消费的正向拉动要远大于美欧	大力发展本国技术与企业,加大宣传力度,提倡用国货
	发达国家技术创新对资本投入产生了负面作用	大力发展本国技术,为企业发展提供更宽松的投资环境

长期以来,发达国家的货币政策调整对我国经济发展的影响非常大,也是我国进行宏观调控时必须考虑的一个重要因素。从金融危机爆发到世界经济最终回归常态,发达国家的货币政策调整大致会经过三个阶段:第一个阶段,各国经济普遍萧条,因此发达国家货币政策全体宽松;第二个阶段,经济逐渐复苏但各国复苏程度参差不齐,因此有些国家宽松有些国家开始紧缩;第三个阶段,各国经济回归常态并逐渐趋热,因此货币政策全体紧缩。当前,我国面临的外部货币政策环境大致处于第二个阶段,发达国家的货币政策出现了背向调整,这个阶段看起来表象非常复杂,但也是一次较为难得的发展机遇。我们建议抓住机会,构建合理的宏观调控政策组合,对冲发达国家货币政策溢出效应带来的风险,促进国内经济发展实现国家利益最大化。

以资本投入的波动为例,图 8-4 是美欧货币政策背向调整对中国资本投入的影响,第一幅子图是美国加息与欧洲实施负利率的冲击,第二幅子图是欧洲加码量化宽松与美国退出量化宽松的冲击。可以看到,美国加息降低了我国国内

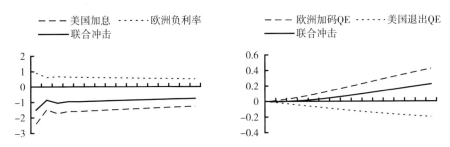

图8-4　货币政策的背向调整对中国资本投入的影响

的资本投入,给中国带来了不利影响,但是欧盟加码量化宽松却增加了我国国内的资本投入,对中国有利。由此启发我们,可以尝试构建如下宏观调控政策组合:一方面加大引入欧元区资本,加大对欧元区的进口;另一方面降低引入美国资本,增加对美国的出口。通过变量的此消彼长,来充分发挥与放大有利影响,对冲掉其他国家宏观政策调整对我国产生的不利影响。事实上,在产出、物价、就业、消费等领域,我们都可以构建出类似的宏观调控政策组合。

金融是国家重要的核心竞争力,金融安全是国家安全的重要组成部分,要保障国家金融安全,促进经济和金融良性循环、健康发展。当前世界货币政策环境风云变幻,消极地静观其变并不是宏观调控的上策;同时中国的经济总量已经非常庞大,以往韬光养晦的发展模式已不再现实,树欲静而风不止,中国已很难再拥有长期静态的悄然发展机会。因此,唯有抓住机会,适时调整,才能营造动态稳定的金融安全环境,推动中国经济再次迈上新台阶。

第二节　美国货币政策转向的差异化溢出效应

本节基于发达国家与发展中国家两个子样本,使用贝叶斯面板向量自回归(BPVAR)的统计技术,检验了美国货币政策转向前后对不同类型国家的差异化溢出效应并分析背后的可能原因。

一、美国货币政策转向

2007年,次贷危机爆发并迅速蔓延到全球,成为一场金融风暴。次贷危机重创了世界经济,为了促进经济复苏,各国纷纷实施了大规模的宽松货币政策。以美联储为例,危机中实施的宽松货币政策主要包括超低利率与量化宽松。美联储从 2008 年至 2015 年,连续七年,将联邦基金利率稳定在 0% 至 0.25% 之间,超低利率环境破坏了常规货币政策的传导路径,以利率为核心的价格型货币政策不再有效。在此背景下,美联储实施了四轮量化宽松与两轮扭转操作,其中规模最为庞大的是第一轮与第二轮量化宽松,总额高达 1.95 万亿美元。在宽松政策的强力推动下,美国经济率先触底回升,GDP 增长率与 CPI 指数持续攀升,非农就业数据喜人。由于不再需要天量的政府投资资金刺激,美国于 2014 年年底退出了量化宽松,联邦政府每个月的购债量回到常规的正常水平。同时,为了压制美国国内日益抬头的通货膨胀,美联储从 2015 年 12 月开始加息。截至 2019 年底美联储已经连续九次加息。① 从历史上来看,美联储一般在 CPI 超过 2% 的临界点并出现趋势性上升的时候启动加息,每次议息会议的平均加息幅度为 25 个至 50 个基点左右。因此如果美国经济持续上扬,美联储可能还会加息。图 8-5 是危机爆发后十年间,美联储每月的持债量与美国联邦基金利率的走势图。数据显示,如果以 2014 年至 2015 年作为断点划开,美联储的货币政策调整出现了明显的转向,在断点之前,美国实施宽松货币政策(大规模量化宽松与超低利率),在断点之后,美国实施了紧缩型的货币政策(退出量化宽松与不断加息)。

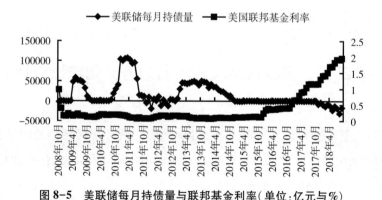

图 8-5　美联储每月持债量与联邦基金利率(单位:亿元与%)

---

① 时间分别为 2015 年 12 月,2016 年 12 月,2017 年 3 月、6 月与 12 月,2018 年 3 月、6 月、9 月与 12 月。

美国的货币政策调整具有很强的溢出效应,对于发展中国家影响巨大。以金砖五国为例,在金融危机之前经济发展一度非常强劲,中国、印度、俄罗斯、巴西、南非五国,在 2008 年 3 月的 GDP 增长率分别为 10.6%、8.83%、9.20%、6.16% 与 3.83%。但是危机爆发后,在美国实施宽松货币政策时期,发展中国家的经济发展较危机之前均出现大幅下降,在 2009 年 3 月至 2014 年 12 月之间,金砖五国的 GDP 增长率的平均值分别为 8.75%、7.17%、1.18%、2.82% 与 1.89%,跌幅惊人。在 2014 年 12 月美国退出量化宽松,货币政策由宽松转为紧缩之后,我们很遗憾地看到,金砖国家的经济状况仍然没有好转。相比于美国实施宽松货币政策的前期,金砖国家的经济状况甚至更糟糕,例如从 2015 年 3 月至 2018 年 9 月,金砖五国的 GDP 增长率的平均值仅为 6.8%、7.32%、0.0067%、−1.31% 和 1.0%。

已有大量文献研究过美国货币政策调整的溢出效应,常被接受的是两条解释路径:第一条路径认为,在宽松货币政策时期,美国实施大规模的量化宽松和超低利率,导致美元贬值和他国货币升值,因此有利于美国出口与商品倾销,美国向其他国家转嫁了危机,由此会对其他国家造成负面影响。第二条路径认为,在紧缩货币政策时期,美国持续加息,美元升值将导致美元资产的回报率上升,因此引导资本在世界范围内大流动,由于资金大量流出,因此还是会对其他国家造成负面影响。但仔细分析,会发现以上两条路径其实可能都不完全正确。

如果第一条路径是对的,它确实可以解释宽松货币政策时期的金砖国家的经济萧条,但是当美联储退出量化宽松货币政策之后(即 2014 年与 2015 年的断点之后),按道理来说,美元升值应当有利于金砖国家的出口和经济复苏,但事实却是,断点之后的这些年,金砖国家的净出口却仍然在持续下降和面临经济萧条。如果第二条路径是对的,它确实可以解释紧缩货币政策时期的金砖国家的萧条,但是当美联储实施超低利率政策时(即 2014 年与 2015 年的断点之前),按道理来说,美元贬值应当有利于资本流入金砖国家促进金砖国家发展,但事实却是,断点之前的那些年,金砖国家也并没有因为资本流入而迎来经济的大规模繁荣。

再看看发达国家经济体,我们选取了法国、德国、意大利、西班牙、英国、加拿大、日本、韩国、澳大利亚等发达国家作为代表,涵盖了欧洲、亚洲、美洲与大洋洲。数据显示在危机的前半程,这些国家一度非常萧条,例如从 2009 年 3 月至 2014 年 12 月,以上发达国家的 GDP 增长率的平均值为 0.52%、0.88%、-1.27%、-1.3%、0.93%、3.27%、0.44%、3.24% 和 2.62%。但在 2015 年 3 月至 2018 年 9 月间,以上大多数国家的经济开始趋暖,GDP 增长率的平均值不断增长,分别达到了 1.53%、1.97%、1.11%、3.13%、1.87%、1.69%、1.18%、2.85% 和 2.63%。

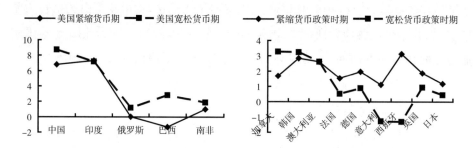

图 8-6　美国货币政策转向前后的金砖国家与发达国家的 GDP 平均增长率(单位:百分比)

　　图 8-6 给出了不同时期的金砖国家与发达国家的 GDP 平均增长率,数据显示出一些有意思的特征:对金砖国家而言,在美国紧缩货币政策时期的增长要低于宽松货币政策时期;但是对于发达国家而言,在美国紧缩货币政策时期的增长大多要高于宽松货币政策时期。通俗来讲,以金砖国家为代表的发展中国家越来越差,而发达国家却越来越好。影响发展中国家经济复苏的原因有很多,其中来自于外部的发达国家例如美国的货币政策调整的溢出效应影响不容忽视。但是,面对着同样的美国的货币政策调整,发达国家与发展中国家却体现出了不一样的变化特征。由此我们提出疑问:在美国货币政策的转向调整过程中,为什么"吃亏"的总是发展中国家? 发达国家比如美国可能做了些什么,而导致了不同类型国家之间的差异化复苏? 经济学理论似乎并不能充分回答以上这些问题,这说明在西方经济学家们鼓吹的市场经济规律的背后,可能有些被忽视掉的因素制约了发展中国家的经济发展。

　　研究发达国家货币政策转向前后的差异化溢出效应具有重要的现实意义。相关研究有利于分析与认识不同类型国家之间的差异化复苏的原因,科学评估发达国家实施的经济政治制度的溢出效应,有针对性地提出政策建议,从而为发展中国家在后金融危机时期的经济复苏提供决策参考。

有学者研究了金融危机中发达国家的货币政策对发展中国家的影响。例如,Tillmann(2016)剥离美联储政策公告和不确定因素冲击,通过 GVAR 模型研究了美联储量化宽松政策对新兴市场国家的溢出效应,检验发现宽松货币政策会导致新兴市场国家资本流入、股市和汇率上涨。Anaya、Hachula 和 Offermanns(2017)引入期权波动率作为识别因素,考察了决定溢出效应大小的投资组合流动因素,发现金融危机中发达国家的宽松货币政策促使大量资本涌入新兴市场国家,引起 GDP 与 CPI 增长和汇率上涨,因此投资组合渠道是宽松货币政策国际溢出效应的重要渠道。Ahmed,Coulibaly 和 Zlate(2017)认为美联储的量化宽松政策对新兴市场国家产生了"锥形效应",本国经济基本面越强则受到美联储政策冲击损害越小,但投资者对该效应并不敏感。Fratzscher、Lo Duca 和 Straub(2018)检验了美国的量化宽松政策对全球新兴市场国家的异质性溢出效应,发现第一轮量化宽松使资本通过投资再平衡渠道流入美国,而第二轮和第三轮量化宽松会导致资本流出,且新兴市场国家的杠杆率和货币政策严重受制于美联储。Rajan(2015)认为在竞争性宽松状态中,新兴市场国家由于规模原因处于竞争劣势地位,发达国家的量化宽松政策会导致新兴市场国家的杠杆率和资产价格上升,削弱了金融稳定性,因此各国应当深化货币政策区域的合作,避免货币政策冲突。Bowman、Londono 和 Sapriza(2015)发现美国的宽松货币政策对新兴市场国家的金融市场波动有显著的影响,会导致新兴市场国家债券收益率下降,而金融稳定是决定溢出效应大小的重要因素。Burger 和 Warnock(2017)发现美国的长期利率调整比短期利率调整的溢出效应更显著,美国降低长期利率将导致新兴市场国家的债券收益率下降和国外投资规模缩减。Rohit 和 Dash(2018)使用时变系数模型检验了发达国家宽松货币政策的溢出效应,认为金融全球化并未损害新兴市场国家的货币政策主权,溢出效应依赖于风险承担、投资组合再平衡和市场信号三个渠道。Ho,Zhang 和 Zhou(2018)使用 FAVAR 模型分析了美国货币政策冲击对中国经济的影响,发现量化宽松导致了中国资产价格的显著上升,这是因为国际游资大量流入中国,而且零利率下线约束规则改变了美联储的货币政策传导结构。Cekin、Geremew 和 Marfatia(2018)使用主成分分析法检验发现金砖国家的利率存在显著的联动效应和跨国传导机制,新兴市场国家之间的交互溢出受制于地理位置和经贸联系。

有学者研究了金融危机中发达国家的货币政策对其他发达国家的影响。例如,Gupta、Jooste(2018)以 OECD 中的发达国家为样本对象,发现美国的宽松货币政策可以减少发达国家的政策不确定性,增加产出和价格水平,当政策不确定性很高时,价格水平对货币政策的响应较强,而当政策不确定性较低时,产出对货币政策的响应更大。Gambacorta、Hofmann 和 Peersman(2014)探讨了美国宽松货币政策对八个发达国家宏观经济的动态影响,研究发现宽松政策导致了产出和经济水平的暂时上升,但各国的溢出效应效果相对接近。Burriel 和 Galesi(2018)检验发现欧洲中央银行的宽松货币政策冲击对不同成员国的溢出效应存在异质性,导致异质性的原因是因为国家间的经贸联系放大了货币政策的差异性效果。Lindner、Loeffler 和 Segalla(2019)研究了德国和奥地利两国的商业银行数据,控制银行规模和资金来源之后进行检验,发现发达国家货币政策通过信贷渠道的溢出效应相对较弱。Curcuru、Kamin 和 Li(2018)将美国的长期国债利率分解为预期短期利率和风险溢价,发现美国货币政策的溢出效应非常强,但是金融危机削弱了美国宽松货币政策对发达国家的影响。Christou、Naraidoo 和 Gupta(2018)使用分位数回归研究了发达国家利率调整的溢出效应,发现利率越低时美国的货币政策调整带来的溢出效应越大,并认为美国的宽松货币政策对全球有积极的意义。Georgiadis(2016)研究了金融危机中美国宽松货币政策对全球的溢出效应,检验发现美联储加息对全球 90% 的国家会产生负效应,通过对被溢出国家的经济结构和开放程度等相关指标与脉冲响应峰值做回归分析,发现国家发达程度是影响溢出效应最重要的因素。Chen、Filardo 和 He(2016)研究发现美国的宽松货币政策对发达国家的 GDP 和 CPI 都有正的溢出效应,促进了发达国家的经济发展。

国内学者对于金融危机中的发达国家宽松货币政策的溢出效应也做了一定的研究。例如,邵磊、侯志坚和茆训诚(2018)研究发现发达国家流动性调整对周边地区有正溢出效应,而利率调整有负的溢出效应。马理和余慧娟(2016)检验发现美国的宽松货币政策对其他国家冲击强烈且持续期较长,会导致发达国家净出口扩大、物价上涨、产出增加及虚拟经济繁荣。郭红玉和张运龙(2016)认为日本的宽松货币政策会使中国的长期国债收益率下降,通货膨胀上升以及产出水平下降。杨子荣、徐奇渊和王书朦(2018)发现美国的宽松货币政策调整对中国产生了溢出效应,且数量型货币政策的溢出效应强于价格型货币政策工具。何国华和彭意(2014)分析了溢出效应的传导机制,发现美国的宽松货币政策显著影响了中国的通货膨胀和汇率水平。金春雨和张龙(2017)发现美国的宽松货币政策会对中国产生负的溢出效应,促使中国宏观经济与金融市场出现下滑趋势。杨阳和干杏娣(2018)研究发现美国的宽松货币政策降低了中国的产出与利率,导致资产价格上升以及通货膨胀加剧。陈虹和马永健(2016)研究了美国宽松货币政策对 G20 国家的溢出效应,发现对固定利率制下的国家冲击更大,主要传导渠道是国际贸易与输入性通胀效应。肖卫国和兰晓梅(2017)研究发现美国的货币政策对中国的宏观经济产生了显著的溢出效应,中美利差变动将导致资本外流、汇率贬值、产出下降和通货膨胀上涨。刘尧成(2016)发现美国的宽松货币政策的溢出效应存在显著的时变特征,人民币汇率对中外利差变动非常敏感,而汇率与贸易差额变化也会反向引起中外利差变化。

　　以往学者的研究成就不容忽视,但是仍然存在着一定的不足,主要体现在:以往学者大多从市场经济规律的角度来分析发达国家货币政策的溢出效应,相关结论虽然可以部分解释宽松货币政策时期的经济现象,但无法解释在美国实施紧缩型货币政策后,在发达国家和发展中国家之间产生的差异化溢出效果。如果不仔细挖掘发展中国家经济持续下滑与萧条背后的原因,发展中国家可能无法真正复苏,也难以跨越中等收入陷阱,有可能会一直沦为发达国家宏观政策调整的受害者。

　　基于此,本节对以往学者的研究成果进行了拓展,主要做了三个方面的工作:第一,通过数据检验与对比分析,验证发展中国家在美国货币政策转向前后的下滑与萧条的特征。第二,试图挖掘在市场经济规律的背后,到底是什么因素制约了发展中国家的经济复苏与发展。第三,基于得到的技术结论提出政策建议,为发展中国家在后金融危机时期的经济复苏提供决策参考。

二、理论基础与数据处理

(一)理论基础与实证模型

本部分尝试检验美联储货币政策转向前后的差异化溢出效应。在货币经济学理论中,货币政策的最终目标是经济增长、物价稳定、充分就业与国际收支平衡,由于最终目标之间存在冲突,结合世界各国的货币政策实践,本部分选取经济增长与物价稳定作为货币政策的最终目标变量。已有较多学者研究了发达国家货币政策溢出效应的传导路径,例如 Albagli 和 Ceballos 等(2018)指出发达国家的货币政策调整会通过利率调整影响到其他国家,Rohit 和 Dash(2018)认为发达国家的货币政策调整会通过汇率调整传导到其他国家,Moder(2017)检验发现发达国家的货币政策调整会通过进出口变化影响其他国家,Gagnon 和 Bayoumi 等(2017)认为发达国家的货币政策调整会通过资本流动传导到其他国家,Chatterjee(2016)发现发达国家的宽松货币政策会通过影响其他国家的货币供应量而影响其他国家的经济发展状况。

本部分基于以往学者的研究,综合考虑发达国家货币政策溢出效应的传导路径与影响效果,将使用三大类共九个变量来进行统计检验。第一大类变量是美国的货币政策工具,分别是价格型货币政策工具(用美国的联邦基金利率作为替代指标)和数量型货币政策工具(用美联储的总资产规模作为替代指标)。第二大类变量是中间变量工具,分别是被检验国家的利率、央行总资产、汇率、净出口和资本流动。第三大类变量是其他国家的经济发展状况,分别是被检验国家的 GDP 与 CPI。基于货币经济学理论与以往学者的研究,以上变量存在着从"美国的货币政策调整→中间变量→其他国家的经济发展状况"的溢出效应的传导路径。我们尝试考察在美国货币政策转向前后,在不同类型国家之间,以上传导路径是否存在差异化的传导效果;如果存在,那么导致差异化传导效果的原因到底是什么?

由于以上变量间存在着交互影响,所以我们考虑使用向量自回归模型的技术方法;由于涉及发达国家与发展中国家的十余年数据,具有面板数据特征,所以我们考虑在向量自回归的基础上使用面板向量自回归模型;由于需要用到三大类共九个变量,需要突破常规的向量自回归模型的维度诅咒的缺陷,所以我们进一步拓展,最终确定使用贝叶斯面板向量自回归模型(BPVAR)。具体来说,将贝叶斯面板向量自回归模型应用于本部分的检验问题有如下优势:第一,金融危机后美联储货币政策转向的两个子样本的时间跨度并不大,BPVAR 包含的贝叶斯估计可以引入包含关键信息的先验分布,充分挖掘样本中的微小但有效的信息,避免估计参数过多而导致估计不可信,更有利于提高小样本的拟合度。第二,BPVAR 有效突破了常规的向量自回归方法的变量维度限制,能够尽可能地包含更多的解释变量,便于考察美联储货币政策转向前后的差异化溢出效应的不同传导渠道。第三,本部分在 BPVAR 的基础上,使用 Arias(2014)的符号识别方法,将货币政策冲击与其他外生冲击剥离,能够更好地识别美联储的货币政策冲击效果。

Carlino 和 DeFina(1998)将面板向量自回归模型引入货币经济学的研究领域,由于 Canova(1995)证明了使用贝叶斯估计方法的时间序列模型有更强的预测能力,因此 Canova 和 Ciccarelli(2004)将贝叶斯估计与面板向量自回归模型结合,建立了 BPVAR 的统计检验方法。贝叶斯面板向量自回归(BPVAR)的一般形式可以写作:

$$y_{i,t} = \sum_{j=1}^{n} \sum_{k=1}^{p} A_{ij}^k y_{j,t-k} + C_{i,t} x_t + \varepsilon_{i,t}$$

其中 $y_{i,t}$ 是内生变量集合,i 是每一个国家的单位标号,t 代表时间,k 为滞后期符号,A_{ij}^k 是待估系数矩阵,x_t 是趋势项或外生变量,$\varepsilon_{i,t}$ 是残差向量。本部分将在设定相应的先验分布后,使用样本数据估计系数矩阵 A_{ij}^k 的后验分布,并通过广义脉冲响应函数来考察货币政策冲击的溢出效应。

从金融危机爆发至今,美联储既实施了宽松型的货币政策(如量化宽松与超低利率),也实施了紧缩型的货币政策(如退出量化宽松与不断调高联邦基金利率),从宽松到紧缩,美联储的货币政策体现出明显的转向特征。由于美联储的第一轮量化宽松从 2008 年 10 月开始实施,考虑到货币政策的时滞性,因此本部分的样本时间始于 2008 年 12 月。其中 2008 年 12 月至 2014 年 12 月,为美国货币政策宽松期,而 2014 年 12 月至今,为美国货币政策的紧缩期,将样本分为两个时段可以很方便地对比分析不同政策框架下的溢出效应。

我们的研究对象分为发达国家与发展中国家两个子面板。按照世界银行定义,并基于马理与余慧娟(2016)的研究,本部分选择加拿大、澳大利亚、比利时、芬兰、法国、德国、卢森堡、荷兰、丹麦、瑞典、英国、日本、韩国、瑞士和挪威作为发达国家的代表,这些国家涵盖了欧、美、澳、亚等大洲,是公认的经济强国。发展中国家则选择俄罗斯、巴西、印度、中国、南非即金砖五国作为代表。

变量中,美国的联邦基金利率、美联储的总资产规模等数据来源于美联储数据库。涉及的被检验国家一共有 20 个,各国利率(使用银行间隔夜拆借利率)、各国的央行总资产、各国的汇率(使用本币兑美元)等数据,来源于 WIND 数据库。各国的净出口(商品和服务贸易总出口减去总进口)和各国的资本流动等数据来源于 IMF 数据库。各国的 GDP(使用 Chow-Lin 处理为月频数据)与各国的 CPI 数据来源于 WIND 与美联储数据库。所有的数据均使用 X-12 方法进行了季节调整。

(二)协整检验与最优滞后期

表 8-4 提供了九个变量的面板协整结果,分为美联储宽松货币时期和美联储紧缩货币时期两个横向维度,以及所有国家、发达国家与金砖国家三个纵向维度。数据显示除极个别指标外,其他所有国家在不同时期均存在至少一个协整关系,说明变量之间具有很强的相关性,我们可以基于目前的面板数据进行统计检验。

表 8-4　面板协整结果

	统计量	所有国家		发达国家		金砖国家	
		T 统计值	P 值	T 统计值	P 值	T 统计值	P 值
宽松货币时期	Modified Dickey-Fuller t	-1.6152	0.0531	-3.7752	0.0001	-3.5938	0.0002
	Dickey-Fuller t	-1.7842	0.0372	-4.9872	0	-1.7568	0.0395
	Augmented Dickey-Fuller t	-5.2669	0	-5.1421	0	-1.7877	0.0369
	统计量	所有国家		发达国家		金砖国家	
		T 统计值	P 值	T 统计值	P 值	T 统计值	P 值
紧缩货币时期	Modified Dickey-Fuller t	-3.993	0	-0.5146	0.3034	-2.6725	0.0038
	Dickey-Fuller t	-2.4506	0.0071	-0.7968	0.2128	-1.4051	0.08
	Augmented Dickey-Fuller t	-5.0049	0	-2.0368	0.0208	-2.9648	0.0015

表 8-4 为面板数据的最优滞后期的检验结果,限于篇幅,该表格提供了主要的五个变量(分别是美联储的总资产规模、美国联邦基金利率、利率、GDP 与 CPI)的 AIC、BIC 与 HQIC 的相关技术指标。数据显示,大多数据序列的最优滞后期在 2 期左右,也有部分超过 2 期。近年来,在检验带有面板数据特征的货币

政策传导效果的过程中,越来越多的学者采用 2 期作为最优滞后期,例如 Burriel 和 Galesi(2018)认为 2 阶滞后期的稳健性最强,Koop 和 Korobilis(2019)则证明了 2 阶滞后期设定可以实现对通货膨胀水平的最优预测。选择 2 期作为最优滞后期,还有一个重要原因是过长的滞后期可能无法充分反映货币政策的传导效果,而且从技术上可能会让统计检验丧失过多的自由度,无法得到有经济学含义的结果。因此,本部分在技术指标的基础上参考以往学者的研究成果,将最优滞后期定义为 2 期。

表 8-5　最优滞后期的检验结果

	滞后	所有国家			滞后	发达国家			滞后	金砖国家		
		AIC	BIC	HQIC		AIC	BIC	HQIC		AIC	BIC	HQIC
宽松货币时期	1	−21.406	−20.915	−21.222	1	−25.469	−24.974	−25.280	1	−21.850	−21.274	−21.620
	2	−22.445	−21.848	−22.221	2	−26.880	−26.255	−26.642	2	−22.829	−21.956	−22.481
	3	−21.698	−20.993	−21.433	3	−27.107	−26.347	−26.817	3	−22.880	−21.703	−22.410
	4	−20.355	−19.539	−20.048	4	−27.457	−26.558	−27.114	4	−23.029	−21.540	−22.434
	5	−18.252	−17.322	−17.902	5	−27.721	−26.681	−27.324	5	−23.191	−21.383	−22.468
	滞后	所有国家			滞后	发达国家			滞后	金砖国家		
		AIC	BIC	HQIC		AIC	BIC	HQIC		AIC	BIC	HQIC
紧缩货币时期	1	−24.259	−23.567	−23.994	1	−26.751	−26.058	−26.482	1	−23.147	−22.363	−22.830
	2	−24.926	−24.081	−24.602	2	−27.298	−26.416	−26.956	2	−23.880	−22.685	−23.397
	3	−25.395	−24.390	−25.009	3	−27.688	−26.610	−27.269	3	−24.190	−22.569	−23.534
	4	−25.946	−24.775	−25.496	4	−27.889	−26.606	−27.389	4	−24.755	−22.694	−23.921
	5	−26.007	−24.663	−25.491	5	−27.923	−26.428	−27.340	5	−25.051	−22.534	−24.032

三、脉冲响应与经济学解释

(一)美国货币政策转向前后对发达国家与金砖国家的差异化影响

1. 美国的宽松型货币政策对发达国家和金砖国家的冲击

在宽松货币政策时期,美国主要实施量化宽松与超低利率政策。由于金融危机爆发后,美联储有七年的时间将联邦基金利率稳定在 0%—0.25% 之间,几乎没有波动,因此超低利率政策不是危机中常规的货币政策调整手段,其主要作用是构建宽松的货币政策环境。美联储主要是通过大规模的购债量来调节市场流动性,最终达到引导经济发展的目的。因此在宽松货币政策时期,我们主要考察以流动性冲击为主要特征的量化宽松货币政策对其他国家的影响。

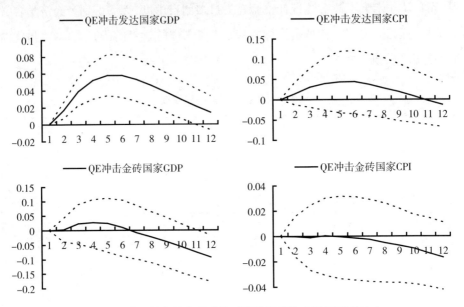

图8-7 美国的宽松货币政策对发达国家和金砖国家的冲击

图8-7给出了一个单位的美国量化宽松对发达国家和金砖国家的 GDP 和 CPI 的影响。数据显示,美国的宽松货币政策对发达国家的产出有正面促进作用,峰值达到+0.058;对发达国家的物价也有正面影响,峰值达到+0.044。但是对金砖国家的影响不尽如人意,产出的正向峰值只有+0.023,而且在短暂的正面影响之后,从第 6 期开始转为负值;对金砖国家的物价的冲击则全部为小于零的负值。这说明美国的宽松货币政策对发达国家和金砖国家产生了不同的冲击效果,整体来看有利于发达国家,不利于金砖国家。

2.美国的紧缩型货币政策对发达国家和金砖国家的冲击

在紧缩货币政策时期,美国在不断调高基准利率,同时退出量化宽松。由于美联储的每月购债量回归常态,没有大幅增长,因此不再向市场传导更多的调控信息,美联储开始使用走向常态化后的联邦基金利率来引导经济发展。因此在紧缩货币政策时期,我们主要考察美国加息对其他国家的影响。

图8-8给出了一个单位的美联储加息对发达国家和金砖国家的GDP和CPI的影响。数据显示,美国的紧缩货币政策仍然对发达国家有正面促进作用,产出的峰值达到+0.005,物价的峰值达到+0.033,而且两者在长期中一直为正值。但对金砖国家的影响偏负面,例如金砖国家的产出在第8期左右开始转为负值,而且持续下滑;金砖国家的物价数值全部居于坐标轴以下,最低的峰值为-0.005。整体来看,有利于发达国家,不利于金砖国家。

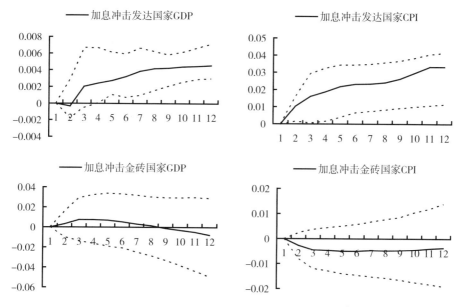

图8-8 美国的紧缩货币政策对发达国家和金砖国家的冲击

综合图8-7与图8-8的结果,我们发现一个事实:不管是在宽松期还是在紧缩期,美联储的货币政策的溢出效应都基本上有利于发达国家,而不利于发展中国家。基于前文分析,这可能是一个无法用市场经济规律来解释的现象,由此我们提出疑问:在美国的货币政策调整转向的前后,为什么"吃亏"的总是发展中国家?到底是什么因素制约了发展中国家的经济复苏与发展?

(二)美国货币政策差异化溢出效应的原因分析

图8-7与图8-8展示了美国的货币政策调整对其他国家的经济发展的溢出效应,数据显示存在着"美国货币政策出现差异化溢出效应"这个现象,但是

由于忽略了传导路径特别是中间变量在货币政策传导过程中的关键作用,因此无法充分解释美国货币政策出现差异化溢出效应背后的原因。下面,我们尝试引入中间变量来完善相关研究。

学者们已经对开放经济条件下,发达国家对其他国家影响的传导路径做过较多研究。最常被接受的是两条路径:一条来自于进出口,例如 Moder(2017)认为发达国家的货币政策调整会改变汇率与进出口,而进出口影响到其他国家的经济发展;另外一条则来自于资本流动,例如 Gagnon 和 Bayoumi(2017),认为发达国家的货币政策调整会改变投资回报率引起资本流动,而资本的大规模流入与流出会影响到其他国家的经济发展。基于以往学者们的研究成果,我们主要考察两条传导路径,分别是"美国货币政策调整→进出口→其他国家的经济发展"和"美国货币政策调整→资本流动→其他国家的经济发展",实证检验结果如下:

1. 美国的宽松型货币政策对发达国家和金砖国家的冲击

图 8-9 是美国的宽松货币政策对发达国家的影响,第一行的三幅子图的中间变量是资本流动,第二行的三幅子图的中间变量是进出口。

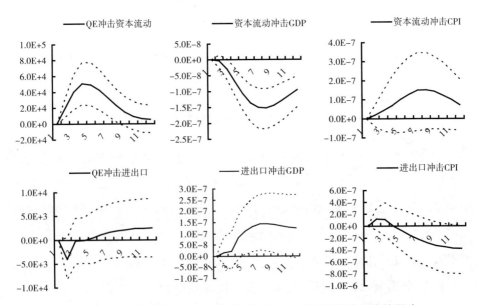

图 8-9　美国量化宽松通过资本流动和进出口对其他发达国家的影响

第一行的数据显示,美国的宽松货币政策导致其他发达国家的资本流出,而资本流出降低了其他发达国家的产出,从而得到美国宽松货币政策不利于发达国家产出的结论。首先,这不符合经济学理论,因为美国宽松会导致美元贬值,其他发达国家应当出现资本流入;其次,与图 8-7 得到的有利于其他发达国家的结论也相悖。出现这个结果有个可能的原因是,在美国实施宽松货币政策的同时,其他发达国家也在实施大规模的宽松货币政策,大量的流动性向发展中国家蔓延,所以其他发达国家也可能出现资本外流。综合以上原因,基本可以判断美国宽松货币政策导致其他发达国家经济发展的效应,可能并不是由资本流动导致的。第二行的数据显示,美国的宽松货币政策导致其他发达国家在长期中出口增加,而出口增加会提振产出,并在短期内促涨物价。这说明美国宽松货币政策有利于其他发达国家发展的效应,可能主要通过进出口渠道来完成。考虑到货币的坚挺程度,其他发达国家的出口应当更多流向了发展中国家,也就是说,在危机的前半程,发达国家一直在利用本币贬值向发展中国家大量倾销产品来帮助本国获得复苏与发展。

图 8-10 是美国的宽松货币政策对金砖国家的影响,第一行的三幅子图的中间变量是资本流动,第二行的三幅子图的中间变量是进出口。第一行的数据显示,美国的宽松货币政策导致了金砖国家的资本流入,资本流入虽然给金砖国家带来了一定的有利影响如产出增长,但是极大地抬高了物价。第二行的数据显示,美国的宽松货币政策导致了金砖国家的进口增加,进口增加带来了部分产出增加,但是也极大地推涨了物价。因此,美国的宽松货币政策虽然促进了金砖国家的产出微量增加,但是却由于输入型通胀的原因,极大地抬高了物价,因此对金砖国家不利。

总结图 8-9 与图 8-10 提供的信息,我们得到:在美国实施宽松货币政策时期,发达国家(美国和其他发达国家)的大规模量化宽松产生了两个效应。第一个效应是发达国家的汇率下行,发达国家利用市场经济的规律加大出口,将更多的危机结果转嫁到了金砖国家中;第二个效应是发达国家的资本大量流入金砖国家,虽然短期内增加了流入国的产出,但是却由于输入型通胀的原因,极大地抬高了物价。整体来看,对金砖国家产生了不利影响。

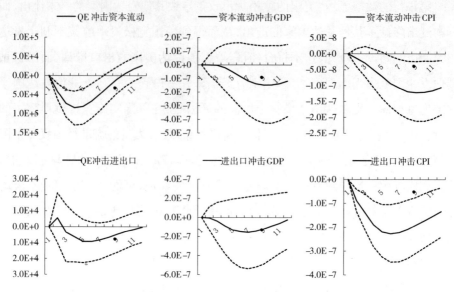

图 8-10　美国量化宽松通过资本流动和进出口对金砖国家的影响

2. 美国的紧缩型货币政策对发达国家和金砖国家的冲击

图 8-11 是美国的加息对其他发达国家的影响,第一行的三幅子图的中间变量是资本流动,第二行的三幅子图的中间变量是进出口。

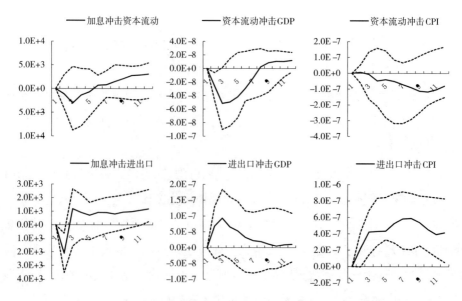

图 8-11　美国加息通过资本流动和进出口对其他发达国家的影响

第一行的数据显示,美国加息在短期波动之后很快导致其他发达国家的资本流出,而资本流出对其他发达国家产生了不利影响,即产出减少和物价下行。第二行的数据显示,美国加息对应着其他发达国家的出口增加,而出口增加给其他发达国家带来了实实在在的好处,产出大幅增加,且提振了低迷的物价。对比第一行和第二行的数据波动的振幅,后者远大于前者,说明在美国加息背景下,其他发达国家也获得了经济发展,而且这个发展主要是通过出口途径完成的。

图 8-12 给出了美国的加息对金砖国家的影响,第一行的三幅子图的中间变量是资本流动,第二行的三幅子图的中间变量是进出口。第一行的数据显示,美国加息导致金砖国家的资本流入,资本流入会增加金砖国家的产出,这不符合经济学现实,因为美国加息会导致世界资本大流动,数据显示,大规模的资本已从金砖国家流出而流往美国,所以这条路径无法解释金砖国家的 GDP 与 CPI 的异动。第二行的数据显示,美国的加息导致金砖国家的进口增加,而进口增加降低了金砖国家的产出,并极大地抬高了物价水平。将图 8-11 与图 8-12 的结果结合起来,数据显示,发达国家大规模向金砖国家出口获得经济增长,而金砖国家被迫大规模进口,从而对经济增长和通货膨胀造成了巨大的压力。

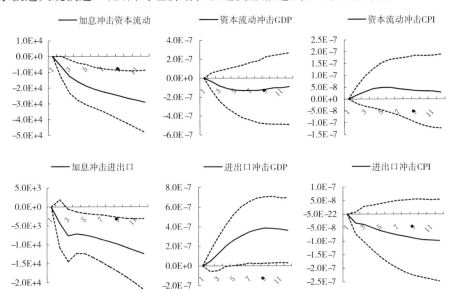

图 8-12 美国加息通过资本流动和进出口对金砖国家的影响

（三）市场经济规律背后的其他原因

数据检验的结果显示,美国加息导致了金砖国家的大规模进口,这个结果和经济学理论相悖。因为从经济学理论来说,美国加息将导致金砖国家的汇率相对下降,应当是有利于金砖国家出口,不利于金砖国家的进口。但是数据却显示金砖国家出口没有扩大,进口反而激增。我们猜测可能是美国等发达国家对金砖国家实施了严厉的贸易压制措施,强行压低了金砖国家的正常出口,逼迫金砖国家加大了进口。这些措施包括:严厉的反倾销指控(如针对光伏、玻璃与铝材等)、提高关税(如发动贸易战等)、设置贸易壁垒(如禁止向金砖国家出口高技术,压缩金砖国家出口到美国的商品与份额等),甚至对金砖国家的优势产业与企业进行打压(如对中兴实施禁运,以牵强理由抓捕华为高管等),最终导致金砖国家不能获得美国加息带来的收益,反而被迫加大进口,不利于金砖国家的经济发展。

表 8-6 为近年来以中国为代表的发展中国家的产业和企业遭受的美国施加的部分贸易惩罚。其中,有些贸易惩罚措施的依据甚至是近 90 年前的某些法制规则。九十年间沧海桑田,贸易规则、贸易格局、贸易对象、贸易品种等都已经发生了翻天覆地的变化,当适用环境发生改变,很多当年的法制规则都已经失效与废止。但美国等发达国家依仗自己经济强国的地位,将已不适用的法制规则强加到发展中国家头上,以牵强的理由压制对方出口,再逼迫对方加大进口。尤其是进入新年后,为了将孟晚舟引渡受审,美国甚至不惜重新修改了国防授权法案中的某些条款,将贸易保护主义推上了"新高度"。

表 8-6　近年来中国的产业和企业遭受的部分贸易惩罚措施

贸易品种	时间	法规	相关条款	具体措施
中国的光伏产品	2015 年 3 月	301 调查	《1988 年综合贸易与竞争法》第 1301—1310 条	征收 26.71% 到 165.04% 的反倾销税, 27.64% 到 49.79% 的反补贴税
中国的碳钢、合金钢	2016 年 2 月	751 调查	《1930 年关税法》第 751 条	对出口 CTL 板征收 68.27% 的反倾销税和 251% 的反补贴税, 对不锈钢板征收 63.86% 和 76.64% 两档反倾销税以及 75.6% 和 190.71% 两档反补贴税

续表

贸易品种	时间	法规	相关条款	具体措施
中国的高锰酸钾	2016 年 2 月	751 调查	《1930 年关税法》第 751 条	征收反倾销税 128.94%
中国的中兴	2016 年 5 月	337 调查	《1930 年关税法》第 337 条《1979 年美国出口管理条例》	罚款 11.9 亿美元,禁止中兴从美国进口处理器元器件
中国等国的对接焊管	2016 年 8 月	751 调查	《1930 年关税法》第 751 条	征收反倾销税 182.9%
中国等国的钢铁与铝产品	2017 年 4 月	232 调查	《1962 年贸易扩展法》第 232 条	征收 12.05% 至 374.15% 的反补贴税
中国的 1300 多个产品	2017 年 8 月	301 调查	《1988 年综合贸易与竞争法》第 1301—1310 条	加征 25% 关税
中国的晶体硅	2017 年 11 月	201 调查	《1974 年贸易法》第 201—204 条	征收 53.3% 至 57% 的反倾销税
中国的洗衣机	2017 年 12 月	201 调查	《1974 年贸易法》第 201—204 条	征收 32.12% 至 52.51% 反倾销税
中国的出口商品	2018 年 3 月	301 调查	《1988 年综合贸易与竞争法》第 1301—1310 条	贸易战爆发,特朗普签署对中国产品征收关税的总统备忘录
中国的出口商品	2018 年 7 月	301 调查	《1988 年综合贸易与竞争法》第 1301—1310 条	贸易战的第一批 340 亿美元的中国出口商品加征 25% 的关税
中国的华为	2019 年 2 月	《2019 年度国防授权法案》第 889 条		美国正式向加拿大提出引渡华为 CFO 孟晚舟,同时禁止华为进入多国市场

图 8-13 提供了近年来中国贸易差额(出口减去进口)的月度值。我们非常明显地看到,几乎每一次美国对中国提出贸易惩罚措施,都会导致中国贸易差额的大幅度下滑(图中已用圆圈标出),因此美国的贸易惩罚措施(表 8-6)与中国的贸易差额(图 8-13)之间可能存在很强的相关性。

为了验证中国企业遭受的贸易惩罚事件对贸易差额的影响,我们将企业遭受贸易惩罚事件定义为虚拟变量 Event(企业当月遭受贸易惩罚定义为 1,否则定义为 0),样本期从 2014 年 12 月至 2019 年 2 月。我们尝试通过相关性分析、独立样本 T 检验以及回归分析等计量方法来检验中国企业遭受的贸易惩罚事件对贸易差额(Trade)的影响。

相关性分析显示,Trade 与 Event 的相关系数为 -0.301,对应的 P 值为 0.032,相关系数在 5% 水平下显著,说明 Trade 与 Event 两者之间呈现显著的负

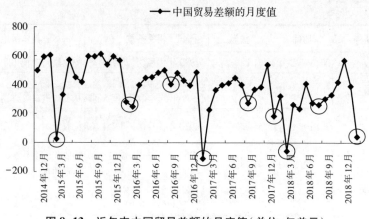

图 8-13　近年来中国贸易差额的月度值（单位，亿美元）

相关关系,即中国企业遭受贸易惩罚事件后,贸易差额倾向于降低。独立样本 T
检验的结果(表 8-7)则显示,未遭受贸易惩罚事件月与遭受贸易惩罚事件月的
中国贸易差额的均值差在 5% 显著性水平下正向显著,说明企业遭受贸易惩罚
事件时的中国贸易差额数值显著小于企业未遭受的贸易惩罚事件的中国贸易差
额数值。

表 8-7　独立样本 T 检验

	均值	均值差	T 值
企业未遭受的贸易惩罚事件月	411.814	120.694 **	2.212
企业遭受的贸易惩罚事件月	291.120		

注: *、**、*** 分别表示 10%、5% 和 1% 显著性水平下显著。

回归模型的检验结果(表 8-8)则显示了中国企业遭受贸易惩罚事件对贸
易差额的影响。结果表明,中国企业遭受的贸易惩罚事件 Event 的回归系数为
-120.694,并在 5% 显著性水平下显著,说明中国企业遭受贸易惩罚事件 Event
确实会对贸易差额 Trade 造成显著的负向影响,而且这个系数的数值惊人。

表 8-8　回归分析结果

变量	系数	标准误	T 值	P 值
event	-120.694 **	54.568	-2.210	0.032

续表

变量	系数	标准误	T 值	P 值
_cons	411.814 ***	25.342	16.250	0.000
	N = 51　F = 4.89 ***	P = 0.032　R2 = 0.091	Ad_R2 = 0.072	

注：*、**、***分别表示 10%、5%和 1%显著性水平下显著。

至此，我们可能找到了美国的货币政策调整转向前后出现差异化溢出效应的重要原因，那就是：在宽松货币政策时期，发达国家通过大规模量化宽松，降低汇率向发展中国家倾销商品转嫁危机；在紧缩货币政策时期，发达国家通过严厉的贸易惩罚措施压制发展中国家的出口，逼迫发展中国家加大进口，通过攫取发展中国家的正当利益来发展经济。

四、结论与政策建议

本节检验了美联储货币政策转向前后的溢出效应，得到两个主要的技术结论：第一，不管是宽松时期还是紧缩时期，美联储货币政策冲击基本上都有利于发达国家，而不利于金砖国家。第二，宽松时期，发达国家通过大规模量化宽松降低汇率加大向发展中国家出口获得发展；紧缩时期，发达国家可能利用经济强国的地位，通过贸易惩罚措施逼迫发展中国家加大进口，通过攫取发展中国家的正当利益而再次获得发展。基于前文的技术结论，我们提出系列政策建议如下：

（一）重视进出口贸易的拉动作用

长期以来，拉动中国经济发展有"三驾马车"的说法，在内需短期内难以启动，固定资产投资有可能导致通胀与产能过剩的背景下，进出口贸易是政府的重要选择。在本部分的检验中，我们清楚地看到进出口贸易的重要性，不管是宽松期还是紧缩期，发达国家都是通过向发展中国家的大规模出口而获得经济发展。我们建议抓住美元持续贬值的机会，在贸易争端中争取合法权益，充分发挥贸易对经济发展的拉动作用。

（二）警惕发达国家非市场经济手段的干预

危机以来的发达国家的宏观政策调整实践显示，市场经济规律也是发达国家谋求收益最大化的一种工具。当对他们有利时（例如宽松时期），他们和发展中国家谈市场经济规律，通过货币贬值向发展中国家大规模出口转嫁危机。当对他们不利时（例如紧缩时期），他们避而不谈市场经济规律，转而通过各种政治干预与贸易惩罚措施要求发展中国家增加进口减少出口，继续从发展中国家攫取利益。如果发展中国家盲从市场经济规律，而忽视发达国家的非市场经济干预手段，恐怕将只能沦为发达国家的倾销市场，难以实现真正的复苏与发展。

（三）加强与其他发展中国家的贸易往来

如果贸易惩罚措施限制了发展中国家向发达国家的出口，那么可以考虑积极拓展贸易渠道。自"一带一路"倡议提出以来，我国与沿线国家贸易规模持续扩大，双向投资不断深化，加大与"一带一路"沿线国家的经济合作，既可以避免发达国家宏观政策调整带来的不确定性损失，又能和其他同类型的发展中国家实现共赢与共同发展。

（四）不必过分拘泥于资本流动

统计检验发现，资本流动对发展中国家会产生一定的负面效应，但是似乎并未达到严重影响发展中国家经济发展的程度。因此，我们建议在关注发达国家货币政策调整引起资本流动的同时，把更多精力放到发展本国经济上去。资本从本质上说是逐利的，如果一个国家的经济发展前景良好，投资人能够预见到稳定而持续的收益，那么对资本外逃将起到很强的反制作用。

（五）加强跨学科的理论研究与原因分析

危机以来，不论美国实施宽松型货币政策还是紧缩型货币政策，发展中国家都一直增长乏力。仅用经济学理论恐怕不能充分解释背后的原因，因此理论探索还需要将研究的视角外延到非经济学理论领域，探讨在市场经济规律的背后，发达国家可能做了些什么和产生了什么样的影响。有了扎实的理论研究成果，才能在与发达国家的交往中据理力争，获得自己应得的利益。

第三节 美国加息对中国经济的影响效应

本节使用时变参数向量自回归（TVPVAR）模型，检验了美国加息通过利率、汇率、股价和物价对中国的投资、消费与进出口的可能的影响效应。

一、美国利率调整与中国经济波动的相关性

经过数年发展,美国经济正在逐步摆脱下滑颓势,实现稳步复苏。随着产出持续增长与就业率不断攀升,美国国内开始出现通胀的苗头,资本市场与大宗商品价格泡沫隐现,为了抑制经济短期内的过快过热发展,美联储开始实施紧缩型的货币调控政策。首先于 2014 年年底退出了量化宽松,然后从 2015 年 12 月开始提高联邦基金利率即加息,并通过抛售国债等公开市场操作方式释放银根趋紧信号以回笼市场流动性,引导市场利率接近所设定的目标值。美联储按照每年八次的频率对外公布最新联邦基金目标利率,综合考虑居民个人消费支出、非农就业人口变动以及企业税后利润等指标的实际状况来决定是否加息。截至 2018 年 12 月,美联储共进行 9 次加息,每次加息 0.25 个百分点,目前联邦基金目标利率控制在 2.25% 至 2.5% 之间,持续加息意味着美联储的货币政策调整走向了阶段性的正常化。从实际效果来看,不断的加息压制了美国国内的通胀水平,CPI 同比数据被控制在 2% 左右,因此美国的加息基本达到了设计的初衷。

美国的货币政策有可能对发展中国家产生了较强的溢出效应,即这一轮的美国加息与中国经济的下滑之间可能存在着较强的相关性。但仅有以上猜测是不够的,美国加息对中国经济的溢出效应是否真实存在尚有待进行严密的科学检验。而且,即便这种溢出效应存在,那么美国加息到底是通过何种途径影响中国经济增长?美国加息对于我国的投资、消费与进出口是否存在差异化的影响效果?政府部门和监管当局应当怎样制定政策才能更好地应对外部冲击?由此可见,探索美国加息对中国经济的结构性影响与传导路径具有较强的实践意义。相关研究不但有助于厘清美国加息对于中国宏观经济发展的影响机理与传导路径,而且可以定量研究美国加息对中国经济的影响程度,从而有针对性地为政府部门和监管部门提供政策建议与决策参考。

提高利率(即加息)是一种紧缩型的货币政策,已有学者对其溢出效应做过相关研究。有些学者认为发达国家的紧缩型货币政策会对其他国家的投资造成影响。例如 Barigozzi,Conti 和 Luciani(2014)利用结构动态因子模型研究了欧洲

中央银行的货币政策对于欧元区国家的冲击,发现欧洲中央银行加息会造成多数欧元区国家的投资减少。Hanisch 和 Kempa(2017)运用多国非平稳动态因子模型研究了美国提高利率的影响,发现加息不但会导致美国本国的投资降低,而且会导致多数 G7 成员国的国内投资降低。Banerjee、Devereux 和 Lombardo (2016)建立了两国的 DSGE 模型研究美国紧缩型货币政策对于新兴市场经济国家的冲击,研究发现当没有金融摩擦时,美国的货币政策对盯住汇率制下的新兴市场国家的投资有显著的负向影响,如果考虑金融摩擦,则对盯住汇率制与浮动汇率制的新兴市场国家都会形成负向影响。Vicondoa(2019)利用 PVAR 模型研究了美国利率预期和非预期变化对新兴市场经济体的冲击,认为非预期到的美国利率上升较之预期到的美国利率上升会导致其他国家投资减少。Avdjiev、Bruno 和 Koch 等(2018)利用 SPVAR 模型研究了美国利率变化对于新兴市场经济国家投资的影响,认为美国加息导致了其他国家资本性支出的减少。Choi (2015)利用 FAPVAR 研究了美国利率变化对于 19 个新兴市场国家的资本外流的冲击,认为美国加息导致了新兴市场国家的外商直接投资的持续性减少。

有些学者认为发达国家紧缩型货币政策会对其他国家的消费造成影响。例如 D'Aguanno(2018)基于股息收入的国家转移视角构建了两国 DSGE 模型,研究表明发达国家紧缩性的货币政策不仅造成了本国的消费减少,同时对他国的消费也会产生负向冲击。Hanisch(2019)通过构建多国的结构动态因子模型研究了美国货币政策对欧元区国家的冲击,发现紧缩型货币政策对于欧元区的德国和荷兰的消费体现出较强的正向效应。Neri 和 Nobili(2010)利用两国 VAR 模型研究了美国联邦基金利率变化对于欧元区国家经济的冲击,发现美国加息短期内刺激了家庭的实际消费和投资,但是长期表现为负作用。Fukuda,Kimura 和 Sudo 等(2013)通过构建三国 DSGE 模型研究了美国货币政策的跨国传导效应,认为美国加息对其他国家的消费影响与该国与美国的贸易关系有关,与美国贸易关系更为密切的国家所遭受的负向冲击效应更大。Kazi,Wagan 和 Akbar (2013)研究了美国利率变化对 14 个经合组织国家经济的冲击,认为美国加息对消费有差异化影响,导致了加拿大的个人消费支出减少,但导致了其他国家的个人消费支出增加。Gourinchas(2017)基于新凯恩斯宏观经济模型研究了美国紧缩型货币政策对于智利的经济冲击,认为美国加息在不同金融溢出程度下对于不同个体的消费的冲击存在异质性特征。

　　有些学者认为发达国家紧缩型货币政策会对其他国家的进出口造成影响。例如 Feldkircher 和 Huber(2015)认为实际中的美国利率变化对于其他国家的贸易冲击满足蒙代尔-弗莱明-多恩布什模型,美国的利率变化可以通过支出转换效应和收入吸收效应影响进出口。Dedola、Rivolta 和 Stracca(2017)使用 BVAR 模型研究了美国的紧缩型货币政策对于 36 个发达国家和新兴市场国家的溢出效应,结果显示美国货币政策的正向冲击会在一定程度上促进贸易平衡。Iacoviello 和 Navarro(2018)使用局部投影方法研究了美国加息发达国家对新兴市场国家的冲击,结果表明美国加息会增加新兴市场国家的经常账户赤字。Bhattarai、Chatterjee 和 Park(2017)利用 PVAR 模型研究了美国紧缩型货币政策对于 15 个新兴市场国家的冲击,认为美国紧缩型货币政策造成了南美新兴市场国家的净出口较之于其他新兴市场国家的负向冲击更大。Dieppe,Georgiadis 和 Ricci 等(2018)基于欧洲中央银行全球宏观经济模型研究了美国紧缩性货币政策对其他国家经济的冲击,认为美国加息造成了其他发达国家和发展中国家的进口和出口减少。

　　国内学者也对发达国家紧缩型货币政策的溢出效应做过相关研究。例如杨子荣、徐奇渊和王书朦(2018)构建开放经济的两国 DSGE 模型研究了中美货币政策的双向溢出效应,认为美国加息会导致中国投资减少和消费增加,并且数量型货币供给调整的冲击与之存在一定的差异。王冠楠和项卫星(2017)基于标准的开放经济模型研究了金融摩擦与外部经济脆弱性,认为在存在金融摩擦的情况下美国加息会导致企业投资水平和产出水平下滑。金春雨和张龙(2017)使用 FAVAR 模型研究了美国货币政策对中国经济的冲击,认为美国加息整体上造成了私人投资和消费的下滑,在不同时期对中国经济均产生了负面影响。Lin 和 Ye(2018)使用面板回归模型研究了美国紧缩型货币政策对发展中国家贸易的冲击,认为美国加息对发展中国家的出口有负向影响,当一国的金融基础较为脆弱时将遭受更大的负向冲击。孙焱林和张倩婷(2016)研究了美国加息对中国产出的冲击,认为美国加息将通过利率和汇率两个渠道影响中国产出,并且影响效应具有结构性变动和时变特征。

　　以往学者的研究成就不容忽视,但整体来看可能仍然存在着一定的不足:首先,已有研究大多关注美国加息对他国经济影响的某一个方面,而缺乏在统一的技术框架下对他国经济增长的不同层面影响的全面分析;其次,已有研究没有充分解析美国加息对他国经济影响的作用机理与传导路径。以上不足可能导致难以提出有针对性的政策建议,从而不利于政府和监管部门实施更精准的政策调控。本部分对以往学者的研究进行了拓展,创新之处体现在:第一,构建TVPVAR模型,在统一的技术框架下分析美国加息对中国经济的溢出效应;第二,引入利率、汇率、股价和物价等中间变量,探索美国加息对中国的投资、消费与进出口的可能的传导路径,并基于此提出相应的政策建议。

二、理论基础与技术方法

(一)理论基础

首先,美国加息可能会对中国的利率、汇率、股价和物价产生冲击。第一,根据利率平价理论,两国间的利差变动会引发投资者的套利行为,导致资金跨境流动增加,进而会对两国的汇率产生影响。美国持续加息造成中美两国利差收窄,有可能促使公众增加对美元及美元资产的持有并抛售本币及本币资产,进而可能导致人民币汇率贬值。第二,根据"三元悖论",在资本账户开放的前提下,一国为达到稳定汇率的目的,该国央行的货币政策会丧失一部分独立性来兼顾外部平衡,所以美国加息可能对中国的央行行为产生一定的影响(Gray,2013),中国央行通过提高公开市场操作利率间接引导本国的货币市场利率提高。第三,根据股票市场的联动效应,不同国家和地区的股票市场价格由于共同因素会出现同涨和同跌的现象(王健,2014)。由于美国加息抑制了美国股票价格的上涨,提高了美国债券市场的收益率并吸引了中国投资者的资金流入,加之中国利率的提升,所以一定程度上可能会促使中国股市下跌。第四,根据通货膨胀的成因理论,诸如美元指数、国际大宗商品价格等国际因素是通货膨胀的重要决定因素,美元指数上涨和国际大宗商品价格下跌可能会对中国的通胀产生负向的冲击作用(欧阳志刚和潜力,2015)。美国加息可能引发美元指数上涨和国际大宗商品价格下跌,进而可能增大美国对中国的输出性通缩的风险。基于经济学理论与以往学者的相关研究,本部分将利率、汇率、股价和物价作为美国加息的溢出效应的中间变量。

其次,中国的利率、汇率、股市和物价变动会对本国的投资、消费、进出口产生影响。第一,当利率上升时,国内企业资金成本上升,会降低本国企业扩大生产经营规模的意愿,进而降低本国企业投资需求(Musso、Neri 和 Stracca,2011),同时,企业投资下降将减少就业机会和降低居民工作收入,从而促使居民降低消费需求。第二,当汇率下行时,本国资金以及外商投资资金会流向美国,所以本国企业的投资和外商在华投资可能会减少(Yalta,2010)。本国商品价格较之国外商品价格更为便宜,一方面会导致本国居民对本国商品的消费需求增加和对国外商品的消费需求减少,另一方面也会导致外国居民对本国商品的消费需求增加,进而刺激本国企业的商品出口。第三,当股价下跌时,股市资金可能会发生逃离,所以本国企业的直接筹资额度会减少并且间接筹资的难度和成本会加大,从而导致本国企业的资金供给减少和本国企业投资支出的减少。由于本国居民股票投资收益减少,在股市的财富效应作用下居民的消费支出会减少(Gan,2010)。由于资金供给减少,所以本国企业可能缩减生产规模,进而本国企业商品出口可能会减少。第四,当物价适当下降时,本国企业的原材料成本、生产机器购置以及技术成本会降低,将有助于本国企业扩大生产经营规模,进而会导致本国企业投资需求的增加,所以温和的通胀水平可以刺激本国投资(Li,2006),本国商品存在的价格竞争优势将会带动本国的商品出口。

由此可见,美国加息可能会通过利率、汇率、股价和物价等中间变量,影响中国的投资、消费、进出口的波动,并最终影响中国经济的总增长。基于以上分析,本部分需要考察的美国加息对中国经济增长的传导路径如图8-14所示。

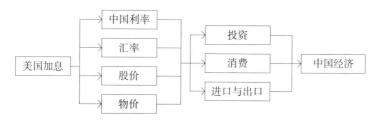

图8-14　美国加息对中国经济增长的传导路径

(二)技术方法

由于上述宏观经济变量之间存在交互影响,无法清晰辨别变量的内生性或者外生性,而且某一变量还可能同时受到当期变量和滞后变量的影响,因此不适宜使用单方程的线性回归模型来研究这些变量之间的相关性,我们考虑采用向量自回归系列的统计技术来分析问题。为了进一步提高向量自回归模型的参数估计的准确性和可信度,我们选择两轮加息期作为样本空间,时间从 2004 年至今。理由是:第一,将更长周期的数据纳入研究之中,可以降低噪声干扰和参数估计误差。第二,两轮加息周期的溢出效应的结果可以互为稳健性检验,有利于对美国加息的溢出效应做出更科学的评价。第三,上轮加息距离本轮加息时间较近,并且与本轮加息具有相似的经济背景,适宜放入统一的方程进行检验。但是由于两轮加息的冲击可能存在结构性差异和时变特征,而常规的向量自回归方法使用固定参数、不变扰动方差以及线性的度量方法,不适宜分析样本期内的复杂经济变化,因此我们在向量自回归技术的基础上引入时变参数特征,建立时变参数向量自回归(TVPVAR)模型来分析美国加息对中国经济的影响。时变参数向量自回归的技术方法可以很方便地绘制不同时期的美国加息的脉冲响应函数,便于我们对比分析不同时期的加息冲击,并进行结果的稳健性检验。

时变参数向量自回归模型(TVPVAR)最早由 Cogley 和 Sargent(2005)提出,由于具有非线性结构、时变的系数和扰动项方差等特征,在经济变量的复杂结构分析中具有明显的优势。其具体形式设定如下:

$$Y_t = C_t + \sum_{i=1}^{k} B_{i,t}Y_{t-i} + \varepsilon_t \ , \ t = k + 1,2\cdots T \tag{1}$$

其中, Y_t 为 5×1 或 6×1 的向量, $\varepsilon_t \sim N(0,\Phi_t)$, k 为模型的滞后期阶数, $B_{i,t}$ 是 5×5 或 6×6 矩阵,假定 $\Phi_t = A_t^{-1}\Sigma_t\Sigma_t'A_t'^{-1}$, A_t 是对角线元素为 1 的下三角矩阵, Σ_t 为主对角线元素为 $\sigma_{1,t},\sigma_{2,t}\cdots\sigma_{5,t}(\sigma_{6,t})$ 的对角矩阵,并且设 $\varepsilon_t = A_t^{-1}\Sigma_t e_t$ 。这里,依照 Primiceri(2005)对于参数的设定, α_t 为 A_t 下三角部分元素构成的向量, $\alpha_t = (a_{21},a_{31},a_{32},a_{41},a_{42},a_{43},\cdots a_{54}(a_{65}))'$,令 $h_{i,t} = \log(\sigma_{i,t}^2)$, $h_t = (h_{1,t},h_{2,t},\cdots h_{6,t}(h_{6,t}))$ 。同时, β_t 为 $B_{1,t},B_{2,t}\cdots B_{k,t}$ 行元素堆积构成的 $5k \times 1$ 或 $6k \times 1$ 向量。TVPVAR 模型参数遵循如下随机过程:

$$\begin{aligned}
\beta_{t+1} &= \beta_t + e_{\beta t} \\
\alpha_{t+1} &= \alpha_t + e_{\alpha t} \\
h_{t+1} &= h_t + e_{\delta t}
\end{aligned}
\begin{pmatrix} e_t \\ e_{\beta t} \\ e_{\alpha t} \\ e_{\delta t} \end{pmatrix} - N \left(0, \begin{pmatrix} I & O & O & O \\ O & \Sigma_\beta & O & O \\ O & O & \Sigma_\alpha & O \\ O & O & O & \Sigma_h \end{pmatrix} \right) \quad (2)$$

对于 $t = k + 1, 2 \cdots T$，$\beta_{k+1} - N(\mu_{\beta_0}, \Sigma_{\beta_0})$，$\alpha_{k+1} - N(\mu_{\alpha_0}, \Sigma_{\alpha_0})$，$\alpha_{k+1} - N(\mu_{\delta_0}, \Sigma_{h_0})$，为了简化参数估计，假定 Σ_α、Σ_β 和 Σ_h 为对角矩阵。由于传统估计方法不能实现对参数的一致估计，因此 TVPVAR 通常采用基于 MCMC 的 Bayes 估计方法。本部分将采用 Nakajima（2011）提供的 MATLAB 软件包完成 MCMC 模拟与参数估计，并绘制脉冲响应函数图。

三、数据处理与初步估计

（一）数据来源与处理

根据图 8-14 的传导路径，本节使用的数据有四个层级。

第一个层级的数据是美国利率，使用美国联邦基金利率（ ia ），数据来源于美联储官网。

第二个层级的数据是中国的利率、汇率、股价与物价，分别使用银行间同业拆借利率（ ic ）、人民币实际有效汇率（ $reer$ ）、上证综合指数（ sh ）和同比 CPI 指数（ cpi ）作为替代指标，来源于中经网统计数据库。

第三个层级的数据是投资、消费、出口和进口，分别使用全社会固定资产投资实际增长率（ $ginv$ ）、社会消费品零售总额实际增长率（ $gcons$ ）、贸易出口总额实际增长率（ gex ）和进口总额实际增长率（ gim ）作为替代指标。为了考察更细致的结构特征，全社会固定资产投资实际增长率进一步按不同产业区分为第一产业（ $ginv1$ ）、第二产业（ $ginv2$ ）和第三产业（ $ginv3$ ），按不同登记注册类型区分为国有企业（ $ginvso$ ）和非国有企业（ $ginvnso$ ），外资企业（ $ginvfo$ ）和中资企业（ $ginvnfo$ ）。社会消费品零售总额实际增长率按个体消费分城镇居民消费（ $gconsci$ ）和农村居民消费（ $gconsco$ ）。贸易出口总额实际增长率按企业不同登记注册类型企业分国有企业（ $gexso$ ）、非国有企业（ $gexnso$ ）、外资企业（ $gexfo$ ）和中资企业（ $gexnfo$ ）。进口总额实际增长率按不同登记注册类型企业分国有企业（$gimso$）、非国有企业（$gimnso$）、外资企业（$gimfo$）和中资企业（$gimnfo$）。数据来源于中经网和同花顺数据库。

第四个层级的数据是产出，选择 GDP 实际增长率（$ggdp$）作为替代指标，按不同产业增加值实际增长率分第一产业（$ggdp1$）、第二产业（$ggdp2$）和第三产业（$ggdp3$）。数据来源于中经网数据库。

以上数据均为剔除价格变化且经季节调整后计算的增长率，为了便于模型估计和结果比较，所有数据都做了标准化处理。经检验，美国利率、汇率、股价的原序列非平稳，一阶差分后为平稳序列，分别记为 dsh、$dreer$、$dcpi$，其他变量原序列均为平稳性序列。

本部分的技术思路是先利用 TVPVAR 构建包含第一层级和第二层级变量的基准模型，在此基础上，再陆续加入第三层级与第四层级的变量进行考察。这样做的目的在于研究美国加息如何通过利率、汇率、股价、物价的波动影响中国的宏观经济发展，以及在多大程度上影响到中国的宏观经济发展。同时，在基准模型中添加不同变量相当于在基准模型的基础上做了多次稳健性检验。变量集如表 8-9 所示：

表 8-9　TVPVAR 研究变量集

研究对象	Y_t 变量集
美国加息的基准模型	$Y_t = (dia_t, ic_t, dreer_t, dsh_t, cpi_t)$
美国加息对投资的冲击	$Y_t = (dia_t, ic_t, dreer_t, dsh_t, cpi_t, ginv_t/ginv1_t/ginv2_t/ginv3_t/ginvso_t/ginvnso_t/ginvfo_t/ginvnfo_t)$
美国加息对消费的冲击	$Y_t = (dia_t, ic_t, dreer_t, dsh_t, cpi_t, gcons_t/gconsci_t/gconsco_t)$
美国加息对出口的冲击	$Y_t = (dia_t, ic_t, dreer_t, dsh_t, cpi_t, gex_t/gexso_t/gexnso_t/gexfo_t/gexnfo_t)$
美国加息对进口的冲击	$Y_t = (dia_t, ic_t, dreer_t, dsh_t, cpi_t, gim_t/gimso_t/gimnso_t/gimfo_t/gimnfo_t)$
美国加息对产出的冲击	$Y_t = (dia_t, ic_t, dreer_t, dsh_t, cpi_t, ggdp_t/ggdp1_t/ggdp2_t/ggdp3_t)$

（二）模型的初步估计

基于表 8-9 给出的变量集，本部分构建了 26 个 TVPVAR 模型，借鉴龙少波、胡国良和王继源（2016）的最优滞后期选择，所有模型的滞后期均设定为 1。按照 Nakajima 提供的 MATLAB 程序包设定，假定相关参数的方差协方差矩阵的对角线元素服从伽马分布，即 $(\Sigma_\alpha)_i^{-2} \sim Gamma(20, 10^{-4})$，$(\Sigma_\beta)_i^{-2} \sim Gamma(4, 10^{-4})$，$(\Sigma_\delta)_i^{-2} \sim Gamma(4, 10^{-4})$，同时设定初始参数值 $\mu_{\alpha_0} = \mu_{\beta_0} = \mu_{\delta_0} = 0$，$\Sigma_{\alpha_0} = \Sigma_{\beta_0} = \Sigma_{\delta_0} = 10 \times I$。这里以五变量的基准模型为例展示参数估计结果[1]，基于 MCMC 算法的 10000 次重复抽样后，得到了待估参数后验分布估计结果相关统计量信息如表 8-10。结果显示 Geweke 的数值均在 5%的临界值 1.96 以内，即拒绝模型参数不服从后验分布的原假设。从无效因子来看，数值远小于 10000，最大值为 55.56，意味着 10000 次抽样中仅有 179 个不相关的样本。

表 8-10 TVPVAR 参数估计

参数	均值	标准差	95%置信区间（下）	95%置信区间（上）	Geweke	无效因子
$(\Sigma_\beta)_1$	0.0023	0.0003	0.0018	0.0029	0.254	12.06
$(\Sigma_\beta)_2$	0.0023	0.0003	0.0018	0.0028	0.094	8.09
$(\Sigma_\alpha)_1$	0.0055	0.0015	0.0034	0.0094	0.911	40.37
$(\Sigma_\alpha)_2$	0.0057	0.0019	0.0034	0.0102	0.196	55.56
$(\Sigma_h)_1$	0.7595	0.1355	0.5049	1.0412	0.599	23.06
$(\Sigma_h)_2$	0.5575	0.1002	0.3828	0.7709	0.722	36.19

图 8-15 分别列示了样本参数序列自相关系数（第一行）、波动路径（第二行）以及后验分布的直方图（第三行）。可以看到随着迭代次数的增加，自相关系数在逐渐减少，参数波动基本属于白噪声序列，说明使用 MCMC 算法进行 10000 次重复抽样是有效的，可以进行后续的脉冲响应分析。

四、脉冲图与经济学分析

本部分所有的脉冲图都有两条曲线，一条是虚线，表示 2004 年 6 月的加息时点的脉冲图；一条是实线，表示 2015 年 12 月的加息时点的脉冲图。我们注意到两条线的趋势完全相同，说明虽然时点不同，但是美国加息对中国经济的冲击效果是一致的；两条线基本重合，说明脉冲冲击效果非常稳定，两次脉冲可以互

[1] 由于篇幅所限，其他 25 个模型的估计结果并未在文中展示。经仔细考察，所有 MCMC 的结果趋势相同，说明抽样结果有效。

为稳健性检验。由于我们更加关注 2015 年 12 月以来的美国加息的影响,所以本部分的经济学分析主要基于实线的脉冲图展开。

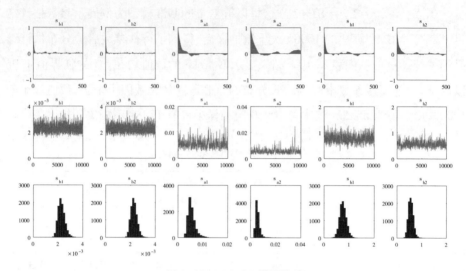

图 8-15 MCMC 模拟结果

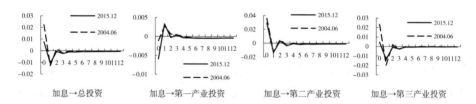

图 8-16 美国加息对中国投资的影响(总投资与不同产业)

(一)美国加息对于投资的影响

图 8-16 给出了美国加息对中国不同产业投资的影响的脉冲图。第一幅子图显示,整体来看,美国加息对中国的投资产生了负面影响。虽然初期有微弱的正冲击大约是 0.008 个单位,但是随后迅速衰减在次期,达到负向极值-0.011,并一直保持在负值。第二幅子图至第四幅子图显示,美国加息对中国的三大产业产生了不同的冲击效果。在长期中,美国加息对中国的工业与服务业均存在较大的负面影响,负向极值分别为-0.013 和-0.014,美国加息虽然对中国的农业有正面影响,但振幅比工业与服务业差了一个数量级。可能的原因是,相对于农业而言,工业与服务业的投资期短、资金周转快、资本变现能力强,所以美国加

息导致资金外流更多发生在第二产业和第三产业,因此对此类行业的负面冲击较为严重,而第一产业在美国加息冲击下,表现反而相对稳定。

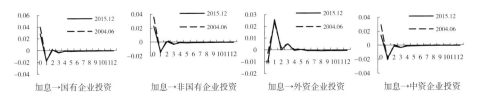

图8-17　美国加息对中国投资的影响(不同所有制性质)

图8-17给出了美国加息对中国不同所有制类型企业的投资的影响脉冲图。第一幅子图与第二幅子图显示,美国加息对于国有企业和非国有企业的长期投资冲击均为负向且没有明显差异,说明国有与非国有企业的差距正逐步缩小,都受到了美国加息的负向影响。第三幅子图与第四幅子图的趋势完全相反,数据显示美国加息有利于外资企业投资,正向极值为0.0257,但不利于中资企业投资,负向极值为-0.0206。可能的原因是,美国加息引发了人民币汇率贬值的预期,投资者更偏好持有外币,因此资金流入外资企业,改善外资企业投资环境,促进了外资企业的投资。而美国加息导致资金外流,中资企业投资环境恶化,因此美国加息对中资企业产生了负面影响。

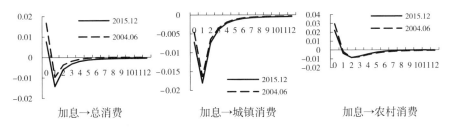

图8-18　美国加息对中国消费的影响

(二)美国加息对于消费的影响

图8-18给出了美国加息对中国消费的影响。第一幅子图显示,整体来看,美国加息对中国的消费产生了负面影响。虽然初期有微弱的正冲击,但是随后迅速衰减在次期达到负向极值-0.014,并一直保持在负值。第二幅子图与第三幅子图显示,美国加息在长期中对城镇居民消费与农村居民消费都是负面影响,且对城镇居民消费的影响更强和更持续。可能的原因是,相对于农村居民而言,

城镇居民的收入较高,存在更多的生活消费与个人理财的需求,美国加息导致进口商品价格上升,城镇居民的生活消费能力与水平萎缩,国内个人理财收益下降,且美国加息也不利于城镇居民的消费。

(三)美国加息对于出口的影响

图 8-19 给出了美国加息对中国出口的影响。第一幅子图显示,出口在初期值-0.036 之后,迅速转为正值,正向冲击极值为 0.084,此后虽然交替变化,但整体来看,美国加息对中国的出口产生了一定的正面影响,这是因为美国加息意味着人民币的相对贬值,有利于出口。第二幅子图与第三幅子图显示的是美国加息对国有企业和非国有企业出口的影响,两者趋势一致,但是后者的振幅要大于前者,说明美国加息对非国有企业出口的正面影响要更大。可能的原因是,非国有企业的市场化程度更高,更善于利用市场条件来调整自身的行为选择变化,也从一个侧面说明不存在中国政府对国有企业的特别补助和区别对待,驳斥了西方发达国家认为国企有特权的说法。第四幅子图与第五幅子图显示的是美国加息对外资企业与中资企业出口的影响效果,两者趋势一致,但是前者的振幅要明显大于后者。外资企业出口的极值是 0.112,而中资企业出口的极值为 0.050,说明美国加息使得外资企业的受益程度要高于中资企业的受益程度,在贸易过程中,中方处于弱势与不平等的地位。

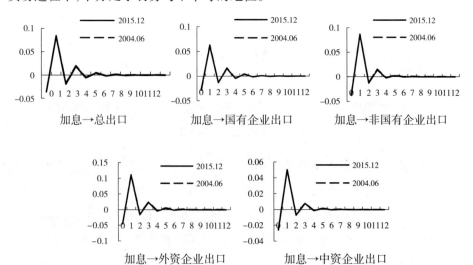

图 8-19　美国加息对中国出口的影响(总出口与不同所有制性质的企业)

（四）美国加息对于进口的影响

图 8-20 给出了美国加息对中国进口的影响。第一幅子图显示,出口在初期值-0.55 之后,迅速转为正值,正向冲击极值为 0.6,整体来看,美国加息促使中国加大了进口量。从其他几幅子图观察,美国加息也都促使不同所有制类型的企业加大了进口的力度。这是一个让人困惑的结果,因为美国加息意味着中国的汇率相对下行,按照经济学理论,应当是有利于出口不利于进口,但是中国的出口为什么会体现出明显的上行趋势。我们仔细分析,可能存在的原因是,发达国家特别是美国充分利用了经济强国和美元强势的地位,使用贸易摩擦和威胁的手段,逼迫发展中国家例如中国加大了贸易进口。近年来,中美贸易摩擦频繁发生,美国使用早已过时的国内法规对中国的进出口贸易横加指责,对中国的优势行业加大打击力度,通过扩大本国出口和逼迫他国加大进口来转嫁风险。尽管增加进口的背后,有中国居民消费能力增强和国内有效供给不足等原因,但是来自于外部的美国的政治干预与贸易摩擦等因素不容忽视。

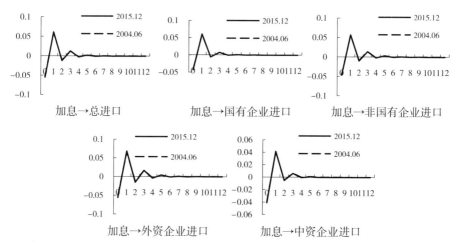

图 8-20 美国加息对中国进口的影响（总进口与不同所有制类型企业）

（五）美国加息对于中国产出增长的总体影响

图 8-21 给出了美国加息对中国产出的影响。第一幅至第三幅子图显示,美国加息长期对中国产出产生了负面影响,虽然工业有短暂的正值且导致在第四幅子图中的总产出有短暂上升,但在大部分时期,美国加息对中国经济产出是

负面作用。而且我们注意到,本轮加息的脉冲图(实线)要普遍小于上一轮加息的脉冲图(虚线),说明本轮加息对中国经济产出的负面影响更大。可能的原因是,近年来中国经济持续滑坡,供给侧结构性改革的压力增大,且在 2015 年与 2018 年接连发生两次股灾,此时美国加息导致资金外逃,在诸多因素的共振影响下,引发了中国经济发展的更大的不确定性,也提醒我们要清醒认识本轮美国加息可能带来的宏观经济金融风险并认真应对。

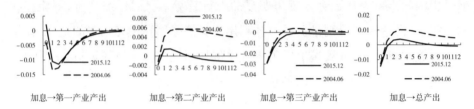

图 8-21　美国加息对产出的影响(总产出和不同产业)

五、传导路径分析

以上分析揭示了美国加息对中国的投资、消费与进出口的影响,但可能还不够,因为我们还需要了解美国加息是通过什么途径影响了中国经济的发展。只有分析清楚传导路径,才有可能更有针对性地提出政策建议,从而为政府部门的宏观调控提供决策参考。根据图 8-14,美国加息先影响了利率、汇率、股价与物价等四个中间变量,再影响到投资、消费、出口与进口等四个最终变量,因此从理论上说应当存在着 16 条传导路径。已有经济学家们证明了诸多传导渠道的存在性,但是不同国家的经济发展存在着巨大的异质性特征,因此对于不同国家,真正有效的主要传导路径可能并不相同。我们仔细考察了 16 条传导路径的脉冲图,并结合经济学含义,综合判断美国加息对中国投资、消费、出口与进口可能存在着如下四条主要的传导路径。

(一)美国加息对于投资的主要传导路径

图 8-22 给出了美国加息经由股市波动而影响到投资的脉冲图。数据显示,美国加息导致中国股市下跌,而中国股市下跌导致投资下降,与图 8-17 和图 8-18 得到的结论一致。说明美国加息可能更多是通过股市波动影响了投资,比较符合经济学预期,因为股票价格往往传递着重要的市场信号,通过发行

股票募集资金的便利程度和资金成本对企业投资行为有重要的影响,也会影响投资人的投资行为选择。

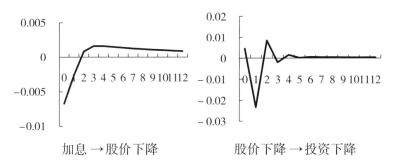

加息→股价下降　　　　　　股价下降→投资下降

图 8-22　美国加息对投资影响的主要路径

(二)美国加息对于消费的主要传导路径

图 8-23 给出了美国加息经由物价波动而影响到消费的脉冲图。数据显示,美国加息导致物价的长期低迷,而长期低迷的物价压制了消费行为的发展,说明美国加息可能更多是通过低迷的物价影响到了消费,与图 8-18 的结论一致。经济学理论指出,由于经济发展会带来价格上涨,因此一个国家经济的发展应当保持温和的通胀,才能让投资获得稳定而持续的回报。如果价格长期低迷致使投资无法获得充分回报,那么投资就会萎缩,经济出现萧条,就业率与居民收入持续下降,当经济不能给消费者提供充分的劳动所得时,消费也就自然萎缩了。

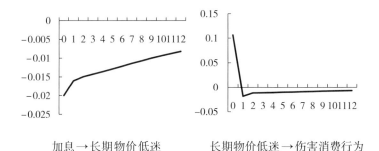

加息→长期物价低迷　　　　　长期物价低迷→伤害消费行为

图 8-23　美国加息对消费影响的主要路径

(三)美国加息对于出口的主要传导路径

图 8-24 给出了美国加息经由汇率波动影响中国出口的影响路径。数据显

示,美国加息促使中国汇率下行,而汇率下行引导出口增加,与图 8-19 的结论一致。"8.11 汇改"以来中国政府对于汇率市场的管制逐步放开,自由浮动区间不断增大,市场规律在出口领域得到了较为明显的体现。

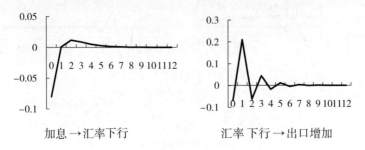

加息→汇率下行 汇率下行→出口增加

图 8-24 美国加息对出口影响的主要路径

(四)美国加息对于出口的主要传导路径

图 8-25 给出了美国加息经由汇率波动对中国进口的影响。数据显示,美国加息导致汇率下行,而汇率下行导致进口增加,这个结果和图 8-20 的结论一致。这是一个不符合经济学规律的结论,我们分析原因,可能是由于发达国家特别是美国充分利用了经济强国和美元强势的地位,使用贸易摩擦和威胁的手段,逼迫发展中国家例如中国加大了贸易进口。

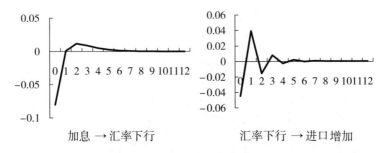

加息 → 汇率下行 汇率下行 → 进口增加

图 8-25 美国加息对进口影响的主要路径

六、结论与政策建议

本节使用 TVPVAR 模型,研究了美国加息对中国的投资、消费与进出口的影响。结论显示整体而言,美国加息引发了中国经济发展更大的不确定性,也警醒我们要清醒认识本轮美国加息可能带来的宏观经济金融风险并认真应对。

基于得到的结论,我们提出政策建议如下:

(一)应对美国加息对中国投资的冲击

货币政策需要继续发挥定向调控的作用,央行应向市场适当补给流动性,引导资金流向不同的产业。政府应加大减税降费的力度,在调整企业合理的税制结构、降低涉企的行政事业性收费时,着重优先考虑中资企业,适当兼顾外资企业以吸引更多外国资本在华投资。政府财政对于中资企业可以给予必要的财政资金支持保障企业有更多的资金用于技术研发以扩大投资和生产规模。金融监管当局应努力完善多层次资本市场制度建设,努力推进证券发行制度由核准制向注册制完全转变,激发不同板块资本市场的活力,为不同类型企业提供优质的直接融资渠道。

(二)应对美国加息对中国消费的冲击

建议政府稳步推进个税制度改革,个税改革不仅要关注起征点、税率及相关费用抵扣等合理设定问题,也应对相关高收入职业群体是否依法纳税给予必要的监督和惩处措施,同时加大惠民工程的财政支出,激发居民的潜在消费需求。建议企业加大技术研发支出,提高核心技术的自主创新能力,生产质量过硬的多样化产品以满足国内消费者的需要。建议产品监督部门加大对假冒伪劣产品的查处力度,完善对消费者的权益保护,为国内消费者营造产品安全、质量放心的良好消费环境,释放消费需求,提升居民的消费能力。

(三)应对美国加息对进出口的冲击

建议政府完善人民币汇率制度改革,继续推进人民币汇率定价机制的改革,积极引导汇率预期,增强人民币汇率波动弹性,避免汇率单向波动。建议充分发挥进出口对于产业和需求结构的带动作用,不断提升质量和效益,以进出口贸易带动国内相关产业技术改造和升级,提升企业的要素生产率,并使得居民消费需求结构适应国内相关产业链的发展,实现中国由贸易大国向贸易强国转变。维持贸易平衡有利于缓解贸易摩擦的压力,也有利于树立多边自由贸易的大国姿态,但要高度警惕发达国家可能利用经济强国和美元强势的地位,使用贸易摩擦和威胁的手段,向发展中国家转嫁风险。

第九章　银行监管对货币政策传导与效果的影响

商业银行是货币政策传导过程中的重要中介环节,因此针对商业银行的监管措施会影响货币政策的传导效果。本章研究了资本约束下的货币政策传导,分析了监管政策对商业银行行为的影响,检验了银行监管的资本约束政策对货币政策的门槛效应。

第一节　银行资本约束下的货币政策传导

本节引入贷款市场信贷配给的特点,研究了贷款市场、货币市场、债券市场与商品市场的均衡,分析了货币政策在银行资本约束下的特殊传导路径与效果。

一、构建经济体系

(一)投资主体

家庭的投资行为满足的条件是(1)式:

$$S(Y,i) = D^h(Y,i) + B^h(Y,i) \qquad (1)$$

上式中表示家庭的财富由存款 D^h 和购买的债券 B^h 两部分组成, Y 是实际收入, i 是债券利率。一般情况下,当收入与债券利率增加时,会使居民的储蓄财富增加。

企业的投资行为满足的条件是(2)式:

$$I(i,r) = B^e(i,r) + L^e(i,r) \tag{2}$$

上式中表示企业的投资资金来源于发行债券融资金额 B^e 与从银行借款融资金额 L^e。其中 i 是债券利率，r 是贷款利率，分别代表着企业债权融资与股权融资的不同成本。债券利率与贷款利率的调整不但影响着企业的投资总额而且影响着企业的资金来源的结构变化。当债券利率高企时，企业会倾向于向银行融资；而当贷款成本升高时，企业会偏向于相对低成本的债权融资。

政府的行为约束条件是(3)式：

$$G = R + B^g(i,r) \tag{3}$$

为简化讨论，此处我们把央行与政府统称为"政府"，其资金来源一部分是向商业银行要求的存款准备金，另一部分为发行国债 B^g 后获得的资金。

商业银行的行为约束条件由其资产负债表决定，表示为(4)式：

$$R + B^b + L^b = D^b + K \tag{4}$$

其中 R 是央行要求的存款准备金，同时我们假设超额准备金为零，B^b 是商业银行购买的债券资产，L^b 是商业银行的贷款资产，D^b 是商业银行的存款负债，K 是商业银行的资本。假设法定存款准备金比率为 α，央行可以决定不同的存款准备金比率，从而改变商业银行的负债规模、资产规模以及结构。

（二）相互关联的子市场

商品市场的均衡用传统的 IS 曲线描绘如(5)式，意味着个体的投资资金构成了企业与政府的资金来源。

$$I(i,r) + G(i,r) = S(i,r) \tag{5}$$

债券市场的均衡表示为(6)式，意味着企业债券与政府债券的购买人是家庭与商业银行。所有市场参与者都是理性人，企业可以根据市场利率决定融资规模与结构，家庭与政府也会根据市场利率来决定投资规模与结构。

$$B^e(i,r) + B^g(i,r) = B^h(Y,i) + B^b(i,r) \tag{6}$$

货币市场的均衡用 LM 曲线描绘如(7)式，该式意味着央行可以利用存款准备金比率的调整来改变货币市场的均衡。

$$R = \alpha D^h(Y,i) \tag{7}$$

在整个分析中，相对复杂的是如何理解贷款市场的均衡。以往传统的相关研究中经济学家们一般使用瓦尔拉斯均衡，认为贷款的供给等于贷款的需求，例如 Tanaka(2002)给出的等式就是 $L^S(r^B, r^L, p, K, K_0, v) = L^D(r^B, r^L)$,这显然没有考虑到贷款市场独特的信息不对称的特点。Stigliz 与 Weiss(1981)指出,由于逆向选择与道德风险,贷款市场存在着信贷配给,均衡会出现在经过收益最大化的权衡之后商业银行选择的最佳贷款量附近,此时市场中的贷款供给会小于贷款需求。贷款市场上信贷配给的存在深刻地影响着货币市场均衡,其微观结构决定了货币市场的货币供给,央行货币政策的传导渠道与传导效果因此受到商业银行行为选择的影响。

给出如下系列假设:

p:贷款企业的违约概率;

r^K:商业银行为筹集资本所付出的资金成本;r^*:商业银行愿意提供的最佳贷款利率;

L^*:商业银行在最佳贷款利率能够提供的最大贷款量;

$\bar{r}$:商业银行能够提供的最高贷款利率,高于 $\bar{r}$ 的利率对商业银行而言意味着不能承受的更大风险;$\underline{r}$:商业银行能够提供的最低贷款利率,低于 $\underline{r}$ 的利率不能给商业银行带来足够的收益。因此,定义商业银行的"可贷区间"为 $[\underline{r}, \bar{r}]$,商业银行不会向可贷区间之外的企业投放贷款;

B^b:商业银行购买的债券;r^b:债券给商业银行带来的持有期收益率;

D^b:商业银行吸收的存款;r^d:商业银行支付的存款利率;

K:资本。为讨论简便起见,假设商业银行的资本全部由发行股票融得即一级资本。

基于以上假设,给出商业银行的效用函数与追求目标为①:

$$\max \pi = (1 - p) \int_{\underline{r}}^{\bar{r}} \frac{m}{\sqrt{2\pi}\delta} e^{-\frac{(r - r^*)^2}{2\delta^2}} dr + B^b r^b - D^b r^d - K r^K - \left(\theta - \min\left(\frac{K}{L}, \theta \right) \right) Lh$$

$$(8)$$

在(8)式中商业银行给出的贷款利率 r 服从以 r^* 为均值、δ 为方差的正态

---

① (8)式中的 m 是在确定了存款规模与存款准备金比率之后,商业银行能够提供的最大贷款量。很显然,"能够提供的最大贷款量"与"提供的真实贷款量"是两回事,因为信贷配给与货币政策以及资本约束政策的共同影响,在现实经济中,后者会小于前者。

分布,这意味着商业银行获取的主要利润来源于,以最佳贷款利率 r^* 为核心,以 $[\underline{r},\bar{r}]$ 为发生区间所对应的企业所带来的利润,因此其贷款利润为(8)式右边的第一项。此时,商业银行能够提供的贷款总量为 $L = \int_{\underline{r}}^{\bar{r}} \frac{m}{\sqrt{2\pi}\delta} e^{-\frac{(r-r^*)^2}{2\delta^2}} dr$。由于信贷配给的存在,商业银行不会向所有表达了贷款请求的企业足额地提供资金支持。设有 t 比例的企业可以获得贷款资金,因此在确定了 r^*、δ 与 t 之后,商业银行会用数值分析的方法获取 $\bar{r}$ 与 $\underline{r}$ 的具体数值[1]。

假定 θ 是监管部门要求的资本充足率水平,$\frac{K}{L}$ 是特定商业银行的真实资本充足率,本部分设计了一个资本约束的"或有"惩罚函数。当监管当局进行资本充足性监管时,会将特定商业银行的真实资本充足率与法定的资本充足率水平相比较,若前者等于或高于后者,意味着经营达标不进行惩罚;但若前者小于后者,则根据相差的资本充足率水平的程度与贷款规模进行惩罚,其中 h 是惩罚系数。

以上分析框架与常用的瓦尔拉斯均衡的分析框架不同,考虑到信息不对称带来的逆向选择与道德风险并由此导致的信贷配给,贷款市场的均衡不会出现供给等于需求的交点,商业银行基于收益最大化会尽量将自身的贷款放到最优利率 r^* 对应的贷款量附近,而在整个区间上,会有贷款供给小于贷款需求。[2]

二、政策调整对商业银行行为的影响

(一)没有银行资本约束时的货币政策效果

假若没有银行资本约束,(8)式转化成(9)式,并受到四个条件约束。在约束条件中,第一项表示信贷配给,第二项决定贷款规模,第三项是商业银行的资产负债表约束条件,第四项是货币政策。下面考察当货币政策进行调整时,例如增加存款准备金比率的要求后,对商业银行可能产生的影响。

---

① 为了论述的简便起见,假定 $\bar{r}$ 与 $\underline{r}$ 相对于最佳贷款利率 r^* 左右对称取值。

② Stigliz 与 Weiss(1981)定义贷款需求与贷款供给之间的差距为"测度",在现实中对于特定的 r 所对应的贷款供给与需求,总会存在大小不等的测度。

$$\max\pi = (1-p)\int_{\underline{r}}^{r} r\frac{m}{\sqrt{2\pi}\delta}e^{-\frac{(r-r^{*})^{2}}{2\delta^{2}}}dr + B^{b}r^{b} - D^{b}r^{d} - Kr^{K}$$

$$s.t. L^{Supply} < L^{Demand}$$

$$\int_{\underline{r}}^{r}\frac{1}{\sqrt{2\pi}\delta}e^{-\frac{(r-r^{*})^{2}}{2\delta^{2}}}dr \leq t$$

$$D^{b} + K = R + B^{b} + L^{b}$$

$$R = \alpha D^{b} \tag{9}$$

当存款准备金比率 α 上升时,存款准备金 R 的数量会变化,因为若是 R 不变,则当 α 上升时,会导致存款 D 下降。而在现实经济中,存款 D 的减少取决于企业与个人的存款意愿,商业银行不能主动减少 D 的数量。所以,当存款准备比率 α 上升时,商业银行的存款准备金会上升。

为了提高存款准备金,商业银行有如下的应对措施:首先,可以抛售资产项下的债券,利用变现的资金填补因存款准备金要求提高而形成的存款准备金的缺口,这会造成商业银行的债券持有量下降,由于大量抛售债券导致债券的市场价格下降,债券给商业银行带来的收益下降,所以有(10)式中的第一与第二个不等式成立;其次,当银行抛售债券资产获得的现金不足以填补缺口时,商业银行会想办法增加存款,更多的存款一方面可以填补存款准备金比率提高所造成的资金缺口,另一方面可以将多余的资金转化成贷款增加商业银行的收益,但当所有的商业银行都试图增加存款时,竞争的压力会使吸收存款的成本上升,往往可能引发存款市场的恶性竞争,所以有(10)式中的第三与第四个不等式成立;当存款准备金比率要求上升时,考虑到成本与时间周期限制,商业银行不可能采取增加资本金的方法应对,因此有(10)式中的第五与第六个等式成立:

$$\frac{\partial B^{b}}{\partial\alpha} < 0, \frac{\partial r^{b}}{\partial\alpha} < 0, \frac{\partial D^{b}}{\partial\alpha} > 0, \frac{\partial r^{d}}{\partial\alpha} > 0, \frac{\partial K}{\partial\alpha} = 0, \frac{\partial r^{K}}{\partial\alpha} = 0 \tag{10}$$

与此同时,货币政策的调整会对商业银行的贷款资产产生影响,$\bar{r}$ 与 $\underline{r}$ 分别都是货币政策变量 α 的函数,将以上条件代入,求(9)的一阶导并令其等于0,得到(11)式:

$$\frac{\partial\max\pi}{\partial\alpha} = (1-p)\left(\bar{r}f(\bar{r})\frac{\partial\bar{r}}{\partial\alpha} - \underline{r}f(\underline{r})\frac{\partial\underline{r}}{\partial\alpha}\right) + \frac{\partial B^{b}}{\partial\alpha}r^{b} + B^{b}\frac{\partial r^{b}}{\partial\alpha} - \frac{\partial D^{b}}{\partial\alpha}r^{d} - D^{b}\frac{\partial r^{d}}{\partial\alpha} = 0$$

$$\tag{11}$$

由(10)式得到(11)式的后四项小于0,所以(11)式的第一项肯定大于0,于是有:

$$\frac{\partial \bar{r}(\alpha)}{\partial \alpha} > 0, \frac{\partial r(\alpha)}{\partial \alpha} < 0 \tag{12}$$

这表明当存款准备金比率要求 α 提高时,商业银行会扩大贷款规模,意味着商业银行必须更进一步提高存款的数量,并由此引发在存款市场上更激烈的竞争,同时也暗示着商业银行的经营风险将增加。由此,我们得到如下命题:

命题 1:在没有资本约束的条件下,提高准备金比率对商业银行的短期效果是存款数量上升、贷款规模扩大、商业银行的风险加大。

以上论述的是货币政策变化所导致的短期效应,此时各家商业银行扩充贷款获取收益最大化的前提条件是能够扩充足够的存款数量。但若站在宏观的层面,在特定时期面临的社会总存款量是一定的,当存款准备金的要求持续上升时,若存款总量不变,则商业银行体系会因此首先抛售债券,用变现的资金补充不足的准备金,若仍然无法补充资金缺口,商业银行体系会被迫减少贷款规模补充准备金,从而实现紧缩的货币政策所希望的政策效果。由此,得到如下命题:

命题 2:在没有资本约束的条件下,提高准备金比率对商业银行的长期效果是贷款规模下降、存款规模相对稳定、商业银行的风险减小。

但是,从命题 1 的短期效果过渡到命题 2 所示的长期效果,成本十分高昂,金融秩序会经历剧烈的波动,银行存款市场与贷款市场都会出现激烈的恶性竞争。因此我们在进行货币政策的调整时,迫切需要设计一个机制,能够让市场秩序稳定地过渡到理想状态,此时适当的银行资本约束就是一个好方法。

(二)存在银行资本约束时的货币政策效果

当存在着资本约束时,商业银行面临着货币政策调整(准备金率 α 上升)与资本充足率调整(资本充足率 θ 上升)的双重约束,于是如(13)式:

$$\max\pi = (1-p)\int_{\underline{r}}^{r} r\frac{m}{\sqrt{2\pi}\delta}e^{-\frac{(r-r^*)^2}{2\delta^2}}dr + B^b r^b - D^b r^d - K r^K - (\theta - \frac{K}{L})Lh$$

$$s.t. L^{Supply} < L^{Demand}$$

$$\int_{\underline{r}}^{r}\frac{1}{\sqrt{2\pi}\delta}e^{-\frac{(r-r^*)^2}{2\delta^2}}dr \leq t$$

$$D^b + K = R + B^b + L^b$$

$$R = \alpha D^b$$

$$\theta > \frac{K}{L} \tag{13}$$

式(13)相对于(9)式,增加了资本约束条件。决定(13)式的极值有两个变量 α 与 θ,首先考虑对 α 的极值条件如(14)式:

$$\frac{\partial \max \pi}{\partial \alpha} = (1-p)m\left(\bar{r}f(\bar{r})\,\frac{\partial \bar{r}}{\partial \alpha} - \underline{r}f(\underline{r})\,\frac{\partial \underline{r}}{\partial \alpha}\right) + \frac{\partial B^b}{\partial \alpha}r^b + B^b\frac{\partial r^b}{\partial \alpha} - \frac{\partial D^b}{\partial \alpha}r^d$$

$$- D^b\frac{\partial r^d}{\partial \alpha} - \frac{\partial K}{\partial \alpha}(r^K - h) - K\frac{\partial r^K}{\partial \alpha} - \theta h\frac{\partial L}{\partial \alpha} = 0 \tag{14}$$

由(12)式可知贷款量 L 是准备金比率 α 的增函数,所以(14)式的结论同命题 1,在短期内,商业银行会增加存款(资金来源)与贷款(资金使用)来谋求收益最大化。

再考虑对 θ 的极值条件如(15)式:

$$\frac{\partial \max \pi}{\partial \theta} = (1-p)m\left(\bar{r}f(\bar{r})\,\frac{\partial \bar{r}}{\partial \theta} - \underline{r}f(\underline{r})\,\frac{\partial \underline{r}}{\partial \theta}\right) + \frac{\partial B^b}{\partial \theta}r^b + B^b\frac{\partial r^b}{\partial \theta}$$

$$- \frac{\partial K}{\partial \theta}(r^K - h) - K\frac{\partial r^K}{\partial \theta} - hL - \theta hm\left(f(\bar{r})\,\frac{\partial \bar{r}}{\partial \theta} - f(\underline{r})\,\frac{\partial \underline{r}}{\partial \theta}\right) = 0 \tag{15}$$

根据黄宪等(2005)的研究结论,当资本充足率要求水平 θ 提高时,会导致商业银行减小贷款规模,可贷区间减小,即(16)式中的第一与第二个不等式;同时逼迫商业银行扩充资本,造成资本成本上升,即(16)式中的第三与第四个不等式。将以上四个不等式代入(15),得到(16)式中的第五与第六个不等式:

$$\frac{\partial \bar{r}}{\partial \theta} < 0, \frac{\partial \underline{r}}{\partial \theta} > 0, \frac{\partial K}{\partial \theta} > 0, \frac{\partial r^K}{\partial \theta} > 0, \frac{\partial B^b}{\partial \theta} > 0, \frac{\partial r^b}{\partial \theta} > 0 \tag{16}$$

这意味着,提高资本约束水平,会使商业银行减小高风险投资,扩大对债券的投资,并导致债券项带来的收益上升。综合一下,由此得到如下命题:

命题 3:资本充足率约束水平的提高,会导致银行减小贷款资产的数量,增加债券投资,银行的风险减小。

将命题 3 与命题 1 相比较,我们发现从紧的货币政策(提高存款准备金比率

α）与加强的银行资本约束（提高资本充足率水平 θ）的政策效应刚好相互补充。这启发我们，或许可以尝试将银行资本约束引入货币政策的传导渠道，利用政策组合的效用诱导货币政策效果的平稳实现。

三、宏观政策对经济的引导与调整

（一）货币市场与商品市场均衡

首先讨论 IS 曲线即商品市场的均衡，对 $I(r^B, r^L) + G = S(Y, r^B, r^L)$ 利用隐函数求导的方法求得 IS 曲线的斜率为（17）式：

$$\frac{dY}{dr^B} = -\left(\frac{\partial S}{\partial Y}\right)^{-1}\left(\frac{\partial S}{\partial r^B} + \frac{\partial r^D}{\partial r^B}\frac{dS}{dr^D} - \left(\frac{\partial I}{\partial r^B} + \frac{\partial I}{\partial r^L}\frac{dr^L}{dr^B}\right)\right) < 0 \qquad (17)$$

由（17）式可知，产出与利率之间成反比例关系，图形表示如图1。

再讨论 LM 曲线即货币市场均衡。货币政策制定当局能确定的条件是 $R = \alpha D^h(Y, i = r^B - r^D)$，利用隐函数求导，得到（18）式：

$$\frac{dY}{dr^B} = \left(\frac{\partial D}{\partial Y}\right)^{-1}\left(\frac{1}{\alpha}\frac{\partial R}{\partial r^B} - \frac{\partial D}{\partial r^B} + \frac{\partial D}{\partial r^D}\frac{dr^D}{dr^B}\right) \qquad (18)$$

由（18）式决定的 $\frac{dY}{dr^B}$ 的符号并不确定，最主要的原因在于 $\frac{\partial D}{\partial Y}$ 的变化。随着资本市场与其他非银行投资渠道的兴起与迅猛发展，企业与居民等投资主体的收入与存款之间已不再具有确定的单一的相关性，投资者的存款增长受到存款收益与其他替代投资方式收益的共同影响。因此在 LM 曲线中，产出与利率之间的关系更为复杂。这在图 9-2 中得到了体现。

图 9-2 显示，产出决定于企业，而在以商业银行为主导的大多数发展中国家中，企业的产出决定于商业银行的贷款供给。尽管企业可以提出更高的贷款需求，但事实上只有真实的贷款供给才能决定真实的产出。在 r^*，商业银行愿意提供最多的贷款供给，因此产生了最多的产出。在 r^* 的左边，例如 $\underline{r}$ 处由于贷款利率过低不能给商业银行带来充分的收益，所以商业银行减少贷款供给导致产出下降；而在 r^* 的右边，例如 $\bar{r}$ 处，考虑到信息不对称带来的逆向选择与道德风险，尽管面临着更高的利率，但商业银行也会减少贷款导致产出下降。所以在本部分的分析框架下，出现了独特的货币市场均衡以及"钟型"的 LM 曲线。

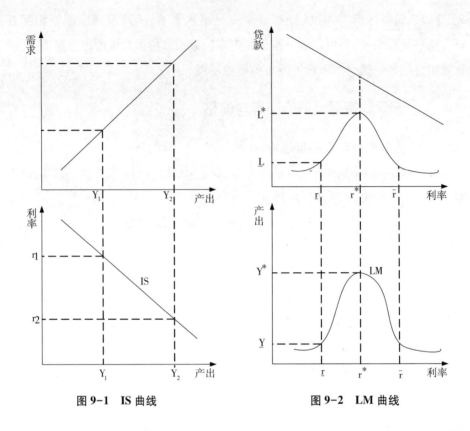

图 9-1   IS 曲线   图 9-2   LM 曲线

将图 9-1 与图 9-2 合并,得到包含信贷配给特征的商品市场的 IS-LM 均衡如图 9-3。该图与传统的形如"剪刀差"的 IS-LM 曲线图形并不一致,这是由于我们在分析中考虑了贷款市场上独特的信贷配给特征之后建立的贷款市场均衡所决定的。图 9-3 提供的结论是:首先,由于贷款市场存在着信贷配给的特点,货币市场均衡决定的产出总是要小于商品市场均衡决定的产出水平,因此若考虑到商业银行在整体经济中的作用与信息不对称的特点,即便在商品市场上也不存在严格意义上的瓦尔拉斯均衡;其次,由于在每个特定的利率,都会对应着两个产出,因此商品市场存在着无穷多个均衡,若不存在外界干扰,市场会在最佳利率 r^* 附近稳定,此时尽管仍存在着产出差异,但两者的差幅最小。

图 9-3 的另外一个改进则是将 IS-LM 曲线提供的商品市场均衡由"点"拓展到了"区间"。传统的分析框架认为 IS 与 LM 曲线存在交点,对应着明确而固定的均衡利率与均衡产量,这个苛刻的结论在现实中并不存在。因为没有哪家

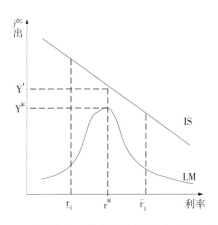 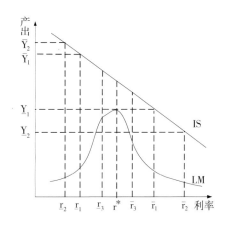

图9-3　具有信贷配给特征的商品市场均衡　图9-4　货币政策与资本约束影响下的商品市场均衡

商业银行会只在某一个特定的利率水平上投放贷款,在现实经济中,商业银行会根据自身的风险偏好与收益最大化,确定一个可贷区间,只要利率落在该区间内的贷款都可以投放。此时的均衡并不对应唯一固定的利率与产量,而是一个落在可贷区间内的利率序列以及对应的产量序列。所以,商业银行经营的特点决定了其独特的行为选择,此时的均衡不再是一个"点",而是一个"区间",并由此导致了更为复杂的货币市场均衡和商品市场均衡。

(二)货币政策与资本约束的影响

短期内,在没有资本约束的前提下,由命题1可得,提高存款准备金率会导致各家商业银行加大吸收存款的力度扩大贷款规模。在图9-4的均衡中,可贷区间将由 $[r_1, \overline{r}_1]$ 扩大到 $[r_2, \overline{r}_2]$,对应的产出由 $[\underline{Y}_1, \overline{Y}_1]$ 扩大到 $[r_2, \overline{r}_2]$,表面上看增加了产出但其实并不合理。因为区间 $[\underline{Y}_1, \underline{Y}_2]$ 上的产出增加由于对应的利率过低不能给商业银行带来足够的收益,所以不满足激励相容的原则;而区间 $[\overline{Y}_1, \overline{Y}_2]$ 上的产出增加意味着更多具有逆向选择与道德风险的企业开始申请贷款,促使银行的经营风险上升,造成金融秩序的动荡。在宏观层面上,于是体现出在存款市场上的不计成本的恶性竞争以及对各类低质量的贷款资源的过分争夺。

长期中,由命题2可得,提高存款准备金比率会使银行减小贷款规模,降低银行的经营风险。这是因为市场中的资金存量是一定的,当货币当局不断提高准备金比率,银行资金存量将更进一步下降,各家银行无法无止境地扩大存款规模也就无法扩大贷款规模,而准备金的缺口迫使商业银行开始压缩资产回收现金弥补准备金的不足,银行的可贷区间将会被压缩到 $[r_3, \overline{r_3}]$,最终达到紧缩的货币政策的要求效果。

然而,我们遗憾地看到,由命题 1 的货币政策的短期效应过渡到命题 2 的货币政策的长期效应,成本十分高昂,特别在紧缩货币政策实施的初期,反而会诱导商业银行加大吸收存款与扩大贷款规模的力度,在存款市场与贷款市场出现恶性竞争,导致金融秩序紊乱,银行体系风险上升。此时,资本约束政策的提出是货币政策实施效果的有益补充,它的限峰修复功能降低了风险。假定特定的资本充足率水平对应的可贷区间为 $[r_1, \overline{r_1}]$,产出为 $[Y_1, \overline{Y_1}]$,当紧缩的货币政策实施后,原有的不利的短期效应将不会出现。首先商业银行不会盲目扩大贷款规模,因为那会导致自身的资本充足率水平下降,违规后会受到严厉的惩罚;其次商业银行也不会盲目地大规模扩大存款,因为扩大存款的最终目的是为了转化成贷款资产牟取利润,但是当受到资本约束时,商业银行即便有了更多存款负债也无法将其转化成贷款资产而形成利润,而且还需为此向储户支付更高的利息成本。以上两个原因促使商业银行做出行为选择,从而避免了存款市场与贷款市场上的双重恶性竞争,降低了银行体系的经营风险。当不能扩大贷款时,商业银行在紧缩的货币政策下就只能压缩资产规模回收现金,填补因准备金要求提高而导致的资金缺口。于是,市场在没有异常波动的前提下实现了平稳过渡,以低成本实现了货币政策的设计目标。

以往学者的相关研究的不足是对资本约束下商业银行行为的关注更多侧重于实证效果的检验,而较少考虑对传导机理的价格影响和结构效应进行深度剖析,对商业银行行为的把握过于静态化,同时对实际货币政策运作的政策建议较弱。本节借鉴了 Tanaka(2002)的研究思路,建立起一个包含贷款市场、债券市场、货币市场与商品市场的宏观经济体系模型,然后分没有银行资本约束与有银行资本约束两种情况,来比较分析货币政策的传导路径与效果。相对于以往研究,本节的创新主要体现在如下几点:第一,在对贷款市场的分析过程中,考虑到道德风险与逆向选择,建立起一个含有银行或有资本约束激励的商业银行的效用函数;第二,研究了在货币政策与资本约束政策的双重约束下商业银行的行为选择,在此基础上建立起含有信贷配给特征的 IS-LM 曲线,讨论在银行资本约束下,货币政策的实施如何通过货币市场传导到商品市场并最终影响产出的过程。

第二节　监管政策对商业银行行为的影响

本节建立了信贷行为偏好指数来刻画商业银行的风险偏好,并把资本约束的实施与资本约束的软化引入计量模型,实证检验了资本充足性约束对异质型商业银行的风险行为的影响效果。

一、监管政策对于银行行为与货币政策的重要性

《巴塞尔协议》经历了一个内容不断更新、方法不断改进、思想不断成熟的演化过程,至今有三个大的完整的版本,其中《巴塞尔协议(I)》形成于 1988 年,在该公约中,国际银行业首次明确统一了资本构成与资本充足率的标准,后续的相关改进都在此基础上展开;《巴塞尔协议(II)》于 2001 年正式公布,该协议明确了互为补充的三大支柱,对传统的信用风险之外的市场风险与操作风险进行了衡量,并采用了更为先进的风险度量方法;2010 年,针对全球经济危机的新变化,巴塞尔协议委员会推出了《巴塞尔协议(III)》,该协议不但在跨境实施、使用范围、协同监管、对小企业贷款等方面有了很大的改进,更重要的是将沿用多年的核心资本与总资本的法定要求进行了大幅度的提高。

目前我国对大型商业银行的资本充足率的法定要求是 11.5%,对中小型商业银行的资本充足率的法定要求是 10%。截至 2012 年底,我国商业银行实际的核心资本充足率为 10.62%,总资本充足率为 13.25%(数据来源于银监会网站资料),均远远超过了《巴塞尔协议(I)》与《巴塞尔协议(II)》提出的相关规定。但是,《巴塞尔协议(III)》对银行资本的法定要求水平提出了更高的要求,目前《巴塞尔协议(III)》将核心资本充足率要求提到了 7%,并提出了反周期缓冲与资本留存缓冲的概念,这两个缓冲的上限都是 2.5%,按照以往经验,中国的银监部门估计会在此基础上进一步提升资本充足率要求水平,因此可以预计在将来,针对商业银行的资本充足性管理将会越来越严格。

我国的金融市场是一个以商业银行为主导的市场经济体系,货币政策的传导要依靠商业银行,企业的融资很大程度上也要依赖于商业银行,因此商业银行的资产规模与资产结构的任何变动都会导致实体经济产出的巨幅波动。在此前提下,研究以资本充足率为核心的监管政策的调整对商业银行行为的冲击无疑具有十分重要的意义。其理论意义在于进一步明晰资本充足性监管的正效应与负效应,为有中国特色的商业银行风险管理体系的建立提供经验证据;其现实意义在于了解资本充足性监管的实施效果与存在问题,为应对《巴塞尔协议(Ⅲ)》提出的更严格的资本约束提供行动指南与政策建议。

关于监管政策对商业银行信贷行为的影响,学者们做了大量的研究,但结论并不一致。Dietrich 和 James(1983)认为资本充足性约束不会显著影响银行的信贷变化,这是因为除了资本约束之外,银行还面临着其他的监管约束。Kim 和 Santomero(1988)提出,资本充足率要求将促使银行选择风险更高的资产组合。Furlong 和 Keely(1989)认为,银行资本充足性约束将导致资产组合出现多样化效应,从而降低银行的风险偏好。Keely 和 Furlong(1990)认为严厉的资本监管将会增加银行资产的风险并且也会增加银行破产的风险。Rochet(1992)认为对于价值最大化为目标的银行而言,资本约束不会影响银行对风险资产组合的选择,而对基于效用最大化的银行而言,资本约束是可以降低银行风险行为的。Peek 和 Rosengren(1995)认为太严格的资本监管将会导致银行降低信用供给和降低生产性投资。Chiuri,Ferri 和 Majnoin(2001)则对新兴市场国家的情况进行了分析,认为在新兴经济体中资本充足性约束阻碍了银行的信贷供给,而且负面影响很大。Masaru Konishi 和 Yukihiro Yasuda(2004)对决定银行风险承担的因素进行了分析,通过实证得出随着资本充足性约束措施的实施,银行的风险承担将会降低。Hovakimian 和 Kane(2000)的研究则认为资本约束并不会导致银行将风险调整到警戒线以内,也不会使银行的信用规模与风险偏好发生变化,Rime(2001)对瑞士银行数据的实证得出资本约束会增加银行资本在风险资产和总资产中所占的比率,但不会影响银行对风险的承担。Y. Altunbas,S. Carbo,E. P. M. Gardener 和 P. Molyneux(2007)通过对欧洲的银行进行实证分析,得出银行资本水平与风险承担之间存在着正相关关系。F. Allen,E. Carletti 和 R. Marquez(2009)提出在很多国家,银行都会持有超过资本约束最低限额的资本数量,而且其持有资本并不会随着监管要求的改变而发生显著的变化,这也意味着资本管制对商业银行信贷行为的影响并不是很大。C.A.Meh 和 K.Moran(2010)通过分析得出银行的资本情况会影响其吸引可贷资金的能力并进一步对经济周期造成影响,从而间接地影响了商业银行的信贷行为选择。Li M(2013)将资本约束引入商业银行的信贷配给,指出信贷市场将会出现更复杂的均衡格局。William B.Francis 和 Matthew Osborne(2012)以英国为例研究了资本充足率约束与银行行为之间的关系,认为资本充足率的影响效果取决于银行的实际资本充足率与目标资本充足率之间的差距,两者差距越大影响越大。国内也有不少学者在此方面做出了研究,例如,宋琴、郑振龙(2011)对中国银监会推出的四大监管工具将会对中国商业银行产生的影响进行了分析,认为资本充足率要求监管下的破产概率的均衡解要小于无资本充足率要求监管下的均衡解,银行风险厌恶程度与资本充足率呈正相关。吴玮(2011)分析了资本约束对商业银行资产配置行为的影响,结论为现行的资本监管制度对银行资产配置行为具有重要影响,资本监管制度实施后,资本充足银行持有更多的风险资产,贷款比例较高;资本不足银行减持风险资产,贷款比例下降。

以上学者的研究及其结论都很值得借鉴,但他们的分析由于切入的角度各不相同,因此对资本约束产生的影响效应得到了不同的结论。而资本充足性约束的适用性,特别是在像中国这样的发展中国家的适用性问题,因为关系到金融监管政策的必要性、有效性和时效性,因此在理论与实践上都具有非常重要的意义。在本部分中,我们定义了关于商业银行信贷结构行为偏好的衡量指标,然后在资本约束和该指标之间建立函数对应,再用数据序列检验两者之间的关系与相互影响,从而定量分析资本充足性监管对商业银行行为的约束作用,并在此基础上对当局如何有效实施资本充足性监管提出了政策建议。

二、统计描述

本节使用的数据来源于中部某省份,该省地处中国地理版图的中央,是沟通西部不发达地区与东部发达地区的典型省份,经济实力位居中部第一,各类商业银行大多在该地区设有运营多年的成熟的分支机构。因此,研究数据具有可得性,研究结论则具有较强的代表性。

在我国,对商业银行体系实行严格的资本充足性约束是从 2004 年 1 季度开始的,我们收集到的数据始于 2002 年 1 季度,结束于 2006 年 2 季度末,因此很好地覆盖了政策效应的冲击点并能对特定对象的行为变化做出较好的分析。而由于 2006 年下半年开始的严格宏观调控和 2008 年 10 月开始的信贷刺激政策,我们认为 2006 年下半年以后我国商业银行的信贷行为具有更多的宏观政策导向,因此没有考虑在我们的数据覆盖范围内。

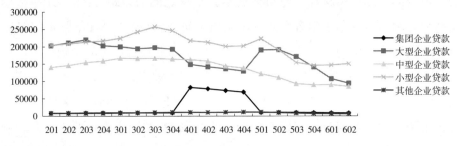

图 9-5　四大国有商业银行贷款(按对象划分,2002—2006 年)①

商业银行的贷款对象共分成五类:集团企业贷款、大型企业贷款、中型企业贷款、小型企业贷款、其他企业贷款;涉及的银行有工、农、中、建、交、中信、华夏、光大、招商、浦发、民生、广发、兴业和若干城市商业银行。数据来源于几个方面:一是 Bankscope、Banker、CCER 等数据库;二是《中国金融年鉴》与《中国统计年鉴》;三是各家股份制商业银行的年报与季报,而相关缺损数据的补充则来自于对特定商业银行的实地调研。鉴于中国的现实情况,考虑到四大国有商业银行(大型银行)、股份制商业银行(中型银行)、城市商业银行(小型银行)在资本规模和在总体经济中影响力地位的差异,我们将商业银行分成三类进行统计描述。如图 9-5 至图 9-7。

从图形上观察,各商业银行的贷款余额在 2004 年有一个十分明显的脉冲波动。例如对集团企业的贷款余额呈正向波动,而对小型企业的贷款余额呈反向波动,这说明有个外部因素导致了商业银行的行为选择发生了改变。在《巴塞

———————————

①　因排版关系,图 1、2、3 的坐标横轴刻度例如 404 意味着 2004 年第 4 季度,其余类推。下同。

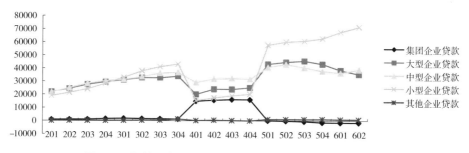

图 9-6　股份制商业银行贷款（按对象划分, 2002—2006 年）

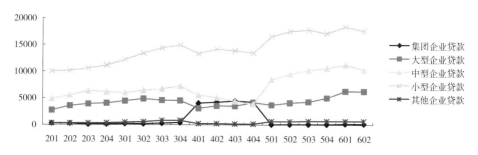

图 9-7　城市商业银行贷款（按对象划分, 2002—2006 年）

尔协议》实施的当年,商业银行在资本充足性约束的影响下,更多地选择了稳健的扩张方式,同时压缩了风险较大的信贷行为方式。[1]

三、定义变量与数据处理

我们把 2002 年 1 季度定义为基期,同时构造商业银行的"信贷结构偏好指数"为:

$$risk = \sum_{i=1}^{K} \alpha_i \frac{\Delta L_i}{L_{i0}}$$

其中 α_i 是权重系数, K 是贷款对象差异的细分程度, L_{i0} 是基期的银行面向 i 类型企业的贷款存量, ΔL_i 是 i 类型企业贷款相对于基期的增量。信贷偏好指数可取正负值和零,且值越大代表商业银行的信贷结构特点越稳健、风险越小;值越小代表商业银行的信贷结构特点越活跃、风险越大。所以, $risk$ 是对商业银

---

[1]　其他贷款对象的规模由于介于集团企业与小型企业之间,因此其脉冲波动不如端点对象的脉冲波动大,但都反映出在外部因素影响下的行为变化。

行信贷结构变化乃至风险偏好的一个很好的刻画指标。①

如此一来,得到几个变量序列,然而各序列的频率是不一致的,例如银行风险系数是季度数据,而 GDP 增率是年度数据。况且,做滞后期实证还要损失自由度,过低频率的数据因此不足以给出可信的实证结果。于是,我们对样本区间内的数据运用多次插值法进行了统一②,其中银行风险系数按总量与分类进行了 64 次插值,GDP 增率进行了 5 次插值。同时,我们把按整体与分类处理后的商业银行风险系数的直观图与统计特征在图 9-8 与表 9-1 中刻画出来。

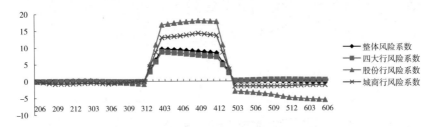

图 9-8　商业银行风险系数(整体与分类)

表 9-1　风险系数的统计特征

	均值	中位数	最大值	最小值	标准差
商业银行体系风险系数序列	2.169	-0.003	9.603	-0.205	3.760
四大国有商业银行风险系数序列	2.090	0.371	8.768	-0.121	3.258
股份制商业银行风险系数序列	2.746	-0.072	18.013	-5.589	8.321
城市商业银行风险系数序列	2.659	-0.568	14.300	-1.511	6.025

从图 9-8 与表 9-1,我们能够清楚发现如下事实:首先,不管是从总量还是从分类来看,商业银行的风险选择在 2004 年资本约束政策的实施下都有一个非

---

① 本节为了更加简要说明问题,进行了简化。使用的是 $risk = \dfrac{\Delta L_b}{L_{b0}} - \dfrac{\Delta L_s}{L_{s0}}$。其中,$L_{b0}$ 是基期的大企业贷款存量,ΔL_b 是大企业贷款相对于基期的增量,L_{s0} 是基期的小企业贷款存量,ΔL_s 是小企业贷款相对于基期的增量。表面上看,本部分实证过程中使用的"信贷结构偏好指数"的形式非常简单,但是依 ΔL_b 与 ΔL_s 此消彼长的程度,已经蕴含着六种正负不等的变化。这样简化处理,不但能够保证信贷结构偏好指数的性质,而且能尽最大可能显化该指数,使实证结论更加明显。

② 实际上是对将要处理的序列在特定的区间段进行了 $MA(i), i = 4, 12$ 的滑动平均。

常明显的脉冲变动;其次,资本充足性约束带来的冲击对股份制商业银行的影响最大,由此导致的标准差高达 8.321,而对四大国有商业银行的影响最小,标差只有 3.258;再次,脉冲波动中,整个商业银行体系的波动与四大国有商业银行的波动非常接近,而与其他商业银行的波动差距较大。

为了严格地从数据中检验以上客观存在的政策冲击效应,设置虚拟变量

$$Institute1 = \begin{cases} 0, 没有资本约束(2004 年 1 月之前) \\ 1, 有资本约束(2004 年 1 月之后) \end{cases}$$

按照我们最初的设想,资本约束会导致商业银行的信贷结构发生变化,而且如果资本约束一直存在,那么这种变化就应该一直显现并保持下去,但是中国的实际数据却似乎出现了不一样的变化趋势。2004 年在资本约束下,商业银行的信贷结构确实发生了变化,但是从 2005 年 1 季度开始,在资本约束仍然存在的情况下,各商业银行的信贷结构却又恢复到了没有资本约束时的状态,如图 9-5 至图 9-7①。为什么会出现这种现象? 我们猜测,应当是有个始于 2005 年 1 季度的新要素产生了负效应,从而部分抵消了资本约束所带来的先期影响,这个负效应就是《巴塞尔协议》的软约束效应。两阶段博弈如下:第一阶段,监管当局提出严格的资本约束的要求,商业银行基于收益预期做出了积极的反应;第二阶段,商业银行发现《巴塞尔协议》是种软约束,违反的后果其实并没有那么"可怕"②,于是纷纷谋求收益最大化,放弃了对稳健的信贷结构的追求,一切又回到没有资本约束时的老样子。

基于此,我们设置一个新的虚拟变量:

$$Institute2 = \begin{cases} 0, 资本约束预期有效(2005 年 1 月之前) \\ 1, 资本约束实际软化(2005 年 1 月之后) \end{cases}$$

---

① 这个现象对于企业规模变量区间的两个端点:集团企业贷款与小企业贷款,尤其非常明显。

② 《巴塞尔协议》中的资本充足性约束有个假设前提条件,即假定资本相对昂贵,这样当资本充足率要求提高而商业银行又不能轻易提高资本时,就可以迫使商业银行通过调整总资产的规模或结构来适应巴塞尔协议的要求。但相对于国外的同行,中国的商业银行的资本成本并没有那么高昂,商业银行处于政府和国家的保护支持之下,有多种低成本的途径来补充资本,因此资本结构的调整就显得不那么必要了。例如从历史上看,不良资产置换、注销呆账、直接补充现金资本、资本市场融资等都是中国的商业银行曾经使用过的低成本扩充资本的有效办法。

四、总量检验

首先将所有商业银行视为一个整体进行分析。对获得的几个数据序列做单位根检验,发现均无法通过检验,是非平稳序列,于是怀疑他们之间存在协整关系。

做一次回归检验,结果是:

$$risk_{all} = 0.301 + 8.943institute1 - 7.21institute2 - 2.689\Delta GDP\% + u$$

以上自变量的系数都没有通过 t 检验,但是对以上结果所获得的残差序列 u 进行单位根检验,发现是平稳序列,说明先前的猜测是正确的,几个主要变量 $risk$, $institute1$, $institute2$, $\Delta GDP\%$ 之间确实存在着协整关系。但是检验残差序列的自相关与偏自相关系数却不理想,因此用残差的 AR(1) 来修正方程并给出回归结果如下:

$$risk_{all,t} = 0.307 + 8.917institute1_t - 7.244institute2_t - 2.616\Delta GDP\%_t + 0.376u_{t-1} + \varepsilon_t$$

$$s.e. = (0.412)(0.652)(0.767)(2.292)(0.141)$$

$$t = (0.747)(13.671)(-9.45)(-1.141)(2.657)$$

对于一个经济变量来说,其变化有自身的运动规律,可能前若干期的变化会导致本期行为的变化。该效应在银行风险行为调整过程中确实存在,因为银行在利润最大化的前提下,会不断修改前期的资产组合,调整风险结构以适应监管要求。我们用 $risk_t$ 的 $AR(1)$、$AR(2)$、$AR(3)$ 进行了多次测算,综合评价认为 $AR(1)$ 效果相对理想,因为滞后 2 期以上的回归都出现了符号相反的自变量项,缺乏经济学含义。于是,给出相关结果如下:

$$risk_{all,t} = 0.06 + 4.164institute1_t - 3.949institute2_t - 0.614\Delta GDP\%_t + 0.566risk_{all,t-1} + \varepsilon_t$$

$$s.e. = (0.158)(0.372)(0.348)(0.885)(0.033)$$

$$t = (0.38)(11.283)(-11.353)(-0.694)(17.299)$$

综观以上两次检验结果,值得注意的是序列 $\Delta GDP\%$ 的 t 检验都不能通过,不能排除该变量的系数显著为 0 的假设。因此,我们尝试去掉该序列,重做实证。

得到关于残差序列的 AR(1) 模型结果是:

$$risk_{all,t} = -0.041 + 8.378institute1_t - 7.961institute2_t + 0.388u_{t-1}$$

$$s.e. = (0.281)(0.444)(0.444)(0.139)$$

$$t = (-0.147)(18.884)(-17.942)(2.787)$$

得到关于银行风险系数序列的 AR(1) 模型结果是：

$$risk_{all,t} = -0.02 + 4.011institute1_t - 4.0951institute2_t + 0.569risk_{all,t-1}$$

$$s.e. = (0.107)(0.299)(0.276)(0.032)$$

$$t = (-0.19)(13.412)(14.857)(17.674)$$

结果中，两次检验产生的新的残差序列 ε_t 均通过了单位根检验，是平稳序列，说明变量间的协整关系没有破坏，回归方程的技术前提仍然存在；残差序列的自相关与偏自相关系数都比较理想，说明原残差或原风险系数序列的 AR(1) 修正了自相关的难题。从统计技术上看，是比较合理的回归检验，可以用来解释经济现象。

五、分类检验

上述检验是将商业银行体系作为一个整体对象来进行分析，但作为个体来说，商业银行在经营过程中具有显著的异质性特征，针对相同的资本约束政策而进行的风险行为调整的幅度也不一致。因此我们尝试把商业银行按规模与影响力分成三类进行再次实证检验，以寻找在资本约束下不同的个体特征。

第一类，四大国有商业银行（大型银行）

建立 $risk_{big,t}$ 的 AR(1) 与残差序列的 AR(1) 模型进行检验，结果如下：

$$risk_{big,t} = -0.007 + 2.9institute1_t - 2.89institute2_t + 0.665risk_{big,t-1} - 0.304u_{t-1}$$

$$s.e. = (0.077)(0.262)(0.228)(0.034)(0.057)$$

$$t = (-0.091)(11.057)(-12.651)(19.55)(-5.384)$$

第二类，股份制商业银行（中型银行）

建立 $risk_{middle,t}$ 的 AR(1) 与残差序列的 AR(1) 模型进行检验，结果如下：

$$risk_{middle,t} = -0.059 + 5.473institute1_t - 7.129institute2_t + 0.729risk_{middle,t-1} - 0.244u_{t-1}$$

$$s.e. = (0.148)(0.452)(0.494)(0.026)(0.041)$$

$$t = (-0.399)(12.117)(-14.418)(27.909)(-5.95)$$

第三类，城市商业银行（小型银行）

建立 $risk_{small,t}$ 的 AR(1) 与残差序列的 AR(1) 模型进行检验，结果如下：

$$risk_{small,t} = -0.157 + 4.619institute1_t - 5.179institute2_t + 0.706risk_{small,t-1} - 0.271u_{t-1}$$

$$s.e. = (0.11)(0.356)(0.341)(0.026)(0.042)$$

$$t = (-1.423)(12.967)(-15.183)(26.96)(-6.462)$$

从技术指标上看,以上各个回归模型在整个可得的数据样本区间上的拟合效果很好。调整后的拟合优度均为 0.99 以上,AIC 与 SC 检测量非常小,主要变量都在 0.5% 上通过了 t 检验。新的残差序列 ε_t 通过单位根检验是平稳序列,说明序列间存在非常明显的协整关系;残差序列的自相关与偏自相关系数都比较理想,说明原残差或原风险系数序列的 AR(1) 修正了自相关的难题。从统计技术上看,是比较合理的回归检验,可以用来解释经济现象。

总量检验显示,资本约束对商业银行的风险行为选择的影响非常大。在不考虑 $risk$ 的时间序列特征的前提下,1 个百分点的资本充足率的变动将导致商业银行风险系数 8.347 个百分点的同向变动,所以资本约束越严格,商业银行的信贷结构调整越大,经营越稳健,风险越低;其次,回归结果也指出,资本约束软化会给商业银行的信贷结构调整带来非常不利的影响,两者的相对比率达到负的 7.96,负向效应几乎吞噬了资本约束带来的绝大部分有利影响,这意味着资本约束越软化,商业银行的资本结构越活跃,经营风险越大,所以监管层应当严防资本约束软化和金融监管流于形式。

分类检验显示,中小型银行对政策的敏感度更大,这是因为他们的经营更加市场化,而追求收益最大化导致中小型银行更加合理地安排自己的贷款行为。且这两类银行在面对着政策变化时,$institute1$ 的系数的绝对值要大于 $institute2$ 的系数的绝对值,这意味着中小型银行更善于捕捉政策变化可能给自身收益带来的冲击,从而迅速做出调整。但国有商业银行由于源于公有制经济,体现出对监管政策的相对较低的关注度与变化,因此目前在中国,银行监管更大可能是对中小型银行起到了作用,而对大型银行收效相对较弱。

第三节　资本约束政策对货币政策的门槛效应

本节选取中国的系统重要性商业银行作为考察对象,在添加了商业银行资本充足率的门限约束之后,仿真模拟了针对商业银行的资本约束政策对货币政策传导所产生的门槛效应。

一、参数与模型

以往学者大多从建模与实证分析两个方面探讨在资本约束的门限效应干预下的货币政策的传导效果,但他们普遍遗漏了"仿真模拟"这个重要环节。众所周知,货币政策具有强大的经济冲击效果,若是没有仔细分析清楚货币政策的运行机理与产生效果就匆忙实施,有可能会出现意想不到的副作用,从而导致实体经济的更大波动。因此,结合实体经济的真实运行状况进行细致的仿真模拟,是预测货币政策的实施效果,降低政策实施成本的重要环节。

我们模拟分析的对象是中国的系统重要性商业银行:工、农、中、建、交。系统重要性商业银行在我国银行体系中所占的重要地位,选取他们的数据进行仿真模拟,得到的结论具有较强的代表性与说服力。为了研究贷款市场的独特均衡,本部分基于 Stigliz 与 Weiss 的经典信贷配给理论,用正态分布来模拟贷款市场均衡。

结合中国的金融现实,假设商业银行的贷款利率 $r \sim N(6.9, 4.37^2)$。参数设置的理由如下:根据中国人民银行的最新规定,目前我国 3~5 年期的贷款基准利率是 6.9%,我们选择该利率作为正态分布模拟的均值。因为 3~5 年的中期贷款相对于 3 年以内的短期贷款来说,能给商业银行带来更多利润;而相对于 5 年以上的长期贷款来说,它又具有更低的风险,因此该期限及相关利率更易受到商业银行的认可。但是尽管基准利率为 6.9%,不同的商业银行在面对不同行业的企业在不同时期给出的具体利率却是各不相同的。一般来说,针对生产型与商贸型的企业的贷款利率的浮动幅度较小,而针对某些资源开采类的企业,在短期内商业银行愿意给出更高的上浮空间,根据调研多家商业银行后我们发现,正常情况下该上限大约为 20% 左右[①]。假定这是可贷区间的极限,那么根据正态分布的 3δ 原则,可得仿真模拟的正态分布的方差为 4.37。

所谓可贷区间,指的是商业银行在特定的约束条件下愿意承担的最低贷款

---

① 只针对正规金融机构,不涉及民间借贷利率。

利率 $\underline{r}$ 与最高贷款利率 $\bar{r}$ 之间的距离 $[\underline{r},\bar{r}]$。对商业银行而言,可贷区间上的每个利率都对应着相应数额的贷款量,当贷款利率服从特定的概率分布时,可贷区间上的函数积分即为商业银行的贷款收益,所以可贷区间的恰当选取决定了商业银行的收益高低。货币政策与资本约束政策共同影响了商业银行可贷区间的端点值,从而影响到了商业银行的收益,并最终导致商业银行行为选择的变化。为简化讨论,假定可贷区间以均值 r^* 为对称,因此可贷区间可写成为 $[r^* - \varepsilon, r^* + \varepsilon]$,其中 $\underline{r} = r^* - \varepsilon$,而 $\bar{r} = r^* + \varepsilon$。

作者的前期研究结论显示(Li M,2011,2013),当政府实施从紧的货币政策,例如不断提高存款准备金比率时,商业银行首先会增加存款,将更多的存款转化成贷款获取更多利润以抵补严厉的货币政策导致的利润下降,因此短期内会造成贷款增加,可贷区间扩大;但是从宏观层面上看,社会的资金总量是一定的,因此随着存款准备金比率要求的不断提升,商业银行最后终究需要降低贷款量用释放的资金来填补高额的存款准备金比率的要求,因此在长期中可贷区间会减小。正因为随着货币政策的不断加强,商业银行的可贷区间与贷款量会经历先扩大,再到极值,再减小的过程,于是设置一个微分方程来模拟可贷区间的变化:

$$\frac{d\varepsilon}{d\alpha} = K\alpha(M - \alpha) \tag{1}$$

该式中的 α 是货币政策,本部分用法定存款准备金比率来表示。原因是在传统的央行三大货币政策工具(存款准备金比率、再贴现率与公开市场操作)中,存款准备金比率调整具有强制性、彻底性和强预期信号性,并能够通过资产负债表效应有效地调节商业银行的负债项与资产项,存款准备金政策也是中国的货币当局近年来经常使用的一种货币政策工具。微分方程右边的第一项表示货币政策的短期效应,即在从紧的货币政策实施初期,随着存款准备金率 α 的增加,商业银行会增加贷款扩大可贷区间;微分方程右边的第二项表示货币政策的长期效应,即在长期中,随着准备金率 α 的进一步增加,当政策效应越过极值点后,可贷区间会减小。解该方程得到 $\varepsilon = \frac{KM}{2}\alpha^2 - \frac{K\alpha^3}{3}$,其中当 $\alpha = M$ 时,ε 可取得极大值 $\frac{KM^3}{6}$。

下面估计 M 与 K 的值:自 2007 年以来,与宏观经济形势相适应,我国的货币政策一直在不断进行适时调整。最近的一个完整调整周期开始于 2008 年 9 月,为了应对次贷危机带来的经济衰退,货币当局开始持续调低存款准备金比率,一直到 2008 年 12 月,该比例降到 15.5%;2008 年 12 月至 2010 年 1 月是我国货币政策调整的相对平静期;从 2010 年 1 月开始,为了抑制日益抬头的通货膨胀与 CPI 指数,货币当局又开始调高存款准备金比率,一直到 2011 年 6 月达到最高值 21.5%;从实际的调整过程来看,这一轮货币政策调整的拐点在 15.5% 至 16% 之间。基于此,我们假定仿真模型中 $M = 16$,该设置意味着在该点,与相关货币政策相适应的银行体系的贷款规模达到极值,过了该点之后,从紧的货币政策的设计效果开始显现出来。在(1)式中,同时假设参数 $K = 0.01$,因为将其代入后可得极值 $\varepsilon = 6.83$,意味着此时商业银行的可贷区间的扩张极值大约是基准利率的 200% 左右,这与当前商业银行的经营现实十分吻合。而当 $\varepsilon = 1.5$ 且 $M = 24$ 时,有 $\varepsilon_{\min} = 0$,意味着此时商业银行的贷款总量与可贷区间会极度萎缩,因此仿真模拟中存款准备金比率的调整上限是 24%。

在模型中,我们将"五大行"视为"一家"商业银行 B 来进行处理。通过五大行 2012 年 6 月数据加总[①],得到 B 的贷款总额为 27.06 万亿元,存款总额为 44.93 万亿元,资本总额为 3.62 万亿元,加权后 B 的资本充足率为 13%。若是忽略其他因素,在支付了当局目前要求的 20% 的法定存款准备金之后,理论上说 B 能够达到的贷款上限为 44.93×(1-20%) = 35.94 万亿元,但是真实的贷款总额却只有 27.06 万亿元。可见对商业银行而言,真实的贷款总额与理论上能够达到的贷款极限之间存在着差距,货币政策与资本约束政策的调整将明显改变该差距的大小。越严厉的货币政策与资本约束政策,越会压缩商业银行的真实贷款总量;而越宽松的货币政策与资本约束政策,越容易诱导商业银行扩大贷款量,减小真实贷款总额与理论的贷款极限之间的差距。

二、可贷区间的确定

可贷区间指的是商业银行在特定的约束条件下愿意承担的最低贷款利率

---

① 其中:五大行的资本数据来源于中国银监会网站材料;工、农、中、建的存款与贷款数据来源于中国人民银行网站材料;交行数据来源于其当期年报。

r 与最高贷款利率 $\bar{r}$ 之间的距离,该区间的恰当选取决定了商业银行的贷款规模与收益大小。

(一)无约束条件下的可贷区间

如前假设,商业银行的贷款利率 r 服从于以 r^* 与 δ 为参数的正态分布,而特定的贷款利率对应着特定的贷款总量,所以商业银行的贷款利润为可贷区间上的函数积分。但即便在可贷款区间 $[r,\bar{r}]$ 上,商业银行的贷款意愿也不是呈均匀分布的。风险值为 r^* 附近的企业,因为能给商业银行带来最大的利润,因此会成为商业银行竞相追逐的目标。此时,银行会根据自身特点,设置一个阈值区间进行贷款操作,在考虑风险承受能力并确定了盈利空间 t 之后,在算式

$$\frac{\int_{r^*-\varepsilon}^{r^*+\varepsilon} f(r)\,dr}{\int_{\underline{r}}^{r} f(r)\,dr} \le t$$ 中,可以利用计算机测算 ε 的大小,从而精确地确定特定银行的最

优贷款风险承担区间。基于以上分析,我们将 t 设定取值区间为 $(0,1)$,初始设定为 0,每次递增 0.001,利用 C++循环语句在算式中做了 1000 次模拟,设定有序实数对 (u,ε),从而得到 2000 个点,在坐标中描画出来,得到图9-9。

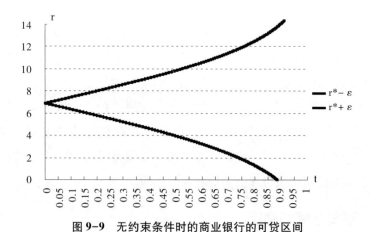

图9-9　无约束条件时的商业银行的可贷区间

图9-9分上下两支,分别为可贷区间的左右端点的变化,两支曲线之间的距离即可贷区间 $[r,\bar{r}]$。图形非常直观地表示了商业银行贷款总量与贷款收益的变化趋势,若是没有其他外界扰动,商业银行的贷款总量以及贷款收益与其希

望达到的盈利空间 t 的大小成正比。显然,随着盈利要求水平的不断上升,可贷区间也在不断地扩大。

（二）货币政策影响下的可贷区间

但是货币政策的调整会从外部影响商业银行的贷款收益与行为选择,(1)式即显示了货币政策(法定存款准备金比率 α)的调整对商业银行可贷区间的影响。

在模拟中,我们将 α 取值区间定为 $(0,24)$, α 的取值从 0.001 开始,每次递增 0.001 个单位,设计 C++循环做了 24000 次计算,然后以 $(\alpha, r^* + \varepsilon)$ 与 $(\alpha, r^* - \varepsilon)$ 作为有序实数对,在坐标图中描画了 48000 个点,得到图 9-10。图 9-10 的上下两支分别代表可贷区间的左右两个端点,两支曲线之间的距离为可贷区间 $[\underline{r}, \bar{r}]$ 。图 9-10 与图 9-9 比较,差异明显。图 9-10 表明,在不断从紧的货币政策影响下,商业银行的可贷区间是先扩充(货币政策的短期效应),过了极值点后,随着货币政策的进一步严格,商业银行的可贷区间再开始减小(货币政策的长期效应),在最严格的货币政策下(本部分仿真模拟设定的货币政策的极限是存款准备金比率为 24%)商业银行的贷款行为将萎缩到基准利率附近的一个狭小区间。

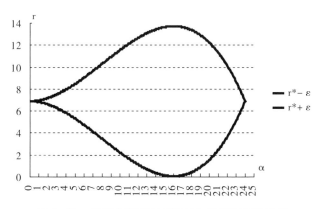

图 9-10　货币政策影响下的商业银行的可贷区间

三、政策组合对商业银行贷款的影响

本部分先分别模拟单一的货币政策或单一的资本约束政策与银行行为选择

之间的关系,然后将两者结合起来,考察资本约束的门限效应对货币政策传导渠道的影响。

(一)货币政策对商业银行贷款的影响

如前设定,商业银行的贷款总量为 $L = m \int_{\underline{r}}^{\bar{r}} \frac{1}{\sqrt{2\pi\delta}} e^{-\frac{(r-r^*)^2}{2\delta^2}} dr$,其中 m 是前文计算的商业银行能够达到的最大贷款量上限。为了简便讨论起见,假定可贷区间基于 r^* 对称,所以贷款可简化为 $L = 2m \int_0^{r^*+\varepsilon} f(r) dr$。将随机变量 r 由非标准的正态分布转化成标准的正态分布,代入如前设定的参数 r^*、δ、m 与 M,将 α 的取值由 0 取到 24,每次步长 0.001,获得 24000 个实数点,描画出来得到图 9-11。

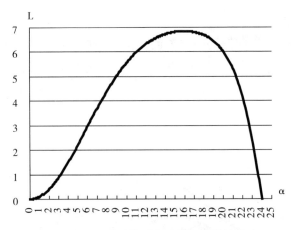

图 9-11　货币政策对商业银行贷款的影响

图 9-11 直观地显示,在不断加强的货币政策影响下,商业银行的贷款总额有一个先扬后抑的过程。在初期面对着从紧的货币政策,银行会加大贷款总量获得更多的利润以抵消从紧的货币政策导致的利润下降与成本增加,同时加大在存款市场的竞争获得更多的资金来源以转化成贷款资产,于是宏观上体现出在存款市场上的竞争白热化以及对贷款资源的争夺加剧。但随着整体经济中的银行可存资金与贷款资源的日益耗尽,同时又面临着更进一步严厉的货币政策,商业银行最终不得不压缩贷款资产释放资金来补充更高的货币政策如准备金率的要求,因此,此时商业银行的贷款总量开始下降。

　　尽管从紧的货币政策在长期中达到了压缩贷款的效果,但是在货币政策的实施初期,却出现了贷款扩张与金融秩序紊乱的负效应,而且从短期效应转化到长期效应的过程中,社会经济需要付出高昂的调整成本,所以若是只考虑单一的货币政策对商业银行的影响,政策效果将不会十分理想。此时,若存在某种门限效应,在允许商业银行谋求收益最大化的同时,又可以对货币政策的负效应进行限峰修复,从宏观上控制银行体系的整体风险,则可以快速而低成本地达到货币政策的设计目标。

(二)资本约束政策对商业银行贷款的影响

　　对商业银行而言,资本充足性约束是一种具有门限效应的约束政策,作为或有约束,其门限效应意味着当商业银行的真实资本充足率高于法定要求时,该约束不会起作用;只有当商业银行的真实资本充足率不达标时,该约束才会对商业银行的行为有影响。法定的资本充足率即为门限值。

　　为简便分析起见,不考虑贷款资产的风险加权因素,商业银行的资本必须满足 $\dfrac{K}{L} \geq \theta$,其中 K 与 L 分别是银行 B 的资本与贷款总额,θ 是法定资本充足率要求水平。前文通过计算,目前我国的"五大行"的资本充足率为13%,因此只有法定充足率要求水平高于13%时,或有约束才会有效。由于 $\dfrac{dL}{d\theta} = K\left(-\dfrac{1}{\theta^2}\right) < 0$,所以当法定要求提高时,商业银行的贷款总额会下降。

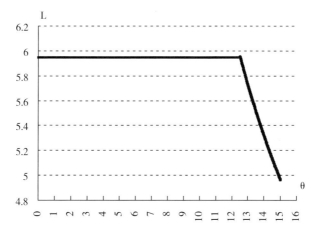

图9-12　资本约束政策对商业银行贷款的影响

代入前文设定的 K 值,将小于 13 的 θ 对应的贷款量都设为常量,然后从 13 起,将 θ 的值每次递增 0.001 个步长,得到 3000 个有序实数对,描画出来得到图 9-12。图 9-12 反映了资本充足率这个或有型的门限约束指标对商业银行行为的影响。前段的平行线表明当商业银行的真实资本充足率高于法定要求时,资本约束不起作用;后段的衰减曲线表明当法定资本充足率要求水平逐渐加大并高于商业银行的真实资本充足率水平时,商业银行的贷款规模将不断地被压缩。

(三)货币政策与资本约束政策的双重影响

图 9-11 与图 9-12 分别描绘了单一的货币政策与单一的资本约束政策对商业银行贷款的影响,事实上这两种政策各有优劣。货币政策最大的负作用在于其短期内可能导致银行贷款扩张、金融秩序紊乱与经济过度波动,资本约束政策的门限效应则可能对该负效应进行有效的限峰修复,基于此,下面我们考虑政策组合的效果。

图 9-13 的系列图形模拟了在货币政策与资本约束政策的双重约束下,商业银行贷款行为的选择特征。从图 9-13 的第 1 幅子图开始,每次资本约束水平提高 0.25%。考虑到最新的《巴塞尔协议 III》提高了对资本充足率的要求水平以及对缓冲资本和反周期资本的要求,再考虑到中国的金融现实,我们在模型中设置的资本充足率调整的极限上界是 15%。

图形显示,在组合政策的影响下,商业银行的贷款总量呈现出三段式的变化特征。第一阶段:随着从紧的货币政策的实施,银行不断扩充贷款,谋取更多利润以冲抵从紧的货币政策导致的成本上升,由于商业银行的真实资本充足率高于门限值,所以资本约束不起作用;第二阶段:当贷款量扩张到一定程度,银行的实际资本充足率将触及法定资本充足率的要求限额,如果超过该限额商业银行将受到严厉惩罚,因此银行的贷款扩张面临着上限,资本约束的门限效应于是有效地控制了商业银行的风险水平;第三个阶段:随着严厉的货币政策的进一步实施,银行开始降低贷款总量,实际资本充足率又开始落到法定资本充足率要求以下,资本的门限约束不再起作用。

图 9-13 还显示,更高的法定资本充足率要求将更多地压缩商业银行的贷款水平。因此从第 1 幅子图到第 9 幅子图,银行的最高贷款量呈现不断下降的趋势。此时的资本约束政策就是一个门限,体现出十分卓越的限峰修复的功能。

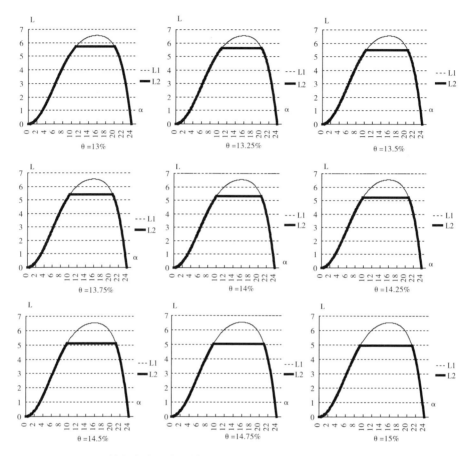

图 9-13　货币政策与资本约束政策对商业银行贷款的双重影响（θ 每次递增 0.25%）

这启发货币政策当局,在政策实施过程中,可以首先测算出能够承受的贷款上限数值,然后计算相对应的法定资本充足率水平,然后将货币政策与资本约束政策结合起来实施"组合拳",这样既能达到货币政策的预期效果,又避免了实施单一的货币政策可能对实体经济造成巨大冲击的负效应。

四、政策组合对商业银行存款的影响

事实上,由于资产负债表效应的存在,资本约束的门限效应不仅仅会影响商业银行的资产项,同时也会深远地影响其负债项。假设商业银行的存款为 D,资本为 K,面临的法定存款准备金比率要求是 α,法定资本充足率要求水平为 θ。同时假设商业银行在缴付了存款准备金之后,能将所有的剩余负债全部转化成贷款,则其资本充足率需满足 $\dfrac{K}{(1-\alpha)D} \geqslant \theta$。在临界水平上考虑货币政策与资本约束政策对商业银行存款的影响,得到:

$$\frac{\partial D}{\partial \alpha} = \frac{K}{\theta(1-\alpha)^2} > 0, \frac{\partial^2 D}{\partial \alpha^2} = \frac{2K}{\theta(1-\alpha)^2} > 0 \quad (2)$$

$$\frac{\partial D}{\partial \theta} = \frac{K}{\theta(\alpha-1)} < 0, \frac{\partial^2 D}{\partial \theta^2} = \frac{2K}{(1-\alpha)\theta^3} > 0 \quad (3)$$

所以,商业银行的存款变化相对于货币政策来说是递增的凸函数,而相对于资本约束政策来说是递减的凸函数。为了模拟货币政策与资本约束政策对商业银行存款项的影响,我们将存款、货币政策、资本约束政策视为三维空间中某点的三个方向上的变化,得到坐标 (D,α,θ)。设定货币政策即准备金比率 α 的变化是 0—24%,资本约束政策 θ 的变化从 0—15%,两个变量的变化步长均为 0.01,然后将 α 与 θ 取值取遍所有定义域中所有可能的值,获得 360 万个空间点,因为在空间中的点取得足够稠密,因此从宏观上看所有的点连成了一个曲面,于是得到图 9-14。

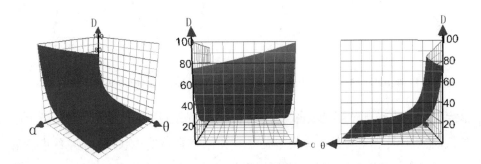

图 9-14 货币政策与资本约束政策对商业银行存款的影响

图 9-14 反映了随着货币政策与资本约束政策的调整而导致的商业银行存款的变化。若仅考虑货币政策,也就是说仅看图 9-14 的第 2 幅子图,有 $\alpha\uparrow \Rightarrow D\uparrow$,意味着存款准备金比率的提升会导致商业银行在市场上不择手段地争夺存款资源,结果在现实中出现了高息揽储、变相提高存款利率等扰乱金融秩序的行为。但当我们观察图 9-14 的第 3 幅子图,发现有 $\theta\uparrow \Rightarrow D\downarrow$,这意味着资本约束的门限效应可以有效防止存款市场的恶性竞争现象的发生。而且,

由于 θ 变化所导致的 D 的变化幅度要远大于由于 α 的变化所导致的 D 的变化幅度,意味着资本约束政策对商业银行的存款行为具有极强的门限约束效果,其影响要远大于货币政策对银行存款的影响,所以在货币政策实施的过程中适当地组合资本约束政策,可以十分有效地干预与防止商业银行在存款市场上过度的无序竞争,有利于保持经济秩序的稳定。

五、结论与政策建议

随着资本充足性约束在银行管理领域更广泛与更严格的应用,银行资本约束正在对传统的货币政策的传导渠道产生越来越大的影响。本节的模拟分析显示,在商业银行体系的贷款总量控制中,资本约束政策体现出非常明显的门限效果,能够降低商业银行追求个体收益最大化时导致的集体非理性行为,有效控制经济的过度波动。

事实上,货币政策的调整具有短期效应与长期效应。在短期中,从紧的货币政策会导致贷款规模扩大、商业银行的风险加大;在长期中,从紧的货币政策效果则相反,会出现贷款规模下降、存款规模相对稳定、商业银行的风险减小。但是,从货币政策的短期效果过渡到长期效果,成本十分高昂,金融秩序会经历剧烈的动荡,存款市场与贷款市场都会出现激烈的恶性竞争。此时,若在已有的货币政策基础上添加资本约束,则可以诱导商业银行减小贷款资产的数量,减少商业银行的经营风险,有效阻止不合理的产出增加,起到降低市场风险的效果。具体做法是将银行资本充足率的要求水平设置为门限约束,当商业银行的真实资本充足率高于监管当局的要求水平时,该约束不会产生作用,这将允许银行在从紧的货币政策实施初期,适当扩大存款量与贷款量以实现收益最大化;但当银行因为扩大贷款而导致真实资本充足率低于监管当局的要求水平时,资本约束开始发挥作用,于是相关机制设计有效地约束了商业银行盲目扩大存款与贷款规模,阻止了市场的恶性竞争。在以上两阶段的政策组合的动态调整过程中,银行资本约束就是一个门限,具有效果显著的限峰修复功能。同时,本部分的结论可以顺利地拓展到宽松的货币政策时期,与相对从紧的货币政策时期一样,资本约束政策对货币政策的传导机制都会产生积极的影响,并最终在商品市场上有效地阻止不合理的产出增加与经济的过分波动,起到降低市场风险的效果。因此,科学合理地运用资本充足性约束的门限功能,可以有效消除传统的货币政策传导机制短期效应的负作用,从而将宏观经济体系的整体风险控制在预定范围之内,低成本实现货币政策的既定目标。

第十章　对外开放与贸易摩擦对货币政策的扰动

本章分析了银行业对外开放对金融安全的影响,贸易摩擦背景下美国货币政策调整对中国企业的影响,以及贸易摩擦与美国货币政策调整对中国金融市场的复合影响。

第一节　银行业对外开放对金融安全的影响

本节将以银行业的对外开放为例,来分析对外开放对金融安全的影响效应,并提出防范金融风险与维护金融稳定的政策建议。

一、银行业对外开放的实践

自 2001 年我国加入 WTO 后,银行业作为金融业的"引领者"对外开放的层次和水平不断提高,外资银行"引进来"与中资银行"走出去"均实现大发展。在"引进来"层面上,银行业相继出台了一系列对外开放政策,例如扩大外资银行的经营范围、取消对外资银行的诸多限制等,使得外资银行资产规模和在华营业机构数呈现稳步增长趋势。其中,外资银行资产规模由 2004 年的 19785.10 亿元增长到 173789.00 亿元,增长了近 9 倍,在华外资银行营业机构数由 2004 年的 188 个增长到 1013 个,增幅近 5 倍;相应的,在"走出去"层面上,工、农、中、建、交等大型商业银行为服务中国经济发展、改革开放和对外贸易,最早开展国际化经营的探索。截至目前,中国银行业实力大幅度提升,主要中资银行纷纷加入了"走出去"阵营,使得中资银行的海外资产和海外分支机构数也呈现稳步的增长。其中,中资银行的海外资产由 2004 年的48433.45 亿元增长到61071.17 亿元,增长了近 5 倍,海外分支机构数(分行和附属机构数)由 2006 年的 78 个增长到 145 个。党的十九大提出加快金融业双向开放,同时出台了放宽外资银行设立和投资入股比例的限制,以及扩大外资银行在华业务范围的相关政策,未来可预期的是以银行业为代表的中国金融业对外开放将呈井喷之势。

扩大银行业对外开放是我国金融业双向开放的重要缩影。一方面,银行业加快"引进来"步伐,可以丰富我国金融产品种类,提高资源配置效率,助力经济高质量发展,同时也会倒逼国内银行业在经济管理上更加注重自我提升,产生的"鲇鱼效应"有助于促进行业获利;另一方面,银行业加快"走出去"是经济全球化的必然要求,对银行业自身而言,可以获得海外的客户和市场,在拓展市场空间的同时,也加快了与全球市场接轨,促进了自身竞争能力的提升,对我国金融业而言,银行业通过全球业务布局,可以分散不同市场风险,熨平周期波动,提升金融系统抵御经济周期的能力,同时提高我国金融业在全球金融市场的话语权,有助于中国金融业国际地位的提升。

然而,银行业扩大对外开放也可能威胁到金融体系的稳定,导致金融风险上升。对"引进来"而言,外资银行是跨境资金流动的重要渠道,长期大量的跨境资金通过外资银行可能流入到某些金融市场,一方面推动资产价格上涨形成泡沫,另一方面影响了基础货币供给,导致通货膨胀风险和汇率风险等,直接威胁到金融体系的稳定。同时,外资银行可能通过干扰货币政策工具的实施降低货币政策的实施效果,当政策工具和政策目标的正常关系变得难以预测时,金融风险也会随之上升;对"走出去"而言,在全球金融监管日趋严格的大环境下,国内银行境外业务的快速扩张与其全球经营管理能力和风险控制能力不足有可能使境外经营风险进一步增加,同时国内银行在国际扩张的过程中,由于脱离了母行所在国和自身日常经营的地理范围,信用风险和非信用风险均可能会被放大,有可能通过海外分支机构将相关风险传至母行,不仅威胁到自身稳定,还可能导致整个系统的金融风险上升。

　　银行业对外开放是否会影响到金融体系的稳定,目前国内学界与实务界的观点并不统一。从新兴市场国家的银行业对外开放情况来看,有些国家的银行业借助对外开放的机会,提高了金融创新能力与国际竞争力,促进了金融市场的发展,但是也有些国家开放银行业后,不仅导致银行业自身风险增大,对其他金融市场也形成了风险传染效应,导致金融风险上升。一般认为,对外开放是否有益取决于行业的发展水平、金融系统的稳健度以及对外开放的程度。如果金融行业自身比较稳健,发展水平较高,此时加大银行业对外开放可以促进金融业发展,对金融系统的稳定起到促进作用。但是如果金融业本身发展水平低,积累了很高风险,那么在加大银行业对外开放过程中,对金融系统会形成较大的冲击,威胁到金融市场的稳定。由此可见,银行业对外开放的风险分析具有很强的异质性特征,照搬其他国家的发展经验对本国的银行业开放并没有太大意义,我们应当基于本国国情与银行业发展的状况来研究对外开放带来的风险并进行适当的制度设计。

二、理论基础与研究假设

　　外资银行进入可能增加金融风险的传导机制如下:第一,加剧了东道国银行业竞争,使得中资银行过度承担风险,可能导致银行系统脆弱性增加,同时,外资银行进入导致信贷规模扩张,银行信贷泡沫也会影响到银行业的稳定,从而影响金融稳定;第二,外资银行是跨境投机资本流动的重要渠道,可以规避我国的资本监管,跨境投机资本易导致国内投资狂热,并通过多种渠道流入股票市场、债券市场、货币市场、外汇市场和房地产市场等,一方面导致资产价格扭曲,金融市场泡沫积累,另一方面,当中国经济形势发生逆转时,外资银行又作为资本外逃的重要渠道,抽逃资金可能加剧了这些金融市场的脆弱性,引起经济恐慌,甚至会引发系统性金融风险,威胁到金融稳定;第三,由于外资银行主要受母国监管政策的影响,对东道国的政策调控不敏感,可能使得货币政策目标由于外资银行的存在而难以实现,导致东道国货币政策的调控效果下降,金融风险上升,同时,由于我国监管当局对其母行风险难以检查和控制,外资银行可能跨境传播金融风险,将母国金融风险转嫁到东道国,导致东道国金融风险上升。

外资银行进入可能降低金融风险的传导机制如下:首先,外资银行通过内部资本市场提供稳定的信贷,缓解了东道国企业的资金约束,改善了金融供给的不平衡不充分问题,提高了金融供给质量,因此有利于东道国金融市场的稳定和发展;其次,外资银行相对中资银行具有更加成熟的管理经验和技术,进入东道国可以形成一定的知识溢出效应,提高中资银行的风险控制技术,既有利于中资银行业的发展也有利于维系金融系统的稳定;再次,在东道国面临国内金融风险冲击时,外资银行相对中资银行受国内政策环境影响较小,可以对冲东道国的异质性冲击,一定程度上有助于稳定东道国金融市场。

根据以上分析发现,外资银行进入对东道国的金融风险影响具有不确定性。基于此,我们提出如下研究假设:

假设 H1a:外资银行进入与金融风险呈正相关关系,即外资银行资产占比越高,越可能增加金融风险;

假设 H1b:外资银行进入与金融风险呈负相关关系,即外资银行资产占比越高,越可能降低金融风险;

假设 H1c:外资银行进入存在着"度",在"度"的临界点两侧,外资银行资产占比对金融风险的影响具有异质性。

中资银行境外投资可能增加金融风险的传导机制如下:首先,全球不同国家货币政策出现不同走向,相互效应叠加,加剧了全球金融市场的波动和震荡,不仅会加大银行业境外投资的经营风险,同时可能将风险由海外分支机构传递到母国,威胁到母国的金融稳定;其次,新常态下国内外经济深度融合,并且由于国际化经营风险的复杂性、传染性和隐蔽性,可能造成风险跨区域、跨行业快速传导,将风险传递到国内金融市场,造成股市暴跌,汇率贬值等,加大整个金融市场的风险(如 1995 年的巴林危机);再次,境外投资的中资银行更大程度上受到国外监管政策的影响,而对本国货币政策的调控敏感度下降,由于货币政策工具需要通过商业银行为中介进行传导,因此有可能造成货币政策调控效果下降,导致本国金融风险上升。

中资银行境外投资可能降低金融风险的传导机制如下:首先,境外投资拓展了中资银行投资渠道,投资渠道的多元化有助于分散不同市场的经营风险,熨平周期性波动,提高抵御经济周期的能力,从而也有利于金融稳定;其次,中国经济正处于"三期叠加"、风险释放的关键时期,银行业国际化发展可以获取全球市场更丰富的金融服务资源,尤其是资金和管理经验,并反哺境内业务,带来的溢出效应有利于维护金融稳定的同时,也服务了中国金融经济发展。再次,银行业境外投资可以带动证券、保险等金融企业"走出去",有助于我国金融业全球战略布局,推进人民币国际化,助力"一带一路"建设的推进和落实,加快我国金融市场的发展,同时也有利于促进我国金融稳定。

据此,我们发现中资银行境外投资对金融风险的影响也具有不确定性,因此我们提出如下研究假设:

假设 H2a:中资银行境外投资与金融风险呈正相关关系,即海外资产占比越高,越可能增加金融风险;

假设 H2b:中资银行境外投资与金融风险呈负相关关系,即海外资产占比越高,越可能降低金融风险;

假设 H2c:中资银行境外投资存在着"度",在"度"的临界点两侧,海外资产占比对金融风险的影响具有异质性。

三、变量、数据与技术方法

(一)变量设计和数据来源

1. 系统性金融风险

中国人民银行自 2005 年开始公布《中国金融稳定报告》,该报告对银行业的压力进行了测试并构建了金融压力指数对金融市场的稳健性进行评估,包括货币市场、债券市场、股票市场和外汇市场。杨子晖等(2019)指出房地产市场已成为中国金融风险的主要来源,会通过多种方式影响金融体系。因此本节将系统性金融风险压力的主要来源界定为银行部门、股票市场、债券市场、货币市场、外汇市场和房地产市场。本节参照 IMF 的金融稳健指标体系(FSIs),并结合《中国金融稳定报告》和国内相关学者的研究,基于数据指标的可得性,从系统性金融风险压力的 6 个主要来源构建系统性金融风险的指标池,指标的具体含义、选取依据和指标性质见表 10-1。

表 10-1　中国系统性金融风险压力指数指标体系

二级指标	三级指标	指标性质	计算方法	理论依据
银行部门风险	不良贷款率	+	不良贷款/贷款总额	《中国金融稳定报告》,IMF核心指标
	存贷比	+	贷款总额/存款总额	《中国金融稳定报告》,IMF鼓励指标
	资本充足率	−	资本总额/风险加权资产	《中国金融稳定报告》,IMF核心指标
	影子银行规模	+	信托贷款、委托贷款和未贴现银行承兑汇票之和	韩心灵等（2017）,雷森（2018）
	贷款增速/GDP增速	+	贷款增长率/GDP增长率	许涤龙等（2015）,陶玲等（2016）
股票市场风险	指数收益率	−	上证综指季度涨跌幅	《中国金融稳定报告》,张勇等（2017）
	股票指数波动率	+	上证指数的 GARCH(1,1) 波动率	徐国祥等（2017）,张勇等（2017）
	市盈率	−	A 股静态平均市盈率	《中国金融稳定报告》,夏越（2019）
	股票市值增速	−	上市公司总市值同比增速	夏越（2019）,许涤龙等（2015）
债券市场风险	期限利差	+	10 年期国债−1 年期国债到期收益率	《中国金融稳定报告》,方芳等（2017）
	中债企业债利差	+	1 年期中债企业债（AAA级）与 1 年期国债到期收益率值之差	徐国祥等（2017）,方芳等（2017）
	债券指数波动率	+	上证国债指数 GARCH(1,1) 波动率	刘瑞兴（2015）
	中期票据利差	+	1 年期 AA 级中期票据−1 年期国债到期收益率	《中国金融稳定报告》
外汇市场风险	外汇储备增长率	−	(本期外汇储备−上期外汇储备)/上期外汇储备	许涤龙等（2015）,郭娜等（2018）
	汇率波动率	+	美元兑人民币汇率的 GARCH(1,1) 波动率	《中国金融稳定报告》,张勇等（2017）
	实际有效汇率	−	人民币实际有效汇率指数	陶玲等（2016）,方芳等（2017）
	进出口总值同比增速	−	衡量币值的稳定和汇率风险	陶玲等（2016）,郭娜等（2018）

续表

二级指标	三级指标	指标性质	计算方法	理论依据
货币市场风险	银行间同业拆借利率	+	银行间同业拆借 7 天加权平均利率	《中国金融稳定报告》，方芳等（2017）
	Shibor 期限利差	+	一周与一年期的 Shibor 期限利差	陶玲 等（2016），夏越（2019）
	Shibor 与 Libor 利差	−	Shibor 与 Libor 一周利率之差	陶玲 等（2016），唐升 等（2018）
	货币流动性	−	M2 增长率	郭娜 等（2018），唐升 等（2018）
房地产市场风险	房地产贷款比率	+	房地产贷款/贷款总额	《中国金融稳定报告》，IMF 鼓励指标
	商品房销售单价增长率		商品房销售单价同比增长率	《中国金融稳定报告》，陶玲 等（2016）
	房地产投资增长率	−	（本期房地产投资−上期同期房地产投资）/上期同期房地产投资	许涤龙 等（2015），郭娜 等（2018）
	商品房销售额增长率	−	（本期房地产销售额−上期同房地产销售额）/上期同期房地产投资	《中国金融稳定报告》，夏越（2019）
	房地产景气指数	−	国房景气指数	刘瑞兴（2015），张勇 等（2017）

本节通过构建压力指数测算系统性金融风险，主要原因有以下几点：（1）国际货币基金组织在《世界经济展望》中构建了新兴市场国家的金融压力指数，并指出金融压力指数适合发展中国家测度系统性金融风险；（2）综合指数法比较灵活、方法简洁，可以和其他复杂的模型结合使用；（3）《中国金融稳定报告》中采用金融压力指数评估金融市场的稳健性。综上几点原因，采用压力指数测度我国系统性金融风险比较适合本节的研究，并且可以和 TVAR 模型很好地结合，分析银行业对外开放对金融风险影响的门槛效应。

对于银行市场、股票市场、债券市场、外汇市场、货币市场和房地产市场风险压力指数的计算，本节借鉴许涤龙等（2015）的 CRITIC 赋权法测算各个市场的风险压力指数，这种赋权法的优点在于不仅考虑了指标的变异性，还考虑了指标之间的冲突性，避免了风险信息的重复计量。计算公式如下：

$$W_i = \frac{C_j}{\sum\limits_{j=1}^{n} C_j} \quad j = 1,2,3,\ldots,n \tag{1}$$

式(1)中,$C_j = \sigma_j \sum\limits_{i=1}^{n}(1-r_{ij})$, $\sum\limits_{i=1}^{n}(1-r_{ij})$ 主要是为了解决指标之间的冲突性。

测度出各个市场风险压力情况后,需要进一步测量整个系统的金融风险状况。由于不同金融市场可能存在风险溢出效应和传染效应,本节借鉴 Holló 等(2012)和张勇等(2017)的 CISS 法构建系统性金融风险压力指数。首先,在纵向维度上建立金融子系统的 BVAR 模型,计算金融子系统风险压力指数对产出冲击的累计脉冲响应,并对累计脉冲响应进行加权得到金融子系统风险对实体经济的溢出效应,从而得到金融子系统的真实冲击权重 s;其次,在横向维度上计算金融子系统风险压力指数的时变相关系数 $\rho_{ij,t}$,采用 DCC-MGARCH 模型计算,从而得到时变相关系数矩阵 C_t,进而通过公式(2)可以得到系统金融风险压力指数,公式如下:

$$Risk_t = (x_t \circ s)C_t(x_t \circ s)' \tag{2}$$

(2)式中,x_t 为金融子系统压力指数向量,s 是真实权重,$\circ$ 表示的是 Hadamard 乘积,C_t 为时变相关系数矩阵。为了后文分析的简便性,系统性金融风险压力指数、银行部门风险压力指数、股票市场风险压力指数、债券市场风险压力指数、外汇市场风险压力指数、货币市场风险压力指数和房地产市场风险压力指数分别记为 $Risk$、$Risk_1$、$Risk_2$、$Risk_3$、$Risk_4$、$Risk_5$ 和 $Risk_6$,计算得到的金融市场风险压力指数(子图①—⑥)和系统性金融风险压力指数变化情况(子图⑦)如图 10-1:

由图 10-1 可以发现,系统性金融风险压力指数与国内外一些重大事件基本吻合,能够反映我国系统性金融风险的变化情况。具体来说,系统性金融风险压力指数在 2008 年 Q3 季度呈现出迅速上升趋势,并在 2018 年 Q4 季度达到一个峰值,主要是因为美国在 2007 年爆发了严重的次贷危机,引起了全球金融海啸,我国也受次贷危机的影响,系统性金融风险压力指数不断攀升。从造成系统性金融风险上升的来源来看,股票市场风险压力指数较高,是造成系统性金融风险上升的主要原因。之后,中国实施了 4 万亿经济刺激计划,使得系统性金融风

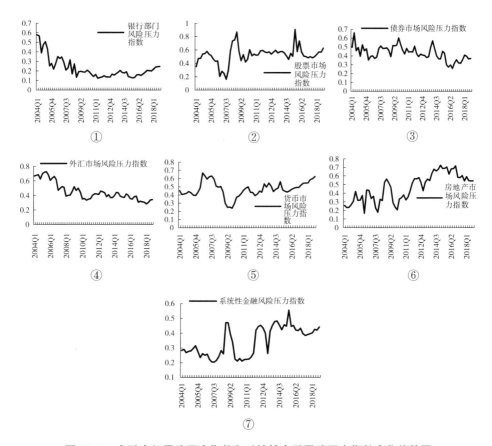

图 10-1　金融市场风险压力指数和系统性金融风险压力指数变化趋势图

险压力指数呈下降趋势,但是由于 2010 年欧盟主权债务危机的爆发,全球经济形势变得扑朔迷离,导致了中国经济的外部环境不确定性急剧上升,系统性金融风险压力指数呈"V"形反弹。在 2015 年下半年,我国股市爆发了严重的股灾,上证指数暴跌,股票市场风险压力指数迅速飙升,导致我国系统性金融风险压力指数也迅速攀升,并于 2015 年 Q3 季度达到峰值。自 2017 年后,受中美贸易摩擦的影响,我国系统性风险压力指数呈小幅度上升趋势,系统性金融风险有所增大。总体来看,我国系统性金融风险压力指数和不同金融市场风险压力指数每次异常变化情况与国内外金融风险事件密切相关,能够很好地反映我国金融风险变化情况。

2. 银行业对外开放的测算

中国银行业对外开放体现在"引进来"和"走出去"两个层面:(1)"引进来"是对外资金融机构的开放,例如外资参股中资银行、外资银行在中国境内设置分支机构,以及外资银行在中国境内分支机构的资产规模等,通常采用的是外资银行资产规模占比、外资持股比例、外资银行分支机构数等指标测度银行业"引进来"水平;(2)"走出去"则是中国银行业的国际化发展,包括中资银行在外设立代表处、开设海外分行以及境外投资等,通常采用海外资产规模占比、海外分支机构数、境外贷款规模和海外员工人数等衡量银行业"走出去"水平。我们结合本节的研究目的,并借鉴以往学者的研究,采用外资银行资产占银行业总资产的比值测度外资银行进入水平,衡量中国银行业"引进来"的程度;采用中资银行海外资产①占银行业总资产的比值测度中资银行境外投资水平,衡量中国银行业"走出去"的程度。

3. 货币政策和宏观经济变量

货币政策的实施工具很多,包括数量型货币政策工具和价格型货币政策工具。考虑到目前我国货币政策更多采用的是数量型货币政策工具,本节借鉴Anwar 等(2018)的研究,对广义货币供应量 M2 进行了价格调整,计算实际 M2 同比增长率(M2)作为货币政策的替代指标,分析对银行业对外开放是否会弱化货币政策的实施效果。

除了银行业对外开放指标、货币政策指标和各种金融风险指标,本节借鉴 Lee 等(2019)和 Reinhardt 等(2015)的研究,加入了实际 GDP 增长率(*GDP*)和物价增长率(*CPI*)作为控制变量。一方面由于经济增长和物价可能会对金融风险产生一定的影响;另一方面为了分析货币政策在不同环境下对经济增长和物价稳定的调控效果,反映货币政策的有效性问题。

4. 数据处理与数据来源

由于银行业对外开放数据最早可以追溯到 2004 年 Q1 季度,故本节研究期间为 2004Q1 季度至 2018Q4 季度,相关数据均来源于银监会网站、中国人民银

---

① 海外资产这里指的是以人民币计值的对非居民的债权,主要包括库存外币现金、存放境外同业、拆放境外同业、境外有价证券投资、境外贷款等。

行网站、国家统计局网站、中国债券信息网、国际清算银行网站、海关总署官网、中国外汇交易中心网站、伦敦同业拆借市场网站和 Wind 金融资讯终端数据库。

为了避免通货膨胀的影响,以上变量以 2003 年为基期,剔除了价格变化同时进行了季节调整。此外,量纲差异会造成金融风险测算值存在异常,故本节对金融风险测算相关指标进行了逆向化和极值化处理,将指标取值界定在 0—1 之间。对于个别缺失数据,本节采用的是三次样条法进行插值填补。

(二)技术方法

由理论分析可知,银行业对外开放对金融风险可能存在线性影响,也可能存在非线性影响,因此本节进行实证检验前需要确定对外开放与金融风险之间的关系,即对外开放对金融风险的影响是否存在门槛效应。第一步计算门限值,计算步骤如下:根据门限变量数值从小到大排序,然后去掉极端值,搜索残差平方和最小的点作为门限值。通常,为了保证每个区制状态下有足够的样本估计 TVAR 模型,门槛值的搜索范围设定在门限变量 10%—90% 分位数之间;第二步检验门槛效应是否显著,本节采用的是 Lo 和 Zivot(2001)提出的 LR 检验,LR 检验统计量计算如下(3):

$$LR = T(\ln(\det\Sigma_0) - \ln(\det\Sigma_i)) \tag{3}$$

(3)式中 Σ_0 表示的是原假设模型下估计得到的协方差矩阵,Σ_i 表示备择假设模型下估计得到的协方差矩阵,检验分布采用的是 Hansen(1999)提出的 Bootstrap 分布。

当门槛效应显著时,本节采用两区制的门限向量自回归模型(TVAR)进行研究。下面对该模型进行简单介绍,首先假设 Y_t 是 k × 1 维的内生变量组成的列向量,$Y_t = (Y_{1t}, Y_{2t}, \ldots, Y_{kt})$,两区制的 TVAR 模型表达式如(4)式:

$$Y_t = \begin{cases} \alpha_1 + A_1(L)Y_t + \varepsilon_{1t} & \text{if} \gamma_t \leq \gamma \\ \alpha_2 + A_2(L)Y_t + \varepsilon_{2t} & \text{if} \gamma_t > \gamma \end{cases} \tag{4}$$

(4)式中 α_i 是 k × 1 阶的常系数矩阵,$A_i(L)$ 是滞后算子 P 阶多项式矩阵,ε_{it} 是 k × 1 阶残差向量,i = 1,2。

考虑到 TVAR 模型存在区制转换,模型的协方差矩阵不再是固定不变,无法进行全局分解,导致 Cholesky 分解法不再适应 TVAR 模型,而广义脉冲函数(GIRF)对变量间的排序不敏感,是对 Cholesky 分解法的改进,故本节采用广义

脉冲函数(GIRF)分析变量之间的动态脉冲响应,进而研究银行业对外开放风险效应的非对称性。广义脉冲公式如下:

$$GIRF_Y(n, W_{t-1}, \varepsilon_t) = E[Y_{t+n} \mid \varepsilon_t, W_{t-1}^s] - E[Y_{t+n} \mid W_{t-1}^s] \quad n = 0, 1, 2, \ldots \quad (5)$$

(5)式中 n 是脉冲响应的持续时间,ε_t 表示产生冲击的变量,W_{t-1} 为冲击发生前可用的信息集,s 表示的是区制。根据区制 s 可以将 W_{t-1} 分为两个部分分别计算广义脉冲响应函数,进一步根据不同区制的脉冲响应结果来分析银行业对外开放风险效应的非对称性。

(三)模型设定

银行业对外开放超过一定临界点,对金融风险的影响可能呈现非线性变化,同时外资银行进入和中资银行境外投资对金融风险的影响可能具有异质性。基于此,本节将银行业对外开放分为"引进来"和"走出去"两个层面,分别分析外资银行资产占比和中资银行海外资产占比在临界点两侧,银行业对外开放对金融风险的影响。另外,考虑到银行业对外开放可能会弱化货币政策实施效果,导致金融风险上升,为了对这一风险传导机制进行检验,本节以银行业对外开放指标作为门槛变量,分析外资银行资产占比和中资银行海外资产占比在临界值两侧,货币政策如何影响系统性金融风险、经济增长和物价稳定,进而反映银行业对外开放水平过高是否会降低货币政策的调控效果。本节研究的逻辑思路如图10-2所示:

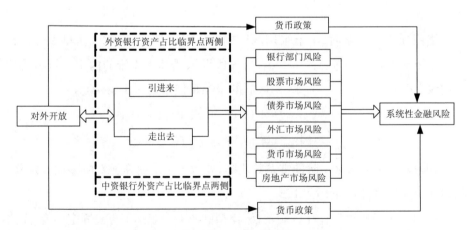

图 10-2　逻辑思路图

基于此,本节构建如表 10-1 的变量集,并对以下问题进行研究:(1)外资银行资产占比在临界点两侧,"引进来"对系统性金融风险和不同金融市场风险的冲击;(2)外资银行资产占比在临界点两侧,比较货币政策调控的效果;(3)中资银行海外资产占比在临界点两侧,"走出去"对系统性金融风险和不同金融市场风险的冲击;(4)中资银行海外资产占比在临界点两侧,比较货币政策调控的效果。

表 10-2 研究变量集

门槛变量	研究对象	Y_t 变量集
外资银行资产占比	"引进来"冲击风险	$Y_t = (Foreign_t , M2_t , GDP_t , CPI_t , Risk_t , /Risk1_t/Risk2_t/$ $Risk3_t/Risk4_t/Risk5_t/Risk6_t)$
	货币政策有效性	$Y_t = (Foreign_t , M2_t , GDP_t , CPI_t , Risk_t ,)$
中资银行国外资产占比	"走出去"冲击风险	$Y_t = (Overseas_t , M2_t , GDP_t , CPI_t , Risk_t , /Risk1_t/Risk2_t/$ $Risk3_t/Risk4_t/Risk5_t/Risk6_t)$
	货币政策有效性	$Y_t = (Overseas_t , M2_t , GDP_t , CPI_t , Risk_t ,)$

四、实证分析结果

(一)相关检验

为了避免伪回归问题,本节在建立 TVAR 模型之前首先对序列的平稳性进行检验,检验结果显示 ADF 统计量均小于 5% 显著性水平的临界值,拒绝存在单位根的原假设,认为原序列均是平稳序列;KPSS 检验统计量均小于 5% 显著性水平的临界值,接受序列是平稳序列的原假设,故本节研究变量序列均是原序列平稳,即 I(0),可以直接进行建模分析。

表 10-3 平稳性检验

序列	ADF 检验		KPSS 检验	
	统计量	5%临界值	统计量	5%临界值
Foreign	−2.777	−1.951	0.235	0.463
Overseas	−3.332	−2.920	0.342	0.463
M2	−3.251	−2.913	0.312	0.463
GDP	−4.363	−2.912	0.404	0.463

序列	ADF 检验		KPSS 检验	
	统计量	5%临界值	统计量	5%临界值
CPI	−3.582	−2.960	0.428	0.463
Risk	−3.513	−3.490	0.404	0.463
*Risk*1	−4.047	−2.913	0.425	0.463
*Risk*2	−3.795	−2.912	0.315	0.463
*Risk*3	−3.511	−2.912	0.440	0.463
*Risk*4	−3.609	−3.536	0.130	0.146
*Risk*5	−3.016	−2.917	0.211	0.463
*Risk*6	−3.691	−3.492	0.086	0.146

建立 TVAR 模型需要对模型的滞后阶数进行确定,对滞后阶数的选择,不易过大也不易过小,过小可能无法反映模型的整体动态特征,过大导致模型需要估计的参数过多,模型自由度降低。基于此,本节基于最大滞后期为 2 进行最优滞后阶数检验,并依据 SC 准则,建立 TVAR(1)模型。

下面,我们分别以"引进来"和"走出去"对系统性金融风险冲击的 TVAR(1)模型为例,将外资银行资产占比和中资银行海外资产占比作为门限变量,对门槛值进行求解。求解思路如下:将外资银行资产占比和中资银行海外资产占比从小到大进行排序,去掉前 10%的最小值和后 10%的最大值,对中间剩余 80%的门限变量逐步回归,求残差平方和最小时所对应的门限变量值即为门槛值。一阶门限回归如图 10-3 所示:

子图 Threshold variable used 展示的是门限变量在不同时间的波动趋势,子图 Ordered threshold variable 展示的是去除最小和最大的 10%样本后确定的门槛值,子图 Results of the grid search 展示的是格点搜索结果,横坐标表示的是格点搜索出的门槛值,纵坐标表示的是残差平方和,残差平方和最小时对应的数值即为门槛值。对银行业对外开放冲击金融市场风险的门槛值求解的过程相同。

下面我们对求解的门槛值进行 1000 次 Boostrap 的门槛效应检验。表 10-4 显示了门槛效应的 LR 检验结果,检验结果表明,不管是"引进来"冲击各种风险,还是"走出去"冲击各种风险,外资银行资产占比和中资银行海外资产占比

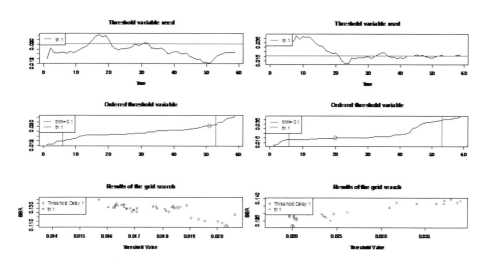

**图 10-3　一阶门限回归图（左侧为将"引进来"作为门限变量，
右侧为将"走出去"作为门限变量）**

作为门限变量的 LR 统计量均在 1% 水平下显著,说明拒绝模型不存在门槛效应的原假设,即银行业对外开放存在高低两个区制,使得在不同的区制时,银行业对外开放的风险冲击效应可能存在异质性。

表 10-4　门槛值的显著性检验

研究对象	门槛变量	门槛值	LR 统计量	P 值
$(Foreign_t, M2_t, GDP_t, CPI_t, Risk_t,)$	Foreign	0.020	72.522***	0.000
$(Foreign_t, M2_t, GDP_t, CPI_t, Risk1_t,)$	Foreign	0.017	77.573***	0.000
$(Foreign_t, M2_t, GDP_t, CPI_t, Risk2_t,)$	Foreign	0.019	85.008***	0.000
$(Foreign_t, M2_t, GDP_t, CPI_t, Risk3_t,)$	Foreign	0.017	60.739***	0.000
$(Foreign_t, M2_t, GDP_t, CPI_t, Risk4_t,)$	Foreign	0.019	72.024***	0.000
$(Foreign_t, M2_t, GDP_t, CPI_t, Risk5_t,)$	Foreign	0.017	68.384***	0.000
$(Foreign_t, M2_t, GDP_t, CPI_t, Risk6_t,)$	Foreign	0.018	64.379***	0.000
$(Overseas_t, M2_t, GDP_t, CPI_t, Risk_t,)$	Overseas	0.020	45.673***	0.000
$(Overseas_t, M2_t, GDP_t, CPI_t, Risk1_t,)$	Overseas	0.039	70.239***	0.000
$(Overseas_t, M2_t, GDP_t, CPI_t, Risk2_t,)$	Overseas	0.031	81.382***	0.000
$(Overseas_t, M2_t, GDP_t, CPI_t, Risk3_t,)$	Overseas	0.023	54.554***	0.000

续表

研究对象	门槛变量	门槛值	LR 统计量	P 值
$(Overseas_t, M2_t, GDP_t, CPI_t, Risk4_t,)$	$Overseas$	0.024	97.173***	0.000
$(Overseas_t, M2_t, GDP_t, CPI_t, Risk5_t,)$	$Overseas$	0.031	76.874***	0.000
$(Overseas_t, M2_t, GDP_t, CPI_t, Risk6_t,)$	$Overseas$	0.020	48.646***	0.000

注:*、**和***分别表示10%、5%和1%显著性水平下显著。

(二)脉冲响应分析

1."引进来"的门槛效应分析

首先,本节以"外资银行资产占比"作为门槛变量,分析外资银行资产占比在临界点两侧时,外资银行进入对系统性金融风险、经济增长和物价的影响,结果如图10-4所示。结果表明,当外资银行资产占比在临界点右侧时,外资银行进入对系统性金融风险形成较大的正向冲击,并于第2期达到最大,之后呈波动下降趋势;相对地,外资银行资产占比在临界点左侧时,外资银行进入对系统性金融风险的冲击较小,几乎趋于0,可见银行业过度地"引进来"很可能引发系统性金融风险,导致金融风险上升,不利于金融稳定。

我们进一步分析外资银行资产占比在临界点两侧时,外资银行进入对经济增长和物价稳定的影响,结果显示,外资银行资产占比在临界点左侧时,外资银行进入对经济增长和物价均具有一定的正向冲击作用,但是在临界点右侧时,外资银行进入对经济增长和物价的负向冲击效应较大,并均于第3期负向冲击效应达到最大,说明银行业过度地"引进来"可能也不利于促进经济增长和维持物价稳定。

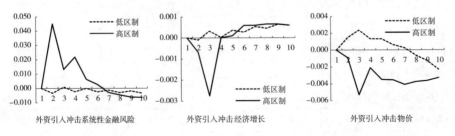

图10-4 "引进来"在临界点两侧对系统性金融风险、经济增长和物价稳定的冲击

上文分析了外资银行进入对整个金融系统的影响,下面我们从系统性金融风险来源角度,探讨系统性金融风险上升的原因,并分析外资银行资产占比在临界点两侧时对不同金融市场风险影响的异质性,结果如图 10-5 所示:

(1)对于银行部门风险,外资银行资产占比在临界点左侧时,外资银行进入对银行部门风险的负向冲击效应更大,并于第 2 期达到最大,之后逐渐减小,但是在临界点右侧时,外资银行进入对银行部门风险的负向冲击效应大大降低,结果说明银行业过度地"引进来"可能更不利于银行部门分散风险,由于过多的外资银行进入加剧了银行业竞争,使得中资银行过度承担风险;(2)对于股票市场风险,外资银行资产占比在临界点左侧时,外资银行进入对股票市场风险的冲击几乎趋于 0,但是在临界点右侧时,外资银行进入对股票市场风险形成较大的正向冲击效应,并于第 3 期达到最大,之后逐渐趋于 0,说明银行业过度地"引进来"会加大股市风险。背后的原因可能是外资银行进入伴随着跨境资本流入增加,较大程度上缓解了企业融资约束,跨境资金通过间接渠道流入股市,造成了股市的较大波动,威胁到股票市场的稳定;(3)对于债券市场风险,外资银行资产占比在临界点两侧时,外资银行进入对债券市场风险均形成较大的正向冲击,但是在临界点右侧时,外资银行资产占比对债券市场风险的正向冲击较大,说明债券市场可能是外资银行投机的一个重要领域,尤其是在银行业对外开放水平较高时,可能拓宽了外资银行接触银行间债券市场的途径;(4)对于外汇市场风险,长期来看,外资银行资产占比在临界点右侧时,外资银行进入对外汇市场风险的正向冲击较大,尽管在短期对外汇市场风险具有一定的负向影响,但是影响幅度较小,因此,银行业过度地"引进来"时,更可能促进对外汇市场风险上升,背后的原因可能是外资银行跨境资金流入流出外汇市场,加剧了人民币汇率波动;(5)对于货币市场风险,外资银行资产占比在临界点右侧时,外资银行进入对货币市场风险的负向冲击更大,脉冲响应曲线呈"U"形变化趋势,可能是因为外资银行进入的同时,伴随着更多的跨境资金流入,缓解了货币市场的流动性风险,从而降低了货币市场风险,但是在临界点左侧时,外资银行进入对货币市场风险的冲击具有不确定性;(6)对于房地产市场风险,外资银行资产占比在临界点右侧时,外资银行进入对房地产市场风险形成较大的正向冲击作用,但是在临界点左侧时,对房地产市场风险的影响作用最小,说明银行业过度地"引进来"

也会明显放大房地产市场风险,可能是因为跨境资金流入房地产领域,造成房地产价格上涨,助长了房地产行业泡沫积累,加剧了房地产行业结构的不合理性。

综上,银行业过度地"引进来"对系统性金融风险的放大作用可能通过以下几个渠道:一是外资银行进入加剧了银行业竞争,使得中资银行过度承担风险;二是跨境资金通过间接渠道流入股市,威胁到股票市场的稳定;三是拓宽了外资银行接触银行间债券市场的途径,促使债券市场风险上升;四是外资银行的跨境资金流通到外汇市场,造成外汇市场异常波动;五是跨境资金流入房地产市场,导致房地产市场泡沫的积累。此外,银行业"引进来"伴随着跨境资金流入,降低了货币市场的流动性风险,可能有利于货币市场的稳定。

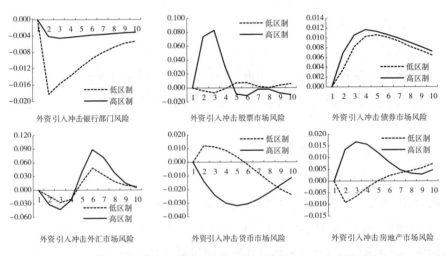

图10-5 "引进来"在临界点两侧对不同金融市场风险的影响

2. "走出去"的门槛效应分析

类似地,以中资银行海外资产占比作为门槛变量,分析海外资产占比在临界点两侧,中资银行境外投资对系统性金融风险、经济增长和物价稳定的影响,结果如图10-6所示。结果显示,海外资产占比在临界点两侧时,境外投资对系统性金融风险的影响具有较大的异质性,在临界点左侧时,境外投资对系统性金融风险形成一定的正向冲击,但是在临界点右侧时,对系统性金融风险形成较大的负向冲击,也就是说海外资产占比超过临界点后能明显抑制系统性金融风险上升,我们猜测可能由于银行业境外投资规模较大时,较为丰富的境外投资经验有利于银行业稳定的同时,形成的规模经济效益也对金融系统的稳定产生了正向溢出效应,因此鼓励中资银行"走出去"可能有利于促进金融稳定。此外,我们发现海外资产占比在临界点右侧时,对经济增长具有较大的正向冲击作用,能够更大程度上促进经济增长,但是在临界点左侧时对经济增长影响较小,而海外资产占比在临界点右侧时可能更不利于物价稳定,在临界点左侧时反而对物价的冲击作用较小。

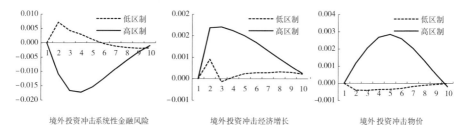

图 10-6　"走出去"在临界点两侧对系统性金融风险、经济增长和物价稳定的冲击

下面我们分析中资银行海外资产占比在临界点两侧时,境外投资对不同金融市场风险的影响,结果如图 10-7 所示。结果显示:(1)对于银行部门风险,海外资产占比在临界点左侧时,境外投资对银行部门风险具有一定的放大效应,但是超过临界点后,对银行部门风险的负向冲击效应较大,并于第 2 期达到最大,即海外资产占比超过临界点后有利于分散银行部门风险;(2)对于股票市场风险,海外资产占比在临界点右侧时,境外投资对股票市场风险具有较大的负向冲击作用,故银行业加快"走出去"也有利于促进股票市场的稳定,可能是由于银行业"走出去"伴随着大量资金的流出,银行业与股票市场风险的溢出效应降低;(3)对于债券市场风险,海外资产占比在临界点左侧时,境外投资对债券市场风险的影响具有不确定性,在短期正向冲击效应较大,而在长期具有一定的负向冲击效应,同时在临界点右侧时,境外投资对债券市场风险形成一定的负向冲击效应,可能是由于银行对债券市场的风险溢出效应,降低了债券市场风险;(4)对于外汇市场风险,海外资产占比在临界点左侧时,境外投资对外汇市场风险形成较大的正向冲击,不利于外汇市场的稳定,但是在临界点右侧时,境外投资对外汇市场风险的影响几乎趋于 0,表明银行业境外投资规模较大时不会对外汇市场产生明显的冲击,可能是由于银行业加快"走出去"步伐提高了我国金

融业在国际上的话语权,有助于推进人民币国际化进程,从而促进了外汇市场的
稳定;(5)对于货币市场风险,海外资产占比在临界点左侧时,境外投资对货币
市场风险的影响几乎趋于0,但是在临界点右侧时,境外投资对货币市场风险形
成较大的正向冲击,可能是由于银行业大规模的境外投资造成国内流动性资金
的短缺,不利于货币市场的稳定;(6)对于房地产市场风险,海外资产占比在临
界点两侧时,境外投资对房地产市场风险均具有负向的冲击作用,但是比较来
看,在临界点右侧时,境外投资对房地产市场风险的负向冲击更大,也就是说银
行业加快"走出去"可能更加有利于促进房地产市场的稳定。

　　综上,海外资产占比超过临界点后对系统性金融风险的抑制作用主要是通
过以下几个渠道:一是形成了规模经济,有助于降低银行业自身风险;二是银行
业跨境资金的流出减少了股市的投机行为,有助于促进股票市场稳定;三是银行
业"走出去"的同时,银行间债券市场也对外开放,既有助于银行业的稳定,又对
债券市场产生了正向的溢出效应;四是银行业境外投资有助于我国金融业的全
球战略布局,推进人民币国际化,稳定外汇市场;五是银行业加大境外投资可能
会降低对房地产行业的信贷,房地产行业降温的同时,促进了房地产行业的稳定
发展。此外,银行业"走出去"伴随着资金流出,可能造成国内货币流动性降低,
不利于稳定货币市场。

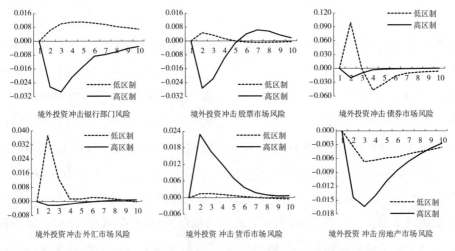

图 10-7 "走出去"在临界点两侧对不同金融市场风险的影响

3.货币政策有效性分析

上面我们分析了银行业对外开放导致系统性金融风险变化的市场来源途径,下面我们从货币政策视角分析银行业对外开放是否会降低货币政策的实施效果,进而可能威胁到金融市场的稳定。

图 10-8 从系统性金融风险、经济增长和物价稳定三个方面说明了外资银行进入是否会降低货币政策的实施效果:(1)对于系统性金融风险,外资银行资产占比在临界点右侧时,货币政策对系统性金融风险形成一定的正向冲击,但是在临界点左侧时,货币政策对系统性金融风险产生负向冲击效应,即外资引入过度时,货币政策不能很好地调控系统性金融风险,降低了货币政策对金融风险调控的效果;(2)对于经济增长,外资银行资产占比在临界点左侧时,货币政策对经济增长的正向冲击效应较为稳定,但是在临界点右侧时,货币政策对经济增长的冲击具有不确定性,在前 2 期产生一定的正向冲击效应,之后负向冲击效应更大,即外资银行资产占比超过临界点后,可能会降低货币政策对经济增长的促进作用;(3)对于物价稳定,外资银行资产占比在临界点右侧时,货币政策对物价的正向冲击更大,即外资引入过度时,货币政策也不利于稳定物价。综上,外资银行资产占比超过临界点后,从系统性金融风险、经济增长和物价稳定三个方面,均说明了货币政策的调控效果有所下降。

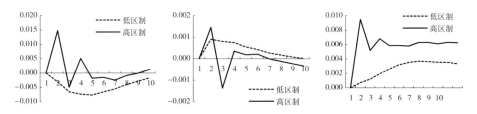

图 10-8 "引进来"在临界点两侧对不同金融市场风险的影响

图 10-9 从系统性金融风险、经济增长和物价稳定三个方面说明了中资银行境外投资是否会降低货币政策的实施效果:(1)对于系统性金融风险,海外资产占比在临界点右侧时,货币政策对系统性金融风险产生更大的负向冲击效应,说明海外资产占比超过临界点后,不会降低货币政策对系统性金融风险的调控作用;(2)对于经济增长,从长期来看,海外资产占比在临界点右侧时,货币政策对经济增长的促进作用更大,因此境外投资也不会明显降低货币政策对经济增

长的促进作用;(3)对于物价稳定,海外资产占比在临界点右侧时,货币政策对物价的正向冲击效应更大,即境外投资过度时,可能会降低货币政策对物价稳定的调控效果。综上,海外资产占比超过临界点后,不会降低货币政策对系统性金融风险和经济增长的调控效果,但是同样不利于稳定物价。

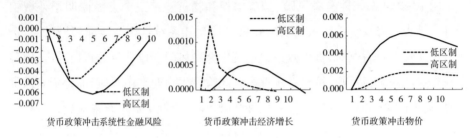

货币政策冲击系统性金融风险　　　货币政策冲击经济增长　　　货币政策冲击物价

图10-9　"走出去"在临界点两侧对不同金融市场风险的影响

五、结论和政策建议

本节基于 2004 年 Q1 季度至 2018 年 Q4 季度的银行业对外开放数据以及相关宏观经济数据,构建了系统性金融风险压力指数以及不同金融市场风险压力指数,采用 TVAR 模型实证检验了银行业对外开放与金融风险之间的相关性。下面我们基于所得到的技术结论,提出如下政策建议:

首先,外资银行资产占比不宜过高,外资引入要适度。实证检验结果显示,外资银行资产占比超过临界点后,外资银行进入对系统性金融风险形成较大的正向冲击效应,会明显导致系统性金融风险上升,同时也不利于促进经济增长和维持物价稳定。因此,过度引入外资时可能会放大系统性金融风险,引发外部金融风险传染,威胁我国的金融稳定。而合理的外资引入水平能够帮助提升金融服务效率和激发创新活力,推动本国金融市场成长。故在外资引入的过程中要注重"引进来"的质量,同时强化"引进来"的监管水平,具体来说:一方面要加强外资银行从事复杂业务的监管,完善外资银行在华混业经营的监管制度建设;另一方面要加强外资银行跨境资金运作的监管,防止跨境资金频繁运作带来的金融风险。此外,还要关注外资银行对金融市场稳健运营的潜在影响。

其次,鼓励中资银行境外投资,加快全球网络布局,同时提高自身的风险管理能力,避免风险的跨境传递。实证检验结果显示,中资银行海外资产占比在临界点左侧时,对系统性金融风险具有一定的正向冲击,即银行业境外投资水平较低时,境外投资经验不足可能导致自身风险增高,同时也可能会威胁到国内金融市场的稳定,但是在临界点右侧时,对系统性金融风险具有较大的负向冲击效应,同时对经济增长的促进作用较大,说明银行业境外投资水平较高时可以实现规模经济,不仅有助于降低系统性金融风险,稳定金融市场,同时也会促进经济增长。但是,银行业境外投资也伴随着很多风险,例如在成熟的市场,需要面对激烈的竞争和严格的监管;在新兴市场,需要面对可能并不完善的法律制度和波动更大的经济环境。此外,国际化经营使得中国银行业与全球市场紧密联系在一起,容易受到其他国家经济波动或者全球金融市场的影响,如果管理不慎,很可能放大银行业经营风险,同时威胁到我国金融市场稳定。因此,银行业境外投资的过程中必须以审慎、稳健为前提,明确自身的战略目标,既不进入高风险市场,也不从事高风险业务,同时要提高自身的风险管理能力,建立有效的风险隔离措施,避免风险的境外传递以及威胁我国金融市场稳定。

再次,防止外资银行通过间接渠道导致我国金融市场风险上升。实证检验结果显示,过度引入外资时容易通过降低银行部门的风险抑制作用、威胁股票市场稳定、增大债券市场风险、造成外汇市场波动和房地产市场泡沫积累等渠道导致我国系统性金融风险上升,因此加快银行业外资引入的同时,应建立相关机制性安排,降低外资银行与股票、债券、外汇和房地产等金融市场的关联度,避免外资银行与金融市场关联度增加,导致跨境风险传播难以监控和监管,增加系统性金融风险发生的概率。具体来说,要加强对外资银行的监管,尤其是加强对外资银行资本流通的监管,如此可以有效降低外资银行风险传染性,减少宏观经济中潜藏的危机根源,避免金融市场中一些不必要的剧烈动荡。

最后,银行业对外开放的同时,要健全和完善我国审慎监管的制度建设。实证检验结果显示,加快银行业境外投资不会明显影响货币政策的有效性,降低货币政策的调控效果,但是外资银行资产占比超过临界点后,不仅降低了货币政策对系统性金融风险的调控作用,同时也不利于经济增长和物价稳定,背后的原因可能是外资银行主要受母行所在国家监管规则的约束,加之外资银行对当地央行货币政策的调控并不敏感,外资银行规模如果过大,可能会导致货币政策传导的渠道受阻,使得货币政策调控效果降低。但是从发展趋势来看,金融业双向开放是不可逆转的形势,因此加快银行业对外开放的同时要健全和完善我国审慎监管的基本制度体系,包括宏观审慎管理和微观审慎监管两方面的制度安排,并将跨境资金流动纳入宏观审慎金融监管范畴,及时防范和化解系统性金融风险,不仅可以弥补货币政策必须通过银行传导才能对实体经济起作用的短板,同时也能疏通货币政策传导渠道,维护金融稳定,促进经济的快速发展。

第二节　贸易摩擦背景下美国利率调整对中国企业的影响

本节尝试基于微观的视角,从企业的融资成本、净收益和风险等多个层面,探索贸易摩擦背景下美国的利率调整对我国企业的影响机理与影响效果。

一、美国利率频繁调整与中国企业的发展状况

次贷危机爆发后,美国通过实施超低利率环境和量化宽松的货币政策引导宏观经济复苏并取得了较好的效果,非农就业人数逐步增长,大宗商品与原材料价格也不断上涨。为了防止经济过热和应对可能到来的通货膨胀,美联储于2015年12月开始加息。截至2018年12月,美联储共进行了九次加息。从历史上看,美联储一般在 CPI 形成趋势性上升,未来可能超过2%的临界点时启动加息,每次议息会议的平均加息幅度为25至50个基点左右,同时会将当期的非农就业数据与产出作为加息与否的参考。加息是为了抑制美国国内未来可能发生的通胀,但是加息具有较强的溢出效应,容易导致其他国家出现持续的资金外流。例如美国加息后中国跨境资本流动从2016年至2018年连续三年净流出,流出额分别为9960.62、4396.18和5700.93亿美元①。但是从2019年初开始,美国经济发展势头趋缓,美联储暂停了加息,并于2019年8月将联邦基金利率下调0.25%。利率调整方向的改变导致世界资本流动的方向与速度也相应变化,对其他国家的宏观经济与企业的经营发展产生了较大的不确定性。与此同

---

① 资本外流根据新增外汇储备法估计,数据来源于 Wind 数据库。

时,美国政府还通过贸易摩擦加大了对新兴市场国家企业的打压力度。

在美国联邦基金利率的频繁调整与贸易摩擦的同时,我国企业的发展也不尽人意。一方面是企业融资成本持续上扬,宏观经济环境趋弱。例如 2015 年12 月至 2018 年 12 月,我国银行同业拆借 7 天加权利率由 2.53% 提高至3.57%,工业企业利息支出累计同比增长率由-2.3% 上升至 9.5%,美元兑人民币的平均汇率由 6.45 贬值至 7.0 以上,上证综指由 3539.18 跌至 2493.90,10年期国债收益率由 2.94% 上升至 3.3%。另一方面是企业的经营风险上升,收益状况下滑。例如 2015 年至 2018 年,全国法院受理的企业申请破产案件数由1704 起上升至 7177 起,工业企业亏损数由 374359 家上升至 378440 家,工业企业产品销售率同比增长率由-0.2% 下降至-0.5%,社会零售商品总额同比增长率由10.7% 下降至 8.98%,中国出口和进口增长率的差值由 11.3% 下降到-5.9%[①]。

尽管影响企业发展的因素有很多,但是在经济全球化的背景下,贸易摩擦与发达国家和地区的利率调整对其他国家企业发展的影响不容忽视。而且由于自身特质、经济环境、支持政策的差异,在面对来自于外部的冲击时,各类企业会体现出不同的行为特征。因此基于贸易摩擦背景研究美国的利率调整对中国企业发展的影响具有较强的理论和现实意义,相关研究的理论意义在于:分析发达国家宏观政策跨国传导的微观机制,丰富已有发达国家宏观政策的跨国溢出效应理论,为宏观理论框架提供微观基础;现实意义则在于:可以根据研究结论,有针对性地为政府和监管部门政策调控提供决策参考,同时也为企业自身经营发展和风险管理提供对策建议。

以往学者针对美国利率调整对于宏观经济变量的影响以及贸易摩擦对于企业净收益的影响进行过部分研究,但是存在着一定的局限性,主要体现在:第一,以往学者大多研究美国的利率调整对其他国家经济发展的宏观影响,较少基于贸易摩擦背景研究美国利率调整对其他国家企业发展的微观溢出效应。第二,较少分析美国的利率调整与贸易摩擦对中国企业的融资成本、净收益和风险的全面影响,以及对中国企业发展的异质性影响。本部分的创新之处在于:第一,基于贸易摩擦背景,研究了美国的利率调整对于中国企业发展的微观影响机理

---

① 破产案件数据来源于"全国企业破产重整案件信息网",其他数据来源于 Wind 数据库。

并给予实证检验;第二,从企业的融资成本、净收益和风险三个层面分别研究美国的利率调整与贸易摩擦对中国企业发展差异化的影响效果,提出有针对性的政策建议,从而为政府和中央银行更有效的宏观调控提供决策参考。

二、理论基础与提出假说

首先,美国利率调整可能会对其他国家和地区的企业融资成本产生影响。第一,美国利率上升促进了美国资产收益率的提高,由于资本的逐利性可能会导致其他国家和地区的资本跨境流出。Ahmed(2015)认为美国加息造成新兴市场经济体的资本跨境流出要比发达经济体更为严重。肖卫国和兰晓梅(2016)认为美国加息会造成直接投资、证券投资和银行部门的资本跨境流出。资本跨境流出可能会造成中国的货币供给减少,进而中国企业融资成本将面临上升的压力(韩乾等,2017)。第二,根据利率平价理论,该国或地区的中央银行可能为抑制短期资本外流和维持汇率稳定使得本国利率与美国利率做出同步调整以实现外部平衡。Pham 和 Nguyen(2019)认为亚洲国家通常会因为美联储加息而提高本国利率。孙焱林和张倩婷(2016)认为不同时间点的美联储加息总体上导致了中国利率上升,企业融资利率因此会被推高。第三,美国加息带动了美国短期和长期利率提高,这直接增加了其他国家和地区的企业在美国的债务融资所需支付的利息,主要包括海外发债和借款的利息。对于已形成的国外债务,也可能会因为美国加息引发的人民币汇率贬值导致企业的利息偿付负担加重。Burger(2017)认为当美国利率越低,新兴市场国家企业发行的外币债券就越多。Schmidt 等(2018)认为美国的紧缩性货币政策对美元融资依赖度较大的国家和地区信贷供给产生负向冲击更大。

其次,美国利率调整可能会对其他国家和地区的企业净收益产生影响。第一,美国利率上升可能会影响其他国家和地区的企业产品和服务的价格水平。Eickmeier 和 Ng(2015)认为美国紧缩型货币政策造成了多数国家和地区的物价水平下降。丁志国等(2012)认为美国紧缩型货币政策对中国价格体系短期造成下行的压力。所以,企业产品价格水平下跌可能会对企业净收益造成负向冲击。第二,美国利率上升可能会影响其他国家和地区的企业的产出水平。Banerjee 等(2016)认为美国紧缩型货币政策造成了新兴市场经济体的产出减少并受金融摩擦和汇率制度影响。杨子荣等(2018)认为美国加息会导致中国的产出水平下降。所以,企业产出下降可能会对企业的净收益造成负向冲击。第三,美国利率上升可能会影响美国以及其他国家和地区的企业产品和服务的消费。根据国际收支调节的"收入吸收效应"理论,美国利率上升可能会导致美国国内流动性紧缩,美国国内需求下降,其他国家和地区的企业对美出口数量可能会减少。D'Aguanno(2018)认为发达国家和地区的紧缩型货币政策可能会导致本国和外国劳动者工作时长均减少,本国和外国居民的消费需求均减少。马理和彭承亮(2019)认为美国加息造成了中国消费需求,特别是城镇居民消费的减少。所以,消费需求减少可能导致其他国家和地区的企业净收益下滑。

再次,美国利率调整可能会对其他国家和地区的企业风险产生影响。第一,美国利率上升可能会导致其他国家和地区的企业面临股票价格下跌的风险。Crespo 等(2019)认为美国加息对不同类型的国家和地区的股票价格均会产生负向冲击。姜富伟等(2019)认为美国货币政策会显著影响中国企业股票的价格,美国加息会降低股票的回报。第二,美国利率上升可能会导致其他国家和地区的企业面临汇率下跌的风险。当美国加息导致其他国家和地区出现资本跨境流出规模加大时,该国或地区的汇率可能会面临贬值的压力。Tillmann 等(2019)认为美国紧缩型货币政策导致了新兴市场经济体汇率贬值。傅广敏(2017)认为美国加息导致了人民币汇率贬值,建议完善宏观政策调控和加强宏观审慎管理。第三,美国利率上升可能会导致其他国家和地区的企业债券价格下跌的风险。Timmer(2018)认为新兴市场经济体的公司债券收益率与美国联邦基金利率呈现正相关关系。郭栋(2019)认为由于中美利率存在联动效应,因此导致美联储加息对中国债券市场价格具有抑制作用。企业股价下跌导致了企业融资能力下降,人民币汇率下跌导致了企业的人民币汇兑收入减少,企业债券价格下跌导致了企业信用状况恶化,进而加大了企业的风险。

此外,贸易摩擦会对其他国家和地区的企业的融资成本、净收益和风险产生影响。第一,贸易摩擦恶化了中美双方关系,美国基于对本国企业的保护而对中国企业过度打压,这使得中国企业在美融资难度加大(Fang 和 Zhang,2019)。中国企业美元借款、发债和海外上市等融资方式的难度和成本提高。此外,贸易摩擦带来的外部不确定性会导致短期资本跨境流出的加大,这也会推高其他国家和地区企业的融资成本。其他国家和地区要警惕贸易摩擦升级可能会造成长期资本外逃,因为贸易摩擦升级会导致发达国家和地区的企业对外投资减少（Handley 和 Limao,2015）。第二,美国主要通过对中国企业实施了反倾销调查和加征关税等措施来制造贸易摩擦,这会降低中国企业的出口数量和进入国外市场的意愿,直接造成中国企业的净收益的下滑（Benguria,2019;Crowley 等,2018）。同时,贸易摩擦也会加剧中国企业的进口成本和贸易案件应对的诉讼成本,进而增加企业的营业成本并降低企业的净收益。非贸易类企业的净收益也可能因为产业和行业间的密切关联而间接受到负向冲击。第三,贸易摩擦引发的外部不确定性会导致中国的汇市、股市和债市的波动加大（Huang,et al.,2018;方意等,2019）。人民币汇率的波动会导致中国企业的汇兑的不确定性增加;中国企业的股价波动会导致企业融资的不确定性增加;中国企业的债券价格波动会导致企业违约的不确定性增加,即资产价格波动导致企业经营的不确定性增大。此外,由于外部的不确定性导致中国企业产品价格波动和供给变化,美国对中国企业中间产品和关键技术供给的垄断,也会增大企业生产经营的不确定性,企业风险可能加大。

基于以上分析,本部分提出如下假设:

假设1:美国加息导致中国企业的融资成本上升、净收益下滑和风险上升。

假设2:贸易摩擦导致中国企业的融资成本上升、净收益下滑和风险上升。

三、美国利率调整和贸易摩擦对中国企业影响的实证检验

（一）变量、数据和模型构建

1. 变量选取

本部分的被解释变量为融资成本、净收益和风险,分别用利息支出占总负债的比例、净利润占营业收入的比例、贝塔系数替代。核心解释变量为美国利率与贸易摩擦,分别用美国联邦基金利率和贸易差额波动率替代①。控制变量包括

---

① 本部分使用 EGARCH(1,1)模型来提取中美贸易差额的波动率,考虑到季节因素的影响,使用季节调整后的季频数据。数据显示,中美贸易差额的波动率在特定年份体现出较大数值,在大幅波动的背后都对应着特定的贸易摩擦事件。例如 2004 年至 2005 年间,中美贸易差额波动率较大,背景是美国单方面挑起一系列的贸易摩擦,主要以配额和反倾销等手段对中国的纺织品、家电和钢铁等商品实施打压。2018 年之后,中美贸易差额波动率再度加大,背景是美国借口"301 调查"的结果推动贸易摩擦升级,最终演变为贸易战。因此,利用 EGARCH 测算的中美贸易差额波动率与现实较为吻合,贸易差额波动率应当是贸易摩擦程度的较好替代指标。

资产(总资产规模)、资产结构(固定资产占总资产的比例)、资产周转率(营业
收入对资产总额的比值)、流动性(流动资产对流动负债的比值)、负债水平
(总负债对总资产的比值)、亏损状况(净利润为正取 0,净利润为负取 1)、资
本支出(购买固定资产、无形资产及其他长期资产支付的现金与总资产的比
值)、成长性(营业收入增长率)、股权集中度(前十大股东持股比例)、审计状
况(标准审计意见为 0,其他为 1)、独立董事(独立董事人数对董事会总人数
的比例)、企业存活年限(从企业成立之日起至该会计日期的时间长度)。除
了以上企业层面的指标之外,本部分还考虑了宏观经济变量指标,包括经济增
长(GDP 增速)、银行贷款规模(银行贷款余额对 GDP 总额的比例)、银行信贷
增速(银行信贷供给的增长率)、财政补贴(政府对企业的财政补贴比例)、物
价水平(CPI 同比增长率)、贸易水平(进出口贸易增长率)。变量选取具体如
表 10-5 所示。

表 10-5　美国利率调整和贸易摩擦对中国企业影响研究的变量选取

变量类型	变　量	度量指标	参考文献
被解释变量	融资成本($Fincost$)	利息支出占总负债的比例	王营和曹廷求(2014)
	净收益($Nirsale$)	净利润占营业收入的比例	张杰等(2011)
	风险($Risk$)	贝塔系数	张敏和黄继承(2009)
解释变量	美国利率($Fedrate$)	美国联邦基金利率	孙焱林和张倩婷(2016)
	贸易摩擦($TFriction$)	贸易差额波动率〔利用 EGARCH (1,1)模型测算〕	徐梅(2019)
控制变量	资产($Lnasset$)	总资产(取自然对数)	芦锋和赵雯雯(2019)
	资产结构($Fassetratio$)	固定资产/总资产	刘晓光和刘元春(2019)
	资产周转率($Tassettr$)	营业收入/资产总额	王凡林和张继德(2018)
	流动性($Liquidity$)	流动资产/流动负债	张伟华等(2018)
	负债水平($Debtratio$)	总负债/总资产	倪娟等(2019)
	亏损状况($Loss$)	净利润为负取 1;净利润为正取 0	周楷唐等(2017)
	资本支出($Cpayratio$)	购买固定资产、无形资产及其他长期资产支付的现金与总资产的比值	张敏等(2018)
	成长性($gIncome$)	营业收入增长率	刘志远等(2017)
	股权集中度($Sharehold$)	前十大股东持股比例	顾奋玲和解角羊(2018)
	审计状况($Audit$)	标准审计意见为 0;其他为 1	倪娟等(2019)

变量类型	变 量	度量指标	参考文献
控制变量	独立董事(*Inddirector*)	独立董事人数/董事会总人数	张伟华等(2018)
	企业存活年限(*Year*)	从企业成立之日起至该会计日期的时间长度	宋建波等(2017)
	经济增长(*gGDP*)	GDP 增速	严楷等(2019)
	银行信贷规模(*Loan*)	银行贷款余额/GDP 总额	沈红波等(2010)
	银行信贷增速(*gLoan*)	银行信贷供给的增长率	刘海明和曹廷求(2017)
	财政补贴(*Grant*)	政府对企业的财政补贴比例	柳光强(2016)
	物价水平(*CPI*)	CPI 同比增长率	罗勇根等(2018)
	贸易水平(*Trade*)	进出口贸易增长率	钱学锋和龚联梅(2017)

2. 数据处理

本部分的企业变量选取的是中国 A 股上市企业的财务报表相关指标数据,数据主要来源于国泰安数据库和 Wind 数据库。我们对企业样本数据做如下处理:(1)剔除金融行业企业样本;(2)剔除 ST 和 * ST 企业样本;(3)剔除上市时间不足三年的企业样本;(4)剔除企业融资成本小于 0 和大于 50% 的异常企业样本;(5)剔除相关指标及数据缺损的企业样本。最终,我们保留 1846 家上市公司,共 35572 个公司—半年度样本。本部分的解释变量度量指标美国联邦基金利率数据来源于美联储官网,宏观经济变量数据主要来源于 Wind 数据库以及 EPS 数据库。为了避免异常值对研究结果的干扰,我们对所有连续变量做 1% 和 99% 的 Winsorize 缩尾处理。本部分数据为 2004 年 6 月—2018 年 12 月半年度频率的非平衡面板数据。

3. 模型构建

根据已有学者对中国企业的成本、净收益和风险的问题研究,并结合我们所研究的具体问题,确定美国利率调整和贸易摩擦对中国企业影响的研究模型如下:

$$FinCost_{it} = \alpha_1 + \beta_1 Fedrate_t + \varphi_1 TFriction_t + \gamma_1 Control_{it} + \varepsilon_{1\ it} \qquad (1)$$

$$Nirsale_{it} = \alpha_2 + \beta_2 Fedrate_t + \varphi_2 TFriction_t + \gamma_2 Control_{it} + \varepsilon_{2\ it} \qquad (2)$$

$$Risk_{it} = \alpha_3 + \beta_3 Fedrate_t + \varphi_3 TFriction_t + \gamma_3 Control_{it} + \varepsilon_{3\ it} \qquad (3)$$

其中，$FinCost_{it}$、$NirSale_{it}$、$Risk_{it}$ 这三个变量，分别为企业的融资成本、净收益和风险。$Fedrate_t$ 为解释变量美国利率，$TFriction_t$ 为解释变量贸易摩擦。$Control_{it}$ 为控制变量集。α_j、β_j、φ_j、γ_j、δ_j（$j = 1,2,3$）分别为截距项、美国利率、贸易摩擦、控制变量集对企业（融资成本、净收益和风险）的影响系数，ε_{jit}（$j = 1,2,3$）为随机误差项。考虑到个体异方差对参数估计结果的影响，本部分采用异方差稳健标准误估计。考虑到变量时间趋势可能造成的伪回归以及行业和产权性质的影响，我们采用了时间、行业和产权的虚拟变量控制时间效应、行业效应和产权效应。

（二）美国利率调整和贸易摩擦对中国企业的实证检验结果

1. 美国利率调整和贸易摩擦对中国企业融资成本的检验结果

表10-4检验了美国利率调整和贸易摩擦对中国企业融资成本的影响。模型（1）控制了企业自身因素的影响，$Fedrate$ 的系数为 0.0215 并且显著。模型（2）在模型（1）的基础上控制了国内宏观因素的影响，$Fedrate$ 的系数仍然显著为正，结论保持不变，证明了假设1的第一部分，即美国加息导致中国企业的融资成本上升。在模型（2）的基础上，模型（3）和（4）还考查了企业自身规模（$Lnasset$）和银行信贷规模（$Loan$）对美国加息影响中国企业融资成本的调节作用。在模型（3）中，$Lnasset \times Fedrate$ 的系数显著为负，即企业的资产规模能够显著降低美国加息对企业融资成本的推升作用。这意味着，由于中小企业的资产规模相对较小，美国加息对中小企业融资成本的负向冲击较之于大企业来说可能更为严重。模型（4）中，$Loan \times Fedrate$ 的系数显著为负，即信贷投放量越多越能够降低美国加息对企业融资成本的推升作用。所以，在美国加息的背景下，如果主要考虑中国国内情况并适当兼顾外部平衡，则中国央行应当适时释放流动性，加大商业银行对中小企业的信贷供给，降低中小企业的融资成本。此外，贸易摩擦（$TFriction$）变量的系数显著为正，证明了假设2的第一部分，即贸易摩擦导致中国企业融资成本的上升。这可能是由于贸易摩擦恶化了企业的融资环境。特朗普政府对美国企业的保护和对中国企业的打压，使得中国企业在美国的融资难度加大，如中国在美股上市的企业出现了停牌甚至退市。贸易摩擦可能造成中国短期资本跨境流出加大，中国企业的资金供给减少。贸易摩擦加剧较之于美国加息对企业的融资成本的推升作用更强。其他控制变量基本符合经

济学预期。

表 10-6 美国利率调整和贸易摩擦对中国企业融资成本的影响

变量\模型	（1）	（2）	（3）	（4）
Fedrate	0.0215 ***	0.0212 ***	0.0252 ***	0.0215 ***
	（35.91）	（35.07）	（25.31）	（34.66）
TFriction	0.0455 ***	0.0482 ***	0.0480 ***	0.0481 ***
	（25.65）	（25.20）	（25.06）	（25.10）
Lnasset	−0.0004 ***	−0.0003 ***	−0.0002 **	−0.0004 ***
	（−6.12）	（−5.94）	（−2.56）	（−5.96）
Fassetratio	0.0186 ***	0.0186 ***	0.0186 ***	0.0185 ***
	（43.25）	（42.78）	（42.95）	（42.78）
Tassettr	−0.0031 ***	−0.0031 ***	−0.0030 ***	−0.0031 ***
	（−14.34）	（−14.25）	（−14.07）	（−14.22）
Liquidity	−0.0009 ***	−0.0009 ***	−0.0009 ***	−0.0009 ***
	（−10.93）	（−10.91）	（−10.81）	（−10.93）
Debtratio	0.0106 ***	0.0105 ***	0.0105 ***	0.0105 ***
	（21.06）	（20.88）	（20.78）	（20.87）
Loss	0.0020 ***	0.0020 ***	0.0019 ***	0.0020 ***
	（9.89）	（9.90）	（9.86）	（9.93）
Cpayratio	−0.0276 ***	−0.0275 ***	−0.0270 ***	−0.0275 ***
	（−16.08）	（−16.04）	（−15.66）	（−16.00）
gIncome	−0.0007 ***	−0.0007 ***	−0.0007 ***	−0.0007 ***
	（−10.39）	（−10.41）	（−10.34）	（−10.40）
Sharehold	−0.0001 ***	−0.0001 ***	−0.0001 ***	−0.0001 ***
	（−17.58）	（−17.54）	（−17.71）	（−17.55）
Audit	0.0019 ***	0.0019 ***	0.0019 ***	0.0019 ***
	（5.32）	（5.30）	（5.29）	（5.30）
Inddirector	0.0018 *	0.0019 *	0.0019 *	0.0019 *
	（1.67）	（1.77）	（1.71）	（1.77）
Year	−0.0000 *	−0.0000 *	−0.0000 *	−0.0000 *
	（−1.65）	（−1.83）	（−1.78）	（−1.83）
gGDP		−0.0002 ***	−0.0002 ***	−0.0002 ***
		（−4.30）	（−4.14）	（−4.14）
Loan		−0.0005 ***	−0.0005 ***	−0.0003 *
		（−3.64）	（−3.61）	（−1.91）
Lnasset×Fedrate			−0.0002 ***	
			（−5.18）	

续表

变量\模型	（1）	（2）	（3）	（4）
Loan×Fedrate				−0.0002^{**}
				（−2.22）
时间固定效应	是	是	是	是
行业固定效应	是	是	是	是
产权固定效应	是	是	是	是
常数项	−0.0276^{***}	−0.0261^{***}	−0.0300^{***}	−0.0264^{***}
	（−13.25）	（−12.40）	（−13.25）	（−12.51）
样本量	35572	35572	35572	35572
F 统计量	434.7157	420.0966	413.3665	412.9572
调整的 R^2	0.3775	0.3779	0.3784	0.3780

注:括号内为参数估计的 t 统计量,^{***}、^{**}、[*]分别代表估计系数在 1%、5%、10%显著性水平下显著,下同。

2. 美国利率调整和贸易摩擦对中国企业净收益的影响检验结果

表 10-7 检验了美国利率调整和贸易摩擦对中国企业净收益的影响。模型
（1）控制了企业自身因素的影响,*Fedrate* 的系数为−0.0312 并且显著。模型（2）
在模型（1）的基础上控制了国内宏观因素的影响,*Fedrate* 的系数仍然显著为负,
结论保持不变,证明了假设 1 的第二部分,即美国加息导致中国企业的净收益下
滑。在模型（2）的基础上,模型（3）和（4）还考查了企业自身规模(*Lnasset*)和中
国央行货币政策(*Loan*)对美国加息影响中国企业净收益的调节作用。在模型
（3）中,*Lnasset×Fedrate* 的系数显著为正,即企业的资产规模能够显著降低美国
加息对企业净收益的负向作用。这说明美国加息对于资产规模相对较小的中小
企业的净收益较之于大企业的负向冲击作用更强。在模型（4）中,*Loan×Fedrate*
的系数显著为正,即信贷投放量越多越能够改善美国加息对企业净收益的负向
作用。虽然信贷规模(*Loan*)变量对企业净收益的影响总体来说并不显著,但是
信贷规模能够削弱美国加息对中国企业净收益的负向冲击。所以,为了中小企
业的发展考虑,中国央行应实施宽松的货币政策,增大商业银行向中小企业定向
流动性的投放。此外,贸易摩擦(*TFriction*)变量的系数显著为负,证明了假设 2
的第二部分,即贸易摩擦导致中国企业的净收益下滑。这主要是中美贸易摩擦
的背景下,美国对中国企业加征关税、实施反倾销反补贴调查、减少对中国企

的中间产品和技术供应以及中国对美国商品加征关税,这会造成中国企业的出口量减少、诉讼成本上升、中国企业的生产经营不确定性增大,中国企业向美国进口的成本增加,也会造成中国企业形成连锁反应,中国企业的净收益会出现下滑。贸易摩擦加剧较之于美国加息导致了中国企业净收益下滑得更多。其他控制变量也基本符合经济学预期。

表 10-7　美国利率调整和贸易摩擦对中国企业净收益的影响

变量\模型	(1)	(2)	(3)	(4)
Fedrate	−0.0312***	−0.0271***	−0.0741***	−0.0332***
	(−4.63)	(−3.97)	(−6.51)	(−4.75)
TFriction	−0.0459*	−0.0803***	−0.0780***	−0.0774***
	(−1.94)	(−3.25)	(−3.16)	(−3.13)
Lnasset	0.0136***	0.0137***	0.0117***	0.0137***
	(21.41)	(21.39)	(15.66)	(21.44)
Fassetratio	−0.0528***	−0.0529***	−0.0535***	−0.0529***
	(−11.39)	(−11.34)	(−11.45)	(−11.34)
Tassettr	−0.0425***	−0.0427***	−0.0431***	−0.0428***
	(−25.63)	(−25.72)	(−25.94)	(−25.79)
Liquidity	0.0018*	0.0017*	0.0016*	0.0017*
	(1.87)	(1.82)	(1.72)	(1.85)
Debtratio	−0.1791***	−0.1798***	−0.1791***	−0.1797***
	(−29.89)	(−29.82)	(−29.73)	(−29.81)
Loss	−0.2256***	−0.2255***	−0.2255***	−0.2256***
	(−73.39)	(−73.39)	(−73.43)	(−73.44)
Cpayratio	0.1588***	0.1571***	0.1503***	0.1556***
	(9.57)	(9.47)	(9.07)	(9.39)
gIncome	0.0028***	0.0029***	0.0028***	0.0028***
	(3.54)	(3.56)	(3.48)	(3.53)
Sharehold	0.0005***	0.0005***	0.0005***	0.0005***
	(12.57)	(12.68)	(12.90)	(12.70)
Audit	−0.0554***	−0.0553***	−0.0552***	−0.0553***
	(−10.03)	(−10.00)	(−9.99)	(−10.00)
Inddirector	−0.0231**	−0.0245**	−0.0238**	−0.0246**
	(−2.08)	(−2.21)	(−2.15)	(−2.22)
Year	0.0011***	0.0011***	0.0011***	0.0011***
	(8.12)	(8.24)	(8.19)	(8.23)

续表

变量\模型	（1）	（2）	（3）	（4）
$gGDP$		0.0020^{***}	0.0019^{***}	0.0019^{***}
		（4.64）	（4.46）	（4.35）
$Loan$		0.0019	0.0019	-0.0016
		（1.44）	（1.40）	（−1.05）
$Lnasset \times Fedrate$			0.0021^{***}	
			（5.36）	
$Loan \times Fedrate$				0.0037^{***}
				（4.22）
时间固定效应	是	是	是	是
行业固定效应	是	是	是	是
产权固定效应	是	是	是	是
常数项	-0.0938^{***}	-0.1082^{***}	-0.0625^{**}	-0.1031^{***}
	（−3.84）	（−4.39）	（−2.37）	（−4.17）
样本量	35572	35572	35572	35572
F 统计量	242.4821	234.0733	230.1323	230.1913
调整的 R^2	0.4714	0.4718	0.4723	0.4720

3. 美国利率调整和贸易摩擦对中国企业风险的影响检验结果

表 10−6 检验了美国利率调整和贸易摩擦对中国企业风险的影响。模型（1）控制了企业自身因素的影响，$Fedrate$ 的系数为 0.0727，并且显著。模型（2）在模型（1）的基础上控制了国内宏观因素的影响，$Fedrate$ 的系数仍然显著为正，结论保持不变，证明了假设 1 的第三部分，即美国加息导致中国企业的风险上升。在模型（2）的基础上，模型（3）和（4）还考察了企业自身规模（$Lnasset$）和信贷规模（$Laon$）对美国加息影响中国企业净收益的调节作用。在模型（3）中，$Lnasset \times Fedrate$ 的系数显著为正，即企业的资产规模能够显著降低美国加息对企业风险的推升作用。这说明美国加息对中小企业的风险较之于大企业更大。模型（4）中，$Loan \times Fedrate$ 的系数尽管为负，但不显著。这说明信贷规模对降低美国加息对企业风险的推升作用并不明显。这可能是因为信贷投放量加大为企业提供了资金支持，有利于降低外部冲击，但是也可能导致了企业的负债增加，企业杠杆率上升又会推高企业的风险。此外，贸易摩擦（$TFriction$）变量的系数

显著为正,证明了假设 2 的第三部分,即贸易摩擦导致中国企业的风险上升。这主要是因为:贸易摩擦导致了企业经营的市场环境的不确定性增加,贸易摩擦加大了中国的股市、汇市和债市的波动,企业面临的风险增大。此外,贸易摩擦带来的外部和内部需求变化以及美国减少对中国企业的中间产品的供应也会增大企业风险。贸易摩擦加剧较之于美国加息对中国企业的风险提升更多。其他控制变量也基本符合经济学预期。综上,本部分的假设 1 和假设 2 均成立。

表 10-8　美国利率调整和贸易摩擦对中国企业风险的影响

变量\模型	(1)	(2)	(3)	(4)
Fedrate	0.0727**	0.0748**	0.2053***	0.0807***
	(2.48)	(2.54)	(4.96)	(2.70)
TFriction	0.8276***	0.8093***	0.8029***	0.8065***
	(7.86)	(7.48)	(7.41)	(7.45)
Lnasset	0.0241***	0.0243***	0.0300***	0.0243***
	(10.47)	(10.49)	(11.20)	(10.48)
Fassetratio	-0.0216	-0.0226	-0.0209	-0.0226
	(-1.41)	(-1.46)	(-1.36)	(-1.47)
Tassettr	-0.0283***	-0.0283***	-0.0271***	-0.0282***
	(-4.38)	(-4.39)	(-4.19)	(-4.37)
Liquidity	0.0010	0.0010	0.0012	0.0010
	(0.41)	(0.39)	(0.49)	(0.38)
Debtratio	0.0974***	0.0962***	0.0942***	0.0961***
	(5.59)	(5.48)	(5.36)	(5.47)
Loss	0.0503***	0.0504***	0.0502***	0.0505***
	(6.96)	(6.98)	(6.95)	(6.99)
Cpayratio	-0.3890***	-0.3907***	-0.3719***	-0.3892***
	(-6.70)	(-6.73)	(-6.40)	(-6.71)
gIncome	-0.0021	-0.0021	-0.0019	-0.0021
	(-0.91)	(-0.91)	(-0.82)	(-0.90)
Sharehold	-0.0020***	-0.0020***	-0.0021***	-0.0020***
	(-13.52)	(-13.45)	(-13.61)	(-13.46)
Audit	0.0307**	0.0308**	0.0305**	0.0308**
	(2.49)	(2.50)	(2.48)	(2.49)
Inddirector	-0.0092	-0.0100	-0.0121	-0.0099
	(-0.21)	(-0.23)	(-0.28)	(-0.23)
Year	-0.0016***	-0.0016***	-0.0016***	-0.0016***
	(-3.23)	(-3.23)	(-3.19)	(-3.23)

续表

变量\模型	（1）	（2）	（3）	（4）
gGDP		0.0009	0.0011	0.0010
		（0.60）	（0.75）	（0.68）
Loan		−0.0021	−0.0019	0.0013
		（−0.39）	（−0.36）	（0.22）
Lnasset×Fedrate			−0.0057***	
			（−4.55）	
Loan×Fedrate				−0.0036
				（−1.10）
时间固定效应	是	是	是	是
行业固定效应	是	是	是	是
产权固定效应	是	是	是	是
常数项	0.0027	−0.0020	−0.1287	−0.0070
	（0.03）	（−0.02）	（−1.18）	（−0.07）
样本量	35572	35572	35572	35572
F 统计量	217.6841	209.7890	205.9421	206.0673
调整的 R^2	0.2381	0.2381	0.2385	0.2381

（三）稳健性检验

影响企业成本、净收益和风险的因素很多，除了上述影响因素外，还可能存在其他的影响因素没有考虑到，从而因为遗漏解释变量产生内生性问题。也可能由于指标选取不合理，出现度量偏差，导致结果不稳健。为此，本部分采取如下方式验证上述结论的稳健性：

首先，在主体检验的基础上，补充财政补贴、物价水平、信贷增速和贸易增速等宏观经济控制变量。其中，财政补贴使用企业获得的财政补贴除以企业总资产来度量，贸易增速使用贸易累积同比增长率来度量。数据均来源于 WIND 数据库。

其次，更换相关指标。其中，企业融资成本使用利息支出、手续费和其他财务费用的总额对总负债的比例来度量。企业风险使用 Z 值来度量，以往学者（翟胜宝等，2014）常用 Z 值来衡量企业的破产风险，Z 值越小则风险越高，Z 值越大则风险越低。数据均来源于 WIND 数据库。

再次,我们使用贸易摩擦变量一阶滞后项($LTFriction$)来消除可能存在的双向因果关系。

以上稳健性检验的结果请见附录的表 10-10 至表 10-12。数据显示,在改变技术方法、更换相关指标和讨论了变量的滞后影响之后,贸易战与美国利率调整对中国企业影响的趋势没有发生改变,说明论文分析结论非常稳健,能够基于此进行经济学解释。

四、进一步分析:美国利率调整和贸易摩擦对中国企业影响的异质性检验

(一)美国利率调整和贸易摩擦对中国不同产权形式企业的影响

表 10-9 为美国加息对国有和非国有企业影响的检验结果。第一,美国加息对国有企业和非国有企业的融资成本的影响差距并不大。可能的解释是:尽管国有企业在融资层面具有先天的优势,但是中国政府和监管部门逐渐开始关注非国有(尤其是民营企业)的发展,实施了一系列的定向货币政策调控措施和财政补贴政策(包括税收优惠),为改善民营企业融资环境做出了巨大努力。第二,美国加息造成了非国有企业净收益显著下降,但对国有企业净收益的负向冲击并不显著。可能的解释是:国有企业的经营规模相对较大,经营业务范围较广,占据的市场份额较大,在某些行业可能对国内市场定价形成了垄断,而非国有企业则正好相反。当面临美国加息的外部冲击时,非国有企业的市场份额可能会较大程度地削减,加之国内外需求减少导致行业内企业竞争加剧,企业产品价格下滑和净收益减少。第三,美国加息造成非国有企业的风险显著上升,但对国有企业风险的影响并不显著。可能的解释是:与非国有企业相比,国有企业自身的风险抵御能力较强。国有企业的资产规模往往较大并且还存在隐性担保的优势。国有企业(尤其是大型国有企业)的风险是系统性风险的重要组成部分,也是稳定市场信心的重要利器。即使国有企业发生破产风险,也可能会得到政府的救助。此外,贸易摩擦加剧对国有和非国有企业的融资成本的影响差距亦不大。贸易摩擦导致非国有企业的净收益显著下降,但对国有企业净收益的影响不显著。贸易摩擦加剧造成了国有企业和非国有企业的风险显著上升。总体来看,美国加息和贸易摩擦对于非国有企业的负向压制作用更强。

表 10-9　美国利率调整和贸易摩擦对国有和非国有企业的影响

被解释变量	融资成本		净收益		风　险	
解释变量\产权	国有	非国有	国有	非国有	国有	非国有
Fedrate	0.0216***	0.0203***	−0.0066	−0.0458***	0.0634	0.0845**
	(26.58)	(22.48)	(−0.78)	(−4.40)	(1.55)	(1.98)
TFriction	0.0481***	0.0493***	−0.0251	−0.0935**	0.5018***	1.1921***
	(19.06)	(16.36)	(−0.79)	(−2.37)	(3.40)	(7.35)
其他控制变量	控制	控制	控制	控制	控制	控制
时间固定效应	是	是	是	是	是	是
行业固定效应	是	是	是	是	是	是
常数项	−0.0268***	−0.0307***	−0.1389***	−0.1662***	0.1588	0.0283
	(−9.85)	(−8.64)	(−4.52)	(−4.02)	(1.13)	(0.17)
样本量	20265	15307	20265	15307	20265	15307
F 统计量	271.4989	167.5922	147.8013	96.7924	106.8601	125.5590
调整的 R^2	0.4072	0.3496	0.4767	0.4868	0.2043	0.2914

（二）美国利率调整和贸易摩擦对中国不同行业的企业的影响

表 10-10 为美国利率调整和贸易摩擦对中国不同行业企业影响的检验结果。第一，美国加息对制造业与非制造业融资成本的影响差异不大。可能的解释是：美国加息造成的资本外流可能是来自非制造业，但是中国国内资金"脱实向虚"的问题仍然存在，制造业资金可能会部分流向非制造业。制造业本身资金使用周期较长且融资难度较大，低端制造业受国内供给侧结构性改革的影响较大。但是，中国政府大力支持高端制造业发展，为高端制造业发展提供了资金支持。第二，美国加息导致了制造业净收益的显著下降，对非制造业净收益的影响并不显著。可能的解释是：美国加息导致中国国内的总需求下降和商品价格下跌。尽管美国加息可能导致中国出口数量的增加，但是企业的原材料和中间产品的进口成本增加。而非制造业提供的服务价格可能并不直接受美国加息直接影响。第三，美国加息导致了制造业的风险上升，但对非制造业的影响并不显著。可能的解释是：制造业较之非制造业的风险抵抗能力较弱，相比非制造业的

企业受外汇风险的影响较大。加之国内外产品需求的变动,导致了制造业企业生产经营的不确定性增加。此外,贸易摩擦导致制造业和非制造业的融资成本显著增加。贸易摩擦导致了制造业的净收益显著下滑,对非制造业的负向影响并不显著。贸易摩擦均造成了制造业和非制造业企业的风险显著上升,但对制造业风险的影响程度更大。总体来看,美国加息和贸易摩擦对于制造业企业的负向压制作用更强。

表 10-10 美国利率调整和贸易摩擦对制造业和非制造业企业的影响

被解释变量	融资成本		净收益		风 险	
解释变量\产权	制造业	非制造业	制造业	非制造业	制造业	非制造业
Fedrate	0.0201***	0.0223***	-0.0365***	-0.0167	0.1639***	-0.0018
	(24.77)	(24.85)	(-4.61)	(-1.49)	(3.95)	(-0.04)
TFriction	0.0427***	0.0499***	-0.0763***	-0.0634	0.9088***	0.7823***
	(16.16)	(18.00)	(-2.66)	(-1.57)	(5.89)	(5.10)
其他控制变量	控制	控制	控制	控制	控制	控制
时间固定效应	是	是	是	是	是	是
产权固定效应	是	是	是	是	是	是
常数项	-0.0215***	-0.0330***	-0.1324***	-0.1429***	-0.5210***	0.2692*
	(-7.54)	(-11.22)	(-4.50)	(-3.77)	(-3.48)	(1.86)
样本量	17696	17876	17696	17876	17696	17876
F 统计量	308.7246	216.9637	136.4746	144.0444	146.4288	121.1204
调整的 R^2	0.4152	0.3384	0.4755	0.4580	0.2565	0.2168

(三)美国利率调整和贸易摩擦对不同区域企业的影响

表 10-11 为美国利率调整和贸易摩擦对中国不同区域企业的影响结果。第一,美国加息对东部地区和中西部地区企业的融资成本的影响差异不大。可能的解释是:东部地区均为资金密集区,美国加息造成的资本流出多来自于东部地区,但是中西部地区的部分资金又会流向东部地区以追求更高的收益率。第二,美国加息对东部地区和中西部地区企业的净收益均造成了显著的负向冲击,对中西部地区企业的负向冲击更大。可能的解释是:东部地区的企业占据的市

场份额较大,而中西部企业占据的市场份额较小。即使是美国加息直接影响了东部地区企业的市场需求,降低了东部地区企业的产品价格和居民的消费能力,但由于东部地区企业的生产效率较之中西部地区企业存在比较优势,也会稀释中西部地区企业的净收益。第三,美国加息造成了中西部地区企业的风险显著上升,但对东部地区企业风险的推升作用并不显著。可能的解释是:中西部地区企业由于生产效率和管理水平低于东部地区企业,以及中西部地区企业所处的行业结构对自然资源过度依赖,导致其抵御外部冲击的能力较弱,进而美国加息对中西部地区企业的风险推升作用更大。此外,贸易摩擦加剧造成东部地区企业和中西部地区企业的融资成本显著上升。贸易摩擦造成了中西部地区企业的净收益显著下降,但是对东部地区企业净收益的负向作用并不显著。贸易摩擦造成了东部和中西部地区企业的风险显著上升。总体来看,美国加息和贸易摩擦对中西部地区企业的负向压制作用更强。

表 10-11   美国利率调整和贸易摩擦对东部和中西部企业的影响

被解释变量	融资成本		净收益		风险	
解释变量/地区	东部地区	中西部地区	东部地区	中西部地区	东部地区	中西部地区
Fedrate	0.0205***	0.0220***	−0.0281***	−0.0376***	0.0371	0.1278**
	(27.60)	(21.10)	(−3.31)	(−3.27)	(1.04)	(2.44)
TFriction	0.0476***	0.0516***	−0.0220	−0.0919**	0.8643***	0.8879***
	(18.84)	(15.81)	(−0.69)	(−2.21)	(6.42)	(4.61)
其他控制变量	控制	控制	控制	控制	控制	控制
时间固定效应	是	是	是	是	是	是
产权固定效应	是	是	是	是	是	是
行业固定效应	是	是	是	是	是	是
常数项	−0.0198***	−0.0388***	−0.0621**	−0.1824***	0.0572	−0.2674
	(−7.64)	(−10.38)	(−2.06)	(−4.21)	(0.45)	(−1.43)
样本量	23620	11952	23620	11952	23620	11952
F 统计量	265.4001	162.9705	148.4944	91.3699	145.8789	69.4261
调整的 R^2	0.3728	0.3915	0.4553	0.5079	0.2474	0.2306

五、结论与政策建议

本节基于贸易摩擦的背景,利用中国 A 股上市公司的微观数据建立面板数据回归模型,从融资成本、净收益和风险三个层面实证检验了美国利率调整对中国企业的影响。研究结果显示:美国利率调整和贸易摩擦对中国企业有较强的负向压制作用,导致中国企业的融资成本上升、净收益下降和风险上升。美国的利率调整与贸易摩擦对中国企业产生了异质性影响,对非国有企业、制造业企业和中西部地区企业的净收益和风险的负向冲击较大。贸易摩擦对非国有企业、制造业企业和中西部地区企业的成本、净收益和风险的负向冲击更大。企业资产规模扩张和商业银行流动性投放有利于缓解美国利率调整和贸易摩擦造成的负向冲击。针对研究结论,提出如下政策建议。

第一,建议央行加大定向调控的力度,关注实体企业发展,利用形式多样的定向调控来引导资金流向受影响较大的行业与产业。金融危机发展到今天,世界各国普遍意识到"大水漫灌"式的释放资金的副作用很大,大量泛滥的流动性不一定进入资金紧缺的实体经济与行业,反而容易流入资本市场,造成虚拟经济的过度繁荣。为了尽量降低"脱实向虚"的程度,央行可以考虑实施形式更多样化、结构调整功能更强的定向调控,缓解中小企业融资难和融资贵,引导资金流向受到贸易摩擦与美国利率调整影响更大的行业与产业。

第二,建议政府加大对非国有企业、制造业和中西部地区企业的支持力度,提高生产效率与企业活力。近年来,中国企业尤其是非国有企业、制造业和中西部地区企业的发展面临着诸多挑战,融资、市场份额与定价以及风险担保等受到越来越大的压力。政府可以考虑加大对民营企业的支持力度,以民营企业的发展激发市场活力,带动国有企业运作效率的提高。大力推进制造业企业的供给侧结构性改革,实时关注外部冲击的影响,防止经济出现较大滑坡。改善中西部地区企业的生存环境,推动中西部地区企业产业结构优化升级和生产效率提高。

第三,建议积极应对贸易摩擦,加强本国企业自主创新能力的提高。政府首先应当积极推进双方合作,实现本国企业效益最大化,但如果协商洽谈无效贸易争端加剧,可以考虑采取必要的反制措施以促使美方减少对中国企业的打压。政府应当大力发展高新技术产业,诸如电子通信、互联网技术、人工智能、新能源等领域,推动企业技术进步,防止中国企业对美国技术和产品过度依赖。同时积极推进"一带一路"建设,开拓其他国家市场,降低中国企业对美国市场的依存度。中国企业也应当努力提高自身产品和服务的质量,稳定本国市场需求,提高企业的产品和服务在国际市场上的竞争力。

附录:

表 10-12　贸易摩擦背景下美国利率调整对中国企业的影响(增补变量的稳健性检验)

变　量	成　本	净收益	风　险
Fedrate	0.0214 ***	−0.0299 ***	0.0830 ***
	(34.67)	(−4.31)	(2.80)
TFriction	0.0482 ***	−0.0696 ***	0.8364 ***
	(23.32)	(−2.66)	(7.48)
控制变量	控制	控制	控制
时间固定效应	是	是	是
行业固定效应	是	是	是
产权固定效应	是	是	是
常数项	−0.0263 ***	−0.1191 ***	−0.0036
	(−12.39)	(−4.78)	(−0.03)
样本量	35572	35572	35572
F 统计量	391.9631	218.6680	195.9037
调整的 R^2	0.3781	0.4721	0.2386

表 10-13　资产规模和信贷规模对美国利率调整影响企业的调节作用
(增补变量的稳健性检验)

变　量	成　本		净收益		风　险	
Fedrate	0.0253 ***	0.0217 ***	−0.0764 ***	−0.0351 ***	0.2085 ***	0.0893 ***
	(25.24)	(34.35)	(−6.68)	(−4.96)	(5.03)	(2.97)

续表

变　量	成　本		净收益		风　险	
TFriction	0.0481 ***	0.0485 ***	-0.0684 ***	-0.0744 ***	0.8333 ***	0.8422 ***
	(23.26)	(23.41)	(-2.61)	(-2.84)	(7.45)	(7.53)
Lnasset× Fedrate	-0.0002 ***		0.0021 ***		-0.0056 ***	
	(-5.04)		(5.31)		(-4.39)	
Loan× Fedrate		-0.0002 **		0.0036 ***		-0.0043
		(-2.22)		(3.88)		(-1.26)
控制变量	控制	控制	控制	控制	控制	控制
时间固定效应	是	是	是	是	是	是
行业固定效应	是	是	是	是	是	是
产权固定效应	是	是	是	是	是	是
常数项	-0.0300 ***	-0.0266 ***	-0.0741 ***	-0.1135 ***	-0.1249	-0.0103
	(-13.20)	(-12.51)	(-2.79)	(-4.55)	(-1.14)	(-0.10)
样本量	35572	35572	35572	35572	35572	35572
F 统计量	386.1183	385.7444	215.2170	215.2469	192.5377	192.6724
调整的 R^2	0.3785	0.3781	0.4727	0.4723	0.2390	0.2386

表 10-14　贸易摩擦背景下美国利率调整对中国企业的影响（更换度量指标的稳健性检验）

变　量	成　本	净收益	风　险
Fedrate	0.0223 ***	-0.3003 ***	-1.4037 ***
	(35.90)	(-5.49)	(-9.15)
TFriction	0.0495 ***	-2.8732 ***	-5.8025 ***
	(25.18)	(-13.36)	(-10.03)
控制变量	控制	控制	控制
时间固定效应	是	是	是
行业固定效应	是	是	是
产权固定效应	是	是	是

续表

变 量	成 本	净收益	风 险
常数项	−0.0264***	12.9282***	17.2330***
	(−12.21)	(54.75)	(27.73)
样本量	35572	35572	35572
F统计量	428.6712	395.8852	428.0773
调整的 R^2	0.3798	0.4908	0.6303

表 10-15 资产规模和信贷规模对美国利率调整影响企业的调节作用（更换度量指标的稳健性检验）

变 量	成 本		净收益		风 险	
Fedrate	0.0255***	0.0225***	−2.1958***	−0.3474***	−5.2821***	−1.4342***
	(25.08)	(35.33)	(−21.60)	(−6.12)	(−19.69)	(−9.11)
TFriction	0.0494***	0.0494***	−2.7811***	−2.8509***	−5.6141***	−5.7881***
	(25.07)	(25.10)	(−13.13)	(−13.24)	(−9.82)	(−10.00)
Lnasset× Fedrate	−0.0001***		0.0835***		0.1709***	
	(4.07)		(21.80)		(17.27)	
Loan× Fedrate		−0.0002*		0.0289***		0.0187
		(−1.76)		(3.03)		(0.83)
控制变量	控制	控制	控制	控制	控制	控制
时间固定效应	是	是	是	是	是	是
行业固定效应	是	是	是	是	是	是
产权固定效应	是	是	是	是	是	是
常数项	−0.0295***	−0.0266***	14.7689***	12.9682***	20.9994***	17.2589***
	(−12.68)	(−12.29)	(57.47)	(54.80)	(31.19)	(27.73)
样本量	35572	35572	35572	35572	35572	35572
F统计量	421.5574	421.3749	402.7623	390.2256	424.5020	423.5505
调整的 R^2	0.3800	0.3798	0.4989	0.4909	0.6336	0.6303

表 10-16　贸易摩擦背景下美国利率调整对中国企业的影响
（使用 TFriction 一阶滞后项的稳健性检验）

变量	成本		净收益		风险	
指标	原指标	更换指标	原指标	更换指标	原指标	更换指标
Fedrate	0.0184***	0.0204***	-0.0574***	-0.1544**	0.0529**	-1.2774***
	(22.96)	(24.76)	(-5.65)	(-2.47)	(1.99)	(-7.27)
L.TFriction	0.0369***	0.0330***	-0.1051***	-1.9193***	0.5544***	-3.2546***
	(15.32)	(12.75)	(-3.67)	(-7.91)	(7.14)	(-5.12)
控制变量	控制	控制	控制	控制	控制	控制
时间固定效应	是	是	是	是	是	是
行业固定效应	是	是	是	是	是	是
产权固定效应	是	是	是	是	是	是
常数项	-0.0249***	-0.0093**	0.2469***	11.4966***	0.5698***	14.7160***
	(-10.85)	(-2.32)	(7.83)	(25.67)	(7.56)	(14.49)
样本量	30553	30553	30553	30553	30553	30553
F 统计量	193.8085	212.5157	29.0934	97.0220	123.1514	75.4704
调整的 R^2	0.3813	0.3879	0.2192	0.4831	0.2358	0.6247

表 10-17　贸易摩擦背景下美国利率调整对中国企业的影响
（考虑个体固定效应的稳健性检验）

变量	成本		净收益		风险	
指标	原指标	更换指标	原指标	更换指标	原指标	更换指标
Fedrate	0.0200***	0.0195***	-0.0369***	-0.3461***	0.0484**	-0.6728***
	(36.17)	(21.91)	(-6.24)	(-4.01)	(2.34)	(-2.80)
TFriction	0.0544***	0.0693***	-0.2499***	-3.8147***	0.9461***	-11.4452***
	(22.82)	(10.87)	(-8.93)	(-6.17)	(8.70)	(-6.65)
控制变量	控制	控制	控制	控制	控制	控制
时间固定效应	是	是	是	是	是	是
个体固定效应	是	是	是	是	是	是

续表

变　量	成　本		净收益		风　险	
指标	原指标	更换指标	原指标	更换指标	原指标	更换指标
常数项	-0.0552***	-0.0620***	0.1337**	20.3982***	-0.4182**	33.6075***
	(-8.84)	(-11.85)	(2.25)	(40.21)	(-2.04)	(23.80)
样本量	35572	35572	35572	35572	35572	35572
F统计量	202.0663	572.4804	55.6133	586.5085	153.8269	734.4338
调整的 R^2	0.4038	0.3899	0.3938	0.3961	0.2647	0.4610

第三节　贸易摩擦与美国货币政策调整对中国金融市场的复合影响

一、美国货币政策与贸易政策的频繁调整

近年来美国的货币政策与对外贸易政策一直在频繁调整。2015年至2018年底，美国经济逐渐向好，国内开始出现资本市场泡沫和通胀的苗头，为抑制经济过快发展，美联储实行了紧缩型的货币政策，退出量化宽松并连续九次加息。从2019年开始，美国经济增速放缓，出于对经济预期的担忧，美联储在当年降息三次，进入2020年之后，受到新冠肺炎疫情的影响，美联储实施紧急降息，重回超低利率的货币环境（数据来源：美联储官网）。与此同时，美国政府频频与我国发生大规模的贸易摩擦。例如，美国政府在2018年3月22日，借口"301调查"的结果对中国的出口商品加征高额关税，截止到2019年底，美国对中国商品加征关税的正式生效一共五次，对中国商品额外加征的关税总额达到805亿美元（数据来源：美国贸易代表办公室官网）。

在美国频繁调整货币政策与对外贸易政策的同时，中国金融市场出现了大幅波动。如图10-10所示（数据来源：Wind数据库），在汇率市场上，2015年12月至2017年5月，人民币名义有效汇率指数从125.05下跌至114.73；2017年5

月至 2018 年 5 月,指数从 114.73 上涨至 121.57;2018 年 5 月至 2020 年 4 月,指数又从 121.57 下跌至 117.7。在股票市场上,2015 年 12 月至 2016 年 2 月,沪深 300 指数从 3731 下跌至 2877;2016 年 2 月至 2018 年 1 月,指数从 2877 上涨至 4276;2018 年 1 月至 11 月,指数从 4276 下跌至 3011;2018 年 11 月至 2020 年 4 月,指数又从 3173 上涨至 3913。在债券市场上,2015 年 12 月至 2018 年 1 月,中债全价总指数从 125.69 下跌至 117.94;2018 年 1 月至 2020 年 4 月,指数从 117.94 上涨至 131.59。我们注意到,不论是汇率市场、股票市场还是债券市场,在美国利率调整与贸易摩擦的同期,都出现了大幅波动。

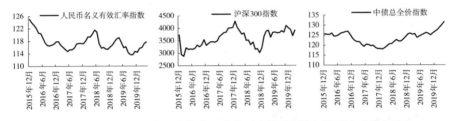

图 10-10 中国金融市场价格水平变化时序图(数据来源:Wind 数据库)

影响中国金融市场出现波动的原因很多,但我们认为,美国利率的频繁调整与大规模贸易摩擦可能起到了较大的推动作用。基于以上思考,本节尝试分析美国利率调整和贸易摩擦对中国金融市场的影响机理,检验两者对中国金融市场的影响效果,尝试使用套期保值的方法对中国金融市场风险进行管理,并据此提出相关政策建议。本节研究的理论意义在于:分析美国利率调整和贸易摩擦的传导机理,完善发达国家的货币政策和贸易政策溢出效应的理论框架,研究中国金融市场的风险管理体系。现实意义在于:讨论特定时期美国利率调整和贸易摩擦的影响效果,为政府和金融监管当局更为精准地进行宏观金融调控和防范系统性金融风险提供决策参考。

通过梳理以往学者的研究文献,我们认为美国利率调整可能主要通过短期资本跨境流动渠道和利率渠道来影响其他国家的金融市场。在汇率市场层面,美国利率上升引发的套利效应和投资替代效应,导致了其他国家的短期资本跨境流出,进而国际投资者对美元的需求增加并对该国货币的需求减少,该国的汇率可能贬值。在股票市场层面,美国利率上升导致了其他国家境外美元债务成本上升和境内外汇占款渠道的货币投放量减少,进而企业经营状况出现恶化和经济增速出现下滑,该国的股票价格可能下跌。在债券市场层面,美国利率上升导致了其他国家的央行同步提高政策利率,进而带动债券市场的到期收益率上升,该国的债券价格可能下跌。综上,本节提出假设1。

假设1:美国利率的频繁调整会导致中国金融市场出现波动。以美国利率上升为例,可能导致中国的汇率贬值、股票价格下跌和债券价格下跌。

通过梳理以往学者的研究文献,我们发现贸易摩擦可能主要通过经济不确定性渠道和总收入渠道来影响其他国家的金融市场。在汇率市场层面,贸易摩擦导致了其他国家和美国的总收入减少,但其他国家往往受损更为严重,根据国际收支说,该国的汇率可能出现贬值。在股票市场层面,贸易摩擦导致了其他国家企业的海外融资难度增加、生产效率降低、销售渠道阻塞和净利润下滑,该国的股票价格可能下跌。在债券市场层面,贸易摩擦导致了其他国家的经济不确定性加大,进而投资者的风险厌恶情绪加强,更加偏好诸如利率类债券等风险较低的资产并增加其持有量,由此导致该国的债券价格可能上涨。此外,因为贸易摩擦改变了两国乃至全球的贸易和经济环境,会影响美国利率政策向其他国家金融市场的传导时间和传导效果,所以贸易摩擦可能扰动美国利率调整对其他国家金融市场的影响效应。综上,本节提出假设2。

假设2:贸易摩擦会导致中国金融市场出现波动,贸易摩擦可以扰动美国利率调整对中国的汇率市场、股票市场和债券市场的影响效应。

二、模型选择与数据处理

(一)模型选择

本节的研究样本为时间序列数据,包含不同经济环境下美国货币政策和贸易政策的多个周期,而且美国货币利率调整和贸易摩擦升级都位于特定的时间点。因为变量间的相互作用可能存在一定的时变特征,并且需要捕捉到特定时点上美国利率调整和贸易摩擦的冲击效果,所以我们使用时变参数向量自回归(TVPVAR)模型对上述假设进行实证检验。TVPVAR模型优势在于可以将不同经济环境下的变量纳入统一的分析框架,能够有效地捕捉变量间相互作用的时变特征;采用贝叶斯估计的方法计算特定时点的脉冲响应函数,能够准确地捕捉特定时点上变量的冲击,进而能够较好地解决本节需要检验的假设。参照 Cogley 和 Sargent(2005)的研究文献,TVPVAR 模型的形式设定如下:

$$Y_t = C_t + \sum_{i=1}^{k} B_{i,t} Y_{t-i} + \varepsilon_t , \ t = k + 1, 2 \cdots T \tag{1}$$

(1)式中 Y_t 为含有 m 个变量的向量集合,$\varepsilon_t \sim N(0, \Phi_t)$,$k$ 为模型的滞后期数,$B_{i,t}$ 是 $m \times m$ 矩阵,假定 $\Phi_t = A_t^{-1} \Sigma_t \Sigma_t' A_t'^{-1}$,$A_t$ 是对角线元素为 1 的下三角矩阵,Σ_t 为主对角线元素为 $\sigma_{1,t}, \sigma_{2,t} \cdots \sigma_{m,t}$ 的对角矩阵,并且设 $\varepsilon_t = A_t^{-1} \Sigma_t e_t$。参照 Primiceri(2005)对于参数的设定,a_t 为 A_t 下三角部分元素构成的向量,$a_t = (a_{21}, a_{31}, a_{32}, a_{41}, a_{42}, a_{43}, \cdots a_{m,m-1})'$,令 $h_{i,t} = \log(\sigma_{i,t}^2)$,$h_t = (h_{1,t}, h_{2,t}, \cdots h_{m,t})'$。同时,$b_t$ 为 $B_{1,t}, B_{2,t}, \cdots B_{k,t}$ 行元素堆积构成的 $m^2 k \times 1$ 向量。TVPVAR 模型的参数遵循如下随机过程:

$$b_{t+1} = b_t + e_{bt}$$
$$a_{t+1} = a_t + e_{at}$$
$$h_{t+1} = h_t + e_{ht} \tag{2}$$

$$\begin{pmatrix} e_t \\ e_{bt} \\ e_{at} \\ e_{ht} \end{pmatrix} \sim N \left(0, \begin{pmatrix} I & O & O & O \\ O & \Sigma_b & O & O \\ O & O & \Sigma_a & O \\ O & O & O & \Sigma_h \end{pmatrix} \right) \tag{3}$$

在(2)式和(3)式中,$t = k + 1, k + 2 \cdots T$,且有 $b_{k+1} \sim N(\mu_{b_0}, \Sigma_{b_0})$,$a_{k+1} \sim N(\mu_{a_0}, \Sigma_{a_0})$,$h_{k+1} \sim N(\mu_{h_0}, \Sigma_{h_0})$。为了简化参数估计,假定 Σ_a、Σ_b 和 Σ_h 为对角矩阵。为了提高模型参数估计的精度,TVPVAR 通常采用基于 MCMC 的贝叶斯估计方法。本节采用 Nakajima(2011)提供的 OxMetrics 软件包完成 MCMC 模拟与参数估计,并绘制脉冲响应函数图。

我们绘制 2015 年 12 月和 2018 年 3 月两个时点的脉冲响应函数图,来考察美国利率调整和贸易摩擦对中国金融市场的冲击。理由主要是:2015 年 12 月是美国本轮货币政策周期的首次调整利率的时点,此时并无大规模的贸易摩擦发生,因此该时点可以捕捉到无贸易摩擦状态下美国利率调整对中国金融市场的影响效果,适合于检验假设 1。2018 年 3 月是美国对自中国进口的商品(钢铁和铝)全面征收关税的时点,中美贸易摩擦开始升温,所以该时点可以捕捉到贸易摩擦对中国金融市场的影响效果。同时,2018年3月也是美国又一次调整利率的时点,此时贸易摩擦与美国利率调整并存,因此该时点能够检验贸易摩擦是否扰动了美国利率调整对中国金融市场的影响效果,适合于检验假设2。

(二)变量选取与数据说明

本节将研究美国利率调整和贸易摩擦对中国金融市场价格的影响,以及美国利率调整和贸易摩擦对中国金融市场价格波动的影响。所以我们需要构建两个 TVPVAR 模型(一个检验对价格的影响,一个检验对价格波动的影响),相关变量选取如下。

1. 被解释变量

针对中国金融市场价格研究的被解释变量为:中国汇率(pe)、股票价格(ps)、债券价格(pb)。参考高小红等(2014)、方意等(2019)的研究,中国汇率选择人民币名义有效汇率指数度量,股票价格选择沪深300指数度量,债券价格选择中债全价总指数度量。针对中国金融市场价格波动研究的被解释变量为:中国汇率的波动率(ve)、股票价格的波动率(vs)、债券价格的波动率(vb)[1]。其中,中国汇率波动率选择人民币名义有效汇率指数的波动率度量,股票价格的波动率选择沪深300指数的波动率度量,债券价格的波动率选择中债全价总指数的波动率度量。数据均来源于 Wind 数据库。

2. 核心解释变量

核心解释变量为美国利率(ia)和贸易摩擦(tf),参考孙焱林和张倩婷(2016)的研究,美国利率使用美国联邦基金利率度量,数据来源于美联储官网。贸易摩擦使用中美贸易政策不确定性指数度量,数据来源于 Scott Baker 等编制指数[2]。

3. 控制变量

考虑到中国的货币政策对中国金融市场的影响,同时兼顾 VAR 模型的变量

---

[1] 价格的时间序列取自然的价格,波动率的时间序列为取自然对数价格的波动率。

[2] Scott Baker 等编制了中国和美国的贸易政策不确定性指数,本节采取中国和美国贸易政策不确定性指数标准化后的平均值。数据来源:http://www.policyuncertainty.com/us_monthly.html。

个数约束问题,本节将中国利率(ic)和货币供给($m2$)纳入模型之中作为控制变量。参考何国华和彭意(2014)、贺俊等(2014)的研究,中国利率选择中国银行间同业拆借利率度量,中国货币供给选择 M2 同比增速度量。数据均来源于 Wind 数据库。此外,由于中国汇率市场、股票市场和债券市场之间可能存在相互溢出效应,所以将三个市场的价格变量纳入 TVPVAR1 模型的研究框架中,将三个市场价格的波动率变量纳入 TVPVAR2 模型的研究框架中。

4. 数据说明

由于本节的变量为时间序列数据,在建模之前序列需要满足平稳性要求。经检验,部分变量为非平稳序列,但一阶差分后的序列均为平稳序列。为了避免使用非平稳序列估计造成的伪回归问题,并保持变量处理的一致性,我们对所有序列均进行了一阶差分处理。此外,为了对比美国利率调整和贸易摩擦对中国不同类型金融市场的影响,我们对所有变量数据都进行了标准化处理。TVPVAR 模型研究内容及变量集合如表 10-18 所示。TVPVAR1 模型用于研究美国利率调整和贸易摩擦对中国金融市场价格的影响,TVPVAR2 模型用于研究二者对中国金融市场价格波动的影响。

本节的样本数据为月度数据,样本时间跨度为 2004 年 1 月至 2020 年 4 月。我们选取的样本期间包含美国货币政策的多个周期:加息期(2004 年 6 月至 2007 年 6 月,2015 年 12 月至 2018 年 12 月)、降息期(2007 年 7 月至 2008 年 12 月,2019 年 8 月至 2020 年 4 月)、超低利率期(2009 年 1 月至 2015 年 11 月)。样本基本上涵盖了美国不同类型的货币政策周期,同时也包括了本轮贸易摩擦的全过程,有利于我们较为全面地研究美联储利率政策调整和贸易摩擦对中国金融市场的复合溢出影响效应。

表 10-18　TVPVAR 模型研究内容和研究变量集

模型	研究内容	变量集合 Y_t
TVPVAR1	美国利率调整和贸易摩擦对中国金融市场价格的影响	$[\mathrm{d}(ia),\mathrm{d}(tf),\mathrm{d}(ic),\mathrm{d}(m2),$ $\mathrm{d}(pe),\mathrm{d}(ps),\mathrm{d}(pb)]$
TVPVAR2	美国利率调整和贸易摩擦对中国金融市场价格波动的影响	$[\mathrm{d}(ia),\mathrm{d}(tf),\mathrm{d}(ic),\mathrm{d}(m2),$ $\mathrm{d}(ve),\mathrm{d}(vs),\mathrm{d}(vb)]$

注:d(·)表示对该序列进行一阶差分。

(三)模型的初步估计

1.最优滞后期

我们计算了多个信息准则,并依据其数值最小的原则,来确定 TVPVAR 模型的最优滞后期 k,结果如表 10-19 所示。LR、FPE、AIC、SC 和 HQ 信息准则确定 TVPVAR1 模型的最优滞后期分别为 4、2、2、1 和 1,确定 TVPVAR2 模型的最优滞后期分别为 4、2、2、1 和 1。依据多数信息准则的确定结果,同时考虑到滞后期越大则会导致样本自由度损失越多,本节最终确定两个 TVPVAR 模型的最优滞后期 k 均为 1。

表 10-19　TVPVAR 模型最优滞后期判断的信息准则

模型	滞后期	LogL	LR	FPE	AIC	SC	HQ
TVPVAR1	0	−1846.059	NA	0.859206	19.71339	19.83390	19.76222
	1	−1695.468	288.3655	0.291667	18.63264	19.59668*	19.02323*
	2	−1638.907	104.0956	0.269671	18.55221	20.35979	19.28457
	3	−1584.365	96.31957	0.255546*	18.49324*	21.14437	19.56738
	4	−1542.211	71.30236*	0.277570	18.56608	22.06075	19.98199
TVPVAR2	0	−1849.767	NA	0.893778	19.75284	19.87335	19.80167
	1	−1665.031	353.7491	0.210992	18.30884	19.27289*	18.69944*
	2	−1594.662	129.5094	0.168428	18.08151	19.88910	18.81388
	3	−1541.743	93.45218	0.162387*	18.03982*	20.69095	19.11396
	4	−1501.097	68.75337*	0.179232	18.12869	21.62336	19.54460

注:NA 表示空值,* 表示该信息准则的最小值。

2.参数估计与 MCMC 抽样

参照 Nakajima(2011)提供的 OxMetrics 软件包中对(2)式参数初始值和(3)式中 Σ_a、Σ_b 和 Σ_h 的分布的设定,我们分别对两个模型进行 MCMC 算法 10000 次重复抽样。由此可得 TVPVAR 模型的参数估计描述统计结果和抽样结果,分别如表 10-20 和图 10-11 所示。

表 10-20 结果显示,TVPVAR1 和 TVPVAR2 模型所有参数的 Geweke 统计量均小于 5%概率水平的临界值 1.96,所以两个模型参数分布服从后验分布。

TVPVAR1 和 TVPVAR2 的无效因子相对较低,最大值分别为 64.10 和 82.04,表示经过 10000 次实际重复抽样后至少可以得到 156 个和 121 个不相关的样本,所以抽样后可以得到较多的有效样本。

表 10-20　TVPVAR 模型的参数估计

模型	参数	均值	标准差	95%置信区间(下)	95%置信区间(上)	Geweke	无效因子
TVPVAR1	$(\Sigma_b)_1$	0.0228	0.0026	0.0184	0.0285	0.100	8.77
	$(\Sigma_b)_2$	0.0225	0.0025	0.0182	0.0280	0.024	13.60
	$(\Sigma_a)_1$	0.0636	0.0180	0.0386	0.1078	0.124	44.43
	$(\Sigma_a)_2$	0.0616	0.0168	0.0377	0.1033	0.389	50.08
	$(\Sigma_h)_1$	0.5707	0.1074	0.3895	0.8003	0.152	42.66
	$(\Sigma_h)_2$	0.3349	0.0818	0.2016	0.5153	0.559	64.10
TVPVAR2	$(\Sigma_b)_1$	0.0227	0.0026	0.0183	0.0285	0.187	10.66
	$(\Sigma_b)_2$	0.0224	0.0025	0.0181	0.0278	0.079	10.26
	$(\Sigma_a)_1$	0.0700	0.0248	0.0387	0.1352	0.675	82.04
	$(\Sigma_a)_2$	0.0623	0.0182	0.0368	0.1072	0.256	63.01
	$(\Sigma_h)_1$	0.6223	0.1109	0.4308	0.8684	0.069	44.14
	$(\Sigma_h)_2$	0.3468	0.0834	0.2072	0.5340	0.190	42.47

图 10-11 前三行是 TVPVAR1 的参数抽样结果,后三行是 TVPVAR2 的参数抽样结果。第一行和第四行是参数序列的自相关系数,第二行和第五行是参数序列的波动路径,第三行和第六行是参数序列的后验分布曲线。结果显示,无论是 TVPVAR1 还是 TVPVAR2 模型,随着迭代次数的增加,参数序列的自相关系数逐渐降低,在迭代 500 次之后参数的自相关系数均接近于 0。参数序列波动路径也是较为平稳的过程并接近于白噪声过程,满足残差 e_{at}、e_{bt} 和 e_{ht} 为平稳序列的要求。表 10-20 和图 10-11 的结果说明本节的两个模型的 MCMC 抽样结果是有效的。因此,我们可以进行脉冲响应和经济学分析。

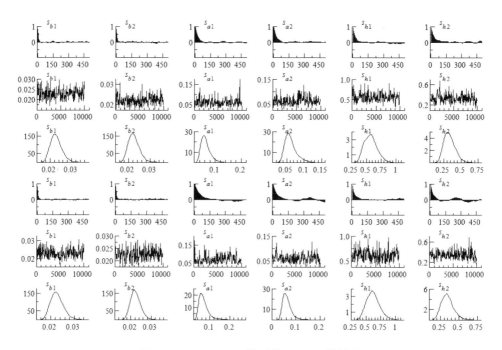

图 10-11 TVPVAR 模型的 MCMC 抽样结果

三、实证检验与经济学解释

(一)美国利率调整对中国金融市场的影响

图 10-12 给出了美国利率调整对中国金融市场冲击的脉冲效果,第一行和第二行分别是对不同类型市场的价格和价格波动的冲击。

第一列的上子图显示,美国利率上升对人民币汇率的冲击为负;第一列的下子图显示,美国利率上升对人民币汇率波动的冲击总体为正,说明美国利率上升导致了中国汇率贬值且加大了汇率市场波动。第二列的上子图显示,美国利率上升对中国股票价格的冲击为负;第二列的下子图显示,美国利率上升对中国股票价格波动的冲击总体为正,说明美国利率上升导致了中国股票价格下跌且加大了股票市场波动。第三列的上子图显示,美国利率上升对中国债券价格的冲击为负;第三列的下子图显示,美国利率对中国债券价格波动的冲击基本为负,说明美国利率上升主要导致中国债券的价格下跌。由此验证了前文提出的假设

1,即美国利率频繁调整会导致中国金融市场出现波动,以美国利率上升为例,可能导致中国的汇率贬值、股票价格下跌和债券价格下跌。

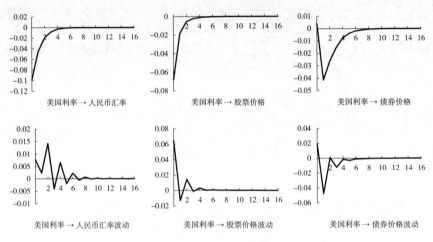

图 10-12 美国利率调整对中国金融市场的冲击

(二)贸易摩擦对中国金融市场的影响

1. 贸易摩擦对中国金融市场的影响

图 10-13 给出了贸易摩擦对中国金融市场的脉冲效果,第一行和第二行分别是其对不同类型市场的价格和价格波动的冲击。

第一列的上子图显示,贸易摩擦对人民币汇率的冲击为负;第一列的下子图显示,贸易摩擦对中国人民币汇率波动的冲击时正时负,说明贸易摩擦导致了中国汇率市场的波动。第二列的上子图显示,贸易摩擦对中国股票价格的冲击为负;第二列的下子图显示,贸易摩擦对中国股票价格波动的冲击也是时正时负,说明贸易摩擦导致了中国股票市场出现波动。第三列的上子图显示,贸易摩擦对中国债券价格的冲击总体为正;第三列的下子图显示,贸易摩擦对中国债券价格波动的冲击总体为正,说明贸易摩擦导致了中国债券市场的波动加大。由此证明了前文提出的假设 2 的前半部分,即贸易摩擦会导致中国金融市场出现波动。

2. 贸易摩擦对美国利率调整影响中国金融的扰动

图 10-14 为贸易摩擦背景下美国利率调整对中国金融市场冲击,第一行和第二行分别是其对不同类型市场的价格和价格波动的冲击。我们将图 10-14

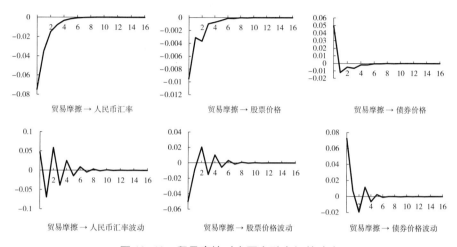

图 10-13　贸易摩擦对中国金融市场的冲击

与图 10-12 的无贸易摩擦状态下美国利率调整对中国金融市场的冲击进行对比研究。

比较图 10-14 第一列的子图和图 10-12 第一列的子图可以发现,贸易摩擦背景下美国利率上升对人民币汇率的负向冲击减小,对人民币汇率波动的正向冲击有滞后,说明贸易摩擦削弱了美国利率调整对中国汇率市场的影响。比较图 10-14 第二列的子图和图 10-12 第二列的子图可以发现,贸易摩擦背景下美国利率上升对中国股票价格的负向冲击变化不大,对中国股票价格波动的正向冲击减小,说明贸易摩擦削弱了美国利率调整对中国股票市场的影响。比较图 10-14 第三列的子图和图 10-12 第三列的子图可以发现,贸易摩擦背景下美国利率上升对中国债券价格的负向冲击有滞后,对中国债券价格波动的正向冲击有减小,说明贸易摩擦削弱了美国利率调整对中国债券市场的影响。由此,我们验证了假设 2 的后半部分,贸易摩擦可以扰动美国利率调整对中国的汇率市场、股票市场和债券市场的影响效果。

四、套期保值与风险防范

以上检验结果显示,美国利率调整和贸易摩擦都可能导致中国金融市场出现波动,进而使得金融市场投资者面临较大的风险。基于此,本节尝试采用

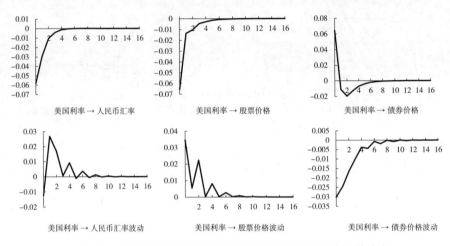

图 10-14　贸易摩擦背景下美国利率调整对中国金融市场的冲击

套期保值的方法,利用金融期货(远期)来对冲金融现货风险。因为金融现货和期货(远期)价格序列波动往往存在集聚性和相依性的特征,而 GARCH-Copula 模型能够较好地刻画这两个特征,所以我们参照 Power 等(2013)的研究,选择 GARCH-Copula 模型来测算套期保值的效果。该方法可以同时提取两个序列的相关系数与波动率,从而充分满足金融投资者较短时间内的风险管理需求。

(一)GARCH 模型估计结果

本节使用日度数据,样本数据的时间跨度为 2015 年 12 月 1 日至 2020 年 4 月 30 日,价格均取了自然对数并进行了一阶差分。基于 GARCH 模型的方程①,我们分别对中国金融现货和期货(远期)市场波动使用 GARCH 模型估计,结果如表 10-21 所示。结果显示,α_1 和 β 项系数显著,表明 GARCH 模型总体上能够较好地度量中国金融市场现货和期货(远期)价格波动的集聚性特征。同时,$\alpha_1 + \beta < 1$ 收敛条件,表明中国金融市场现货和期货(远期)市场价格波动具有一定的持久性。

---

①　GARCH 模型的均值方程设定为:$\Delta s_t = c + \varepsilon_t$,$\Delta s_t$ 为对数差分后的现货或期货价格序列,c 为待估参数,ε_t 为随机误差项。GARCH 模型的方差方程设定为:$\sigma_t^2 = \alpha_0 + \alpha_1 \varepsilon_{t-1}^2 + \beta \sigma_{t-1}^2$,$\sigma_t$ 为现货或期货的波动率,α_0、α_1 和 β 为待估参数,并且存在 $\alpha_1 + \beta < 1$ 的约束。

表 10-21 中国金融市场现货和期货(远期)市场波动 GARCH 模型参数估计结果

参数	汇率	远期汇率	股市	股指期货	债券	债券期货
c	-0.003202 (-0.476155)	-0.003756 (-0.484506)	0.052074* (1.928582)	0.064472** (2.077627)	0.005271 (1.177654)	0.005099 (0.696520)
α_0	0.003449*** (4.459344)	0.008216*** (7.760866)	0.011893*** (3.161569)	0.021326*** (3.978911)	0.002073*** (5.212194)	0.003252*** (5.186305)
α_1	0.128539*** (5.888376)	0.182563*** (8.203488)	0.086456*** (14.44833)	0.096243*** (17.11852)	0.149479*** (8.325924)	0.097724*** (7.879447)
β	0.807214*** (26.15658)	0.701562*** (23.41667)	0.910817*** (155.5416)	0.897674*** (142.2873)	0.774852*** (26.75919)	0.856174*** (50.50428)

注:括号内为参数估计的 Z 统计量,***、**、* 分别代表估计系数在 1%、5%、10% 显著性水平下显著。

(二)Copula 模型计算的相关系数

基于 Copula 函数和时变 Copula 函数[1],分别计算中国金融现货和期货的不变相关系数和时变相关系数,结果如图 10-15 所示。图 10-15 显示,股票市场的现货价格指数和期货价格指数的波动相关性较高,相关系数大于 0.93;债券市场的现货价格指数和期货价格指数的波动相关性次之,相关系数大于 0.45;汇率市场的即期价格和远期价格的波动相关性最小,相关系数大于 0.4。而套期保值的有效性取决于期现市场价格波动的相关性,所以套期保值绩效可能是股票市场最高,债券市场次之,汇率市场最小。

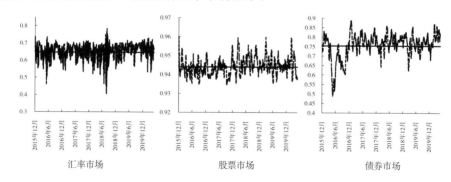

图 10-15 中国金融市场现货和期货(远期)波动的不变相关系数
(实线)和时变相关系数(虚线)

---

① 本节的 Copula 函数选用常用的 Gauss-Copula 函数,时变 Copula 的时变相关系数的设定参照 Patton(2006)的研究文献。

(三)套期保值效果评价

1. 最优套期保值比率

表 10-22 为中国金融市场最优套期保值比率测算结果描述性统计。表 10-22 结果显示,无论是 GARCH-Copula 还是 GARCH-时变 Copula 模型均表明,中国金融市场的平均最优套期保值比率均小于 1,股票市场的平均最优套期保值比率最高,汇率市场次之,债券市场最小。

表 10-22　中国金融市场最优套期保值比率测算结果描述性统计

模　型	统计量	汇率市场	股票市场	债券市场
GARCH-Copula	均值	0.585273	0.895646	0.467266
	中位数	0.574907	0.89025	0.464588
	最大值	1.01678	1.272561	0.831741
	最小值	0.201597	0.661219	0.184523
	标准差	0.125745	0.081459	0.082055
GARCH-时变 Copula	均值	0.588707	0.896052	0.472259
	中位数	0.583324	0.891714	0.467183
	最大值	1.054967	1.282438	0.902236
	最小值	0.178025	0.661478	0.137373
	标准差	0.131345	0.081598	0.102653

2. 套期保值的效果

表 10-23 为中国金融市场套期保值收益和绩效。套期保值绩效采用套期保值组合的方差较之于未进行套期保值的资产的方差降低程度来评价。表 10-23 结果显示,两种模型均表明,套期保值收益的均值接近于 0,股票市场的套期保值绩效较高,达 88%以上;债券市场的套期保值绩效次之,达 57%以上;汇率市场的套期保值绩效较低,不足 40%。总体看来,套期保值方法能够在一定程度上降低金融市场波动风险,其功效在不同市场间具有一定的差异性。

表 10-23 中国金融市场套期保值收益和绩效

模　　型	统计量	汇率市场	股票市场	债券市场
GARCH-Copula	收益均值	-0.004326	0.004703	0.004994
	套保绩效	0.371375	0.881827	0.573512
GARCH-时变 Copula	收益均值	-0.004245	0.004939	0.005031
	套保绩效	0.373777	0.881405	0.583148

五、结论与政策建议

本节使用 TVPVAR 模型检验了美国利率调整和贸易摩擦对中国金融市场的影响效果，提供套期保值风险管理策略并检验了实际效果。基于研究结论，本节提出如下政策建议：

第一，建议实施更加灵活的货币政策，同时大力发展国内经济。

结论显示，美国利率上升导致了中国的汇率贬值、股票价格下跌和债券价格下跌，加大了中国的人民币汇率波动和股票价格波动，并且对股票价格波动的冲击最大。建议央行适度调整利率水平以避免人民币汇率过度贬值；同时加大市场流动性的供给，向资金匮乏的企业提供融资便利，进而达到提振股票市场和债券市场的目的。建议政府采取更为积极的财政政策，加大对特定行业和中小企业的财政补贴和税收优惠，进一步促进中国经济增长。

第二，尽量缓解贸易争端，加强金融市场监管。

结论显示，贸易摩擦对中国不同类型的金融市场存在差异化的影响效果，例如贸易摩擦导致了中国债券价格明显上升，加大了中国债券价格波动。此外，贸易摩擦还扰动了美国利率调整对中国金融市场的影响效应。建议政府继续坚持贸易自由化的原则，通过谈判和反制等方式来缓解贸易争端，以促进中美两国互惠共赢。监管部门应密切关注金融市场风险，积极通过媒体舆论疏导投资者情绪，防范股票价格和债券价格出现过度波动。

第三，建议加强金融衍生品市场建设，鼓励使用套期保值降低风险。

结论显示，套期保值对股票市场、债券市场和期货市场具有差异化的风险防范效果。建议政府加大金融衍生品市场建设的力度，完善相关交易制度和法律法规,积极设计新型金融产品,激发衍生品金融市场交易的活跃度,为专业的机构投资者防范金融市场风险提供有效的对冲渠道。但可能要对普通散户投资者进行充分的投资知识教育与投资理念教育,防范过度炒作造成的风险波动。

第十一章　资管业务与金融科技对
货币理论的拓展

本章分析了资管业务发展与商业银行行为选择,讨论了在流动性过剩与实体经济产出萧条的背景下,出现的资金"脱实向虚"与相应的风险防范措施,研究了区块链技术在支付结算领域的应用和对货币理论的拓展。

第一节　资管业务发展与商业银行行为选择

由于宽松的货币政策导致流动性泛滥,近年来,我国以理财业务为核心的商业银行资产管理业务发展呈现井喷态势。本节使用面板数据回归法,对商业银行的资产管理业务进行了总量与分类分析,讨论商业银行的行为选择并提出应对措施。

一、股市非正常波动与资管业务发展

2015 年我国发生了一次规模较大的股市非正常波动。2014 年 7 月 11 日至 2015 年 6 月 12 日,上证指数上涨 3145 点,单日成交量相对于期初放大 13 倍,A 股总市值最高峰突破 70 万亿,但随后市场出现雪崩式下跌。截至 8 月 26 日,相较于 6 月的最高点,沪市、深市与创业板的下跌幅度分别为 43.5%、45.6% 与 53.2%,广大投资者损失惨重。在股市巨幅波动的背后,是天量资金的进入与离

开,其中来自于商业银行资产管理业务的资金起到了推波助澜的作用①。以理财产品为核心的商业银行资管资金,通过伞型信托等金融创新手段参与市场炒作形成了规模庞大的影子银行,放大杠杆助涨助跌,加大了市场风险。

现代意义上的资产管理业务,是指商业银行向客户募集资金或者接受客户委托担任资产管理人,以客户财产保值、增值为目标,按照与客户的约定对其资产进行投资管理,并收取管理费用及业绩报酬的行为。资管业务主要包括理财产品、受托投资以及投资顾问等,其中理财产品业务占到目前银行资管业务的90%以上(银监局课题组,2015)。近年来,资产管理业务在我国金融领域发展迅速,特别是以理财产品为核心的资管业务呈现井喷态势。图 11-1 与图 11-2 显示,从 2007 年到 2015 年,我国商业银行总计发行个人人民币理财产品 268080 款,产品数量年均增长率达到 55.33%;同时,全行业理财业务余额突破 20 万亿元人民币,年均复合增长率达到 40%。资产管理业务的快速扩张已经成为当前商业银行利润增长的新引擎,部分商业银行如交通银行、光大银行,甚至某些国有大型商业银行的资产管理业务收入占比已达总收入的 10%左右。

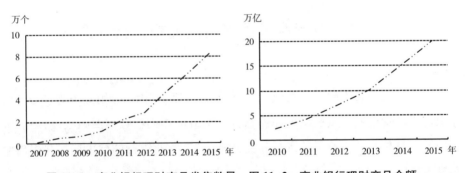

图 11-1　商业银行理财产品发售数量　图 11-2　商业银行理财产品余额

数据来源:理财产品发售数量来源于和讯银行理财产品数据库;理财产品余额数据根据 2010—2014 年中国人民银行《中国货币执行报告》及中国银行业协会《银行业改进服务情况报告》整理得到。

商业银行大力发展资管业务的原因主要有:(1)从宏观经济来看,金融危机的爆发重创了世界经济,加之欧债危机持续发酵,实体经济的不景气给商业银行的贷款需求带来了巨大冲击;同时,互联网金融的兴起与发展,提供了比传统的

---

① 近年来受利益驱使,大量资金借道各种金融创新手段进入股市,例如伞型信托、票据贴现、万能险等。其中,以理财产品为核心的资管业务资金是商业银行资金进入股市的一种主要手段。

商业银行模式更具竞争力的资金收益率,并降低了资金使用价格,从而进一步缩小了银行的息差收入,加剧了金融脱媒。(2)从银行监管来看,金融危机催生了《巴塞尔协议 III》的诞生,商业银行面临着更加严苛的资本要求,贷款业务受到了越来越大的限制。(3)从金融体制改革来看,2015 年 5 月我国开始实施存款保险制度,同年 10 月中国人民银行基本上全面放开存款利率浮动上限,存款保险与利率市场化进一步压缩了商业银行的利差空间。来自存贷市场的双重压力迫使商业银行开始寻找新的利润增长点。资管业务不但能给商业银行带来一定的收益,而且它不会受到针对贷款业务严格的监管措施的制约。尽管相对于传统的贷款业务,资管业务的收益率尚不高,但通过扩大业务量,资管业务一样能够给商业银行带来较多的利润。在此前提下,近年来,资管业务在我国的商业银行体系得到了迅猛发展。

从本质上讲,资产管理业务是商业银行面对复杂多变的外部环境,主动采取的一种适应性的资产结构调整手段,但其野蛮生长给金融监管带来了巨大的挑战。在此背景之下,研究资管业务的构成与资金来源、资管业务对商业银行的收益与风险的影响,以及资管业务与商业银行其他业务种类之间的区别与联系,是一个具有很强现实意义的课题。相关研究有助于分析商业银行在经济新常态下的行为选择动机,从根本上了解资管业务的盈利模式与风险点,从而有的放矢地制定相应的金融监管措施,促进资管业务有序持续发展,引导商业银行顺利转型。

按照商业银行业务核算特点划分,资管业务收入属于非利息收入,因此以往大多数学者的相关研究主要是分析非利息收入对商业银行收益与风险的影响。Smith 等(2003)基于欧元区银行体系的数据,研究发现非利息收入不仅能给商业银行带来利润,同时还会改善整体风险,该结论也得到了 Lepetit 等(2008)进一步的论证。不过在不同的国家与经济环境下,商业银行非利息收入产生的作用会有所差别,如 Stiroh(2006)发现非利息收入的增加不会增加美国国内银行在市场上的利润份额,反而会加大市场风险;Calmès 和 Théoretb(2010)以加拿大商业银行体系为例,发现商业银行非利息收入对收益与风险的影响存在时间结构上的区别,即不同时间段非利息收入对利润和风险的影响不对称。Lee 等(2014)采用亚洲 22 国共计 967 家商业银行的数据进行了跨区域研究,结论是非利息收入并不会显著增加银行利润,但会减少经营风险。也有学者针对商业银行的异质性特征对非利息收入进行了分类研究,例如 De Young 和 Rice(2004)将美国 4712 家商业银行按照管理水平、市场力量、地域环境等因素进行分类,发现不同类型的商业银行对非利息收入的依赖程度显著不同,即管理水平弱的、或市场力量强的、或经济较发达地区的银行更加依赖非利息收入。Köhler(2013,2015)指出欧元区以存贷业务为导向的商业银行会由于非利息收入业务的增加而变得更加稳定,以投资为导向的银行会因为该类业务份额的增加变得更具风险,因此,要使得非利息业务同时改善存贷型和投资型银行的风险,必须使非利息业务类型多样化。

国内学者在银行非利息收入方面也做了较为丰富的研究,但基于样本范围的不同出现了观点上的差异。从收益的角度来看,迟国泰等(2006)从技术效率切入,发现在行业层面上,非利息收入对银行收益有正向作用;但是郭娜和祁怀锦(2012)利用中国上市银行数据实证,发现商业银行的非利息收入波动性大,因此并不能显著改善收益而增加银行价值。从风险的角度来看,张羽和李黎(2010)指出非利息收入能在整体上分散银行风险,但这种分散作用会随着非利息收入比重的增加呈现出边际递减效应。黄隽和章艳红(2010)采用美国银行业数据,得出非利息收入会加大银行体系风险,而顾晓安和王鹏程(2015)则发现非利息收入占比对银行风险的影响作用呈现出 S 型,即先改善后恶化再改善。

目前,专门研究资管业务对商业银行收益与风险影响的文献相当稀少。巴曙松(2013)对商业银行资产管理业务进行过界定,他认为从管理标的上看,银行资产管理业务分为动产、不动产、股权、债权或资产组合等;从服务对象上看,银行资产管理业务对象分为个人和机构客户,且个人客户为当前的主要对象,因此资产管理业务形成的资产或资金应同银行资本隔离开,进行单独管理。银监局课题组(2015)通过对比国内外商业银行发展状况,认为强大的资金和资源渠道是我国银行体系发展资产管理业务的天然优势,因此资产管理业务是国内商业银行转型和盈利的突破口,但相关监管制度和引导措施的缺乏制约了该类业务的持续发展。由于理财产品业务是商业银行最主要的资产管理业务构成,陶雄华和曹松威(2015)对国内 21 家商业银行的理财业务的相关数据进行了面板回归,发现在银行业整体层面上理财产品的预期收益率对商业银行绩效有正向的促进作用,但理财产品发行量与银行绩效无关。

　　以往学者的研究成就不容忽视,不过整体来看尚存在一定不足:大多数学者研究的是非利息收入的变动对商业银行的影响,没有对非利息收入进行剥离,因此无法充分揭示资管业务对商业银行的影响;有些学者研究了资管业务的部分影响,但是既没有在统一的技术框架下对比研究资管业务与其他业务对商业银行收益和风险的影响,也没有仔细考察资管业务发展对异质型商业银行的差异化影响,因而无法充分解释近年来各级各类商业银行扩大资管业务比重、频繁调整资产结构的深层次原因。本节在以往学者的研究基础上进行了改进与拓展,创新之处体现在:第一,将其他业务收入剥离,研究纯粹的资管业务对商业银行的影响;第二,在统一的技术框架下对比研究资管业务与贷款业务对商业银行收益与风险的影响;第三,将商业银行分为国有大型银行、股份制商业银行、城市商业银行、外资银行四类,研究异质型商业银行发展资管业务的趋势特征,并在技术结论的基础上提出相关的政策建议。

二、变量选取与模型构建

　　本节主要考察资管业务发展对商业银行的影响,被解释变量集为商业银行的收益与风险,解释变量集包括商业银行的各项业务收入与风险的对应源因素。同时,为了表征资管业务对异质型商业银行的资产规模与结构、业务结构和风险管理能力的影响,我们还引入了控制变量与虚拟变量。具体的实证变量与检验模型如下。

(一)变量选取

1. 被解释变量集

　　包含收益水平和经营风险两个方面。本部分在 Boyd 等(1998)以及吴晓云和王峰(2012)的研究基础上,使用利润总额计算得到 ROA 作为各商业银行的整体收益水平的度量指标;使用 Lepetit(2008)以及张羽和李黎(2010)的方法,采用破产风险 Z 值对商业银行的经营风险进行衡量,Z 值越小表示银行破产风险越大,Z 值越大表示破产风险越小。

2. 解释变量集

　　商业银行的收入一般分为利息收入和非利息收入两类。其中,利息收入界定较为清晰,包含贷款利息、投资债券等有价证券的利息以及同业往来利息;但非利息收入的分类方法有所差异。例如薛鸿健(2007)根据美国商业银行实践,将非利息收入分为存款账户服务费、现金工具或衍生工具交易收益、资产托管服务费、附加非利息收入四类;赫国胜(2007)则认为非利息收入来源于资金收付与代客交易、银行自身从事金融市场交易以及金融交易咨询服务三类。以上分类方法的缺陷是没有清晰界定资管业务的构成,难以充分研究资管业务发展对商业银行的影响。我们依据当前国内商业银行的经营实践,将商业银行的收入分成四类,分别是贷款利息收入、其他利息收入、资管业务收入和其他非利息收入,来刻画商业银行的主要收益状况。

关于商业银行风险的来源因素,有学者(黄隽和章艳红,2010)研究指出银行破产风险与银行资产扩张速度、贷款规模、银行流动性等有关,但相关研究遗漏了近年来风起云涌的资管业务发展的影响。因此本部分在以往学者的研究基础上,设定四个影响银行风险的解释变量,分别是资产扩张风险、贷款风险、货币流动性风险和资管业务的风险。

3. 控制变量

学者们(郑荣年和牛慕鸿,2007;周开国和李琳,2011)指出,不同类型的商业银行在资产规模与结构、业务结构和风险管理能力等方面存在差别,并对商业银行的收益与风险影响巨大。因此本部分设定以下控制变量,以表征银行特征:总资产,体现银行的规模差异;股权占总资产比例,体现银行的资产结构差异和资产风险管理差异;贷款占总资产比,体现银行的业务结构差异和资金使用效率差异。同时引入时间变量,通过交叉项来考察变量带来的时间效应。

4. 虚拟变量

由于历史的原因,我国的商业银行一般被划分为国有大型商业银行、股份制商业银行、城市商业银行等不同类别。已有学者(例如孔爱国和卢嘉圆,2010)研究发现,不同类型商业银行的市场敏感度与市场行为选择存在差异。本部分在以往学者的研究基础上,结合当前的金融实践,将研究对象划分为四类,分别是国有大型银行、股份制商业银行、城市商业银行和外资银行,设定若干虚拟变量来表征商业银行的不同类别。具体的变量与含义如表11-1所示。

表 11-1　变量定义

分 类	变 量	变量含义	数据处理
银行收益与影响因素	ROA	银行资产收益率	银行资产收益率（税前）
	AM	资管业务收入	用银行理财收入水平代替
	Interest	贷款收入	银行贷款收入占总资产比
	Ointerest	其他利息收入	银行其他利息收入占总资产比
	NonAM	其他非利息收入	除手续与佣金外的其他非利息收入占总资产比
银行风险与影响因素	Z	银行经营风险	银行破产风险 Z 值
	Risk	资管业务风险	银行发行理财产品的风险值
	GAssets	资产增长风险	资产增长速度
	Loan	贷款风险	银行贷款量占总资产比
	Liquidity	货币流动性风险	M2/GDP
控制变量	Assets	总资产规模	银行总资产的对数值
	Share	股权	银行股权占总资产比
	Loan	贷款量	银行贷款量占总资产比
	Time	时间	时间
虚拟变量	D1	国有大型银行	国有大型银行=1，否则为 0
	D2	股份制银行	股份制银行=1，否则为 0
	D3	城市商业银行	城市商业银行=1，否则为 0；Di=时，表示外资银行

（二）模型构建

本部分综合周开国等（2011）和陶雄华等（2015）的研究方法，使用面板回归法进行统计检验。同时，补充了收益的影响因素、风险的影响因素以及相关控制变量与虚拟变量，对银行业总体和不同类别进行检验。具体做法是，首先从整体上分析资管业务发展对商业银行体系的影响，然后分类别分析资管业务对国有大型银行、股份制商业银行、城市商业银行以及外资银行的影响。以往文献没有做过类似研究，因而无法充分了解资管业务发展对异质型商业银行的差异化影响，也就无法给出针对异质型商业银行资管业务发展的监管政策建议。本部分在此方面进行了拓展，设置面板回归方程如下：

1. 银行体系总体回归方程

$$ROA_{i,t} = C_1 + \alpha_1 AM_{i,t} + \alpha_2 Interest_{i,t} + \alpha_3 Ointerest_{i,t} + \alpha_4 NonAM_{i,t}$$
$$+ \theta_1 Assets_{i,t} + \theta_2 Share_{i,t} + \theta_3 Loan_{i,t} \tag{1}$$

$$Z_{i,t} = C_2 + \alpha_1 Risk_{i,t} + \alpha_2 Gassets_{i,t} + \alpha_2 Liquidity_{i,t} + \alpha_4 Loan_{i,t}$$
$$+ \theta_1 Assets_{i,t} + \theta_2 Share_{i,t} \tag{2}$$

其中,i 表示第 i 个银行,t 表示期数,C 表示截距项;α_i 系数的大小和显著性表示各解释变量与 ROA 或 Z 之间的关系;θ 代表银行特征控制变量的系数。

2. 异质型银行分类回归方程

$$ROA_{i,t} = C_1 + \alpha_1 AM_{i,t} + \alpha_2 Interest_{i,t} + \alpha_3 Ointrest_{i,t} + \alpha_4 NonAM_{i,t} + \beta_1 X_{i,t} D_1$$
$$+ \beta_2 X_{i,t} D_2 + \beta_3 X_{i,t} D_3 + \gamma_1 AM_{i,t} Time + \gamma_2 AM_{i,t} TimeD_1 + \gamma_3 AM_{i,t} TimeD_2$$
$$+ \gamma_4 AM_{i,t} TimeD_3 + \theta_1 Assets_{i,t} + \theta_2 Share_{i,t} + \theta_3 Loan_{i,t} \tag{3}$$

$$Z_{i,t} = C_2 + \alpha_1 Risk_{i,t} + \alpha_2 Gassets_{i,t} + \alpha_3 Liquidity_{i,t} + \alpha_4 Loan_{i,t} + \beta_1 Y_{i,t} D_1$$
$$+ \beta_2 Y_{i,t} D_2 + \beta_3 Y_{i,t} D_3 + \theta_1 Assets_{i,t} + \theta_2 Share_{i,t} \tag{4}$$

其中,β_i 系数的大小和显著性表示不同类型银行的特定解释变量对 ROA 或 Z 的影响;γ_i 系数的大小和显著性表示时间交叉项的影响。X 代表 AM 或者 $Interest$;Y 代表 $Risk$ 或者 $Loan$。

三、实证检验

(一)数据处理与描述统计

本部分实证时间的跨度为 2007 年 1 月至 2014 年 12 月,该数据区间覆盖了从金融危机爆发、金融危机深化,再到金融危机缓慢修复的过程,同时也是中国银行业的资管业务兴起和快速成长的阶段。相关银行财务数据来自 Bankscope 数据库以及各银行年度财报。为了保证数据的质量,本部分进行商业银行样本筛选时,剔除出现数据缺损的样本。

衡量收入结构时,本部分使用各项收入(贷款利息收入、其他利息收入,以及其他非利息收入)占总资产之比来度量银行的收入结构,与 ROA 的基数保持一致。关于资产管理业务收入,基于理财业务在资产管理业务中的占比和数据可得性,本部分用理财产品收入反映资产管理业务收入。在确定理财收入水平时,我们对平均预期收益率进行发行数量的加权,从而得到理财产品加权预期收益率(*Yield*)①,并单独引入发行量(*Amount*)②作为解释变量,因而资产管理业务收入 *AM* 用 *Yield* 和 *Amount* 替代。相应数据通过 R 语言在和讯银行产品库中进行数据挖掘所获得。从 2007 年至 2014 年共计挖掘 19 万条产品数据,并通过 ACCESS 数据库与 Bankscope 中的银行进行匹配,得到完整的 26 家样本银行(4家国有大型银行,12 家股份制银行,4 家城市商业银行,4 家外资银行③)的数据共计 11.2 万条。

根据数据挖掘得到的理财产品具体信息,将理财产品按投资标的分为四类:低风险,如债券型、信贷类、利率型和票据型;中等风险,如混合型和结构型;高风险,如股票型和汇率型;其他类型由于不确定性太高,划分为最高风险级别。以上四种类型按照风险由低到高分别赋值 1 至 4 分,并计算当年平均值④,从而得到理财业务风险水平。

变量的统计特征如表 11-2 所示。结果显示,在银行收入方面,国有大型银行的理财收益率相对其他银行较低,但稳定性最强;股份制银行和城市商业银行的理财收益率介于外资银行和国有大行之间,收益的波动性也处于中游水平;外资银行理财收益率最高,但波动性也最强。四类银行的贷款利息收入水平基本相当,但是利息收入的波动性有区别,国有大型银行贷款利息收入波动性最小,而外资银行的贷款利息收入波动性最大。国内商业银行的理财收益与外资银行相比普遍有差距,这可能与我国银行资管业务的管理水平与经营水平较低有关。在银行风险方面,国内银行的理财业务风险相对外资银行较小,并且本土银行在贷款业务的风险管理上有优势。股份制商业银行和城市商业银行的资产增长速度较快,国有大型银行和外资银行资产增长速度较慢。综合来看,当前国内商业

---

①　加权预期收益率=当年所有理财产品平均预期收益率＊(当年理财产品数量/当年所有银行总发行数量)。

②　发行量=当年理财产品数量/当年所有银行总发行数量。

③　国有大型银行包括中国工商银行、中国农业银行、中国银行和中国建设银行;股份制商业银行包括民生银行、华夏银行、招商银行、浦发银行、兴业银行、交通银行、平安银行、光大银行、中信银行、广发银行、恒丰银行和渤海银行;城市商业银行包括北京银行、南京银行、宁波银行和浙商银行;外资银行包括汇丰银行(中国)有限公司、渣打银行(中国)有限公司、星展银行(中国)有限公司和恒生银行(中国)有限公司。

④　当年理财产品风险水平=当年理财产品风险值总和/当年发行量。

银行在贷款业务上占绝对优势,在理财业务中,股份制银行和城市商业银行具有相对收益优势,但国有大型银行表现更为稳定。

表 11-2 变量的统计描述

		银行收益与影响因素					银行风险与影响因素				
		ROA	*Yield*	*Interest*	*Ointerest*	*NonAM*	*Z*	*Risk*	*Gassets*	*Liquidity*	*Loan*
银行体系	平均	0.013	0.645	0.029	0.014	0.001	36.918	2.218	0.253	1.743	0.489
	标准差	0.005	0.652	0.006	0.007	0.002	21.414	0.630	0.191	0.150	0.086
	最小值	-0.003	0.001	0.016	0.002	-0.006	9.413	1.000	-0.025	1.500	0.255
	最大值	0.021	3.272	0.049	0.041	0.010	118.654	3.981	1.256	1.931	0.772
国有大型商业银行	平均	0.017	0.555	0.028	0.013	0.001	42.731	2.234	0.145	1.743	0.498
	标准差	0.003	0.545	0.003	0.006	0.001	12.969	0.506	0.067	0.150	0.033
	最小值	0.009	0.017	0.021	0.008	-0.001	15.654	1.123	-0.011	1.500	0.430
	最大值	0.020	1.605	0.035	0.041	0.004	59.244	3.725	0.322	1.931	0.551
股份制商业银行	平均	0.014	0.596	0.029	0.015	0.001	37.262	2.178	0.288	1.743	0.492
	标准差	0.004	0.611	0.005	0.007	0.001	27.170	0.646	0.208	0.150	0.084
	最小值	0.004	0.001	0.018	0.005	-0.001	9.413	1.000	0.004	1.500	0.255
	最大值	0.020	3.238	0.042	0.040	0.006	118.654	3.981	1.256	1.931	0.613
城市商业银行	平均	0.015	0.620	0.028	0.017	0.001	41.101	2.000	0.343	1.743	0.433
	标准差	0.002	0.754	0.007	0.007	0.001	12.352	0.516	0.181	0.150	0.071
	最小值	0.008	0.007	0.020	0.005	-0.002	19.738	1.125	-0.011	1.500	0.290
	最大值	0.021	3.272	0.049	0.032	0.004	66.610	3.400	0.950	1.931	0.606
外资银行	平均	0.007	0.907	0.027	0.009	0.002	26.675	2.538	0.169	1.743	0.528
	标准差	0.005	0.725	0.008	0.005	0.004	9.195	0.697	0.158	0.150	0.113
	最小值	-0.003	0.052	0.016	0.002	-0.006	13.986	1.000	-0.025	1.500	0.352
	最大值	0.017	2.509	0.049	0.019	0.010	47.804	3.218	0.661	1.931	0.772

(二)数据检验

进行面板模型回归前,需要建立基础回归模型,判断模型属于随机效应模型、固定效应模型或混合效应模型,然后再进行异方差与序列自相关检验,以确保面板模型回归的稳定性。通过系列检验①,本部分收益模型采用基于 Driscoll and Kraay(1998)方法修正的固定效应模型,风险模型采用基于 Beck 和 Katz (1995)面板校正标准误法修正的随机效应模型。得到检验结果如下。

1. 总量回归

表 11-3　银行业收益与风险检验结果

收益模型			风险模型		
ROA	Coef.	T 值	Z	Coef.	Z 值
Yield	0.0019	0.8000	Risk	1.1467**	2.2400
Amount	−0.0029	−0.4300	Loan	−29.3441***	−3.1300
Interest	0.2352***	4.7900	Gassets	8.4106**	2.4200
Ointerest	−0.0126	−0.6900	Liquidity	−11.0861**	−2.0500
NonAM	−0.0800	−0.7000	Share	493.2578***	7.9000
Assets	0.0049***	6.1800	Assets	16.0461***	13.0100
Share	0.0178	1.7800	c	−109.3625***	−7.2300
Loan	−0.0088***	−4.4400			
c	−0.0341***	−4.9500			

注:*** 表示显著水平为 1%,** 表示显著水平为 5%,* 表示显著水平为 10%。

银行业整体回归结果如表 11-3 所示。从整体回归结果来看,在收益方面,银行的理财产品收益(Yield)和贷款利息收入(Interest)对银行收益指标 ROA 的影响系数都为正(特别是贷款利息收入系数非常显著),说明两个变量的增加会导致银行的收益增加,但理财发行量(Amount)没有显著改善银行收益。其他利息收入(Ointerest)和其他非利息收入(NonAM)对银行业整体收益的影响为负,但不显著。在风险方面,理财业务风险值(Risk)对银行破产风险 Z 值的影响系数显著为正,而贷款量(Loan)对破产风险 Z 值的影响显著为负,说明理财业务会降低银行的整体风险,而贷款的增加会导致银行整体风险上升。此外,资产增长速度(Gassets)对破产风险 Z 值影响显著为正,而货币流动性(Liquidity)对破

---

① 本部分对基础回归模型进行了 F 检验、Hausman 检验、Modified Wald 检验、Wooldridge 检验、似然比 LR 检验等,并依据相关结果确认最终模型。

产风险 Z 值的影响显著为负,说明资产增长加快会降低银行整体风险,而货币流动性会加大银行风险。

比较理财产品收益(*Yield*)和贷款利息收入(*Interest*)的影响系数,后者(0.2352)显著大于前者(0.0019),说明在影响银行收益的因素中,贷款利息收入的影响更大。为了扩大收益,在可能的前提下银行会首选增加贷款。但是在现阶段,由于金融危机影响与实体经济的不景气导致贷款需求疲弱,而商业银行在贷款规模与贷款对象等方面受到诸多限制,所以银行进一步增加贷款将难以实现。虽然资管业务在收益增加方面与贷款业务有差距,但在贷款业务受阻的情况下,银行可以扩充资管业务的业务量,不但可以实现较好收益,而且还能充分利用资管业务的表外特性降低经营风险。数据还显示,资产的增长速度能改善银行业风险暴露。近年来,由于金融危机影响、实体经济滑坡,以及受到严苛的资本约束的影响,我国商业银行体系贷款资产的增长缓慢,但商业银行的整体资产规模却仍然增长较快,这说明非贷款资产得到了迅猛扩充。总量回归的结论显示,商业银行扩张理财业务的行为选择可能是一种好事,因为可以改善风险状况。

2. 分类回归

银行业分类回归的结果如表 11-4 与表 11-5 所示。

对于国有大型银行,结果显示理财业务与贷款业务都能增加银行收益,但是前者的系数为 0.0011[①],后者的系数为 0.2950,说明贷款业务能够给国有大型商业银行带来更多收益。理财业务和贷款业务都会增加银行经营风险,但前者系数为-3.1656,后者的系数为-70.7842,说明国有大型商业银行的风险主要来源于贷款业务。从收益最大化的角度出发,国有大型商业银行显然应当首选扩充贷款业务,但是一方面国有大型商业银行规模日趋成熟,继续扩大传统贷款业务会产生边际效益递减效应,另一方面受制于实体经济不景气与严苛的资本约束的原因,因此当前扩充贷款已不是国有大型商业银行的最优选择。为了既获得一定收益又能减少对风险的承担,国有大型银行会利用自身在规模上的优势,积极推进理财业务的发展。

---

① 虚拟变量 *D*1、*D*2 或 *D*3 等于 1,分别代表国有大型商业银行、股份制商业银行或城市商业银行;都等于 0 代表外资银行。因此 *Yield* 的系数为外资银行的技术指标,其他各类型商业银行的技术指标由 *Yield* 的系数与特定的 *D* 值对应的系数相加得到。

　　对于股份制商业银行,结果显示理财业务与贷款业务都能增加银行收益,但是前者的系数为 0.0032,后者的系数为 0.1257,说明贷款业务能给股份制商业银行带来更多收益。理财业务能降低股份制商业银行的经营风险,影响系数为1.2138,贷款业务会增加银行经营风险,影响系数为−23.6930。可见,贷款业务给股份制商业银行带来了高收益与高风险,而理财业务在带来一定收益的同时却可以显著改善当前的风险状况,因此股份制银行可能更有动力大力发展理财业务。股份制商业银行不具有国有大型商业银行的规模优势,难以通过扩大理财产品的发行量来促进收益的提高,但其灵活的经营体制与管理模式赋予了股份制银行在理财产品收益上更积极的表现。

表 11-4　异质型商业银行分类回归(收益)

理财业务对银行收益的影响			贷款业务对银行收益的影响		
ROA	Coef.	T	*ROA*	Coef.	T
Yield	0.0213***	3.6700	*Yield*	0.0028	0.9500
Interest	0.1987***	3.8600	*Interest*	0.2417**	3.1200
Ointerest	0.0063	0.3600	*Interest*D1*	0.0533	0.4300
Nonam	−0.0827	−0.8000	*Interest*D2*	−0.1160**	−2.5300
Assets	0.0067***	5.1700	*Interest*D3*	0.1053	0.9100
Share	0.0060	0.6000	*Ointerest*	−0.0129	−0.6300
Loan	−0.0035**	−2.5200	*Nonam*	−0.0531	−0.4400
*Yield*D1*	−0.0202**	−2.9000	*Amount*	−0.0084	−0.9600
*Yield*D2*	−0.0181**	−2.6300	*Assets*	0.0049***	4.6000
*Yield*D3*	0.0467	1.5400	*Share*	0.0177*	2.2400
*Time*yield*	−0.0016	−0.3300	*Loan*	−0.0079**	−3.4000
*Time*yield*D1*	0.0017	0.3400	*c*	−0.0344***	−3.6500
*Time*yield*D2*	0.0014	0.2900			
*Time*yield*D3*	−0.0052	−1.0200			
Amount	−0.3368*	−2.3100			
*Amount*D1*	0.3431**	2.3700			
*Amount*D2*	0.3265*	2.2000			
*Amount*D3*	0.0642	0.2900			
c	−0.0507***	−4.0200			

注:*** 表示显著水平为1%,** 表示显著水平为5%,* 表示显著水平为10%。

表 11-5 异质型商业银行分类回归（风险）

理财业务对银行风险的影响			贷款业务对银行风险的影响		
Z	Coef.	Z 值	Z	Coef.	Z 值
Risk	-2.2356*	-1.7800	*Risk*	0.8435	1.4800
*Risk * D1*	-0.9300	-1.1100	*Gassets*	10.5472*	1.8400
*Risk * D2*	3.4539***	2.5900	*Liquidity*	-28.1807***	-4.1200
*Risk * D3*	3.4462***	2.9500	*Loan*	-7.9673	-0.8300
Gassets	1.0859	0.3400	*Loan * D1*	-62.8169***	-5.1100
Liquidity	-25.2499***	-3.4800	*Loan * D2*	-15.7257*	-1.9400
Share	523.9950***	6.7500	*Loan * D3*	-12.5559*	-1.7900
Loan	-33.2500***	-3.1200	*Share*	511.6268***	7.0900
Assets	16.7000***	12.9100	*Assets*	29.8061***	8.4500
c	-86.7387***	-6.2300	*c*	-206.4272***	-7.2600

注：*** 表示显著水平为 1%，** 表示显著水平为 5%，* 表示显著水平为 10%。

对于城市商业银行，结果显示理财业务与贷款业务都能增加银行收益，但是前者的系数（0.0680）要小于后者的系数（0.3470）。理财业务能降低银行经营风险，其影响系数为 1.2106，但贷款业务却会增加银行经营风险，其影响系数为-20.5232。城市商业银行特有的区域特点使得其无法通过大力发展贷款业务来促进收益提升，特别是在金融危机期间，立足于当地小微企业贷款的城市商业银行的贷款业绩更是难以保证。比较理财业务和贷款业务，虽然理财业务给城市商业银行带来的收益不如贷款业务，但由于可以有效降低风险，因此城市商业银行仍然可能会选择发展理财业务，以改善整体经营风险。

对于外资银行，结果显示理财业务与贷款业务都能增加银行收益，前者系数（0.0213）小于后者的系数（0.2417）；理财业务和贷款业务都会增加银行经营风险，前者的系数为-2.2356，后者的系数为-7.9673。说明贷款业务对外资银行是高风险高收益，理财业务给外资银行带来的收益较低，但理财业务带来的风险也小。长期以来，外资银行与本土银行在贷款业务领域的竞争并不占优，目前越来越多的外资银行将经营重点放在了非贷款业务上。2007 年至 2014 年，四家样本外资银行净手续及佣金收入占税前利润的平均比例为 47.11%，远高于国内本土样本银行的平均比例 25.71%。外资银行可以采取更为主动灵活的资产管理方式,来获得丰厚的佣金和手续收入。

理财产品发行量对国有大型银行、股份制商业银行、城市商业银行以及外资银行收益的影响系数分别是 0.0063、-0.0103、-0.2726 与 -0.3368,仅国有大型银行的系数为正,其他类型商业银行的系数都为负数。这说明国有大型银行可以借助雄厚的资金实力,通过"薄利多销"的方式来经营理财产品,其他商业银行则必须通过降低成本、提升理财产品的单位利润率来扩大收益。如果说,国有大型银行的理财业务能够胜在"量"的话,那么其他商业银行的理财业务更胜在"质"上,也更容易获得投资者的青睐。另外,通过观察收益分类模型的时间交叉项,我们发现各类银行的理财收益水平都没有表现出时间增强趋势,即当前我国商业银行在理财业务上的发展并没有出现稳定增长的态势,似乎后劲不足,这与金融危机爆发后市场的不稳定和推进措施不完善有关。

(三)稳健性检验

通过使用工具变量法与非工具变量法进行系数对比和 Hausman 检验,稳健性检验结果如表 11-6。

表 11-6 稳健性回归结果

收益模型	Yield 内生性检验		Amount 内生性检验		Interest 内生性检验	
	Fe_iv	Fe	Fe_iv	Fe	Fe_iv	Fe
Yield	-0.0094	0.0019	-0.0108	0.0019	0.0039	0.0019
Amount	0.0439	-0.0029	0.0687	-0.0029	-0.0117	-0.0029
Interest	0.2912	0.2352	0.3006	0.2352	0.1014	0.2352
Ointerest	0.0060	-0.0126	0.0204	-0.0126	0.0243	-0.0126
NonAM	-0.1127	-0.0800	-0.0930	-0.0800	-0.0164	-0.0800
Assets	0.0037	0.0049	0.0037	0.0049	0.0042	0.0049
Share	0.0172	0.0178	0.0153	0.0178	0.0184	0.0178
Loan	-0.0134	-0.0088	-0.0124	-0.0088	-0.0043	-0.0088
Hausman-test	0.7900		0.7300		0.8500	
P 值	0.9992		0.9994		0.9990	

续表

风险模型	Risk 内生性检验		Loan 内生性检验	
	Fe_iv	Fe	Fe_iv	Fe
Risk	0.4396	−0.1237	−0.0331	−0.1237
Gassets	−2.7767	−3.4844	−4.5817	−3.4844
Liquidity	0.6529	−4.0824	−0.6978	−4.0824
Assets	2.3557	1.6953	−5.7358	1.6953
Share	376.8619	370.4980	390.6278	370.4980
Loan	−8.5456	−7.0677	−47.3506	−7.0677
Hausman−test	0.6600		4.6600	
P 值	0.9952		0.5885	

注：Fe 表示固定效应模型；Re 表示随机效应模型。Fe_iv 和 Re_iv 表示相应的工具变量法回归。

总量与分类回归的技术指标体现了理财业务与贷款业务对商业银行收益与风险的影响，但自变量与因变量之间是否存在内生性尚需要进一步检验，因为这决定了统计模型是否稳健，技术指标与相关结论是否真实可信。我们采用工具变量法和豪斯曼检验来检验收益与风险模型的五个主要变量 Yield、Amount、Interest、Risk 和 Loan 的内生性，如果不存在内生性，即说明原模型的回归结果是可靠的。对于收益模型，本部分选定货币流动性 Liquidity 替代 Yield、Amount、Interest 作为工具变量，理由是货币流动性作用于利率，利率决定了贷款和理财的收益水平，而 ROA 无法影响宏观变量货币流动性，符合工具变量要求。对于风险模型，本部分选取利率波动率作为替代 Risk 和 Loan 的工具变量，理由是利率波动影响贷款和理财业务的波动，而银行自身破产风险无法改变市场利率波动。表 11-6 的检验结果显示，工具变量法与非工具变量法拟合的系数整体上没有显著区别，因此关键变量都不具有内生性。由此说明本部分的模型回归结果稳定可信，可以解释经济现象。

四、结论与政策建议

本部分运用总量与分类回归相结合的方法对我国商业银行的资管业务进行了综合分析，统计检验的结论显示：资管业务的发展对我国银行业收益有促进作用，并且能改善银行业整体经营风险；但是异质型商业银行发展资管业务的趋势特征并不一致：资管业务能显著促进国有大型银行、股份制商业银行和外资银行的收益，并降低股份制商业银行和城市商业银行的经营风险；尽管贷款业务带来的息差收入对商业银行的收益增加的影响效果更大，但在现阶段，由于金融危机影响与实体经济的不景气导致贷款需求疲弱，而银行本身也在贷款规模、对象等方面受到诸多限制，商业银行进一步增加贷款将难以实现，所以银行非常偏重于扩张资管业务。

基于以上结论，我们给出商业银行发展资管业务的相关政策建议如下。

第一，可进一步推进资管业务发展。当前，全球经济并未走出金融危机的寒冬，欧债危机在不断深化，与此同时国内经济结构调整进入深水区，过剩产能有待消化，中国经济面临严峻挑战。因此，以传统贷款业务为重心的银行业不仅面临疲弱的贷款需求，还承受着不良贷款率上升带来的巨大风险。加之中国利率市场化、互联网金融冲击和存款保险制度实施等因素，银行息差收入进一步缩小。为了化解当前的尴尬处境，银行需要调整其业务结构，改变以往过分依赖息差收入的经营模式，增大资管业务等表外业务的比例，促进自身业绩的增长，改善经营风险。

第二，资管业务应注重"质"与"量"的平衡。我国商业银行的资管业务发展正处于初级阶段，受限于资产管理水平及相关限制性政策，当前商业银行的资管业务较为被动，大多采取代理销售的模式，利润相对单薄，自身管理和产品设计水平较低，因此数据显示资管业务对我国银行业整体业绩的促进作用尚不十分突出。今后商业银行在发展资管业务时，要努力提升产品的单位收益率，注重"质"与"量"的平衡，从根本上促进银行经营业绩的提升。

第三，应加强对资管业务的监管。日益蓬勃发展的商业银行资管业务给监管带来了更大的挑战，一方面，政策的放开是资管业务发展的基础，金融监管当局需要赋予商业银行更多的自主权，丰富银行的资产管理模式，提高银行的资产管理水平；另一方面，更多的自主权意味着更宽泛的业务外延与更大的监管难度。去年以来，我国股市出现巨幅震荡，其中有一个重要原因就是大量的银行资金通过资管业务渠道进入伞型信托，与民间配资一起形成了庞大的影子银行，由于反应滞后与监管缺乏，最终导致杠杆崩溃。商业银行发展资管业务是大势所趋，是利率自由化背景下商业银行主动调整资产结构的必然选择，但是不能放任资管业务野蛮生长,应当正视资管业务背后隐藏的市场风险,完善相关监管措施,规范市场行为,扶持商业银行资管业务的有序发展。

第二节　货币宽松与资金"脱实向虚"

金融危机中,央行通过宽松的货币政策释放了大量的流动性,但是这些资金似乎并未完全进入实体经济领域,资金在资源配置上出现了"脱实向虚"的倾向。本节从企业、银行和居民三个层面分别建立了实证模型,研究央行释放的流动性的去向,以及宽松的流动性对微观层面的资金配置行为的影响。

一、资金"脱实向虚"与可能的原因

近年来,我国的货币供应量一直保持高速增长的态势。2008年末,我国的M1和M2为15万亿和47万亿,截至2018年9月,M1和M2分别增长到了54万亿和180万亿,年复合增长率高达11.2%和16.1%。但是,货币供应量的高速增长似乎并未带来经济同比例的高速增长。中国经济增速从2010年的10.4%开始连续放缓,2018年三季度跌至6.7%,固定资产投资率在2009年达到最高33.6%后,下降到2018年9月的3.8%。实体经济企业的发展也持续低迷,市场经济普遍面临需求萎缩、产能过剩、成本上升、技术创新不足、行业利润率大幅下滑等一系列难题。与此同时,我国虚拟经济的规模日益增加。2017年我国金融业占GDP的比重高达8.4%,已超过金融危机前美国和日本的金融业占GDP的比重,而且金融业表现出较高的利润,据2017年上市公司财务报表数据显示,金融业总体净利润占总体上市公司利润达到50%以上。在国内固定资产投资规模逐年下滑的情况下,上市公司配置金融资产规模与利润的增长速度远高于上市公司投资实体经济规模与利润的增长速度,商业银行通过同业业务与资管渠道等方式获取的收益正在节节攀升,银行与居民对股权、债券及其他投资类科目的规模大幅度增加。

由此可见,宽松货币政策释放的流动性可能并未完全润泽实体经济,导致虚拟经济的过度膨胀,从而使虚拟经济脱离实体经济运行,资金出现"脱实向虚"

的特征。近年来,已有学者开始关注"脱实向虚"并测算其存在的阈值,例如 Arcand 等考察了虚拟经济和实体经济的比例对经济增长产生的影响,发现当企业部门的信贷与 GDP 的比例大于 100% 时,虚拟经济将对经济增长产生负面影响。习近平主席在全国金融工作会议上强调,金融是实体经济的血脉,为实体经济服务是金融的天职,金融要把为实体经济服务作为出发点和落脚点。在此背景下,研究央行释放的资金的流向,并有针对性地提出政策建议具有重要的现实意义。相关研究不但有利于丰富与完善实体经济和虚拟经济关系的研究框架,判断货币政策传导渠道是否通畅,还有利于科学评价货币政策对企业、居民和商业银行不同层面的综合影响,提高宏观调控的有效性,为促进供给侧结构性改革的货币政策调控提供决策参考。

由于本部分主要研究资金脱实向虚的成因、危害与风险防范,因此我们需要界定什么是虚拟经济,什么是实体经济。成思危认为虚拟经济是与实体经济相对应的经济活动模式,虚拟经济包括金融市场、金融机构、房地产等领域。黄群慧进一步研究了虚拟经济和实体经济的关系,认为实体经济应包括制造业以及除了金融业、房地产业外的服务业,虚拟经济包括金融业和房地产业,虚拟经济和实体经济构成了整个经济系统。借鉴以上学者的研究,本部分定义虚拟经济包含金融投资(股权投资、债权投资和衍生金融工具形成的资产)和投机类的房地产投资,而实体经济是除了虚拟经济之外的其他经济业态。

(一)经济萧条时,企业投资可能会"脱实向虚"

首先,经济萧条可能导致实体经济的回报率下降,企业基于利润最大化的动机,可能会加大投资虚拟经济的力度。一方面,当经济萧条时,企业通过将资金从边际收益不断降低的实体经济,转移到收益较高的金融资产;另一方面,当实体经济回报率下降时,由于固定资产投资周期长并且收益不确定,企业资金将投资于收益周期短并且收益确定的短期金融资产(Demir,2009)。我国实体经济经过二十多年的高速发展,实体经济收益逐年呈现边际递减,我国实业投资率在 2007 年左右达到峰值之后,呈持续下降趋势,同时我国非金融企业持有的金融资产呈现不断上行的态势,说明我国非金融企业越来越热衷于投资虚拟经济(张成思,2016)。

其次,经济萧条可能导致流动性风险,企业为了降低流动性风险,可能会加大投资虚拟经济的力度。当经济萧条时,企业未来的收入、成本以及现金流都存在着更大的不确定性,企业面临融资成本高,甚至融资难的困境,这种困境强化了企业的预防性储蓄动机。企业为了应对未来可能的流动性短缺,更倾向于通过增持大量金融资产,进而降低企业经营风险,以减少资金链断裂对生产经营活动的负面冲击(Duchin,2017)。

最后,经济萧条凸显了融资约束难题,企业为了回避融资约束,可能会加大投资虚拟经济的力度。在中国当前存在金融抑制的环境下,正规金融机构具有较严重的信贷配给行为,导致不同类型的企业受到歧视性的融资约束。国有企业、大规模企业凭借其较强的融资优势,能够从资本市场和银行募集到足够的甚至是超过其生产经营所需的资金,而民营企业、小规模企业难以从正规金融体系获得融资,进而被迫寻找其他的融资渠道,如影子银行等。企业对影子银行的资金需求推高了影子银行体系的投资收益率。由于经济萧条凸显了融资约束难题,较弱融资约束的企业选择减少实业投资,把从银行获得的相对廉价的贷款转投影子银行,而上市企业作为受融资约束较弱的企业,资金相对充裕,有更强的动机投资于金融资产获利。

综合以上论述,本部分提出假设 1:在经济萧条期,企业可能会增加对金融资产的投资规模。

(二)经济萧条时,居民投资可能"脱实向虚"

首先,当经济萧条时,市场上可以投资的优质标的相对较少,由于房地产所具有金融属性以及稀缺性,过量的流动性基于逐利的动机,就会进入房地产市场,推高房地产价格,使央行的资金流向虚拟经济(徐忠,2012)。

其次,宽松的货币政策可能会造成财富效应,进而提升增加居民购房需求,导致居民资金流向房地产市场。一方面,宽松的货币政策可能导致住宅价格的升高,进而改善了居民的资产负债表情况,居民的净值上升,于是居民逆向选择和道德风险得以缓解,从而导致居民对住宅的投资上升,居民购房总需求增加;另一方面,居民对房价的预期加剧了房地产市场价格上涨,促使居民部门资金流向房地产市场。在流动性冲击下,居民异质预期是导致房地产价格波动呈现超额波动性以及波动聚集现象的重要因素(Dieci,2012)。

最后,我国房地产市场供给和需求的错配,加剧了居民部分资金流向房地产市场。从需求端来看,我国近二十多年快速城镇化以及居民收入的增加,决定了居民对房地产的刚性需求和投资需求同时高涨。孟庆斌(2017)建立房地产市场的需求和供给出发建立模型,推导出均衡房价,发现我国居民收入的提高,快速发展的城镇化进程和由于收入、福利以及基础设施在区域间分布不均衡而引起的人口跨区域流动都在很大程度上推高了我国房价。从供给端来看,地方政府对土地市场的垄断是房地产价格的最主要因素之一。韩立彬(2018)将我国城市划分为土地受限供给和土地宽松供给两个部门,发现与土地供给相对放松的城市相比,土地供给相对收紧城市的房价平均要高10%左右,根源在于土地供给在空间上与土地需求不匹配。

综合以上论述,本部分提出假设2:在经济萧条期,居民可能会增加对金融资产的投资规模。

(三)经济萧条时,银行投资可能"脱实向虚"

首先,经济萧条时,由于市场缺少优质的项目,银行会基于自身收益最大化的动机,可能将资金投资虚拟经济。随着利率市场化到来,存贷款利差持续下降,传统的利润模式受阻。当经济下行时,商业银行不可能再通过无限制扩张规模获取利润,这种情况下,银行通过发展资产管理业务来改善盈利情况。马理(2016)通过采集银行的理财产品数据,使用面板数据回归法对商业银行的资产管理业务进行分析后发现,银行从事资产管理业务使商业银行将自有资金充分利用起来,在拓宽了自身盈利渠道、增加利润收入的同时能改善整体经营风险。

其次,由于商业银行受到资本充足率和信贷额度等诸多方面的限制,商业银行基于规避监管和监管套利的动机,将资金投资虚拟经济。商业银行的资产管理同业业务、资产管理业务是不受或少受监管的"类贷款"业务,是一种监管套利的行为,具有隐蔽性强、透明度低及杠杆度高等特点,它将信贷资产隐藏起来,或者将信贷资产从表内转移至表外。在经济萧条期,由于确定性的投资机会随着货币政策的刺激逐渐减少,宽松的货币政策将使银行业金融机构通过同业业务、投资业务、理财业务等方式来配置金融资产,从而拉长了企业融资链条和融资成本,使资金脱离了为实体经济服务。商业银行这种监管套利行为,对银行本身的经营带来很大风险的同时,也增加了监管和调控的难度。随着风险在银行业内部不断积聚,整个银行业系统的稳定性也势必受到影响,银行系统面临的风险增加,对我国金融稳定造成了负面冲击。

综合以上论述,本部分提出假设3:在经济萧条期,银行可能会增加对金融资产的投资规模。

二、模型选择与变量处理

(一)模型选择

为了检验前文所提出的假设 1 至假设 3,本部分借鉴宋军(2015)、马理(2016)、徐梅(2015)等人的研究,构建计量模型,实证检验货币政策宽松对企业、居民、银行三部门投资虚拟经济和实体经济的影响,基准回归采用的方程如下:

$$[Y1_{it}, Y2_{it}, Y3_{it}]^T = \alpha + \beta m2_t + \gamma X_{it} + \mu_i + v_t + \varepsilon_{it} \tag{1}$$

1. 因变量: $Y1_{it} = [house_{it}, purefina_{it}, unfina_{it}]$ 是企业模型的被解释变量集,其中房地产资产($house_{it}$)与金融资产($purefina_{it}$)是企业投资虚拟经济的替代指标,而 $unfina_{it}$ 是企业投资实体经济的相关指标。$Y2_{it} = [debtlong_{it}, indsave_{it}, inv_{it}]$ 是居民模型的被解释变量集,其中居民投资房地产($debtlong_{it}$)与投资金融资产(inv_{it})是居民投资虚拟经济的替代指标,居民储蓄($indsave_{it}$)为因变量对照组。$Y3_{it} = [houseb_{it}, firm_{it}, finaaset_{it}]$ 是商业银行模型的被解释变量集,其中商业银行发放的房地产贷款($houseb_{it}$)与金融资产投资规模($finaaset_{it}$)是商业银行投资虚拟经济的替代指标,商业银行发放企业贷款($firm_{it}$)是商业银行投资实体经济的替代指标。

2. 自变量: $m2$ 为广义货币供应量,是本部分主要研究的自变量,代表宽松货币政策带来的流动性变化。

3. 控制变量: X_{it} 表示控制变量,涵盖了影响三部门投资选择的其他因素。企业模型的控制变量为:在宏观层面选取资产供给量($assetsu_{it}$)作为控制变量,用来控制社会资产供给变化对实体企业投资行为的影响;使用企业利润(shi_{it})控制利润变化对企业部门投资行为的影响。居民模型的控制变量为:在宏观层面选取资产供给量($assetsu_{it}$)作为控制变量;使用房价指数($hprice_t$)控制房地产价格对居民新增贷款数量的影响;将存准率(cz_t)作为货币政策调控工具的控制变量。银行模型的控制变量为：在宏观层面选取资产供给量（$assetsu_{it}$）与存款准备金率（cz_t）作为控制变量；使用银行股权占总资产比（ca_{it}）和贷存比（ld_{it}）来控制商业银行自身发展对因变量的影响。

4.其他变量：i 表示第 i 个企业，t 表示期数，μ_i 为个体固定效应，用来描述个体不随时间改变的个体异质性特征，降低模型遗漏解释变量的可能性。资本供给量的计算借鉴从来构建的"C-I"指数：$AS = B + E + L + \Delta S.D. + NPFV$，其中 B 代表债券发行规模，E 代表股票发行规模，L 代表贷款规模，$\Delta S.D.$ 代表短期存款变化，$NPFV$ 代表本国投资者对国外金融资产的净购买。

（二）数据来源

由于我国经济在 2008 年金融危机爆发后开始逐渐步入下行期，而本部分主要探索在经济下行期的企业、居民与银行的投资行为特征，因此数据的样本空间采用 2008 年以来的数据，以此来对应提出的研究假设 1 到假设 3 的经济下行期背景。数据主要分为三部分：

1.企业部分的数据主要来自于 WIND 数据库，使用 A 股上市公司的 2008 年至 2017 年的季度财务报表，剔除了金融类企业和 ST 上市公司的无效数据。其中：参考 Penman S.H 的财务分析框架，非金融企业投资金融资产规模（$purefina_{it}$）包括公司资产负债表中的货币性金融资产、交易性金融资产、理财与信托资金，以及投资金融机构股权的资产；将企业总投资中除去金融资产和投资类房地产的部分，作为企业投资实体经济（$unfina_{it}$）的数据；企业投资房地产的规模（$house_{it}$）使用资产负债表中的投资类房地产净额；控制变量企业利润（shi_{it}）为公司资产负债表中的主营业务利润。

2.居民部分的数据主要来源于中国人民银行公布的宏观统计数据和城镇储户问卷调查报告。其中，居民储蓄量（$indsave_{it}$）和存准率（cz_t）为中国人民银行公布的季度数据；由于居民的中长期贷款中绝大部分为住房抵押贷款，因此居民投资房地产的规模（$debtlong_{it}$）使用居民中长期贷款来作为替代变量；由于居民购买股票、债券、理财产品以及其他金融产品的数据没有完全对应的数据序列，因此本部分借鉴徐梅的方法，使用中国人民银行的城镇储户问卷中关于家庭购买股票或基金的调查结果作为居民购买金融资产（inv_{it}）的替代变量；房价指数（$hprice_t$）使用全国重点百城房价数据，来源于 WIND 数据库。

3.商业银行的数据主要来源于武汉大学金融系 CBD 数据库中的商业银行资产负债表,时间跨度为 2006—2016 年。在剔除部分无效与失真数据之后,共获得 233 个银行样本,1294 组数据。其中,商业银行投资金融资产的规模($finaaset_{it}$)包括资产负债表中的公允价值资产、可供出售资产、持有至到期资产、应收款项类资产,以及长期股权投资项目资产;商业银行发放企业贷款($firm_{it}$)和房地产贷款的规模($houseb_{it}$)分别来自资产负债表中商业银行发放的企业贷款和居民中长期贷款;股权占总资产比(ca_{it})和贷存比(ld_{it})由资产负债表中的总资产、股权、贷款发放量,以及存款量等条目计算得到。

三、数据检验及经济学解释

(一)基准回归

1.企业模型的结果

表 11-7 为流动性增加对企业投资实体经济和虚拟经济影响的回归结果。结果显示,流动性增加 1%,企业投资房地产将增加 0.57%,金融投资将增加3.78%,实体投资将增加 0.78%。以上结果说明,当上市公司面临宽松的流动性时,并未把足够的资金投向实体经济,反而将更多的资金投向了虚拟经济(金融资产和房地产投资),因此虚拟经济存在替代特征,企业会有减少实体经济投资追求虚拟经济投资的偏好。而且企业在选择资金投向虚拟经济时,倾向于持有更多的金融资产,因为金融资产的系数值远高于其他变量的系数值。由此验证了假设 1。此外,通过观察表 11-7 还可以得到:实体经济回报率减少 1%,将显著降低企业对实体经济的投资 0.15%,降低金融投资 0.13%,降低房地产投资0.05%,说明当实体经济的回报率下降时,相对于虚拟经济,企业会更大幅度地减少对实体经济的投资。

表 11-7 企业的总量分析

变 量	房地产投资	金融资产投资	实体经济投资
M2	0.57***(0.06)	3.78***(0.10)	0.78***(0.02)
assetsu	0.13***(0.03)	0.24***(0.05)	0.22***(0.013)
shi	0.05***(0.01)	0.13***(0.02)	0.15***(0.01)

续表

变　量	房地产投资	金融资产投资	实体经济投资
_cons	−5.28***（1.71）	−114.0***（2.68）	−12.23***（0.55）
Observations	32,588	56,211	75,985
R−squared	0.094	0.283	0.527
Number	1,742	3,339	3,371

注：（）代表系数标准差，*** p<0.01，** p<0.05，* p<0.1，下表同。

2. 居民模型的结果

表 11-8 为流动性增加对居民资金流向影响的回归结果。结果显示，流动性增加 1% 将导致居民住房贷款增加 2.08%，居民投资金融资产增加 0.51%，而居民储蓄下降 0.72%；存准率下降 1% 将导致住房贷款增加 0.12%，居民金融投资增加 0.07%。以上结果说明，在经济下行期，央行通过宽松货币政策释放的流动性可能主要进入了房地产领域。由此验证了假设 2。

表 11-8　居民部分资产配置实证检验

变　量	住房贷款	居民储蓄	金融资产
M2	2.08***（0.32）	−0.72**（0.32）	0.51***（0.10）
assetsu	−0.36（0.35）	2.02***（0.33）	0.33（0.19）
存准率	−0.12*（0.07）	0.11（0.07）	−0.0656**（0.03）
Constant	−17.99***（4.37）	16.72***（4.23）	−3.13*（1.49）
Observations	39	39	16
R−squared	0.548	0.561	0.770

3. 银行模型的结果

表 11-9 为流动性增加对银行部门资金流向影响的回归结果。结果显示：1% 的流动性增加会促使商业银行增加 3.2% 的金融资产规模、1.51% 的企业贷款规模，以及 1.62% 的住房贷款规模，这表明流动性增加对商业银行投资金融资产的影响最大，同时，1% 的存准率减少可以显著增加商业银行 0.18% 的金融资产规模。说明在经济下行期，当流动性增加时，商业银行将增加金融资产的持有规模。由此验证了假设 3。

表 11-9　银行部门资产配置实证检验

变　量	住房贷款	企业贷款	金融资产
M2	1.62 *** (0.33)	1.51 *** (0.15)	3.20 *** (0.19)
assetsu	−0.14(0.26)	−0.26 ** (0.12)	−0.62 *** (0.19)
cz(存准率)	−0.002(0.02)	−0.03 *** (0.01)	−0.18 *** (0.02)
Ca	0.09(0.44)	−0.82(0.50)	−2.42 *** (0.65)
Ld(贷存比)	0.005(0.055)	0.007(0.04)	−0.24 * (0.14)
Constant	−20.27 *** (5.05)	−10.65 *** (2.29)	−30.39 *** (5.05)
Observations	799	1,232	1,195
R−squared	0.332	0.471	0.595
Number	163	233	221

（二）异质性分析

为了进一步检验流动性冲击对企业和商业银行的资产配置产生的结构性影响,我们对研究对象进行了异质性分析。将企业细分为挖掘业、批发和零售业、房地产业、信息技术业、建筑业、社会服务业、传播与文化业、电力业、交通运输业、制造业、农业共 11 类;将商业银行细分为国有大型银行、股份制银行、城商行、农商行共 4 类进行分组检验。

表 11-10　不同行业的企业投资房地产的对比

	挖掘业	批发和零售业	房地产业	信息技术业	建筑业	社会服务业	传播与文化业	电力业	交通运输业	制造业	农业
M2	0.58	0.46 ***	1.43 ***	0.56 ***	0.72 ***	0.67 ***	0.75 **	0.27 *	0.62 ***	0.32 ***	−0.04
	(0.35)	(0.17)	(0.20)	(0.19)	(0.27)	(0.19)	(0.30)	(0.14)	(0.19)	(0.09)	(0.26)
assetsu	−0.15 **	−0.03	0.25 **	0.03	0.30 **	0.21 **	0.01	0.01	−0.08	0.09 ***	0.08
	(0.06)	(0.07)	(0.10)	(0.06)	(0.12)	(0.08)	(0.09)	(0.07)	(0.09)	(0.03)	(0.08)
shi	−0.06	0.003	0.23 ***	0.02	0.08	0.04	0.06	0.002	−0.01	0.02	0.02
	(0.05)	(0.03)	(0.06)	(0.03)	(0.05)	(0.03)	(0.08)	(0.05)	(0.02)	(0.02)	(0.03)
_cons	3.85	3.99	−38.4 ***	−1.83	−15.74 *	−10.47 *	−8.03	7.84 *	0.65	3.33	15.65 *
	(11.12)	(4.47)	(6.20)	(5.80)	(7.95)	(5.89)	(10.07)	(4.68)	(4.84)	(2.51)	(8.62)
Obs	1,032	3,603	4,226	3,116	1,542	1,928	674	1,976	1,641	17,757	483

续表

	挖掘业	批发和零售业	房地产业	信息技术业	建筑业	社会服务业	传播与文化业	电力业	交通运输业	制造业	农业
R	0.06	0.06	0.29	0.08	0.17	0.13	0.13	0.03	0.11	0.03	0.00
Number	40	125	137	174	68	94	35	75	62	962	26

表 11-11　不同行业的企业投资金融资产的对比

	挖掘业	批发和零售业	房地产业	信息技术业	建筑业	社会服务业	传播与文化业	电力业	交通运输业	制造业	农业
M2	2.98 ***	1.75 ***	2.36 ***	2.87 ***	1.87 ***	1.85 ***	2.82 ***	2.28 ***	1.78 ***	3.03 ***	2.71 ***
	(0.31)	(0.17)	(0.22)	(0.24)	(0.36)	(0.22)	(0.47)	(0.24)	(0.22)	(0.09)	(0.54)
assetsu	0.03	0.17 **	0.17 *	0.39 ***	0.32 **	0.49 ***	0.56 **	0.04	0.29 **	0.12 ***	0.13
	(0.15)	(0.08)	(0.10)	(0.10)	(0.14)	(0.11)	(0.22)	(0.10)	(0.13)	(0.04)	(0.17)
shi	0.03	0.11 **	0.20 ***	0.27 ***	0.08	0.26 ***	0.52 ***	0.11 *	0.08 *	0.09 ***	0.02
	(0.08)	(0.04)	(0.06)	(0.05)	(0.06)	(0.06)	(0.12)	(0.06)	(0.05)	(0.02)	(0.10)
_cons	-79.4 ***	-44.4 ***	-65.3 ***	-91.1 ***	-52.9 ***	-60.4 ***	-98.6 ***	-58.1 ***	-48.5 ***	-85.7 ***	-74.3 ***
	(9.85)	(4.78)	(6.20)	(7.27)	(10.94)	(6.84)	(15.88)	(7.11)	(7.61)	(2.66)	(15.96)
Obs	2,077	5,072	4,838	6,237	2,238	3,156	1,290	3,109	2,576	41,150	1,143
R	0.37	0.31	0.38	0.32	0.22	0.32	0.35	0.35	0.28	0.32	0.27
Number	79	172	143	338	102	150	60	108	98	2,048	45

表 11-12　不同行业的企业投资实体经济的对比

	挖掘业	批发和零售业	房地产业	信息技术业	建筑业	社会服务业	传播与文化业	电力业	交通运输业	制造业	农业
M2	1.15 ***	0.71 ***	0.99 ***	0.84 ***	0.98 ***	0.88 ***	1.12 ***	0.72 ***	0.72 ***	0.74 ***	0.68 ***
	(0.11)	(0.08)	(0.10)	(0.07)	(0.17)	(0.11)	(0.23)	(0.08)	(0.08)	(0.02)	(0.11)
assetsu	0.21 ***	0.14 ***	0.21 ***	0.23 ***	0.24 ***	0.26 ***	0.31 **	0.13 ***	0.01	0.11 ***	-0.01
	(0.08)	(0.05)	(0.06)	(0.03)	(0.06)	(0.05)	(0.15)	(0.04)	(0.04)	(0.01)	(0.03)
shi	0.24 ***	0.12 ***	0.31 ***	0.18 ***	0.17 ***	0.19 ***	0.34 ***	0.22 ***	0.04	0.12 ***	0.04
	(0.07)	(0.03)	(0.06)	(0.01)	(0.04)	(0.03)	(0.07)	(0.05)	(0.03)	(0.01)	(0.03)
_cons	-25.2 ***	-7.59 ***	-21.7 ***	-15.5 ***	-19.1 ***	-17.9 ***	-29.9 ***	-8.59 ***	-1.59	-7.54 ***	-1.27
	(5.68)	(2.10)	(3.70)	(2.04)	(4.60)	(3.28)	(6.12)	(3.06)	(2.69)	(0.82)	(3.55)

续表

	挖掘业	批发和零售业	房地产业	信息技术业	建筑业	社会服务业	传播与文化业	电力业	交通运输业	制造业	农业
Obs	2,658	5,475	5,278	8,019	2,616	3,763	1,590	3,713	3,209	52,113	1,410
R	0.43	0.42	0.39	0.44	0.40	0.40	0.38	0.34	0.37	0.40	0.37
Number	80	172	143	341	102	151	60	109	98	2,058	45

表 11-10 至表 11-12 为流动性增加对不同行业企业的配置资产影响的回归结果。在表 11-10 中,流动性增加 1% 的最大冲击是对房地产行业购买投资性房地产造成了 1.43% 的影响,最小冲击是对电力等行业购买投资性房地产 0.27% 的影响。在表 11-11 中,流动性增加 1%,制造业投资金融资产将增加 3.03%,批发和零售业投资金融资产增加 1.75%。在表 11-12 中,流动性增加 1% 对实体经济造成的最大影响为 1.15%,最小值为 0.68%。表 11-11 的第一行数据要大于表 11-10 和表 11-12 的第一行数据,说明各类企业投资金融资产的偏好都远大于投资其他资产。再次验证了假设 1 的正确性。

表 11-13　异质性商业银行投资行为对比

变量	国有大型银行			股份制银行			城市商业银行			农村商业银行		
	住房贷款	企业贷款	金融资产	住房贷款	企业贷款	金融资产	住房贷款	企业贷款	金融资产	住房贷款	企业贷款	金融资产
M2	3.07	0.66 **	1.29 ***	0.58	0.57	3.47 ***	1.64 ***	1.69 ***	3.22 ***	2.12 **	1.64 **	3.91 ***
	(1.91)	(0.16)	(0.24)	(0.83)	(0.54)	(0.22)	(0.43)	(0.13)	(0.22)	(0.90)	(0.77)	(0.86)
assetsu	-1.30	0.072	-0.19 *	0.23	0.23	-0.91 ***	0.07	-0.31 ***	-0.54 **	-0.98	-0.42	-0.90
	(1.49)	(0.18)	(0.08)	(0.35)	(0.13)	(0.20)	(0.34)	(0.11)	(0.26)	(1.02)	(0.66)	(0.76)
cz	-0.09	-0.003	-0.06 ***	0.06	0.02	-0.14 ***	0.01	-0.04 ***	-0.14 ***	-0.04	-0.04	-0.23 ***
	(0.08)	(0.03)	(0.01)	(0.06)	(0.05)	(0.03)	(0.03)	(0.01)	(0.03)	(0.09)	(0.03)	(0.08)
Ca	-5.60	1.73	-8.87	3.09	2.86	-16.42 **	0.24	-0.69	-1.59 ***	4.14	-1.41	-26.9 ***
	(11.1)	(4.85)	(5.39)	(11.9)	(8.52)	(5.57)	(0.45)	(0.49)	(0.33)	(6.60)	(5.26)	(9.20)
Ld	-1.67	0.29	-1.09	2.747 *	-2.1 **	-1.46	-0.01	0.01	-0.23	-0.04	0.06	0.05
	(5.23)	(1.14)	(0.59)	(1.35)	(0.90)	(1.17)	(0.07)	(0.05)	(0.17)	(0.10)	(0.08)	(0.11)
_cons	1.26	-1.35	-2.45	-12.99	-6.13	-20.7 ***	-29.5 ***	-12.5 ***	-34.4 ***	-0.62	-8.79	-33.43 **

续表

变量	国有大型银行			股份制银行			城市商业银行			农村商业银行		
	住房贷款	企业贷款	金融资产	住房贷款	企业贷款	金融资产	住房贷款	企业贷款	金融资产	住房贷款	企业贷款	金融资产
	(24.5)	(4.01)	(2.02)	(8.78)	(8.44)	(5.73)	(6.36)	(2.18)	(7.13)	(27.2)	(9.8)	(15.4)
观测数	41	45	45	96	107	107	461	636	631	201	444	412
R	0.76	0.60	0.93	0.18	0.22	0.90	0.39	0.70	0.73	0.27	0.29	0.49
Number	5	5	5	12	12	12	85	99	99	61	117	105

表 11-13 为流动性冲击对不同类型的商业银行资产配置影响的回归结果。结果显示,增加 1% 的流动性使农商行持有金融资产的规模增加了 3.91%,股份制银行持有金融资产的规模增加了 3.4%,而大型国有银行仅增加了 1.3%。说明当流动性增加时,农商行最热衷于配置金融资产,股份制银行次之,大型国有银行配置金融资产少于前两者。这可能是由于在货币宽松、金融脱媒、利率市场化的宏观环境下,商业银行竞争日益激烈,中小型银行在传统的贷款领域缺乏竞争优势,因此必须大规模发展金融市场业务,从而扩大了金融资产持有规模,导致更多的资金流入虚拟经济。再次验证了假设 3 的正确性。

（三）稳健性检验

1. 企业部门。由于企业投资存在惯性,因此我们对因变量 $Y1_{it} = [house_{it}, purefina_{it}, unfina_{it}]$ 添加一阶滞后项 $Y1_{it-1}$ 作为控制变量,以及二阶滞后项 $Y1_{it-2}$ 作为 $\Delta Y1_{it-1}$ 的工具变量,然后再进行 GMM 估计,回归结果如表 11-14 所示。将其与基准回归结果（表 11-7）及异质性回归结果（表 11-10 至表 11-12）对比,可以发现核心变量的回归结果趋势与基准回归结果基本一致,说明回归结果稳健。

表 11-14　企业部门稳健性检验

变　量	金融资产投资	实体经济投资	房地产投资
L.fina	0.57*** (0.02)		
L.shiti		0.44*** (0.04)	
L.house			0.64*** (0.03)

变　量	金融资产投资	实体经济投资	房地产投资
M2	1.06 *** (0.07)	0.56 *** (0.05)	0.15 *** (0.03)
assetsu	−0.16 *** (0.02)	0.01 *** (0.00)	0.00 (0.01)
shi	0.04 *** (0.01)	0.02 *** (0.00)	0.02 *** (0.00)
_cons	−22.57 *** (1.87)	−6.47 *** (0.68)	1.24 (0.84)
Observations	51,323	66,212	27,824
Number	3,073	3,145	1,594

2.居民部门。首先,在原居民回归模型中添加百城房价指数作为控制变量进行回归分析,得到表11-15的模型一。其次,考虑到货币政策的变化也会对居民配置行为产生影响,所以我们选择M2的一阶差分项 $\Delta M2$ 作为工具变量,进行GMM估计,得到表11-15的模型二。将表11-15的两个模型的检验结果与基准回归结果(表11-8)对比,可以发现核心变量的回归结果趋势与基准回归基本一致,说明回归结果稳健。

表11-15　居民部门稳健性检验

变　量	模型一			模型二		
	住房贷款	居民储蓄	居民投资	住房贷款	居民储蓄	居民投资
M2	2.05 *** (0.45)	−0.284	0.51 *** (0.10)	1.44 *** (0.25)	−0.42 (0.59)	0.43 *** (0.12)
assetsu	−0.30 (0.34)	2.02 *** (0.38)	0.29 (0.27)	−0.40 (0.37)	2.05 *** (0.35)	0.33 (0.23)
存准率	−0.07 (0.06)	0.11 (0.07)	−0.0028	−0.09 (0.06)	0.10 (0.07)	−0.07 ** (0.03)
百城房价指数	0.05 (0.03)	−0.00 (0.02)	−0.00 (0.01)			
Constant	−18.76 ** (7.30)	16.77 *** (5.09)	−2.94 (1.73)	−9.80 *** (2.80)	12.96 * (7.45)	−2.03 (1.71)
Observations	39	39	16	39	39	16
R-squared	0.595	0.561	0.773	0.499	0.55	0.758

3.银行部门。考虑到货币政策的变化会对商业银行的资金配置行为产生影响,所以我们选择M2的一阶差分项 $\Delta M2$ 作为工具变量,进行GMM估计,得到表11-16。将回归结果与基准回归结果(表11-9)及异质性回归结果(表11-13)对比,可以发现核心变量的回归结果趋势与基准回归基本一致,说明

回归结果稳健。

表 11-16　银行部门稳健性检验

变　　量	金融资产	企业贷款	住房贷款
M2	$3.19^{***}(0.24)$	$1.37^{***}(0.15)$	$1.46^{***}(0.27)$
assetsu	$-0.81^{**}(0.33)$	$-0.20(0.20)$	$0.11(0.35)$
cz	$-0.19^{***}(0.02)$	$-0.03^{**}(0.01)$	$0.01(0.02)$
ca	$-2.42^{***}(0.51)$	$-0.34(0.32)$	$0.07(0.52)$
ld	$-0.19^{*}(0.11)$	$0.00(0.07)$	$0.00(0.11)$
Observations	963	969	662
R-squared	0.609	0.445	0.348
Number	178	179	128

在金融危机中,为了刺激经济的发展,各国央行均实施了大规模的宽松货币政策,当局希望通过释放大量的流动性来促进经济复苏,引导实体经济发展。但是,释放的流动性似乎并未完全进入实体经济,反而造成了以房地产投资和金融投资为代表的虚拟经济规模急剧膨胀,各国普遍出现了资金"脱实向虚"的现象。在此背景下,研究流动性的去向,检验货币政策在企业、居民和商业银行三部门的传导渠道是否通畅,分析原因并提出有针对性的政策建议具有重要的现实意义。

本部分分别从上市公司、居民和银行三个层面建立实证模型,研究流动性指标对公司、居民和商业银行的资金配置行为的影响,得到如下结论:首先,当央行释放的流动性增加时,企业基于利润最大化、减少流动性风险及缓解融资约束的动机,会显著增加对金融资产的投资规模;其次,当央行释放的流动性增加时,由于财富效应、居民的异质性预期及房地产市场供需的错配,居民的购房需求增加,会加大对房地产的投资;最后,当央行释放的流动性增加时,由于利率市场化及金融脱媒,商业银行传统的利润模式受阻,商业银行基于收益最大化及规避监管的动机,会增加对金融资产的投资规模。

基于得到的技术结论,我们提出相应的政策建议:将商业银行的资产管理业务纳入金融风险监管体系,减少商业银行的监管套利行为;关注房地产价格波动,避免房地产价格出现超额波动,带来经济运行风险;要力避"大水漫灌"式的货币政策,加大定向调控类货币政策的实施力度,通过结构化的货币政策引导产业经济结构调整;完善资本市场的制度建设,引导资本市场对我国实体经济发展产生有益的影响;与财政政策结合,充分发挥宏观调控的结构调整功能。

第三节　区块链技术对货币理论的拓展与挑战

区块链最开始是中本聪为保证比特币的交易真实性而提出的一种底层算法技术,它能够在大数据背景下消除信息不对称。本节以区块链技术在商业票据支付结算领域中的应用为例,对比了区块链技术的作用机理与传统的支付结算模式的差异,分析了区块链技术对传统货币理论的拓展与挑战。

一、区块链技术的提出与演化

区块链是最近几年的热门概念,但同时该领域仍处于发展的初期,存在很多待解的难题。市场中自诩为区块链应用的公司越来越多,与区块链概念挂钩的上市公司股价更是一天一变样,不少投资者在所谓的区块链应用中一掷千金,却屡屡损失惨重,甚至有传销组织与不法分子也投身其中,通过炒作数字货币与ICO(首次币发行,Initial Coin Offering)非法融资牟取暴利,有人戏称今天的区块链应用领域已成"骗子的天堂"。在此乱象之下,从理论与技术上明确区块链的边界,讨论区块链技术的应用场景与实施方式,不但有利于引导投资者的理性投资,充分保护投资人的合法权益,而且可以将区块链技术的发展引入正轨,为监管部门提供相应的决策参考。

区块链最早作为比特币的底层支撑技术被提出。一般认为,区块链技术是指利用加密链式区块结构来验证与存储数据、利用分布式节点共识算法来生成和更新数据、利用智能合约来编程和操作数据的一种全新的去中心化基础架构与分布式计算范式,具有共享、加密、不可篡改等技术特点。通俗来讲,区块链类似于一种特殊的记账系统。以单位的财务报账为例,目前的计算机录入信息与原始凭证,都需要集中保存在单位的财务部门,这种保存方式叫作"中心化"。

区块链技术提供了一种"去中心化"的记账技术,它将各类信息保存在云端,不再保存在单位的财务部门。由于云端服务器与网络中的每个电子设备不断地进行着后台信息交换,记账信息可以迅速地传遍全世界,而区块链的信息修改一般原则上要求全链条51%的节点同意才能进行,所需节点太多使得恶意篡改信息几乎不可能实现,因而区块链利用大数据的技术特征消除了信息不对称并保证了交易的真实性。

由此可见,区块链技术的主要应用应当是在支付结算领域,而区块链的外延能否拓展以及拓展到哪里则需要经过严格的讨论分析。目前,各主要国家的央行基本上都涉及了区块链的研究,不少国家已经在开展一些小范围的测试与应用。2015 年 10 月,美国纳斯达克证券交易所率先推出区块链平台 Linq 用于企业发行私人债券以及股票交易;2016 年 4 月,欧洲中央银行表示将评估区块链技术与支付、证券托管、抵押等银行业务的相关性;2016 年 12 月,德意志联邦银行和德国证券交易所宣布将合作创建一个区块链原型,在中心化数字货币的交割模型中实现证券结算功能;2016 年,韩国银行宣布韩国唯一的证券交易所将开发基于区块链的交易平台;2017 年 9 月,加拿大皇家银行开始部署测试区块链跨境支付系统,测试用于美国和加拿大之间资金转账的区块链系统。区块链技术在我国也受到了高度重视,周小川(2016)指出比特币的底层技术即区块链是一项可选的技术,人民银行已经开始部署重要力量研究区块链应用;2016 年 1 月,中国人民银行召开数字货币研讨会,研究区块链等技术对于支付方式的影响和变革;2016 年 10 月,工信部牵头的"中国区块链技术和产业发展论坛"发布《中国区块链技术和应用白皮书》,首次提出了我国区块链技术应用的标准化路径;2016 年 12 月,区块链技术被列入国务院发布的"十三五国家信息化规划"。我国对区块链技术的研究也取得了一定的成果。2016 年 12 月 15 日,中国人民银行对外宣布,数字票据基于区块链的全生命周期的登记流转和基于数字货币的票款对付结算功能已经全部实现。2017 年 1 月 25 日,中国人民银行基于区块链的数字票据交易平台已测试成功,发行的数字货币也已在该平台试运行。

支付结算特别是企业的大宗支付结算,一般具有延迟支付的特征,交易双方承担的风险非常大,因此为了降低交易风险,世界各国通常采用央行的支付结算体系与商业银行体系相结合的方式来完成支付结算,在此过程中央行需要通过法律的强制性与交易的大批量性来保证支付结算的顺利进行。目前市场中从事区块链应用的公司大多不具备区块链应用的基础,有些不法分子通过设计一些所谓的"生态系统"与"应用场景",对外宣称切入区块链应用领域,吸引追逐概念的投资者盲目跟风,最终高位套现走人,扰乱了金融秩序,对金融稳定造成了巨大冲击。习近平主席在中央金融工作会议上强调,金融要回归本源,要为实体经济服务。因此监管部门应当切实防范区块链技术在金融领域空转,警惕区块链沦为不法分子牟利的工具。研究区块链技术在支付结算领域的运用与机制设计的理论意义在于弥补区块链技术在具体应用场景下的理论空白,通过机理分析明确区块链技术运用的可行性,为区块链的应用模式提供理论支撑;其实践意义在于明确区块链技术的优势与风险,探索区块链技术可能带来的变革及影响并做好相应的配套措施,防止误用乱用区块链造成金融风险。

有些学者高度认可区块链技术,认为它将给金融市场尤其是支付结算领域带来颠覆式的革命。Mainelli和Smith(2015)通过研究分布式总账的配置和区块链技术的运用案例,说明区块链技术将在处理身份、交易和债务信息方面带来巨大变革,并且在票据支付、反洗钱等金融业务中存在巨大的潜力。Lamarque(2016)认为区块链技术提供了监视和执行交易的创新方法,不仅不需要中间人参与而且保证了交易记录的防篡改,可以克服现有市场中的低效率和摩擦,从而改变金融市场模式。Paech(2015)认为法律不确定性在票据交易中制约了交易效率的提高,区块链技术提供了一种独特的可能性,通过创建统一的规则框架,可有效地提高交易效率。Gerstl(2016)以美国抵押贷款市场为例,说明在计算机化程度不高尤其是纸质交易结算系统中,依靠人工审核,错误和损失难以避免,而利用区块链技术的分布式数据库可以很大程度提升工作效率,实现交易过程的自动化。Fico(2016)认为在票据市场中,区块链技术可以提供更好的审计功能,有利于企业进行票据融资。Kiviat(2015)从经济学角度说明区块链技术的真正价值在于可以更有效地促进数字资产转移的潜力,可应用在票据交易身份验证与所有权转让等方面。Kshetri(2017)认为区块链在提高透明度、建立信任和声誉、提高交易效率等方面具有重要的作用。Sayer(2016)建议英格兰银行使用区块链技术改造银行同业结算服务,实现全天候工作并且在几分钟内就可以批准交易。De Meijer(2015)指出在支付结算系统中采用区块链技术可以提高效率,不需要中介银行,从而减少昂贵的客户服务费、缓解支付处理的延迟和不透明问题。Caruthers(2015)发现基于区块链技术的全球网络支付平台,在公开测试中,支付交易的时间和成本减半,而且客户可以近乎实时地跟踪整个付款过程。Di Gregorio(2017)指出区块链技术是大幅降低金融服务的途径,每年可以减少 150 亿美元至 200 亿美元的金融服务基础设施成本,使更多的员工专注于增值活动。Guo 和 Liang(2016)认为在互联网金融的背景下,传统金融业迫切需要转型,区块链技术可以彻底改变支付结算系统从而升级和改造银行的核心技术。

有些学者认为当前区块链技术优势和运用前景的美好描述言过其实,区块链技术存在诸多问题。Walch(2015)认为以支付结算系统为代表的金融市场基础设施对全球金融稳定至关重要,但区块链的分散性和开源性、可能出现的区块分岔以及网络黑客攻击等操作风险严重破坏了区块链作为金融市场基础设施的适用性。Lin 和 Liao(2017)认为区块链技术的安全问题不容忽视,使用区块链会弱化中心机构的权利。Karame(2016)认为区块链技术在抵制黑客攻击、实现大规模交易、去中心化等方面还存在很多局限性。Zamfir(2015)指出基于代币的区块链技术验证成本很大,加密账本的副本储存在每一个网络节点中,新的支付交易在永久保存之前必须集中在验证的区块中,整个过程复杂且消耗成本高,因此目前还不适合交易规模较大的票据交易体系。Salmony(2016)认为区块链技术并不适合票据支付结算系统,目前它还存在爆炸式存储、耗用大量资源、严重的安全和隐私等问题,而且支付结算系统是否有效应该从兼容性、成本效益等方面来评价。Walker 和 Luu(2016)认为区块链技术理论上可以提高票据交易结算的效率,但如果在不了解系统风险的情况下盲目建立新的金融基础设施,可能会浪费大量的精力财力。Pinna 和 Ruttenberg(2016)分析了区块链技术可能对欧洲票据交易市场和金融机构带来的影响,指出尽管我们需要重视技术的革命潜能,但票据交易中的某些过程仍然需要现有机构来执行。Hayes(2016)分析了基于区块链技术的数字货币体系和支付结算体系的建立对中央银行的影响,认为央行作为货币当局的地位不可动摇,区块链只能辅助中央银行的业务处理。Ammous(2016)认为区块链技术实施成本高、数据的重复备份造成极大的浪费,并且还可能存在法律安全问题,尽管区块链技术具有去中心化等优势,但它所带来的经济利益并不能超过现有系统中的中心机构。

有些学者认为在票据支付结算中引入区块链技术则是机遇与风险并存。Buitenhek和Kumhof(2016)指出区块链技术在支付结算等方面的技术优势可能会产生深远的影响,但也不能过度夸大区块链的技术优势,可以通过行业间的广泛合作来明确区块链中真正有价值的部分并加以运用。Hippocampus(2016)分析了区块链技术在支付结算、票据交易等方面的潜在应用,认为区块链将给金融业带来机遇,但同时也面临着监管限制、数据安全、数据隐私等现实问题的挑战。Bott和Milkau(2017)认为区块链技术运用在支付系统中可能会彻底改变现有的金融生态系统,在提高效率的同时也需要注意法律风险、操作安全和数据保护等问题。Cermeño(2016)指出区块链技术在票据结算中的应用,可能推动新的数字业务的发展,但是目前还不能大规模运用,因为技术条件还不成熟,各金融机构的监管态度也存在差异,比如国际清算银行关注风险,曾发布"关于数字货币对降低中央银行作用的声明",而世界银行却关注区块链的技术优势,宣称区块链技术对重构全球数字经济的信任具有重要意义。Price(2016)认为区块链技术可以改变现有的金融基础设施,降低金融风险和提高支付网络的安全性,但监管差异可能妨碍区块链技术的进展。Brummer(2015)认为区块链技术将给支付结算等金融服务带来巨大的影响,而且对金融监管提出了更高的要求,场外私有交易市场将更难实施监管。Raskin和Yermack(2016)认为区块链技术可以改善金融系统支付清算的能力,但数字货币的出现会影响现有的商业银行体系,对信贷创造和货币政策产生溢出效应,给金融机构带来风险。

国内学者对区块链技术的应用也进行了一定的研究。廖理(2016)认为区块链技术在金融领域的运用会对货币政策实施、支付结算体系、反洗钱等领域产生重要影响,但该技术运行所占用的计算和存储资源巨大,难以应对大量的现实交易数据。徐忠和姚前(2016)分析了数字票据交易平台初步方案,认为票据市场是区块链运用得较好场景,区块链的使用可以有效缓解票据业务目前主要存在的票据伪造假冒、划款即时性不足和违规交易等问题。王晟(2016)研究了基于区块链技术的法定数字货币体系,认为如果政府作为中心节点承担清算职能,并发行中心化的区块链货币,那么支付清算效率会大幅提高,基于区块链货币的代用货币、银行券、存款货币支付体系可以加强货币体系的稳健性。李文红和蒋则沈(2017)从 FinTech 角度出发对区块链技术进行了分析,认为区块链技术有可能会对现有金融领域包括支付清算体系等产生根本性的影响,但区块链技术的应用效果、运用成本、隐私保护等问题有待深入研究,金融监管当局应当保持高度关注、积极观察分析并注意风险管控。姚前和汤莹玮(2017)研究了法定数字货币与区块链技术的应用,认为区块链技术在算法性能、隐私保护、法律规范、链接标准方面还需要进一步完善,要充分利用云计算等多种成熟安全的数字技术。央行科技司李伟(2017)表示区块链技术在系统稳定性、应用安全性、业务模式等方面尚未成熟,目前更适用于像票据交易结算市场这样轻量级信息、交易吞吐量较小和信息敏感度较低的业务场景。

以往学者的研究成就不容忽视,但整体来看存在着如下不足:第一,目前关于区块链的理论文献一般由计算机专业或者软件专业的学者提供,主要涉及区块链的计算机原理、加密算法、共识算法等,缺乏经济学应用的理论分析;第二,关于区块链应用的定性分析较多,但目前缺乏区块链应用的深度机理分析;第三,展望区块链应用前景的文献多,研究区块链风险管理的文献相对较少。本节在以往学者研究的基础上做出了改进,创新之处体现在:第一,从经济学角度,对区块链技术在支付结算领域的应用进行理论分析,为区块链技术的应用提供理论解释;第二,通过数理建模,分析区块链技术在支付结算领域中的作用机理,实现从计算机技术到经济学应用的过渡;第三,基于研究结论,研究区块链技术在支付结算过程中存在的风险,提出相应的风险防范方案。

二、传统的支付结算模式与局限性

支付结算具有延期支付的特征。以商业票据为例,假设企业 A 向企业 B 开具了一张票面金额为 h 的商业票据,票面利率为 r,企业 B 在期初向企业 A 借出款项 $\frac{h}{1 + rt}$ 后获得商业票据,当期满后,企业 A 应当向企业 B 偿还金额 h,企业 B 获得贴息收益。票据的开具、承兑和结算一般由企业 A 和企业 B 通过各自的开户银行及央行的支付结算中心共同完成,双方轧平金额后,再支付结算金额的 α 比例作为手续费用。

(一)央行支付结算中心的职能

商业票据是一种短期的融资行为,体现出延期支付的特征,由于信息不对称的存在,对交易双方而言风险非常大,因此世界各国一般都是通过央行的支付结算体系与商业银行体系相结合的方式来完成,在此过程中,央行的支付结算中心主要担负着监督与结算两个职能。

假设 A 是出票企业,获得企业 B 提供的资金后,将投资于某一项目,该项目给企业 A 带来的真实收益为随机变量 $\bar{y}$($0 < \bar{y} < +\infty$), $\bar{y}$ 的分布对 A 与 B 都是已知的,且满足(1)式,其中 i 是企业 A 的投资收益率。

$$E(\bar{y}) \geqslant \frac{h(1+it)}{(1+rt)} \tag{1}$$

这意味着,只有当项目投资给企业 A 带来的投资收益率至少为 i 时,企业 B 才会选择向 A 借款并进行投资。此时,出现了信息不对称。因为 B 只知道 A 的投资收益的分布特征,而不知道投资收益的真实值,项目回报 $\bar{y}$ 的实际值对 B 而言是不确定的,该具体数字只有企业 A 自己才知道。这种信息不对称对于 B 有可能是致命的,因为企业 A 可能对 B 宣称没挣到什么钱即以一个较低的 y,从而在期末向企业 B 支付尽可能少的资金,以此来获得自身更多的收益。最极端情况下,企业 A 可能会宣称投资失败,即 $y = 0$,而拒绝向企业 B 支付本金。由于信息的不对称,企业 B 无法完全识别 A 的谎言,因此企业 B 可能蒙受损失。

承担监管职能的支付结算中心的介入可以缓解信息不对称,由于掌握了核心的支付结算环节,支付结算中心可以对出票企业的资金流向和票据流转进行监督,如果出现了出票企业利用信息不对称低报项目收入和未按期兑现交付承诺的情况,支付结算中心可以对其实施惩罚。假设支付结算中心面对的企业有 n 家, $Y_n = \sum_{l=1}^{n} y_l$ 表示企业项目总回报,每个项目的回报 y_l($l = 1,2,3,\ldots,n$) 均服从随机变量 $\bar{y}$。总票面金额为 H_n。 Z_n 表示出票企业经由支付结算中心支付给持票人的总额,出票人需要按照结算金额的 α 比例向中心 C 支付手续费 αZ_n。如果出票人出现不诚实的情况,故意少偿还票据资金,那么支付结算中心将对其进行惩罚,再将惩没的金额转移给持票人。惩罚函数为 $\varphi(Z_n)$,是实际支付值 Z_n 的减函数,实际支付值越小,惩罚金额就越大。根据 Diamond(1984)的研究,最优惩罚函数 $\varphi^*(Z_n)$ 在企业价值最大化的前提下成立,满足(2)式,约束条件为(3)式。

$$\varphi^*(Z_n) = \max[(H_n - Z_n),0] \tag{2}$$

$$\arg\max_{Z_n \in [0,Y_n]} Y_n - Z_n - \varphi^*(Z_n) = \begin{cases} Y_n, if Y_n < H_n \\ H_n, if Y_n \geq H_n \end{cases} \tag{3}$$

（3）式意味着，当项目收入小于应该支付的本息和时，支付为 Y_n；当项目收入大于约定票面金额时，支付本息和 H_n。但由于惩罚函数 $\varphi^*(Z_n)$ 存在，若当出票人支付小于票面价值，即 $Z_n < H_n$ 时，由支付结算中心对出票人进行惩罚，并最终将惩罚数额 $(H_n - Z_n)$ 转移给持票企业，保证出票企业最终获得本息和 H_n。在这一过程中，支付结算中心承担着监督出票企业按时承兑票据的责任，记录并监控着出票企业的资金流向和票据流向，对违约企业调查，并且通过惩罚函数保证了出票企业获得票面金额 H_n。

在结算时，持票企业 B 将到期的票据交给其开户银行委托银行代收款项，银行收到票据后需要对票据进行第一次人工审核，防止出现持票企业伪造票据、骗取资金的情况。初次审核无误后，B 企业的开户行将票据传递给企业 A 的开户银行，出票企业 A 的开户银行收到票据后，同样需要核对该票据的真实性。若票据是真实的，则进行票据轧差，由央行集中进行资金清算。商业银行承担的职能包括：一是对收到的票据进行审核复核，防止出现假票、克隆票等伪造假冒票据；二是传递及保存通过审核的票据；三是对一段时间内的票据进行集中清算，轧计各往来银行的票据应收应付差额，由央行统一转账清算。

（二）传统支付结算模式的局限性

在传统模式下，支付结算中心需要较高的运营成本。假设支付结算中心按照票面金额的 α 比例收取手续费，市场上出票企业有 n 家，票据总价值为 $H_n = nh$，那么企业付出的手续费就是支付结算中心的总收益 I，满足

$$I = \alpha H_n = \alpha nh \tag{4}$$

支付结算中心的运营成本可以分为监督成本和结算成本。市场中的持票人和出票人的身份并不是固定不变的，在一项票据交易中的持票人同时有可能是另一项票据交易中的出票人。支付结算中心在实行监督职能时，需要查看企业资金往来及余额和票据往来情况。假设每监督一次票据流向和资金流向的成本为 s_1，对违约企业进行调查，企业违约率为 P，每次的调查成本是 s_2，那么总监督成本 S_n 为：

$$S_n = s_1 \frac{A_n^2}{2!} + s_2 nP = s_1 \frac{n(n-1)}{2} + s_2 nP \tag{5}$$

支付结算中心的结算成本 C_n 根据具体工作流程可以细分为审核成本、传递成本和清算成本。假设每张票据的人工审核成本为 c_1、传递成本为 c_2、清算成本为 c_3。那么支付结算中心的结算成本为(6)式:

$$C_n = c_1 n + c_2 n + c_3 \tag{6}$$

为保证支付结算中心的正常运转,支付结算中心的利润应非负,最终,支付结算中心的净收益为(7)式:

$$\pi = I - S_n - C_n \tag{7}$$

现行传统的支付结算模式能够为票据交易提供顺畅的交易通道,而且在企业价值最大化的条件下,可以通过惩罚函数尽量保障持票人的利益不受侵害,但是通过以上对支付结算过程的分析,我们发现传统的支付结算模式存在一定的局限性。

在结算方面的局限性表现在:首先,在票据结算过程中,不同分支机构需要分别对票据进行审核以辨别票据真假,而且在实务操作中,票据审核一般为人工作业,工作重复且成本高、效率低,不同银行间跨系统的查询非常困难,通常跨行跨地区的查询不能得到及时的回复,有时候核票工作甚至需要前往签发银行实地进行。其次,票据清算需要集中处理,任何一张票据必须等到相应的票据清算场次才可以进行清算,票据清算不能做到实时清算,而且在等待过程中也会发生票据保存、传递等成本。

在监督方面的局限性表现在:支付结算中心掌握了核心的资金结算环节,如果能够确定企业违约,那么肯定可以对当事企业进行实质性的惩罚,但是核实企业是否确实不能偿还本息是一件非常困难的事情。当企业 A 声称投资失败,只能偿还企业 B 的部分票据金额时,支付结算中心应当对企业 A 进行调查,辨别企业 A 是否为逃避债务恶意谎称投资失败。对当事企业进行深入的调查需要付出比较高的成本,而支付结算中心还承担着其他企业的支付结算等繁重的工作,不见得有能力从事该项工作,那么也就不能很好地实行惩罚函数,保障出票人的利益。

三、区块链技术对传统的支付结算模式的可能改进与风险

区块链技术是一种去中心化的处理增量数据记录的分布式数据库,从理论上说,它的去中心化与点对点的直接支付模式可以改进传统的支付结算体系的局限性。我们以联盟区块链为例来说明区块链技术对支付结算体系的可能改进。联盟区块链技术介于公有链与私有链之间,具有一定程度的中心化特征,容易进行控制权限设定,具有更高的可扩展性。[①]

(一)央行的支付结算成本可能降低

联盟区块链综合了管理中心化与业务经营去中心化,央行掌握中心化特权,具备强制的惩罚能力,而商业银行作为联盟区块链的节点有点对点支付的权利,但需要接受央行的监督。因此支付结算中心可以确保惩罚函数 $\varphi(Z_n)$ 的执行具有强制力,惩罚函数仍然为 $\varphi^*(Z_n) = \max[(H_n - Z_n), 0]$,以保障持票企业的权益。联盟区块链上的每一家商业银行都可以记录并查看账本,而且数据实时更新。在联盟区块链的票据支付结算模式中,对企业的监督工作不再仅由支付结算中心完成,区块链社区中的每个节点都可以对出票人进行监督。每次资金和票据交易之后,企业都需要在区块链上对交易是否顺利进行评价。出于保护隐私的目的,资金和票据流向的具体信息只有作为授权节点的商业银行可以获取,而作为普通节点的交易者只能查看历史交易评价。

如果企业 A 不诚信,不按约定偿还企业 B 的本息,那么 B 可以把 A 不诚信的信息公布在联盟区块链中,按照区块链的约定,相关信息需要联盟区块链51%的节点同意才能修改,修改成本极高,考虑到差评会影响到企业 A 以后的交易与融资,对将来造成巨大负面影响,因此 A 不敢违约;如果企业 B 对企业

---

① 区块链技术按照各节点权限不同可分为公有区块链(Public Block Chains)、联盟区块链(Consortium Block Chains)和私有区块链(Private Block Chains)三类。公有区块链完全去中心化,各节点不需要预先授权可随意加入节点,每个节点都存储全网所有交易的数据库,但当交易数量增加时,各节点需要记录的数据量巨大,而且公有链效率低下、共识确认周期长,无法应用到大多数商业金融业务中。私有区块链只使用区块链的总账技术记账,独享写入权限,数据的访问和使用有严格的权限管理,比较适合机构内部审计。联盟区块链技术介于公有链与私有链之间,仍具有一定程度的中心化特征,容易进行控制权限设定,具有更高的可扩展性,交易效率更高,联盟区块链完成一个共识认证约为 3 秒,最高每秒可处理十万次交易,各节点加入必须先通过身份认证,而且为分级权限设置,分布式账本只存储在授权节点中,因此联盟区块链比较适合应用在金融服务中。

A 做出了一个恶意差评,那么企业 A 可以提供证据自证清白,一旦被联盟区块链上超过51%的节点认可,恶意评价的企业 B 将获得差评,今后的交易与融资将受到影响,因此 B 不敢随意给出差评。很通俗地讲,联盟区块链的功能就类似于现在网购平台的"点赞系统"。以往我们常说"阳光是最好的杀毒剂",如果将一切暴露在阳光下,腐败将无所遁形,但问题是我们找不到合适的"阳光"。当联盟区块链技术被应用于支付结算过程之后,联盟区块链技术就像一束"阳光"能消除信息不对称。当信息不对称被消灭后,就不需要央行的支付结算中心去监督企业的具体经营信息了,因为市场中与该企业相关的所有其他企业会监督它。央行的监督成本不断下降,在最极端的情况下,(5)式的监督成本 S_n 可能等于零。由于联盟区块链中的央行具有中心化特权,所以可以对违约企业进行分级惩罚。情节轻微的违约可以提高企业未来的交易与融资成本,情节恶劣的违约可以考虑将当事企业逐出支付结算体系,在大规模电子化与互联网化的今天,逐出支付结算体系是非常严重的惩罚措施,因此对企业具有很强的约束力。

在传统的商业票据的支付结算中,商业银行需要对票据进行多次人工审核,工作重复,效率不高,具有滞后性。即便是同城的票据结算,也需要所有商业银行将代收代付的票据按时间、场次集中到中央银行指定的场所中进行交换,轧计往来银行之间的应收应付差额,由中央银行进行资金清算,最后企业的票据金额到账,才算完成了一次完整的商业票据的支付结算。而联盟区块链可以让票据的出票、流转等记录完全公布在区块链上,不再需要烦琐重复的人工审核复核过程,工作效率提高,而且可以杜绝一票多卖、伪造票据等非法行为。引入联盟区块链后,数字票据的开出、流转等均记录在分布式账本中,所以票据的传递和保存成本大幅度降低。如果仍然由支付结算中心担负票据轧差与集中清算的功能,那么清算成本不变,如果实施点对点的支付,那么支付结算中心的清算成本也将降为零。

(二)央行的支付结算收益可能上升

将(7)式进一步展开,得到:

$$\pi = \alpha hn - \left(s_1 \frac{n(n-1)}{2} + s_2 nP \right) - (c_1 n + c_2 n + c_3)$$

$$= -\frac{s_1}{2}n^2 + (\alpha h + \frac{s_1}{2} - c_1 - c_2 - s_2 P)n - c_3 \tag{8}$$

支付结算中心的收益函数 π 为票据数量 n 的开口向下的二次函数,将(8)式对票据数量求偏导,得到:

$$\frac{\partial \pi}{\partial n} = -s_1 n + (\alpha h + \frac{s_1}{2} - c_1 - c_2 - s_2 P) \tag{9}$$

令导数 $\frac{\partial \pi}{\partial n} = 0$,得到:

$$n^* = \frac{\alpha h - c_1 - c_2 - s_2 P}{s_1} + \frac{1}{2} \tag{10}$$

可以证明,当 $n < n^*$ 时,收益函数 π 递增,而当 $n > n^*$ 时,收益函数 π 递减。以上推导意味着,支付结算中心面对的支付结算业务不能太少,例如当票据数量为 0 时,支付结算中心的收益为 $\pi = -c_3 < 0$;支付结算中心面对的支付结算业务也不能无穷大,因为会造成支付结算中心的成本扩大而收益下降。所以支付结算中心的收益相对于票据规模来说,存在最优区间,当票据规模处于该区间内时,支付结算中心能够盈利。

令(8)式等于 0,可以求得支付结算中心的盈利区间的两个端点值,结合一元二次方程式的韦达定理,可以得到(11)式。

$$(n_1 - n_2)^2 = 4 \frac{\left(\alpha h + \frac{s_1}{2} - c_1 - c_2 - s_2 P\right)^2 - 2s_1 c_3}{(s_1)^2} \tag{11}$$

该式中,s_1 为监督每次票据流向和资金流向的成本,由于联盟区块链条件下的支付结算中心具有管理中心化特征,因此该成本对支付结算中心非常低,不管是否实施联盟区块链,这个成本都不会发生太大改变,可以视为常数,但是实施联盟区块链之后,大部分监督职能可以交给市场,因此对企业违约的调查成本 s_2 会大幅度降低。如果企业在联盟区块链的前提下实施点对点的支付结算,那么对支付结算中心而言,每张票据的人工审核成本 c_1、系统的传递成本 c_2,以及每张票据的清算成本 c_3 都会减少甚至降到零。代入(11)式,可推出支付结算中心的盈利区间将扩大;代入(10)式,可推出支付结算中心的最优票据量也会增加,意味着引入联盟区块链之后,支付结算中心的处理能力会上升。

(三)企业的支付结算成本可能降低

以上讨论显示,引入联盟区块链之后,从理论上说支付结算中心的成本将下降、收益将上升,下面我们再来讨论引入联盟区块链之后,企业的成本收益状况是否会发生变化。

基于 Diamond(1984)的研究,票据持有者的预期回报满足:

$$PE(Z_n \mid Z_n < H_n + \frac{s_0}{2}n) + (1-P)(H_n + \frac{s_0}{2}n) \geq H_n \qquad (12)$$

其中,$\frac{s_0}{2}n$ 表示出票人支付的监管费用,支付结算中心和持票人平分这部分收益。如前假设,企业 A 是资金借入者(出票人),企业 B 是资金借出者(持票人),由于存在信息不对称,B 不会轻易借款给 A,除非 A 能找到一个被 B 认可的第三方背书。因此企业 A 会交付一笔费用给支付结算中心,让支付结算中心对自己监管,此时的支付结算中心等于向 B 出具了一份信用报告,有了这层监管关系之后,企业 B 才会放心地将钱借给企业 A,因此相当于企业 A 支付了一笔费用,而支付结算中心与企业 B 同时享有这部分收益。为了避免不必要的烦琐推导,假设两者平分。

由于 $Z_n \geq 0$,意味着 $E(Z_n \mid Z_n < H_n + \frac{s_0}{2}n) \geq 0$,所以票据持有者总的预期回报将满足(13)式。

$$(1-P)(H_n + \frac{s_0}{2}n) = (1-P)n(h + \frac{s_0}{2}) > \frac{2h}{2h+s_0}n(h + \frac{s_0}{2}) = H_n \quad (13)$$

此时,企业违约率满足:

$$0 < P < \frac{s_0/2}{h + s_0/2} = \frac{s_0}{2h+s_0} \qquad (14)$$

根据弱大数定理,存在某个 n = N < +∞时,$P < \varepsilon$ 对所有的 $\varepsilon < 0$ 成立,当票据交易企业数量 n 足够大时,企业违约率 P 将很小。由(14)式可知,更小的违约率 P 意味着更小的调查费用 s_0。所以当监督对象足够多的时候,每个企业付出的监督费用会减少。

在初期,支付结算中心可以兼有监控和调查职能,引导区块链社区的制度形成,一旦形成了完善的联盟区块链支付结算系统,将足够多的企业引入区块链社区,支付结算中心就不需要进行调查工作了。因为所有的真实交易结果评价都被暴露在阳光下,信息不对称问题得到极大的解决。此时支付结算中心 C 只需要保障系统内的资金流和票据流顺利运转,并根据局中人是否违约的具体情况来进行相应的惩罚。对票据交易者来说,需要支付的监督调查费用随着联盟区块链体系的完善而减少,甚至不再需要支付监督调查费用,这将极大程度降低企业的票据交易成本。

(四)支付结算的总量可能扩大

基于联盟区块链技术的票据业务支付结算模式,在严格的市场监督下,企业的违约成本很高;而且一旦企业违约,支付结算中心的惩罚函数可以确保违约企业对手企业的利益不受侵害。更少的票据违约率增加了企业对票据交易的信心,随着支付结算中心的监督成本和结算成本下降,交易效率提高,在确保获利的前提下,可以降低各企业付出的手续费率,即降低 α 。

假设企业愿意付出的票据融资总成本 αh 不变,若企业支付手续费率下降 b 个百分点,即 $\alpha' = (1 - b)\alpha$,那么企业的票据融资金额将提高为 $h' = \dfrac{1}{(1 - b)}h = (1 + \dfrac{b}{1 - b})h$,将增加 $\dfrac{b}{1 - b}$ 个百分点。所以引入联盟区块链将在降低票据交易成本和提高交易效率的同时,促进企业的票据融资,继而有可能提高支付结算中心的收益。

综上可见,在支付结算过程中引入联盟区块链技术,在理论上可以得到如下收益:

首先,区块链技术可以提高经济收益。基于联盟区块链技术的票据业务支付结算模式是激励相容的机制,区块链技术可以使得票据交易者和支付结算中心共同获利。以银行分支机构为节点的联盟区块链技术可以有效地降低票据支付结算中心的监督和结算成本,提高支付结算系统适用的票据规模,优化票据支付结算系统;而交易成本的下降和交易效率的提高,又可以进一步刺激企业票据融资,促进票据交易市场的繁荣。

其次,区块链技术可以降低信息不对称。联盟区块链上公开的市场交易评价模式既保护了企业的隐私,又形成了一种市场共同监督的机制,其降低信息不对称的效果在理论上要高于传统支付结算体系中的中心机构单独监督的效果。再加上支付结算中心对违约企业实施严厉的惩罚机制,因此可以充分保障交易方的合法权益。

四、区块链技术对传统货币理论的拓展与挑战

(一)数字货币与区块链和传统货币理论的差异

以下表格简明扼要地分析了数字货币与传统货币的差异。

表 11-17　数字货币与传统货币的差异

	比特币	传统货币
如何保证发行的真实性	用公比小于 1 的等比数列求和来保证	用国家信用与黄金储备做担保
如何保证支付结算的真实性	用区块链的节点认证机制来保证	用法律与军队的强制性来保证

首先,在如何保证发行的真实性方面,数字货币用公比小于 1 的等比数列求和来保证,而传统货币需要依靠国家信用与黄金储备做担保。其次,在如何保证支付结算的真实性方面,数字货币用区块链的节点认证机制来保证,而传统货币用法律与军队的强制性来保证。

特别需要强调的是:Facebook 公司在 2019 年推出了 Libra 的电子货币,Libra 不是数字货币,它与数字货币存在着重大差异,是不同类型的两类货币。

2019 年 6 月 18 日,Facebook 旗下全球数字加密货币 Libra 官方网站正式上线,Libra 稳定币白皮书也已经公布。Facebook 宣称,Libra 稳定币的出现,将作为一种简单的全球货币和金融基础架构,惠及数十亿人。Libra 由一个名叫 Libra 协会(Libra Association)的组织管理发行,该组织由 Facebook 发起,由数十家机构参与运行。想要加入的机构和公司需要向 Facebook 缴纳 1000 万美元的会员费用,初定合作伙伴为 100 家,光这一项费用,Facebook 相当于已经为 Libra 项目完成了 10 亿美元的融资。参与 Libra 的会员,每 1000 万美元可以获得理事会 1 票表决权,为防止财团垄断,单个创始会员只能获得 1 票或者 1%的总票数,目前有 Uber、eBay、PayPal 等互联网公司,Master、VISA、USV 等老牌金融机构,还有一些知名的投资机构和移动通信运营商参与。

根据 Libra 的白皮书,Libra Association 会给协会成员代币,一美元为一个 Libra,鼓励成员在自己的生态内率先使用 Libra 来进行支付,创始会员也需要努力地在技术上进行创新,使 Libra 可以合规并且大规模应用,增加应用场景。Libra 也可上架交易,但仅限合规交易所。用户可以直接买入 Libra 稳定币,然后通过 Facebook 或者 Paypal 等渠道进行花费,它可以用于购物、投资、充话费,也可以用于支付打车费用。

支付结算是 Libra 的主要功能。Facebook 可以通过合作伙伴的加入赚取不菲的加盟费用,比如数十亿美元。但这仅仅是短期的收入,Facebook 其实可以通过收取类似于信用卡的转账手续费或者支付手续费来获得源源不断的巨额收入。考虑到 Facebook 的全球影响力,只要 Facebook 把跨境支付手续费降低一个数量级,就可以把传统的换汇业务杀个"片甲不留"。一旦 26 亿用户接受了 Libra,那么 Facebook 将在数年后变成这 26 亿人所在国家的中央银行,对经济进行渗透。同时它还将在税收、监管、防范犯罪等领域有所作为,因为资金的流向也将透明开放,当 Libra 与政府进行合作的时候,会在政治经济上显现出更大的影响力。

基于 Libra 的设计思路,我们能够确认 Libra 的本质是真实的货币,不是数字货币。首先,它有发行机构,没有去中心化,属于中心化的货币发行方式,与传统的中央银行的货币垄断发行机制没有区别。其次,它构建了资金池,资金池里面是美元,然后用资金池里面的美元作为担保来发行所谓的稳定币,与传统的中央银行以黄金和国家信用做担保的方式也没有任何区别。

Libra 虽然不是数字货币,但是它具有数字货币的很多弊端。第一,无法阻止炒作。Libra 的资金池初定规模是十亿美元,即便相对于一个国家的支付结算规模来说,也是非常小的。如果 Libra 成为稀缺品就会带来强需求性,进而导致价格上涨,当投机者大量进入后,Libra 将脱离支付结算的本质,蜕变为一种投资品。第二,加密货币的合规和隐私保护无法保证。Libra 的发行机构 Facebook 公司将成为基于 Libra 的超级央行,成为所有 Libra 使用者的信息掌握者,使用者的隐私将无法保障。第三,无人能够监督 Facebook。考虑到 Facebook 在全球支付结算领域中的霸主地位,一旦它成为超级央行,将无人监督。第四,没有任何国家或地区的央行会容许它的存在。如果 Libra 成为全球支付结算的主要货币,那么各国央行的地位将会下降,基于地区的支付结算将没有存在的必要,基于货币发行的货币政策调整也无法实施。全球各国的经济将会陷入瘫痪,而始作俑者 Facebook 公司没有能力引导全世界所有国家经济的正常运行。

(二)区块链技术的风险

以上从理论上探讨了区块链技术对传统支付结算模式的可能改进,但区块链的应用存在着很大的风险。

首先,央行的支付结算成本在实践中不一定会降低。区块链技术的做法是将监督职能交给市场,让联盟区块链上的节点来监督结算双方。但从理论上说,合谋可能会摧毁这个"点赞机制",出票人可以与关联人进行多次的小额结算往来,形成良好的信用记录,最后在大额的支付结算时卷走所有资金。而央行的惩罚措施也不一定能够落到实处,如果一家公司违约以后能够诚恳地接受处罚并愿意拿出惩罚金补偿对手公司,那这家公司就是好公司,也根本不会违约,因此完全靠节点来监督节点的做法具有很大的局限性。

其次,央行的支付结算收益在实践中不一定会增加。引入区块链技术之后,支付结算会更便捷,结算规模也确实会加大,但央行的支付结算的净收益还需要减掉成本。企业违约会带来本金损失,远比单笔的利息与结算费用要大,如果无法有效防范企业违约带来的风险,又不能给予违约企业实质性惩罚的话,那么央行的支付结算收益并不会增加,查漏补缺到处救火会让央行成本急剧上升收益堪忧。

再次,企业的支付结算成本在实践中不一定会减少。企业之所以愿意加入区块链,看中的是区块链能够降低结算成本,所以企业愿意交一笔费用保障支付结算的流畅进行。如果区块链技术的节点监督节点的模式行不通,那么企业会退出联盟区块链,没有了节点,联盟链也就自然瓦解了。

(三)政策建议与争议

在分析了区块链技术在支付结算领域的应用与风险之后,我们给出若干政策建议。以下这些观点可能有很大的争议性,笔者希望能够通过学术争鸣的形式与各位专家探讨。

1. 建议央行谨慎推行去中心化的数字货币制度①

区块链技术最初是为数字货币(最典型的就是比特币)设计的一种独特的

---

① 目前,中国人民银行推行的"数字人民币"由于没有去中心化,也没有发行上限与稀缺性,因此,与比特币为代表的"数字货币"并不相同。数字人民币的本质是人民币的电子化,属于电子货币。数字人民币制度在降低货币交易成本、追溯货币流通过程、推进人民币国际化等方面意义重大,但数字人民币不能等同于数字货币。

底层技术,因此讨论区块链技术的应用离不开数字货币制度。我们建议央行谨慎推行数字货币制度的原因是:

首先,去中心化的数字货币可能会让央行丧失货币发行权。以比特币为例,创始人中本聪创造了一种 POW(工作量证明,Proof of Work)的数字货币产生机制,全世界的爱好者们可以通过"挖矿"的形式获得比特币,从而实现了完全的去中心化,因此比特币是在一定的规则下由电脑系统生成的。数字货币制度可能导致央行陷入两难:如果不去中心化,市场不认可,认为央行做的是"假"的数字货币;如果实施去中心化的数字货币制度,那么意味着央行放弃法币的主动发行权,无法左右货币政策的传导效果。没有了货币发行与制定货币政策两个基本职能,央行也就没有必要存在了。

其次,去中心化的数字货币的发行上限与认证机制非常脆弱。中本聪在比特币的白皮书中制定了比特币的发行机制,每隔四年发行数量减半,按照公比小于1的等比数列求和公式,总和在长期中存在极限值,因此只要确定了 ICO 的数量与衰减公比,比特币的总量就不变。目前任何国家的法币发行都必须以国家信用特别是黄金储量做担保,而比特币的发行居然是用一个数学公式做担保,这确实是个创新。但这里有两个重大的漏洞:第一,ICO 的数量与衰减公比由创始人在白皮书中确定,没有人能够监督这两个关键变量的真实性;第二,区块链中有个原则,任何信息只要链条上 51% 的节点同意就可修改,因此从理论上说任何现在认为真实的交易与支付结算都有可能被修改,2017 年比特币出现"分岔"就是一个很好的例子。事实上,数字货币的发行人包括中本聪都在运营中留有"后门",他们依靠手中持有的大量的 ICO 数字货币联合其他庄家很容易就可以操纵市场与数字货币价格。因此我们要重视技术,但不可迷信技术,尤其要切实防范盲目崇拜技术所带来的危害。

再次,具备发行上限的数字货币的投资品性质不适合做交易媒介。仍以比特币为例,最开始是仅在爱好者的小圈子里认可的一种特殊的商品,它不满足"固定的充当一般等价物的特殊商品"的货币定义,因此它不是货币。有人认为可以使用比特币买东西,但由于发行上限决定了它的稀缺性,当价格涨到一定程度,比特币的支付手段职能会丧失,所以比特币的本质是投资品,使用昂贵的投资品购买日常商品的做法既不经济也不现实。比如买稀饭油条时,不可能拿着梵高的名画去结算。尽管数字货币可以考虑细分,但是如果数字货币的本身价值急剧波动或者不断上涨,即便可以细分,结算与使用成本也会非常高。

最后,具备发行上限的数字货币制度带来的理论困局尚无法解决。按照货币理论,货币发行量应当与国家的经济增长相适应。人们都知道货币发行过多会导致通货膨胀,但数字货币制度可能会走向另一个极端。正常情况下,一个国家的产出是每年递增的,这就意味着货币供应量也应当同比增长才能正常行使支付手段的职能。如果央行也发起一种类似于比特币的数字货币有发行上限的话,那么长期中将导致货币供应量严重不足,出现通货紧缩。可以预见数字货币将越来越值钱,持有数字货币的人会将其作为财富保存,数字货币将加速退出流通渠道。但是经济发展还是需要交换媒介与支付手段,于是很快就会出现物物交换、贝壳、精美的石头、金本位制、银本位制、金银复本位制、纸币、信用货币、电子货币等等,人类数千年来的货币发展史又会从头再经历一次,目前这个理论困局仍然无解。

2. 央行可能暂时不宜在全经济领域推广区块链的应用

区块链技术是数字货币的底层支撑技术,很多人觉得,既然区块链可以应用于数字货币制度,那么也应当可以应用于其他金融领域,但是笔者对此仍然不乐观。有个很有意思的现象:区块链技术应用于比特币获得了空前的成功,但近年来为什么全世界各国央行和众多企业家投资者尝试将区块链应用于其他领域却屡屡失败? 其中有一个很重要的原因就是比特币有发行上限,区块链技术可以利用"节点监督节点"的模式确认每一个比特币的产生与交易的真实性,所以可以消除不确定性让大家都相信它。但是如果央行"发行"数字货币的话,即便使用区块链技术确认了已发行数字货币的真实性,投资者也无法相信新增货币的真实性,这就从根本上破坏了数字货币制度的认证机制。但如果央行放弃数字货币的发行权,那么又回到了前面的两难困境,最终中央银行制度会崩溃。因此我们认为央行可能可以尝试小范围的区块链技术应用项目,但暂时不应当在全平台贸然推广。

3. 央行可以尝试在支付结算体系中做小范围试点

区块链技术最初是保障数字货币的正常支付结算而使用的一种计算机算法技术,因此如果央行要进行尝试,我们建议选择支付结算体系进行小范围试点。但是由于央行不能保证完全的去中心化,因此这种试点不能在所有的经济领域推开。现在有很多关于区块链应用的美好前景的展望,例如在税收征管、政府管理、健康、科技、文化、物联网等,这些展望的出发点都是好的,但问题是当不具备实施前提时,强行推广可能会存在很大的风险。

区块链技术是互联网金融领域中出现的一种新技术与新现象,它有合理与科学的地方,但是也存在一定的局限性。央行作为区块链技术的主要应用部门,可能需要明确区块链的功能与局限性,谨慎使用与推广区块链技术的应用,将区块链技术的发展引入正轨,加强监管维护金融稳定,切实防范不恰当使用区块链技术可能带来的金融风险。

近年来,科技手段与传统的金融业务不断融合,产生了形式多样的金融创新。这些金融创新为人们提供了方便快捷的使用场景,有力降低了金融服务门槛,推动了普惠金融的深入发展;但是日新月异的金融创新也隐藏着难以预料的金融风险,并对传统的货币理论与传导方式提出了挑战。因此,党的十九大报告与全国金融工作会议反复强调,金融要回归本源,一定要守住不发生系统性金融风险的底线。当前,我们正身处百年未有之大变局之中,应当以开放的心态面对各种金融创新,正视各类金融风险,与时俱进适应不断变化的形势格局,积极拓展货币理论,疏导新型货币传导机制,才能更好地推动实体经济的发展,并进一步促进综合国力的提升。

主要参考文献

Aastveit, K. A., H. C. Bjørnland, and L. A. Thorsrud, 2015, "What Drives Oil Prices? Emerging Versus Developed Economies", *Journal of Applied Econometrics*, 30(7), pp.1013-1028.

Alicia, G. and V. Francisco, 2013, "International diversification gains and home bias in banking", *Journal of Banking & Finance*, 37(7), pp.2560-2571.

Amiti, M., S. J. Redding, and D. E. Weinstein, 2019, "The Impact of the 2018 Tariffs on Prices and Welfare", *Journal of Economic Perspectives*, 33(4), pp.187-210.

Andrés, J. and Arce, O., 2012, "Banking Competition, Housing Prices and Macroeconomic Stability", *The Economic Journal*, 122(565): pp.1346-1372.

Angkinand, A. and C. Wihlborg, 2010, "Deposit insurance coverage, ownership, and banks, risk-taking in emerging markets", *Journal of International Money and Finance*, 29(2), pp.252-274.

Antonia López-Villavicencio, Valérie Mignon. Exchange Rate Pass-Through In Emerging Countries: Do The Inflation Environment, Monetary Policy Regime And Central Bank Behavior Matter? *Journal of International Money and Finance*, 2017, 79: pp.20-38.

Auray, S., Eyquem, A. and Ma, X., 2018, "Banks, Sovereign Risk and Unconventional Monetary Policies", *European Economic Review*, 108: pp.153-171.

Baffes, J., and T. Haniotis, 2016, "What Explains Agricultural Price Movements?" *Journal of Agricultural Economics*, 67(3), pp.706-721.

Baffes, J., and C. Savescu, 2014, "Monetary Conditions and Metal Prices", *Applied Economics Letters*, 21(7): pp.447-452.

Bandelj, A., 2016, "Should banks be geographically diversified Empirical evidence from cross-country diversification of European banks", *The European Journal of Finance*, 2(22), pp.143-166.

Basak, S., and A. Pavlova, 2016, "A Model of Financialization of Commodities", *The Journal of*

Finance,71(4):pp.1511-1556.

Benigno,G.,Benigno,P.,2004,"Designing targeting rules for international monetary policy cooperation",*Journal of Monetary Economics*,53(3),pp.473-506.

Berger,A.N.,S.El Ghoul and O.Guedhami,2017,"Internationalization and Bank Riske",*Management Science*,63(7),pp.2283-2301.

Bing Zhu,Michael Betzinger,Steffen Sebastian. Housing Market Stability,Mortgage Market Structure,And Monetary Policy:Evidence From The Euro Area,*Journal of Housing Economics*,2017,37:pp.1-21.

Breuss,F.,and Rabitsch,K.,2009,"An estimated two-country DSGE model of Austria and the Euro Area",*Empirica*,36(1),pp.123-158.

Brighi,P.and V.Venturelli,2016,"How functional and geographic diversification affect bank profitability during the crisis",*Finance Research Letters*,16,pp.1-10.

Buch,C.M.,C.T.Koch and M.Koetter,2013,"Do banks benefit from internationalization Revisiting the market power-risk nexus",*Review of Finance*,17(4),pp.1401-1435.

Buhl,H.U.,S.Strauß,and J.Wiesent,"The Impact of Commodity Price Risk Management on The Profits of a Company",*Resources Policy*,36(4):pp.346-353.

Büyükşahin,B.,and M.A.Robe,"Speculators,Commodities and Cross-Market Linkages",*Journal of International Money and Finance*,2014,42,pp.38-70.

Calvo,G.A.,1983,"Staggered Prices in a Utility-Maximizing Framework",*Journal of Monetary Economics*,12(3):pp.383-398.

Campos,B.C.,2019,"Are There Asymmetric Relations Between Real Interest Rates and Agricultural Commodity Prices? Testing for Threshold Effects of US Real Interest Rates and Adjusted Wheat,Corn,and Soybean Prices",*Empirical Economics*,pp.1-24.

Cevik,S.,and T.S.Sedik,2014,"A Barrel of Oil or a Bottle of Wine:How Do Global Growth Dynamics Affect Commodity Prices?",*Journal of Wine Economics*,9(1):pp.34-50.

Charles Rahal,"Housing Markets And Unconventional Monetary Policy",*Journal of Housing Economics*,2016,32:pp.67-80.

Chakraborty,I.,Goldstein,I. and Mackinlay,A.,2018,"Housing Price Booms and Crowding-Out Effects in Bank Lending",*The Review of Financial Studies*,31(7):pp.2806-2853.

Davis,E.P.,Liadze,I. and Piggott,R.,2019,"Assessing the Macroeconomic Impact of Alternative Macroprudential Policies",*Economic Modelling*,80:pp.407-428.

Dornbusch,R.,1976,"Expectations and Exchange Rate Dynamics",*Journal of Political Economy*,84(6):pp.1161-1176.

Chen,M.,J.Wu,B.N.Jeon and R.Wang,"Do foreign banks take more risk? Evidence from emerging economies".*Journal of Banking & Finance*,2017,82,pp.20–39.

Cheng,M.,H.Geng,Y.Gao and J.W.Lin,2017, "The Effects of Foreign Strategic Investors on Bank Prudential Behavior:Evidence from China",*Emerging Markets Finance and Trade*,53(3),pp. 688–709.

Cheng, M., H. Geng and J. Zhang, 2016, "Chinese commercial banks: Benefits from foreign strategic investors?",*Pacific–Basin Finance Journal*,40,pp.147–172.

Chiu,Y., Z. Luo, Y. Chen, Z. Wang and M. Tsai, "A comparison of operating performance management between Taiwan banks and foreign banks based on the Meta–Hybrid DEA model", *Economic Modelling*,2013,33,pp.433–439.

Claessens,S., "Global Banking: Recent Developments and Insights from Research",*Review of Finance*,2017,6,pp.1513–1555.

DE Haas,R., "Multinational Banks and the Global Financial Crisis: Weathering the Perfect Storm",*Journal of Money Credit and Banking*,2014,46(1),pp.334–364.

Emanuel Kohlscheen, "The Impact Of Monetary Policy On The Exchange Rate: A High Frequency Exchange Rate Puzzle In Emerging Economies".*Journal of International Money and Finance*,2014,44:pp.69–96.

Evangelos N.Salachas,Nikiforos T.Laopodis,Georgios P.Kouretas."The Bank–Lending Channel And Monetary Policy During Pre– And Post–2007 Crisis".*Journal of International Financial Markets*,*Institutions and Money*,2017,47:pp.176–187.

Faia,E., and T.Monacelli, 2008, "Optimal Monetary Policy in a Small Open Economy with Home Bias."*Journal of Money*,*Credit and Banking*,40(4),pp.721–750.

Fang,Y. and I. van Lelyveld, "Geographic diversification in banking",*Journal of Financial Stability*,2014,15,pp.172–181.

Fausch J,Sigonius M."The Impact of ECB Monetary Policy Surprises on The German Stock Market".*Journal of Macroeconomics*,2018,55:pp.46–63.

Filippo Ippolito, Ali K.Ozdagli, Ander Perez–Orive."The Transmission Of Monetary Policy Through Bank Lending:The Floating Rate Channel".*Journal of Monetary Economics*,2018,95:pp. 49–71.

Frankel,J.A., "Effects of Speculation and Interest Rates in A "Carry Trade" Model of Commodity Prices",*Journal of International Money and Finance*,2014,42:pp.88–112.

Galariotis E, Makrichoriti P, Spyrou S. "The Impact of Conventional and Unconventional Monetary Policy on Expectations And Sentiment".*Journal of Banking&Finance*,2018,86:pp.1–20.

Galema,R. and M.Koetter, "Big fish in small banking ponds? Cost advantage and foreign affiliate presence",*Journal of International Money and Finance*,2018,81,pp.138–158.

Galí, J., "Monetary Policy and Rational Asset Price Bubbles", *The American Economic Review*, 2014, 104(3): pp.721-752.

Galí, J. and Gertler, M., "Inflation Dynamics: A Structural Econometric Analysis", *Journal of Monetary Economics*, 1999, 44(2): pp.195-222.

Giglio, S., Maggiori, M. and Stroebel, J., "No-Bubble Condition: Model-Free Tests in Housing Markets", *Econometrica*, 2016, 84(3): pp.1047-1091.

Goetz, M.R., L.Laeven and R.Levine, "Does the geographic expansion of banks reduce risk?", *Journal of Financial Economics*, 2016, 120(2), pp.346-362.

Goetz, M.R., L.Laeven and R.Levine, "Identifying the Valuation Effects and Agency Costs of Corporate Diversification: Evidence from the Geographic Diversification of U.S.Banks", *Review of Financial Studies*, 2013, 26(7), pp.1787-1823.

Guerrieri, L. and Iacoviello, M., "Collateral Constraints and Macroeconomic Asymmetries", *Journal of Monetary Economics*, 2017, 90: pp.28-49.

Gulamhussen, M.A., C.Pinheiro and A.F.Pozzolo, "International diversification and risk of multinational banks: Evidence from the pre-crisis period", *Journal of Financial Stability*, 2014, 13, pp.30-43.

Han, I., H.Liang and K.C.Chan, "Locational concentration and institutional diversification: Evidence from foreign direct investments in the banking industry", *The North American Journal of Economics and Finance*, 2016, 38, pp.185-199.

Havrylchyk, O.and E.Jurzyk, "Inherited or earned? Performance of foreign banks in Central and Eastern Europe", *Journal of Banking & Finance*, 2011, 35(5), pp.1291-1302.

Hirano, T.and Yanagawa, N., "Asset Bubbles, Endogenous Growth, and Financial Frictions", *The Review of Economic Studies*, 2016, 84(1): pp.406-443.

Horvath R, Kotlebova J, Siranova M, "Interest Rate Pass-through in The Euro Area: Financial Fragmentation, Balance Sheet Policies and Negative Rates". *Journal of Financial Stability*, 2018, 36: pp.12-21.

Horvath, M., "Sectoral Shocks and Aggregate Fluctuations", *Journal of Monetary Economics*, 2000, 45(1): pp.69-106.

Humphreys, D., "The Great Metals Boom: A Retrospective", *Resources Policy*, 2010, 35(1): pp.1-13.

Iacoviello, M., "House Prices, Borrowing Constraints, and Monetary Policy in the Business Cycle", *American Economic Review*, 2005, 95(3): pp.739-764.

Iacoviello, M. and Neri, S., "Housing Market Spillovers: Evidence From an Estimated DSGE Model", *American Economic Journal Macroeconomics*, 2010, 2(2): pp.125-164.

J. , Gali, and T. Monacelli, "Monetary Policy and Exchange Rate Volatility in a Small Open Economy.", *Review of Economic Studies*, 2003, 72(3), pp.707-734.

Jacob, P. , and Peersman, G. , "Dissecting the dynamics of the US trade balance in an estimated equilibrium model", *Journal of International Economics*, 2008, 90(2), pp.302-315.

Jeon, B.N. , M.P.Olivero and J.Wu, "Multinational banking and the international transmission of financial shocks: Evidence from foreign bank subsidiaries", *Journal of Banking & Finance*, 2013, 37 (3), pp.952-972.

Jeske, K. and Liu, Z. , "Should the Central Bank be Concerned About Housing Prices?", *Macroeconomic Dynamics*, 2012, 17(1): pp.1-25.

Jouida, S. , H.Bouzgarrou and S.Hellara, "The effects of activity and geographic diversification on performance: Evidence from French financial institutions", *Research in International Business and Finance*, 2017, 39, pp.920-939.

Kim, B.H. and Min, H. , "Household Lending, Interest Rates and Housing Price Bubbles in Korea: Regime Switching Model and Kalman Filter Approach", *Economic Modelling*, 2011, 28(3): pp.1415-1423.

Kiyotaki, N. , Michaelides, A. and Nikolov, K. , "Winners and Losers in Housing Markets", *Journal of Money Credit & Banking*, 2011, 43(2-3): pp.255-296.

Klingelhöfer, J. and Sun, R. , "Macroprudential Policy, Central Banks and Financial Stability: Evidence From China", *Journal of International Money and Finance*, 2019, 93: pp.19-41.

Kristin Forbes, Ida Hjortsoe, Tsvetelina Nenova. "The Shocks Matter: Improving Our Estimates Of Exchange Rate Pass-Through", *Journal Of International Economics*, 114: pp.255-275.

Kollmann, R. , 2015, "What drives the German current account? And how does it affect other EU Member States?", *Economic Policy*, 2018, 30(81), pp.47-93.

Kollmann, R. , Pataracchia, B. , Raciborski, R. , et al. , "The post-crisis slump in the Euro Area and the US: Evidence from an estimated three-region DSGE model", *European Economic Review*, 2016, 88(4), pp.21-41.

Lambertini, L. , Mendicino, C. and Punzi, M.T. , "Expectations-Driven Cycles in the Housing Market", *Economic Modelling*, 2017, 60: pp.297-312.

Lambertini, L. , Mendicino, C. and Teresa Punzi, M. , "Leaning Against Boom-Bust Cycles in Credit and Housing Prices", *Journal of Economic Dynamics and Control*, 2013, 37(8): pp.1500-1522.

L.Voinea, H.Lovin, A.Cojocaru, "The Impact Of Inequality On The Transmission Of Monetary Policy". *Journal of International Money and Finance*, 2018, 85: pp.236-250.

Lassoued, N. , H.Sassi and M.Ben Rejeb Attia, "The impact of state and foreign ownership on banking risk:Evidence from the MENA countries",*Research in International Business and Finance*, 2016,36,pp.167-178.

Lee,C. and M.Hsieh, "Bank reforms, foreign ownership, and financial stability".*Journal of International Money and Finance* ,2014,40,pp.204-224.

Lian An,Jian Wang,"Exchange Rate Pass-Through:Evidence Based on Vector Autoregression with Sign Restrictions",*Open Economics Review*,2012,23:pp.359-380.

Li MA,Miao LIU,Junxun DAI,Xian HUANG,"Capital Requirements of Commercial Banks and Lending Discrimination against Small Businesses:Theory and Empirical Evidence from China", *Annals of Economics and Finance*,Vol 14,No 2,pp.389-416.

Li MA,Tsangyao CHANG,Chien-Chiang LEE, "Reserve Requirement Policy,Bond Market, and Transmission Effect",*Romanian Journal of Economic Forecasting* ,Vol 19,No 2,pp.66-85.

Liu,Z.,Wang,P.and Zha,T., "Land - Price Dynamics and Macroeconomic Fluctuations", *Econometrica*,82013,1(3):pp.1147-1184.

Martin,A.and Ventura,J., "Economic Growth with Bubbles",*American Economic Review*,2012, 102(6):pp.3033-3058.

Matteo Ciccarelli,Angela Maddaloni,José-Luis Peydró."Trusting The Bankers:A New Look At The Credit Channel Of Monetary Policy",*Review of Economic Dynamics* ,2015,18:pp.979-1002.

Mcdonald,J.F.and Stokes,H.H., "Monetary Policy and the Housing Bubble",*The Journal of Real Estate Finance and Economics*,2013,46(3):pp.437-451.

Merkl,C., "Galí J:Monetary Policy,Inflation,and the Business Cycle:An Introduction to the New Keynesian Framework",*Journal of Economics*,2008,95(2):pp.179-181.

Meslier,C.,D.P.Morgan,K.Samolyk and A.Tarazi, "The benefits and costs of geographic diversification in banking",*Journal of International Money and Finance*,2016,69,pp.287-317.

Mian,A.and Sufi,A., "House Prices,Home Equity—Based Borrowing,and the US Household Leverage Crisis",*The American Economic Review*,2011,101(5):pp.2132-2156.

Miao,J.and Wang,P., "Bubbles and Total Factor Productivity",*The American Economic Review*,2012,102(3):pp.82-87.

Miao,J.,Wang,P.and Jing,Z., "Asset Bubbles,Collateral,and Policy Analysis",*Journal of Monetary Economics*,2015,76(1805):pp.S57-S70.

Miao,J.,Shen,Z.and Wang,P., "Monetary Policy and Rational Asset Price Bubbles: Comment",*American Economic Review*,2019,109(5):pp.1969-1990.

Nikolaos Balafas,Chris Florackis,Alexandros Kostakis, "Monetary Policy Shocks And Financially Constrained Stock Returns:The Effects Of The Financial Crisis".*International Review of Financial Analysis* ,2018,58:pp.69-90.

Pappa, E., "Do the ECB and the fed really need to cooperate? Optimal monetary policy in a two-country world", *Journal of Monetary Economics*, 2004, 51(4), pp.753-779.

Park J.S., and Y.Shi, "Hedging and Speculative Pressures and the Transition of the Spot-Futures Relationship in Energy and Metal Markets", *International Review of Financial Analysis*, 2017, 54:pp.176-191.

Patton, A. J., "Modelling Asymmetric Exchange Rate Dependence", *International Economic Review*, 2006, 47(2), pp.527-556.

Power, G.J., D. V. Vedenov, and D. P. Anderson, et al., "Market Volatility and the Dynamic Hedging of Multi-Commodity Price Risk", *Applied Economics*, 2013, 45(27):pp.3891-3903.

Ravn, S.H., "Endogenous Credit Standards and Aggregate Fluctuations", *Journal of Economic Dynamics and Control*, 2016, 69:pp.89-111.

Reed, R. R. and Ume, E. S., "Housing, Liquidity Risk, and Monetary Policy", *Journal of Macroeconomics*, 2019, 60:pp.138-162.

Rezitis, A.N., "The Relationship between Agricultural Commodity Prices, Crude Oil Prices and US Dollar Exchange Rates: A Panel VAR Approach and Causality Analysis", *International Review of Applied Economics*, 2015, 29(3), pp.403-434.

Rubio, M., "Monetary and Macroprudential Policies Under Fixed and Variable Interest Rates", *Macroeconomic Dynamics*, 2019, 23(3):pp.1024-1061.

Schmid, M.M.and I.Walter, "Geographic diversification and firm value in the financial services industry", *Journal of Empirical Finance*, 2012, 19(1), pp.109-122.

Severin Bernhard, Till Ebner, "Cross-Border Spillover Effects Of Unconventional Monetary Policies On Swiss Asset Prices", *Journal of International Money and Finance*, 2017, 75:pp.109-127.

Shaban, M.and G. A.James, "The effects of ownership change on bank performance and risk exposure: Evidence from indonesia", *Journal of Banking & Finance*, 2018, 88, pp.483-497.

Singleton, K. J., "Investor Flows and the 2008 Boom/Bust in Oil Prices", *Management Science*, 2014, 60(2):pp.300-318.

Smets, F., and R., Wouters, "Shocks and Frictions in US Business Cycles: A Bayesian DSGE approach", *The American Economic Review*, 2007, 97(3), pp.586-606.

Sockin, M., and W. Xiong, "Informational Frictions and Commodity Markets", *The Journal of Finance*, 2015, 70(5):pp.2063-2098.

Soyoung Kim, Kuntae Lim. "Effects of Monetary Policy Shocks On Exchange Rate In Small Open Economies", *Journal of Macroeconomics*, 2018, 56:pp.324-339.

Spencer, S., D .Bredin, and T.Conlon, "Energy and Agricultural Commodities Revealed through Hedging Characteristics: Evidence from Developing and Mature Markets", *Journal of Commodity*

Markets,2018,9;pp.1-20.

Tacneng,R.,"The Impact of Minority Foreign Ownership and Controlling Shareholder on Bank Risk and Performance-Evidence from an Emerging Economy",*Managerial Finance*,2015,5(41), pp.527-545.

Taušer,J.,and R.Čajka,"Hedging Techniques in Commodity Risk Management",*Agricultural Economics*,2016,60(4):pp.174-182.

Teo,W.L.,"Should East Asia's currencies be pegged to the yen? The role of invoice currency",*Journal of the Japanese & International Economies*,2009,23(3),pp.283-308.

Verbeke,A.and C.G.Asmussen,"Global,Local,or Regional? The Locus of MNE Strategies", *Journal of Management Studies*,2016,53(6),pp.1051-1075.

William F. Bassett, Mary Beth Chosak, John C. Driscoll, Egon Zakrajšek. Changes In Bank Lending Standards And The Macroeconomy,*Journal of Monetary Economics*,2014,62;pp.23-40.

Wu,J.,A.C.Luca and B.N.Jeon,"Foreign bank penetration and the lending channel in emerging economies:Evidence from bank-level panel data",*Journal of International Money and Finance*,2011,30(6),pp.1128-1156.

Yildirim,C.and G.Efthyvoulou,"Bank value and geographic diversification:regional vs global", *Journal of Financial Stability*,2018,36,pp.225-245.

Zhu,W.and J.Yang,"State ownership,cross-border acquisition,and risk-taking:Evidence from China's banking industry",*Journal of Banking & Finance*,2016,71,pp.133-153.

常建新、盛秀婷:《外资银行进入和国内银行绩效:来自中国的新证据》,《投资研究》2014年第7期。

曹清峰:《房价高企、经济"脱实向虚"与劳动收入份额》,《财经科学》2018年第11期。

陈斌开、黄少安、欧阳涤非:《房地产价格上涨能推动经济增长吗?》,《经济学(季刊)》2018年第3期。

陈创练、戴明晓:《货币政策、杠杆周期与房地产市场价格波动》,《经济研究》2018年第9期。

陈昆亭、龚六堂:《粘滞价格模型以及对中国经济的数值模拟——对基本RBC模型的改进》,《数量经济技术经济研究》2006年第8期。

陈诗一、王祥:《融资成本、房地产价格波动与货币政策传导》,《金融研究》2016年第3期。

邓光军、曾勇、李强:《外资银行与中资银行的战略合作决策研究》,《管理科学学报》2012年第7期。

何国华、童晶:《国家治理体系完善有助于促进金融稳定吗》,《经济管理》2018年第12期。

何青、钱宗鑫、郭俊杰:《房地产驱动了中国经济周期吗?》,《经济研究》2015 年第 12 期。

侯成琪、龚六堂:《货币政策应该对住房价格波动作出反应吗——基于两部门动态随机一般均衡模型的分析》,《金融研究》2014 年第 10 期。

金中夏、洪浩:《国际货币环境下利率政策与汇率政策的协调》,《经济研究》2015 年第 5 期。

李靓、穆月英:《大宗商品国际市场价格波动的影响因素研究——基于分组国家的比较》,《国际金融研究》2015 年第 10 期。

李天宇、张屹山、张鹤:《我国宏观审慎政策规则确立与传导路径研究——基于内生银行破产机制的 Bgg-Dsge 模型》,《管理世界》2017 年第 10 期。

刘斌:《我国 DSGE 模型的开发及在货币政策分析中的应用》,《金融研究》2008 年第 10 期。

刘璐、张翔、王海全:《金融投机、实需与国际大宗商品价格——信息摩擦视角下的大宗商品价格影响机制研究》,《金融研究》2018 年第 4 期。

龙少波、厉克奥博、常婧:《开放条件下国内大宗商品价格影响模型与货币政策的非对称效应——基于开放套利模型与非对称自回归分布滞后模型》,《国际金融研究》2019 年第 11 期。

韩立岩、尹力博:《投机行为还是实际需求? ——国际大宗商品价格影响因素的广义视角分析》,《经济研究》2012 年第 12 期。

韩晓峰、陈师:《银行全球化金融加速器与国际经济风险传导——基于中、美两国宏观经济数据的实证研究》,《财经科学》2018 年第 4 期。

黄群慧:《论新时期中国实体经济的发展》,《中国工业经济》2017 年第 9 期。

黄志刚:《加工贸易经济中的汇率传递:一个 DSGE 模型分析》,《金融研究》2009 年第 11 期。

金成晓、李雨真:《基于影子利率期限结构的货币政策效应分析》,《统计研究》2017 年第 7 期。

刘斌:《我国 Dsge 模型的开发及在货币政策分析中的应用》,《金融研究》2008 年第 10 期。

刘家松:《外资参股银行业与金融安全的新兴市场国家比较研究》,《宏观经济研究》2013 年第 9 期。

罗娜、程方楠:《房价波动的宏观审慎政策与货币政策协调效应分析——基于新凯恩斯主义的 Dsge 模型》,《国际金融研究》2017 年第 1 期。

罗知、张川川:《信贷扩张、房地产投资与制造业部门的资源配置效率》,《金融研究》2015 年第 7 期。

马理、娄田田:《基于零利率下限约束的宏观政策传导研究》,《经济研究》2015 年第 11 期。

马理、何云:《走出去与引进来:银行业对外开放的风险效应》,《财经科学》2020 年第 1 期。

马理、何云、牛慕鸿:《对外开放是否导致银行业的风险上升——基于外资持股比例与海外资产占比的实证检验》,《金融研究》2020 年第 4 期。

马理、何梦泽、刘艺:《基于适应性预期的货币政策传导研究》,《金融研究》2016 年第8 期。

马理、娄田田、牛慕鸿:《定向降准与商业银行行为选择》,《金融研究》2015 年第 9 期。

马理、黄宪、代军勋:《银行资本约束下的货币政策传导机制研究》,《金融研究》2013 年第5 期。

马理、李书灏:《资产管理业务对商业银行收益与风险的影响效应研究》,《统计研究》2016 年第 11 期。

马理、尤阳:《货币政策传导路径阻滞与对策建议:基于欧洲中央银行影子利率的数据检验》,《国际金融研究》2019 年第 6 期。

马理、李书灏、文程浩:《负利率真的有效吗:基于欧洲中央银行与欧元区国家的实证检验》,《国际金融研究》2018 年第 3 期。

马理、彭承亮:《美联储加息对中国经济的影响效应》,《上海经济研究》2019 年第 7 期。

马理、余慧娟:《美国宽松货币政策对金砖国家的溢出效应研究》,《国际金融研究》2015 年第 3 期。

马理、彭承亮、夏巍宇:《贸易摩擦背景下的美国利率调整对中国企业的影响效应研究》,《国际金融研究》2020 年第 9 期。

马理、杨嘉懿、段中元:《美联储扭转操作货币政策的运行机理研究》,《国际金融研究》2013 年第 3 期。

马理、文程浩、钱成:《发达国家货币政策的分化调整对中国经济的影响与风险防范》,《世界经济研究》2019 年第 10 期。

马理、黎妮:《零利率与负利率的货币政策传导研究》,《世界经济研究》2017 年第 11 期。

马理、彭承亮、马威:《美国利率频繁调整与贸易摩擦对中国金融市场的影响与风险防范》,《上海经济研究》2020 年第 9 期。

马理、廖冰清、李书灏:《欧洲中央银行完全货币交易政策的传导机理与效果检验》,《国际贸易问题》2013 年第 12 期。

马理、段中元:《美联储扭转操作货币政策的效应分析》,《国际贸易问题》2013 年第 6 期。

马理、范伟:《央行释放的活动性去了哪:基于微观层面数据的实证检验》,《当代经济科学》2019 年第 3 期。

马亚明、刘翠:《房地产价格波动与我国货币政策工具规则的选择——基于 Dsge 模型的模拟分析》,《国际金融研究》2014 年第 8 期。

马勇、陈雨露:《经济开放度与货币政策有效性:微观基础和实证分析》,《经济研究》2014 年第 3 期。

孟宪春、张屹山、李天宇:《有效调控房地产市场的最优宏观审慎政策与经济"脱虚向实"》,《中国工业经济》2018 年第 6 期。

孟庆斌、荣晨:《中国房地产价格泡沫研究——基于马氏域变模型的实证分析》,《金融研究》2017 年第 2 期。

潘敏、周闯:《宏观审慎监管、房地产市场调控和金融稳定——基于贷款价值比的 Dsge 模型分析》,《国际金融研究》2019 年第 4 期。

邱立成、殷书炉:《外资进入、制度变迁与银行危机—基于中东欧转型国家的研究》,《金融研究》2011 年第 12 期。

孙浦阳、张甜甜:《国际外部需求、关税传导与消费品价格》,《世界经济》2019 年第 6 期。

王辉、谢幽篁:《中国商品期货动态套期保值研究:基于修正 ADCC 和 DADCC-GARCH 模型的分析》,《世界经济》2011 年第 12 期。

王锦阳、刘锡良:《住宅基本价值、泡沫成分与区域溢出效应》,《经济学(季刊)》2014 年第 4 期。

王曦、朱立挺、王凯立:《我国货币政策是否关注资产价格? ——基于马尔科夫区制转换 Bekk 多元 Garch 模型》,《金融研究》2017 年第 11 期。

吴成颂、周炜、王浩然:《境外战略投资者能降低商业银行的风险承担吗—来自城商行的经验性证据》,《国际金融研究》2017 年第 5 期。

吴晓瑜、王敏、李力行:《中国的高房价是否阻碍了创业?》,《经济研究》2014 年第 9 期。

熊启跃、赵阳、廖泽州:《国际化会影响银行的净息差水平么来自全球大型银行的经验证据》,《金融研究》2016 年第 7 期。

徐忠、张雪春、邹传伟:《房价、通货膨胀与货币政策:基于中国数据的研究》,《金融研究》2012 年第 6 期。

颜色、朱国钟:《"房奴效应"还是"财富效应"? 房价上涨对国民消费影响的一个理论分析》,《管理世界》2013 年第 3 期。

杨小海、刘红忠、王弟海:《中国应加速推进资本账户开放吗? ——基于 DSGE 的政策模拟研究》,《经济研究》2017 年第 8 期。

尤阳、马理、何云:《以邻为壑:为什么吃亏的总是发展中国家》,《金融经济学研究》2020 年第 4 期。

张博、宋成、刘家松:《外资参股、股权结构与中资银行风险承担——基于 61 家商业银行的实证分析》,《宏观经济研究》2018 年第 6 期。

郑尊信、王琪、徐晓光:《贸易融资套利、商品价格变动及货币政策效应》,《经济研究》2016 年第 1 期。

祝合良、许贵阳:《我国黄金期货市场套期保值功能的实证研究》,《财贸经济》2012 年第 1 期。

后　　记

　　我的主要研究方向是货币经济学与金融风险。近年来,与货币相关的选题,基本上都有所涉及,既有传统的货币理论,也有金融危机以来的货币政策创新。

　　把学术思考写成文字,再转化成一部学术著作是很快乐的事。感谢这些年来合作研究的所有博士生与研究生,他们鞭策我前行,今天的这本书实际上是我与大家共同努力的成果。学生与导师相互成就,他们是我这一辈子最大的一笔财富。

　　在我心中,我的所有学生都很优秀,因此以下排名没有先后,他们是:娄田田、李书灏、尤阳、范伟、何云、彭承亮、文程浩、段中元、杨嘉懿、朱阳关、牛勇、巫慧玲、余慧娟、何梦泽、刘艺、黎妮、朱硕、高冰、葛斌、张方舟、潘莹、赵森、廖冰清、余华丹、张卓、张琴、段淑娴、卢晔婷、徐玲、石若菡、刘洋、张晶、黄帆帆、孙芳芳、张越、古振江、丛聪、夏巍宇、李厚渊、李甲翔、陈润秋、姜楠、赵钦、龙靖雯等,还有很多未能列出名字的研究生,祝福大家都有好的前程。

　　感谢几位如亲人般的前辈老师和同门,他们是黄宪教授、潘敏教授、何国华教授、肖卫国教授、代军勋副教授、白晓燕副教授、牛慕鸿研究员、熊启跃研究员,他们陪我聊天、跑步、打球,然后毫不留情一遍遍地"虐"我的论文,谢谢你们,祝福大家身体健康。

　　本书是教育部哲学社会科学研究重大课题攻关项目"经济新常态下中国金融开放与金融安全研究"(批准号17JZD015)与国家自然科学基金面上项目"发达国家货币政策跨国传导的复杂溢出效应:开放经济条件下的DSGE多国模型

与 VAR 数据检验"（批准号 72073042）的阶段性研究成果。感谢湖南大学金融与统计学院出版资助项目的支持，感谢人民出版社吴明静编辑和各位未曾谋面的编辑老师们的辛勤劳动。

　　本书尝试分析金融危机以来的货币政策调整与货币理论的新发展，虽做过一些努力，但错误与疏漏之处在所难免，恳请各位专家斧正。我们仍然在继续努力，期待明天。

马　理

2021 年 6 月

责任编辑:吴明静

封面设计:王欢欢

图书在版编目(CIP)数据

金融危机背景下的货币政策调整与货币理论创新/马理,马威 著. —

北京:人民出版社,2021.8

ISBN 978－7－01－023247－8

Ⅰ.①金… Ⅱ.①马…②马… Ⅲ.①金融危机-影响-货币政策-研究-世界 Ⅳ.①F821.0

中国版本图书馆 CIP 数据核字(2021)第 048592 号

金融危机背景下的货币政策调整与货币理论创新

JINRONG WEIJI BEIJING XIA DE HUOBI ZHENGCE TIAOZHENG YU HUOBI LILUN CHUANGXIN

马理 马威 著

人民出版社 出版发行

(100706 北京市东城区隆福寺街 99 号)

环球东方(北京)印务有限公司印刷 新华书店经销

2021 年 8 月第 1 版 2021 年 8 月北京第 1 次印刷

开本:710 毫米×1000 毫米 1/16 印张:32.25

字数:520 千字

ISBN 978－7－01－023247－8 定价:90.00 元

邮购地址 100706 北京市东城区隆福寺街 99 号

人民东方图书销售中心 电话 (010)65250042 65289539